大脑潜能开发书

超级记忆术

博文◎编著

红旗出版社

红旗出版社
HONGQI PRESS
推动进步的力量

图书在版编目（CIP）数据

超级记忆术 / 博文编著 . -- 北京 : 红旗出版社 ,
2020.4
（大脑潜能开发书 / 张丽洋主编）
ISBN 978-7-5051-5143-7

Ⅰ . ①超… Ⅱ . ①博… Ⅲ . ①记忆术 – 通俗读物
Ⅳ . ① B842.3–49

中国版本图书馆 CIP 数据核字 (2020) 第 042379 号

书　　名　超级记忆术
编　　著　博　文

出 品 人　唐中祥
总 监 制　褚定华
选题策划　三联弘源
出版发行　红旗出版社
邮政编码　100070
责任编辑　朱小玲 王馥嘉
地　　址　北京市丰台区中核路 1 号
编 辑 部　010–57274504
发 行 部　010–57270296
印　　刷　天津海德伟业印务有限公司
成品尺寸　138mm × 200mm　1/32
字　　数　450 千字
印　　张　30
版　　次　2020 年 7 月北京第一版
印　　次　2020 年 7 月北京第一次印刷
IBSN　978–7–5051–5143–7
定　　价　198.00 元（全六册）

欢迎品牌畅销图书项目合作　联系电话：010–57274504
凡购买本书，如有缺页、倒页、脱页，本社发行部负责调换

前言

PREFACE

良好的记忆是获取成功的基石之一，也是许多人登上事业顶峰不可或缺的重要因素。记忆力的好坏，往往是学业、事业成功与否的关键。在历史上，许多杰出人物都有着超凡的记忆力：古罗马的恺撒大帝能记住每一个士兵的面孔和姓名，亚里士多德能把看过的书几乎一字不差地背诵出来，马克思能整段整段地背诵歌德、但丁、莎士比亚等大师的作品……

如今，我们生活在一个信息爆炸的时代，每时每刻都有大量新技术知识和信息问世，而其中的一些知识和信息是我们不得不了解甚至要记住的。然而我们每个人都会遭遇遗忘的问题：写作时提笔忘字；演讲时张口忘词；面对无数英语单词、计算公式总也记不住；走出家门后突然想起煤气没关；到银行取钱却忘记了密码；把合作谈判的重要会议抛在脑后……

为什么学习那么用功却总也记不住？为什么电话号码、重要纪念日记了又忘？为什么看到一张十分熟悉的面孔却就是想不起名字？为什么连重要的谈判会议都能忘词？你是否对自己的记忆力抱怨不已？你的记忆潜能还有多少没有被挖掘出来？你是否想拥有超级记忆力，成为读书高手、考试强将、职场达人？

研究表明，人脑潜在的记忆能力是惊人的和超乎想象的，只要掌握了科学的记忆规律和方法，每个人的记忆力都可以提高。记忆力得到提高，我们的学习能力、工作能力、生活能力也将随之提高，甚至可以改变我们的个人命运。

本书是迅速改善和提高记忆力的实用指南，囊括了古今中外应用最广泛、记忆最高效的超级记忆术。书中对记忆的复杂机制、影响记忆力的因素、提高记忆力的方法等诸多问题进行了深入探讨，并且介绍多种有利于提高记忆效率的“绝招秘技”，不仅告诉你如何记忆名字、数字、日期，还有公式、文章、演讲词等，并辟有专门的章节告诉你如何学习新语言，才能快速开发你的记忆潜能，让你的学习更轻松，成功更容易。同时，书中还提供了400余个提升记忆力的思维游戏，帮助你对自己的训练成果进行检查，掌握最适合自己的记忆方法。这里有理论，更有大量的研究案例；有历史性的回顾，更有前瞻性的展望；有实用的方法，更有哲人的启。期望你能够在阅读中不断挖掘，拥有用之不竭的记忆资本。

记忆力是每个正常人都具有的自然属性与潜在能力，普通人与天才之间并没有不可逾越的鸿沟。记忆力与其他能力一样，是可以通过训练激发出来并在实践中不断得到提高发展的。本书既是一把进入超级记忆王国的智能钥匙，又是个人必备的挖掘大脑潜能的指南。超级记忆术不仅能帮你造就某一方面的出色记忆力，让你快速掌握一门外语，记住容易疏忽的细节，克服心不在焉的毛病；更能让你的记忆力在整体、在各方面都达到杰出水平，轻松记住想记住的事物，让记忆更快更持久。每个人的大脑都是一部高性能电脑，都具有照相般的记忆潜能，充分发掘这些潜能，就可以记住你想记住的一切。通过阅读此书，你会发现自己在短时间内就能轻松记住单词、诗词甚至元素周期表，并能应用自如。

随着记忆力的提高，你会发现自己的知识结构更加完善，处理问题更加得心应手；你会发现自己的自信心大大提高，在说话时更加有底，办事时更有效率；你还会发现自己的学习力、判断力、分析力、决策力等都随之得到了增强。

丰富的内容、精彩的案例、科学有效的方法，结合大量的实用技巧，不仅可以帮助各类学生提高学习效率，而且对于上班族、需要创造力及想象力的专业人士，以及随着年龄的增长而有必要重新给大脑充电的人，都有极大的帮助。

目录
CONTENTS

第四章　超级记忆技巧

第一章

记忆是什么

一．记忆是什么

1. 大脑与记忆

大脑由140亿个脑细胞组成，每个脑细胞可生长出2万个树枝状的树突用来传递信息。人脑“计算机”的功能远远超过世界上最强大的计算机。

人脑可储存50亿本书的信息，相当于世界上藏书最多的美国国会图书馆藏书（1000万册）的500倍。

人脑神经细胞间每秒可完成信息传递和交换次数达1000亿次。

处于激活状态下的人脑，每天可以记住4本书的全部内容。

……

净重约1.5千克、拥有天文数字一样多的神经细胞以及数十亿的连接，这就是人类的大脑——我们的神经系统中起着关键作用的部分。大脑包含左右两个半球。半球表面是层层折叠的“灰色物质”——大脑皮质，这一部分负责处理决断、记忆、言谈和其他复杂过程。左脑半球控制着右半边身体，右脑半球则控制左半边身体。两个半球中间的连接部分被称为胼胝体。

大脑控制着人类所有的动作和思维，从我们伸出的一根手指，到做算术题目，再到回忆过去美好的时光。但是我们的大脑和记忆之间到底有什么联系呢？事实上，大脑是我们记忆存储的地方，我们的很多行为都帮助它发挥作用。记忆在一定程度上决

左半球	右半球
分析	视觉
逻辑	想象
顺序	空间
线性	感性
语言	音韵
列表	整体（概况）
数字能力	色彩感知

大脑半球思维功能表

定了我们的身份、智力以及情绪，那么，记忆到底在哪里呢？

美国加州理工大学的心理学家罗格·斯佩里曾于20世纪60年代进行过一项针对裂脑（通过外科手术切断胼胝体，常用于治疗癫痫病）患者的研究。斯佩里在研究中发现了大量重要证据，证明了两个半球都有着它们独特的功效。

在其中一项实验中，斯佩里让患者们用手接触物体，然后把它和对应的图片联系起来。他发现：左右手完成这一行为的方法不同，并且左手能比右手更好地完成这一行为。

不过，当要求将物体和文字描述联系起来时，右手比左手完成得更好，左手（对应大脑右半球）更适合将触觉和视觉联系起来。

斯佩里的这一突破性发现为他赢得了1981年诺贝尔医学奖。其后许多科学家对这一领域进行了深入研究，目前，人们已经基本上熟悉了两个半球的思维功能。

看着这张表格，我们很容易就能理解为什么人们总是把一个人分成“左脑擅长”或者“右脑擅长”——也就是有逻辑性的或者有创造性的。但这一概念过于简单，容易误导他人。尽管我们可以认为会计师对左脑依赖比较重而艺术家右脑用得比较多，但这两个半脑并不是独立工作的。如果它们真的如此，那我们的生活就会乱作一团。

2. 记忆是什么

王太太是一家玩具商店的店员，也是一位精力充沛的女士，她有一个安排得满满当当的时间表。她的工作做得很好，也从不错过任何一场儿子的足球比赛。最近，她非常吃惊，当她在一场足球比赛上偶然遇到一个熟人时，她竟然叫不上对方的名字。一周之后，王太太走出购物中心时，她竟不记得将自己的车停在了哪里。在此之后的一个月，她发现她已经想不起来她正在读的一本小说中的人物。后来，她完全忘记了和一位好朋友约好共进午餐的事。这种恼人的健忘让王太太忧心不已。

李先生是一位工程师，他退休后就把自己的时间全部用于志愿工作。最近，他记不得上个月他是否给他的汽车换了油，或者刚想起来要去换油。他忘记了要去健身房的事，直到走过几条街后才想起来。他曾把房门钥匙藏在车库，但又想不起来放在了哪里。李先生找他的医生检查，看看他的健忘是不是因为得了什么病。

你或你的朋友也许会有与王太太和李先生相似的经历，你也许已注意到了你自己的记忆问题。各种年龄段的人都抱怨记不住东西。

这是我们经常听到的一些抱怨（应该承认我们自己也经常说这些话）。

· 我进了一个房间，却不知道要来干什么。

· 我想不起来要问医生什么。

· 我忘记了我是不是已经吃过药。

· 我曾经把我的项链收好了，却不记得放在哪里。

· 我必须要交纳一笔过时附加费，因为我没有按时交电费。

· 我忘记在旅行时带上我的照相机。

· 我去商店买牛奶，结果什么都买了，最后就是忘了买牛奶。

· 我忘了我姐姐（妹妹）的生日。

如果你曾经有过任何一次这种经历，都应该尝试采取有效措施或训练来提高或改善自己的记忆力。首先，需要了解一下记忆力是什么，以及记忆力是如何工作的。

记忆是我们大脑中一个存东西的地方，它为我们提供历史信息。它告诉我们昨天以及十年前我们干了什么，它也知道我们明天会干什么。童年的记忆可能会因为听到一首摇篮曲而被唤起，而一段浪漫的回忆在我们闻到某种特殊的花香时浮现在脑海。记忆用各种各样的线索让我们感觉到我们是谁。

事实上，从一个时刻到另一个时刻，你对所有东西都有一个不变的定义，且可以持续很长时间。就好像你会记得昨晚睡在你身边的那个人就是你早上醒来看到的这个人。有了这样的记忆，我们才被称之为人类。没有了记忆，世界便不可能存在。

这一点并不只相对于个人而言，而是整个人类社会都是如此。我们能够记住一个人、地方、东西或者事件。设想如果我们失去了这一能力，那么世界将会变成什么样！

随着年龄的增长，我们积累越来越多的记忆。我们称之为阅历，它非常珍贵。有了它，我们可以不必绞尽脑汁去想如何解决问题或者揣测接下去将会发生什么。

经验会告诉我们，我们已经碰到过很多次这样的问题，并且知道事态将如何发展。当我们还小的时候，我们常常认为大人们有魔法能够预知电视情节。我们不知道，他们已经看过许多相似的电视节目。这些节目情节并不能迷惑他们。

由于积累了很多经验，年长的人总不如年轻人的思维来得敏锐、快速。年长的人思考得很慢，但是通常他们并不用深入地去思考问题，因为经验就已经告诉他们有可能的答案。年轻人碰到问题时能够学得更多，他们会归类没有遇到过的问题。因此，小孩子在掌握新技术方面总是胜过大人。

记忆就像你的一个小帮手，它会帮助你找到车钥匙。但是，仔细想想，它的作用远远大于这些。

3. 记忆是个性化的

梦想、思想、行动、姓名、地点、面孔、香味、事实、感情、味道等东西通过记忆带入我们的意识。它们对于我们的记忆来说有着不同的形态。有时，记忆不是这种形态就是那种形态；而有时它们是一个香味、花纹和声音组成的万花筒。一句话，记忆就如同一张由声音、香味、味道、触觉和视觉组成的网。

当你想要进行信息回忆时，记忆会通过联系走捷径来帮助完成记忆任务。然而，许多研究显示，正是你个人的知识、经历以

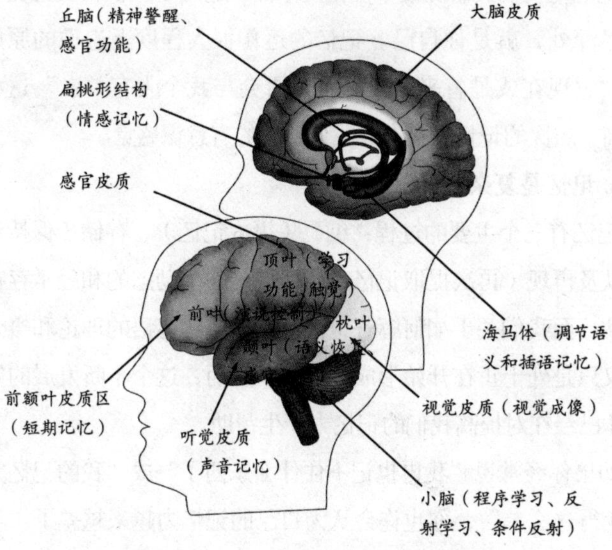

⊙ 一段经历的点点滴滴储存在大脑的不同功能区域中。比如，一件事如何发生储存在视觉皮质；事件的声音储存在听觉皮质。记忆的这两个方面还互相联系

及一些事情对你的意义在驱动你的记忆。正是在它的帮助下，记忆有了一定的意义。

“生存还是毁灭，这是一个问题。”大多数人知道这引自莎士比亚的《哈姆雷特》。如果你熟悉这个故事，就知道这些话是在一个特定的时刻说的。然而，这些话与你的孩子们第一次说的话或者你的配偶第一次表示他或她爱你相比，就不是那么重要了。你可以想象出一个比莎士比亚作品更戏剧化的场景，因为它是你的。那个地点、那种香水、你的那种感受——当你记起它时，可能产生一种朦胧感而且心潮澎湃。

记忆是我们拥有的最个性化的东西。它给予我们自我感觉。在记忆深处，就是你自己。记忆的运作很大程度上遵循的原则是：“它现在或是将来某个时刻是否会与我个人有关？”这种“更高”层次的记忆就是有时我们所称的有意识感觉。

4. 记忆是复杂的

记忆有三个主要的过程：编码（摄入记忆）、存储（保持记忆）以及再现（再次提取记忆）。记忆是一个动态的和经常存在的活动，而我们关于如何解答记忆的十字交错谜语的理论和概念也仅仅只是处于正在开始形成的阶段。然而，这个不断发展的知识群体已经在对提高我们的记忆力产生帮助。

如果你经常说“我再也记不住什么东西了”或“我的记忆力怎么变得这么差”，你也许会认为自己的记忆力越来越差了。然而事实证明，通过训练和练习，记忆力是可以得到提高的。

记忆在做某件我们熟悉的事情时可能也在做许多其他的事

情。它在许多层面开展工作。

记忆过程是在大脑中发生的。不同种类的信息被接收并存储在不同的位置。

正在运行的记忆过程，或者叫作短时记忆过程，可能发生在大脑的前部。

存储新记忆（即新学的东西）的过程发生在大脑两侧的颞叶。

大脑较大的外层部分叫作大脑皮层，它可能是记忆存储的地方。

视觉信息通过我们的眼睛进入叫作枕叶的大脑后面某部分，并在此进行加工。

听觉信息通过我们的耳朵进入，并在颞叶进行加工。

立体三维的信息是在大脑顶部的顶叶进行加工的。

还有一些特殊的区域进行着感情记忆加工，以及掌管语言和爱好习惯。

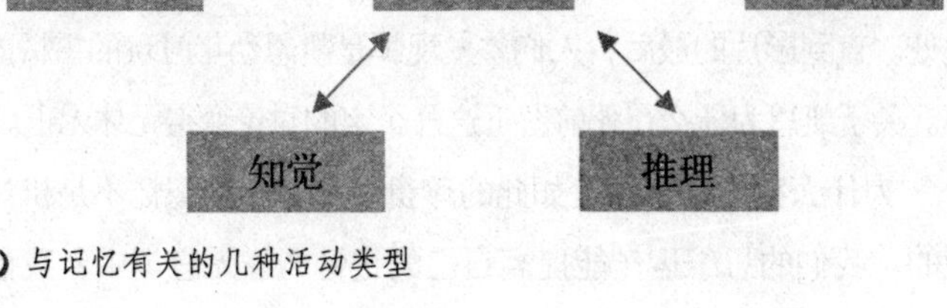

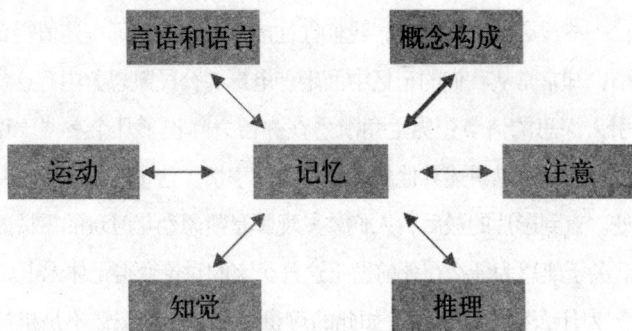

◎ 与记忆有关的几种活动类型

古代哲学家把记忆比作大型鸟笼中的鸟。一旦信息被储存，要想再提取那个正确的记忆，就如同从大型鸟笼中抓住那只特别的虎皮鹦鹉一样难

大脑的左半球更多从事的是言语记忆，而右半球更多从事的是视觉记忆。

记忆并不像电脑程序一样死板地记录过去。记忆有极端巧合性。一些没必要记住的事，我们往往能记住它，然而一些值得记忆的事，却常常从我们的记忆中溜走。电影《公民凯恩》中有这样一个引人深思的情节：男主角凯恩在弥留之际说了几个字“玫瑰花蕾”，他本可以讲述其他更多更重要的事情。这也正是影片的悬念之处。直到影片的最后，人们才发现那是凯恩幼年时玩的雪橇的名字。关于凯恩为什么在死前留下这几个字的讨论变得无休无止。

为什么我们说记忆是如此的珍贵，那是因为记忆不是机械呆板的。我们的思维运作能提高自己的记忆力。无意识中，我们的记忆力得到了提升。一些不愉快的事情会从我们的记忆中扫除。

记忆的力量远远超出这些。在必要的时候，记忆能调配出你此刻需要的一些信息，而这些信息可能由于长期的储存已被遗忘。如果你曾参加过一个极富创造力的项目，那么你会发现你的记忆能产生许多没有束缚、令人惊叹的宝贵意见或主意。

也许你并没意识到你的记忆中储存着如此多的信息。所以，记忆不是一个冷冰冰、死气沉沉的记忆工具，记忆就像一个如意库堆满了无数令人惊叹的知识宝藏。

我们不能随意地进入如意库，但是我们能够练习、训练自己的大脑，为如意库储存更多的知识宝藏。

5. 记忆是分散的

与一个长久以来的看法相反的是，记忆并不是只储存在大脑的一个区域。大脑是通过神经细胞的网络结构来处理和储存各种信息的，而神经细胞的网络结构广泛分布于大脑的各个区域。一旦有一条信息需要被提交给记忆系统，无数条连接脑细胞的网线就会被同时激活，也就是说，大脑的绝大部分结构都和记忆的加工、存储有密切关系。

因此所谓“记忆中心”的说法是错误的。任何信息的记忆和再现都要依靠许多不同的记忆系统以及不同类型的感觉通道（听觉、视觉等）。据此推论，记忆只储存在大脑的一个区域的说法也就无法立足。可以说，记忆是分散的，不同种类的记忆各自依靠大脑的不同区域。

随着科学实验的深入以及脑电图技术的进步，目前科学家已逐步发现参与记忆的加工存储过程的那些大脑区域。概括地来说包括：

瞬时记忆或短时记忆的加工需要大脑皮质的神经系统；语义记忆需要新大脑皮质对覆盖在灰质外层的两个大脑半球进行调节来完成加工；行为记忆的加工过程涉及位于灰质层之下的结构，比如说，小脑和锯齿状的灰物质块等等；情景记忆主要依赖额叶皮质，还有海马状突起以及丘脑，这些结构都是大脑边缘系统的组成部分。

神经生物学家们通过研究发现，海马状突起在记忆的加工处理过程中起着至关重要的作用。它位于大脑的里层，属于脑边缘系统，和太阳穴叶平齐，因此它可以保证不同的大脑区域之间相互联系。短时记忆向长时记忆转换时，也就是记忆的巩固强化阶段，需要大脑的不同区域的参与，这一过程中，海马状突起发挥了关键作用。如果一个人的海马状突起受损，将会导致记忆新信息的能力完全丧失，无论是文字、形象还是图片信息。

6. 关于记忆的问题

⊙如何定义记忆

记忆不是以简单的程序存在的，关于记忆最常见的说法是学习和记住信息的能力。然而，随着年龄的增长，人们发现先前的知识不断被遗忘，并开始抱怨自己的记忆。事实上，生物学的实际情况比这个相当模糊的“记忆”术语复杂得多。

面对一条新信息，通常先是一个极其短暂的感官记忆，接着是一个20多秒钟的短期记忆，然后是通过各种途径构筑成长期记忆。

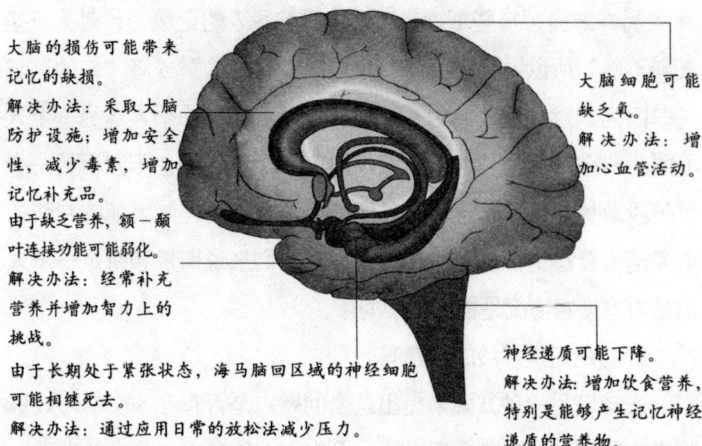

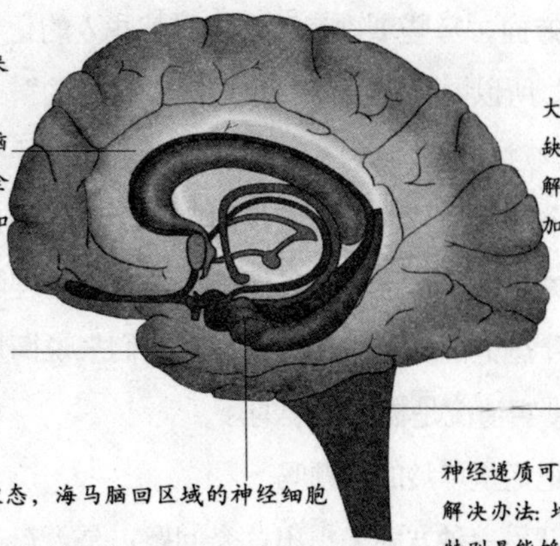

大脑的损伤可能带来记忆的缺损。
解决办法：采取大脑防护设施；增加安全性，减少毒素，增加记忆补充品。
由于缺乏营养，额－颞叶连接功能可能弱化。
解决办法：经常补充营养并增加智力上的挑战。
由于长期处于紧张状态，海马脑回区域的神经细胞可能相继死去。
解决办法：通过应用日常的放松法减少压力。
大脑细胞可能缺乏氧。
解决办法：增加心血管活动。
神经递质可能下降。
解决办法：增加饮食营养，特别是能够产生记忆神经递质的营养物。

⊙ 随着年龄增长，记忆力会发生一些变化，在这里提供了一些解决办法

记忆这一术语也同样应用于对3个动态过程的参照：学习新信息，将其储存在大脑的特殊空间，然后在需要的时候将其找出来。

对大多数人来说，记忆基本上被用于自主学习的场合，而在日常生活实践中我们常处于不自觉记忆的情况下，即科学家们所说的“无意识记忆”。这种应用于日常的记忆，使我们无须真正去学习就能记住邻居所穿裙子的颜色。这种能力是我们自然智力功能的基本要素之一。

⊙什么是“好的”和“差的”记忆

比较“好的”和“差的”记忆涉及记忆程序的运行效率问题，我们认真地学习并很好地储存所学的信息，是否就能够很容易地回想起来？我们会发现有许多不同的描述，并且每个人对记忆的抱怨也不相同。

另一方面，一些事物有助于发展某些人的记忆力，对另一些人则不然。所以，我们不能真正地比较“好的”或者“差的”记忆。因为，对记忆效率的感觉是非常主观的：一个人与另一个人不同，一个领域与另一个领域不同，一个年龄段也不同于另一个年龄段。另外，在医学上，虽然神经学家和心理学家能够判断一个人是否存在记忆的障碍，但是，对他们来说衡量和断定一个人记忆力的真实情况是极为困难的。

好的记忆是年龄的问题吗

应该以另一种方式来提出这个问题：是否存在一个学习效果最佳的年龄段？答案是肯定的。人们在大约30岁之前，能表现出不同寻常的记忆能力，较容易集中精神，并且学习速度较快。在这之后，人们学习变得有些困难。但是，这并没有什么可怕的！只不过为了达到同样的效果，人们需要用更多的时间。在15岁时我们只需要学习3次就能记住一首诗，而50岁时我们必须投入更多的精力来分析和处理信息，而且我们对干扰和噪声更敏感，所以需要更多的时间和更多的尝试来记住同一首诗。一个中学生可以边听音乐边复习功课，而一个40岁的人只能在安静的环境中才能保持精神集中。

然而，当涉及重新提取信息时，年龄大则构成一个优势，因为一个人的年龄越大，所储存的信息相对就越多。让我们来举一个例子：如果你是一位年轻记者，正在跟进一个选题，关于这项任务你一定比你的主编知道得更多。但是他可能会告诉你，关于类似的内容，在60年前的某份报纸上曾发表过一篇非常有意思的文章。这是记忆中经验的参与，是随着时间的推移所积累的知识的反映。如果你让我学习一篇医学文章，我将比较容易记住，因为我已经拥有了这个领域的很多知识，这将帮助我记住新的知识。相反，如果是一篇法律文章，我就只能死记硬背，而这对我来说比较困难。

最好在年轻时学习一门外语吗

最好早点开始学习外语，因为它涉及精确的知识，而通常一种语言词汇的构筑、语调的学习都是在幼年自觉发生的。5岁之前，一个孩子能够自觉学习不同语言的全部语音；而年龄稍大一些，则会选择那些自己常听到的词汇进行学习。因此，一个年纪非常小的孩子可以借助一些短小的歌曲来掌握不同的外语语调。

对成人来说，这项任务更多地要求“用心”强记，因此将更难以实现。但是不要忘记，总是存在个体的例外。一家公司的老总在退休后学习了西班牙语和意大利语，并且达到了相当优秀的水平。而这对其他人来说，则被证明是比较困难的。

记忆力的好坏是基因决定的吗

即使教育可能扮演着一个重要的角色，我们还是发现，一些人虽然没有在著名的院校进行过长时间的学习，却有着非常出色的记忆力；相反，有一些人虽然经常出入重点院校，却并没有良好的记忆力。因此，学习能力的不同，不仅仅归因于教育的影响。

然而，还没有任何一个研究人员发现超常记忆的主控基因。虽然在某些动物身上发现遗忘基因和记忆基因，但是直到现在，这些通常是从一些非常特殊的实验中总结出来的假设，很难用以推断人类记忆的自然功能。总之，记忆肯定表现为天生所有和后天获得、基因和教育的混合物。

男性和女性以相同的方式记忆吗

回答这个问题并不容易，虽然绝大部分的性别特征与教育有关，然而通过采用激素分泌的间接方法却证明，基因也是一个需要被考虑的因素。某些激素分泌的多少是性别特征形成的主导因素，并且对许多智力功能，特别是记忆的运作具有影响。这种干预如果出现在儿童发育期间，将决定男孩和女孩的不同能力；如果出现在成人期间，将导致不同的行为效率，例如女性月经期间行为效率多少会有所下降。

通常女性在应用语言的活动中更有成就，而男性在需要求助于视觉–空间记忆时则表现得更有效率。例如，为了记住一条路线，女性趋向于记忆口语标志——“到了药店，向右拐”，而男性更注意空间方位的变化。

个人文化扮演着什么角色

基本上是记忆构筑了我们的个人文化，因为文化是我们通过学习获得的知识，它既包括亨利四世于1610年5月14日在巴黎被杀，都柏林是爱尔兰的首都等这样的常识，也包括你小学四年级历史老师的姓名，或者你最喜爱的电影导演的名字。的确，新信息越是能和先前的知识建立联系，就越容易被掌握。记忆帮助我们构建了知识储存库，使我们更容易记住在同一领域里的新信息。

因此，一个律师或一个演员通常要比一个花匠更“擅长”学习一篇文章。律师将立即发现一篇文章分成4个部分，其中第二部分使他想起以前在别处读到过的论点。相比之下，一个花匠或一个猎人可能更容易记住一条路线。简而言之，越是从事一项专门的、职业的活动，就越能开发在这一领域的记忆能力。

良好的记忆是智力使然吗

记忆当然与智力有关。同样不可否认的是，它参与智力的运行功能。但是从柯萨科夫综合征患者身上发现，他们虽然遗忘了许多东西，智力却保存完好。1888年俄罗斯医生柯萨科夫曾经记录，他的一个遗忘症患者在赢得一盘象棋两分钟后，就忘记了自己获胜的事实。

心理学家用“认知”或者“认知过程”代替“智力”这个术语。如果把智力定义为解决问题或者适应新情况的能力，那么在缺乏记忆参与的情况下，它将是极为残缺的。事实上，智力因生活经验丰富而逐渐提升，而经验就是记忆。

我们的大脑是否在不断地记忆

只要我们不睡觉，大脑就会感知信息，我们就可以或多或少地去记住某些信息。当我们正在聚精会神地阅读一篇文章时，有人在隔壁房间听收音机，起初我们可能没注意或者听不见，直到某个时刻阅读无法再吸引我们的注意力，于是我们的精神由于音乐的干扰而开始漫游。幸运的是，意图、动机、意识（我想学习）能够过滤这种对干扰的感知，使我们的注意力集中。

但是，我们是否能记住所感知到的一切？所有的都被储存起来了吗？我们都能够回忆起来吗？一切感知都在我们的大脑里刻印下痕迹，但其中一些被删除了，另一些改变了：不太重要和未被利用的信息将趋于消失，或隐藏在某种存在之中。总之，很可能我们记住了比我们所想象的要多的信息，但也应该考虑一下所有信息是否都真的有用。

我们冒着记忆“饱和”的危险吗

我们的记忆存储似乎从来都不能达到饱和，并且我们总是能够学习更多的东西。除非在生病的情况下，一个80岁或90岁的人完全有能力学习新知识。

然而，学习机制则不同。在一段时间的学习之后，平均在45分钟到2个小时之间，记忆即达到饱和。但如果我们隔一段时间更换一个科目，就能够连续6个小时不断地学习。例如，在学医的时候，先学习1小时的肺病学，然后再学1小时的神经学，以及1小时的血液学，而不是3小时都在学习神经学。事实上，最好将知识分成小块来学习，以避免极为相近的知识之间互相干扰。虽然每门学科都没有全部学完，但是我们却能够很好地掌握已经学过的部分。当然，一段时间之后，应该休息或者更换学习内容。更换科目能重新刺激学习机制，不要忽视新事物的激励作用。

⊙我们能够在大脑中确定记忆的位置吗

解剖学的观点认为，记忆痕迹储存在整个大脑中，特别是大脑后面的感官部分。

神经元间的相互连接形成了神经“网络”，它的形状像蜘蛛网，连接着所有与同一事件相关的感觉元素。当一个神经元学习时，会产生特殊的电活动，分泌出蛋白质，并且与其他神经元建立连接形成环路。以后，每一次做同样的事情时，都会巩固相关的电痕迹和蛋白质合成的记忆。因此，环路用得越多，记忆痕迹在大脑中保存得就越持久。

当我们要回忆上个周末做了什么的时候，会尝试寻找相关的神经元地图，包括所有与其联系在一起的味道、声音、情感等。回忆的过程就是重新构建神经元地图，聚集所有分散了的记忆痕迹。

⊙我们应该在什么时候为自己的记忆担忧

约有50%的50岁人和70%的70岁以上的人常抱怨自己的记忆，但这些抱怨并不一定对应着记忆障碍——没有疾病就没有记忆障碍。许多抱怨自己记忆不好的人，记忆检测结果却完全正常，其实他们只是缺乏注意力。然而在日常生活中对另一些情况的抱怨则确实令人担忧，比如：别人重复了20次的问题仍然记不住；经常在马路上迷失方向；不记得10天以前做过什么，而那天正是侄女的生日……如果在记忆检测中确实显示出不正常，那就有可能真正患了疾病。

如何进行记忆诊断

首先，帮助那些来做记忆诊断的人消除疑虑是非常必要的，要让他们有信心。记忆测试一般需要1～3个小时，为了确定某一种记忆障碍，必须对记忆的不同方面进行测试：视觉记忆、口头记忆、文化知识、个人经历等等。并且不应仅局限于测试记忆，同样也需要测试注意力、语言能力、演绎推理能力等。

所谓对“情景”记忆的测试，包括对一列词汇、历史知识或者地图的学习，可以是简单的，也可以是复杂的。一旦被测试者已经记住了一列词汇，我们将立刻让他复述（即刻回忆），然后在2分钟、5分钟或者10分钟之后再次复述（分散记忆）。测试可以通过提供一个线索来简易化，“请你回忆一下，在那列词汇中有一种花的名字”，也可以要求在第二列词汇中找出在第一列中出现过的词，也就是说，通过“识别”来回忆。

如果测试结果显示不正常该怎么办

如果结果是正常的，测试就到此为止。如果测试表明存在记忆障碍，医生可以要求被测试者做其他医学影像的检查。通过扫描或者核磁共振图像可以知道某种功能丧失是源于肿瘤还是脑部疾病发作，或是记忆区域萎缩。这种检查报告有时候对探测某些疾病非常有用。

⊙我们为什么记住一些事情，却忘记另一些事情

在个人记忆中，感情、感觉和动机扮演着重要的角色。记忆一条信息，不仅只是学习这条信息，也是学习它所要表达的内容，也就是说不仅是记住时间和地点，也包括情感体验。我们知道，愉悦可以刺激学习机制，而当缺乏快乐的因素时，记忆力就会下降。因此，记忆的选择性必定与动机、个性、个人经历、已有的知识等因素相关。例如，一些焦虑的人较不善于记住那些不让他们担忧的事物的信息，因为他们的注意力被焦虑“消耗着”。

我们为什么会遗忘

随着年龄的增长，记忆的动机和能力会改变。我们学得不好，因为我们很累，动机不够，并且注意力也降低了。以前记住的一些信息变得普通或失去作用，要想从大脑中重新提取出来变

得更加困难，而且需要投入更多的注意力。这就是为什么那些年龄大的人更容易回忆起以前那些经常被重复，并且在感情中打下深深烙印的事情的原因。

这种难以找回记忆的现象常表现为两种形式。第一种是“舌尖现象”，其特征是对一条信息的回忆非常困难，然而我们知道它就在那儿——比如一个人的名字——只是一时想不起来。而当我们成功地想起第一次遇到这条信息的场景时，它就会出现在我们脑海中。

第二种现象则与记忆的“源头”有关。我们记住了一些事情，但是却记不清事情发生的具体时间和地点。例如，我们接连几次向同一个人讲述同一则逸事，因为我们忘了在生命中的哪个时刻已经讲过它了，而且讲过不止一次。

一些记忆为什么被扭曲

因为一个很简单的原因：记忆不是以一个自主的实体存在的。记忆不是你能在图书馆的书架上找到的一本书，也不是一张相片。我们记住一张相片，是记住了这张相片的组成要素，也就是说，回忆的过程是对一幅图像或者一种状况的重组。在这个过程中，我们只能重组不超过80%的信息，而另一个参加了同一个场景的人也记住了80%，但是他所记住的内容和我们记住的是不同的。长久之后，一些要素将永远消失或者被别的信息干扰而改变、扭曲。因此，我们可能以为堂妹曾经在1986年的假期来看望过我们，而实际上她是在1989年的假期来的。尤其是如果我们在同一个地点度假，错误的信息就更容易对记忆造成干扰。

为什么有时候我们找不到钥匙

我们的日常生活充满了很多随意的情形。当把钥匙随意放在某个地方时，我们总是不太注意，因为放钥匙的动作在记忆中与其他相似的、重复了上百遍的动作混淆在一起了。要知道，我们的大脑不能记住或者以有意识的方式回忆起所有的东西。为什么我们要记住一切？那将很可怕。我们做过太多的事情！我们的大脑使某些信息变得容易回想起来，并使另一些信息变得模糊不清，这样才能为其他更有意义的信息保留空间。因此，自动化的行为带来的更多是好处——留着空间去记住那些比把钥匙放在什么地方更重要的信息。如果我们经常忘记把钥匙放在哪儿了，不妨利用一些外部辅助工具，比如空口袋——总是把钥匙放在同一个地方。

⊙我们能否改善记忆力

通过训练可以改善记忆力，但只局限在被训练的那个领域里。如果训练的是记忆文字的能力，我们并不会更容易找到钥匙，但是却在记忆文字方面越来越有效率。我们可以训练注意力，但是记忆名字的能力并不会因此增强。通过练习能够改善一些能力，但关键还在于是否能够把得到的益处应用于实际生活中。如果利用练习来开发视觉能力，却不尝试把它应用到生活中，则没有任何意义。练习应该是快乐的并且符合自己的兴趣，否则效果将会是有限的，甚至造成焦虑。这意味着，最好的激励是在日常生活中开展各种活动，阅读、与朋友聚会、旅游等。良好的生活保健也同样是不可忽视的，失眠、劳累过度、焦虑都是影响注意力的消极因素。

是否存在可以增强记忆力的维生素

人在疲劳的状态下，补充维生素C能够增强注意力。脑营养学家建议每个星期吃两次饱和脂肪含量高的鱼，但这并不是说，吃鱼会使我们拥有超乎寻常的记忆力。只不过，我们不太重视养成良好的生活习惯——均衡的饮食、充足的睡眠、良好的身体状况对记忆功能的重要性。

如何训练我们的记忆

在本书中，你将发现一系列趣味练习，这些练习不是让我们学习如何选择正确的答案，而是帮助我们学习解决问题的技巧。如果涉及记忆数字的练习，重要的不是找到正确的答案，而是掌握应该应用的方法。这样，在今后的生活中再遇到数字问题的时候，我们就知道该使用哪种方法了。要记住，生活中所有要求我们集中注意力的情形都对记忆有帮助。

7. 了解记忆的方法

⊙使用心理测试

科学家们，特别是神经心理学家，已经开发了许多方法来研究记忆。其中一个方法就是让人们做测试以发现他们是如何反应的，以及有什么可能干涉他们的表现。例如，心理学家可能给人们看几幅图片，然后看他们是否能从其从未看到过的其他图片中将它们分辨出来。这叫作形象认知记忆。或者，他们可能读出一组词汇，然后要求人们复述。这叫作语言回忆。

通过这些种类的测试已经发现，一般性来说，人们能回忆大约七个词（或其他像数字之类的信息），而且他们发现更容易回忆起开头和最末的几项。如果信息以某种方式组织起来，如分类，那么人们通常能回忆起更多东西和更长时间的东西。通过使用这些种类的测试，心理学家们已经拼出了他们所认为的记忆系统工作的模式。

⊙大脑及记忆的紊乱失调

我们许多有关记忆的知识都是通过研究大脑紊乱失调的人而获得的。这也同时帮助临床医生们开发出了更好的诊断技术和大

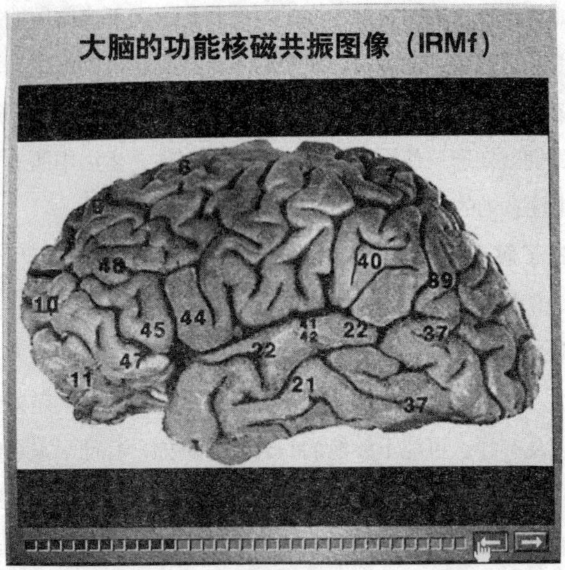

⊙ 通过核磁共振技术得到的图像革新了人们对大脑的认识，上面这幅图像展示出被测者在默念词汇时某些语言区域（区域 44）的活化

脑功能紊乱康复技术。

健忘症的研究也对科学有着很大的帮助。健忘症指的是大脑中对记忆系统的一部分——具有支持功能的一部分（或几个部分)——受到了损伤。健忘症患者们经常能用不同于他们以往的方式来描述他们对这个世界的体验。他们的大脑功能也可以用测量不同类型的记忆的目标测试来进行评估。

因此，通过这些类型的案例，以及其他记忆功能失调，科学家们已经建立起了不同类型的记忆加工的轮廓和对记忆有着重要作用的大脑区域的轮廓。

大脑成像（神经性放射医学）

大脑成像已经被证实是在对记忆的研究中的一个进步。它为我们提供了一幅真实的形象，指示记忆在大脑中所处的位置。

诸如电脑X射线断层摄影扫描(CAT或CT)之类的基础扫描方法通过发射X射线穿透大脑的细胞组织揭示大脑的结构。把受损伤的大脑的图像同记忆测试的结果结合起来，帮助我们对记忆发生的位置有更多的了解。

功能性磁力共振成像（功磁共像）可以被用来跟踪当一个人被要求去干如记住一串单词之类的事情时大脑中的变化。功磁共像是通过收集大脑活动的磁力“标记”来做到这些的，如氧摄入。这项技术能让我们真切地“看到”记忆在实际情况下的活动。

另外一种现行的“有用的”扫描叫作“正电子放射断层摄影扫描”（PET）。它揭示了在完成记忆任务时血液流动和大脑中化学物质的变化。它帮助科学家们获悉在记忆研究时大脑中的化学系统与身体结构是如何相互作用的。

二. 记忆的类型

1. 记忆库

我们的大脑已经演化到了有单独的部分处理来自不同感官和不同时间段的信息，并能分辨不同的重要程度。某个朋友的生日、某个商务约谈的方法，以及某个购物清单，都会被存储在记忆的不同部分里。

记忆力最简单的分类与记忆时效或记忆的持续时间有关。例如，短时记忆和长时记忆。短时记忆也可使用瞬时记忆（通过感官获取信息，使信息在神经系统里的相应部位保留下来的一种时间很短的记忆）和工作记忆等术语。瞬时记忆持续时间不足1秒。例如，电影就是利用人的视觉暂留这种瞬时记忆特性，把本来是分离的、静止的画面呈现在脑子里，成为连续的动作。记住一个即将要在键盘上敲的足够长的单词时，短时间足矣。工作记忆也被称作短时记忆，它能持续足够长的时间，例如，拨一串刚才你所看到的电话号码或在一次买卖中一口说出应当被找多少钱。短时记忆能保留信息将近20秒，如果该信息被暗示或有意识地被重述的话，保留时间会更长。例如，你对泊车的地点的短时记忆，持续时间会比20秒长，因为醒目的标志像重复的暗示在不断提醒你。在长时记忆中被编码的信息可以被保留一生。一位能清晰地记着自己与配偶相遇日期的90岁的老人，她对此事有似乎发生在昨天的鲜活记忆，显示了长时记忆的持久性和能力。

另一种关于记忆的简单分类法是通过它被编码和读取的方式——自觉或本能的。同样，记忆既是外在型（也被称做公开型）的——可通过有意识的努力达到，也是暗示型（也被称做未公开型）的——可以有机或自动地达到。外在记忆功能，比如学习拼写、命令、注意力、注视和练习回忆。大多学校规定的学习内容都是外在型的。暗示型记忆功能，比如学习生火，从另一个角度说也代表了许多最初的记忆能帮人类保护自己，确保我们人类作为一个种类延存至今。

⊙时间的推移

随着时间的推移，你的有意识体验会着重停留在当时和当地。不管你刚刚的有意识体验是什么，都会被推移到记忆系统的另外一个部分，或被抛弃。你现在的短时记忆关注的是阅读。但是你还记得昨天晚上去看过一部电影，而这是你对某个生活片段的特殊记忆（对某人生活中事件的记忆叫做自传式记忆）。你可能还记得电影中的男主角是谁。一个月后，你还会记得自己看过这部电影，但可能记得的只是一个故事大概。一年以后，你可能会在租了一部电影录制光碟并开始播放后，记起自己已经看过这部电影了。

当时："我昨天晚上看了奥尔森·威尔斯主演的《第三人》。"

六个月以后："我看过《第三人》，主演的是……啊，他叫什么来着？"

一年以后："我可能曾经看过《第三人》。"

⊙记忆库的种类

外部记忆主要有两类存储库。

语义性记忆库

它存储的是综合的世界知识。它有点像大脑中一本不断增长的百科全书。任何种类与事实有关的知识本质上都是语义性的，包括事实（如法国的首都是巴黎）以及更多关于世界的基本知识（如知更鸟是鸟）。

经历性记忆库

它存储的是更加个性化的有关片段和事件的记忆。我们昨天晚上做了什么，为18岁生日庆典做了什么，暑假去了什么地方，等等。

2. 为了记忆而记忆

一直以来，超常的记忆力都吸引着人们的注意力。这样的例子不少：罗马作家普林尼（公元前23～公元79年）在他的《博物志》里曾记载波斯国王居鲁士能记住所有士兵的名字；数学家约翰·冯·诺伊拥有"照片式"记忆能力；2004年的奥林匹克记忆冠军鲁迪格·加马拥有超乎想象的记忆力。

⊙专业性记忆

通常，出色的记忆力会让人肃然起敬。面对一个学识渊博的行家，我们总是钦佩不已。但不可否认的是，这样的赞赏有时候也带着不相信的惊讶，尤其是当某些东西在我们看来似乎不"值得"记住时。例如，听到一小段音乐就能说出作曲者，根据发动机的噪声就能分辨出不同时期的汽车类型等。有一点我们非常清楚，漫长的职业生涯有时候能带来超乎寻常的专业性记忆。

⊙脑力田径运动

日本官员黑地阿齐·托莫友日花了许多休息时间强记数字π，1987年他成功地复述出小数点后40000位数字，但在这个纪录之后被另一个日本人以42195位数字打破。1999年马来西亚人西姆·伯罕复述出小数点后的67053位数，仅出现15处错误。

许多数字狂热者之所以醉心于“脑力田径运动”，是仅仅出于兴趣，是期望在世界纪录中占有一席之地，还是为了赢得一个冠军？在他们身上天生的才能好像并不必要，强有力的积极性就足够了。在很大程度上，好的成绩实际上归功于从古代开始就为人们所知的记忆法的巧妙运用，就像地点法。许多著名记忆冠军和众多记忆“奇才”都毫不犹豫地公开自己的作品、成绩或者组织培训班，以满足盲目追求改善记忆力的公众的需求。

⊙维尼阿曼的例子

然而，一些人似乎比另一些人更有记忆天分。所罗门·维尼阿曼·T是研究“天才记忆”最好的专家之一。1920～1950年间，俄国神经心理学家亚历山大·卢里亚一直对他进行跟踪研究。在短短几分钟里，维尼阿曼就能记住一长串单词或数字（有时多达400个），并且能在几年之后完整地复述出来。除了特殊的天赋外，他还利用了一些记忆策略，比如把每个词同一条臆想的路线结合在一起，第一个词和窗户联系在一起、第二个词和门联系在一起、第三个词和栅栏联系在一起等等。有时他也会忘记，那是因为他把臆想的形态与颜色搞混了，例如放在白墙前的白色鸡蛋。实际上，维尼阿曼运用了联想，就是说他把每个词的形式或发音都转换成了不可磨灭的“形象”。这个奇人永远保存着对这些词的记忆。为了忘记它们，他必须有意识地努力把它们清除掉，他想象着将这些词列在一块黑板上，然后把它们擦去或者在它们上面盖上一层不透明的薄膜。出色的记忆使他因一个耀眼的职业而闻名，当卢里亚发现他时，他只是一个没多大天分的播报员，之后他凭借自己超常的记忆力成为一个知名艺人。

3. 短时记忆

了解短时记忆最简单的办法是把它当成存在于我们意识中的信息，它是对我们最近所经历的一些事情的记忆。短时记忆是一个工具，我们用它来记住电话号码，以便有足够长的时间去拨打电话，或者记住去一个不熟悉的地方该怎么走。

⊙记忆过滤

我们通过感官将信息摄入大脑。我们的意识只允许我们需要的信息通过——其他的就被过滤掉了。可能现在你就坐在客厅里，关心的只是你在读的书。暂停一下，并感受一下实际在你身边发生的事情——也许是你的伙伴翻报纸的声音，烧香肠的香味，隔壁孩子玩耍的声音，或者是你的电脑一直不断的“嗡嗡”的背景音。

现在让你的注意力重新回到书上来，渐渐地那些声音又会变得无关，于是也就不会让你分心，你的短时记忆又集中到了阅读上。这种过滤是记忆系统中至关重要的一部分，因为它让你的思维避免因为无关的信息而负载过度。

⊙短时记忆的容量

短时记忆的容量是有限的，大约七个空间，或者叫“意元”。例如，你可能记得住七个人的姓名，可一旦有更多的姓名，你就会开始遗忘。要使某样东西保持在你的短时记忆中，你就必须对它进行加工（有时也称之为加工记忆）。例如，如果你查到了一个电话号码，你就必须将它自我复述，以便能记住足够长的时间来拨打，这被称为再现。仅仅几分钟后，你意识中的这个电话号码就会被其他新进入的信息所代替。

⊙对信息进行编码

信息以几种方式进行编码后进入我们的短时记忆。

形码：我们试着将人名生成图像或想象他戴着一顶帽子。这种形象在几分钟后会开始淡去，除非我们使之保持活跃。

声码：这是一项最普通的技巧，用于使信息在我们的短时记忆中保持活跃。它包含重复信息，如姓名或数字。

意码：在这里我们运用了某些有意义的联系，例如思考一个有着同样名字的熟人。

⊙注意力

短时记忆是短暂的而且容易被打断。所以，注意力是能否让有关事情保持在脑海中的一个重要因素。它可能只有在你被分心时出现，让你感到你在“有意识地”进行记忆。下面是两个普通的例子：

电话号码

你在地址簿里查了一个电话号码。可正当你要拨这个号码时，你听到有人从前门进来了。你可能就需要再查一下这个号码。这是因为你正在活跃的记忆已经被打断而暂时失去了注意力。

“我到这儿来干什么？”

你正在厨房里，但想到整理一些文件并想到要一个订书机。当你走向书房取订书机时，你开始思考那天晚上的晚饭你可以做什么。而你走进书房时，突然发现自己想不起来为什么去那里了。很简单，你只是又一次分心了。

⊙潜意识记忆

有些信息可能在我们不知道的情况下通过了过滤而进入记忆。在20世纪60年代，电视广告制作者们提出了潜意识广告这样一个聪明的理念。例如，某个产品的图片、某个特定品牌的衣物清洗剂，会在电视屏幕上非常短暂地“闪现”。它可能在任何时候出现，甚至出现在一部电影的播出中间。它出现的时间很短，以至于我们不可能有意识地注意到我们看到了什么，但是，我们的记忆已经下意识地储存了这幅图片。

当下一次我们走进超市时，就会对这个品牌的衣物清洗剂有似曾相识的感觉，就会将它同其他产品分辨开来，从而使商家达到了促销的目的。有关方面开始担心这项技术可能被用于（可能实际上正在被用于）对人洗脑，因此该项技术被认定为非法。

4. 长期记忆

长期记忆能够帮助我们回忆或者再认出那些在几分钟、几个小时或者几年前获得的信息。它包括：情景记忆——储存的是那些构成你的自传的一系列生活事件；程序性记忆——储存的是那些使你能够从事机械运动（例如骑自行车）的信息；语义记忆——你的关于这个世界的知识的宝库。

当你使用那些为了某个特定任务而被永久储存的信息时，就会发生信息从长时记忆到短时记忆的转移。举例来说：当你要做一道几天前被详尽地解释过烹调方法的菜时，要做到记住配料和说明而不看任何笔记，就必须对它特别感兴趣，并且有很强的动机。

为了使信息不仅停留于短期记忆中，就有必要把信息传递到另一个更持久的系统中。长期记忆具有我们认为几乎无限的能力，它能够在一段时间后重组信息——一次会面、一个数学公式，或是游泳的动作——从几个小时到几天、几年，甚至有时长达几十年。

⊙两种不同的记忆方式

极少有人埋怨说忘了如何爬楼梯、如何从一个椅子上站起来或者如何刷牙。日常生活中对记忆的抱怨大多数是关于无法想起某个人的名字、某个字，或者一件近期发生的事。在个人经历方面，一个具有遗忘障碍的人将面临更大的困难。为了更好地解释这一现象，心理学家安戴尔·图勒温和拉里·斯里赫定义了两种不同的记忆方式。

陈述性记忆

“你去年去过哪个城市？”“谁是现在的农业部部长？”“《英雄》的作者叫什么名字？”“恺撒是在哪一年死的？”对所有这些问题，我们可以用一个词或者一句话来回答。

当然，我们也可以写出答案，在某些情况下还可以画张图或是在一张照片、卡片上指出来。但答案通常都是基于对曾经经历过的或者学过的东西有意识地回忆，并且能够通过口头的方式表述出

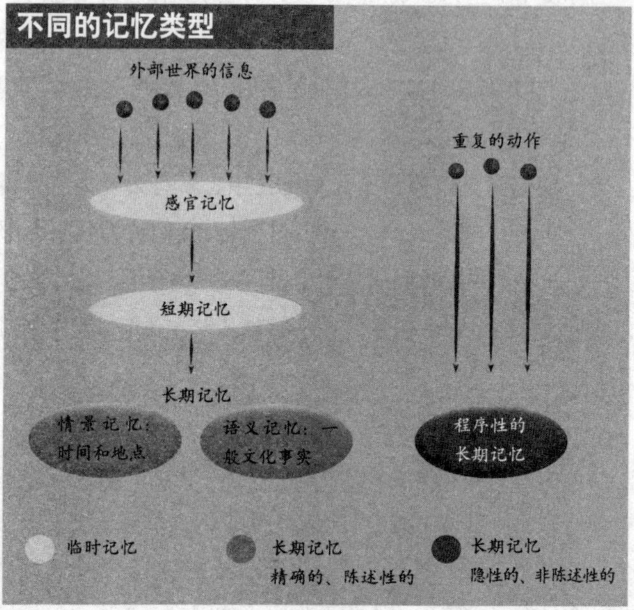

⊙ 为了描述记忆的类型，心理学家设计了一个空间模型，如同一张房屋地图，每个房间代表一种记忆类型

来。这就是称其为陈述性记忆的原因，也可以用“精确记忆”这一术语。

非陈述性记忆

操纵电视遥控器、使用厨房用具、骑自行车、系鞋带或者仅

仅是走路，这些行为都不需要我们有意识地回忆相关的姿势或动作。即使我们可能记得当初学习这些行为时的情景，但更多时候我们只能以非常简单的方式对这些行为进行描述，并且倾向于演示示范。为了解释自由泳时腿的动作，游泳教练更多地会进行动作示范，而不是用长篇大论来解释。出于这个原因，这种记忆形式被称为非陈述性记忆或者隐性记忆。

⊙从生活事件到日常例行公事

1993年4月11日我们去过纽约，《罗密欧与朱丽叶》的作者是莎士比亚，骑自行车的方法……所有这些例子都体现了对行为的记忆，但只有第一个例子是唯一真实发生过的，其他的例子似乎和个人特殊经历无关。并且，即使我们在日常用语中应用“学习骑自行车”这种表述，但当我们涉及“学习”这个词的时候，更多会联想到在学校学到某种知识，而非某种体育活动。那么是否对不同的事物存在不同的记忆呢?

研究人员对某些记忆障碍的研究证实了我们的假设。比如，某些健忘症患者只忘记了个人新近的经历、以前学过的文化知识，或者某些特殊的行为方式。由此，科学家将记忆分成3种类型：对发生在特定时间和地点的事件的情景记忆；用来储存一般知识的语义记忆；以及为了完成一些重复性行为或者标准化动作的程序性记忆。

⊙情景记忆

情景记忆对应着我们在一个确定的时间和地点的特殊经历，上个星期我们看过的电影，或者去年夏季我们做过的事。这些经历构成了情景记忆的一大部分。

一个记忆的诞生

当我们记忆这些情景时，不仅记住了事件本身，还记住了当时的环境背景。例如，在我们回忆与朋友一起吃的晚餐时，我们还记得当时的灯光、声音、气味、味道等。同时，这些要素也在我们的记忆中留下了以后回忆的线索。在回忆时，我们就可以在以往的经历中定位：“星期五晚上，我去大剧院看了一场极好的表演《图兰朵》，陪同的有小贝尔纳、安娜·玛丽、吉尔伯特、丹尼尔和雅克。”当然，对这样一个事件的记忆也保存有情感的因素。正如伏尔泰观察到的那样：“所有触动内心的，都刻印在记忆中。”

记忆就这样保存着事件的主要方面，然而背景线索并不位于大脑的一个确定区域。因此，记忆的程序一点也不像以前描述的那样：在一个“仓库”里储存着记忆，每一个都有其特定位置，当我们需要的时候就去那儿找。

事件的不同方面存在于不同的大脑区域

我们在记忆时大脑是什么样子的？比如，在7月的一个早上我们看见花瓶里插着的玫瑰时。首先，对这个场景的感知需要我们不同的感官共同参与：嗅觉感知玫瑰的香味，视觉记录它的形状、颜色和在花瓶中的位置以及花瓶在房间中的位置。接着，形成各种记忆痕迹。有关玫瑰花香的记忆将存留在大脑的嗅觉区域。如果我们被玫瑰花刺扎了一下，感受到的疼痛记忆将保存在大脑的另一个区域。关于地点和时间的信息则被存储在大脑的前部……

大脑各个区域间连接的建立归功于神经元网络，每次记忆一条信息时神经元网络都会被激活。而在回忆时，右额叶会从神经元网络中的不同记忆痕迹出发，进行对场景的重组。

寻找遗失的记忆

有时候寻找遗失的记忆过程需要很长的时间并且很困难，因为必须要重新激活与之相连的全部神经元网络。但有时一个线索就足以唤回全部记忆。正如《追忆逝水年华》中所描写的，一小块浸入茶水中的玛德兰娜蛋糕唤醒了故事叙事者在贡布雷的整个童年世界，因为雷欧妮阿姨曾在给他一块相同的蛋糕之前把蛋糕浸入椴花茶中。

另一方面，分散储存使得记忆更稳固——大脑部分区域受损极少会造成一个人的全部记忆消失。但是，随着时间的推移，某些记忆痕迹的功用改变或者消除了，于是回忆变得很困难。

⊙语义记忆

大脑中其他被储存的信息普遍发生在学习的环境背景下，即一般的常识，比如《罗密欧与朱丽叶》的作者是谁，意大利的首都是哪儿……我们从多种渠道获得这些知识，如果这些知识只具有一般的性质，那么当时的学习背景会逐渐从我们记忆中消失。例如，我们很少能想起第一次听到“莎士比亚”或者“罗马”这些词的地点和时间。

有时候，关于时间和地点的记忆痕迹可以帮助我们找到一时遗忘了的东西：我们想起在一本什么样的杂志上读过，要找的东西就在某一页的上方。

什么样的信息储存在语义记忆中

语义记忆存储的不仅是某种类型的百科知识，或一般知识性的问题，还储存了个体在一段时间内的生活事实。借助语义记忆，我们可以给物体命名并将其归类（锤子、螺丝刀、锯子属于工具类），或者给某个种类列举例子（属于昆虫的有蚂蚁、瓢

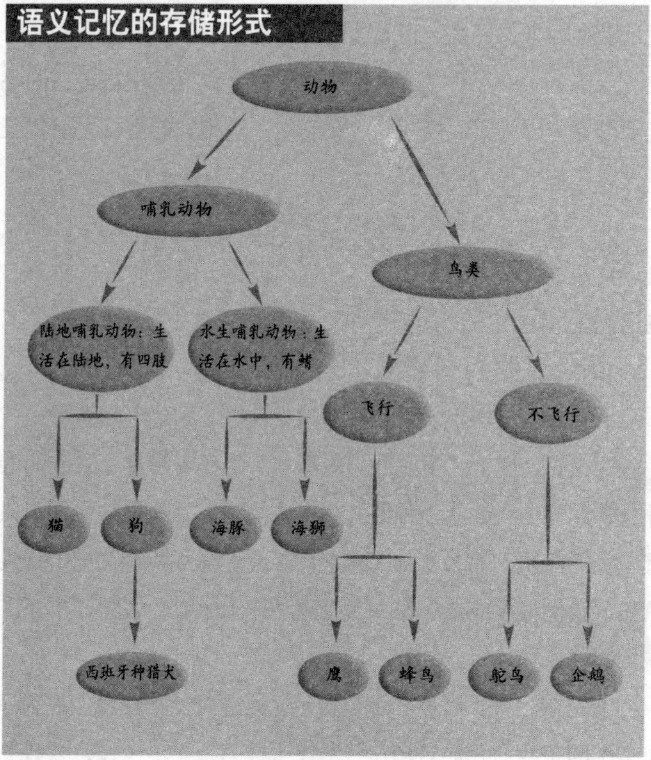

⊙ 在语义记忆中信息是以树形图的形式存储的，每一个类属都存在一个代表性例子，例如海豚是水生哺乳动物的代表

虫、蜜蜂等）。同理，当我们需要记忆一系列混乱无序的词时，我们可以先将其分类，这样就能更容易记住了。

对知识的良好组织

事实上，语义记忆中储存的知识相互联系着，按照逻辑与用途的不同形成复杂的网络（参见左图）。例如当我们想起“大象”这个词时，其他的概念（大象的颜色、形态或者与它相关的历史）也同时处于活跃状态：“大象身躯庞大，它是灰色的，有两个大耳朵、一个长鼻子和两根大牙，重量可达到6吨，拥有闻名于世的记忆力。公元前3世纪，汉尼拔骑着大象穿越了阿尔卑斯山……”

实用性知识的组织形式不尽相同。特别是在日常生活中，当涉及一系列规范性的连续动作时，例如准备早餐、购物、组织聚会等。根据早已建立好的内在逻辑顺序，这些日常规律性的活动一旦开始，接下来的各个步骤便接踵而来，而不需要“图示”或者“脚本”。为了准备早餐，只需要开始第一个动作——在咖啡机里倒入水，这之后就不再需要任何注意力了，接下来的动作会自动执行，我们可以在这段时间去想别的事情。

⊙程序性记忆

第三种记忆类型通常在很大程度上脱离意识，如骑自行车、打网球、弹钢琴、进行心算、母语的正确使用，以及玩扑克牌等，这类活动一般都基于潜意识的记忆，所以很难对其进行详细的描述。这类活动的学习过程通常很漫长，需要经过无数次的练习和重复，而一旦掌握就很难忘记。但某些复杂的活动仍需要坚持实践：

一个钢琴家如果不经常练习，他的演奏水平就有可能下降；一位高水平运动员如果缺乏常规的训练，他的成绩也将滑坡。

例行公事性的任务

在日常生活中“自动性动作”扮演着重要角色，让我们可以完成复杂的例行事务，而大脑却保持空闲去面对无法预知的状况。例如，开车时，我们并不十分注意控制方向盘、油门、指示灯等，直到发生特殊情况——一个孩子试图横穿马路——才需要我们动用所有的注意力并结束“自动驾驶”。

按照我们的习惯和偏好

潜意识的程序也是我们许多习惯和偏好的根源。我们能够记住一系列同等商品的价格，可以在比较某种商品时作为参考，比如哪家超级市场里的苹果更便宜。当我们不能够直接地应用这些程序时，比如由于货币的改变或者临时居住在外国，我们则显得特别地不相信自己的判断。尽管早在2002年初就开始推广欧元了，可是许多法国人仍然继续用法郎进行“思考”，特别是对非日常用品，比如房子或者汽车。

典型的适应状况

在吃完一种特殊的食物（例如牡蛎）后，我们生病了，从此只要看一眼这种食物就可能恶心。在俄国生理学家巴甫洛夫的实验中，铃声一响起，那条已把铃声刺激同下一餐的来临结合起来的狗就开始流口水。在人类身上也能发现类似动物的这种典型的适应状况，这类适应状况有时候与特殊原因引起的害怕或快乐感有关。例如，如果我们曾被野兔咬伤，即使身处距离事故很远的地方，只要周围的树木或者气味与之相似，我们都可能会心跳加剧。

诱饵效应

我们也会无意识地记住一些信息（比如对话者领带的颜色），在以后某个需要的时刻，这些信息能够帮助我们更快或者更容易地回想起当时的情景，但是这些信息与我们有意识记住的信息具有不同的确定程度（“你的领带好像是红色的”）。

为了描述这一现象，科学家们提出诱饵效应。例如，一个填字游戏的答案是一条定义（比如生产、出售豪华家具），突然我们想到了一个在完全不同的背景下出现过的正确答案（“细木工”）或者类似的答案（“木工”）。有时候，这样的潜意识记忆让我们兜了“一圈”：我们以为自己找到答案了，事实上，答案是通过我们以前读过的一篇文章而得到的，只不过我们早已忘记自己曾经读过那篇文章。

⊙长时记忆

如果某个短时记忆重要到有必要保持得久一些，它就要被存储到长时记忆中。为了对长时记忆是如何工作的有个概念，想象一下某个记忆从前门进来，穿过走廊（短时记忆），然后来到一个房间被分类和存储。这个“记忆存储库”非常大，它有着许多相互连接的房间，以及几乎是无限的容量。

记忆的再现

记忆的存储虽然不如图书馆那么整齐，但也是有组织的。当我们想要再现信息时，就需要搜索它。有时我们发现马上就能找到，有时则需要较长的时间。

偶尔，你可能根本找不到你想找的。这部分是因为你学的越多，那么在你想要再现信息的竞争就更大。好比有一袋玻璃球，如果其中只有几个玻璃球，相互之间就很容易区分。袋子里的球越多，就越难将它们相互区分。

再现失败

有时我们会无法再现确定已知的信息。

“舌尖”现象——你确信自己知道问题的答案，可就是不能完完全全地将它说出来。

编码错误——有时我们对我们想要在以后再现的信息编码不够好。你认为自己已经理解了某件事情，可当你想要给别人解释这件事情时，却发现自己并没有想象中理解得那么好，也就是说还有距离。

5. 专业象棋师和运动员的记忆

第一印象中，一个象棋冠军和一个职业足球运动员之间似乎没有什么可比性。然而，他们所运用记忆的方式却惊人地相似。

⊙大师对新手

1965年，心理学家阿德里安·德赫罗特曾策划了一个著名的实验。让5个大师和5个新手一起观看一系列国际象棋棋局，每个棋局观看5分钟，然后要求他们在一个空棋盘上重新排列出棋局。在第一轮测试中，大师们能够重新摆出90%的棋子，而新手只能摆出40%。然而，当棋子以随机的方式排列在棋盘上时，大师和新手的成绩却是相同的。

大师胜于新手之处，在于他们懂得如何学习、辨认并且记住棋子的摆放，当然前提是棋子遵循一定的模式排列，比如一盘可以下出来的残局。我们猜测，在一个大师的记忆中储存着10 000到100 000种棋子的摆放模式。由于扫一眼就能组合大量的棋子，凯瑞·卡斯帕罗夫在很短的时间内就可以分析出一个新手的棋局。几年前，科学家设计了一台名为“深蓝”的计算机，它能测算到每步棋的几千个可能位置，除了开局和结果。一个专业棋手有时候用几秒钟就能迅速确定那些制胜的布局，程序员成功地在“深蓝”上模拟了这部分技能，从而使得电脑战胜了国际象棋大师凯瑞·卡斯帕罗夫。

⊙齐达内会怎么做

面对重现比赛情景的图像，当被要求说出一种让球员更好地控球的动作时，传球、护球还是直接射门，球员和教练给出的答案与外行人不一样。专业人员给出了更恰当的建议。这是2003年3个研究者从对一支球队的实验中得出的结论，出现在照片上的比赛状况完全符合专业球员的猜测，而外行人却猜错了。同时，专业球员学习起来也更有效率。当过了一段时间后，再次向他们展示同一张照片时，专业球员更快地给出了

齐达内冲出来，突破后防线，在两个后卫中间的空当起脚射门！一个有经验的职业足球运动员不仅有着良好的体力，而且快速分析的能力也是必不可少的

答案，这表明他们在第一次时已无意识地记住了。并且对这些职业球员来说，他们的运作记忆被干扰时也同样能够保证效率，因为他们被要求同时完成口头和视觉任务。

⊙获得专家式的记忆

其他集体运动的专业运动员跟足球运动员一样，当被要求准确地记住运动的顺序以及在场地上移动的初始位置时，他们总是比新手表现得更好。滑冰运动员和体操运动员——也包括体育记者评论他们的技能——能更轻松地掌握表演姿势，但是，和在象棋案例里一样，他们的优势仅局限在与自己的专业相关的运动形态中。

正如各行业的专家们一样，运动员培养了“获知-行动”的能力，但这种能力基于普通的能力：扎实的基础要以多年的努力为代价。由于定期训练，他们能更好地专注于特殊的领域，并且能更强地在精神层面上“操作”这些能力。尽管如此，这些能力不能移植到他们专长之外的领域：专家的记忆只在自己的专业领域令人惊奇。

6. 莫扎特的传奇记忆力

无须乐谱，勃拉姆斯就能够演奏巴赫和贝多芬的全部曲子，交响乐队指挥汉斯·翁·布隆也可以指挥瓦格纳创作的整部《特里斯坦和伊索尔特》,莫里茨·罗森塔尔能演奏肖邦的所有曲目……音乐家的记忆有时候可列入传奇。

在意大利小提琴演奏家特利纳萨奇的要求下，莫扎特在1784年晚间音乐会的前一天创作了降B大调钢琴和小提琴奏鸣曲。但他只写下了小提琴那部分的谱子，以便特利纳萨奇可以在早上准备。在第二天晚上的音乐会上，莫扎特亲自用钢琴在奥地利皇帝面前伴奏。当皇帝要求看钢琴曲谱时，却只有一张白纸……事实上，大多数音乐家、作曲家或者演奏家对这个传说并不感到惊讶，他们自称同样也可以做到。但是，根据传记，早在14岁的时候，莫扎特就表现出了超凡的记忆力。

1769年，在父亲的陪同下，年轻的沃尔夫冈·阿玛多伊斯·莫扎特从萨尔茨堡出发，进行了15个月的旅行穿过意大利。1770年4月11日，他们来到罗马，这时正值复活节。和其他游客一样，他们参加了在西斯廷教堂举行的从星期三到星期五早上的圣礼拜庆祝，伴随着格雷戈里奥·阿列格里（1582～1652年）的《上帝怜我》。这部音乐作品没有任何乐器伴奏，是一部带有四声部重唱的五声部合唱歌曲，在欧洲以其优美的旋律而著称，同时也被蒙上了神秘的面纱。

教皇明令禁止在西斯廷教堂和圣礼拜之外唱这首曲子，并严格禁止任何人将此乐谱抄写外传，违令者必受革出教门的重罚。在当时只存在3份正式复制本：一份给了葡萄牙国王；一份为马丁尼教士拥有，而他被认为是意大利最伟大的作曲家和教育家之一；第三份存于维也纳的皇家图书馆里。

奥地利皇帝利奥波德一世（1640～1750年）游览罗马时，贵族们向他讲述了那部超凡脱俗的音乐作品，于是他向教皇要了一份作品的复制本。但是，在维也纳的演出使利奥波德一世非常失望，他以为复本弄错了。因此，他向教皇抱怨，要求立即解雇提供副本的教堂主人。这个不幸的人于是请求听证，并向教皇解释说作品的美源于教皇合唱团的歌唱技术，而这是无法在任何乐谱上标明的。于是，教皇允许他到维也纳为自己辩护，最后教堂主人获得了成功，之后重获职位……

我们再回到莫扎特。星期三，当年轻的天才听完《上帝怜我》后，回到在罗马的居室里他凭记忆将整部曲子写了下来。星期五，他再一次回到西斯廷教堂，并把手写本藏在帽子里，以便修改一些错误。4月14日，他的父亲利奥波德给妻子写了一封信："……你经常听说的著名的《上帝怜我》禁止任何演奏家演艺，也极少复制给第三者，否则会被驱除出教会。但是我们已经拥有它了，沃尔夫冈抄录下来了。如果我们的在场对演奏不是必要的，我们将通过这封信寄回萨尔茨堡。但是，演奏对它的影响比作品本身大。另外，由于这涉及罗马的一个秘密，我们不希望它落到别人手中……"

莫扎特和父亲继续在那不勒斯游历，然后又回到罗马，并在波伦亚度过了剩下的假期。他曾向《上帝怜我》的一个拥有者马丁尼教士学习过，还结识了英国著名的传记作家和曲谱家查尔斯·伯尼博士。伯尼博士到法国和意大利游历，为一本关于这两个国家音乐状况的著作收集资料。1771年底，伯尼博士回到英国后出版了自己的游记，以及圣礼拜时在西斯廷教堂演奏的音乐作品集，阿列格里的《上帝怜我》也在其中。伯尼博士的作品集结束了教皇对《上帝怜我》的垄断，在这之后，这部作品被无数次地印刷。

关于伯尼博士是如何获得复本的，存在着许多猜测：是来自梵蒂冈的教堂主人桑塔雷利？还是在看了莫扎特的手记，并与马丁尼拥有的副本做了比较后，出版的删改本？伯尼博士的版本不同于其他已知版本——官方的或者“盗版的”，可是为什么缺少了合唱团成员加上的“装饰音”？是否正如某些假设那样，伯尼博士想保护莫扎特，避免这个天主教国家的年轻公民被驱逐出教会？甚至他是否毁坏了莫扎特的手记？

所有这些假设依然存在，因为莫扎特的手记似乎并没有幸存，而它的不复存在同时又导致了所有关于这个手本真实度的争论落空。因而，问题的关键就在于，是否年轻的天才在14岁时就真的拥有如此超乎寻常的记忆力……

7. 自传性记忆

对于大多数人而言，“记忆”一词最先能让我们想起的是个人世界，我们自主地保留着对自己实际经历过的事件的记忆。然而，简单观察一下就会发现，这种记忆不仅仅由一系列实际发生过的事件组成。

⊙自主与不自主记忆

当我们回忆过去时（例如很久前与朋友的一次晚餐），经常需要几秒钟的时间才能想起细节。事实上，我们先要经过一般性的回忆进行确认，比如是在生命中的哪个时期发生了这一情景（我们是学生的时候），然后上溯到同一类属的事件（在这个时期与朋友的聚餐）。就这样以精神努力为代价，我们找回当时的片段。这个过程有时非常艰难漫长，需要集中注意力有意识地进行记忆重组。一些记忆可能被扭曲，而承载着深厚感情的（我结婚的那一天）往事就能够快速地被想起。

对许多往事的回忆都是由一些同时出现的特殊迹象引发的：一种气味、一种味道、一段旋律、一个词语，或者一种想法、感情或思想状态。在马塞尔·普鲁斯特的小说《追忆逝水年华》中有许多这类的描述：玛德兰娜蛋糕放入一杯茶水中、从佩塞皮埃医生的汽车中观看马丁维尔的钟楼、香榭丽舍大街一个公共洗手间的气味、勺子与餐碟碰撞的声音……作者用了“自主”和“不自主”这两个术语来区分不同的记忆重组方式。

⊙情景记忆和语义记忆之间的差别

情景记忆使我们能在脑海里重温某些情景，有时伴随着发生在特定时间和空间里的细节（我在学校的第一节课）。这些记忆再现通常由心理图像引起，但是我们也能找出和当时有关的感情或情绪。

在语义记忆中，关于我们自己的信息（周围人的名字、我们的爱好等）和一般事件的信息（我们在乡下过的周末、在学校的生活等）是以互补形式存储的。因此，重塑一般性事件其实是为了找回拥有共同特点的特殊事件。不容忽视的是，情景记忆和语义记忆之间存在着相互过渡和转化。

演员的视角与观察者的视角

受情感重大影响的事物带着大量细节被持久地保存在我们的记忆中，这些情感的印记以强烈的再现感为特征，即表现为确切意识状态的再现。在这种情形下，我们倾向于依靠记忆中所保存的和最初事件相同的观点来重现片段。这种“演员的视角”被认为结合了片段记忆，而“观察者的视角”（就像我们看电影那样）则更多地体现出语义记忆。

年龄与自传性记忆

一般来说，情景记忆历时越久，就越难以被忠实地保存，但是也存在许多例外。在3～4岁前，记忆是罕有的（儿童记忆缺失）。10～30岁之间构筑的记忆能保持得较为生动，40岁后这些记忆将在回忆中占相当大的比例，心理学家称之为“记忆重生的顶峰”。因此，人生的这个阶段对构筑我们个人的特征是具有重大意义的。衰老对我们重温特殊事件（情景方面）是不利的，但

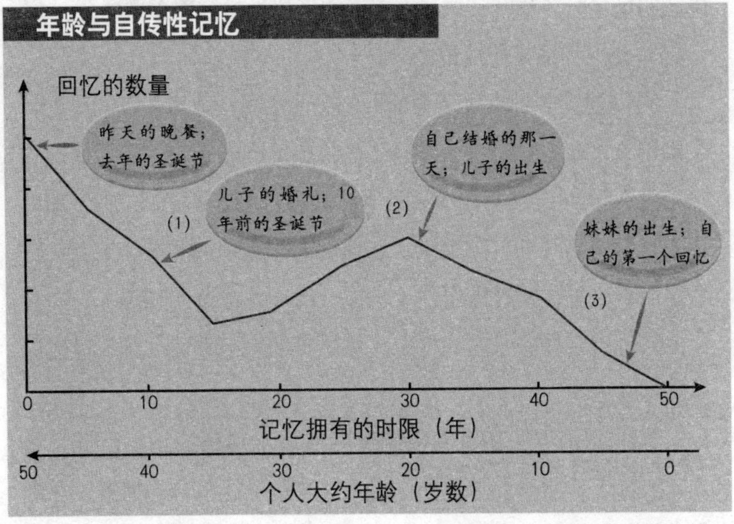

这个曲线展示了一个人在50年里，其自传性记忆随时间推移的变化趋势。可以看出，随着时间的推移，记忆的数量在减少（1），在10～30岁之间编织了最多的记忆（2），而在3～4岁前个人记忆几乎缺失（3）

却不影响我们回忆一般性事件或者个人资料（语义方面），比如周围人的名字。

承载着深厚感情的事件通常能被很好地保存，然而，太强烈的感情有时会导致相反的效果。例如，抑郁有时候会引起情景记忆的衰退。

近事遗忘症

自传性记忆可能遭遇的主要障碍是近事遗忘症（一种由突然的脑部损伤引起的对既得信息的遗忘），这种病症可能影响识别能力。情景记忆的缺失是这种病症的表现之一，但语义记忆通常不受影响。一些解剖学和临床数据以及功能图像显示，在回忆自传性的情景时，额叶和颞叶右前部的连接处扮演着重要角色。

⊙如何评估自传性记忆

可以通过多种方式来测试自传性记忆受损或者保存的能力，最常用的诊断方式是关于不同生活阶段的问卷调查。除了最近的12个月，童年到17岁、18～30岁、30岁以上、最近的5年，都被认为是特殊的时期。医生或者心理学家详细地询问被测试者在每个生活阶段发生的特殊事件（例如一次印象深刻的相遇），并且让他们说出具体的时间和地点，然后将结果与其他家庭成员提供的信息做比较。

其他测试方法还有向被测试者展示一系列的词（街道、婴儿、猫等），然后要求他们说出第一次接触这些词的情景，并确定具体时间；又或者评估他们表述一系列情景的能力。测试较少用个人线索（照片或者家庭轶事）来引发回忆，但是得到的结果与其他的测试方法几乎无差别。

8. 前瞻性记忆和元记忆

当回忆过去的生活情景时，思维似乎自然地转向过去。然而，在回溯性记忆之外，还应该具备前瞻性记忆，它对我们的生活来说也是必需的，因为它能使我们想起在未来应该履行的行为。

⊙记住将要做的事

“不要忘记带面包回来”“要记得去投寄这封信”“中午不要忘记吃药”……查看日程表是用来减轻记忆压力的最广泛方法。为了确保其有效性，前瞻性记忆存储的信息应该表现为：要履行的行为和应该实现的时间，以及应该开始的最佳时间。前瞻性记忆的有效性只有在想起的那一刻才被确定，因此，在记忆时动机和背景是首要的。一旦我们拥有一个填得满满的日程表，就要时不时想着去翻看。

每个人都对不时会忘记做一些事情而感到负疚，而且这还令人非常沮丧。这种类型的记忆的好处是易于改善。只要稍微有点条理，再加上一些简单策略的帮助，就可以提高这方面的记忆。有时，生活似乎被许多小事所占据，“有条理”可以帮助你清理思路，以便处理更为有趣的事情。

为什么我把手巾打了个结

这个象征性的“结”表明线索的重要性与直接关联性。事实上，所有记忆都通过线索被异化了，这些线索或者来自于外部环境，或者是由我们自己创造的（明天我应该……）。如果需要找回的记忆缺乏外部线索，那我们将更多地依赖内部线索。

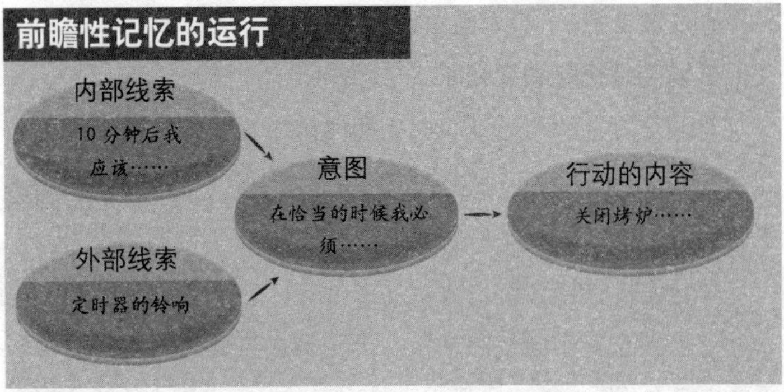

⊙ 前瞻性记忆存储的信息应该表现为：要履行的行为和应该实现的时间，以及开始的最佳时间

经过面包店这样的简单事实，可以帮助我们建立有效的外部线索来使自己想起应该买面包。当所要实现的是一系列相互联系的行为中的一部分时，记忆重现通常是比较容易的。例如，当我们已经花了许多时间调制正在烤的面包时，很少会忘记在恰当的时候关闭烤箱。然而，买蛋糕是一个相对孤立的行为，因此我们极有可能忘记。

我们可以利用某些工具或者自己创造一些线索，比如做饭时使用定时器，又比如在手帕上打个结。一定要选择好辅助工具，因为这些工具不仅要具备时间提醒功能，还要让我们知道该做什么。这种情况下，在手帕上打个结表达的内容就不那么详细和明确了。

⊙元记忆

所谓元记忆是指对记忆过程和内容本身的了解和控制。换句话说,元记忆是有关记忆的知识。个体对自己的记忆功能、局限性、困难以及所使用的策略等的了解程度就代表了他的元记忆水平。以下是元记忆参与记忆的3个阶段。

（1）学习：知道怎样学好某条信息。

（2）储存：知道自己认识某条信息。

（3）重组：知道如何重新找回某条信息。

达利出生于哪一天

对于“达利出生于哪一天”这个问题，可能大部分的人会回答“我不知道”，并且不会在脑海中去寻找答案。是元记忆给了我们一个确定度，去判断是否有机会找到某条信息，或者想起过去和即将发生的事。没有元记忆，我们将一直处在徒劳的寻找中。

当我们评估自己拥有的文化知识时，元记忆就开始工作了。它总是参与我们的决定，包括最实用的那些。在使用新洗衣机前是否应该阅读说明书？在女儿去学校前是否应先在地图上查看下路线？在填写字谜时是否有必要查阅字典？为了理解一篇文章，是否最好从浏览图表开始……

对策略的恰当评估能使我们的记忆更有效率，并且能改善我们获知和回忆的能力。

一种脆弱的记忆

儿童的元记忆很模糊，他们总是被教育不要忘记一切。事实上人们高估了孩子的记忆能力。随着年龄的增长，直到7岁左右，孩子们的记忆力才会伴随着判断力的增强而加强。而另一方面，从某个年龄段开始，我们越来越难以正确判断自己记忆力的极限。当然这也因人而异。

如果说回溯性记忆把我们带回过去，前瞻性记忆把我们带去未来，那么元记忆则告诉我们目前的记忆能力。

9. 终极记忆

许多人不重视与特殊记忆相关的一些奇异的特性，如被科学家发现的增强记忆，只是一些普通记忆达到极限值。以表现为根本出发点的记忆术研究者们一定会证明我们记忆的伟大潜力。但是有的人怀疑他们的能力是耸人听闻的，只是为了达到娱乐的目的。众所周知，图像记忆是把更加准确清晰的印象像抓拍一样快速记忆到脑海中，异常清晰表明记忆确实可靠。但是任何人的记忆都不是可靠无误的。所以即使人们脑海中的一个图像和人们最初的记忆一部分相一致，也有发生错误的概率。失真和省略经常发生，但是通常短期记忆就不会有这种情况，一旦被长期记忆，即使是记忆天才也不可能记住。

然而，一些人确实证明了这种超乎寻常的记忆能力。拥有终极记忆能力的人往往会夸大他们的一个或多个感官感觉。例如，脑海中清晰的图像就意味着视觉感官中的真实画面。另一些记忆天才都拥有特别的听觉、嗅觉、味觉或者综合感官能力。据估计，50万人中有一人具有天生的共感官能力，而且他的感官能力会不知不觉地交错在一起。就这样，他把词汇、声音、实物与颜色、味觉、形状联系到一起进行终极记忆。

除了一些极少的例子外，会终极记忆的人最有可能自觉或不自觉地运用记忆术。尽管大约5%～10%的儿童有这种特殊记忆，但是当他们长大之后就失去了这种能力。这个事实证明了一个理论，即我们都有很多未被利用的记忆潜力等待开发。

10. 感官记忆

外部世界带给我们的感觉信息构成了我们的记忆，我们的5种感官——视觉、听觉、触觉、嗅觉和味觉是记忆的主要入口。但是，通过感官感知而记忆的东西绝不能和相片或者录音磁带相比。感觉信息在大脑深处被分析，然后彼此之间建立联系，在与其他信息比较后，被烙上感情的、形态的（地点）和时间的（日期）印迹。一般来说，这些程序在每个人身上都是一样的，但是每个人的感官能力似乎并不相同。

⊙感官的专业化与缺失

受雇于赌场的能够过目不忘的人、拥有绝妙的耳朵的音乐家、拥有特别敏感的鼻子的香水调剂师等，我们都知道或听说过这种拥有超常视觉、听觉或者嗅觉记忆的人，他们某方面的感觉能力强于一般人，然而能用触觉或味觉创造价值的人就较少见了。一些理发师说，他们一拿起剪刀就知道那是不是自己的私人剪刀。

同时，一种超乎寻常的技能似乎总是与另一种感觉方式的缺失联系在一起。例如，天生失明的人成功地发展了在空间、听觉和触觉记忆方面比视力正常的人更高的技能。但是失去一种感知方式和本身缺乏是不一样的，比如用布莱叶盲文进行触摸式阅读，大脑视觉区无疑也参与了某些语言能力的管理。

接下来，我们将简单介绍视觉、听觉、味觉与记忆的关系。

⊙视觉记忆

英国作家卢迪亚·吉卜林（1865～1936年）在他的小说《吉姆》中，详细描写了少年英雄吉姆如何坚持不懈地记忆放在桌子上的物品，然后再找出缺少的东西的过程。经过不断的训练，吉姆获得了一种超常的技能，他能够记住所有看过的细节。

图像记忆

在一个实验中，研究人员向志愿者展示了2500多张幻灯片，每10秒钟换一张。然后，将每张幻灯片与一张新的幻灯片混合在一起，要求被测试者指出熟悉的那张，即他们之前看过的那张。结果非常令人吃惊：几天后，90%以上的图片被认出；几个星期后，仍然有很大比例的图片被认出。之后再用10000张幻灯片做类似的实验，同样确认了视觉识别不同寻常的效率。

如此熟悉的活动

观看是我们非常熟悉的一项大脑活动，以至我们有时候忘记视觉在记忆过程中扮演着重要角色。信息进入大脑被处理和存储后，就不再依赖语言了。为了解释视觉记忆的运作过程，神经心理学家将视觉记忆（或视觉-空间记忆）同行为记忆进行了比较。视觉记忆能让我们在头脑里“操纵”抽象的图案或路线，而行为记忆则是依靠语言来理解话语的内容和各种视觉信息。

事实上，重要的是不要混淆了视觉信息与视觉记忆。视觉记忆大多数都是按照双重编码的原则来处理词语、图案、照片或者真实的事物等视觉信息。在大量实验中，神经心理学家揭示了双重编码的优点，这种编码方式能将形象信息（形态、尺寸、布局）与动作信息组合在一起。

自闭症患者的记忆：对细节敏锐的感知

人们有时用“照片式”记忆来引出自闭症患者典型的精确记忆。

自闭症是一种发育缺陷，会阻碍患者与社会的互动、对外界情感的反应和与他人的沟通。但这种严重的功能障碍有时却伴随着非凡的音乐记忆能力或“照片式”记忆能力，后一种记忆能力使患者能用复杂的图像表述出记忆里的少量细节，或者毫无困难地进行大量的计算，就像电影《雨人》中达斯汀·霍夫曼所饰演的人物那样。

为了解释这种自发而非凡的能力，神经心理学家提出“表面的记忆”，这种记忆并非想要脱离图像的整体感觉或整体形态，而是试图结合更重要的细节来创造“心理图像”。面对一幅画时，大多数人都是在集中注意力于总体形态后，再试图把握其中的细节，而自闭症患者在没有总体视觉的引领下将同等对待所有细节。因此，在处理信息的第一步，自闭症患者表现得更好，而正常人“消耗”的精力是为了获得更整体或更多的感官信息，以此简化记忆。有些研究人员还认为，自闭症患者越是与世隔绝，越是容易出现运作记忆障碍。

记忆面孔

在图像记忆方面我们是天生的行家，但是我们中有些人在某一特定方面表现出更高的能力，如记忆面孔、建筑物、风景等。这种能力有时候是训练的结果，正如吉卜林的小说中描绘的那样，但是好像真的存在一种“天赋”，比如在过目不忘的人身上。

我们越是能从几千张脸中毫无困难地认出熟悉的那张，越是难以用言语对其进行描述。在描述时，我们通常会提取整体特征，眼睛、胡子、眉毛、痣等，在辨认面孔时语言似乎扮演着次要角色。辨认面孔的能力很早就在儿童身上得到发展，研究表明6~9个月大的儿童比成年人更容易记住周围人的面孔。

⊙听觉记忆

“如果钢琴演奏家想演奏《瓦尔基里骑士曲》或者《特里斯坦》前奏曲，威尔杜汉夫人称道，不是因为这些音乐使她不高兴，而是因为它们给她留下的印象太深刻了。“您关心我有偏头痛吗？您知道每次他演奏同样的东西时都一样。我知道等待我的是什么！”（马塞尔·普鲁斯特，《在斯万家那边》）

情绪——理解音乐的关键

情绪与音乐之间的关系是复杂的。一方面，听一段音乐或进行一次与音乐有关的实践（如唱歌或演奏乐器）会引起一些感觉（比如兴奋或放松），我们根据当时的情绪来阐释这些感觉，并且从此以后我们会把这些感觉与听到

⊙ 演奏小提琴不仅需要听觉记忆，还需要触觉和视觉记忆的参与

的或自己演奏的音乐联系起来。

另一方面，在精神层面，我们大多数人都能够预测一段音乐接下来的部分，“我知道这段之后，铜管将进入交响乐中”或者“节奏将加快，声音将变得更高”。然而，这种才能似乎并不来源于我们受到的音乐教育，而是来自我们从管弦乐中自发得到的“感觉”。

事实上，一段著名的乐曲产生的“震撼”很大程度依赖于我们的精神活动。神经心理学家观察到，某些患者的听力感知（对一段旋律、节奏、音色等）虽然保持完好，但他们失去了听音乐的快乐感。患者自己解释说，他们“不再能理解”不同乐器之间的音乐关系，并且他们也不能再“预知”一段音乐将如何演进。

不同的倾听方式

每个人的音乐才能都不同，一些人似乎比另一些人更有天分去记住一段旋律或者辨认音色。如何解释这些不同？研究人员从对音乐家的观察中发现，他们是以不同常人的方式听，更确切地说是他们“看”所听到的音符，音符对他们来说就相当于“字”。医学图像通过对大脑刺激的研究证明了这些假设，医学刺激利用的是视觉或语言资料。

即使周围存在干扰噪音，职业的或者业余的音乐家都能成功地在意识中保留旋律，而其他人则做不到。在任何情况下，音乐家们都能毫无困难地进行记忆，除非他们同时听到另一段相似的旋律。

记忆和音乐曲目库

得益于我们储存在语义记忆中的理论知识，当我们听到一段旋律或者一个作品时，就会感到熟悉，甚至能够确认其曲名、作曲家或者演奏者。对于那些长期演奏同一种乐器的人来说，曲目库是随着日积月累的实践构筑的。

语言和旋律是两种不同的听觉记忆吗

对旋律的记忆是否比对语言的记忆更持久？专注于歌词和旋律之间关系的神经心理学研究表明，对歌曲的记忆实际上与这两个方面紧密结合，尽管对旋律的记忆在时间上更持久。大脑受损的音乐家能够继续从事音乐活动，但从此再也不能理解歌词或话语。因此，语言和旋律可能以独立的方式保存在长期记忆中。

如果一段音乐在记忆中能保存很久，那毫无疑问它依靠了与语言信息相关的编码，特别是情感信息。某种声音（亲属的声音、环境里的声音、旋律）与某种情感（是否快乐）联系在一起，会对巩固记忆大有帮助。另外，这样的声音现象不需要以有意识的方式被感知也能永久地被储存，而“普通的”听觉信息（如要记下的电话号码）需要意识的参与，因为它们依赖运作记忆。

⊙嗅觉记忆

《追忆逝水年华》中写道：每次在贡布雷游览时，“我总不免怀着难以启齿的艳羡，沉溺在花布床罩中间那股甜腻腻的、乏味的、难以消受的、烂水果一般的气味之中”。

气味，记忆的要塞

马塞尔·普鲁斯特的这段文字，总结了嗅觉记忆的许多特征。

持久性：多年后仍能精确地描述出最初的气味感觉；

幸福的基调：与情景之间的联系；

联觉的特质：能让各种感觉相互联系。

气味是记忆的“要塞”，特别是当记忆痕迹产生于孩童时。我们每个人在成人后，都有突然想起一件极为久远的事的经历，有时候通过一种香水气味、一个房间或者一个在柜子底下找到的毛绒玩具而引发。

幸福的记忆

大多数的嗅觉记忆都是幸福的，唤起曾经“垂涎欲滴”的生活事件。哲学家加斯顿·巴舍拉（1884～1962年）曾说，当记忆“呼吸”的时候，所有的气味都是美好的。

事实上，通过对500多个学生的问卷调查得出的结论是，他们的嗅觉记忆大多数时候是愉快的，无论在所记忆的内容方面，还是在与之相关的情景方面。在儿童身上，常常是重新想起假期、旅游、大自然（大海、山、乡村等）以及家人（父母和祖父母的气味、家庭聚餐、家人的房间等）。

奇怪的是，在一些情况下，也有人把公认为难闻的气味与快乐的经历联系在一起。例如，粪坑的气味让人想起在农场度过的一个假期，氯气让人想起游泳池的游戏。

正如这些联系所展现的，我们在记忆的同时刺激了所有感觉和感情的背景，多个大脑区域参与了嗅觉信息的处理——丘脑、淋巴系统等——烙下了气味的感情价值，聚集了各种感觉信息，因此这些记忆从来都不是纯粹嗅觉的记忆。

嗅觉记忆与其他感觉

嗅觉记忆总是处于其他感觉的中心。例如，在吃饭或喝饮料的时候，如果没有通过鼻后腔的嗅觉信息，就会失去许多其他的感知能力。

同时，其他感觉反过来也会对嗅觉产生影响。例如，医院的气味会引起难以消化的感觉。一个护士这么描述病人的坏死给她留下的印象，“一小块一小块地吞噬着肌体”。另一个护士回忆说，让人难以忍受的气味“注入”了她的衣服和皮肤里。

事实上，似乎很难想象出某种嗅觉记忆，因为它并不以具体的形式同时出现在我们的记忆与身体的某个部位中。但是，嗅觉的特性确实在记忆过程中发挥了很大的功用。

11. 记忆的其他类型

还有其他几种记忆模式，它们帮助我们成功地进行每天的日常生活。

⊙预先记忆

你还需要知道有一种十分古怪的记忆，它是短时记忆和长时记忆合作的产物。这就是你对未来的记忆（对尚未发生的事情的看法），名字叫预先记忆。它包含你下周或是下个月打算干什么，以及你对未来的计划、希望和梦想。

⊙计划性记忆

计划性记忆是对在合适的刺激下自动激发的行动的汇总。例如，如果开车时看见前面有红灯，你会自动地开始刹车。

⊙剧本式记忆

与剧本式记忆有关的是发生在特定的一些社会场景中的事件。它们对得体的行为举止有着影响，并且是处理日常情况时所需的那一类综合性记忆。例如，当你走进一家餐馆时，你知道通常需要坐着等一会儿，然后有人会给你一本菜单让你点菜，然后服务员会将你点的菜端上来，而且按照一定的次序，最后是埋单。

⊙脑海中的地图

我们关于周围环境的知识也会在脑海中被组合成地图。例如，当你搬到一个新的地方后，会感到有点陌生，对周围的道路也不了解。然而，当你在那儿住上几星期后，就会逐渐地越来越熟悉街道的分布、上哪里去买东西，以及如何去某个地方。你有效地在脑海中建立了一幅地图。

⊙反身型记忆

反身型记忆也被称为应激反应，是人类生存的基本要素。这种暗示型的记忆路径及时并且本能地对信息进行编码、储存、重新提取。它最基本的功能是使我们远离伤害。比如，尽可能地使自己的手远离火炉；或者当一个人在你的眼前摆弄着一条蛇，你会大喊。恐怖的场景、刺耳的声音、强烈的感情，这些都可能成为反身型记忆伴随我们一生。那些经历可能会使我们一生都有某种恐惧症和持续的毫无道理的害怕。同样，当某种气味、场景、味道、歌声引发出一种核心的感触，这种反身型记忆也会形成一种强烈的感官记忆。例如，一个房子里面，炉子上炖着鸡汤，就会让我回忆起妈妈在我发烧、抑郁及患其他疾病时的照顾，以及那种温馨的感觉。尽管反身型记忆大多数情况下是在不知不觉的情况下形成的，我们仍然能通过不断的重复，通过抽认卡的学习方法进行训练。任何程序只要重复得足够多，都可以成为反身型记忆。

⊙ 反身型记忆由强烈的感官刺激形成。例如，对真的或想象的蛇的恐惧，可以持续一生之久。你害怕什么呢

一个职业棒球手不用在挥棒之前去分析快速球，确切地说，他在日常训练中数不清的击球已经强化了他的反身型记忆。同样，伸出手去摇动某人的手是一种反身型的行动。反身型记忆的亚类型通常包括感情记忆、闪光灯泡记忆。

感情记忆

感情记忆也被称为情绪型记忆，指的是因强烈的感官刺激而储存在大脑中的信息。从外伤到愉悦，这种直接的路径可以产生快速的知识。下面的两种清楚的记忆亚类型——语义记忆和插语记忆，代表了大部分我们在学校学到的知识和从日常生活经历中得到的知识。

闪光灯泡记忆

对极端震惊事件的生动回忆，经常是存在于许多人的记忆中。比如“挑战者号”爆炸，或者严重的自然灾害。事件以一种生动的形象被记忆，就仿佛时间在那一刻冻结了。尽管记忆会使我们的感情长时间保持着，但是长期的研究证明，细节上的准确性会慢慢地减弱。

⊙多种记忆类型

为了更好地认识上述的各种记忆类型，我们可以将一个生活中的早晨作为小说的章节。

杰西被从窗子透进来的阳光照醒，说明已经过了平时起床的时间（外在的，视觉记忆）。当他意识到闹钟坏了，他马上从床上跳了下来（反身型记忆）。为了报告停电，他找到了电力公司的电话号码，并在拨号之前重复了几遍（语义，工作记忆）。因为工作要迟到了，他打了脑子里记住的办公室电话（语义，长期记忆）。他查看了日历，看是否错过了什么约会（外在的，视觉记忆）。杰西不必经常停下来考虑如何准备他早晨的咖啡（暗示，程序型记忆）。但是今天他面临了电的问题，他无法使用电咖啡壶。他想起上周野营的时候买过速溶咖啡（插语记忆），这提醒他炉子是使用煤气的，不是电的（语义记忆）。杰西把茶壶灌满放在炉子上，当他听到沸腾声，他去拿茶壶，但是在碰到茶壶之前就把手缩了回来（反身型记忆，应激反应）。他很快地穿上了衣服，并开车去上班（暗示的，程序型记忆）。在办公室，他想起来下午要提交公司年度审计报告。杰西通读了一遍报告，并做出了一个提纲好记住它（外在的，语义记忆）。他想起总裁说过报告中最关键的部分是“公司的高增长率”（语义，听觉的词汇记忆）。他做了一个“精神上的注释”（提示他的记忆）用来结束他的陈述。仅仅上午10点，杰西就已经使用了多种记忆类型了。

第二章

记忆术概述

一．记忆术简史

1. 记忆术简史

已知的最早的记忆术可以上溯到古希腊时期，它在古代修辞学(辩术)中扮演着关键角色。更确切地说，记忆术已使用了2000多年，在6世纪开始缓慢衰落前，对西方文化艺术方面的作品和行为都产生了深远的影响。

⊙日常常用的记忆术

大约在公元前400年前，古希腊一个撰写条约的抄写员极力推荐有助于记忆的3条原则：集中注意力、重复、与已有的知识建立联系。例如，为了记住“勇气”一词的概念，可以在脑海中构想战神阿瑞斯或者特洛伊战争英雄阿喀琉斯的图像。

组合记忆法

约编撰于公元前86～前82年的《献给海伦留姆》提出把伴随着所有思维的“天生”记忆同“人造”记忆区别开来，后者通过组合加工可以更好地把想法或词语固定在脑海中，从而强化前者。演说家、政治家或者律师经过长期锻炼，可以不求助于任何笔记即席演讲（脱稿演说），并且在任何时候都不会忘记自己的观点，比如在参议院或者诉讼中的一段讨论中断时。

像西塞罗这样伟大的演说家，可以在几小时内不求助任何辅助工具不停地演说。

组合法不仅便于记忆观点，还适用于对词汇和文学作品的记忆，甚至倒着背一段演说或者一首诗歌。

地点与图像记忆法

“地点记忆法”最早是由希腊诗人西蒙尼·德·瑟奥斯提出的。这种方法首先要在脑海中创建一条记忆路线，例如散步时的休息处或一幢房子的构成元素（门、厅、柱子）等，然后在每个“地点”放置一幅与需要记住的想法或词语相关的图像。

记忆的空间支持思想对我们来说并不陌生。例如，我们很容易想象一条关于自已熟悉的房间或者城市的路径，并且知道如何辨别不同的地点和找出与之相关的特征（一幅挂在墙上的画）；我们能自觉地运用空间的比喻（首先……）来引发一系列的联想。

我们借助图像识别星群——大熊座、公牛座、狮子座等，正如历史学家所说的那样，这些图像不是由某些早期人类凭空幻想出来的，而是为了让人们更好地掌握夜空中星星的位置。诗人西蒙尼的故事也许是个杜撰的传说，但地点记忆法却最终成为我们永不忘记的记忆术。

⊙服务于基督教的记忆术

公元1世纪，基督教的兴起将记忆术引入了宗教领域，从此，它就开始被用于精神救赎。

不要忘记上帝：沉思与祷告

记忆术的应用首先出现在最初的修道士身上，普通信徒履行完家庭与社会职责后就从现实生活中退隐，致力于祷告和经文的记忆。在祈祷或者冥想的时候，精神游离的可能性是很大的，有时候思想会落在日常活动而非上帝身上，借助记忆术有助于集中思想，心理成像法能够阻止我们"糟糕的好奇"。与此同时，通过构建心理图像也便于记住《圣经》中有难度的片断，更好地掌握基督教的教义。

记忆术和基督教艺术

在宗教生活中，心理成像法占据了重要的位置。它不仅给祈祷或者冥想，也给所有基督教艺术（文学、绘画、建筑等）提供了灵感。美国女研究员玛丽·卡瑞特斯追溯了整个中世纪的记忆术历史，她发现心理成像法是当时思想的重要工具。

事实上，记忆被认为是把知识归于己有的最佳方式。 这不只是涉及用心强记，最终的目标是"掌握"或者"吸收"知识，正如今天我们对一个学校科目所做的那样。人类的记忆能力是极其巨大的，伟大的理论家托马斯·阿甘 (1225～1274年)能够先在脑海中构想作品的主要内容，也就是说不求助于笔记或者手迹，之后再同时让4个秘书来记录他述说的内容。

记忆书

中世纪的一些作家具有高超的"熟记"本领，他们能够像在书中或图书馆中查找资料那样，在自己的脑海中"检索"知识。

在古代的手迹中，词汇或者句子之间并不是相互断开的。如果以不同的方式断句，一首用拉丁文写就的著名诗歌读起来就像一首希腊文的诗歌。引入标点符号的目的是为了断开一篇文章，使其成为容易记忆的小单位。中世纪的手迹或者章节，起首的字都以色彩或图案装饰，目的是帮助读者记忆文字内容。起始字母周围的点缀图案概括或暗示了文章内容，是用来引导背诵的。在书页的空白处，我们有时候能找到一幅有助记忆的隐喻插图，这也是用来提醒阅读或者祈祷的。

⊙ 上图是18世纪弗雷德里克二世创作的《猎鹰训练术》中的一页。封面上大量的彩色插图除了装饰作用外，还有着帮助记忆的功用

⊙所谓的记忆术

从中世纪末开始，甚至在印刷术出现之前，在大学教育中有过一次背诵与其他口头记忆形式的衰退，越来越多的学生使用手抄本和书籍来学习。一些人文学者，比如伊拉斯谟（1469～1536年）和梅兰希顿（1497～1560年），甚至公开标榜自己对记忆术的怀疑，他们极力鼓励用“学习、秩序和应用”来代替地点和图像记忆法，并禁止学生使用所谓的记忆术。中世纪作家曾采用一系列的评论与批注来阐明宗教文章，宗教改革者则认为没有这个必要，那些文章在他们看来只读一遍就能理解。

在蒙田 (1533～1592年)的散文中，他说得更犀利：“我们只为填充记忆而工作，而让理解和知识保持虚空。” 渐渐地，记忆术变成了既得知识的“机械性再生产”，同推理和想象完全对立。直到19世纪，修辞的原则和记忆术才继续被讲授，但是越来越不受重视，这可能源于福楼拜在他的小说《布瓦尔与佩居谢》（1881年）中给了地点记忆法致命的一击：两个相依为命的主人公有着同样的名字，他们试图利用记忆术去记住事情发生的时间、制定他们沉醉其中的无数未完成的目标，但最终他们都失败了。为了简化记忆，他们将住所的每件东西都假想成一个不同的事物，整个村子都失去了原来的意义，苹果树是家谱树，灌木丛代表战斗，他们生活的世界全都变成了记号。他们在墙上找到大量消逝了的东西，看完就毁掉，却不知它们何时会再现……

2. 从简单的窍门到记忆策略

记忆术的悠久历史体现了记忆力的重要性，这一重要性已被我们认识到。然而，这些方法至今仍有效吗？简单的窍门和神经心理学发展的策略之间是否存在区别？

⊙“记忆不是肌肉！”

有些人想知道是否存在对记忆的训练，对这样的问题，专家们经常给出这样的回答：我们能够从中得到什么？

对于我们中的大多数人而言，遗忘或者记忆“空洞”只以点状方式突然降临。自然的衰老会导致我们记忆力的下降，随着生命的演进，我们发现遗忘变得更频繁，而学习进度变得更缓慢，并且必须投入更多的努力。是否可以减缓记忆力衰退的进程，一直保持良好的记忆力？

记忆是一个复杂的行为

记忆力不只是一种记录的能力，更是一种能够过滤的能力，因此我们会有所遗忘。记忆过程通常是复杂的，在进行信息处理时会调动不同的记忆形式，各种记忆形式之间的协作会随着不同的行为而不断改变。诚然，由于不断重复同一件事情，我们总能一次比一次做得更好，但是这种方式并不完全适用于别的方面。一个深受周围人喜爱的法文歌曲业余爱好者能够轻易引述诗句，却总是忘记亲朋好友的生日；一位拼字大师不管遇到什么样的字谜，都能以极快的速度解答出来，却会因为每星期至少三次想不起某个名人的名字而发愁；一个网球迷能记住所有大型世界巡回赛的日期，却从来都记不住法国大革命爆发的时间……

事实上，关于自己的事我们往往记得比较好，而其他方面就要费点劲了。经常玩拼字游戏或者背诵诗歌并不能让我们更容易记住把车停哪儿了或者饭后吃药。对于这类情况，记忆术或许能提供一定的帮助。

健康的生活方式和对某一活动强烈的动机都有助于记忆“保持好的状态”，但务必要保证从各种活动中获得乐趣。

对多种情况适用的法则

如果不停地重复，我们将会极少忘记某人的名字、一次约会或者放钥匙的地方，但这是个繁重且令人生厌的方法。幸运的是，存在几条简单且绝对实用的法则可以加速学习过程，使记忆变得更容易。它们不仅适用于日常生活中大量简单的记忆任务，如果配合合理的方法，还可用来学习和记忆复杂的知识。

这些法则都是广为人知的，我们几乎无时无刻不在以自觉的或潜意识的方式应用着它们，尤其在我们的专业技术领域。

为了防止记忆衰退和避免健忘，只要目的明确，并付出必要的努力将这些法则付诸实践，那就足够了。面对一项全新的或者复杂的活动（比如以前从没接触过的会计），在没有找到最合适的方法前需要经过更多的摸索。

⊙记忆术提供的策略

记忆术提供的策略虽然有些局限，但在某些方面还是非常有效的，其中大部分策略都被教育界借鉴过，而这并非偶然。

在学校的运用

当必须以正确的顺序复述一段诗文、一个关键句子，或者一个提纲中具有抽象特征的信息时，就急需求助记忆术了。在考试时翻书或询问他人都是被禁止的，再加上巨大的心理压力，很可能引起记忆“空洞”，这时也需要运用记忆术。

在日常生活中的运用

记忆术在学业之外的领域的应用就更加局限了。因为，我们能够记住的信息不能太多和太复杂，而且节奏也不能太快。

但是，日常生活的一些情况中，记忆术还是可以发挥作用的。例如，密码（银行卡的、通行证的、电子邮箱的）和信息口令可能被设置成一系列不存在任何逻辑关系或特殊意义的数据，而且，我们也不能把它们写下来，否则有暴露的危险。这种情况下，应该在第一时间找出适用的策略简化对数据的记忆，那么以后，特别是在一段时间没使用之后，回想起来就会比较容易。

记忆术也能帮助我们在极短的时间内记住少量的信息，例如当我们手头没有纸或笔，不能立即写下电话号码和地址时，在记忆元素之间建立联系比简单机械地重复更有效。

⊙记忆术的长处与短处

心理成像或双关语都可以作为技巧用来记忆不常见的专有名词，或对应名字与面孔。在脑海中创造一个与词汇的发音或意义相关的图像，同样有助于记忆外语词汇。

一切皆有可能

最优秀的记忆术在理论上适用于每个人。积极与恒心足以使你正确回想起游戏中所有卡片的顺序，或记住整本字典。然而，想要更灵活地运用记忆技巧就需要进行训练，并对记忆术抱有兴趣。令人惊奇的是，即使是擅长记忆术的行家里手，在面对一些不太特别的材料时（尤其是教学方面）也似乎更乐意用其他的记忆方法。

记忆术是最好的方式吗

事实上，记忆术存在一些在我们看来“不太聪明”的程序，因为记忆术的运用似乎依赖一个符合信息本身的逻辑。例如，为了记忆哺乳动物的生物学分类，我们可以死记硬背或者利用记忆术。但是，我们也可以先写下来，在理解分类所依据的标准后，再进行记忆。这种方法看起来似乎更好，而前一种方法则给人留下“差学生”的印象，因为没有很好地理解课程而不得不在考试前一天死记硬背。然而，这两种方法的基本原则非常相像，都是将新信息与已掌握的信息联系起来。但是，前一种方法是任意地创造联系，就像地点记忆法所做的那样，相互建立联系的信息之间可以毫不相干，而第二种方法则需要利用既得的知识去建立更有逻辑性的联系。

⊙量体裁衣的策略

策略一词最初的意思为“将领的艺术”，即规划与领导战争的行动。依此类推，我们可以定义记忆的策略为计划与引导学习、储存和重组信息的艺术。

20世纪70年代后期的大量调查研究表明：能够辅助我们完成各种学习任务的记忆术在学校中被使用得最多。由于不同的记忆术策略适合于不同种类材料的记忆恢复，我们不能“以不变应万变”，而是必须要决定哪种策略更适合你，哪种策略对于你正在进行的学习任务会最有效果。

适用于具体的情况

我们所使用的策略越是恰当，记忆将越有效率，即越持久和完整。为了记住一小时后应该给朋友打个电话，最好是在电话机旁边放一张便，而不是在手绢上打个结。后一种方式的不便之处在于无法清晰地指明必须要做的事情。为了不在一个陌生的城市迷路，我们会试图在脑海里构建一张地图，但是步行、开车或坐公共汽车所默记的地图并不相同。

适用于自己

好的策略应该适用于自己，应该考虑到自己已知的信息，将已掌握的知识转移到一个新的领域，或者正相反，防止两个不同领域互相干涉。例如，法国人在学习英语时会碰到许多两种语言共有的词汇，这就需要特别注意“假朋友”，因为有些词的书写完全一样或者相近，但意思却完全不同。

再者，好的策略还需符合自己的个性。一个健谈的人可能更偏爱通过对话学习外语，即使最初会犯许多错误；一个喜欢阅读的人则可能通过阅读原版小说学习外语；而一个比较内向的人更倾向于在正规的教学培训和埋头专研语法书或者练习教材后，再实践自己的知识。因此，每个人都有自己的学习风格和动机。

以上两点，前一点与个体精神活动的特殊性有关，后一点则与个体的兴趣和意图有关，可见并不存在发展记忆策略的笼统的“秘诀”，但是一切都遵循几条主要原则。

3. 记忆策略的主要原则

长期记忆几乎拥有无限储存信息的能力。但是，在需要的时候对信息进行重组则依赖于我们“处理”信息的方式——这些方式不仅可以巩固记忆痕迹，还能易化对信息的重组。

现在我们知道，通过感觉器官所察觉到的一切，都由视觉记忆、听觉记忆、嗅觉记忆和味觉记忆快速过渡中转到长期记忆中。这种临时记忆只能够在极短的时间内（一般为20～30秒，最多90秒）记住有限的信息量（平均7个），并且这种记忆极易受一些因素影响，比如干扰噪声。除了注意力的因素外，情感也在记忆过程中扮演着重要的角色。

为了能够以有限的方法处理多样的信息，记忆系统不仅需要对信息进行筛选，还要以有利于存储和重组的方式组织信息。

⊙组织信息

没有什么比学习“没头没尾”的东西更难的了。当我们每次遇到不协调的信息时，都会先尝试把握其意思或者逻辑，再与已知信息建立联系。一旦联系建立了，记忆也就变得简单多了。

重新组合信息

为记住一系列的东西，最常见的方法就是改变原来的排列顺序建立总体连贯性。比如，在准备采购单时，尝试根据商场或柜台的位置重新组织物品，以避免不必要的往返和遗漏。

还有一个方法就是减少东西的数量，通过重新分组形成更简单的组合结构。例如在记忆手机号码时，最好是分3对数字进行记忆，而不是记忆11个孤立的数字。如果你是一个电影爱好者，想清楚地记住“詹姆士·邦德”的所有影片，可以根据扮演007的演员来将影片分类，从而简化记忆任务。

与已掌握的知识联系起来

在语义记忆中存在着一个复杂的联系网，使我们能很快处理所有新信息。比如，我们能直接辨认出一条新信息，很可能是因为先前有过什么征兆，或者我们将它与别的信息进行了比较。再比如，在树林里散步时，我们能认出路边的蘑菇，这是因为之前我们学过如何辨认蘑菇，就算不知道它的具体名称，但至少知道它是个蘑菇，是属于蘑菇家族的，可能与牛肝菌有点儿关系。

分类、做笔记与事先计划

对信息进行分类是记忆过程中应遵循的一条原则。在信息之间建立等级联系，或将它们集中到同一类别的知识条目中，是保证成功重组信息的最有效方法之一。知识有条不紊的特征使得由特殊到普通再到另一种特殊的转化变得轻松，而一个杂乱无章的目录哪怕再简单也必须从头进行一次心理浏览，才能找到需要的东西。

上课或开会时最好做些笔记，随后如果能将其整理一下或做个提纲那就更好了。同样，参考提纲或资料表有助于更好地理解课堂内容，这些内容提要可以给我们提供一些线索，能增加完整回想课堂内容的机会。

在实际生活中，比起一大堆便签之类的提醒记号，或者备忘录中无序的约会列表，合理的日程安排能够提高时间利用效率，为自己赢得时间。即使是为假期做准备，日程表也是必不可少的，它能帮助我们有步骤地处理很多方面的事情（住宿、饮食、交通），避免节外生枝。

概括来说，“规划”是为了对信息进行加固、集中、联系、分类、组织、概括，信息不停地被重复和处理，可以巩固记忆痕迹从而方便回想。因此，所有好的记忆策略都取决于对信息的规划。

⊙联想：建立联系

联想是将你想要记住的东西和你已知的东西之间形成智力联系的过程。尽管许多联想是自动产生的，但是联想的意识创造是将新信息编译的一个极好方法。将一个事物与另一个事物联系起来，更有利于我们记忆。在游览古希腊雅典卫城时我们会聊起在巴黎的趣闻逸事，在帕特农神庙前我们会惊呼“传说雅典娜的教堂”。大多数时候，我们会不经意地做出这样的联想或比较。当我们乍一眼看到什么东西时会想起另一些事物，这些事物之间没有联系，和我们掌握的知识也无关。因此，在记忆时需要有主动激发联想的行为。还有一些客观存在的情况也会激发联想，比如词语的发音或字体等。

与其死记硬背，不如用某种方法将分散的信息联系起来，寻找口头的或可视的逻辑性，或者发挥我们的想象力。

⊙构建心理图像

在进行复杂的计算时，比如4乘以18，你是把中间过渡部分（4乘以10等于40）写在纸上呢，还是在头脑里想象？不确定如何拼写一个单词时，你会想象一下可能的几种写法，然后再决定哪个写法看上去更为熟悉吗？假如有人要你倒着说出一个词，你会先尝试在脑海里浮现出这个词的正常顺序吗？如果答案是肯定的，那么你已经运用了心理成像法，这是最有效的记忆法之一。心理成像能使我们记住较为复杂的信息，也适用于非常多变的状况。

视觉重现

心理图像是对具体视觉感知进行想象后的综合图像。如果有人要你想象一只狗，出现在你脑海中的图像可能涉及多种形态：带有狗的基本特征的图像，你自己养的狗的图像，然后增加或删除一些细节，并添上你想象出来的颜色和动作（比如奔跑）等。你可以将自己想象的狗的模样画下来，拿它同真实的狗（一幅图或者一张照片都可以）比较一下，看看你对于狗的想象是否符合现实。

如何从中受益

在传统学习模式下，心理成像法是很重要的，应用也相当频繁。举个例子，要记住一个城市或一条道路的方位，最好将它们以地图或平面图的形式存放在记忆中。与其放弃统计数据里的一些细节，不如利用图表（几何曲线、分布图等）来牢记各种数据。同理，一份组织图能帮你准确分析事物的结构，一个树形图能更清晰地表明分类逻辑。

在日常生活中，心理成像法有助于想起丢失物品的过程，或者在出门前找到抵达目的地的最短路径。

⊙记得更牢固的有利条件

组织、联想和心理成像是记忆的3大策略，还有一些条件能够提高这些策略获取和重组信息的效率。

合理划分学习阶段

在复习功课时，1个小时复习10次比10小时复习1次要有用得多。将学习材料划分为不同的部分，然后依次进行，学习新内容前先回想一下已学的内容，每个部分内部要先从简单且容易理解的入手。

进行双重编码

前文提到的许多例子不只调动了唯一的手段——心理成像或对字面意义的分析——而是使用了双重编码。双重编码的效果非常好，要想学得好，最好一边听课一边做笔记，列些提纲或图表等将帮助你更好地掌握课堂内容。

从既得知识中获益

我们可以对既有知识进行修改和补充。根据既有知识分配学习任务会更有效，这就是专家们在自己熟悉的领域能更快地掌握新信息的原因。同时，我们也可以从新的学习中获益，梳理和更新既有知识，补充新的细节或建立新的联系。

转换视角

如果要为一个工作会议做准备，事先你需要想象不同与会者会如何领会你想要说的内容，预测他们可能会提出的问题，以防临场不知如何作答。

同样，在与银行顾问进行业务会面前或在医疗咨询前，不仅要把你想提的问题记下来，还要考虑对方可能会问你的问题。事前有了充分准备，临场忘记主题的可能性就会降低。

⊙“我想起来了！”

当回忆与学习的背景相似时，信息重组将更容易。因此，要弄清楚你在什么样的背景下才能回想起来。

如果不得不去地下室找某些东西，可以先在脑海中想象它们所在的位置，那么等到了地下室你就不太容易忘记要找什么了。如果找不到某样

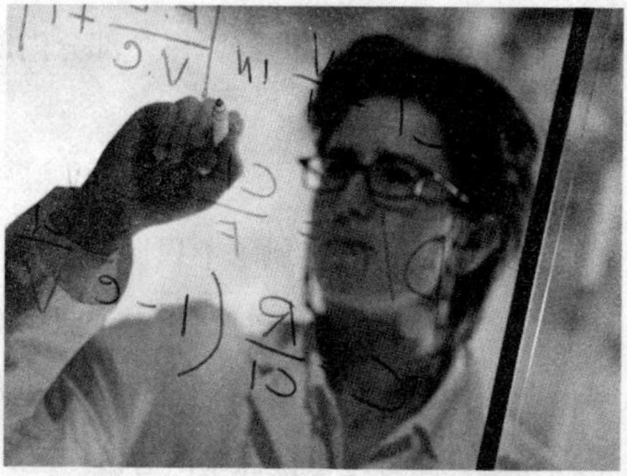

⊙ 当回忆与学习的背景相比时，信息重组将更容易

东西，那么想想你是从什么时候开始找不到的，回忆所有相关的元素，从中找出有用的线索。

想象一下，你出席女儿学期末领取奖学金的仪式。事后，女儿要你给她拍张照片，你却发现相机不见了。在慌乱地寻找前，先尝试在脑海中重现你可能在什么情况下把它丢在哪了：它最后一次在你手里是在什么地方，周围环境如何，你和谁在一起，你们谈论了什么，几点钟，光线如何，当时你闻到了什么气味，听到了什么声音，自我感觉如何……回到你经过的所有地方，想想当时发生了什么，或者站在其他路人的角度想象他们可能看见了什么……

⊙练习很重要

如果不配合以练习，那么再好的记忆策略也将无效。想要改善记忆并非难事，通过训练能使我们形成适合任何情况的习惯性动作。同时，还应该给自已时间以适应不同的记忆策略。注意，每个人都有自已独特的解决方案。

二. 记忆规则

1. 我的记忆能提高多少

⊙记忆的潜力

当我们探讨提高记忆力时，我们并不像谈论心血管健康问题那样具体或可量度地来讨论。增强记忆力有些像提高高尔夫球技——涉及一些动力学。同样，形成一个极佳的记忆也并不是一个秘密。由于记忆像高尔夫俱乐部一样种类繁多，那么我们也推荐一些种类的记忆方法。这里所介绍的方法为有效运用一系列记忆手段提供了基础，这些记忆手段我们合称为记忆术。然而，就像熟练目标击掷、轻击、击球一样，使用这些规则和训练良好的技能是你成功的保证。运用记忆方法是简单而有趣的事情。只要你使用了这些方法，哪怕是最低限度的运用，就已经是在开始挖掘自己最丰富的记忆潜力了。

一般情况下人类的记忆容量很难估量。但最近一项关于大脑的研究证明了专家们一直以来所断定的：我们大脑的容量远远超出自己的想象。事实上，一些科学家认为普通人的大脑在长期的记忆中可以容纳1000万亿比特的信息量。

然而，大脑的结构要求我们储存有意义而非随意的信息。因此，记住一个任意的社会保险号或一个难懂的概念需要一个比记住你喜欢的东西更复杂的策略。普通人一次只能记住3～5比特或块的随机信息，但每部分可能又包括另外3～5块信息——有些像俄罗斯套娃玩偶，每个玩偶都装在更大的一个里面。因此，假如一个社会保险号有9位数，当被归纳成次集合时可能很容易就被记住。这种所谓的团块策略，说明了大脑如何被训练得可以更有效地运作——来加工和记住更多的信息。

⊙记忆术的作用

本质上，记忆术是记忆的工具。该词的本源可追溯到1000年前或更久远些。古希腊人非常崇拜记忆的力量，以至于一位象征着爱与美化身的女神被命名为“摩涅莫辛涅”——意思是“难忘的”。那时古希腊和古罗马政治家想出了许多记忆的策略来帮助记忆大量信息，通过这些策略使长老院的演讲与辩论在听众中留下深刻的印象。在现代，这个词通常指的是记忆方法。既然我们将记忆理解为包含三个要素——编码、保存、读取的一个过程，那我们就总结并增加了曾被古代演说家用过的一些记忆法。

⊙即使没有很好地编码也能重获信息吗

记忆也许不可能是精确的，更有可能的是你一旦获得信息就会马上识别出来。例如，在一个多重选择的格式中，像一个评论问题中需要的那样单独记忆。另一方面，如果没有很好地编码、保存信息，没有采用策略性的记忆方法，那就没有恢复信息的希望。但是这三个过程中的每一个都能提高你成功的概率。事实上，每一种提高记忆力的系统、规则、记忆过程、策略、种类、观念或洞察力，都与这三种关键的记忆阶段中的几个或全部有关。

2. 编译记忆的原则

⊙积极的态度和信念

最重要的编译记忆的原则，是你真正相信自已能够学会和记住你想得到的。这种情况下，你的身体放松并且聚集了所有完成手边工作的能量。积极的态度会产生成倍的效果：它最终改变了你大脑中的化学成分。第一，积极的态度促使多巴胺——一种良好的神经递质产生。就像一台从地基循环取水的抽水泵，乐观促生了多巴胺，多巴胺反过来又提升了乐观情绪。第二，积极的态度有助于产生更多的去甲肾上腺素和另一种神经递质，这种神经递质为你提供了作用于动机的生理能量。第三，建设性的思考可以刺激大脑前叶，有助于长期计划和判断。总之，积极的状态远胜过“盲目乐观的效果”,它实际上刺激了你用来学习的大脑。

⊙准确的观察

我们大脑中的大部分信息都是无意识的。伊利诺伊州立大学的埃曼纽尔·唐琴博士认为，我们加工处理的超过99%的信息都是没有意识的。为了避免被无数的感官琐事所轰炸，人类的大脑学着有意识地只关注那些被认为是重要的信息。我们尤其关注那些威胁到我们生存的事物。当我们每分钟随机感知数以百万的信息量时，我们确定要记忆的信息必须有意识地被提示给记忆系统。这里动机在起作用。为了确保准确的编译被引入信息，你必须下意识地集中注意力。不管你是否真的感兴趣，积极主动地集中注意力能更好地储存和恢复记忆。

你观察、听到和思考的事物越多，记忆的可溯源就越深。注意闻一下是否有些气味存在，如果有就在心里默默记住。听一些平时不容易注意的事物——背景噪声的变化或音量的增减。写下那些特别有意思或重要的信息，绘制图画、图标或标出数字来说明一个要点，检查你确认的感知是否准确。闭上眼睛想象你所听到的，在脑海中回想这些信息并用你自己的语言重新组织。你潜心感受的越多，初始记忆的编码就会越强。

⊙考虑背景因素

编译记忆的另一个关键因素是考虑背景。背景则意味着更宽泛的模式——输入的意义、环境、原因。当我们第一次关注大幅图画时，所有的细节问题更关键，知道了图画是怎样组合在一起后我们就可能理解和记住信息。例如，想一个拼图玩具。通常的方法是通过比较方框中的图片来确定邻近的部分。换句话说，整体为理解部分提供了必要的背景。想象一下学习一项新的运动，比如，你亲自打了比赛并且得分了之后才会记住“标准杆数”或“转向架”这些高尔夫中的专业术语。同样，当你一遍遍试着击球到400码远时你才能确切地领会到这一距离的实际意义。

⊙ 当我们第一次观看图画时，细节更重要。比如，教人打高尔夫球，得分会使他们对“标准杆数”产生一个更好的背景理解

⊙B.E.M.原则

缩写词B.E.M.表示开始、结尾和中间。你接收信息时很可能按这一顺序来记忆。换句话说，更容易记住的是开始时接收的信息，接下来是结尾接收的信息，最后记住的才是中间部分。

为什么会这样？研究者推测在接收信息的开始和结尾时存在着一个关注偏见。开始时固有的新奇因素和结尾时感情释放在我们大脑中酝酿产生了化学变化。这些化学变化加上学习使之更容易记忆。因而，如果你想记住中间部分的信息，就应当运用一个记忆方法并且给予这部分特别的关注，以确保对它们进行更牢固的编码。

⊙主动学习

通过一个练习的形式我们可以更好地理解主动学习的概念。因此，思考下面两组序列：一组数字和一组字母，花几秒钟来记忆每一组。

1492177618121900191719631970

NASANBCTVLIPCIAACLU

一般来说，大多数人都会费时来记忆这些抽象的数据，除非他们运用记忆术——我们就打算运用它来记忆。这次，我们将它们分成三四个一组再浏览一遍，使之在某种程度上让你印象更深刻。用视觉图像或联想的方法将数据中的小块相互联系在一起完成记忆过程。例如，你可以引用历史中一个著名的数据（哥伦布开辟欧洲新航线的时间）“1492”将开头4个数字联系在一起；然后，你通过另一种相关想象把它与接下来的一组数字联系起来（这一回是关于《独立宣言》）。在这里，虽然是为了易懂提供的两组显而易见的例子，但事实上，你的确可以运用这种联想记忆法记住任意次序的字母或数字。

你刚才所做的实际上就是“主动学习”。当一个人处理信息或用它做实验，或者被要求来解决一个与之相关的问题时，他可以通过多种记忆方法来编译信息——视觉、听觉和知觉的——以此增加恢复记忆的机会。加工处理新的信息可以在你大脑中产生更多联想并且巩固已有的联想。这里有一些用于塑造记忆肌肉的可靠而真实的策略：

（1）讨论新的知识。

（2）阅读新的知识。

（3）观看一部相关的电影。

（4）将信息转化为符号——具体的或抽象的。

（5）运用新术语和概念做一个填字游戏。

（6）写一个主题故事。

（7）绘制相关的图画。

（8）分组讨论新的学识。

（9）在头脑中描述新的学识。

（10）编一些相关韵律和歌曲。

（11）将身体运动与新学识联系起来。

⊙分块

正如前面所述的主动学习的例子，复杂的题目或一长串信息元可以分成易掌握的块儿来理解和记忆。例如，电话号码、信用卡、社会保险号总是被分成2～4个数字一组以便于记忆。有意识的大脑一次一般只能处理5比特的信息量，而这一数量又与学习者的年龄和已有的学识有关。一般说来，1～3岁的婴幼儿一次只能记住一条信息；3～7岁的孩子可以记住两块信息（或根据指导一步步来）；7～16岁的孩子能记住三块信息；大于16岁的则通常可以掌握四块或者更多信息。

不管你的年龄有多大，将抽象的信息分成易掌握的团块能够增强你的记忆。这里还是前面主动学习练习中用过的两组相同的数据，只是这次我们把它们分成团块。当然，没有正确与不正确的团块次序之说；唯一重要的是它们对你是否有用。我们已经使用了一些简单例子来说明，接下来的方法将教你怎样对那些提示不怎么明显的信息进行联想。

我们现在将上文中那个主动学习的例子分成下面的团块，以便更有效地进行记忆编码处理。

1492.1776.1812.1900.1917.1963.1970

NASA.NBCTV.LIP.CIA.ACLU

⊙加入情感

不论何时，一个人情感的加入，都在很大程度上可能形成对事件更深刻的印象。激动、幽默、庆祝、猜疑、恐惧、惊奇，或者任何其他强烈的情感都能刺激肾上腺素的产生，同时也刺激着扁桃体结构。举个例子，如果你作为贵宾出席一场令人惊诧的聚会，那么你会感觉到情感对记忆的影响力。在这样一个时刻，这个活动会因肾上腺素的释放，大脑情感中心和扁桃体结构的刺激而变得记忆犹新，从而也促进了编码和恢复记忆。

恐惧为长期记忆中某种情感的根深蒂固提供了典型例子。你4岁时，有人恃强凌弱从你身后鬼鬼祟祟冒出来，将一条蛇猛推到你脸上并大声恐吓，这种经历在事情发生的那一刻留下了深刻的烙印。为什么？因为强烈的恐惧感刺激产生了肾上腺素——使身体免受畏惧和惊吓的生存反应；因此，生物化学认为这种情况是重要的。一条蛇或以后类似的刺激物在你余生中可能触发相同的自动反应——有意无意地导致了令人讨厌的恐惧症（在治疗中），这种强烈的编码将被重新组织。然而，由于恐惧感使人印象深刻的特性，我们通常要推荐一个资深医生来治疗。

⊙寻求反馈

“你看到了吗？”无论何种情况，当我们见到一些不寻常的事物时，我们的反应或者是不相信，或者是和别人核实。这是一个聪明的策略。你要确保自己的所想、所见、所闻是真实的。寻求反馈是一个自然且基本的学习手段，它有助于我们在形成不准确的记忆之前将假象减小到最低点。反馈的过程有助于增强我们的感知，从而增加记忆事物或刺激物的可能性。反馈来源于多种形式。提问是其中之一。即便答案并不恰当，个人对信息的涉入也能加深编码。

3. 增强记忆力的原则

⊙获得充分的睡眠

研究表明，白天学习时间越长，夜里做梦可能就会越多。我们做梦的时间，即所谓的快速眼动睡眠，可能是学习的一个巩固期。快速眼动睡眠占据我们整个休息时间的25%；也有人认为它对睡眠是重要的。这个假定有事实支持：大脑皮层的一部分被认为在长期记忆过程中起关键作用，而其在快速眼动睡眠期间是非常活跃的。其他的研究表明，快速眼动睡眠中老鼠大脑的活跃方式与白天学习期间大脑的模式相似。亚利桑那大学做白鼠研究的布鲁斯·麦克诺顿博士认为，在睡眠过程中，海马体仍然处理着脑皮层传送来的信息。关键的“停工期”通常在睡眠最后的1/3时间（早晨3～6点）出现，它可以使好记忆与差记忆呈现出差别。

⊙进行间歇学习

大脑的设计并不是为了永不停息地学习。加工处理期是为了在脑中建立更好的连接和唤起。这就是间歇过程中可以进行最成功学习的原因——学习、休息、学习、休息。研究表明，应依照学习材料的复杂性与学习者的年龄，每学习1～15分钟之后应确定一定的停工期，而这种有效的规则对于增强记忆是至关重要的。

⊙让信息变得重要

维持记忆的另一个重要因素是人对信息重要性的划定。有关这个原则的一个很好的例子，是那些总是忘记写作业的学生，但他们却记得自己最喜欢棒球队中每个队员的击球率。想想每天对我们进行狂轰滥炸的电视广告，你会记得多少？你又能记住多少时时响起的电话号码？可能你什么也不记得——也就是说，除非你正在专门查找一条广告，那么你会刻意记住它。回想上次你被介绍给你真正喜欢的人时，你是不是不止一次询问他的姓名？信息对你越重要，你越可能记住它。

⊙运用信息

练习一直是最好的老师与教练。重复能够增强记忆。当大脑吸收了新的信息时，细胞间就产生了一种关联。这种关联在每次使用时都会得到加强。初始学习之后复习10分钟可以巩固新的知识，48小时后再复习一遍，7天后再来一次。这种循环确保一种牢固的联系。看照片是另外一种增强记忆的方法。大学时的一些记忆是否已消失？通过留言簿里泛黄的纸张和幽默的留言，我们可以回忆起那些面孔、名字以及共同的冒险经历。

⊙牢固地储存信息

有人错误地认为大脑是身体里唯一的记忆存储和恢复中

心。实际上，我们需要不同的记忆存储设备。便条、名单、电脑、档案、朋友、特意放置的物品和日历都可成为支持我们记忆的工具。它们中的每一个都有着同一目的：为帮助记忆恢复提供“牢固的副本”。依靠这些外部的记忆设备，我们很少会产生错误的回忆。把我们忙碌生活中的重要记忆放在每一个地方是加强记忆的策略性方法，即使是仅仅写下想要记住的事也能加强你的记忆。

⊙养成习惯

大多数人都有许多甚至成百上千种习惯让我们记住生活的责任与义务。当然，大多数人都是无意识地养成这些习惯的。这些习惯可能是把我们的桌历翻到一周中恰当的一天，把便条粘在醒目的地方，标记出我们要记得带去学校或工作的东西，等等。这里的策略是有意识地在生活中养成习惯以减轻记忆的负担。比如，当你走进屋子时总是把钥匙放在同一地方，它更适宜放在靠近门的地方。一旦意识到自己的习惯，你就可以利用它们把要记住的信息联系起来。例如，你可能把自己要记得带去工作的书与钥匙放在一起，在你例行其事的时候，就不需要刻意去记忆。

4. 记忆术和记忆恢复

很多人发现一旦他们运用一种记忆术来记忆事物，恢复记忆就变得容易得多。记忆术总是使用联想方法。下面的基本记忆法只要稍加努力就可以增强你的记忆恢复。

⊙位置法

位置法是将你熟悉的地方中固定的地点或事物与想要完成

的目标联系起来的一种记忆法。例如，你正在做一个包含5个关键要素的演讲。你所谈的每一部分都与提供给你自然顺序的不同“主题”联系在一起的。为了说明这个例子，我们想象一个典型的会议室。墙边那个大的设备是你走上讲台首先看到的，因此你选择这个提示来提醒自己希望做出一番颇受欢迎的讲话。墙上的装饰品可以选择来提醒你的下一个话题——发言主题的历史意义。你演讲的下一个要素——目前的时局——与房间后面的国旗相联系，门上的出口标志选择来引发你做结束语，等等。在开始运用这一方法时，我们建议你按一定的顺序使用主题，前门可能是你的第一个主题，入口通道是第二个，餐厅是第三个，等等。房间中其他的位置也可以用来指定主题。这个策略是古代伟大的演说家所选择的记忆方法。

⊙关联词汇法

这种记忆策略与位置方法遵循着同一原则。实际上，它是从位置方法中分离出来的。唯一的区别是使用一个具体的物体，而不是选择一个熟悉的位置。位置方法非常适合演讲或概念记忆，关联词汇法则适用于记忆数字。这一方法的首要步骤是学习一套关联词汇。一些人选择儿歌因为这样他们更容易记住。其他人喜欢那些对他们有个人意义的关联词汇。如果你同时大声地说每个词，想象某一特定情节，进行身体活动，将很容易记住所列的名单。这种方式最少可分成三个记忆分支：视觉、听觉和知觉。

回顾左边的词汇直到你记住它。给自己增加其他你想要的关联词汇。一旦知道了10个关联词汇,你就可以结合它们记住任意数字。例如,数字11可能让人联想到一个双手伸向太阳的人，或者结合更多的想象，你对任何一个数字都能创造出一个关联词汇。大部分数字会使你想起逻辑联系。例如，12代表1年中的12个月；而13呢，或许是代表1只黑猫或1个忌讳的数字；14呢，代表情人节的心情；26呢，代表字母表中的26个字母。如果你可以记起一些具体的物体好过数字的话（正如大多数人），关联词汇法将提高你的记忆能力。如果掌握了关联词汇法，你可以使用另一种记忆法，也就是与进一步巩固编码处理相联系。

⊙联系法

联系法是连接的过程中，用行动或想象将一个单词与另一个单词进行联想。这种方法经常与关联词汇法相结合，按某一特定顺序记忆一长串信息元。使用先前的关联词汇，例如，电话号码423-1314，就可以通过想象被暗示和联系（4）车轮被（2）腿短的（3）熊推着通过一片晴朗的（1）原野,（3）熊对着太阳举起手指（1）并使（4）车子落在地上。尽量将数字结合成顺序来简化联系法记忆的过程。再如，为了记住要买杂货的清单，通过想象盛水花瓶里的花将第一项（比如面粉）和第二项（滋补水）联系起来。联系的关键是运用你的想象力。联系不必是逻辑的或现实的，唯一重要的是它提供了你的记忆。

⊙关键词法

这种记忆方法多年来一直为人们所运用，尤其是在记忆外语中的词汇和抽象概念时。这是另一种将口头和视觉上音似的单词与抽象的词相联的一种形式。例如，西班牙语中的“你好”，

HOLA就可以被联系到“OH-LAH”，也就是OOH-LA-LA，见到你很高兴；而西班牙语中的“再见”，ADIOS，可以被联系到单词“AUDIENCE”（观众）以及在视觉上联系到一群观众挥舞着手对你说再见。如果你发现一个词一时记不起来，就可以用关键词记忆法且再也不会忘掉。

⊙缩写词法

我们时常被离合诗所迷惑，缩写词是从一段文字中每个单词的首字母得出的。常见的缩写词是NASA，它是美国国家航空与太空行政部门的缩写。组织的名称经常被简化成缩写词。另一种教给许多学校学生的缩写词能帮助我们记住五大湖的名字——HOMES〔Huron（休伦湖），Ontario（安大略湖），Michigan（密歇根湖），Erie（伊利湖），Superior（苏必利尔湖）〕。

⊙儿歌与童谣法

儿歌与童谣也许帮助过你学习基础知识，即使不是全部，大多数的学前电视教育节目都依靠儿歌与童谣教孩子从刷牙到扣安全带等事物。而在这些精彩的电视教育节目产生以前，人们就通过阅读和讲故事模仿儿歌来记忆。通过将那些不可思议的信息编成曲调、儿歌或童谣，可以帮助记住天生容易忘记的东西。例如，我们国家有谁不知道1949年发生的事情?

三.记忆术在学习中的应用

1. 记忆术在教育中的作用

⊙记忆策略能够帮助我获得学业的成功吗

在学校里，我们要完成多种学习目标，要解决多项议程，这常常都需要与自己的时间竞赛。首先，有一些是你希望学到的知识，因为你对它们感到好奇，并且认为学习这个科目很有意义；其次，有一些是你的老师希望传授给你的课程；再次，有一些是社会体制要求你掌握的知识，还有一些是父母期望你学习的课程。另外，一个学生必须知道他们将会被测试哪方面的知识或技能。一些测试是衡量你的知识水平，另外一些测试很可能是检测你的技能水平。有些课程可能会让你进行个案分析，有些课程则需要你知道一些公式。有的测验可以使你提高即兴思考的能力和提升创造力，有的测试则可以指导你学习的方向。无论这些课程目标和检测方法多么不同——无论是一篇短文考试、多项选择、数学等式、口语表达或是个案研究，它们在某一些方面都是相同的，即每一种考查方法都需要知识，而这些知识的学习都需要依靠你的记忆力。

为了确保你可以获得必备的知识，无论课程任务是什么，我们建议你能够利用所有的记忆工具。就像不能仅用一种工具（如锯）就可以盖房子一样，也不可能仅使用一种记忆方法（如联系法）就可以满足你所有的记忆要求。当你可以很熟练地运用本书所概述的所有记忆术策略，你的记忆力“工具箱”就可以帮助你完成繁重的学习任务。

⊙记忆术会削弱教育的地位吗

记忆术策略的学习绝对不会取代教育本身的地位，它仅仅是学习的一个辅助方法。就像计算机一样，记忆术的学习只是提供一种方法，可以使你更快掌握知识。一旦学生们能够有效地使用记忆术方法，那么就可以把他们的学习时间最大化。美国教育部1989年出版的《什么在起作用》总结说："记忆术可以帮助学生更快地记忆更多的信息，而且对这些信息的记忆可以保持很长的时间。"

新泽西州的参议员比尔·布拉德利曾是美国参议院中最智慧、最善于思考的参议员之一，他非常赞成美国教育部做出的这份总结报告。这位普林斯顿大学的毕业生也是一名记忆力方面的专家。这绝不仅仅是巧合。布拉德利的记忆技巧可以使得他只花很少的时间来完成学校的任务，然后利用更多的剩余时间追求他个人的目标。

⊙什么记忆策略可以提高我的学习成绩

你能够想起记忆过程包含的三个基本要素是什么吗？下面做一个简单的回顾。这是对于任何初学者都要坚持的记忆阶段：

编码的阶段（已记录的阶段）

保持或增强的阶段（储存的阶段）

通过联系回想的阶段 (回忆的阶段)

成功的学习策略不但能够使你掌握必修课，还可以使你在有效的时间内学习你感兴趣的知识。

2. 学习中的成功编码策略

⊙保持冷静

用积极的信念为自己打气。相信你可以掌握新事物。提醒自己可以做得到。如果你碰到了挫折，一定不要为此就放弃自己制定任何远大的目标，或是对于自己作为一个学生的能力做出轻率的判断。你可以做一些积极的体育运动，或是改变一下学习的进度。当然，也可以给你自己一些坚定的信心，比如，对自己说“掌握事物很容易”“我一定会成功”“我有很强的记忆力”等等。

⊙学习需要能量

你要非常清楚学校的时间和你学习的时间。每天要有6～8小时充足的睡眠时间。吃一份高蛋白含量的早餐。如果你有咖啡、可可，或是茶等饮品，那就要限制咖啡因的饮用量或是喝脱脂咖啡因的咖啡。过多的咖啡因会降低你的注意力，导致你犯一些错误。理想的学习状态是警觉而不是兴奋。

⊙有目标的人是成绩优秀的人

你要确定你想要学习什么和为什么学习它。回顾一下总体的任务，制订一份计划。写出你的周目标、月目标，或是学期目标。把这些目标分成几个可以衡量的步骤、检测点，或者是你能够经常回顾的目标。如果你制定的目标既可以包括你要学习的内容，也包括你希望学习的知识，这两者之间如果能够达成平衡，那么这就是理想的目标了。这些目标越有竞争力越好。

⊙练习

当你学习时，应用之前介绍过的记忆术策略。编码记忆可以是很简单的。思考一下你正在学习的新内容是如何与你已经知道的内容相互联系的。当然，编码记忆也可以稍复杂些，比如，要把你的学习内容与地点或是身体部位联系起来记忆（位置法）。

⊙“好好保养”记忆力

你的记忆力有赖于其所必需的营养。在学习时，要确保你的大脑能够通过健康的饮食（如新鲜的水果、蔬菜，全部的谷类食品等）来获得足够的营养物质。你也可以考虑其他的食品来补充营养，以提高你的认知力，增加活力。

⊙专心于中间部分的内容

我们知道对大部分材料的记忆顺序是开头、结尾，然后是中间部分。也就是说，在每一个学习阶段，学习内容的开头和结尾部分与中间部分相比，都会更容易被记忆。根据这个原则，你可以有意识地更加注意中间部分的信息，从而抵消中间障碍信息对记忆的不利影响。因为你会很自然地记住材料的开头和结尾，那么对中间部分稍加注意，就可以支撑这个记忆的薄弱环节了。

⊙集中注意力

对材料的积极思考能够加深对内容的理解。这样的话，我们就可以问自己一些问题，然后把这些设想形成一个清晰的重点:我们昨天学习的内容和它有什么关联？我们还将要学习什么？为什么学这个而不学那个？或是，这个内容意味着什么？这种问询过程对于编码记忆和增强记忆是至关重要的。在班级里提问问题，两个人互相检查。如果可能的话，在形成错误的印象之前，立刻作出反馈。

⊙让我们来欢庆

当你体验强烈的情绪感受时，那么这种经历就很可能会在你的记忆中留下深刻的印象。兴奋、幽默、欢庆、恐惧、骄傲、焦虑和其他的强烈情绪都会刺激大脑产生一种能有效提高记忆力的荷尔蒙，它可以促使大脑和身体行动，帮助大脑回忆信息。

⊙形象的描述

用形象的语言描述图片。在头脑中形成思路，可以保证你是正在理解材料，尤其是有些材料是以口头的方式表述的。思路给你提供了一个形象的图表式的组织模式，帮助你理解你要学习的内容，这种方式有助于你编码记忆、增强记忆和恢复信息。形成思路是很有意思的过程，如果参考下面简单的四个步骤，将使你更加熟练地掌握这个过程。

思路形成的步骤：

（1）准备一沓纸张和一些彩色笔；

（2）在纸上你可以把中心内容写出来，画出来，或是用其他的方法把它们描绘出来；

（3）添加从主要内容中流露出来的其他内容，并且用感知描述它们。用这些次分支内容描述相关的中心意思；

（4）把线条、胡乱的涂画、图表和标记都联系起来，用丰富的细节形成个性化的东西。所有这些都有助于在你头脑中确定概念和观点，有助于刺激你后来对内容的回忆。

3. 成功学习中的增强记忆策略

⊙甜蜜的梦

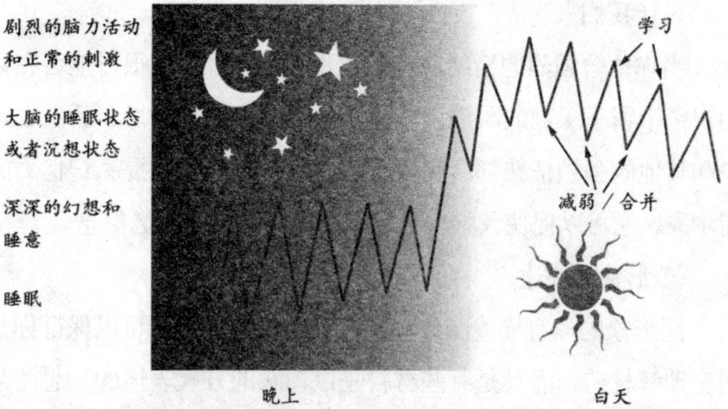

⊙ 上图展示了我们一天的昼夜节奏是如何受影响的。在这里，通过不同层次的脑波活动，来描述这个影响

研究表明，在逻辑测试和解决问题的测试中，那些睡眠充足但是很少做梦的学生与睡眠充足且经常做梦的学生相比，他们的测试结果很糟糕。这表明不只是睡眠对于记忆过程很重要，做梦对于记忆过程的作用也是非常大的。实际上，如果你白天学习的内容越多，那么你晚上做梦的时间很可能就越长。做梦状态和快速眼动睡眠时间用去了整个睡眠多于25%的时间，这对于我们保持记忆力是至关重要的。刚刚入睡时，快速眼动睡眠用去了我们睡眠时间的一小部分。快到凌晨的时候，我们大部分的睡眠时间都是在做梦。这表明睡眠过程的最后几个小时对于学习的巩固可能是至关重要的。如果你的工作或是学校要求你不得不每天五点钟起床的话，那么这对你的记忆力将会产生消极的影响。

⊙抓住高潮期

大脑的结构决定它不能永不停息地学习，它需要休息。基于大脑机械理论，大脑左右半球之间每隔90分钟左右就要交替消耗能量。这种身体节奏或头脑节奏被称为昼夜周期（一个昼夜不停连续运转的周期）。在这种周期的作用下，当左脑处于功能运行高效期时，更多的与左脑有关的任务（如连续学习、理解语言、计算和判断）就会很容易进行。同样，当右脑处在功能运行高效期时，更多的与右脑相关的任务（如富有想象力的学习、空间记忆、辨认面容、想象影像和重新构建歌曲）也会很容易进行。学习过程需要有间歇来处理材料内容。在这段时期里，大脑分析学习内容，并且把它们传送给内部大脑组织，这个过程对于记忆的连通性和恢复记忆也是必要的。你难道不认为进行完1万米的长跑后需要休息吗？由于学习是一个生物过程，它会改变大脑的结构（建立新的突触间隙连接，增强原有结构的运转效力），因此，睡眠对于大脑保持最佳运行状态是非常重要的。如果你非常了解你自己大脑的昼夜运作节奏，你就能够在大脑功能运行能量最旺盛的时期最佳地完成你的学习任务，而当大脑处于低效率运行期时，就可以休息放松。

⊙重复

脑细胞与新内容之间的联系可以通过重复这个过程得到加强。为了保证这种强大的联系，新内容应该在学完之后的10分钟内复习一遍，48小时内再重复一遍，如果可能的话，7天之后再把它重复一遍。如果你不复习那些学过的内容，也许你会在某个时间惊奇地发现，突然间你把它们全部都忘记了，尽管你清楚地记得你学习过那些内容。复习新内容的时候，你可以和其他同学或者其他小组的同学组成一个学习小组，重新读读笔记，或者重读每一页的开始段落和结尾段落。设计一个纵横字谜也是另外一种很有意思很有创造性的复习方法。其他还有一些方法，比如可以看一段有关这个学科的录像，或者利用新概念新内容编一曲说唱乐等。

⊙你的记忆复件在哪里

尽可能使用一些“有难度的版本”或者外部的记忆工具，复制你的记忆。尤其是在你压力很大的时期，当你一度要反复修改很多杂乱的事情的时候，养成随身携带一个日程表或者个人记事本的习惯，并且要非常狂热地喜欢在上面记录一些内容。设计一个软件（如果你使用计算机），一个整理好的资料系统，里面包括你每天的目标，有的时候一些事情也可以引发你的记忆。没有一个人的记忆力是最好最完美的。我们承受的压力越大，信息就越可能没有获得编码记忆而被流失掉。制作你个人的记忆系统复件，就像制作一个计算机的记忆系统复件，可以帮助你记忆或者搞清楚一些问题。

⊙一天一小时

人是习惯的奴隶，所以我们能做的最聪明的事情，就是好好利用这种趋向。每天都要留出练习、叙述和复习的时间。有一种趋势很明显，就是你每天短时间的学习（间隔学习）要比你长时间内填鸭式的学习效果好得多。如果完成一个3小时的任务，你要问自己：“我要如何花费最少的工夫，如何最大限度地利用我的脑子来完成这项任务？”把这项任务分成45分钟的学习阶段，用4天多的时间完成它，这样你的大脑就可以有个“休息期”，而大脑正好需要用这个“休息期”来巩固你已经学过的知识。当然使用这个方法首先要求你要有很强的自制力，但是一旦建立起你自己的常规，那么就可以明显地看到这种学习方式的优势，而且这种学习过程也是在无意识地进行。

⊙说什么

你越能熟练地掌握新内容并且形象地描述它（积极的学习），你就越能很好地理解材料。在笔记上写出你的思路，与其他学生组成小组就某一论题进行辩论，或者做做实验，或者根据学习内容编出一个小故事，或者用肢体语言或手势来形象地描述这些内容。你还可以找到一个学习伙伴，每周都可以在一起复习功课。在图书馆里浏览一下有多少关于这门学科的参考书。有很多种方法可以使我们熟练地掌握新内容。就好像你走进了一个知识的“玩具店”，你都要自己亲自看看。或者就像我们观察一个初学走路的小孩子，他在早餐时间会端着一碗粥到处走，做任何可以想象出来的事情，但就是不喝它。

⊙视觉训练

慢慢移动你的目光，用一种结构的方法观察图片——从左到右，从上到下，然后再反向观察回来。记录下你所看到的东西。

闭上眼睛然后尽可能清楚地回忆你观察到的情景：图片的左上角是什么物体？左下角，中间，右上角，右下角呢？

睁开眼睛重新观察图片。你记忆对了多少？什么物体或是细节你漏掉了，或是记忆不准确？

最基本的观察方法能够应用到你所希望记忆的任何对象上面。为了训练你的观察技能，你可以随机任意选择影像或者情景，然后仔细地观察它们。就上面列出的各种问题对你自己发问。然后，尽力描述或者刻画你所观察到的。当然，你可以写出或者画出那些情景。如果你能够更多地注意到你身边的事情，能够观察你生活中的每一个细节，那么，当你养成这个习惯后，你的记忆力就会提高，同时，你的创造力和艺术技巧也可以有所提高。

四．在学校的记忆

如何教学？这个问题不断引发激烈的争论。这是一个从传统和现代技术到记忆功能研究的曙光出现的过程。

1．“照片式”记忆：一个虚构的神话

科学研究表明感官记忆的确存在，但是它们是短期的，视觉记忆大约为1/4秒。另外，由于生理的特殊性，我们的眼睛只能保证在一个极小的角度内有较高的视觉敏锐度：2°～4°，即一个由4～5个字母组成的单词大小。也就是说，我们不可能对一页书“拍照片”。

感官记忆也适用于记忆其他的信息，语义的、图像的。比如说，图像记忆就是借助事物形象（物体、动物或植物）来存储信息的。这种记忆能够以持久的方式存储复杂的信息。美国科学家曾做了一个实验，对于2500张照片，被测试者在一个星期后重新观看的时候，仍能够辨认出其中的90%。但这种记忆并不是所谓的“照片式”记忆。当我们“真的确信”似乎在脑海中看到了课

本中的一页时，实际上这并不是一个准确的表述，因为我们看到的只是视觉组合图像，而且我们无法指出一个确定的单词在“这一页”中的准确位置。

听觉记忆是最有效的吗

当比较在短时间内记忆一列字母或单词的能力时，我们会发现听一段文字要比自己阅读同样的文字记得更好。但是，一旦这个测试被延迟10多秒钟，听觉记忆相对视觉记忆的优势（大约20%）就消失了，听和读的效果就相同了。无论是视觉的，还是听觉的，事实上，信息很快就融合在一个更高级的符号编码中：短期记忆。

2. 从短期记忆到专业记忆

⊙短期记忆

短期记忆，又称作运作记忆，这种记忆好比电脑的记忆，能够暂时记住来自一个永久记忆介质（如硬盘）的信息，或者以键盘、扫描仪等形式输入的信息，并将它们汇聚在一起或者分别进行不同的处理。一些研究人员甚至估计，短期记忆是一切逻辑推理的基础。但这种记忆的容量非常有限，大约一次7个元素，也就是说我们在脑海中一次只能够保存有限数量的信息。由于这种记忆很快就超负荷，对信息只能记住几秒钟，因此对那些重要信息有必要重复记忆。

⊙计划的好处

非常幸运的是，短期记忆与不同的专业记忆是联系在一起的：词汇记忆使单词以声音和图画的形式被储存起来，语义记忆保存着经过分类的概念以及图像。这些专业记忆在运作时，短期记忆将参与信息的分组。如在学习乌鸦、金丝雀、鹰、喜鹊这些词时，它们将与已经出现在语义记忆中的“鸟”类联系起来，这样通过类属法我们将更容易记住了这几个词。这种有效的学习机制正是基于对信息的有效组织。这也是通过概要、阅读笔记或其他形式将所要学习的内容结构化，从而能够更高效地掌握和记忆知识的原因。

3. 课堂上的记忆

技术的进步并不总是能够带来更好的教学工具，有时候还是需要使用一些老方法，而非不加分辨地将其取代。更好的解决办法是把新的和旧的方法联系在一起，各取所长。这是一个由心理学家阿兰·里约希为首的法国研究小组对100多名学生研究后得出的结论，实验的目的是比较不同学习方法的效率。

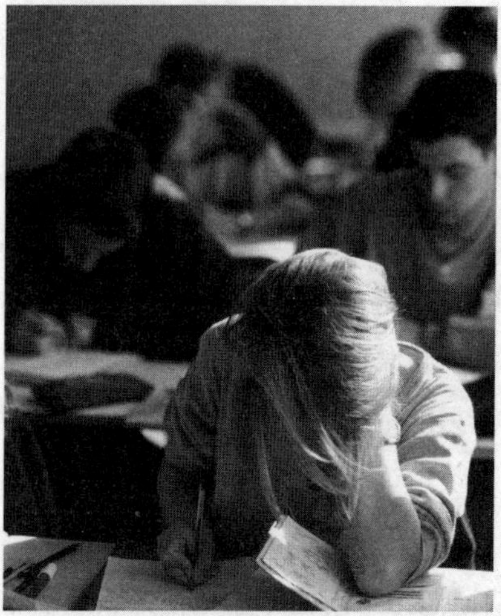

⊙ 实验证明，让学生自己控制学习的节奏有助于提高教学效率

⊙不同学习方法的实验

语言和图像（不可与听觉与视觉混淆起来）构成了不同的记忆方式。事实上，一方面我们能够分辨出3种信

息类型：语言、语言和图像、只有图像；另一方面，我们也具有3种信息记忆方式：视觉的、听觉的和视听的（结合了前两种方式）。这就有了7种可能的组合：视觉上，简单的阅读材料、课本或无声电视纪录片；听觉上，口授课或有声电视纪录片；视听上，借助图像进行的口授课或带字幕的电视纪录片。在这个实验中，被测试者观看的电视纪录片是关于不同主题的，比如阿基米德或人类的听觉感知。

当用图像表现一个熟悉的主题时很有教学价值，阅读材料或参看课本也有助于获得好的效果，而“无声”电视纪录片则没有太高的价值。如何解释这种区别？

正如其他研究表明的，图像只有以语言的形式记录在大脑中才是有效的记忆方式，即心理学家通常所说的“双重编码”（这一术语最早由加拿大心理学家艾伦·拜维奥提出）。事实上，“双重编码”的前提条件是阅读或者利用教科书，通过调节学习节奏来掌握某些术语或专有名词。而与阅读不同，电视观众既不能调节图像的速度，也不能进行退后操作。

因此，为了提高教学效率，应该在图像中伴随字幕，更好的是让学生自己控制学习的节奏，比如用电脑代替电视。

⊙回忆的线索

任何学习都是为了能够在今后重组所获得的信息。然而，长期记忆中的大部分信息都不能存留在短期记忆里。因此，我们可以利用一些线索。例如，让一组人学习20个词，在回忆的时候提供类属（比如“鸟”“鱼”“作家”）将有助于最大数量的重组出所学过的词。这样的线索在不同形态下都有效，在教学方面，线索常以关键词或提示图的形式出现。

存在这样一个特殊情况，线索即词汇或图像本身，也就是所谓的重新辨认。重新辨认的成功率是惊人的，被测试者能够准确辨认出所学信息的70%～90%。在教育学上的应用表现为多项选择调查表，被测试者被要求从几个备选答案中选出正确的答案。

⊙图表胜于冗长的讲述

图表是学习和重组复杂信息的一种极好的方法。它的优点在于，能在表述的同时进行组织。图表的形式非常广泛，有曲线图、流程图等，其中最为常见的是地图。

阿兰·里约希研究组做过一个实验，让一群学生分3场次学习一段10分钟的电视资料片。该资料片节选自尼古拉·于洛的纪录片《尼罗河源头的秘密》，内容是关于尼罗河的水域系统。在影片最后，只向被测试者中的一半人展示了一个描绘尼罗河水域系统的图示。之后，所有的人都参加了一个测试，用来证实学生掌握的知识分3个级别，从资料片的主题（级别1）到水域变化的细节（级别3）。结果，那些看了尼罗河水域系统图示的学生取得了最好的成绩，他们在一开始就成功地抓住了主题，而那些没有看图示的学生都是逐步抓住主题的。

五. 专业领域的记忆

有一些职业似乎需要比别的职业更出色的记忆，但是专业领域的记忆奥秘经常与我们想象的不同。

1. 演员和导演

⊙玛丽（58岁）的自述

当演员的时候，我从来不提前学习一段文字。我把剧本拿在手里，试图在脑海中勾勒出人物的举止和个性。就这样，剧本变成了一个逻辑空间，处于动作、感觉、情绪的连续性里，在熟悉这个逻辑空间后，我甚至不需要再学习剧本了：它就在那儿，正如一个显而易见的事实，这是一种情感记忆。

当然，当我有唱独角戏的任务时，就必须像在学校一样“用心”强记，但这也是在人物的塑造工作完成之后进行的。而在最后一次表演结束后的第二天，我就忘记了所有的文字。这是脱离人物角色的一种方法!

现在，作为导演，我的记忆原则则完全不一样了。我无法记住文本，只能通过想象在空间中建立视觉坐标。我为演员创造动作，然后自己就忘了，但我总会自发地观察事物是否准确地运行着。我记住所有拍摄场景中需要加入灯光、声音的不同时刻，这完全是视觉记忆，同样也是情感的。因为，如果在某个时刻，灯光不像大

⊙ 与广为流传的错误观点相反，演员不一定是用心强记的冠军。为了记忆角色，他们更侧重于分析，并且尝试融入所要扮演的人物之中

家期待的那样亮起来就不能产生“共鸣”。

自从我成为导演后，我的日常记忆就不如做演员时那么好了。我认为记忆不会自我维护，我们实践得越多才会记得越好。我唯一从来都没有成功记住的东西就是数字。

⊙专家们的分析

和玛丽一样，大部分的演员都承认自己不是靠死记硬背来记住角色的。他们更多地是融入所要诠释的人物中，理解并且重组人物的动机和性格。一旦他们把握住人物的感觉，就将更容易记住台词。美国心理学家海尔格·诺艾斯在仔细研究演员的记忆后提出，演员不是记忆的专家，而是分析的专家。

通常，掌握一段较长的独白要求演员花一定的时间用心背诵。但当涉及经典戏剧的三段式诗文时，语句的韵律和对称配上适当的旋律后，记忆会变得更容易。然而，演员的记忆并不是始终可靠的，他们也有可怕的“记忆空洞”。

玛丽的例子中最有趣的是关于记忆方式过渡的那段描述，即从口语性质的记忆到图像和视觉记忆的过渡。在她当演员的那段时间里口语性质的记忆占主导地位，自从她开始从事导演工作，图像记忆则与演员在布景中的走位有关，于是口语性质的记忆让位给图像记忆。视觉记忆引出了地点和图像记忆法，这是一种需要想象一个虚拟空间的记忆方法。

2. 儿童神经科医生

⊙丹尼尔（45岁）的自述

我每个星期大约要接待25个病人，一些病人一个星期定期来几次，另一些病人一个月来一次。我在询问病人的时候会详细地做笔记，特别是第一次问诊时。我经常在会诊前重新阅读笔记，这样每个病人的面孔和经历会在我的脑海中变得很清晰。我极少会忘记与病人相关的逸事，如果发生了这类事，就意味着我应该在克服遗忘上下功夫了。

相反，如果要去购物，我通常是先写一张详细的购物清单。否则，我总是会忘记买某样东西。我真的有一种把那些要强制性记住的东西遗忘的倾向。

⊙学会组织信息

一个外科医生平均每天要接待30多个病人，丹尼尔的情况却很不同，她幸运得多，每个星期只有25个病人，因为精神病会诊的时间很长。在会诊期间，她能记住诸多细节可能归因于病人每个星期都来多次。另外，丹尼尔经常做笔记并复习，特别是对新病人。最初高强度地学习，之后有规律地复习，加上良好地组织信息，所有这些因素都有助于高效率记忆。最后，在遗忘的情况下，她会随时准备尽更大的努力。

⊙直指问题的关键

对医生记忆的研究有时候会得出表面上矛盾的结论。有一个实验，其目的是研究资历更高的医生是否能更好地记住与诊断相关的信息。然而实验结果却显示，具有中等水平的医生远比他们的新同行记住更多的信息，也比那些经验更丰富的医生记得更多。事实上，经验更丰富的医生似乎直指问题的关键，而较少地注意对诊断不太有用的细节。

第三章

提高你的记忆力

一．主动编码和存储策略

⊙无错误学习

无错误学习是一个需要理解的重要概念。有个秘密就是，如果你要求别人猜出答案，他们就更有可能记住。事实上，如果他们是在指导下得出正确的答案，记住的可能性就还要大得多。

如果你问一个孩子：“你能找到自己的足球吗？”他可能首先到床底下找，然后去客厅，再到楼梯下找，并且终于在那儿找到了。下一次，这个孩子的第一反应可能仍然是先到床底下找。

如果你换一种方式说“让我们找一下你的足球”，并且头或眼睛转向楼梯，孩子就更有可能做出正确的反应。

几条总的规则

（1）更少是为了更好

第一条策略是问一下自己：“这是不是我真的需要记住的？”虽然我们的大脑容量非常大，但你还是需要选择自己所需要记住的。试图记住太多新的东西可能导致干扰和负载过度，而这会让旧的信息更难以记起，要避免这个问题，就需要进行一定的筛选。

“我能现在就处理这个吗？”

你经常会有机会通过保证自己一接到任务就处理，从而减轻自己记忆系统的负担，因为这样你就不需要对它进一步加工。重要的是要考虑你如何能让自己免于深度加工信息，从而可以让记忆对付更为重要的信息。例如，你没有必要记住每个人的电话号码，只要记住那些你经常打的就够了。

（2）不要害怕提问

要养成这样一个好习惯：尽量想办法向别人要信息，如他们的姓名，这让你无须加工这些信息而且它也不会让你感到难堪。例如，如果有个你只见过一次或两次的人对你说："啊，非常抱歉，我记不起你叫什么。"你会感到受侮辱吗？可能不会。如果他猜错了你的名字，你受到的侮辱可能更大。在你犯下令人尴尬的错误（而且有第二次还会犯错的风险）之前，让他确认自己的姓名可能会是一个好主意。

事实上，无错误学习指出，如果你去猜人名，那么当你第二次碰见同一个人时，你记得的可能是你猜错的名字而不是正确的。无错误学习通过对事物的确认而不是假设另外的情况，帮助你的记忆系统巩固正确的记忆。所以，不要去猜（即使机会是50%），出于你的礼节和记忆的考虑，还是再问一下的好。

⊙死记硬背式学习

我们经常习惯于用重复的形式——例如，通过一遍又一遍地反复阅读来学习，这种方式叫作死记硬背式学习。研究表明，这种方式并非真正有效。设想你正在复习，准备参加一场历史考试。就某一个主题，你就有许多的史实、日期和人名要了解。你翻看笔记、把关键的细节列出了一个清单，然后反复看了多遍。

在考试中，你在回答论述题时十分得心应手，并且将你所记得的大约50%的史实、日期和人名尽可能地塞进答案中，可你还是只及格而已。

死记硬背式学习的缺点在于它只是一种浅显的加工形式。要记得更牢，就必须对信息进行更为深刻的学习，而且对信息编码的方式要让自己在很久以后仍然能有效地回忆起来。要做到这点，就需要在你的学习中增加意义，并使用额外的策略。

⊙分块

把信息分成小块有助于回忆，因为你通过对资料的组织帮助自己记忆。分块在记号码时非常管用。2064116890这个号码可以这样记：

2 0 6 4 1 1 6 8 9 0

这个信息共有10个部分，而这对于你的运作记忆来说太长。如果你将这个号码分成3个部分，就容易记了：

206-411-6890

⊙条理性策略

你的记忆越有条理，就越容易学习和记忆。正像在一团糟的办公桌上或乱七八糟的房间里难于找到东西一样，如果你的记忆库条理性很差，就难以记住东西。长时记忆的结果非常明确，存储库虽多，但相互之间都有一定的联系。因此，有组织的信息便于记忆。

从某种程度上来说，我们的长时记忆库有点像一个档案柜或电脑里的档案，其中主要的文件夹被分成几个小文件夹：

我的账目、我的文件、我的图片等。在这些非常笼统的文件夹里，存有一些小的文件夹。除了有主题以外，这些小的文件夹还有日期和时间的条理。这种组织信息的方法使得信息在你需要时易于再现。

二. 注意力集中的威力

如果你想要学或记某样东西，就一定要对它加以适当的关注。注意力集中让我们能处理信息，使之停留足够长的时间以备利用。它包含思维警觉状态、长时间全神贯注、不分心，并且有效地分配资源满足不同的需求。注意力集中程度差意味着不能摄入信息，而后记忆也就没有机会进入我们的长时存储库。通常的情况是，丧失记忆或明显的“记忆力差”，仅仅是因为首次未能充分注意。虽然这实际上很明显，但你却不可以低估它的重要性。当你意识到注意对记忆加工至关重要时，改善自己的记忆就容易了。

⊙持续注意

我们大多数人过着繁忙的生活，有太多事情要做。由于有太多的琐事，我们不能集中注意重要的事情。因此，分辨重要的细节、人名，以及其他重要的东西的能力对于有效地回忆信息至关重要。我们已经进化到拥有一个系统来帮助我们注意（或不注意）一些事情。

持续注意指的是我们在一段持续的时间内保持对某件事情注意的能力。动机和思维的激发程度是影响注意的关键因素。要使你的注意力保持足够长的时间，以便加工信息进入记忆（即对其进行编码），就必须留意自己的持续注意界面——20分钟、40分钟，也许再长一些，这取决于你正在加工的信息类型。

案例

设想你正在办公室的电脑前工作，旁边的电视里的财经频道正在播出股票信息。屏幕上的东西太多了，所以无法全部留意——商务信息、好几组数据、主持人的声音。你对节目的注意可能只能让你知道，此时的股市情况尚还可以。

设想现在你突然听到了股市的某一个板块（时装行业）因为其中一家主要的时装公司破产而表现不佳。这引起了你的注意，因为你手中握有的一些股票是时尚在线时装公司的。于是你开始收看收听任何关于这只股票的消息。你的注意力很大程度上在关注这个节目，留意是否会提到时尚在线。节目播完后，你把注意力转回到工作上，对电视充耳不闻。

设想你最后打算在网上卖掉自己的时尚在线股票，但你的电脑出了故障。你正在听电脑服务部门的指导。你也许对这些指导听得非常专心，但如果你越来越焦急的话，就可能会警觉过度。你的思维就可能会因为刺激过度而过了最佳状态，而这些指导就在脑海中变得一团糟。事实上，你要担心的事情可能已经够多了，以至于运作记忆已经没有足够的空间来容纳这些指导了。

⊙管理注意力

当我们抱怨自己的注意力无法集中时，这通常意味着由于各种各样内外部的事情使我们分心。学会管理自己的注意力将帮助你把注意力集中到自己所期望的方向。

构建自己的发电站

集中注意力是记忆的发电站。不管你学到了多少方法和技巧，你的记忆潜能都不会完全得到发挥，除非你学会了如何集中注意力。并不是每个人都能做到集中注意力，虽然它很重要，而且我们从小就要接受集中注意力的训练。我在读书的时候，老师总会管束我们说："注意力集中啦，孩子们！"我们做得好的时候，他们也会说："非常棒!"

集中注意力练习

当你集中注意力时，你还应该考虑别的什么事情呢？一则就是要组织好时间。要留出一定的时间来完成特殊的任务，不要占用这些时间。我们很容易坐定开始一项任务，然而这项任务并不是我们的兴趣所在，因此我们便习惯性地开始走神想别的重要的事情。于是，想着来杯咖啡，然后去看看报纸有没有到，接听电话聊聊天。既然你已经拿着电话了，就会想着不妨给朋友打个电话，然后继续聊。如果你意识到了这些情形，那么你不需要定期进行注意力集中的训练，但是你要学会合理利用自己的时间，充分利用时间来完成任务。

当你制订时间表时，要时刻参照你一天的行程。不要因为别人的打扰而将复杂的工作分成好几次。你可以选择别的不易被打扰的时间（比如清晨），这些时间非常宝贵。

在工作进程中，如果发现事先安排的时间表不合适，那么你可以对它进行改动。这关系不大，重要的是你能够按照时间表的规定完成任务后，不会因为匆忙而心烦意乱。

⊙分散的注意力

你想把注意力保持在某件事情上，但除此之外的所有其他东西会通过引起你的兴趣与之争夺。有时，你可能需要有意识地在脑海中同时保留两件或更多事情，这被称为分散注意（或者如果只有两件就称作双重注意）。通常情况下，你会根据需要选择性地转移注意，即你会先注意更为重要的事情，同时把另一件事情保留在脑海中，然后在它变得更为重要时转而注意它。这是执行多重任务最最基础的技能。

案例

设想你还是在伏案工作。你想要做好一笔账，同时又想查一下某只股票现在的表现。因为听到股价开始上下波动的消息后，你正在考虑是否要将它出手。你所处的是一个敞开式的办公场所，当时里面一片嘈杂。这时，电话铃响了——一位客户想要查找一些信息。你一边和她交谈，一边再次查了一下所持股票的在线账户。通话结束后你回头继续工作。闻到调制咖啡的味道就做了个手势表示也想要一杯。有个同事问你是否打算参加办公室之间的足球挑战赛，你又查了一下股票。

在以上的案例中，你需要注意许多事情，但你仍能有效地进行处理。这是因为大脑天然的注意系统帮助你集中注意你当时所需要做的以及下一项手头的工作。如果有太多的信息资料涌入，那么你就会一筹莫展，而且如果你同时做多项任务，就可能会出错。有些人擅长于分散注意，因而能同时做多项任务；有的人则更加讲究次序，即更擅长于一次做一件事情。如果你对正在做的几件事情非常熟悉，那么，分散注意也就相对容易一些。

⊙使信息有意义

记忆是信息被感知和编码的产物，"意义之后的努力"可以产生更好的记忆。所以，使信息有意义会通过加深信息轨迹使之比其他只有浅度记忆的对象更加明显，从而提高我们的记忆。加工的程度越深，我们就记得越牢。

所以，如果你需要记住某个讲座、书上、专题探讨会、演讲或交谈中的信息，关键在于要确实地关注其意义所在。也就是说，你的记忆系统正在努力使得信息有意义。所以，如果你能有意识地帮助它这样做是有利的。问问题也有助于我们的理解。

苏格拉底法

使信息有意义的一种方法是由古希腊的哲学家苏格拉底发明的，并因此被称为苏格拉底法。它主要是询问一些你想要达到什么目标的问题。苏格拉底的问题往往是"我对此已经了解多少"和"我从中能学到什么"之类。换句话说，你正试图访问任何你已经为某个特殊类型的信息所写的剧本或计划，从而明白自己正在对它如何增补。

有一种记忆法可以帮助人们记住苏格拉底类型的问题从而帮助他们的记忆。

预览：粗粗看一下信息，了解它大体说什么。

提问：你希望通过看（或听）这个信息回答哪些问题？

阅读：看（或听）。

总结：什么是该条信息的概要？

测验：你找到所有问题的答案了吗？

用“预提阅总测”测试一下你收看的电视节目或阅读的报刊文章，看它对你是否有用。

同他人一起讨论

就观点展开讨论对于你的记忆是非常有益的。通过这种方法，你可以描述你对某件事情的看法并得到别人的观点。你一旦真正理解了一个观点并能对它进行描述，那么今后记起它就容易得多，而且它还能自然地与你已经掌握的知识结合起来。如果你尚未完全掌握，或者知识中尚有缺口，那么它们就会在讨论之中显现出来并得到填补。

扩充已有的知识

新的东西在我们学习之前，要记住它可能看上去是一件令人生畏的事情。然而，我们一旦开始学习，知识的建立就越来越容易，因为它变得更有意义并构成了一幅图画。我们叫某些人专家就是这个原因：他们在创建了原始知识基础之后，越过通常的边界，扩充了自己的知识。

设想你计划去某个国家度假，这个地方你从未去过。你对它有个特别的感知，也许是来自于在新闻中收看到的那儿发生的一些事件或是学校上的地理课。到了那儿以后，你参观博物馆并租了一辆车四处游荡。在所有这段时间里，你一直在建立一个叫作“××国”的记忆信息库。

由于你的知识，当你在新闻中看到有关这个国家的事情时，它们就更有意义，因此你会加以注意并收听。你理解其中的内容，而且容易将它们加入自己的知识并记住有关信息。

三.学习时的联系策略

有意地将你所想要记住的同自己所熟悉的结对，即创造一种联系对你的记忆存储系统是有帮助的。有些联系易于建立，但大多数事物之间的联系并不是十分明显，因而你必须更有创意才能建立联系。好在只要你能练习建立联系，就会逐渐对此擅长，而且一段时间后将能不假思索地这样做。

⊙使用记忆帮助工具

它包括诗歌、有纪念意义的格言，以及其他可以用来唤醒记忆、帮助记忆的东西。你还可以自己编造一些来帮助自己记东西。

⊙形象化

要学会将信息同可视的图像联系起来。困难的材料可以被转换成图片或图表。具体的图像比抽象的观点、理念更令人难忘，图片为什么更令人难忘就是这个道理。用一下你的思维之眼。如果要记住有关其他人的信息，用形象化的策略就特别管用，因为我们对他人的了解是通过看他

⊙ 图像对于记住人名大有帮助。这幅凡·高的自画像，一定会让你对他的名字印象深刻

们获得的。

对人名的形象化

可视的图像对记住人名（尤其是外国人名）非常有帮助。你可能会注意到自己能记住更加具体和形象化的人名，然而，大多数名字要抽象得多，这就是我们为什么都不善于记住它们的原因。在这些情况下，试一下将名字同有意义的可视图像联系起来。

首先，想一下某人的名字是怎样写的。

然后，试一下将这个名字同某个容易记住的可视附属品联系起来，例如，麦克尔对着麦克风唱歌。

定位形象化

将手头的事情想象成一所有许多房间的房子是一项有用的技巧。你有几个不同种类的信息要记，因而就把每种类型的信息放在不同的房间里。当你需要记起什么时，你的思维就会在房子里走动，顺路挑出信息。

找到出路

许多人的方向感较差，但这很容易通过练习来提高。试一下以下几条以到达你的目的地：

仔细地看一下一张真正的地图以形成一幅形象化的地图，并使道路形象化；

当你在路上时，试着用思维之眼看地图；

如果道路错综复杂，在你上路之前就应在你的可视图像里加入有序的转向清单，那么在你去的时候就可以参照这个清单；

去了以后你还得回来。所以，在你去的时候，找一下路标

（务必确保在你设计自己的路线时注意了关键的路标），这将有助于你回家。

四. 脑海中的演练

⊙主动再现

还记得即使没有受到其他信息的干扰，信息也只能在你的运作记忆中停留最多30～40秒钟吗？运作记忆还有大约7个空间的极限。在自己的脑海中演练信息是有助于保持事物存在的一种方法。你要做的只是在头脑中反反复复地重复。在演练时，试一下为信息加上意义，因为这可以使它更容易被深刻地记住。

⊙扩大的演练

如果你需要把信息保存更长时间，而并不仅仅是收到后写下来，在不断增大的间隔重复该数字（或清单）是一个非常有帮助的策略。它被称为扩大的演练。以5秒钟演练一次开始，然后10秒钟一次，20～40秒钟，再是60秒钟，依此类推。这意味着你在不断加大的时间幅度中回忆着信息。

⊙归类演练

归类演练是另一个有助于你组织记忆的策略。设想你必须记住一份清单，上面是你要赶在圣诞节前夕最后一秒钟去买的东西。

清单上写的是：贺卡、柑橘、围巾、啤酒、包装纸、红酒、笔、名画、袜子、磁带、牙膏、巧克力、开心果。

按以下重复这份清单将有助于你更好地记忆。

文具用品：贺卡、笔、包装纸、磁带；

礼物：围巾、名画、袜子；

饮料：啤酒、红酒；

食品：巧克力、柑橘、开心果；

日用品：牙膏。

这种有效地突出和引出具体项目的方法正是所谓的归类演练。出现的意外是有时有些东西不能很好地归类，遇到这样的情况，你可以在归类中加上“其他”。

⊙进一步划分归类

设想你现在可以迈着轻松的脚步去购物。在你脑海中也许有一套所需购买的东西（食品、日用品、工作所需物品）。在去商场之前，你可以按照要去哪一类的店铺来组织信息，然后设想将它们做进一步的分类：

<table>
<tr><td rowspan="4">超市</td><td>蔬菜：胡萝卜、蘑菇、菠菜</td></tr>
<tr><td>家庭用品：洗涤剂、垃圾袋</td></tr>
<tr><td>奶制品：牛奶、酸奶、奶油</td></tr>
<tr><td>婴儿用品：棉花球、儿童霜</td></tr>
<tr><td rowspan="2">办公用品店</td><td>公司：电脑、磁盘、打印机墨盒、打印纸</td></tr>
<tr><td>家用：台灯、铅笔、剪刀</td></tr>
</table>

⊙树状图

如果你确实在自己出发之前将所需要买的东西按一定的次序理顺，就能记得更多自己所要的。画一张树状图是一个好的方法。把不同的店铺想象成树的枝杈，店铺里物品的种类就是分枝，而个别物品就是分枝上的树叶。

第四章

超级记忆技巧

一．重复和机械学习

“有的时候，我们确实需要机械地记忆一些东西”，这是一个在擅长机械记忆和不擅长机械记忆的人群之间引起热烈争论的问题。不擅长机械记忆的人群大声反驳说“这种说法是不公正的！”然而，事实上，任何人都可以通过重复来巩固和强化所学的知识。

1. 熟记

当你已经失去了这种习惯和能力的时候，熟记不是一件容易的事情。这种学习方法是学校教育甚至是高等教育不可或缺的组成部分。如果你处在这两个学习阶段中的任何一个，这种纯粹机械记忆的方法都是简单而有效的。如果要重新唤醒这种记忆方法，你所要做的第一步就是找一个安静的地方坐下，确保不被他人打扰，依照循序渐进的原则，数次重复你的目标信息。

当我们要应对马上来临的情况时，我们会采取机械记忆的方法。这是为几天以后的考试做准备的非常有效的方法。两周以后，你也可能仍然记得整首诗的内容，但是更大的可能性是你只记得其中的某些句子。在这方面，每个人的能力以及表现不同。

无论情况怎样，机械学习都不是保持长时记忆的最好方法。

我们不是总能够将兴趣长久地保持在学习过的东西上面，而且，最后期限一过，我们也不会再费力地重复所学的东西了。

2. 重复巩固时间

把经过编码的信息转化为长时记忆，这要求你为这项信息建立起十分坚固的表象，也就是使其得到巩固和强化。巩固信息的方法有很多，通过联想，把新信息和已存在的信息联系在一起，通过分类法、通过逻辑组织法。无论你用哪种方法，强烈的感情都是必不可少的，它能够大大地提升巩固效果。

对于简单的材料来说，重复始终是最可靠、最有效的巩固法。每一次的重复对于强化信息都能起到很好的作用，已经存在的信息再次被确认并存储，会使其在大脑中保持更长的时间。此外，重复是兴趣和重视程度的体现，也是保持此信息的体现。总之，各种各样可能的原因使信息牢牢地留在你的记忆里。

另外，如果你利用每天晚上上床睡觉之前的时间来记忆一些东西，就更能促进长时记忆。但是为了防止它被其他吸引你注意力的事情或者事物所代替，你必须在第二天早上一醒来，就立刻回忆前一天晚上记忆过的内容。

二. 联想记忆法

1. 联想法

联想是将你想要记住的东西和你已知的东西之间形成智力联系的过程。尽管许多联想是自动产生的，但是联想的意识创造是将新信息编译的一个极好方法。将一事物与另一事物联想起来，便于我们记忆。例如，小安时常会忘记这个词“樱草属植物”（一种植物，人们喜欢叫它“兔耳朵”）。他注意到它的叶子长得像小轮子，于是他就叫它“骑车的人”，之后就再没忘记过。联想有利于记住一些奇怪而又简单的信息。一旦你形成了联想，你在心里重复几遍或大声复述几遍将有助于你记忆。

这一方法可以用于记忆这些事情：你的新邻居的名字；你的朋友居住的小区；你想推荐的一部电影的名字；去往新开张的商店的路是向右转还是向左转；去往朋友家的公交汽车。

2. 实际应用

小月：初到一个新城市，认识了许许多多的新同学，其中有一位同学的名字叫华振兴。由于某种原因，我一直记不住他的名字。后来我在记忆课上学了联想这个方法并试着使用。我默念了几次“华振兴”之后，我突然想到有一句口号“振兴中华”。我认为我可以通过将“华振兴”与“振兴中华”联系在一起记住他的名字。每次我看到他，我就会心里想着“振兴中华”。

李先生：在读中学的时候，对于汉代的三次大规模农民起义的记忆让我伤透脑筋。其中，一是公元17年发生的绿林起义；二是公元18年发生的赤眉起义；三是公元184年发生的黄巾起义。前两次发生在西汉，后一次发生在东汉。最让人头痛的是起义名称和先后顺序很容易搞混。为此，我通过联想进行记忆。这三次起义的名称都有颜色，即绿、红、黄，可以将这种变化同枫叶联系起来记忆。枫叶春夏时绿，秋天变红，冬天变黄。这样一来，不但不容易弄混，而且容易记忆。

岳山：我总是记不住意大利的版图，后来，我对它进行了联想。我注意到，意大利的版图很像高筒的马靴——圆柱形的靴身、流行的鞋尖、锥形的鞋跟。没错，意大利就像优雅的腿，一脚踩出欧洲大陆。经过联想处理后，我永远都忘记不了意大利版图的样子。

三.联系法

大脑总会自动地将新的信息跟已经存在的信息联系起来。你可以把大脑的这种自然的功能（联想）看成是一种记忆术。为了强化大脑的此项功能，最重要的就是充分释放你的创造力。

我们记不住东西的主要原因多半是词与词之间没有明显的联系。解决方法就是发挥你的想象力，人为地为它们创造联系。

一项研究显示，人们的信念对其是否记住某件事将产生重要的影响。当给那些害怕蛇的人放映蛇和鲜花的图片时，他们更易于把蛇的图片与恐惧联系起来

1. 记忆和联想

记忆的过程通常包含3个步骤：信息编码、信息存储、信息提取。对于目标信息来说，首先它会被转化成“大脑语言”，然后被大脑拿来跟记忆中已有的各项信息进行比较，以便确定这则信息是否曾经已经被储存过或者是否真的携带一些新的东西，就像是电脑自动更新文档一样。如果确实含有新的东西，大脑将会为它寻找合适的已有信息，并且在二者之间建立联系。这即是信息编码的过程。每个独立个体各异的历史背景都为信息编码提供了丰富的土壤。每次你遇见新的事物，不管是具体的实物还是一种抽象的思想，你都会自动地将它与你已经知道的信息联系起来——联想是一个自发的大脑活动过程。

我们经常面临一些自己认为不知道答案的问题。利用所有你可以自行支配的信息，建立起一个联系网，借助这个联系网，你很有可能找出问题的答案。这种能力往往在那些能够娴熟地运用自己的知识的人身上表现得最为明显，这种人总是知道如何将新事物跟已有信息联系起来。他们的这种建立联系的能力已经得到了异常完善地开发。

2. 形成联系

⊙深思熟虑的联系和自发形成的联系

联想是一个心理活动过程，它能够帮助你在具有某种共性或者共同点的人、物体、图像、观点之间建立联系。简单地说，如果看见A，你就想到B，那么你已在A与B之间建立起了联系，当看见“A+B”时，你想到了C，那就证明A、B与C之间存在共同之处。有些联系是被人们普遍承认的，例如下面所划分的这几类：

音节联系

发音相似的词会很自然地被联系在一起。例如：“期求”和“乞求”。

语义联系

这种联系建立的基础是词本身的意义和你对这个词所表示的事物的了解。例如“西红柿”和“水果”。

比喻联系

A和B之间之所以存在联系，是因为B的意思和A通过某种代换物转化以后的意思相近。例如：“苹果”和“羞愧”（羞愧难当，脸红得像苹果一样）。

逻辑联系

背景相同的两个事物被联系在一起。例如：“番茄酱”和“调味汁”。

类型或种类联系

两种事物在某一方面(颜色、形状、大小、重量、味道等等)具有共同点。举例来说，“西红柿”和“红辣椒”（颜色相同，都是红色）、“西红柿”和“葡萄”（果实垂下藤蔓的形状相同）。

思想联系

两种事物之间以一种更加抽象的联系作为基础。例如：“西红柿”和“太阳”。

与此同时，你也会以自身经历以及个人世界为基础建立联系，因此除了上述的7种联系以外，还需要加上下面的两种。

主观联系

这种联系只有当事人明白是怎么回事，因为它暗指了当事人关于某件事情的回忆。举例来说，“大海”和“心绞痛”——因为上次你到海边去，心绞痛发作了，很痛苦……

无意联系

这种联系的建立超越了当事人的意识范围，一般难以给出解释。

⊙借助想象，建立联系

联想这种记忆策略，帮助你在事物之间建立联系，能够大大地提高你记住这些事物的概率。经常练习能够促进信息之间建立联系，而且这种联系越具有独创性，它们就越能稳固地保留在你的记忆里。因此，你必须完全地释放你的想象力，放任图像、文字以及感觉自由地涌进你的脑海，不要对它们有任何限制条件。

对于记忆过程来说，最重要的一点就是找出适合自己的联系方式，也就是说，两个事物之间所建立的联系，对于个人来说必须是有意义的，或者能够激发你的某种感情。

四．外部暗示法

当我们面临一些无法立刻认知其含义的形象时，我们就会通过深入想象来寻找答案。那时我们所看到的——或者认为我们所看到的不仅能够反映出我们习惯性的感觉、思考和行动方式，而且还能反映出我们以前已经感觉到、经历过的东西，甚至是我们的潜意识。我们的想象力产生作用的方式反映了我们的实质，因此心理学家开始借助于视觉辅助手段（图画、照片等多样化的文件）。通过这些辅助工具，可以透射出人们对自身的真实看法，以及其他人对他们的反应或者是可能做出的反应。

1. 好的和坏的记忆辅助工具

我的冰箱上贴满了便条！它们真的很必要吗？

想象一下你准备购买的物品，试着在脑了里列一个你所需要的所有物品的清单。这个记忆练习是我们每天都要做的事情。下一步你要做什么？写一张购物清单吗？

面对日常生活中许许多多不同的任务，我们倾向于向一些辅助工具（一张纸、笔记、便条、告示牌……）求助。它们真的对记忆有所帮助吗？还是会以毁坏我们的记忆力而告终？我们应该尝试离开它们去做事情吗？

好的辅助工具能够使我们完成那些离开它们便不可能完成的事情。假设我们能够回忆起日记或者地址簿里的所有东西，但这是合理、现实的事情吗？其实那是对你的记忆能力估计过高。日

⊙ 今天的人们在使用各种记忆辅助物的电子装置。这些电子辅助物包括电脑、记事本和录音机。其他的人工外部记忆辅助物还有日记、会议记录、报告和笔记

记和地址簿使我们能够在不加重记忆负担的情况下一天一天地生活下去，因此是非常好的工具。

另一方面，当辅助工具使我们不能充分利用我们的记忆力时，它就变得有害了。因此，当我们不自觉地打开电话本查找一个熟悉的电话号码时，就剥夺了对记忆而言极为重要的思想训练，并且会导致懒惰，而这种懒惰在不久以后会对我们个人的独立性产生消极影响。

2. 书面提示：将事情写下来

你不必将所有东西都记在你的脑子里。

尽管有许多时候你必须依靠你的头脑来记忆，但大多数人在整个日常生活中都用外部暗示来提示自己。例如，你也许会使用闹钟叫你起床，遵守约会的日程，使用厨房定时器来煮饭，或使用一个有标记的药盒。你必须承认，在许多情况下，无须相信你的记忆力。如果你能使用你所在环境中的一些东西来提醒你，你的脑子就不必想其他事情了。

尽管很多人都使用日程表、约会簿和笔记用以了解他们想要记住的东西，但是仍旧有许多人怀疑做书面提示是否真的对记忆力差的人是一个帮助。事实上，将事情写下来是最有用的记忆工具之一。

如果你想更好地记住这类事情，将所有的信息记在一个笔记本里。

下面的内容将为你提供一些创造性地使用书面提示的思路。

（1）列一份你需要做的事情的目录。你一想到某件事情，就将它添加到这个目录中。

（2）使用一个约会簿或日程表来提示你自己想在以后打的电话，例如，打电话给一位刚做过手术的老师。同时要养成一种经常翻看日程表的习惯。

（3）记下一个在下次看病时你想问医生的一些健康问题。在离开医生办公室之前，记下医生的嘱咐。

（4）写日记记录每天发生的事情。如果想知道自己是否已经完成了作业或听了一堂重要的讲课，你都可以查看这本日记。

（5）列一份你想读的书或你已经读过的书的名字目录。

（6）记录你寄出或收到的信件和贺年片。

（7）记录你所服的每种药物的名字和剂量。包括你开始服用的日期。

（8）将你想记住的所有人的名字列一个目录，例如，邻居们、社团的成员们和你同学的家长们。

（9）记录你想记住的周年纪念日或节日。

3. 改变环境

提醒你记住某件事情的最好、最简单的方法之一就是改变你所在环境中的某一事物，这样你就能注意到这一改变。然后，它就作为一个暗示来唤起你的记忆。只要一想到这件事，你就做出改变。

当你还小的时候，你可能使用过一些小技巧，比如在手帕角上打个结，帮助你记忆杂事。这种方法通常能使你轻松地记住很容易被你忘却的事情。手帕上的结提醒你周末的模拟考试，结虽小但却很重要。还有人使用别的物质记忆方法，比如在手指上绑胶带。

物质提醒可以从自身的记忆延伸到周边的事物。不要将物品摆放在平常摆放的地方就能起到很好的提醒作用。对于我们大多数人来说，这个方法简单实用（比如将一本书放在茶几上，而不是放在书架上，可以提醒你上学时要带着它），但是如果你滥用这种方法，改变太多摆放的东西，就会混淆。

有的家庭喜欢采用特别的方式来交流、转告信息，有一些让人很难理解。例如，一个家庭成员将一个石头摆放在门前，以此来告诉其他成员家里备用的钥匙就藏在下面。这能算得上是妙计吗？恐怕只会引来不速之客。

乐乐是这样做的：桌上打开着的书用来提醒她要去图书馆；自行车钥匙放在电脑上方提醒她要修车；妈妈的照片倒着摆放并不是因为她粗心大意，而是第2天是妈妈的生日，这样摆放可提醒她买礼物。

改变所在环境中某一物件是行之有效的记忆办法。比如，电台的DJ将当日节目要播放的光盘改变存放位置

不要只用一种技巧去记事物，试着结合所有的技巧。视觉、听觉和实践都应该结合起来，这样才能够达到最好的记忆效果。

这有一些可以唤

起你记忆的环境暗示的例子。

（1）将要拿去给洗衣工清洗的衣服放在门前。

（2）将一个纸条放在厨房桌子上，这样当你吃早餐时你就会看到它并记得给你的朋友寄张卡片。

（3）将一个纸条放在书包上用于提醒你在书店停下来。

（4）在你手提包的提手上系一条细绳，这样在没有提醒邮寄包里的信件的情况下你不会打开它。

（5）当你下楼时，在楼梯的前面放一个空盒子用来提醒自己在你上去之前把电热器关了。

（6）把手表或手链换到另一只手上，你就经常能感觉到它。当你开车去你的朋友家时，它将提醒你去告诉他有关周末计划改变的情况。如果你再大声告诉自己：“告诉老板计划有所改变！”这个方法的效果将会更好。

在使用任何这些外部提示时，不要拖延是至关重要的。只要你一想到你需要在以后做的事情，便选择这些方法中的一种并立刻应用。如果你想着“当这个电视节目结束时，我在我的购物单上添上土豆”。那么你10分钟后或许就将有关土豆的事情全部忘光了。

五．感官记忆法

1. 听觉暗示：使用声音引发你的记忆

闹钟和定时器可以用于提醒你某一件事虽还没做，但在某一时间必须做。电话应答机也可以用于提供听觉暗示。

这是一些使用听觉提示的例子。

如果你打电话没有打通，设置你的定时器来提醒你再打一次电话。

如果你正忙于写信并要确保在某一具体时间离开赶赴一个约会，设置一个便携式定时器，并把它放在你的桌子上。

如果你离家很远，而你想记住当你回去时要做的事情，可以在你的手机备忘录上留一条信息。

2. 温柔地触摸

你会用触觉来学习弹奏一个乐器，因为你的手指会记忆弹奏的准确位置和力度。当然，你也可以将动感加入到别的记忆中，例如，一些朋友喜欢记忆的时候打拍子。没有必要让你的朋友知道你的这种记忆方式（他们会误解你的行为），但它确实有效。

还记得第1次向朋友展示你的新奇物品（比如相机）时的情景吗？他肯定会说："让我瞧瞧吧！"然后从你手中夺过它,仔细地观察起来。在看的同时，他也在不时地用心去感受它。出于某些原因,我们时常会因为自己用触觉去感受东西而感到不自然。事实上我们习惯于用触觉去感受任何东西（特别是人）,从而更贴近他们，对他们建立起真实的感觉。触碰是一种非常微妙的感觉,这种感觉很重要。

触碰不仅使我们感觉到正在发生的事，也能使我们形成一种特殊的记忆。一位盲人朋友说,他只要用手指触摸就可以凭感觉将许多纸牌分辨出来：一些牌有凹凸不平的地方,有褶皱的地方,也有一些有折角，这些对于视力正常的人来说并不起眼,而盲人却可以用高度敏锐的触觉准确无误地将它们分辨出来。

虽然人的触觉是天生的，但它和其他的感觉系统一样也可以通过训练提高。你应该花大量的时间用心去触摸物体，然后深切地感觉它们。许多工作对触觉记忆要求甚高。比如，拆弹专家，他们的工作就依靠高灵敏度的触觉记忆。他们不可能将每个炸弹都拆开仔细研究，更多时候他们需要凭触觉去感受，而一次错误的触觉判定就可能会结束他们的一生。

3. 我记得那个味道

嗅觉是最强的记忆功能。我们也许会觉得不可思议，但是相比其他的动物，我们的嗅觉功能要弱得多。不管怎样，我们还是会因为某种特殊的气味回想起曾经一起去过的讨厌或喜欢的地方。粉笔灰就能使我们回忆起在学校的时光，氯气的味道就能使我们想起小时候的游泳课，草莓的味道则让我们联想到夏天……

每个人都有自己独特的嗅觉刺激。大多数人都会对某些味道有特殊的联想。

然而，令人失望的是嗅觉并不能帮助我们存储信息。它并不能激发我们建立正确的记忆。它只和情感相关，却很难与事实相连。它也许能帮助你记忆地方，曾经让你开心、伤心、愤怒、爱惜的事情，但它绝对不能帮助你回想起例如美国历届总统名字这类的事情。

嗅觉记忆真的有实际意义吗？这当然因人而异，但是有一点是肯定的：你可以将特殊的气味与一些记忆方式结合在一起，这样将便于增强你的记忆。

六 . 数字记忆法

1. 增进对数字的记忆力，这真的可能吗

这个问题的答案是肯定的。卡内基·梅隆大学所做的一项研究显示，人的确能够通过练习增进对数字的记忆。在实验开始时，这个主题——一个普通的学生能够一下子回忆起将近6个阿拉伯数字。经过几周的练习之后，他在一定程度上有所进步，在实验的尾声——18个月之后，他可以给研究人员复述将近84个阿拉伯数字。猜猜他是怎样完成这项任务的？将这些数字与他已存的知识基础联系在一起，你就会得出答案。在这个案例中，就要像他一样如一个殷切的越野赛跑者与时间赛跑。学生们记忆的增进不仅仅是练习的结果，研究人员说："成功在于他能通过联想将这些数字变成有意义的图案来提醒他。"

每个人的一生都要与数字打交道。想想对你特别有意义的数字，一旦你认定它们，开始把它们用于联想记忆的目的，很快你就会发现你自己就在每天使用这些简单的技巧。

⊙重要数字

生日（你的生日、配偶的生日、好友的生日、孩子的生日、亲属的生日）

周年纪念日（你的纪念日、父母的纪念日、兄弟姐妹的纪念日等等）

重要的年份（高中毕业、结婚、工作取得成绩、战争、历史中的一些重要年份等等）

驾驶执照的号码

身份证号码

账户号

银行卡的密码

车牌号

你的幸运数字

公路或国道

体育数据（运动员的比赛得分、参加年份等等）

与爱好或你的收藏相关的数字（古董、硬币、蝴蝶等等）

街道地址、邮编、电话号码

练习使用以前牢记的单个数字，或是各种不同的数字，以便于迅速地与新的数字相联系。你越是依赖这套系统,它也就变得越可靠、越成习惯。你所做的只是用某个有意思的东西取代抽象的东西。如果是一长串数字，那就把它分割成4部分或更少的部分。一串11位的数字，例如，10159711100，当分割和编码后就变成了：“101公路与5号洲际公路之间有9千米的路程，在通过7～11千米及100个停车标志牌后，两条公路就会相接。”11位数的电话号码也可根据此方法分割成3个部分：区号、前辍及最后4个数字。银行和政府机构一直都信赖这套记忆技巧。

⊙将数字转换成实物

对你喜欢的事情，转于记数字，你会更好地记住具体的实物和形象；它们对你来说会更有意思。这很简单，也很好用。这意味着你可能是一个杰出的视觉习得者。也就是说，你的记忆力能更好地用视觉形象编码。如果你更倾向于用视觉方式记忆信息，你自然会像前面所举的例子那样用联想构建一个故事情节；如果你更倾向于用听觉方式记忆信息，那么，你就会形成听觉联想，如枪声、同音词、韵律。

关联词汇系统通过将数字编译成更为具体的实物而起作用。这个系统需要你刚开始时花一些时间记忆代表每个数字的词。一旦你背会后，关联词汇法便能用来完成大量的记忆工作。如果你记住10个数字，你就能形象地将与其他比10大的数字相结合。无论如何，关联词汇法是最适宜使用的且对你也很有意义。

2. 复述法

这是最弱的记忆胶水。不断重复信息能够在你的大脑中留下短暂的记忆，但很快就会被遗忘。不过要是记电话号码，这不失为一个好方法。

跟着我读：0795634，重复几次。如果你多重复几次，你会发现你已经能够记住它，但是没过多久就忘了。如果不用别的方式重新记忆，不知道明天的这个时候你是否还记得这串数字。不过没关系，有一些东西我们确实不用长时间地去记住。如果你看到一个号码，只要在拨打前的一段时间内记住它，那么你就可以用重复叙述的方法记忆。但是如果你碰到了心仪的人，当他给你电话号码时，用这个方法记忆就不太保险了。

复述法并不是唯一的记忆技巧，如果将它和别的技巧相结合，那么它能发挥得很好；如果仅仅单独使用，那么它只能暂时奏效。

3. 组合法

组合法即将一个新数字与一个毫无困难就能出现在脑海中的数字联系起来。例如，对许多人来说，各地区的区号是再熟悉不过的数字，因此可以把它们作为参照去记忆其他的数字。

另一种是联系个人的经历或熟悉的文化知识记忆数字，比如联系自己的出生日期、年龄、主要人生大事发生的时间等。

大脑潜能开发书

思维导图

博文◎编著

红旗出版社

红旗出版社
HONGQI PRESS
推动进步的力量

图书在版编目（CIP）数据

思维导图 / 博文编著 . -- 北京 : 红旗出版社，2020.4
（大脑潜能开发书 / 张丽洋主编）
ISBN 978-7-5051-5143-7

Ⅰ . ①思… Ⅱ . ①博… Ⅲ . ①思维方法 – 通俗读物 Ⅳ . ① B804-49

中国版本图书馆 CIP 数据核字 (2020) 第 042280 号

书　　名　思维导图
编　　著　博　文

出 品 人	唐中祥		
总 监 制	褚定华	责任编辑	朱小玲 王馥嘉
选题策划	三联弘源	地　　址	北京市丰台区中核路 1 号
出版发行	红旗出版社	编 辑 部	010-57274504
邮政编码	100070	发 行 部	010-57270296
印　　刷	天津海德伟业印务有限公司		
成品尺寸	138mm × 200mm	1/32	
字　　数	450 千字	印　　张	30
版　　次	2020 年 7 月北京第一版	印　　次	2020 年 7 月北京第一次印刷
IBSN	978-7-5051-5143-7	定　　价	198.00 元（全六册）

欢迎品牌畅销图书项目合作　　联系电话：010-57274504
凡购买本书，如有缺页、倒页、脱页，本社发行部负责调换

前　言

“思维导图”概念的提出，标志着人类对大脑潜能的开发进入了一个全新的阶段。如今，这一由英国“记忆之父”东尼·博赞发明的思维工具，已成为21世纪风靡全球的革命性思维工具，并成功改变全世界超过2.5亿人的思维习惯。作为一种终极的思维工具和21世纪全球革命性的管理工具、学习工具，思维导图的出现，在全球教育界和商界掀起了一场超强的大脑风暴，被人称作“大脑瑞士军刀”。

思维导图又叫心智图，是表达发散型思维的有效图形思维工具。它运用图文并重的技巧，把各级主题的关系用相互隶属与相关的层级图表现出来，把主题关键词与图像、颜色等建立记忆联结，充分运用左右脑的机能，利用记忆、阅读、思维的规律，协助人们在科学与艺术、逻辑与想象之间平衡发展，从而开启人类大脑的无限潜能。

我们知道，每一种进入大脑的资料，不论是感觉、记忆或是想法——包括文字、数字、代码、食物、香气、线条、颜色、意象、节奏、音符等，都可以成为一个思考中心，并由此中心向外发散出成千上万的关节点，每一个关节点代表与中心主题的一个联结，而每一个联结又可以成为另一个中心主题，再向外发散出成千上万的关节点，而这些关节的联结可以视为您的记忆，也就是您的个人数据库。人类从一出生就开始积累这些庞大且复杂的数据库，在使用思维导图后，大脑的资料存储就变得简单明晰，更具效率，也更加轻松有趣了。

本书融科学性、实用性、系统性、可读性于一体，以思维导图的形式介入广大学生和各行各业学习者的生活、工作中，用简明易懂的讲解和实用易学的心智图挖掘其创造潜能、思维潜能、精神潜能、记忆潜能、身体潜能、感觉潜能、计算潜能和文字表达潜能……解决各类疑难问题，使我们的生活、工作更加轻松、更富成效。

当全世界有超过2.5亿人认识到思维导图的巨大价值，使用思维导图并获益的时候，希望你也成为他们当中的一员！

目 录

第一章　大脑使用说明

第一节　思维导图概述

揭开思维导图的神秘面纱

思维导图由世界著名的英国学者东尼·博赞发明。思维导图又叫心智图，是把我们大脑中的想法用彩色的笔画在纸上。它把传统的语言智能、数字智能和创造智能结合起来，是表达发散性思维的有效图形思维工具。

思维导图一面世，即引起了巨大的轰动。

作为21世纪全球革命性思维工具、学习工具、管理工具，思维导图已经应用于生活和工作的各个方面，包括学习、写作、沟通、家庭、教育、演讲、管理、会议等，运用思维导图带来的学习能力和清晰的思维方式已经成功改变了2.5亿人的思维习惯。

英国人东尼·博赞作为“瑞士军刀”般思维工具的创始人，因为发明“思维导图”这一简单便捷的思维工具，被誉为“智力魔法师”和“世界大脑先生”，闻名世界。

作为大脑和学习方面的世界超级作家，东尼·博赞出版了80多部专著和合著，系列图书销售量已达到1000万册。

思维导图是一种革命性的学习工具，它的核心思想就是把形象思维与抽象思维很好地结合起来，让你的左右脑同时运作，将你的思维痕迹在纸上用图画和线条形成发散性的结构，极大地提高你的智力技能和智慧水准。

在这里，我们不仅是介绍一个概念，更要阐述一种最有效最神奇的学习方法。不仅如此，我们还要推广它的使用范围，让它的神奇效果惠及每一个人。

思维导图应用得越广泛，对人类乃至整个宇宙产生的影响就越大。

而你在接触这个新东西的时候会收获一种激动和伟大发现的感觉。

思维导图用起来特别简单。比如，你今天一天的打算，你所要做的每一件事，我们可以用从图中心发散出来的每个分支代表今天需要做的不同事情。

简单地说，思维导图所要做的工作就是更加有效地将

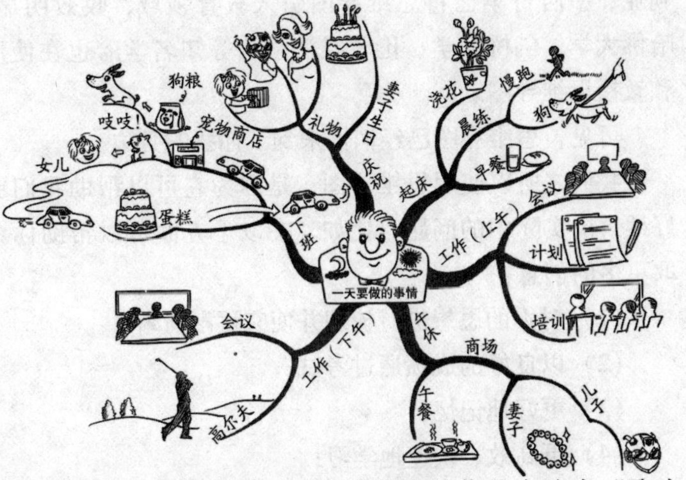

信息“放入”你的大脑，或者将信息从你的大脑中“取出来”。

思维导图能够按照大脑本身的规律进行工作，启发我们抛弃传统的线性思维模式，改用发散性的联想思维思考问题；帮助我们做出选择、组织自己的思想、组织别人的思想，进行创造性的思维和脑力风暴，改善记忆和想象力等；思维导图通过画图的方式，充分地开发左脑和右脑，帮助我们释放出巨大的大脑潜能。

让2.5亿人受益一生的思维习惯

随着思维导图的不断普及，世界上使用思维导图的人数可能已经远远超过2.5亿。

据了解，目前许多跨国公司，如微软、IBM、波音正在使用或已经使用思维导图作为工作工具；新加坡、澳大利亚、墨西哥早已将思维导图引入教育领域，收效明显，哈佛大学、剑桥大学、伦敦经济学院等知名学府也在使用和教授思维导图。

可见，思维导图已经悄悄来到了你我的身边。

我们之所以使用思维导图，是因为它可以帮助我们更好地解决实际中的问题，比如，在以下方面可以帮助你获取更多的创意：

（1）对你的思想进行梳理并使它逐渐清晰；

（2）以良好的成绩通过考试；

（3）更好地记忆；

（4）更高效、快速地学习；

（5）把学习变成“小菜一碟”；

（6）看到事物的“全景”；

（7）制订计划；

（8）表现出更强的创造力；

（9）节省时间；

（10）解决难题；

（11）集中注意力；

（12）更好地沟通交往；

（13）生存；

（14）节约纸张。

怎样绘制思维导图

其实，绘制思维导图非常简单。思维导图就是一幅幅帮助你了解并掌握大脑工作原理的使用说明书。

思维导图就是借助文字将你的想法“画”出来，因为这样才更容易记忆。

绘制过程中，我们要使用到颜色。因为思维导图在确定中央图像之后，有从中心发散出来的自然结构；它们都使用线条、符号、词汇和图像，遵循一套简单、基本、自然、易被大脑接受的规则。

颜色可以将一长串枯燥无味的信息变成丰富多彩的、便于记忆的、有高度组织性的图画，接近于大脑平时处理事物的方式。

思维导图绘制工具如下：

（1）一张白纸；

（2）彩色水笔和铅笔数支；

（3）你的大脑；

（4）你的想象！

这些就是最基本的工具，当然在绘制过程中，你还可以拥有更适合自己习惯的绘图工具，比如成套的软芯笔，色彩明亮的涂色笔或者钢笔。

东尼·博赞给我们提供了绘制思维导图的 7 个步骤，

具体如下：

（1）从一张白纸的中心画图，周围留出足够的空白。从中心开始画图，可以使你的思维向各个方向自由发散，能更自由、更自然地表达你的思想。

如图：

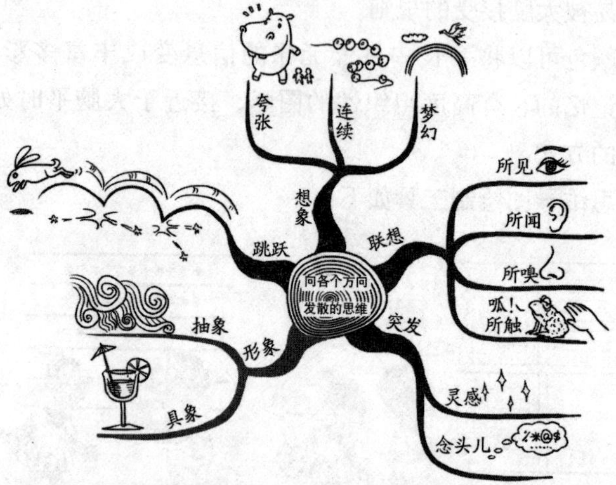

（2）在白纸的中心用一幅图像或图画表达你的中心思想。因为一幅图画可以抵得上 1000 个词汇或者更多，图像不仅能刺激你的创意性思维，帮助你运用想象力，还能强化记忆。

（3）尽可能多地使用各种颜色。因为颜色和图像一样能让你的大脑兴奋。颜色能够给你的思维导图增添跳跃感和生命力，为你的创造性思维增添巨大的能量。此外，自由地使用颜色绘画本身也非常有趣！

（4）将中心图像和主要分支连接起来，然后把主要分支和二级分支连接起来，再把三级分支和二级分支连接起来，依此类推。

我们的大脑是通过联想来思维的。如果把分支连接起来，你会更容易地理解和记住许多东西。把主要分支连接起来，同时也创建了你思维的基本结构。

其实，这和自然界中大树的形状极为相似。树枝从主干生出，向四面八方发散。假如大树的主干和主要分支或主要分支和更小的分支以及分支末梢之间有断裂那么它就会出现问题！

（5）让思维导图的分支自然弯曲，不要画成一条直线。曲线永远是美的，你的大脑会对直线感到厌烦。美丽的曲线和分支，就像大树的枝杈一样更能吸引你的眼球。

（6）在每条线上使用一个关键词。所谓关键字，是表达核心意思的字或词，可以是名词或动词。关键字应该是具体的、有意义的，这样才有助于回忆。

单个的词语使思维导图更具有力量和灵活性。每个关键词就像大树的主要枝杈，然后繁殖出更多与它自己相关的、互相联系的一系列次级枝杈。

当你使用单个关键词时，每一个词都更加自由，因此也更有助于新想法的产生。而短语和句子却容易扼杀这种火花。

（7）自始至终使用图形。思维导图上的每一个图形，就像中心图形一样，可以胜过千言万语。所以，如果你在思维导图上画出了 10 个图形，那么就相当于记了数万字的笔记！

以上就是绘制思维导图的7个步骤，不过，这里还有几个技巧可供参考：

把纸张横放，使宽度变大。在纸的中心，画出能够代表你心目中的主体形象的中心图像。再用水彩笔任意发挥你的思路。

先从图形中心开始画，标出一些向四周放射出来的粗线条。每一条线都代表你的主体思想，尽量使用不同的颜色区分。

在主要线条的每一个分支上，用大号字清楚地标上关键词，当你想到这个概念时，这些关键词立刻就会从大脑里跳出来。

运用你的想象力，不断改进你的思维导图。

在每一个关键词旁边，画一个能够代表它、解释它的图形。

用联想来扩展这幅思维导图。对于每一个关键词，每一个人都会想到更多的词。比如你写下“橙子”这个词时，你可以想到颜色、果汁、维生素 C 等等。

根据你联想到的事物，从每一个关键词上发散出更多的连线。连线的数量根据你的想象可以有无数个。

教你绘制一幅自己的思维导图

思维导图就是一幅帮助你了解并掌握大脑工作原理的使用说明书，并借助文字将你的想法“画”出来，便于记忆。

现在，让我们来绘制一幅“如何维护保养大脑”的思维导图。

你可以试着按以下步骤进行：

准备一张白纸（最好横放），在白纸的中心画出你的这张思维导图的主题或关键字。主题可以用关键字和图像（比如在这张纸的中心可以画上你的大脑）来表示。

用一幅图像或图画表达你的中心思想（比如你可以把你的大脑想象成蜘蛛网）。

使用多种颜色（比如用绿色表示营养部分，红色表示激励部分）。

连接中心图像和主要分支，然后再连接主要分支和二级分支，接着再连二级分支和三级分支，依次类推（比如“营养”是主要分支，“维生素”“蛋白质”等是二级分支，“维生素 A”“B 族维生素”“卵磷脂”等是三级分支等）。

用曲线连接。每条线上注明一个关键词（比如“滋润”“创造力”等）。

多使用一些图形。

好了，按照这几个步骤，这张思维导图你画好了吗？

下面就是编者绘制的一张“如何维护保养大脑”的思维导图，仅供大家参考。

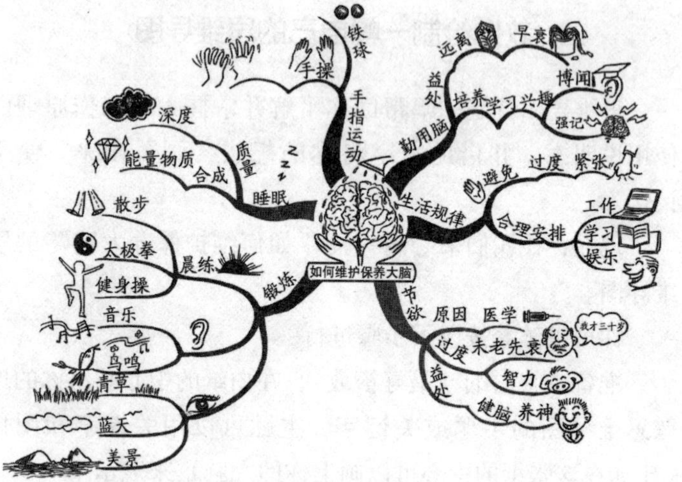

第二节　由思维导图引发的大脑海啸

认识你的大脑从认识大脑潜力开始

你了解自己的大脑吗？

你认为自己大脑潜力都发挥出来了吗？

你常常认为自己很笨吗？

生活中，总有一些人认为自己很笨，没有别人聪明。但是他们不知道，自己之所以没能取得好成绩甚至取得成功，是因为只使用了大脑潜力的一小部分，个人的能力并没有全部发挥出来。

现在社会发展速度极快，不论在学习或其他方面，如果我们想表现得更出色，那么就必须重视我们的大脑，让大脑发挥出更大的潜力。遗憾的是，很少有人重视这一点。

其实，你的大脑比你想象的要厉害得多。

近年来，对大脑的开发和研究引起了很多科学家的注意，他们做了很多有益的探索，也取得了很多新的科研成果。过去10年中，人类对大脑的认识比过去整个科学史上所认识的还要多得多。特别是近代科技上所取得的惊人成就，使我们能够借助它们得以一窥大脑的奥秘。

他们一致认为，世界上最复杂的东西莫过于人的大脑。人类在探索外太空极限的同时，却忽略了宇宙间最大的一片未被开采过的地方——大脑。我们对大脑的研究还远远不够，还有很多未知的领域，而且可以肯定我们对大脑的研究和开发将会极大地推动人类社会的进步。

那么，就让我们先来初步认识一下我们的头脑——这个自然界最精密、最复杂的器官。

人脑由三部分组成：脑干、小脑和大脑。

脑干位于头颅的底部，自脊椎延伸而出。大脑这一部分的功能是人类和较低等动物（蜥蜴、鳄鱼）所共有的，所以脑干又被称为爬虫类脑部。脑干被认为是原始的脑，它的主要功能是传递感觉信息，控制某些基本的活动，如呼吸和心跳。

脑干没有任何思维和感觉功能。它能控制其他原始直觉，如人类的地域感。在有人过度接近自己时，我们会感到愤怒、受威胁或不舒服，这些感觉都是脑干发出的。

小脑负责肌肉的整合，并有控制记忆的功能。随着年龄的增长和身体各部分结构的成熟，小脑会逐渐得到训练而提高其生理功能。对于运动，我们并没有达到完全控制的程度，这就是小脑没有得到锻炼的结果。你可以自己测试一下：在不活动其他手指的情况下，试着弯曲小拇指以接触手掌，这种结果是很难达到的，而灵活的大拇指却能十分轻松地完成这个动作。

大脑是人类记忆、情感与思维的中心，由两个半球组成，表面覆盖着 2.5 ~ 3mm 厚的大脑皮层。如果没有这个大脑皮层，我们只能处于一种植物状态。

大脑可分成左、右两个半球，左半球就是“左脑”，右半球就是“右脑”，尽管左脑和右脑的形状相同，二者的功能却大相径庭。左脑主要负责语言，也就是用语言来处理

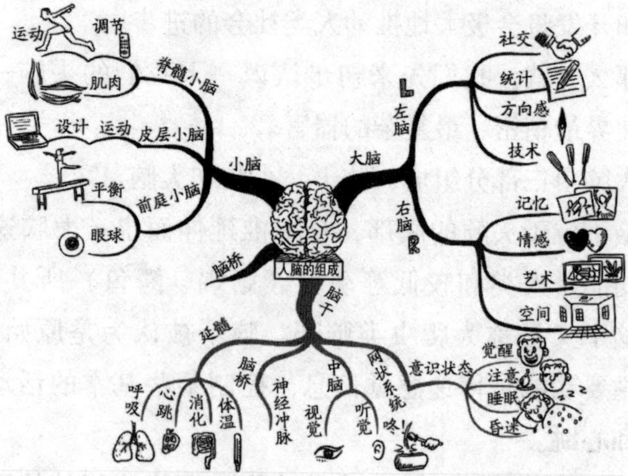

信息，把我们通过五种感官（视觉、听觉、触觉、味觉和嗅觉）感受到的信息传入大脑中，再转换成语言表达出来。因此，左脑主要起处理语言、逻辑思维和判断的作用，即它具有学习的本领。右脑主要用来处理节奏、旋律、音乐、图像和幻想。它能将接收到的信息以图像方式进行处理，并且在瞬间即可处理完毕。一般大量的信息处理工作（例如心算、速读等）是由右脑完成的。右脑具有创造性活动的本领。例如，我们仅凭熟悉的声音或脚步声，即可判断来人是谁。

有研究证明，我们今天已经获取的有关大脑的全部知识，可能还不到必须掌握的知识的1%。这表明，大脑中蕴藏着无数待开发的资源。

如果把大脑比喻成一座冰山的话，那么一般人所使用的资源还不到1%，这只不过是冰山一角；剩下99%的资源被白白闲置了，而这正是大脑的巨大潜能之所在。

科学也证明，我们的大脑有2000亿个脑细胞，能够容纳1000亿个信息单位，为什么我们还常常听一些人抱怨自己学得不好，记得不牢呢？

我们的思考速度大约是每小时480英里，快过最快的子弹头列车，为什么我们不能思考得更迅速呢？

我们的大脑能够建立100万亿个联结，甚至比最尖端的计数机还厉害，为什么我们不能理解得更完整更透彻呢？

而且，我们的大脑平均每24小时会产生4000种念头，为什么我们每天不能更有创造性地工作和学习呢？

其实，答案很简单。我们只使用了大脑的一部分资源，按照美国最大的研究机构斯坦福研究所的科学家们所说，我们大约只利用了大脑潜能的10%，其余90%的大脑潜能尚未得到开发。

我们不妨大胆假设一下，假如我们能利用脑力的20%，也就是把大脑潜能提高一倍的话，你的外在表现力将是多么惊人！

或许我们已经知道，我们的大脑远比以前想象的精妙得多，任何人的所谓“正常”的大脑，其能力和潜力远比以前我们所认识到的要强大得多。

现在，我们找到了问题的原因，那就是我们对自己所拥有的内在潜力一无所知，更不用说如何去充分利用了。

启动大脑的发散性思维

思维导图是发散性思维的表达，作为思维发展的新概念，发散性思维是思维导图最核心的表现。

比如下面这个事例。

在某个公司的活动中，公司老总和员工们做了一个游戏：

组织者把参加活动的人分成了若干个小组，每个小组选出一个小组长扮演“领导”的角色，不过，大家的台词只有一句，那就是要充满激情地说一句：“太棒了！还有呢？”其余的人扮演员工，台词是：“如果……有多好！”游戏的主题词设定为“马桶”。

当主持人宣布游戏开始的时候，大家出现了一阵习惯性的沉默，不一会儿，突然有人开口：“如果马桶不用冲水，又没有臭味有多好！”

“领导”一听，激动地一拍大腿：“太棒了！还有呢？”

另外一个员工接着说："如果坐在马桶上也不影响工作和娱乐有多好！"

又一位"领导"也马上伸出大拇指："太棒了！还有呢？"

"如果小孩在床上也能上马桶有多好！"

……

讨论进行得热火朝天，各人想法天马行空，出乎大家的意料。

这个公司管理人员对此进行了讨论，并认为有三种马桶可以尝试生产并投入市场：一种是能够自行处理，并能把废物转化成小体积密封肥料的马桶；一种是带书架或耳机的马桶；还有一种是带多个"终端"的马桶，即小孩老人都可以在床上方便，废物可以通过"网络"传到"主"马桶里。

这个游戏获得了巨大的成功，其中便得益于发散性思维的运用。

针对这个游戏，我们同样可以利用思维导图表示出来。

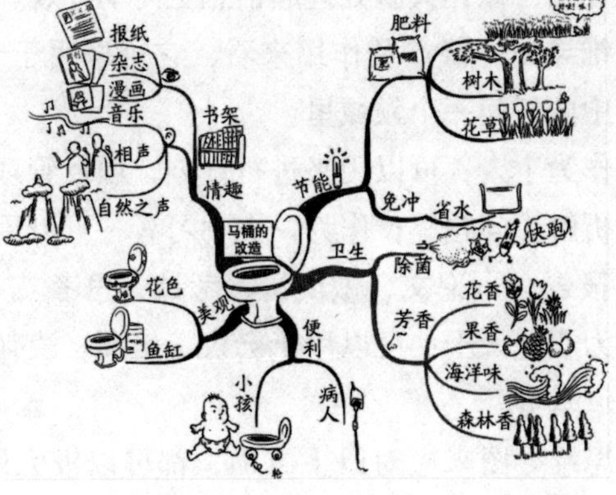

大脑作为发散性思维联想机器，思维导图就是发散性思维的外部表现，因为思维导图总是从一个中心点开始向四周发散的，其中的每个词汇或者图像自身都成为一个子中心或者联想，整个合起来以一种无穷无尽的分支链的形式从中心向四周发散，或者归于一个共同的中心。

我们应该明白，发散性思维是一种自然和几乎自动的思维方式，人类所有的思维都是以这种方式发挥作用的。一个会发散性思维的大脑应该以一种发散性的形式来表达自我，它会反映自身思维过程的模式，给我们更多更大的帮助。

思维导图让大脑更好地处理信息

让大脑更好更快地处理各种信息，这正是思维导图的优势所在。使用思维导图，可以把枯燥的信息变成彩色的、容易记忆的、高度组织的图，它与我们大脑处理事物的自然方式相吻合。

思维导图可以让大脑处理起信息更简单有效。

从思维导图的特点及作用来看，它可以用于工作、学习和生活中的任何一个领域里。

比如作为个人：可以用来进行计划，项目管理，沟通、组织、分析解决问题等；作为一个学习者：可以用于记忆、笔记、写报告、写论文、做演讲、考试、思考、集中注意力等；作为职业人士：可以用于会议、培训、谈判、面试、掀起头脑风暴等。

利用思维导图来应对以上方面，都可以极大地提高你的效率，增强思考的有效性和准确性以及提升你的注意力和工作乐趣。

比如，我们谈到演讲。

起初，也许你会怀疑，演讲也适合做思维导图吗？

没错！你用不着担心思维导图无法使相关演讲信息顺利过渡。一旦思维导图完成，你所需要的全部信息就都呈现出来了。

其实，我们需要做的只是决定各种信息的最终排列顺序。一幅好的思维导图将有多种可选性。最后确定后，思维导图的每个区域将涂上不同的颜色，并标上正确的顺序号。继而将它转化为写作或口头语言形式，将是很简单的事，你只要圈出所需的主要区域，然后按各分支之间连接的逻辑关系，一点一点地进行就可以了。

按这种方式，无论多么烦琐的信息，多么艰难的问题都将被一一解决。

又比如，我们在组织活动或讨论会时需用的思维导图。

也许我们这次需要处理各种信息，解决很多方面的问题。当我们没有想到思维导图的时候，往往会让人陷入这样的局面：每个人都在听别人讲话，每个人也都在等别人讲话，目的只是为等说话人讲完话后，有机会发表自己的观点。

在这种活动或讨论会上，或许会发生我们不愿看到的结果，比如，大家叽叽喳喳，没有提出我们期望的好点子，讨论来讨论去没有解决需要解决的问题，最后现场不仅没有一点儿秩序，而且时间也白白地浪费了。

这时，如果活动组织者运用思维导图的话，所有问题将迎刃而解。活动组织者可以在会议室中心的黑板上，以思维导图的基本形式，写下讨论的中心议题及几个副主题。让与会者事先了解会议的内容，使他们有备而来。

组织者还可以在每个人陈述完他的看法之后，要求他用关键词的形式，总结一下，并指出在这个思维导图上，他的观点从何而来，与主题思维导图的关联，等等。

这种使用思维导图方式的好处显而易见：

（1）可以准确地记录每个人的发言；

（2）保证信息的全面；

（3）各种观点都可以得到充分的展现；

（4）大家容易围绕主题和发言展开，不会跑题；

（5）活动结束后，每个人都可记录下思维导图，不会马上忘记。

这正是思维导图在处理大量信息面前的好处，在讨论会上，可以吸引每个人积极地参与目前的讨论，而不是仅仅关心最后的结论。

利用思维导图这种形式可以全面加强事物之间的内在联系，强化人们的记忆、使信息井然有序，为我所用。

在处理复杂信息时，思维导图是你思维相互关系的外在“写照”，它能使你的大脑更清楚地“明确自我”，因而更能全面地提高思维技能，提高解决问题的效率。

大脑是人体最重要的保护对象

几乎每个人都知道，大脑实在是太重要了。

它是人体最重要的器官，它为我们人类创造了无尽的创意和价值……

大脑对人体是如此重要、如此宝贵，但它也很娇嫩，容易受到伤害：大脑只有1400克左右的重量，80%都是水；它虽然只占人体总重量的约2%，却要使用我们呼吸进来的20%的氧气。

大脑需要的能量很大，却不能储备能量，它每秒钟要进行10万种不同的化学反应，消耗的氧气和葡萄糖分别占全身供应量的20%～25%，每分钟需要动脉供血800ml～1200ml，而且脑组织中几乎没有氧和葡萄糖的储备，必须不停地接受心脏搏出的动脉血液来维持正常的功能。

大脑需要通畅的血管，以供给足够的血液。若脑缺血30秒钟则神经元代谢受损，缺血2分钟神经细胞代谢将停止。

尽管每个人都有坚实的颅骨，像一个天然的头盔保护着我们的大脑，大脑仍然容易受到各种外伤。50岁以下的人中，脑外伤是常见的致死和致残原因，脑外伤也是35岁以下男性死亡的第二位原因（枪伤为第一位）。大约一半的严重脑外伤患者不能存活。

即使颅骨没有被穿透，头部遭遇外力打击时大脑也难以避免受到损伤；突然的头部加速运动，与猛击头部一样可引起脑组织损伤；头部快速撞击不能移动的硬物或突然减速运动也是常见的脑外伤原因。受撞击的一侧或相反方向的脑组织与坚硬而凸起的颅骨发生碰撞时极易受到损伤。

大脑每天都在为我们工作，不仅能有效地制作思维导图，还能轻松地为我们解决各种问题……

在日常生活中，我们该如何维护、保养好我们的大脑呢?

首先，我们要认识到保护自己的大脑不受伤害是头等重要的事情，特别要注意使自己的大脑不受外伤是保证你处于最佳状态的一个关键。所以，我们在日常的工作生活中，要特别注意保护大脑，尤其在进行踢足球、滑冰、玩滑板、驾驶等容易伤及大脑的活动中小心谨慎，使它免受外力的侵害。

比如在运动中尽量避免碰撞到头部，在驾驶汽车时要系安全带，开摩托车时要戴头盔等。头部一旦受伤，要到正规的医疗部门诊治，不能因为没有流血或者自己觉得不严重而掉以轻心。

其次，保护你的大脑不受情感创伤的侵害。情感创伤就像身体创伤一样，能够干扰大脑的正常发育以及给大脑带来负面的改变。

比如遭遇地震、火灾、交通事故或者被抢劫、枪击等以后，受害者的情感会受到强烈的刺激，如果不能及时给予心理治疗和适当的药物治疗，大脑的功能就会受到伤害。

第三，保护你的大脑不受有毒物质的侵害。众所周知，酗酒、吸烟、吸毒对大脑有很大的毒害作用，我们一定要远离毒品、尼古丁和酒精。

同时我们还要知道有很多药物对大脑也会起到毒害作用：比如某类止痛片、某类减肥药和抗焦虑药物等，所以我们在服药时要特别慎重，尽量减少药物对大脑的伤害。

据此，我们绘制了一幅保护大脑的思维导图：

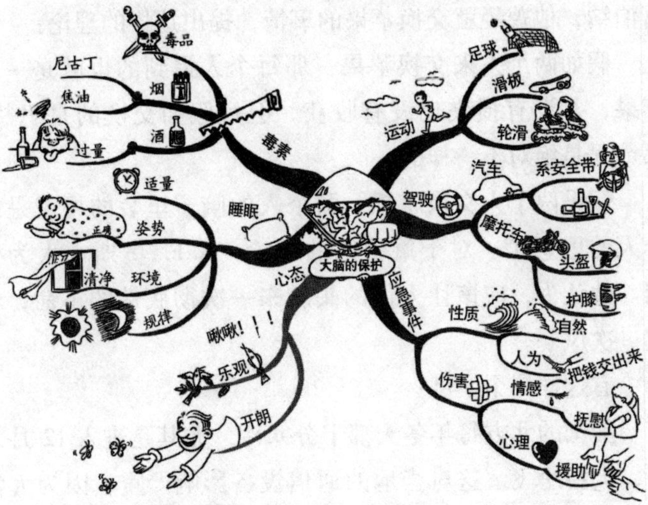

第三节　风靡全球的头脑风暴法

何谓头脑风暴法

美国学者 A. F. 奥斯本提出了头脑风暴法。

头脑风暴法原指精神病患者头脑中短时间出现的思维紊乱现象，病人会产生大量的胡思乱想。奥斯本借用这个概念来比喻思维高度活跃，因打破常规的思维方式而产生大量创造性设想的状况。

头脑风暴的目的是激发人类大脑的创新思维以及能够产生出新的想法、新的观念。

讲到头脑风暴还要提到一个人，那就是英国的大文豪萧伯纳，他曾经就交换苹果的事情，提出这样的理论：

假如两个人来交换苹果，那每个人得到的也就是一个苹果，并没有损失也没有收获，但是假如交换的是思想，那情况是绝对不一样的。

假设两个人交换思想，两个人的脑子里装的可就是两个人的思想了。对于萧伯纳的理论，A. F. 奥斯本大为赞同。他认为，应该让人们的头脑来一次彻底性的革命，卷起一次风暴。

有这样一个案例：

美国的北方每年冬天都十分寒冷，尤其是进入 12 月之后，大雪纷飞。这对当地的通信设备影响严重，因为大雪经常会压断电线。

以往人们为了解决这一问题，都会想出各种各样的办法，但是没有一种能够成功，基本上都是刚开始有些效果，到最后还是没有办法战胜自然环境。

奥斯本是一家电信公司的经理，他为了能解决大雪经常性地阻断通信设备的数据传输这一问题，召开了一次全体职工的会议，目的就是想让大家开动脑筋，畅所欲言，能够解决问题。

他要求大家首先要独立思考，参加会议的人员要解放自己的思想，不要考虑自己的想法是多么可笑抑或是完全行不通；

其次，大家发言之后，其他人不要去评论这个想法是好还是不好，发言的人只管自己发言，最后由高层的组织者评断想法值不值得借鉴；

再次，发言者不要过多地考虑发言的质量，也就是自己提出来的想法到底有多大的可行性，这次会议的重点就是看谁说得多；

最后，就是要求发言的人能够将多个想法拼接成一个，优化资源，尽可能地想出一个效果最为突出的解决办法。

说完规定之后，参加会议的员工便积极地议论起来，大家纷纷出招。有的人说要是能够设计一种给电线用的清扫积雪的机器就好了。可是怎么才能爬到电线上去，难道是坐飞机拿着扫把扫吗？这种想法提出来之后，大家心里都觉得不切实际。

过了一会儿，又有人通过上面提出的坐飞机扫雪想到可不可以利用飞机飞行的原理，让飞机在电线的上空飞行，通过飞机的螺旋桨的振动，把电线上的积雪扫下来。就这样，大家通过联想飞机除雪的点子，又接着发散思维想到用直升机等七八种新颖的想法。仅仅一个小时的时间，参加会议的员工就想到九十多种解决的办法。

不久公司高层根据大家的想法找到了专家，利用飞机振动的原理设计出了一种类似于“坐飞机扫雪”的除雪机，巧妙地解决了冬天积雪过厚，影响通信设备正常工作的问题，还很聪明地避开了采用电热或电磁那种研制时间长、费用高的方案。

从研发除雪机的案例可以看到，这种互相碰撞的能够激起脑袋中的关于创造性的“风暴”，也就是所谓的头脑风暴，英文是 brainstorming。虽然其原意是精神病人的胡言乱语，但是通过奥斯本的引用和应用，得到了广泛的发展和实施。

中国有句古话说：“三个臭皮匠，顶个诸葛亮。”对于那些天资一般的人，如果进行这样的互相补充，一样可以做出不同凡响的成绩。也正是奥斯本的头脑风暴的方法，从另外一个角度证明通过头脑风暴这种互相帮助、互相交流的形式，可以集思广益得到不同凡响的效果。

如果，我们要用思维导图法来表示的话，头脑风暴法可作为核心词汇放在中间。接下来，作为思维导图的二级分支，头脑风暴法按照不同的性质又可分成不同的类别。按照交流思想的形式可以分成：智力激励法、默写式智力激励法、卡片式智力激励法等。

如果按照头脑风暴会议的处理形式分类的话，又可以分为直接和质疑的两种。前者是指在群体激发头脑思维的时候，仅仅考虑的是产生出更多更新颖的办法和想法，而不会去质疑或是否定某一个想法；而后者质疑的头脑风暴法，就是去之糟粕，取之精华，最终找到可行的方案办法。

说到分类，又不得不提出另外一个问题——如何解决群体思维。

群体思维是指在多数人商讨决策的时候，由于个人心理因素的问题，往往会产生大多数人同意某个决策而忽视了头脑风暴的本身的做法。这样的话就会大大降低头脑风暴的创造力，同时也影响了决策的质量。

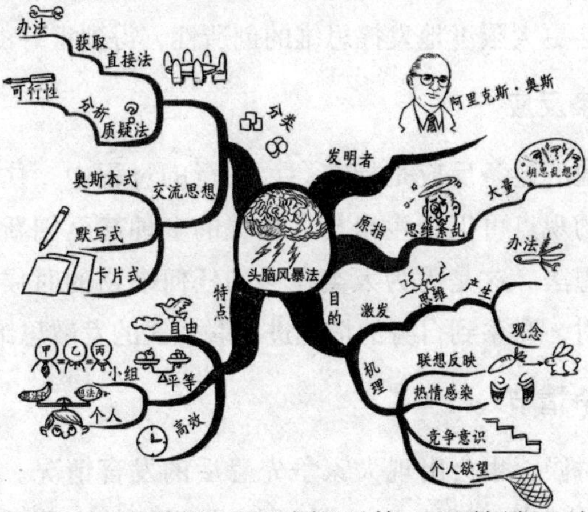

而头脑风暴法就是可以减轻群体心理弊端，从而达到提高决策质量的目的，保证群体决策的创造性。

头脑风暴法的具体执行就是由相关的人员召开会议。在开会之前，与会的人员已经清楚本次的议题，同时被告之相应的讨论规则，确保在相当轻松融洽的环境内进行。在过程中不要急于表达评论，要让大家能够自由地谈论。

激发头脑风暴法的机理

头脑风暴作为一种新兴的思维方式，它又是如何发挥自己的优点，受到众人青睐的呢？通过奥斯本的研究，可以得出以下几个因素：

环境因素

针对一个问题，往往在没有约束的条件下，大家会十分愿意说出自己的真实想法，并很热情地参与到大家的讨论中。而这种讨论通常是在十分轻松的环境下进行的。这样的话会更大限度地发挥思维的创造性，得到很好的效果。

链条反应

所谓的链条反应是指在会议进行的过程中，往往通过一个人的观点可以衍生出与之相关的多种甚至创新上更加出奇的想法。这是因为人类在遇到任何事物的时候，都会条件反射，联系到自身的情况进行联想式的发散思维。

竞争情节

有时候，也会出现大家争先恐后的发言情况。那是因为在这种特定的环境下，由于大家的思想都十分活跃，再加上有一种好胜心理的影响，每个人的心理活动的频率会十分高，而且内容也会相当丰富。

质疑心理

这是另外一个群众性的心理因素，简单地说就是赞同还是不赞同的问题，当某一个人的观念提出后，其他人在心理上有的是认同的，有的则不赞同。表现在情绪上无非是眼神和动作，而表现在行动上就是提出与之不同的想法。

头脑风暴法的操作程序

首先我们具体说一说如何利用头脑风暴法举行一次思想交流的会议。

1. 准备开始阶段

我们要确定此次会议的负责人，然后制定所要研究的议题是什么，抓住议题的关键。

与此同时要敲定参加会议的人员人数，5～10 人为最好。等确认好人数和议题之后，就可以选择会议的时间、场所。然后准备好会议的相关资料通知与会人员参加会议就可以了。

在会议开始阶段，不宜上来就让大家开始讨论。这样的话，与会人员还未进入状态的情况下，讨论的效果不会很好，气氛也不会很融洽。所以我们先要暖场，和大家说一些轻松的话题，让彼此之间有些交流沟通，不会显得生分。

在大家逐渐进入状态后，就可以开始议题了。

此时，主持人要明确地告诉参加会议的人员，本次的议题是什么。

这段时间不要占用得太多，以简洁为主。因为过多的描述在一定程度上会干扰大脑的思考。

之后大家就可以开始讨论了。

在进行一段时间的讨论后，大家往往会有更多的关于议题的想法，但弊端是，有可能只是围绕着一个方向发散思维。这时主持人可以重新明确讨论议题，使大家在回味讨论的情况下重新出发，得到不同的方向。

2. **自由发言阶段**

也叫畅谈阶段。畅谈阶段的准则是不允许私下互相交流，不能评论别人的发言，简短发言等。在这种规定之下，主持人要发挥自己的能力，引导式地让大家进入一种自由的讨论状态。

此外要注意会议的记录。随着会议的结束，会议上提出的很多新颖的想法要怎么处理呢？

以下是一些处理方法：

在会议结束的一两天内，主持人还要回访参加会议的人员，看是否还有更加新颖的想法之后整理会议记录等。然后根据解决方案的标准，对每一个问题进行识别，主要是是否有创新性，是否有可施行性进行筛选。经过多次的斟酌和评断，最后找到最佳方案。这里说的最佳方案往往是一个或多个想法的综合。

除了头脑风暴法之外。其实还有很多种类似于这样的优势组合，下面我们就来看另外几种头脑风暴法，即美国人卡尔·格雷高里创立的7×7法、日本人川田喜的KJ法、兰德公司创立的德尔菲法。

而这些方法主要有以下过程：

首先从组织上讲，参加的人员不要太多，5~10人最好，而且参加者不要是同一专业或是同一部门的人员。

而这些与会的人员如何选定呢？不妨建立一个专家小组来进行选定，而这个专家小组不但负责挑选参加会议的人员还要监督会议。

选择参加人员的主要标准：

（1）如果彼此之间互相认识，不能有领导参加，不能有级别的压力。应选择从同一职别中选择；

（2）如果参加的人互相不认识，那就可以不用考虑同一职位了。但是在会议上不能够透露出来职位大小，因为这样也会造成与会人员的压力；

（3）对应不同的议题，要选择不同程度的人员。而专家组的人员最好是阅历比较丰富，层次比较高的人，因为这样的话，会保证决策结果的可行性高。

下面就具体谈谈专家人员的组成成分：

首先主持人应该是懂得方法论的人，这样会更好地调动会议气氛；参加会议的人员应该是涉及讨论议题领域的专家，这样针对性就会很强；后期分析创新思维的人，应该是专业领域更高级别的专家，他们会从非常专业角度来客观正确地分析这些想法。最后可以决策最终可执行方案的人，应该是具备更高的逻辑思维能力的专家。

为什么对于专家组的要求这么高呢？那又为什么不同能力的专家负责不同的事情呢？

这是因为在头脑风暴的会议上，与会者大都是思维敏捷的人。他们往往在别人发言的时候，心里已经开始想到其他的设想了。所以在这种高频率的情况下，需要这种专家的参与，并且能够集大家之长，得到更好的决策。

说完专家组了，再谈谈头脑风暴会议的指挥——主持人。

主持人的要求应该是从他自身敏捷的思维说起。主持人不但要了解和熟悉头脑风暴的程序以及如何处理会议中出现的任何问题，还要能激发大家对议题的兴趣，懂得多用些询问的方法，让大家有种争分夺秒的感觉。

此外，主持人还要负责开场时的暖场，鼓励与会者的发言，引导参加会议的人员往更远更广的地方开始发散的思维，因为只有这样，方案出现的概率才会越大。

值得注意的是主持人的职责仅限于会议开始之初。

因为接下来更重要的工作就是记录，如果有条件的话应该准备录音笔，尽量不落下每个细节。

收集上来的想法和观点就可以通过分析组来进行系统化的处理。

系统化处理的流程如下：

(1) 简化每一个想法，简言之就是总结出关键字进行列表；

(2) 将每个设想用专业的术语标志出关键点；

(3) 对于类似的想法，进行综合；

(4) 规范出如何评价的标准；

(5) 完成上面的步骤之后，重新做一次一览表。

3. 专家组质疑阶段

在统计归纳完成之后，就是要对提出的方案进行系统性的质疑加以完善。这是一个独立的程序。此程序分为三个阶段：

第一个阶段：将所有提出的想法和设想拿出来，每一条都要有所质疑，并且要加上评论。怎么评论呢？就是根据事实的分析和质疑。值得提出的是，通常在这个过程中，会产生新的设想，主要就是因为设想无法实现，有限制因素。而新的议题就要有所针对地提出修改意见。

第二个阶段：和直接头脑风暴的原则一样，对每个设想编制一个评论意见的一览表。主持人再次强调此次议题的重点和内容，使参加者能够明白如何进行全面评论。对已有的思想不能提出肯定意见，即使觉得某设想十分可行也要有所质疑。

整个过程要一直进行到没有可质疑的问题为止，然后从中总结和归纳所有的评价和建议的可行设想。整个过程要注意记录。

第三个阶段：对上述所提出的意见再次进行删选，这个过程是十分重要的，因为在这个过程中，我们要重新考虑所有能够影响方案实施的限制因素，这些限制因素对于最终结果的产生是十分重要的。

分析组的组成人员应该是一些十分有能力，而且判断力高的专家，因为假如有时候某些决策要在短时间内出来的话，这些专家就会派上很大的用处。

关于评价标准，我们先看个案例：

美国在制订科技规划中，曾经请过50名专家用头脑风暴的形式举行了为期两周的会议，而这些专家的主要任务就是对于事先提出的关于美国长期的科技规划提出些批评。最终得到的规划文件，其内容只是原先文件的25%～30%。由此可见经过一系列的分析和质疑，最后找到一组可行的方案，这就是头脑风暴排除折中的方法。

此外，值得我们注意到是，影响头脑风暴实施的因素还有时间、费用以及参与者的素质。

此处可作为思维导图的二级分支。头脑风暴成功的关键是探讨方式以及放松心理压力等。要在一个公平公正的情况下，才能有无差别的交流，思想碰击也就更大了。

首先，与会者能够在一个公平公正的前提下进行交流，不要受任何因素的影响，从各个方面进行发散式的思维，可以大胆地发言。

其次，就是不要在现场就对提出的观点进行评论，也不要私自交流。要充分保证会议现场自由畅谈的状态，这样与会的人员才能够集中精力思考议题，能够得到更多的想法。

再次，不允许任何形式的评论，因为评论会抑制其他人的思维发散，从而影响整个会议的发展趋势。可能有些人会谦虚地表达自己的意思，但是一旦受到质疑，就会造

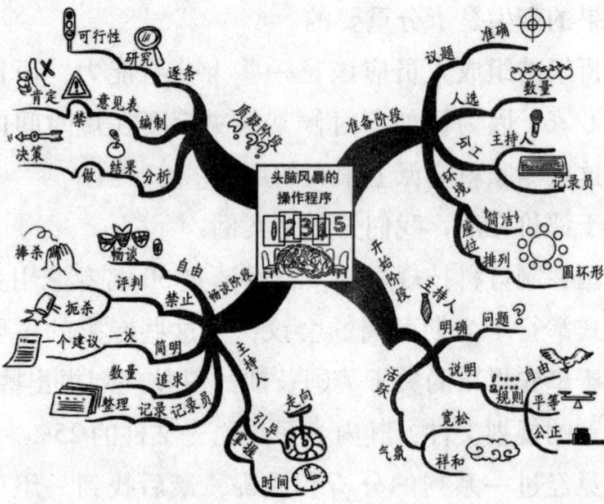

成发言人的心理压力，得不到更多的提议了。

最后，就是在头脑风暴的会议上一定不要限制数量。本着多多益善的原则，在不评论的前提下都留到最后进行分析。这样数量越多，质量也就会越高，这是一个普遍的道理。

头脑风暴法活动注意事项

参与会议的人员需要注意以下事项：

(1) 要对整个会议进行初步的设想，对于你要参加的议题要有所了解。不要觉得你的发言就能得到所有人的赞同。

(2) 不要对参加会议的人员有个人情绪，对每个人的发言都要公平，不要以个人的原因而去质疑或是指责别人的想法。

(3) 为了使与会者不受任何的影响，最好在一个十分干净的房间内举行会议，使大家不受外界因素的干扰。

(4) 要对自己有心理暗示。你的提议不是没有用的，恰恰相反，也许正是你的提议成为最后的决案。

(5) 假如你的提议没有被选中或是得不到别人的认同，也不要失落，不要去坚持。把它看作是整个头脑风暴的原材料。

(6) 在你思考了一段时间后，很有可能你的脑力已经坚持不住了。你可以选择出去散步，吃点东西等，缓解自己的这种压力，从而整理思绪重新参与到团队中来。

最后，要学会记笔记，因为有些细节很可能在你听的时候就遗漏掉了，所以用笔记录是十分重要的步骤。千万不要忽略了这一步。

以上即是进行头脑风暴法的注意事项，如果想使头脑风暴保持高的绩效，必须每个月进行不止一次的头脑风暴。

头脑风暴思维法为我们提供了一种有效的就特定主题集中注意力与思想进行创造性沟通的方式，无论是对于学术主题探讨或日常事务的解决，都不失为一种可资借鉴的途径。

学会如何进行头脑风暴，可以帮助我们激发自身的创造力，把我们的最好的创意变成现实，并享受创新思维的无限乐趣，让生活更有意义。

第二章　唤醒创造天才

第一节　施展大脑的创新力量

创新思维的特征

1. 创新思维的定义

创新思维是一种不受常规思维束缚，寻求全新独特的解决问题的方法的思维过程。创新思维是相对于传统思维的新思维，就是我们常说的创造性思维，是每个人天生就拥有的。但是，却不是人人都能够娴熟地使用它。因为，大部分的创新思维在我们接受教育的过程中被埋没了。

我们知道，小孩的创新思维表现在胡思乱想和丰富的想象力上。但是，如果一个小孩子问她的幼儿园老师："老师，如果天上有一个太阳，那会不会有两个呢?"不负责任的老师通常都会斥责孩子，表达"国无二君，天无二日"之类的意思，至少也会说一句"胡说"。孩子的创新思维就这样一次次被打压磨灭，直到完全陷入常规性思维。

其实，在无垠的宇宙里，银河系只是一条小河，太阳不过是一颗小小的鹅卵石。小河里不止一颗鹅卵石就是常规思维所能够理解的了。

传统思维和常规性思维主导了大部分人，为我们的生活带来了一定的便利，但是，却也在一定程度上，阻碍了我们前进的步伐。

2. 创新思维的作用

创新是一个民族进步的灵魂，是国家兴旺发达的不竭动力。迎接未来科学技术的挑战，最重要的是坚持创新，勇于创新。

爱因斯坦也说过："没有个人独创性和个人志愿的统一规格的人所组成的社会将是一个没有发展可能的不幸的社会。"

管理学大师德鲁克也说："对企业而言，要么创新，要么死亡。"可见，创新的重要性。而创新当然来自于有着创新思维的人。

（1）创新思维是创新实践的前提

"思路决定出路，格局决定结局。"有了创新思维才能走出创新的道路。同样，错误的思维就会走上错误的道路。

当年，泰坦尼克号之所以会沉船并且几乎全员覆没，全因为管理层的错误思维。管理层认为巨大的船是不会沉船的，于是几乎没有考虑任何防护措施。没有戴望远镜，于是没有看到远处的冰山，肉眼看到时已然扭转无力。正是因为船太大，于是转弯不便。救生艇和救生衣数量的严重缺乏，导致大多数人几乎没有逃生的可能性。这是错误思维引领人走上错误道路的一个例证。

（2）创新思维是参与竞争的制胜法宝

这个社会是相互竞争的社会，资本则是特色、创新、点子、思路。尤其是在企业竞争当中，更需要创新思维。

某国有家公司，专门生产牙膏。牙膏包装精美，品质精良，深受消费者喜爱。

记录显示，前年营业增长率均为10%～20%，但在第二年后，增长停滞。董事部门非常不满意，于是决定召开全国经理及高层会议。会议中有位年轻经理对董事提出了一条建议，并收费五万元。董事虽然非常生气，却依然买下建议。

果然，公司在三年停滞不前后，第四年的营业额增加了32%。这条建议是什么呢？很简单，扩大牙膏开口一毫米。人人多用一毫米，数量不可估量。脑袋开口一毫米，就是创意。如果企业摒弃一毫米，就会丧失进步的机会。

创新思维是企业竞争的法宝，有创新思维的人是企业的重点人才和制胜法宝。

（3）创新思维是高素质人才的重要组成部分

高素质人才当中最缺乏的是有创新思维的人才。有创新思维的人才，才能让社会、国家持续前进发展，才能带领企业突破瓶颈。培养创新思维人才，是教育的重要课题。

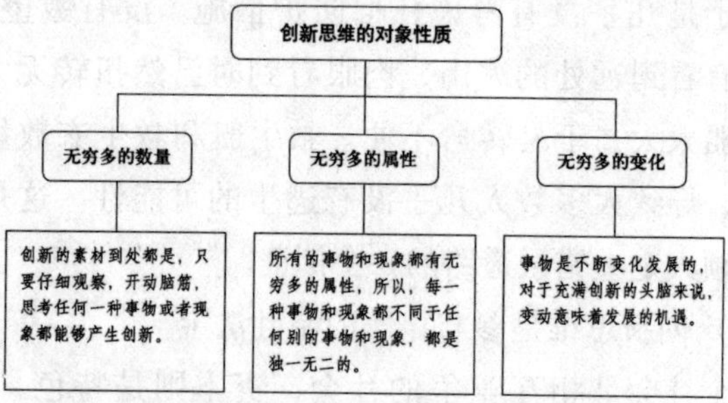

创新思维的对象性质
无穷多的数量
无穷多的属性
无穷多的变化
创新的素材到处都是，只要仔细观察，开动脑筋，思考任何一种事物或者现象都能够产生创新。
所有的事物和现象都有无穷多的属性，所以，每一种事物和现象都不同于任何别的事物和现象，都是独一无二的。
事物是不断变化发展的，对于充满创新的头脑来说，变动意味着发展的机遇。

（4）创新思维能够应用到各行各业中去

无论学习、教书、改革开放或是职场生涯，创新都会对我们产生作用力。

A、B从同一所大学毕业去同一家公司上班，两年后，老总让B升职。A心里不平衡，他想，一起来工作的两个人，都很努力，为什么提拔B却不提拔我。一定是老总偏心。

于是A去找老总理论：“你吩咐我的每项工作我都踏踏实实完成了，为什么你却只提拔B不提拔我呢？我感到很委屈。”老总并没有正面回答A的问题，而让他去楼下自由市场看看是否有东西卖。不久，A回来答复。

A：“老总，楼下有个推手推车的农民在卖苹果。”

老总：“苹果怎么卖？”

A：“我去看一下。”

A：“2元一斤。”

老总：“那一车有多少斤呢？”

A又下楼回来。

A：“大概300斤。”

老总：“如果全部都要，最便宜能多少钱呢？”

A再次下楼。

A：“如果您全部都要的话，他可以1.2元一斤给您。但是，您要这么多苹果干吗？”

老总还是不说话，他喊B过来，让他去做同样的事情，问B同样的问题，然而B与A的做法不同，他一次性将所有问题做好准备，流利地回答了出来。

A目睹这一过程立即知道自己与B的差距在哪里。摒除职场经验不谈，有创新思维，能够自觉正确地理解老总的意图，联想事情的发展，这种人才必然能够立足于各个企业。

3. 创新思维的特征

（1）新

新是创新思维的第一特征，也是最根本的特征之一。

没有变化、没有差异的思维是旧思维，但旧思维也可能是曾经的新思维。只是因为在某一时间点上没有继续创新，所以就变旧了。

“新”就是有新意，能够给人带来新鲜感，是新思路、新点子，是一种新的考量方式等。

（2）差异性

差异性是创新思维最大的、最根本的特征之一。

创新思维就是与众不同的思维，它能够用与众不同的语言、行为、方式表现出来。有差异才能有新意。

如“水能载舟亦能覆舟”，网络上有流行语将之改成：“水能覆舟，亦能煮粥”。改动两个字，意思却大大的不同了，这就是差异性产生的效果。

（3）变化性

变化性也是创新思维的根本特点之一。

无论新意还是差异都需要通过不断地改变来实现。旧的东西也需要通过改变来变成新的。

（4）现实性

虽然思维、创新等概念似乎都是看不见摸不着虚无缥缈的东西，但创新思维依然具有现实性特征。从另一方面看，它其实是实实在在地存在于人们的生活当中，通过人们的言行举止、学习、工作、生活表现出来，并且几乎人人都有思维创新的经历。

比如，上下班高峰期的地铁公车常常人满为患，扶手不够，有人就把旧牙刷用开水烫弯，弯成弯钩形状，坐车时便能临时使用。

（5）开放性

“开放”就是让思想冲破牢笼，没有顾忌地飞翔。开放的对立面是封闭。封闭的环境会扼杀产生的创新思维。

(6) 间断性和连续性

这是人的思维的特征。一个正在思考问题或专心说话的人，一旦被打断，便很难再续上去。这就是思维的间断性表现。如果在创新的过程中遭遇困难、风险，遇到危机，甚至会损害自身利益，创新思维就会被中断。当然，如果在思维创新上不思进取，创新自然难以为继。

激发潜伏在体内的创新思维

创新思维是人类才有的高级思维活动，是成为各种出类拔萃的人才所必须具备的条件。心理学认为：创新思维是指思维不仅能提示客观事物的本质及内在联系，而且还能产生新颖的、具有社会价值的前所未有的思维成果。

即使遗失了与生俱来的创造性思维，我们也可以通过运用心理学上的“自我调节”，有意识地在各个方面认真思考和勤奋练习，重新将创造性思维找回来。卓别林说过：“和拉提琴或弹钢琴相似，思考也是需要每天练习的！”

张开想象的翅膀

爱因斯坦曾经说过：“想象力比知识更重要，因为知识是有限的，而想象力概括着世界的一切，推动着进步，并且是知识进化的源泉。”

他之所以能研究出“狭义相对论”，便是因为他在孩童时期便常常幻想自己同光线赛跑。而世界上第一架飞机也来自于人们想要像鸟类一样飞翔的梦想。幻想是创造性想象的一种特殊形式，适当的幻想能够引导人们发现新事物，做出新努力、新探索和创造性的劳动。

大部分人终其一生只运用了大脑想象区大约15%的空间，开发这个空间应该从想象开始。想象力是人类运用储存在大脑中的信息进行综合分析、推断和设想的思维能力。

培养发散性思维

发散思维的含义是指一个问题假如存在着不止一种答案，就要通过思维的向外发散，找出更多妥帖的创造性答案。

“涉猎多方面的学问可以开阔思路……对世界或人类社会的事物形象掌握得越多，越有助于抽象思维。”1979年诺贝尔物理学奖金获得者、美国科学家格拉肖启发我们。

当我们思考砖头有多少用途的时候，充分运用发散性思维可以给出我们如此多的答案：建筑房屋、铺路、刹住停靠在斜坡的车辆、砸东西、压纸、垫高、防卫的武器……这就是发散思维的力量！

想象和幻想的区别

·想象

想象是人在头脑里对已储存的表象进行加工改造，形成新形象的心理过程。它是一种特殊的思维形式。

·幻想

幻想同想象不同，是指人内心荒谬的想法。

发展直觉思维

顾名思义，直觉思维是指不经思考分析的顿悟，是创造性思维活跃的表现之一。

物理学家阿基米德在跳入浴缸的时候，注意到浴缸溢出水的体积大约等同于身体入水部分的体积，灵光一闪，发现了“阿基米德定律”，即比重定律。

达尔文在观察植物幼苗生长的过程中，发现幼苗顶端向太阳照射的方向弯曲，推测出可能是由于其顶端含有某种物质，在光照的作用下，转向背光一侧。后来，在达尔文的基础上，科学家作了反复研究，才找到这种植物生长素。

在学习过程中，直觉思维可能表现在许多方面，比如大胆的猜测，急中生智的回答，或者新奇的想法和方案等。在发现和解决问题的过程中，我们要及时留住这些突然闯入的来客，努力发展自己的直觉思维。

培养思维的独创性、灵活性和流畅性

创造力建立在广博的知识基础上，包括三个因素：独创性、灵活性和流畅性。

对刺激做出不同寻常的反应是思维的独创性，能流畅地作出反应的能力是流畅性，而灵活性是指随机应变的能力。

在20世纪60年代，美国心理学家曾经对大学生进行自由联想与迅速反应训练，要大学生针对迅速抛出的观念，作出最快的反应。速度越快，讲得越多，表示流畅性越高。这种疾风骤雨式的训练，非常有益于促进创造性思维的发展。

培养强烈的求知欲

人类对自然界和自身存在的惊奇是哲学的起源。

阿基米德的直觉思维

阿基米德受由浴桶中溢出的水的启发，产生了一种直觉上的领悟，因此创立了举世文明的阿基米德定律。

练习创新思维的五个方法

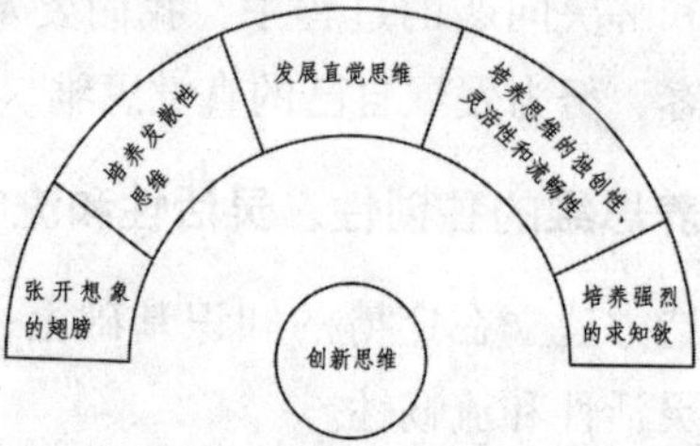

古希腊哲学家柏拉图和亚里士多德认为，当人们在对某一问题具有追根究底的探索欲望时，积极的创造性思维由此萌发。精神上的需求是产生求知欲的基础。我们要有意识地设置难题或者探索前人遗留的未解之谜，激发自己创造性学习的欲望。把强烈的求知欲望转移到科学上去，不断探索，使它永远保持旺盛。这样才能使自己在学习过程中积极主动地“上下求索”，进而探索未知的新境界、新知识，创造前所未有的新成就。

创新思维与企业创新

首先看一个案例：

【案例】海尔小小神童洗衣机

无论各行各业，都存在着旺季与淡季之分，洗衣机厂也不例外。一般说来，洗衣机的销售淡季主要是每年的8~9月，也就是夏季最热的时候。每当遭遇淡季，各大洗衣机厂便召回销售人员以减少成本，并且被动等待旺季到来。

海尔工作人员通过分析发现，夏季恰恰是人们最需要洗衣服的时节，大部分人都有天天洗澡日日更衣的习惯，可是为什么洗衣机反而没有市场呢？

结论是，虽然人们换洗衣服勤快，可夏季衣服通常较薄，而洗衣机容量又太大，常洗小件衣服既费水又耗电还不容易清洁干净。

根据以上情况，海尔人开发出了容量为1.5千克的“小小神童”洗衣机，不但满足了消费者的需求，也消除了洗衣机市场的淡季之说。

后来，海尔还研制出不用洗衣粉的洗衣机，“洗净比”甚至高于普遍使用洗衣粉的洗衣机，病菌杀灭率也非常高，最让人无法抗拒的是海尔的洗衣机都很有特色，操作非常简单人性化，难怪成为行业翘楚。

企业发展需要创新思维。其实，创新思维与企业之间是相互联系相互促进的，不但企业发展需要创新思维，创新思维也能够推动企业的发展。

下面就来具体分析企业和创新思维之间的相互关系：

1. **企业发展需要创新思维**

企业发展需要创新思维，这是因为：

（1）创新思维能给企业带来技术进步。市场结构和技术领域发生了翻天覆地变化的现代，企业必须创新才能适应市场以及创造利润。

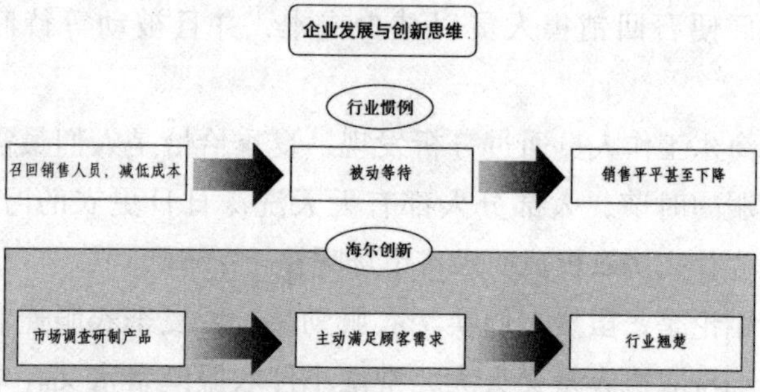

（2）创新思维是市场的推动力。企业需要不断地变革创新，来适应产品周期的兴衰或市场的产业结构变动，以确保在新的经济环境的挑战中，不断进步。

（3）企业的创新与国家政策紧密相连。如果想加快企业发展，获得更多市场份额，就要时时关注国家政策的要求。

（4）创新思维是促进企业内部发展的必要条件。企业的更快更好发展带来的福利和待遇的提高，是企业内部每一个成员的期望。创新是企业发展的不竭源泉。

2. 创新思维能推动企业的发展

技术创新思维和管理创新思维是企业创新的重要组成部分，它们能够巩固和发展企业竞争力、企业生命力、企业文化等。

企业创新思维包括：创造新产品或将原有产品赋予新的功能；采用新方法；开辟新市场；获得新供给来源；实行新的企业组织形式；实施新的管理实施办法；使用新的人才录用机制等。

（1）管理创新思维为什么能推动企业发展？

管理创新思维能够有效地整合人力资源，让企业最大限度发挥人力作用从而起到推动企业发展的作用。

管理创新思维可以推动企业的市场竞争力。改革开放后，敢于运用创新思维进行改革的企业得到了长足的发展。

管理创新思维可以推动企业文化。有了创新思维就会对不符合企业发展的企业文化提出质疑，然后进行调整，能丰富和完善企业文化，促进企业员工了解企业文化，加大归属感。

管理创新思维能推动企业凝聚力。管理创新思维能给企业带来生机，给员工带来实际利益，企业的凝聚力就加强了。企业凝聚力提高后，优秀人才不但会失而复得，还能吸引大批外来人员。

（2）技术创新思维为什么能推动企业发展？

技术创新思维包括新技术的引用、新设备的投入、新产品的设计等，极大地推动着企业在科技技术发展、新技术产品开发和新业务的拓展等方面的新成就。

技术创新思维能够促进产品不断创新，跟随市场需求变动，在激烈的竞争中提高市场占有率，从而锻炼企业的技术队伍，提升企业的技术实力，增强企业的核心竞争力。

技术创新思维运用到企业的创新技术人才管理和新技术开发及引进方面，能够使企业始终保持强势的核心竞争力和旺盛的生命力。

技术创新思维能够在企业进行新技术开发和引进的时候，引发成员的危机感，促使他们学习新知识来适应企业的人才需要，而企业必须招揽能够尽快适应新技术的优秀人才，从而推动企业的人力资源管理。

创新思维从人事制度、企业文化、技术知识、财务等各方面全方位地推动着企业竞争力的加强和发展，巩固着企业在市场竞争中的地位，保持企业旺盛的生命力。

【案例】上海通用汽车的柔性化生产模式

几乎中国所有的汽车工厂都是采用一个车型、一个平台、一条流水线、一个厂房的生产方式。但是上海通用却实现了在一条生产线上共线生产四种不同平台的车型，这种生产方式叫作“柔性化”生产方式。

与此方式相配备的是严格而规范的采购系统，科学严密的物流配送系统，以市场为导向的高度柔性化生产系统，以及以客户为中心的客户关系管理系统，这些配备共同组成了柔性化生产管理模式，为厂家和消费者带来了最直接的利益——金钱与时间。

柔性化生产管理模式多年来深入了上海通用企业管理的每一个环节，这也是通用汽车占据汽车市场极大份额的原因。

小车代表着一个企业。
人代表着管理思维，管理思维创新能有力地推动企业的发展。
车轮是一个企业的技术，要想车子走得快，就要在技术上有所创新。

企业创新的三种方法

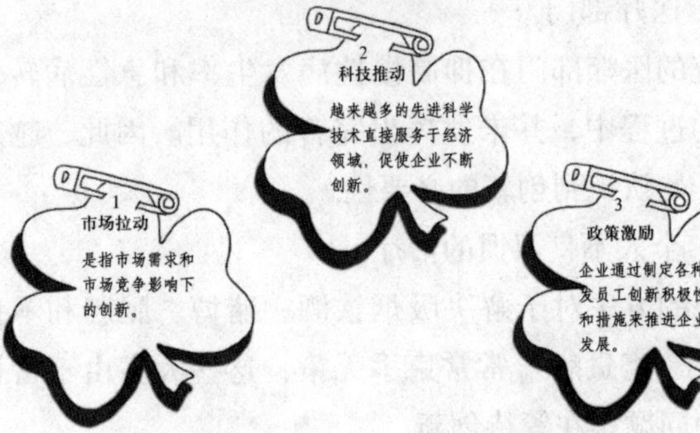

2
科技推动
越来越多的先进科学技术直接服务于经济领域，促使企业不断创新。
1
市场拉动
是指市场需求和市场竞争影响下的创新。
3
政策激励
企业通过制定各种激发员工创新积极性政策和措施来推进企业不断发展。

创新思维与社会创新

首先，了解什么是社会创新。

社会创新是指可以实现社会目标的新想法，通过发展新产品、新服务和新机构来满足未被满足的社会需求。社会创新的过程是国家政府、城市以及企业通过设计和开发新的有效方法，应对城市扩张、交通堵塞、人口老龄化等一系列迫在眉睫的必须解决的问题的过程。

（1）人口老龄化。

当老年人在总人口的比例中占了绝大多数或者有了很大比例的上升，就需要有新的如养老金和护理等方法、形式甚至法律来保障老年人的利益，改善他们的生活境况。

（2）差异文化。

世界上不同文化、民族、国家甚至不同城市之间，都具有差异性，这些差异性容易造成彼此的冲突和憎恶。因此，我们需要以创新的方式来进行文化教育和语言学习，来促进不同地域文化间的和谐。

（3）医疗部门。

传统的医疗部门在抑制慢性病发生率和急性病转化成慢性病的过程中，并未发挥出完善的作用。因此，越来越多的人开始认识到创新的必要性。

（4）个人不良习惯的治疗。

传统的方法对于解决吸烟饮酒、赌博、肥胖和不良饮食习惯等“富贵病”常常束手无策，这些大多由于富裕引起的行为问题正在等待创新。

（5）环境问题。

二氧化碳排放量超标导致的全球变暖，人类乱砍滥伐造成的热带雨林面积的剧减，都使气候发生了不可逆转的变化。如何重新调整交通系统，重组城市布局和住房体系，来适应这种状况，各界都在等待合适有效的创新方法。

创新活动必然需要机构、组织或个人来发起，那么哪些机构、组织或个人掌握了发起社会创新的先天条件呢？

实现社会创新并不是一件容易的事情，总会遇到来自各方面的阻力。这些阻力使社会创新无法成功实现，也可以看成社会创新失败的原因。

具体表现在：

1
社会机构和社会企业
社会机构或企业往往源于某个社区或某个人的一时兴起，它具备了创新的先天优势。

2
社会运动
社会运动产生于民间和政治社会之间，成功的社会运动本身就是一种创新，但它发生概率小，且容易破坏社会和平。

3
政治和政府
政治家和政坛人物常常会为了赢得民众，获取政治优势和权力，在游说演说政策项目中努力推进创新。

4
市场
一些新型的商业模式和新市场是市场重要的社会创新。

5
学术界
学术人员是研究的主力军，自然是社会创新的研究主力军。

6
慈善机构
慈善家拥有超强的经济实力、网络和自主权，能为创新模式的提出和发展提供丰厚的奖金支持，对社会创新产生巨大的影响。

（1）里昂那多效应。

很久以前，有一个叫里昂那多的人，他总是会有一些奇怪的想法，例如插上翅膀就可以成为飞人等。但这在他所处的时代无法实现，并且违反了物理学原则。

虽然人们天生就具有创造力和好奇心，但是社会创新并不总是简单易行，应该说社会创新的实现是非常有难度的。特别是那些远远超过现有科技水平、像直升机那样高高在上的想法。人们将这种情形称之为“里昂那多效应。”

（2）不适宜的环境。

可保证的法律制度与开放的媒体和网络是实现社会创新的关键因素。商业环境中的社会创新通常会因为资本垄断受阻；政治和政府方面的社会创新活动通常被党派竞争所阻；社会机构可进行的社会创新活动则通常因为私心和经验不足而受阻。

(3) 失败的规律。

社会创新同商业和科技领域里的多数创新一样，通常失败次数比成功的次数多得多。

(4) 社会创新实行者的错误想法。

政府或公共部门对新想法通常会保持谨慎的态度，因为他们责任在身，并且是在用稳定性为人们的生活提供依靠（比如交通等系统和福利发放部门）。大多数的公共服务和非营利组织，通常会集中精力运用管理来提高现有模式的水准，而并非采取新想法。因此，社会创新实行者对政府反应迟缓的错误想法也会影响他进一步改善自己的想法，以至于影响社会创新活动的顺利实施。

(5) 缺乏耐性。

显然，缺乏耐性的创新活动领导者很难将任何一件事情真正打理成功。

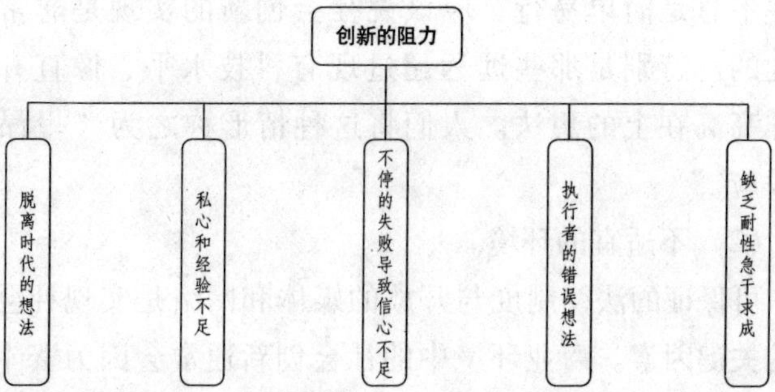

第二节　心理制胜：改变始于自己

以“己变”应万变

对于每一件事物，我们都应该首先去认识事物的性质和特点，然后再根据实际情况来调整改变自己的思路和行为方式。只有如此，我们才能在顺应事物变化的同时，驾驭变化，走向成功。

现代社会，瞬息万变。如果我们的思维不能顺时而变、顺势而变，那么生存的空间可能就会很小。

动物学家们在做青蛙与蜥蜴的比较实验时发现：

青蛙在捕食时，四平八稳、目不斜视、呆若木鸡，直到有小虫子自动飞到它的嘴边时，才猛地伸出舌头，粘住飞虫吃下去。

之后，它又开始那目不斜视的等待。看得出来，青蛙是在“等饭吃”。而蜥蜴则完全不同，它们整天奔忙在私人住宅区、老式办公楼、蓄水池边等地方，四处游荡搜寻猎物。一旦发现目标，它们就会狂奔猛追，直到吃到嘴里为止。吃完后，它们在略事休息，喝口水后，就整装待发，又去“找饭吃”了。

我们不妨将青蛙与蜥蜴的捕食方法当作两种不同的处世风格。

青蛙的捕食方法也有可能会吃饱，但它对环境的依赖性过高，不能对随时变化的环境做出迅速的反应，池塘一旦干涸了，青蛙也就消失了；而蜥蜴的方法却很灵活，它们能够快速适应变化了的环境，所以，即使这一片池塘干涸了，蜥蜴仍能够活跃在另外一个池塘边。

曾有一位哲人说过："如果你不能阻止环境的变化，那么就改变自己，去适应它吧。"

改变了自己，相当于为自己提供了更多的生存机会，为职场发展扫除了诸多障碍，为事业的成功增添了砝码。

1930 年，日本初秋的一个清晨，一个只有 1.45 米的矮个子青年从公园的长凳上爬了起来，徒步去上班，他因为拖欠房租，已经在公园的长凳上睡了两个多月了。他是一家保险公司的推销员，虽然工作勤奋，但收入少得甚至租不起房子，每天还要看尽人们的脸色。

一天，年轻人来到一家寺庙向住持介绍投保的好处。老和尚很有耐心地听他把话讲完，然后平静地说："听完你的介绍之后，丝毫引不起我投保的意愿。"

"人与人之间，像这样相对而坐的时候，一定要具备一种强烈吸引对方的魅力，如果你做不到这一点，将来就不会有什么前途可言……"

从寺庙里出来，年轻人一路思索着老和尚的话，若有所悟。接下来，他组织了专门针对自己的"批评会"，请同事或客户吃饭，目的是请他们指出自己的缺点。

"你的个性太急躁了，常常沉不住气……"

"你有些自以为是，往往听不进别人的意见……"

"你面对的是形形色色的人，必须要有丰富的知识，所以必须加强进修，以便能很快与客户找到共同的话题，拉近彼此之间的距离。”

……

年轻人把这些可贵的逆耳忠言一一记录下来。每一次“批评会”后，他都有被剥了一层皮的感觉。通过一次次的“批评会”，他把自己身上那一层又一层的劣根性一点点剥落。

与此同时，他总结出了含义不同的 39 种笑容，并一一列出各种笑容要表达的心情与意义，然后再对着镜子反复练习。

年轻人开始像一条成长的蚕，随着时光的流逝悄悄地蜕变着。到了 1939 年，他的销售业绩荣膺全日本之最，并从 1948 年起，连续 15 年保持全日本销售量第一的好成绩。1968 年，他成了美国百万圆桌会议的终身会员。

这个人就是被日本国民誉为“练出价值百万美金笑容的小个子”、被美国著名作家奥格·曼狄诺称为“世界上最伟大的推销员”的推销大师原一平。

“我们这一代最伟大的发现是，人类可以由改变自己而改变命运。”原一平用自己的行动印证了这句话，那就是：有些时候，迫切应该改变的或许不是环境，而是我们自己。

有时想一想，顿觉人生如钓鱼。如果你固守在一个位置，用一套渔具、一个方法来钓，也许可以偶尔钓上来一条，但不会钓到大鱼，更不会有许多鱼上钩。

钓鱼的设备和方法要随着不同情况而有所改变。钓不同的鱼要用不同的鱼饵、不同长度的线；即使钓同一种鱼，依季节的变化，方法也不相同。鱼不会听从人的安排而上钩，但想钓上它来，就必须改变自己，以你的方式适应鱼的习性。

世界上的任何事情都不会完全按照我们的主观意志去发展变化。我们要获得成功，就首先得去认识事物的性质和特点，适时地调整自己。如果我们想当然地凭自己的想法去办事，就会像钓鱼不知道鱼的习性一样，注定要徒劳无功。

所以，做一切事、解决一切问题，我们都必须随着客观情况的变化而不断地调整自己，不断地采取与之相适应的方法，做到以“己”之变应万变，才能够在职场上立足，使自己的职业之树常青。

对此，你可以运用思维导图，针对自己的现状，画出你身上的优秀品质，以及需要改变和调整的地方。

谁来“砸开”这把“锁”

曾有这样一个故事，讲的是一个技术精湛、手艺高超的开锁专家，号称没有他打不开的锁。

于是镇里的人想捉弄一下这位专家，将他关在一个注满水的箱子里，并上了一把锁，请这位开锁专家表演“水中逃生”。

专家费了九牛二虎之力，用尽了所有的开锁方法，也没能将锁打开。为了不出生命危险，专家不能不认输，才得以将头探出水面换一换气。

看了专家表演的人无不哈哈大笑，原来，那把锁根本就没有锁死，只需轻轻一拉便可以打开了。

有些人读了这个故事只会淡然一笑，如果你能够读出故事背后的深意会更好。

为什么开锁专家没能打开这把未锁死的锁呢？其实，在他的头脑里已经存在了一把更为顽固的锁，使得他不会从另外一个角度去思考问题、解决问题。

那么，我们的头脑中是否也存在着各式各样的锁呢？

答案是肯定的。生活的习惯、传统的观念、定式的思维、专家权威的意见、对困难的畏惧，还有许许多多的锁，锁住了我们的思想，锁住了我们的智慧。

我们又应该怎么办呢？由谁来“砸开”这把“锁”？

答案是：自己。

创新，就需要有质疑的精神，敢于说“不”，只有敢于质疑，才能打开心头那把锁，才能开拓创新。

刚刚毕业不久的大学生敢于对权威企业咨询公司的调查结果说“不”，这是何等的胆量，随后，按照自己拟订的计划使企业走出困境，这又是何等的大智慧。这些，在杨少锋身上体现得淋漓尽致。

2002 年秋季，在中国移动的强力阻击下，中国联通 CDMA 的销售在全国范围内陷入了历史性低谷。从 5 月进入福州市场，到 11 月 CDMA 销量才达 2 万多用户，其中数千部还是靠员工担保送给亲朋好友的。

与国内其他城市相比，这个成绩实在是拿不出手。联通本来是委托全球一家著名的专业咨询策划公司做的策划方案，但是根据这一方案在近一年内投进去的大量广告都未起作用。

当时杨少锋所在的广告公司正在为福州联通做策划方案。当杨少锋看过那家全球著名策划公司的方案后，得出了四个字——“不切实际”。

被他评述为“不切实际”的公司成立于20世纪20年代，在全世界拥有70多家分支机构，是被美国《财富》杂志誉为“世界上最著名、最严守秘密、最有声望、最富有成效、最值得信赖和最令人仰慕的”企业咨询公司。

年仅24岁、大学刚毕业两年的杨少锋，竟然斗胆否定了这家公司的方案！因为他自己已经有了一套完整周密的营销计划。中国联通福建省公司的领导经再三权衡后，还是接受了他的计划。

杨少锋计划的最重要一步，就是提高CDMA在福州的认知度。他认为，通过媒体重新对CDMA进行包装是最好的渠道。之后，他们在报纸、电视等媒体上大量投放广告，使CDMA具备了极高的认知度。他紧接着开始了营销计划的第二步——公开“手机不要钱”的概念。通过赠送CDMA手机，使联通打下了坚定的市场基础。

杨少锋的方案获得了成功，因为根据用户与联通签订的协议，这批用户两年内将给联通带来将近7000万元的话费收入。

这一成就源于杨少锋突破了头脑中的那把锁，没有被传统观念和专家权威所束缚。这也说明了：只要能够“砸开”那把“锁”，更加实事求是，更加熟悉市场走势，就能够更好地开拓创新思路，做出一番不凡的成绩。

用“心”才能创“新”

总听到有人抱怨自己时运不佳，找不到任何开拓创新的时机。当看到别人有所成就时又会悔恨不已，殊不知别人的“新”是用“心”换来的。

凡事只有用心去做，才会激发出更多的智慧和想法；只要用心去做，就不会存在难以逾越的困境，创新就不是一件难事了。

日本是个服装王国，而独立公司则是这个王国中一颗格外耀眼的新星。独立公司不生产高档时装和名牌服装，而是独树一帜，专门为伤残人设计和生产各种服装，因此才在日本服装业占据了一席不可缺少的位置。

独立公司的老板是一位残疾妇女，名叫木下纪子。过去她曾经营过室内装修公司，而且在该行业颇有名气。

可是就在事业一帆风顺的时候，一场意外的疾病——中风，给了木下纪子毁灭性的打击。她的左半身瘫痪了。木下纪子痛苦过、颓废过，觉得再没什么希望了，甚至还想过自杀。

但是当她从极度痛苦中摆脱出来、冷静思考时，理智和意志终于占了上风：“必须振作起来，不能让这辈子就这样了结！”

然而，对于一个瘫痪的残疾人来说，要做成事业实在太难了。就拿穿衣服来说吧，这是每天必做的极小的一件事，而木下纪子却要非常吃力地花上数分钟或更长时间。“难道就不能设计出一种让伤残人容易穿脱的服装吗？”一个全新的念头突然产生。一种要为和自己有同样遭遇的人解除不便的渴望重新燃起了木下纪子的事业心。

就这样，木下纪子根据设想和以往的经营管理经验，创办了世界上第一家专为伤残人设计和生产服装的公司——独立公司，专门产销“独立”牌服装。特意取“独立”这个名字，不仅向人们宣告伤残人的志愿和理想，同时也说出了木下纪子的心声——要走一条独立自主的生活道路，这是一个强者的选择。

独立公司开张后，生意非常兴隆，因为它确实抓住了一部分特殊人群的需要，找准了市场空当，更因为木下纪子是用一颗心来做这个事业的，每一点都可以体现出她的用心之处。木下纪子设计的服装看上去很普通，甚至不像伤残人穿的服装，而有点像时装。

对此，木下纪子有她的见解：伤残人很容易失去信心和勇气，服装的款式、面料及色彩讲究一些，不但能使伤残人穿着方便，也能增强他们的信心。更为重要的是，爱美之心人皆有之，伤残人何尝不想穿得漂亮一点！

木下纪子不仅是个意志刚强的女人，而且是一位具有发展眼光的企业家，她要把“独立”牌服装打进国际市场。这一计划不但得到了日本政府的支持，同时还得到了国外友人的帮助。后来，木下纪子与美国一家同行组成一个合资公司，在美国生产和销售“独立”牌服装。就连艾威琳·肯尼迪这位名门望族的后裔，也远道而来，与木下纪子协商业务合作事宜。为了扩大出口，日本政府还以政府的名义出面帮助木下纪子在美国、加拿大和澳大利亚等国举办独立公司的大型展览会。通过这种展览、展销，独立公司在国外迅速名噪一时，木下纪子的事业走向了辉煌。

木下纪子是个有心人，更是用心人。“残疾人”的身份使她更能设身处地去为客户着想，因为她的用心，才把事情做到了细微之处，同样因为用心，她才把事业做得伟大。

生活中并不缺乏创新的机遇，而是缺乏用心之人。只要你用心地去观察、去思考，就一定能够抓住创新的良机。

没有解决不了的问题，只有还未开启的智慧

工作中，我们总会碰到各种各样看似无法解决的问题。这些问题就像拦路虎，挡住了我们的去路，使我们战战兢兢，不敢前行一步。也许我们努力了，但还是无法成功，于是更多的人选择了放弃，并安慰自己：算了吧，这是一个解决不了的问题，我还是不要再浪费时间了吧。

但是，问题真的解决不了吗？情况似乎并不是这样的。

詹妮芙·帕克小姐是美国鼎鼎有名的女律师。她曾被自己的同行——老资格的律师马格雷先生愚弄过一次，但是，恰恰是这次愚弄使詹妮芙小姐名扬全美国。

事情是这样的：

一位名叫康妮的小姐被美国“全国汽车公司”制造的一辆卡车撞倒，司机踩了刹车，卡车把康妮小姐卷入车下，导致康妮小姐被迫截去了四肢，骨盆也被碾碎。康妮小姐

说不清楚是自己在冰上滑倒摔入车下，还是被卡车卷入车下。马格雷先生则巧妙地利用了各种证据，推翻了当时几名目击者的证词，康妮小姐因此败诉。

绝望的康妮小姐向詹妮芙·帕克小姐求援，詹妮芙通过调查掌握了该汽车公司的产品近5年来的15次车祸——原因完全相同，该汽车的制动系统有问题，急刹车时，车子后部会打转，把受害者卷入车底。

詹妮芙对马格雷说："卡车制动装置有问题，你隐瞒了它。我希望汽车公司拿出200万美元来给那位姑娘，否则，我们将会提出控告。"

老奸巨猾的马格雷回答道："好吧，不过，我明天要去伦敦，一个星期后回来，届时我们研究一下，做出适当安排。"

一个星期后，马格雷却没有露面。詹妮芙感到自己是上当了，但又不知道为什么上当，她的目光扫到了日历上——詹妮芙恍然大悟，诉讼时效已经到期了。

詹妮芙怒气冲冲地给马格雷打了电话，马格雷在电话中得意扬扬地放声大笑："小姐，诉讼时效今天过期了，谁也不能控告我了！希望你下一次变得聪明些！"詹妮芙几乎要给气疯了，她问秘书："准备好这份案卷要多少时间？"

秘书回答："需要三四个小时。现在是下午1点钟，即使我们用最快的速度草拟好文件，再找到一家律师事务所，由他们草拟出一份新文件，交到法院，那也来不及了。"

"时间！时间！该死的时间！"康妮小姐在屋中团团转，突然，一道灵光在她的脑海中闪现，"全国汽车公司"在美国各地都有分公司，为什么不把起诉地点往西移呢？隔一个时区就差一个小时啊！

位于太平洋上的夏威夷在西区，与纽约时差整整 5 个小时！对，就在夏威夷起诉！

詹妮芙赢得了至关重要的几个小时，她以雄辩的事实，催人泪下的语言，使陪审团的成员们大为感动。陪审团一致裁决：康妮小姐胜诉，“全国汽车公司”赔偿康妮小姐 600 万美元！

像这个故事一样，寻找解决问题的方法虽然不很容易，但方法总是有的，只要我们努力地思考。工作中的难题也是这样。所以在工作中，如果我们遇到了难题，就应该坚持这样的原则：努力找方法，而不是轻易放弃。

对于通过思索以寻找解决问题方法的重要性，许多杰出的企业家都深有体会。比尔·盖茨曾说：“一个出色的员工，应该懂得：要想让客户再度选择你的商品，就应该去寻找一个让客户再度接受你的理由。任何产品遇到了你善于思索的大脑，都肯定能有办法让它和微软的视窗一样行销天下的。”

洛克菲勒也曾经一再地告诫他的职员：“请你们不要忘了思索，就像不要忘了吃饭一样。”

只要努力去找，解决困难的方法总是有的，而这些方法一定会让你有所收益。

第三节　用创新力提升行动效能

正确地做事和做正确的事

让我们先看一个故事。

这是约翰·米勒先生亲身经历的一件事，也许从这件事中你可以体会出“效能”的含义。

那是阳光明媚的一个中午，在明尼阿波利斯市区，米勒先生经过一家叫“石邸”的餐厅，想吃顿简单的午餐。

餐厅就餐的人非常多，赶时间的米勒先生，很庆幸找到了一张吧台旁边的凳子坐了下来。几分钟后，有位年轻人端了满满一托盘要送到厨房清洗的脏碟子，匆匆地从他的身边经过。年轻人用眼角余光注意到了米勒先生，于是停下来，回头说道：“先生，有人招呼您了吗？”

“还没有，”他说，“我赶时间，只是想来一份沙拉和两个面包圈。”

“我替您拿来，先生。您想喝点什么？”

“麻烦来杯健怡可乐。”

“对不起，我们只卖百事可乐，可以吗？”

“啊，那就不用了，谢谢。”米勒先生面带微笑，说道：“请给我一杯水加一片柠檬。”

“好的，先生，马上就来。”他一溜烟不见了。

过了一会儿，他为米勒先生送来了沙拉、面包圈和水，留下米勒先生用餐。

又过了一会儿，年轻人突然为米勒先生送来了一听冰凉的健怡可乐。

米勒先生一阵高兴，却又有疑问。“抱歉，我以为你们不卖健怡可乐。”他说。

“没错，先生，我们不卖。”

“那这是从哪儿来的?”

“街角杂货店，先生。”米勒先生惊讶极了。

“谁付的钱?”他问。

“是我，才2块钱而已。”

听到这里，米勒先生不禁为年轻人专业的服务所折服，他原本想说的是：“你太棒了!”但实际却说：“少来了，你忙得不可开交，哪有时间去买呢?”

面带笑容的年轻人，在米勒先生眼前似乎变得更高更大了。“不是我买的，先生。我请我的经理去买的!”

米勒先生被这位年轻人高效能的工作作风所感动了，他认为这个店员选用了“正确的方式”做了“正确的事”，于是米勒先生当时就决定：把这家伙挖过来，不管多费事!你明白了吗?“效能”就是指“用正确的方式做了正确的事”。“正确地做事”保证了做事的效率，“做正确的事”保证了将事做对，二者结合在一起，也就保证了我们说的“工作效能”。

“正确地做事”指的是方法问题。就像这个故事中的年轻人变通地“让经理替自己去杂货店买健怡可乐”这一做法就属于“正确地做事”。

他没有拘泥于传统的服务理念，而是以顾客的需求为重，努力找方法创造性地满足了顾客的需求。这种创造性思维和做法都是我们所提倡的。

要了解“做正确的事”的含义，就要先了解什么才是“正确的事”。

我们的生活、工作中有许许多多的事情需要去做，是否这些都是“正确的事”呢？不是的。比如，你在第二天有重要的工作要做，现在需要充分地休息，可这时接到一个朋友的电话邀请你去酒吧聊天。那么，“休息”就是“正确的事”，而“去酒吧聊天”就不是“正确的事”。

我们每天面对的众多事情，怎么才能区分哪些是需要做的“正确的事”呢？其实，按照轻重缓急的程度，我们遇到的事情可以分为以下四个象限，即重要且紧急的事，重要但不紧急的事，紧急但不重要的事，不紧急也不重要的事。

第一象限是重要又紧急的事。诸如应付难缠的客户、准时完成工作、住院开刀等等。

第二象限是重要但不紧急的事。比如，长期的规划、问题的发掘与预防、参加培训、向上级提出问题处理的建议等等。

第三象限是紧急但不重要的事。表面看似第一象限，因为迫切的呼声会让我们产生“这件事很重要”的错觉——实际上就算重要也是对别人而言。电话、会议、突来访客都属于这一类。我们花很多时间在这个里面打转，自以为是在第一象限，其实只是在第四象限徘徊。

第四象限属于不紧急也不重要的事。既然不重要也不紧急，那就不值得花时间在这个象限。

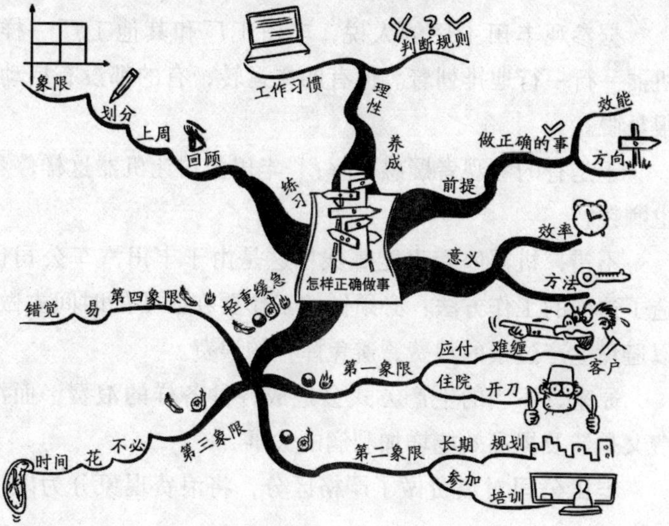

现在我们不妨回顾一下上周的生活与工作，你在哪个象限花的时间最多？请注意，在划分第一和第三象限时要特别小心，急迫的事很容易被误认为是重要的事。

其实二者的区别就在于这件事是否有助于完成某种重要的目标，如果答案是否定的，便应归入第三象限。

要学会把时间花在第二象限，做重要而不紧迫的事。那样才会减少重要的事进入第一象限，变得紧急。

在工作中，我们需要时刻提醒自己，怎样做才是创造最高工作效能的最佳方式？找到重要但不紧急的事，之后用上全部的智慧、最恰当的方法去做好它，你的工作就能够保持高效而平衡了。

机器不转动，工厂也能赚钱

据参观丰田工厂的人说，丰田工厂和其他工厂一样，机器一行一行地排列着。但有的在运转，有的都没有启动，很显眼。

于是有的参观者疑惑不解：“丰田公司让机器这样停着也赚钱？”

不错，机器停着也能赚钱！这是由于丰田汽车公司创造了这样的工作方法：必须做的工作要在必要的时间去做，以避免生产过量的浪费，避免库存的浪费。

原来，不当的生产方式会造成各种各样的浪费，而浪费又是涉及提高效能增加利润的大事。

丰田公司对浪费做了严格区分，将浪费现象分为以下7种：

（1）生产过量的浪费；

（2）窝工造成的浪费；

（3）搬运上的浪费；

（4）加工本身的浪费；

（5）库存的浪费；

（6）操作上的浪费；

（7）制成次品的浪费。

丰田公司又是怎样避免和杜绝库存浪费的呢？许多企业的管理人员都认为，库存比以前减少一半左右就无法再减了，但丰田公司就是要将库存率降为零。为了达到这一目的，丰田公司采用了一种“防范体系”。

就以作业的再分配来说，几个人为一组干活，一定会存在有人“等活”之类的窝工现象存在。所以，有人就认为，对作业进行再分配，减少人员以杜绝浪费并不难。

但实际情况并非完全如此，多数浪费是隐藏着的，尤其是丰田人称之为“最凶恶敌人”的生产过量的浪费。丰田人意识到，在推进提高效率缩短工时以及降低库存的活动中，关键在于设法消灭这种过量生产的浪费。

为了消除这种浪费，丰田公司采取了很多措施。以自动化设备为例，该工序的“标准手头存活量”规定是5件，如果现在手头只剩3件，那么，前一道工序便自动开始加工，加到5件为止。

到了规定的5件，前一道工序便依次停止生产，制止超出需求量的加工。后一道工序的标准手头存活量是4件，如减少1件，前一道工序便开始加工，送到后一道工序。后一道工序一旦达到规定的数量，前一工序便停止加工。

像这样，为了使各道工序经常保持标准手头存活量，各道工序在联动状态下开动设备。这种体系就叫作“防范体系”。在必要的时刻，一件一件地生产所需要的东西，就可以避免生产过量的浪费。

在丰田生产方式中，不使用“运转率”一词，全部使用“开动率”，而“开动率”和“可动率”又是严格区分的。所谓开动率就是，在一天的规定作业时间内（假设为8小时），有几小时使用机器制造产品的比率。假设有台机器只使用4小时，那么这台机器的开动率就是50%。开动率这个名词是表示为了干活而转动的意思，倘若机器单是处于转动状态即空转，即使整天开动，开动率也是零。

“可动率”是指在想要开动机器和设备时，机器能按时正常转动的比率。最理想的可动率是保持在100%。为此，必须按期进行保养维修，事先排除故障。由于汽车的产量因每月销售情况不同而有所变动，开动率当然也会随之而发生变化。如果销售情况不佳，开动率就下降；反之，如果订货很多，就要长时间加班或倒班，有时开动率为100%，有时甚至会达120%或130%。丰田完全按照订货来调配机器的“开动率”，将过量生产的浪费情况减少到最低，才出现了即使机器不转动也能赚钱的局面。

讲到这里，不得不提戴尔公司的“零库存管理模式”，它与丰田的“防范体系”颇有异曲同工之妙。

戴尔公司走在物流配送时代的前列。分析家们分析戴尔成功的诀窍时说：“戴尔总支出的74%用在材料配件购买方面，2000年这方面的总开支高达210亿美元。如果我们能在物流配送方面降低0.1%，就等于我们的生产效率提高了10%。”

戴尔公司分管物流配送的副总裁迪克·亨特说：“我们只保存可供5天生产的存货，而我们的竞争对手则保存30天、45天甚至90天的存货。这就是区别。”

戴尔是怎样做到的呢？原来，这一切的实现源于互联网生产与客户紧密相连。

工厂的多数生产过程都由互联网控制，就连几辆鸣着喇叭在厂房里穿行的叉车都是由无线电脑来控制其装卸活动的。

公司30万平方米的厂房不仅是戴尔追求效能的标志，而且是公司不断缩短从顾客订货全成品装车这段时间的标志。目前的目标是5~7小时。

由于戴尔公司按单定制，因此，这些库存一年可周转15次。相比之下，其他依靠分销商和转销商进行销售的竞争对手，其周转次数还不到戴尔公司的一半，这种快速的周转能使总利润多出1.8%~3.3%。

据此，我们可以用一幅思维导图来分析对比丰田和戴尔的成功之道。

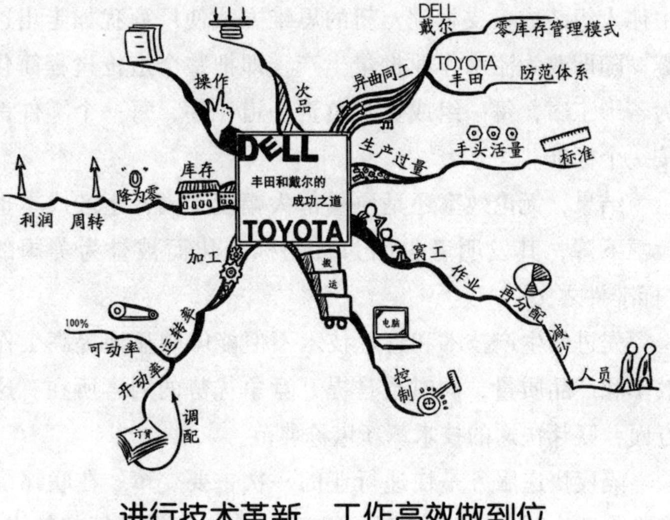

进行技术革新，工作高效做到位

提高工作效能，技术革新是一个关键环节。对生产效率和产品质量的要求不断增加，使得技术上的创造和革新成为必然。

在美国南北战争时期，联邦政府急需大批枪支，并与美国一家制造商签订了两年内为政府提供1万支来复枪的合同。当时造枪工艺为手工制造，而且从制作所有零件到装配成枪支，整个过程全部是由一个熟练工匠来完成。由于效率很低，第一年仅生产出500支枪，所以无法保证按时完成合同。

如果按照传统的思维，依靠增加人手或加班加点，也是远水不解近渴。为此，厂商很焦急。既然每支枪的零部件都是一样的，为何不采用每个人制造一个部件，然后再由他人组装成一支枪呢？新的思维方式使厂商犹如走出迷雾，随即改为流水作业批量生产，即把整个造枪过程简化为若干工序，每一组成员只负责一道工序，每一个零件都按一个标准。

结果，无论效率还是质量都大幅度提高，生产成本也大幅下降，其发明者也因为首创标准化而被誉为美国的“标准件之父”。

先进的生产技术和管理技术不但能够明显地提高工作效率和产品质量，同时也是提升竞争优势的因素所在。这方面，联邦快递的技术革新堪称典范。

隔夜快递服务是快递行业的一次重要变革。在联邦快递刚刚诞生时，运输系统只意味着一条条断断续续的航线，货运似乎是一种边缘行业，本土卡车货运公司在本地市场之外也没有任何网络。

联邦快递发起的对快递市场的整合需要一种新的物流组织技术，而这种新的技术便是“轮轴—轮辐”模式。

“轮轴—轮辐”模式实际上在很多活动中都用过，例如，银行票据清算中心很早就已经使用该模式。但弗雷德·史密斯被公认为是个创新者，他巧妙地将这个模式应用到实际中。

“轮轴—轮辐”模式现在看起来似乎没什么，因为这种模式已经被其他同行广泛使用。但是在联邦快递使用之前，快递行业中从没有人能预测到使用这种模式的巨大效益和广阔前景。

将这项新技术应用到实际中需要大量的投资，因为“轮轴—轮辐”模式中活动的部分必须被控制起来。这要求整合新设备和流程系统，以实现速度和可靠性目标。采用“轮轴—轮辐”模式跟发明一项新的电子设备一样，都是技术革新的例子。

“轮轴—轮辐”模式需要一个复杂的物流运输信息系统。弗雷德·史密斯认为运输信息跟所运输的货物一样重要。在1979年，联邦快递引入客户、操作、服务和在线控制系统（COSMOS），成为该行业中第一个用电脑来集中跟踪所处理的所有包裹的公司。这个系统不仅能使联邦快递的员工掌握递送货物的确切状态和所处位置的实时信息，同时也能使客户通过拨打联邦快递的免费热线电话来查询、跟踪自己的产品信息。

在孟菲斯总部的信息处理中心，由COSMOS系统维护包裹在运输、运价和递送方面的相关信息。在每个包裹上面都有条形码，在收集和递送过程的每个阶段，条形码要被扫描20次（对国际货运而言）。1999年，COSMOS每天要处理6300万条信息。

除此之外，联邦快递物流信息技术的创新还有：全球操作控制中心（GOC）、数字协助递送系统（DADS）、自动运输系统（FedEx Powership）和超级追踪者（SuperTracker）、全球性资源信息分配（GRID）等。

技术的革新大大提高了联邦快递的工作效能，不但能够保证邮件以最快的速度准确送达收件人手中，还能够对邮件的整体传递情况进行查询和控制。

德鲁克说："创新即是创造一种资源。"在我们的工作中，应该提高我们的创新敏感度，对技术进行革新，以提高作业效率和客户服务，努力把工作高效做到位。

运用新方法，创造高效能

美国亚利桑那州的一座小镇上有一家电话公司，由于公司规模不大，而且业务比较单一，所以有很大一部分员工每天的工作就是负责转接电话，其工作单调可想而知。

公司刚成立的半年里，由于工作比较轻松，而且收入也比较稳定，所以小镇上的很多人都想到这家公司来工作，在工作一段时间之后，接线员们的作业水平得到了极大提高，工作效率也逐渐高了。

可半年之后，这家公司的管理者鲍勃却明显感觉到员工的工作效率和服务质量明显下降了，客户投诉的现象也越来越多。与此同时，员工离职率也越来越高——他们甚至宁愿回家待业，也不愿意待在办公室里工作。

到底是怎么回事呢？

在与那些前来辞职的员工进行一番交谈之后，鲍勃发现，其中绝大部分员工离职的原因都是相同的：他们都觉得公司提供的工作过于单调，毫无乐趣，尤其夜间值班容易犯困，经常出错，而自己的待遇也不会有太大的提高。

在了解了问题的真相之后，鲍勃想出了一个解决办法。几天之后，公司出台了一项新的管理规定，允许夜间值班的接线员每天晚上可以为三个来电提供免费服务。

在刚开始的一段时间里，当有人打电话到公司，听到接线员告诉自己“这个电话免费”的时候，他们还以为接线员是在跟自己开玩笑，可过了一段时间之后，一些电话客户发现自己确实得到了免费服务，于是这件事情就开始在小镇上传扬开来，电话公司成了整个小镇关注的焦点。员工渐渐感到工作有了乐趣，因为提供免费服务的三个顾客名额可由接线员自己来确定，大家觉得很有新意，干劲也越来越足了，工作效率又慢慢地提高了。

新的工作方法能够有效提高人们的工作积极性。著名企业管理杂志 *Fast Company* 上曾经刊载过一篇文章，谈到一家专门生产文字录入软件公司的成长过程。

在接受记者采访的时候，这家公司的 CEO（总裁）说道：“一个偶然的机会，我们发现了一个秘密，如果能够在人们键入每一个字母的时候让计算机随之发出悦耳的声音的话，那就能使文字录入工作变得极为有趣，而且能够有效地提高工作效率。要知道，几乎每个在办公室工作的人都需要在某些时候用自己的计算机去写文件，所以我对我们软件的市场前景非常乐观。”

确实如此，该公司产品一经上市，便立即受到市场追捧，成为许多办公人员首选的文字录入软件。

不仅如此，与旧的工作方法相比较而言，新的工作方法往往会更加合理，从而提高工作效率。虽然改革并不一定等于进步，但一个明显的事实就是，大部分的改革都是向着改进的方向发展的，而且由于很多改革是通过新的工作方法得以实现的，所以采用新方法在大多数情况下都能够有效地提高工作效率。沃尔玛发展历史的一次实践就很好地证明了这个道理。

大约在 20 世纪 60 年代的时候，有人曾经建议沃尔玛的创始人兼当时的总裁山姆·沃尔顿采用电子技术来为客户结款，这样就可以大大减少客人们在柜台前等待的时间。

我们知道，山姆并不是一个容易对新技术产生兴趣的人，所以在刚开始的时候，无论周围的人如何劝说，山姆始终坚持传统的结算方式。

直到有一天，山姆像往常一样来到一家沃尔玛商店体验客人们购物的感觉，他突然发现，一旦客流量达到高峰的时候，每位客人在柜台前面等待的时间就会变得很长，这使得山姆大为震动。于是他立即回到办公室，召集多家沃尔玛商店的经理前来开会，立即讨论采用电子技术进行结款的问题。

新的工作方法，就是一种全新的思维方式，它可以改善我们对待工作的态度和心情，可以有效地激发我们的工作积极性，自然也可以使人们的工作效率得以提高。在工作中，你不妨也尝试一下新的方法，也许会有新的收获和惊喜。

第三章　获取超级记忆

第一节　记忆与遗忘一样有规可循

不可回避的遗忘规律

在日常生活中，我们对经历过的事情、体验过的情感、思考过的问题等，都会在大脑中留下一定的痕迹。这些痕迹在日后一定的条件下，就可能重新被“激活”，使我们重现当时的情境或体验。

假如，某天有人问你：“你能记得回家的路线吗?”

也许你会反驳道：“一只小狗都认得回家的路，难道我会不认得吗?”

倘若又有人问你：“如果你想记住你爸爸的生日，能记得住吗?”

你可能回答说：“当然没问题啦，一次记不住，可以两次……一天记不住，可以两天……”

如果以上两个问题你都回答了“是的!”那么就表示你与我们达成了共识。从理论与实践上来说，每个人都可以记住任何他想要记住的东西，只有当大量记忆的时候，才会出现“部分遗忘”的情况。

记忆的对立面就是遗忘。

在认识遗忘之前，我们应对记忆有个大致了解。

记忆是大脑对于过去经验中发生过的事情的反映，是对过去感知过的事物在大脑中留下的痕迹，记忆是智力活动的仓库。

简而言之，记忆就是把需要记忆的元素形成一种链接，是学习的过程。随着脑科学的发展，人们对记忆不断有新的认识，对记忆分类也不断出现新的方法。

经典的分类是将人类的记忆按照记忆发生和保持的时间的长短分为即时记忆、短时记忆、长时记忆。

即时记忆

即时记忆又称瞬间记忆，通常情况下，多数人并不会特别注意它。对即时记忆的最佳描述是：用它来记忆一些立即要做反应的信息。

即时记忆经常被应用于我们的生活中，比如当你在通信录上逐一打电话给自己朋友时，每个电话号码的记忆只维持到接通为止；比如读者在读书时，对每个字的记忆也只维持到能将下一个字的意思连贯起来为止。

但如果有人问，在这段文章中，“我”这个字出现了多少次，就多半答不出来。但是对上面这些字读者必须记住一段时间，否则就不能了解它们所在句子的意思。这种将信息维持到足以完成工作的时间，就是即时记忆的特性。

或许我们会有这样的经历，走路时，看到沿途的建筑物、风景，奔驰而过的汽车，穿梭的行人，可爱的小狗，听到各种不同的声音，这些都作为短时记忆进入脑海。

只要不是特别引人注目的事情或事件，就会很快忘记。听见身后的汽车鸣笛便躲开，看见前面有水洼就绕着走，诸如此类的事情都没必要长期记忆，因此瞬间记忆在生活中是不可忽视的。

短期记忆

短期记忆是一个中继站，等待记忆的内容在这里可以被有意识地保存着，并为进入长期记忆做好准备。不过，短期记忆的容量是很有限的。

有时，我们为了能够将某些材料记住长达几个小时，譬如一份简单的报告、一部准备第二天演讲的稿子、一篇即将讨论的学习主题等，我们必须通过巩固程序，将即时记忆过渡到短期记忆的阶段。

其实，这就是我们在巩固进入大脑的东西，并让这部分信息的印象停留在脑海中超过 30 秒的时间。这种记忆被人们称为短期记忆。

长期记忆

长期记忆与短期记忆有个最显著的差别，就是信息容量非常大，而且信息可以在这里被长期保存。长期记忆所保存的信息并不是一成不变的，也会随着时间的流逝而发生一定程度的变化。

各种信息在长期记忆系统中的组织情况决定了从长期

记忆中寻找信息的难易程度。组合信息的技巧有很多，最重要的是要有一个基本认识：组织信息远比取出信息时的工作重要。

有时你会觉得很难记起一天或一周前所学的东西，主要的原因便是没有系统地把学到的东西加以组织，再输入记忆系统。假如你这样做了，记忆时就不会那么难了。总而言之，要增进记忆，首先要改善对信息的组织能力。

以上就是记忆的三种分类。

对记忆有所认识以后，我们继续回到遗忘上。我们把对于识记过的事物，不能回忆，则称为遗忘；如果既无法回忆又无法认知，则称为完全遗忘。

也可以说，遗忘是指记忆元素之间的链接淡化甚至消失，导致你对某东西再也不能回忆起来。

遗忘也分为暂时遗忘与完全遗忘。

记忆和遗忘与人类生活息息相关，无时无刻不在影响和改变着我们的生活。

记忆在每个人身上的表现是不同的，有的人过目不忘，有的人则相对弱些。我们都会有这样的经历，如果一个东西多次出现在眼前浮现在脑海，那么我们对它的印象就深一些，反之就会自然遗忘，记忆与遗忘就如同自由和约束的关系一样，如果没有遗忘，便无所谓记忆。德国心理学家艾宾浩斯提出了著名的“艾宾浩斯遗忘原理”，对人类的记忆产生了积极的影响。举个学习中的小例子，如果你在记忆单词时，只记忆了一次，第二天或者第三天你肯定会忘记它的。所以，想要记住一样东西必须反复的复习记忆，以达到牢记状态。

而实践证明，遵循“艾宾浩斯遗忘原理”进行复习和记忆，耗时将会是最少的。或许你会说“有些东西很特别，我看过一次就永远牢记了”，事实上是由于它的特殊性，在后来你经常会回忆起它，那么，说明你已经在不知不觉中复习了它。

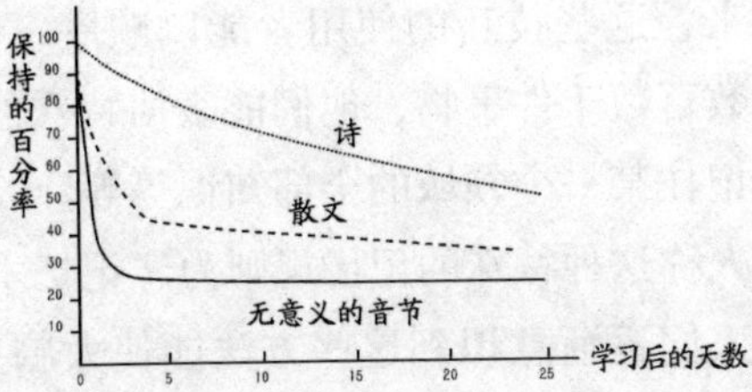

从艾宾浩斯遗忘曲线可以总结出遗忘的一般规律：人们在记忆材料20分钟之后，遗忘率就会达到42%，1小时后的遗忘率高达56%，到了9个小时之后达到64%。

由此可见，记忆内容在最初的时候最容易遗忘，时间越久，则遗忘的速度越慢。掌握这个规律，我们便可以在记忆过程中采取相应的对策，在遗忘内容之前适时地加以复习。在不同的时间复习需要记忆的内容，会产生截然不同的记忆效果，如果是抢在遗忘的高峰之前复习记忆内容，那么会达到强化记忆、加深印象的效果；如果是在遗忘了以后复习，那么这就意味着要重新学习，导致浪费。

这就是许多人学了忘，忘了学，再学了忘，忘了学，进入了一种魔鬼怪圈的原因。进入怪圈后，不断的遗忘成了恶性循环，所以就会产生害怕和厌恶学习的心理。

思维导图记忆术作为一种全新的记忆技巧，弥补了遗忘带给人类的种种缺陷。

改变命运的记忆术

记忆无时无刻不在与人们的生活、学习发生着紧密的联系。没有记忆人就无法生存。

历史上，从希腊社会以来，就有一些不可思议的记忆技巧流传下来，这些技巧的使用者能以顺序、倒序或者任意顺序记住数百数千件事物，他们能表演特殊的记忆技巧，能够完整地记住某一个领域的全部知识等等。

后来有人称这种特殊的记忆规则为“记忆术”。随着社会的发展，人们逐渐意识到这些方法能使大脑更快、更容易记住一些事物，并且能使记忆得保持得更长久。

实际上，这些方法对改进大脑的记忆非常明显，也是大脑本来就具有的能力。

有关研究表明，只要训练得当，每个正常人都有很高的记忆力，人的大脑记忆的潜力是很大的，可以容纳下5亿本书那么多的信息——这是一个很难装满的知识库。但是由于种种原因，人的记忆力没有得到充分的发挥，可以说，每个人可以挖掘的记忆潜力都是非常巨大的。

思维导图，最早就是一种记忆技巧。

从以上章节介绍中，我们已经了解到，人脑对图像的加工记忆能力大约是文字的1000倍。让你更有效地把信息放进你的大脑，或是把信息从你的大脑中取出来，一幅思维导图是最简单的方法——这就是作为一种思维工具的思维导图所要做的工作。

在拓展大脑潜力方面，记忆术同样离不开想象和联想，并以想象和联想为基础，以便产生新的可记忆图像。

我们平时所谈到的创造性思维也是以想象和联想为基础。两者比较起来，记忆术是将两个事物联系起来从而重新创造出第三个图像，最终只是达到简单地要记住某个东西的目的。

思维导图记忆术一个特别有用的应用是寻找“丢失”的记忆，比如你突然想不起了一个人的名字，忘记了把某个东西放到哪去了，等等。

在这种情况下，对于这个“丢失”的记忆，我们可以采用思维的联想力量，这时，我们可以让思维导图的中心空着，如果这个“丢失”的中心是一个人名字的话，围绕在它周围的一些主要分支可能就是像性别、年龄、爱好、特长、外貌、声音、学校或职业以及与对方见面的时间和地点等。

通过细致的罗列，我们会极大地提高大脑从记忆仓库里辨认出这个中心的可能性，从而轻易地确认这个对象。

据此，编者画了一幅简单的思维导图：

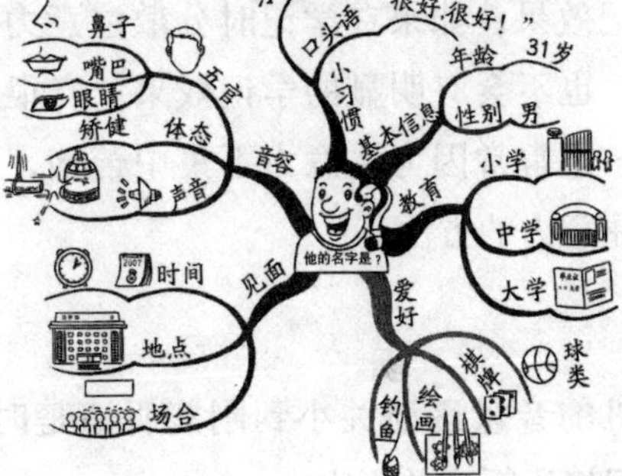

受此启发，你也可以回想自己曾经忘记的人和事，借助思维导图记忆术把它们一一“找”回来。

如果平时，我们尝试把思维导图记忆术应用到更广的范围的话，那么就会有效地解决更多的问题。

思维导图记忆术需要不断地练习，让它潜移默化你的生活、学习和工作，才会发生更大的效用，甚至彻底改变你的人生。

记忆的前提：注意力训练

中国有个寓言《学弈》，大意说的是两个人同向当时的围棋高手奕秋学围棋，“其一人专心致志，惟奕秋之为听；一人虽听之，一心以为有鸿鹄将至，思援弓缴而射之。虽与之俱学，弗若之矣。为是其智弗若与？曰：非然也”。

意思是说，这两个虽一起学习，但一个专心致志，另一个则总是想着射鸟，结果二人的棋术进展可想而知。

这则寓言告诉我们，学习成绩的差距并不是由于智力，而是由注意程度的差距造成的。只有集中注意力，才能获得满意的学记效果；如果在学记时分散注意力，即使是花费很长时间，也不会有明显的学记效果。有很多青少年深知这个道理，也常常因为注意力不集中苦恼，下面简单介绍几种训练注意力的方法。

训练 1：

把收音机的音量逐渐关小到刚能听清楚时认真地听，听 3 分钟后回忆所听到的内容。

训练2：

在桌上摆三四件小物品，如瓶子、铅笔、书本、水杯等，对每件物品进行追踪思考各两分钟，即在两分钟内思考与某件物品的一系列有关内容，比如思考瓶子时，想到各种各样的瓶子，想到各种瓶子的用途，想到瓶子的制造，造玻璃的矿石来源等。

这时，控制自己不想别的物品，两分钟后，立即把注意力转移到第二件物品上。开始时，较难做到两分钟后的迅速转移，但如果每天练习10多分钟，两周后情况就大有好转了。

训练3：

盯住一张画，然后闭上眼睛，回忆画面内容，尽量到完整，例如画中的人物、衣着、桌椅及各种摆设。回忆后睁开眼睛再看一下原画，如不完整，再重新回忆一遍。这个训练既可培养注意力集中的能力，也可提高更广范围的想象能力。

或者，在地图上寻找一个不太熟悉的城镇，在图上找出各个标记数字与其对应的建筑物，也能提高观察时集中注意力的能力。

训练4：

准备一张白纸，用7分钟时间，写完1~300这一组数字。测验前先练习一下，感到书写流利、很有把握后再开始，注意掌握时间，越接近结束速度会越慢，稍微放慢就会写不完。一般写到 199 时每个数不到 1 秒钟，后面的数字书写每个要超过 1 秒钟，另外换行书写也需花时间。

测验要求：能看清所写的字，不至于过分潦草；写错了不许改，也不许做标记，接着写下去；到规定时间，如写不完必须停笔。

结果评定：第一次差错出现在 100 以前为注意力较差；出现在 101 ~ 180 间为注意力一般；出现在 181 ~ 240 间是注意力较好的；超过 240 出差错或完全对是注意力优秀。总的差错在 7 个以上为较差；错 4 ~ 7 个为一般；错 2 ~ 3 个为较好；只错一个为优秀。如果差错在 100 以前就出现了，但总的差错只有一两次，这种注意力仍是属于较好的。要是到 180 后才出错，但错得较多，说明这个人易于集中注意力，但很难维持下去。在规定时间内写不完则说明反应速度慢。

将测验情况记录，留与以后的测验作比较。

训练 5：

假设你在读一本书、看一本杂志或一张报纸，你对它并不感兴趣，突然发现自己想到了大约 10 年前在墨西哥看的一场斗牛，你是怎样想到那里去的呢？看一下那本书你或许会发现你所读的最后一句话写的是遇难船发出了失事信号，集中分析一下思路，你可能会回忆出下面的过程：

遇难船使你想起了英法大战中的船只，有的人得救了，其他的人沉没了。你想到了死去的 4 位著名牧师，他们把自己的救生圈留给了水手。有一枚邮票纪念他们，由此你想到了其他的一些复印邮票硬币和5分镍币上的野牛，野牛又使你想到了公牛以及墨西哥的斗牛。这种集中注意力的练习实际上随时随地都可以进行。

经常在噪声或其他干扰环境中学习的人，要特别注意稳定情绪，不必一遇到不顺心的干扰就大动肝火。情绪不像动作，一旦激发起来便不易平静，结果对注意力的危害比出现的干扰现象更大。要暗示自己保持平静，这就是最好的集中注意力训练。

训练6：

从300开始倒数，每次递减3位数。如300，297，294，倒数至0，测定所需时间。

要求读出声，读错的就原数重读，如“294”错读为“293”时，要重读“294”。

测验前先想想其规律。例如，每数10次就会出现一个“0”（270，240，210……），个位数出现的周期性变化。

结果评定：2分钟内读完为优秀，2.5分钟内读完为较好，3分钟内读完为一般，超过3分钟为较差。这一测验只宜自己与自己比较，把每次测验所需时间对比就行了。

训练7：

这个练习又称为“头脑抽屉”训练，是练习集中注意力的一种重要方法。请自己选择3个思考题，这3个题的主要内容必须是没有联系的。如：科研课题、数学课题、工作计划、小说、电影情节、旅游活动或自身成长的某段经历等都可以。题目选定后，对每个题思考3分钟。在思考某一题时，一定要集中精力，思想上不能开小差，尤其不能想其他两个问题。一个题思考 3 分钟后，立即转入对下一个题的思考。

集中注意力的训练形式可以多种多样，随处都可因地制宜进行训练。例如，有时在等人、候车，周围是各种繁杂的现象和噪声，这时可以做一些背书训练或两位数的乘、除心算，这种心算没有集中的注意力是无法进行的。

记忆的魔法：想象力训练

一个人的想象力与记忆力之间具有很大的关联性，甚至在有些时候，回忆就是想象，或者说想象就是回忆。如果一个人具有十分活跃的想象力，他就很难不具备强大的记忆力，良好的记忆力往往与强大的想象力联系在一起。

因此，要训练我们的记忆力，可以从训练我们的想象力着手。

训练 1：

向学前班的孩子学习，培养你的想象力，如问自己一个问题：花儿为什么会开？

你猜小朋友们会怎么回答呢？

第一个孩子说："她睡醒了，想看看太阳。"

第二个孩子说："她伸伸懒腰，就把花骨朵顶开了。"

第三个孩子说："她想和小朋友比比，看谁穿得更漂亮。"

第四个孩子说："她想看看，小朋友会不会把她摘走。"

这时，一个孩子问老师一句："老师，您说呢？"

这时候，如果你是老师该怎么回答才能不让孩子失望呢？

如果你是个孩子，你又认为答案会是什么呢？

其实，只要你不回答："因为春天来了。"那你的想象力就得到了锻炼。

你也可以随便拿出一张画，问自己："这是什么？"

一块砖。

别的呢？一扇窗。

别的呢？事实上，从侧面看，这是字母 n。或者，另一个字母，如，F

别的呢？一个侧面看到的数字。

别的呢？任何一个从上端看的三维数字，包括 2，3，5，6，7，8，9，0。

别的呢？任何一个装在盒子里的物体。

别的呢？一个特殊尺寸的空白屏幕（垂直方向）。

别的呢……

每个事物都可能成为其他所有的事物，高度创造性的大脑是没有逾越不了的障碍的。自由联想是天才最好的朋友。天才的感知力就是在每个事物中看到其他所有的事物！这就是为什么天才能看到普通人看不到的实质。

训练 2：

从剧本或诗歌中读一段或几段，最好是那些富有想象的段落，例如下文：

茂丘西奥，她是精灵们的媒婆，
她的身体只有郡吏手指上一颗玛瑙那么大。
几匹蚂蚁大小的细马替她拖着车子，
越过酣睡的人们的鼻梁……
有时奔驰过廷臣的鼻子，
就会在梦里寻找好差事。
他就会梦见杀敌人的头，
进攻、埋伏，锐利的剑锋，淋漓的痛饮……
忽然被耳边的鼓声惊醒，
咒骂了几句，
又翻了个身睡去了。

把书放到一边，尽量想象出你所读的内容，这不是重复和记忆。如果 10 行或 12 行太多了，就取三四行，你实际的任务是使之形象化，闭上眼睛你必须看到精灵们的媒婆，你必须想象出她的样子只有一颗玛瑙那么大，你必须看到廷臣在睡觉，精灵们在他的鼻子上奔驰，你必须想出士兵的样子并看到他杀敌人的头。你要听到他的祷词，祷词的内容由你设想。

你是否已经读过了《罗密欧与朱丽叶》这本书的前一部分或几行文字？现在把书放在一边，想出你自己的下文来。当然，做这个练习时你不能先知道故事的结尾。你要假设自己是作者，创造出自己的下文来，你要想象出人物的形象，让他们做些事情，并想象出他们做事时的形态样子，直至你心目中的形象和亲眼所见一样清楚为止。

训练3：

用3分钟时间，将下面15组词用想象的方法联在一起进行记忆。

老鹰——机场　轮胎——香肠　长江——武汉

闹钟——书包　扫帚——玻璃　黄河——牡丹

汽车——大树　白菜——鸡蛋　月亮——猴子

火车——高山　鸡毛——钢笔　轮船——馒头

马车——毛驴　楼梯——花盆　太阳——番茄

通过以上三个方面的训练，可以提高我们的想象力，从而有效提高我们的记忆力。

记忆的基石：观察力训练

记忆就像一台存款机要先有存款才能取款。记忆也先要完成记忆的输入过程，之后你才能将这部分信息或印象重现出来。

这样就有一个存入多少、存什么的问题，也就是你记忆的哪方面的内容以及真正记忆了多少或是印象有多深，这就有赖于观察力了！

进行观察力训练，是提高观察力的有效方法。下面介绍几种行之有效的训练方法。

训练1：

选一种静止物，比如一幢楼房、一个池塘或一棵树，对它进行观察。按照观察步骤，对观察物的形、声、色、味进行说明或描述。这种观察可以进行多次，直到自己能抓住主要观察物的特征为止。

训练 2：

选一个目标，像电话、收音机、简单机械等，仔细把它看几分钟，然后等上大约一个钟头，不看原物画一张图。把你的图与原物进行比较，注意画错了的地方，最后不看原物再画一张图，把画错了的地方更正过来。

训练 3：

画一张中国地图，标出你所在的那个省的省界，和所在的省会，标完之后，把你标的与地图进行比较，注意有哪些地方搞错了，不过地图在眼前时不要去修正，把错处及如何修正都记在脑子里，然后丢开地图再画一张。错误越多就越需要重复做这个练习。

在你有把握画出整个中国之后就画整个亚洲，然后画南美洲、欧洲以及其他的洲。要画得多详细由你自己决定。

训练 4：

以运动的机器、变化的云或物理、化学实验为观察对象，按照观察步骤进行观察。这种观察特别强调知识的准备，要能说明运动变化着的形、声、色、味的特点及其变化原因。

训练 5：

随便在书里或杂志里找一幅图，看它几分钟，尽可能多观察一些细节，然后凭记忆把它画出来。如果有人帮助，你可以不必画图，只要回答你朋友提出的有关图片细节的问题就可以了。问题可能会是这样的：有多少人？他们是什么样子？穿什么衣服？衣服是什么颜色？有多少房子？图片里有钟吗？几点了？等等。

训练6：

把练习扩展到一间房子。开始是你熟悉的房间，然后是你只看过几次的房间，最后是你只看过一次的房间，不过每次都要描述细节。不要满足于知道在西北角有一个书架，还要回忆一下书架有多少层，每层估计有多少书，是哪种书，等等。

第二节　超级记忆的秘诀

超右脑照相记忆法

著名的右脑训练专家七田真博士曾对一些理科成绩只有30分左右的小学生进行了右脑记忆训练。所谓训练，就是这样一种游戏：摆上一些图片，让他们用语言将相邻的两张图片联想起来记忆，比如“石头上放着草莓，草莓被鞋踩烂了”等等。

这次训练的结果是这些只能考30分的小学生都能得100分。

通过这次训练，七田真指出，和左脑的语言性记忆不同，右脑中具有另一种被称作“图像记忆”的记忆，这种记忆可以使只看过一次的事物像照片一样印在脑子里。一旦这种右脑记忆得到开发，那些不愿学习的人也可以立刻拥有出色记忆力，变得“聪明”起来。

同时，这个实验告诉我们，每个人自身都储备着这种照相记忆的能力，你需要做的是如何把它挖掘出来。

现在我们来测试一下你的视觉想象力。你能内视到颜色吗？或许你会说：“噢！见鬼了，怎么会这样？”请赶快先闭上你的眼睛，内视一下自己眼前有一幅红色、黑色、白色、黄色、绿色、蓝色然后又是白色的电影银幕。

看到了吗？哪些颜色你觉得容易想象，哪些颜色你又觉得想象起来比较困难呢？还有，在哪些颜色上你需要用较长的时间？

请你再想象一下眼前有一个画家，他拿着一支画笔在一张画布上作画。这种想象能帮助你提高对颜色的记忆，如果你多练习几次就知道了。

当你有时间或想放松一下的时候，请经常重复做这一练习。你会发现一次比一次更容易地想象颜色了。当然你可以做做白日梦，从尽可能美好的、正面的图像开始，因为根据经验，正面的事物比较容易记在头脑里。

你可以回忆一下在过去的生活中，一幅让你感觉很美好的画面：例如某个度假日、某种美丽的景色、你喜欢的电影中的某个场面，等等。请你尽可能努力地并且带颜色地内视这个画面，想象把你自己放进去，把这张画面的所有细节都描绘出来。在繁忙的一天中用几分钟闭上你的眼睛，在脑海里呈现一下这样美好的回忆，如此你必定会感到非常放松。

当然，照相记忆的一个基本前提是你需要把资料转化为清晰、生动的图像。

清晰的图像就是要有足够多的细节，每个细节都要清晰。

比如，要在脑中想象“萝卜”的图像，你的“萝卜”是红的还是白的？叶子是什么颜色的？萝卜是沾满了泥还是洗得干干净净的呢？

图像轮廓越清楚，细节越清晰，图像在脑中留下的印象就越深刻，越不容易被遗忘。

再举个例子，比如想象“公共汽车”的图像，就要弄清楚，你脑海中的公共汽车是崭新的还是又老又旧的？车有多高、多长？车身上有广告吗？车是静止的还是运动的？车上乘客很多很拥挤，还是人比较少宽宽松松？

生动的图像就是要充分利用各种感官，视觉、听觉、触觉、嗅觉、味觉，给图像赋予这些感官可以感受到的特征。

想象萝卜和公共汽车的图像时都用到了视觉效果。

在这两个例子中也可以用到其他几种感官效果。

在创造公共汽车的图像时，也可以想象：公共汽车的笛声是嘶哑还是清亮？如果是老旧的公共汽车，行驶起来是不是吱呀有声？在创造萝卜的图像时，可以想象一下：萝卜皮是光滑的还是粗糙的？生萝卜是不是有种细细幽幽的清香？如果咬一口，又会是一种什么味道呢？

有时候我们也可以用夸张、拟人等各种方法来增加图像的生动性。

比如，“毛巾”的图像，可以这样想象：这条毛巾特别长，可以从地上一直挂到天上；或者，这条毛巾有一套自己的本领，那就是会自动给人擦脸等。

经过上面的几个小训练之后，你关闭的右脑大门或许已经逐渐开启，但要想修炼成“一眼记住全像”的照相记忆，你还必须要进行下面的训练：

（1）一心二用（5分钟）。

“一心二用”训练就是锻炼左右手同时画图。拿出一根铅笔。左手画横线，右手画竖线，要两只手同时画。练习一分钟后，两手交换，左手画竖线，右手画横线。一分钟之后，再交换，反复练习，直到画出来的图形完美为止。这个练习能够强烈刺激右脑。

你画出来的图形还令自己满意吗？刚开始的时候画不好是很正常的，不要灰心，随着练习的次数越来越多，你会画得越来越好。

（2）想象训练（5分钟）。

我们都有这样的体会，记忆图像比记忆文字花费时间更少，也更不容易忘记。因此，在我们记忆文字时，也可以将其转化为图像，记忆起来就简单得多，记忆效果也更好了。

想象训练就是把目标记忆内容转化为图像，然后在图像与图像间创造动态联系，通过这些联系能很容易地记住目标记忆内容及其顺序。正如本书前面章节所讲，这种联系可以采用夸张、拟人等各种方式，图像细节越具体、清晰越好。但这种想象又不是漫无边际的，必须用一两句话就可以表达，否则就脱离记忆的目的了。

如现在有两个水杯、两只蘑菇，请设计一个场景，水杯和蘑菇是场景中的主体，你能想象出这个场景是什么样的吗？越奇特越好。

对于照相记忆，很多人不习惯把资料转化成图像，不过，只要能坚持不懈地训练就可以了。

进入右脑思维模式

我们的大脑主要由左右脑组成，左脑负责语言逻辑及归纳，而右脑主要负责的是图形图像的处理记忆。所以右脑模式就是以图形图像为主导的思维模式。进入右脑模式以后是什么样子呢？

简单来说，就是在不受语言模式干扰的情况下可以更加清晰地感知图像，并忘却时间，而且整个记忆过程会很轻松并且快乐。和宗教或者瑜伽所追求的冥想状态有关，可以更深层次地感受事物的真相，不需要语言可以立体、多元化、直观地看到事物发生发展的来龙去脉，关键是可以增加图像记忆和在大脑中直接看到构思的图像。

想使用右脑记忆，人们应该怎样做呢？

由于左右侧的活动与发展通常是不平衡的，往往右侧活动多于左侧活动，因此有必要加强左侧活动，以促进右脑功能。

在日常生活中我们尽可能多使用身体的左侧，也是很重要的。身体左侧多活动，右侧大脑就会发达。右侧大脑的功能增强，人的灵感、想象力就会增加。比如在使用小刀和剪子的时候用用左手，拍照时用左眼，打电话时用左耳。

还可以见缝插针锻炼左手。如果每天得在汽车上度过较长时间，可利用它锻炼身体左侧。如用左手指钩住车把手，或手扶把手，让左脚单脚支撑站立。或将钱放在自己的衣服左口袋，上车后以左手取钱买票。有人设计一种方法：在左手食指和中指上套上一根橡皮筋，使之成为8字形，然后用拇指把橡皮筋移套到无名指上，仍使之保持8字形。

依此类推，再将橡皮筋套到小指上，如此反复多次，可有效地刺激右脑。其他，有意地让左手干右手习惯做的事，如写字、拿筷子、刷牙、梳头等。

这类方法中具有独特价值而值得提倡的还有手指刺激法。苏联著名教育家苏霍姆林斯基说：“儿童的智慧在手指头上。”许多人让儿童从小练弹琴、打字、珠算等，这样双手的协调运动，会把大脑皮层中相应的神经细胞的活力激发起来。

还可以采用环球刺激法。尽量活动手指，促进右脑功能，是这类方法的目的。例如，每捏扁一次健身环需要10~15公斤握力，五指捏握时，又能促进对手掌各穴位的刺激、按摩，使脑部供血通畅。

特别是左手捏握，对右脑起激发作用。有人数年坚持“随身带个圈（健身圈），有空就捏转，家中备副球，活动左右手”，确有健脑益智之效。此外，多用左、右手掌转捏核桃，作用也一样。

正如前文所说，使用右脑，全脑的能力随之增加，学习能力也会提高。

你可以尝试着在自己喜欢的书中选出 20 篇感兴趣的文章来，每一篇文章都是能读 2～5 分钟的，然后下决心开始练习右脑记忆，不间断坚持 3～5 个月，看看效果如何。

给知识编码，加深记忆

红极一时的电视剧《潜伏》中有这样一段，地下党员余则成为了与组织联系，总是按时收听广播中给“勘探队”的信号，然后一边听一边记下各种数字，再破译成一段话。你一定觉得这样的沟通方式很酷，其实我们也可以用这种方式来学习，这就是编码记忆。

编码记忆是指为了更准确而且快速地记忆，我们可以按照事先编好的数字或其他固定的顺序记忆。编码记忆方法是研究者根据诺贝尔奖获得者美国心理学家斯佩里和麦伊尔斯的“人类左右脑机能分担论”，把人的左脑的逻辑思维与右脑的形象思维相结合的记忆方法。

反过来说，经常用编码记忆法练习，也有利于开发右脑的形象思维。其实早在19世纪时，威廉·斯托克就已经系统地总结了编码记忆法，并编写成了《记忆力》一书，于1881年正式出版。编码记忆法的最基本点，就是编码。

所谓“编码记忆”就是把必须记忆的事情与相应数字相联系并进行记忆。

例如，我们可以把房间的事物编号如下：1—房门、2—地板、3—鞋柜、4—花瓶、5—日历、6—橱柜、7—壁橱、8—画框、9—海报、10—电视机。如果说“2”，马上回答“地板”。如果说：“3”，马上回答“鞋柜”。这样将各部位的数字号码记住，再与其他应该记忆的事项进行联想。

开始先编10个左右的号码。先对脑子里浮现出的房间物品的形象进行编号。以后只要想起编号，就能马上想起房间内的各种事物，这只需要5～10分钟即可记下来。在反复练习过程中，对编码就能清楚地记忆了。

这样的练习进行得较熟练后，再增加10个左右。如果能做几个编码并进行记忆，就可以灵活应用了。你也可以把自己的身体各部位进行编码，这样对提高记忆力非常有效。

作为编码记忆法的基础，如前所述，就是把房间各部位编上号码，这就是记忆的“挂钩”。

请你把下述实例，用联想法联结起来，记忆一下这件事：1—飞机、2—书、3—橘子、4—富士山、5—舞蹈、6—果汁、7—棒球、8—悲伤、9—报纸、10—信。

先把这件事按前述编码法联结起来，再用联想的方法记忆。联想举例如下：

（1）房门和飞机：想象入口处被巨型飞机撞击或撞出火星。

（2）地板和书：想象地板上书在脱鞋。

（3）鞋柜和橘子：想象打开鞋柜后，无数橘子飞出来。

（4）花瓶和富士山：想象花瓶上长出富士山。

（5）日历和舞蹈：想象日历在跳舞。

（6）橱柜和果汁：想象装着果汁的大杯子里放的不是冰块，而是木柜。

（7）壁橱和棒球：想象棒球运动员把壁橱当成防护用具。

（8）画框和悲伤：画框掉下来砸了脑袋，最珍贵的画框摔坏了，因此而伤心流泪。

（9）海报和报纸：想象报纸代替海报贴在墙上。

（10）电视机和信：想象大信封上装有荧光屏，信封变成了电视机。

如按上述方法联想记忆，无论采取什么顺序都能马上回忆出来。

这个方法也能这样进行练习，先在纸上写出 1~20 的号码，让朋友说出各种事物，你写在号码下面，同时用联想法记忆。然后让朋友随意说出任何一个号码，如果回答正确，画一条线勾掉。

据说，美国的记忆力的权威人士、篮球冠军队的名选手杰利·鲁卡斯，能完全记住曼哈顿地区电话簿上的大约3万多家的电话号码。他使用的就是这种“数字编码记忆法”。

第一次世界大战期间代号为 H—21 的著名女间谍哈莉在法国莫尔根将军书房中的秘密金库里，偷拍到了重要的新型坦克设计图。

当时，这位贪恋女色的将军让哈莉到他家里居住，哈莉早弄清了将军的机密文件放在书房的秘密金库里，往往在莫尔根熟睡以后开始活动。但是非常困难的是那锁用的是拨号盘，必须拨对了号码，金库的门才能打开，她想，将军年纪大了，事情又多，近来特别健忘，也许他会把密码记在笔记本或其他什么地方。哈莉经过多次查找都没有找到。

一天夜晚，她用放有安眠药的酒灌醉了莫尔根，蹑手蹑脚地走进书房，金库的门就嵌在一幅油画后面的墙壁上，拨号盘号码是 6 位数。她从 1 到 9 逐一通过组合来转动拨号盘，都没有成功。眼看快要天亮了，她感到有些绝望。

忽然，墙上的挂钟引起了她的注意，她到书房的时间是深夜 2 时，而挂钟上的指针指的却是 9 时 35 分 15 秒。这很可能就是拨号盘上的秘密号码，否则挂钟为什么不走呢？但是 9 时 35 分 15 秒应为 93515，只有五位数。哈莉再想，如果把它译解为 21 时 35 分 15 秒，岂不是 213515。她随即按照这 6 个数字转动拨号盘，金库的门果然开了。

莫尔根年老健忘，利用编码法记忆这 6 个数字，只要一看到钟上指针的刻度，便能推想出密码，而别人绝不会觉察。可是他的对手是受过专门训练的老手，她以同样的思维识破了机关。这是一个利用编码从事特种工作的故事。

掌握了编码记忆的基本方法后，只要是身边的事物都可以编上号码进行记忆，把记忆内容回忆起来。

你可以试着做一做，请按顺序记住影响世界历史的 100 件大事中的前 20 件中每一序号对应的事件：1—汉谟拉比法典、2—埃赫那吞改革、3—罗马建立、4—犹太教的创立、5—佛教的创立、6—儒学的创立、7—希波克拉底创立医学、8—希腊三哲的哲学研究、9—道教创立、10—马拉松战役、11—亚历山大远征、12—基督教创立、13—米兰敕令、14—查士丁尼法典、15—斯巴达克起义、16—伊斯兰教创立、17—查理大帝统一西罗马、18—十字军东征、19—自由宪章运动、20—成吉思汗的霸业。

用夸张的手法强化印象

开发右脑的方法有很多，荒谬联想记忆法就是其中的一种。我们知道，右脑主要以图像和心像进行思考，荒谬记忆法几乎完全建立在这种工作方式的基础之上，从所要记忆的一个项目尽可能荒谬地联想到其他事物。

古埃及人在《阿德·海莱谬》中有这样一段：“我们每天所见到的琐碎的、司空见惯的小事，一般情况下是记不住的。而听到或见到的那些稀奇的、意外的、低级趣味的、丑恶的或惊人的触犯法律的等异乎寻常的事情，却能长期记忆。因此，在我们身边经常听到、见到的事情，平时也不去注意它，然而，在少年时期所发生的一些事却记忆犹新。那些用相同的目光所看到的事物，那些平常的、司空见惯的事很容易从记忆中漏掉，而一反常态、违背常理的事情，却能永远铭记不忘，这是否违背常理呢？”

古埃及人当时并不懂得记忆的规律才有此疑问。其实，在记忆深处对那些荒诞、离奇的事物更为着迷……这就是荒谬记忆法的来源，概括地讲，荒谬联想指的是非自然的联想，在新旧知识之间建立一种牵强附会的联系。这种联系可以是夸张，也可以是谬化。

例如把自己想象成外星人。在这里，夸张，是指把需要记忆的东西进行夸张，或缩小、或放大、或增加、或减少等。谬化，是指想象得越荒谬、越离奇、越可笑，印象越深刻。

荒谬记忆法最直接的帮助是你可以用这种记忆法来记住你所学过的英语单词。例如你用这种方法只需要看一遍英语单词，当你一边看这些单词，一边在头脑中进行荒谬的联想时，你会在极短的时间内记住近 20 个单词。

例如，记忆“Legislate（立法）”这个单词时，可先将该词分解成 leg、is、late 三个字母，然后把“Legislate”记成“为腿（Leg）立法，总是（is）太迟（late）”。这样荒谬的联想，以后我们就不容易忘记。关于学习科目的记忆方法，我们在后面章节中会提到。在这一节中，我们从最普通的例子说明荒谬联想记忆应如何操作。

以下是20个项目，只要应用荒谬记忆法，你将能够在一个短得令人吃惊的时间内按顺序记住它们：

地毯 纸张 瓶子 椅子 窗子 电话 香烟 钉子 鞋子 马车 钢笔 盘子

胡桃壳 打字机 麦克风 留声机 咖啡壶 砖 床 鱼

你要做的第一件事是，在心里想到一张第一个项目的图画“地毯”。你可以把它与你熟悉的事物联系起来。实际上，你要很快就看到任何一种地毯，还要看到你自己家里的地毯，或者想象你的朋友正在卷起你的地毯。

这些你熟悉的项目本身将作为你已记住的事物，你现在知道或者已经记住的事物是“地毯”这个项目。现在，你要记住的事物是第二个项目“纸张”。你必须将地毯与纸张相联想或相联系，联想必须尽可能地荒谬。如想象你家的地毯是纸做的，想象瓶子也是纸做的。

接下来，在床与鱼之间进行联想或将二者结合起来，你可以“看到”一条巨大的鱼睡在你的床上。

现在是鱼和椅子，一条巨大的鱼正坐在一把椅子上，或者一条大鱼被当作一把椅子用，你在钓鱼时正在钓的是椅子，而不是鱼。

椅子与窗子：看见你自己坐在一块玻璃上，而不是在一把椅子上，并感到扎得很痛，或者是你可以看到自己猛力地把椅子扔出关闭着的窗子，在进入下一幅图画之前先看到这幅图画。

窗子与电话：看见你自己在接电话，但是当你将话筒靠近你的耳朵时，你手里拿的不是电话而是一扇窗子；或者是你可以把窗户看成是一个大的电话拨号盘，你必须将拨号盘移开才能朝窗外看，你能看见自己将手伸向一扇窗玻璃去拿起话筒。

电话与香烟：你正在抽一部电话，而不是一支香烟，或者是你将一支大的香烟向耳朵凑过去对着它说话，而不是对着电话筒，或者你可以看见你自己拿起话筒来，一百万根香烟从话筒里飞出来打在你的脸上。

香烟与钉子：你正在抽一颗钉子，或你正把一支香烟而不是一颗钉子钉进墙里。

钉子与打字机：你在将一颗巨大的钉子钉进一台打字机，或者打字机上的所有键都是钉子。当你打字时，它们把你的手刺得很痛。

打字机与鞋子：看见你自己穿着打字机，而不是穿着鞋子，或是你用你的鞋子在打字，你也许想看看一只巨大的带键的鞋子，是如何在上边打字的。

鞋子与麦克风：你穿着麦克风，而不是穿着鞋子，或者你在对着一只巨大的鞋子播音。

麦克风和钢笔：你用一个麦克风，而不是一支钢笔写字，或者你在对一支巨大的钢笔播音和讲话。

钢笔和收音机：你能“看见”一百万支钢笔喷出收音机，或是钢笔正在收音机里表演，或是在大钢笔上有一台收音机，你正在那上面收听节目。

收音机与盘子：把你的收音机看成是你厨房的盘子，

或是看成你正在吃收音机里的东西，而不是盘子里的。或者你在吃盘子里的东西，并且当你在吃的时候，听盘子里的节目。

盘子与胡桃壳：“看见”你自己在咬一个胡桃壳，但是它在你的嘴里破裂了，因为那是一个盘子，或者想象用一个巨大的胡桃壳盛饭，而不是用一个盘子。

胡桃壳与马车：你能看见一个大胡桃壳驾驶一辆马车，或者看见你自己正驾驶一个大的胡桃壳，而不是一辆马车。

马车与咖啡壶：一只大的咖啡壶正驾驶一辆小马车，或者你正驾驶一把巨大的咖啡壶，而不是一辆小马车，你可以想象你的马车在炉子上，咖啡在里边过滤。

咖啡壶和砖块：看见你自己从一块砖中，而不是一把咖啡壶中倒出热气腾腾的咖啡，或者看见砖块，而不是咖啡从咖啡壶的壶嘴涌出。

这就对了！如果你的确在心中“看”了这些心视图画，你再按从“地毯”到“砖块”的顺序记 20 个项目就不会有问题了。当然，要多次解释这点比简简单单照这样做花的时间多得多。在进入下一个项目之前，只能用很短的时间再审视每一幅通过精神联想的画面。

这种记忆法的奇妙是，一旦记住了这些荒谬的画面，项目就会在你的脑海中留下深刻的印象。

第四章　画出完美人生

第一节　画出高效学习力

4 种方法帮助我们启动思考

生活中，很多人认为思考本身是很乏味的、抽象的、让人迷惑的，这与使人昏昏欲睡的认识不无关系。那么，思维导图在帮助并启动我们思考方面就显示出了特有的魅力与价值，成了帮助我们理清思路的创造性工具。

为了让我们神奇的大脑转动起来，保障我们每天顺畅地思考，并提高思考力，可以从以下几个方面入手。

1. 排除多余的干扰

当我们针对要解决的问题进行思考的时候，一定要避免不受其他次要想法的干扰，因为我们的大脑里每天都有数千个一闪而过的想法产生，其中很大一部分会起到干扰的作用，使我们难以清醒地专注于我们想要思考的问题。

如果采用思维导图的形式，可以在罗列关键词的同时，进行相互的比较和筛选，可以有效排除多余的干扰，让思考更集中。

2. 紧紧围绕主题

一般，我们一次只思考一个主题，这时，我们必须命令我们的大脑集中注意力。也许，这种命令在起作用前需要几分钟时间，需要我们耐心地帮助我们的大脑关注于我们思考的主题。

这样做的好处是，可以迅速激活我们的大脑，使它运转起来，获得我们想要的想法。

这个思考的主题可以作为思维导图的关键词放在中心位置。

3. 关心一下自己的感受

如果当你绞尽脑汁，还是很难围绕所要解决的问题启动思考时，那么，你可以尝试着关注一下自己的内心感受，把这些感受写在思维导图上。问问自己在思考过程中，产生了什么感受，并顺着这些感受展开与内心的对话，说不定会瞬间打开思路，获得意外的惊喜。

4. 养成随时思考的习惯

当思考成了一种习惯，无疑会对你有很大的帮助。让大脑经常处于工作状态，很容易发动你的思考过程，获得解决问题的有效方法。

平时，借助思维导图，你可以对身体发生的任何事情随时随地进行评价、质疑、比较和思考。利用思维导图无限发散的特性，可以让思维更清晰有力，哪怕是胡思乱想，也会为你所关注的问题找到满意的答案。

以上几种方法可以帮助我们训练思考。只有当我们的思考借助思维导图，并与思维导图完美地结合在一块的时候，才会更容易帮助我们获得源源不断的想法，这些想法不仅新奇而且富于创造力。

现在，请你针对如何启动自己的思考画一幅思维导图。

3 招激活思维的灵活性

灵活思维的好处是，当我们遇到难题时，可以多角度思考，善于发散思维和集中思维，一旦发现按某一常规思路不能快速达到目的时，能立即调整思维角度，以期加快思维过程。

激活思维的灵活性，可以从下面 3 个方面入手：

1. 培养迁移能力

迁移，是指一种学习对另一种学习的影响。

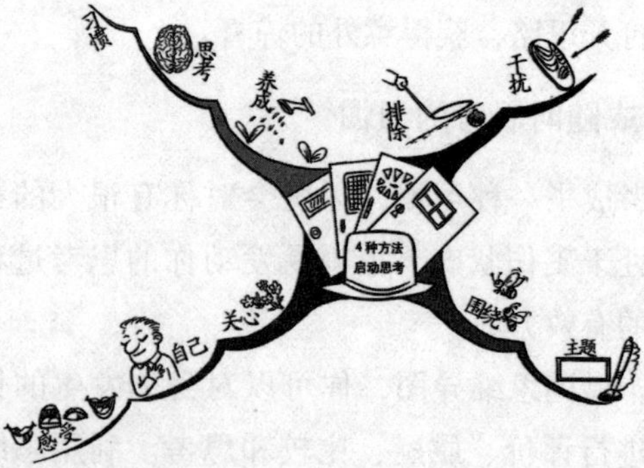

我们更多地要用到的是知识迁移能力，即将所学知识应用到新的情境，解决新问题时所体现出的一种素质和能力，形成知识的广泛迁移能力可以避免对知识的死记硬背，实现知识点之间的贯通理解和转换，有利于认识事件的本质和规律，构建知识结构网络，提高解决问题的灵活性和有效性。

思维的灵活性主要体现在解决问题时的迁移能力上，必须有意识地去培养自己的迁移能力，从而能够灵活地解决学习中的一些问题。

语文学习中，常常能遇到写人物笑的片段，比如《葫芦僧判断葫芦案》中的“笑”，《红楼梦》第四十四回中每一个人的“笑”，《祝福》中祥林嫂的“三笑”，各自联系起来，分析比较，各自表现了人物的什么个性，同时揭示了什么主题，等等。

通过这种训练，可以使分析作品中人物的能力和写作中刻画人物的水平大大提高。

2. 利用“一题多解”

这种方法在数学学习中经常使用，对“一题多解”的训练，是培养思维灵活的一种良好手段，这种训练能打通知识之间的内在联系，提高我们应用所学的基础知识与基本技能解决实际问题的能力，逐步学会举一反三的本领。

学会“一题多解”的思维方式，可以训练思维的灵活性，使自己在思考问题的起点、方向上及数量关系的处理上，不拘泥于一种方式，而是根据需要和可能，随时调整和转换。

3. 大量阅读不同体裁的文章

文章是作者进行创造性思维的成果。一篇文章的创造性，主要体现在它的构思和语言的运用上，体现在文章的思想观点和表达方式上。

不同体裁的文章，也各有各的特点，就是同一体裁中的同一内容的文章，风格也是各异。在阅读一篇优秀文章时，善于发现它们的不同，善于吸取它们各自的特点，对于训练自己的思维是有益的。

总之，多读各种不同的文章，既可以获得知识，又可以获得思维和写作的借鉴，可以从比较中学习到从不同角度观察事物、思考问题的方法，从而培养思维的灵活性。

培养思维的灵活性，要学会从不同的角度、不同的方向用多种方法来解决问题，从而培养思维的灵活性。要培养思维的灵活性，就要多动脑筋，加强学习，在实践中探索新思路、验证新方法，并及时总结、改进，就一定能增强思维的灵活性，搞高思维的应变能力。

针对 3 种行之有效的激活思维灵活性的方法，用思维导图表示如下：

5步让我们克服骄傲的毛病

学习中有一些人不能正确对待荣誉与成绩，有的拔尖逞能，有的盲目自满，有的沾沾自喜，有的把集体的成绩看成是个人的，有的瞧不起同学，等等。

这些骄傲自大的不良习惯，最终会影响自己的不断进步，甚至使自己脱离同学，脱离集体，失去目标，成为一个自私自利的小人。而当今社会对我们的要求是，要想取得学习上的高分，成就事业，就必须首先学会做人。因此我们应从小培养谦逊的品格，让自己戒骄戒躁。

那么，怎样培养谦虚的习惯呢？

首先学习这幅思维导图：

由图，我们可以看出，培养谦虚的好习惯有5种好方法：

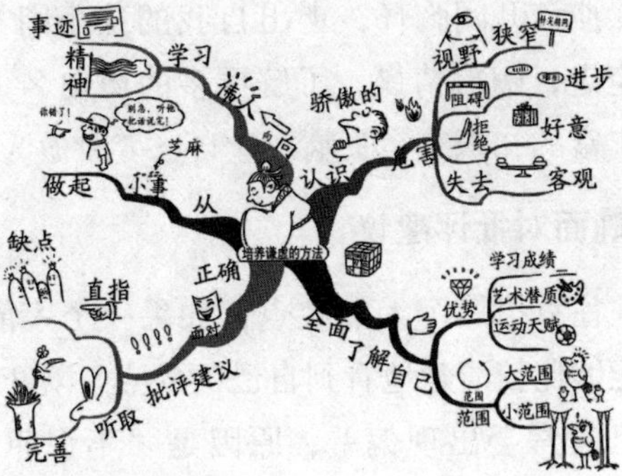

1. 认识骄傲的危害

骄傲自大的人就像井底之蛙，视野狭窄，自以为是，严重阻碍了自己继续前进的步伐。由于骄傲，你会拒绝有益的劝告和友好的帮助。而且由于骄傲，你们会失掉客观的标准。

骄傲是对自己的片面认识，是盲目乐观，常会让人不思进取。应该培养自己的自信心，但不能滋长骄傲自满的情绪。

2. 全面认识自己

骄傲的产生往往源于自己的某方面特长和优势，应该先分析这种骄傲的基础：是学习成绩比较好，有某方面的艺术潜质，还是有运动天赋，等等。然后应认识到，自己身上的这种优势只不过限定在一个很小的范围内，放在一个更大范围就会失去这种优势。正确的态度应该是积极进取，而不是骄傲懈怠；并且优势往往是和不足并存的，同时应该努力弥补自己的不足。

另外，应该开阔胸怀，走出自我的狭小圈子，到更广阔的地方走走，陶冶情操，了解更多的历史名人的成就和才能，以丰富的知识充实头脑，让自己变骄傲为动力。

3. 正确面对批评建议

批评往往直指一个人的缺点，如果一个人能够接受批评，他就能够比较清楚地看到自己的缺点。对于我们来说，在评论自己时常会出现偏差，原因是“不识庐山真面目，只缘身在此山中”，若能经常听取别人的意见或建议，就能不断充实和完善自己。

谦虚不仅是一种美德，还是你无往不胜的法宝。养成无论在任何时候都保持谦虚温和的良好习惯，是丰富和完善人生的一种要求。让我们永远做一个谦虚的人，一个学而不厌的人吧。

4. 从小事做起

戒骄戒躁、谦虚的习惯要从小事中培养，比如取得好成绩或得到别人的夸奖，都不应该骄傲，谨记“谦虚使人进步，骄傲使人落后”的座右铭。

5. 多向伟人学习

古今中外许多伟人都是十分谦虚的，像马克思、毛泽东等。可以向老师、家长请教这方面的事迹，也可以自己读一些这方面的故事，并时时提醒自己要向这些伟人学习。

6 步搞定英语听力

我们都知道，英语听力的好坏不仅对考试的成绩，而且对考试的信心、考试的情绪都有很大的影响。虽然多听有益，但也应该掌握一定的方法，方可取得高分。

在这里，我们主要讲怎样利用磁带练习听力：

1. 随时随地法

利用可以利用的每一分钟，无论是上学放学的路上、茶余饭后，还是睡前醒后都可以戴上耳机，随时随地地听。

2. 集中分段法

首先在某一段时间内，集中精力听一个内容，这一盘录音带没有听懂、听熟之前，先不听别的内容。

其次可以把一天的时间分成若干段，每一段听不同的内容。

3. 先慢后快法

刚开始练习听力的时候，可以先听语速慢的录音带。然后再过渡到语速快的录音带。

4. 先中后外法

我们可以先听中国老师录的录音带，然后才过渡到外国人录的录音带，因为中国老师的录音我们听起来会更容易接受，可以看作一个很好的过渡。

5. 词汇过关法

听录音带时，要听课文，也要听词汇。有时，听词汇比听课文更重要。

如果每天都要听一遍中学课本的词汇册，时间一久，在脑子里就形成了“听觉记忆”，以后碰上听过的词，脑子里一下就能反映出来。就如同看熟了的电影，听了上句，都知道下句是什么是一个道理。

6. 自录自听法

通过这种方法可以检查自己的弱点，也可以借此增强自己的自信心。同时，还可以借此添上一点趣味性的东西。

综上，绘制如下思维导图：

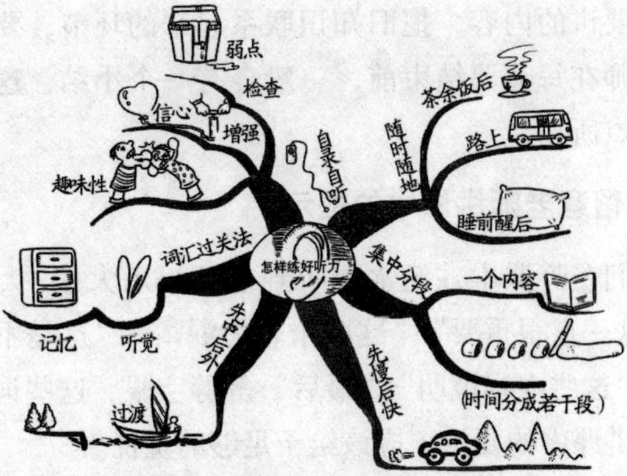

有效听课应注意的 8 个细节

高效的学习者听课都有一个特点，那就是“听课要听细节”，具体可见下图：

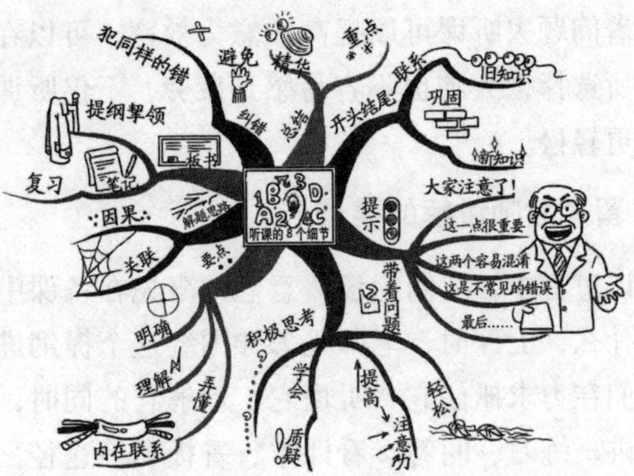

由图可知，有效听课的 8 个细节具体为：

1. 留意开头和结尾

老师在讲课时，开头一般是概括上节课的要点，指出本节课要讲的内容，把旧知识联系起来的环节，要仔细听清。老师在每节课结束前，一般会有一个小结，这也是听课的重点所在。

2. 留意老师讲课中的提示

我们在听课中，经常能听到老师提示大家“大家注意了”“这一点很重要”“这两个容易混淆”“这是不常见的错误”“这些内容说明”“最后”等等字眼，这些词句往往暗示着讲课中的要点，应该给予足够的重视。

3. 学会带着问题听课

善于学习的人几乎都有一个好习惯，即他们善于带着问题去听课。听课不是照搬老师的讲课内容，而应积极思考，学会质疑，解决困惑。

带着问题去听课可以提高注意力效率，可以在听课的时候有所选择，大脑也不容易感到疲劳，不仅听课效率高而且会更轻松。

4. 留意教师讲解的要点

听课过程中，我们应该留意老师事先在备课中准备的纲要是什么，上课时，老师是怎样围绕这个提纲进行讲解的。我们在力求抓住它、听懂它、理解它的同时，还可以通过听讲、练习、问答、看课本、看板书等途径，边听边明确要点和纲要，弄懂知识的内在联系。

5. 留心老师分析问题的思路

各学科知识之间都有前因后果、上关下联的逻辑关系，有时可以相互推理，思路互通。在理科中表现得比较明显，比如一个定理、一条定律、一道习题，都有具体的思维方法，我们用心留意老师分析问题的思路和方法，仔细揣摩，就能轻松获得灵活的思维能力，越学越出色。

6. 留意老师的板书归纳和反复强调的地方

不言而喻，反复强调的地方往往是重要的或难以理解的内容，板书归纳不仅重要，而且是具有提纲挈领的作用。要注意在听清讲解、看清板书的基础上思考、记忆，并且做好笔记，便于以后重点复习。

7. 留心老师如何纠错

每个人都有做错题的时候，当老师在为同学纠错的时候，不管是你做错的题或者是别人做错的题，你都应该留心。如果你能对这些容易做错的题保持足够的警惕，那么以后就能有效地避免犯同样的错误，千万不要以为别人做错的题与你无关。

8. 留意老师对知识点的概括和总结

几乎每个老师都会在上完一堂课或讲过某些知识点之后进行概括和总结，这些“总结”是课堂知识的精华，也是考试的重点，应该好好理解和掌握。

第二节　高分思维导图的细节

7 招把注意力集中到位

对一个学生来说，没有注意，就没有学习。对于一个善于学习的人来说，注意力是影响学习效率的最重要因素之一，在学习过程中起着重要的作用。

在这里，有 7 招可以让你集中注意力：

1. 早睡早起，自我减压

正常休息，多利用白天学习，提高单位时间的学习效率，不要贪黑熬夜，累得头脑昏昏沉沉而一整天打不起精神。相信付出就有收获，让心情轻松、保持愉快，注意力就容易集中了。

2. 放松训练法

你可以舒适地坐在椅子上或躺在床上，向身体的各个部位传递休息的信息。让身体松弛起来，同时暗示它休息，然后，从右脚到躯干，再从左右手放松到躯干。这时，再从躯干到颈部、头部、脸部全部放松。只需短短的几分钟，你就能进入轻松、平和的状态。

3. 积极目标训练法

学会任何时候将自己的注意力集中起来，是一个高效学习者的重要品质。当你给自己设定一个提高自己注意力和专心能力的目标时，你就会发现，在非常短的时间内，集中注意力就会有很大的改观。

比如这一年我的目标是什么？这一学期甚至这一周我的目标是什么？我应该完成哪些学习任务？一旦目标明确了，学习的动力就足了，注意力就不易分散了。

4. 培养自己专心的素质

如果想让自己专心致志地学习，首先要有自信心，相信自己可以具备迅速提高注意力集中的能力，只要下定决心，不受干扰，排除干扰，我们就可以做到注意力的高度集中。

5. 感官同用法

训练注意力，同样需要调动多种运动器官来协同活动，在大脑皮层形成一个较强的兴奋中心。如耳听录音带，嘴里读单词，眼睛看课本，手在纸上写单词。这样，注意力自然就不分散了。

6. 排除干扰法

排除干扰法，包括外界的干扰和内心的干扰，有时，内心的干扰比外界环境的干扰更为严重，我们可以通过给内心提示和暗示来训练自己，比如告诉自己有很多大目标都没有实现，必须集中精力。

还可以试着在没有任何干扰的情况下背诵一段 300 字左右的文章看需要多少时间，然后在旁边有干扰时背这段文章，看需要多长时间，直到在两种环境中时间相同为止。

7. **难易适度法**

这种训练方法要求我们，对于那些已能熟练解答的习题不要花太多时间去演算，可以找一些这方面经典性的题目练习。对于难度大的题目，先独立思考，再求助老师、同学或家长。对于不感兴趣难度又比较大的内容，自己首先订好计划，限定时间去学习，就不会松懈拖沓。如果攻克一个难题，就给自己一个奖赏，让成就感来激励自己，从而集中注意力。

以上 7 招集中注意力的方法，结合思维导图绘制如下：

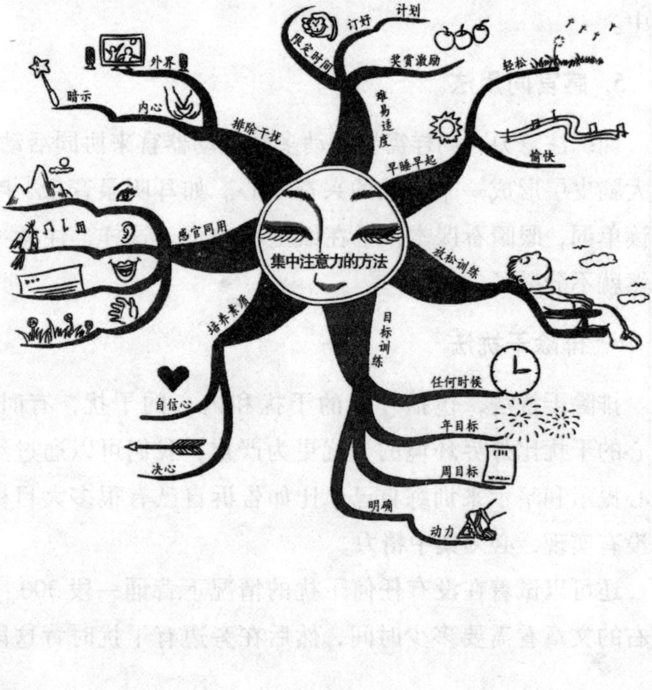

11 步制订完美的学习计划

制订完美的学习计划，共有 11 步。

首先看一幅思维导图：

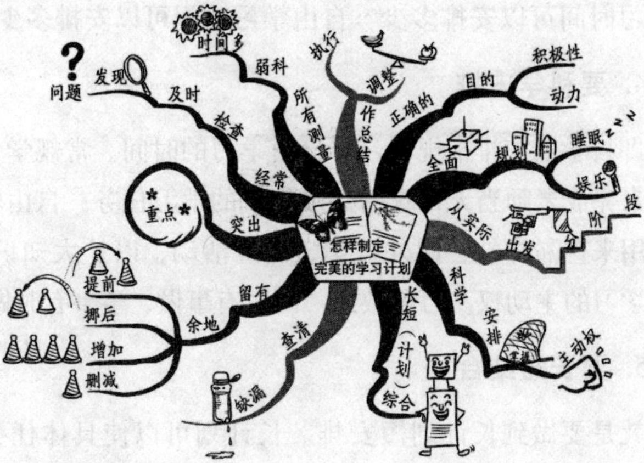

1. 拥有正确的学习目的

我们学习不是为了别人，而是为了自己，每个人的学习计划，也是为自己的学习目的服务的。拥有正确的学习目的，便可以推动我们主动积极的学习和克服困难的内在动力。

2. 全面规划学习

很多人都认为，学习计划包括娱乐，甚至还应当有进行社会工作、为集体服务的计划；有保证充分睡眠的时间；有娱乐活动的时间；有课外阅读的时间；等等。这样既能保证自己的全面发展，又能保持旺盛的精力，还能使学习生活丰富多彩、生动有趣。

3. 学习计划要从个人实际出发

具体说来，学习计划要切合个人实际情况，目标应合理。在每个学习阶段，能有多少确实可用的学习时间？常规学习时间可以安排多少？自由学习时间可以安排多少？

4. 要科学安排

即科学地安排常规学习与自由学习的时间。常规学习时间用来完成老师当天布置的必须完成的学习任务；自由学习时间用来查漏补缺、课外自学、课外活动，以扩大知识面，掌握学习的主动权。力争做到“时时有事做，事事有时做”。

5. 要长短结合

就是要做到长计划短安排。长计划可以使具体任务有明确的目的，短安排是为了使长计划的任务逐步实现。为了实现总的目标要求，在一段较长的时间里应当有个大致安排，每星期、每天做些什么，也应有一个具体计划。要在晚上睡觉之前就安排好第二天什么时间做什么。

6. 要符合实际

制订计划不要脱离实际，要从自己的实际出发，在正确估计自己的知识与能力、可供自己支配的时间、查清自己知识缺漏的基础上，制订切实可行的学习计划。

7. 要留有余地

把计划变成现实，还要经过一个努力的过程，在这个过程中会遇到千变万化的情况。所以，计划不要安排得太满、太紧、太死，要留出机动时间，目标不要定得太高，以免实现不了。如果情况变了，计划也要作相应的调整，比如提前、挪后、增加、删减等。

8. 要突出重点

学习时间和内容都是有限的，所以计划要有重点，做到保证重点、兼顾一般。所谓重点是指自己的弱科、弱项和知识体系中的重点内容，要集中时间、精力保证重点的落实。

9. 要经常检查

对于我们计划中安排的内容，时常检查一下是否都做了？任务是否都完成了？效果如何？没完成的原因又是什么？要经常对照检查，发现问题及时采取相应措施，或调整计划，或排除干扰计划的因素。

10. 科学地制订学习计划

做好学习计划，可以使学习有明确的目的性，以便合理地安排学习内容和时间，使学习有条不紊，变被动为主动。这不仅可以提高学习的效率，而且还可以使自己养成良好的学习习惯，使勤奋精神落到实处。我们只有按照学习计划坚持不懈地执行下去，才会取得良好的学习效果。

11. 根据各科成绩，合理调整时间安排

一些人在学习过程中，不可避免地会出现个别科目拖后腿的现象，这时就需要在计划安排上有所侧重，在成绩差的科目上多花一些时间。最好是在不影响正常计划的前提下把机动时间用来查漏补缺，每天至少要解决一个问题。

7 招强化抗挫折能力，实现高分

学习是一个不断遭遇挫折、克服困难的过程。为了实现自己的学习目标，取得高分，就需要我们增强自身的抗挫折能力。

具体说来，有以下 7 种办法：

1. 培养自己的抗挫折能力

古今中外历史上，所有为人类做出大贡献的伟人，都经历过无数次挫折，都有很强的抗挫折能力。比如，初中语文课本中《生于忧患，死于安乐》这篇文章，不能只停留在读书的时候会背诵，最重要的是深入地理解，最好内化于心。

每当我们遭遇挫折的时候，要学会换一种眼光去看待，学会锻炼自己的意志，让自己一次比一次坚强。

2. 把学习失利当作机遇

我们可以把学习和考试中遇到的失误和失利当成磨炼自己意志的机会，当成增长自己能力的机遇。

3. 时刻充满必胜的信心

一般情况下，当我们遭遇挫折时，情绪难免会失落，这时，你不妨放声高呼几声，比如："挫折你尽管来吧，我定能战胜你！"

同时，面对挫折，不要退缩，要想方设法去寻求解决问题的新途径。

4. **发挥自己的积极主动性**

无论是在生活或学习中，我们都应尽可能地减少对老师和父母的依赖，只要是自己能做的事情，就不请别人帮忙和代做。善于调动自己的积极主动性，我们才能主动锻炼自己，增长抗挫能力。

5. **养成锻炼身体的好习惯**

健康的身体是取得好成绩的保证。身体的强弱对学习效果的好坏影响很大。一个身体健壮的人，比起身体羸弱的人，往往可以凭借充足的精力去克服学习上的困难。

平时，我们应该有锻炼身体的意识，每天坚持做一至两项自己喜欢的运动，长期坚持下去，自然能增强抵抗恶劣环境的能力。对学习中遭遇的挫折，也许就会不以为意了。

6. **平时主动给自己制造难题**

日常学习中，可以根据学习进展，不时地给自己制造些难题，设计些困境，以发挥自己的能动性，挖掘自己的学习潜力，从而完善自己的知识结构。

7. **设法多读一些伟人传记**

名人传记是人类的精神养料。比如，我们熟知的罗曼·罗兰的《名人传》中，曾引用了贝多芬的名言："不幸的人啊！切勿过于怨叹，人类中最优秀的和你们同在。"

假如你读过这本书，或许在你感到绝望的时候就会想到音乐巨人贝多芬，在迷茫的时候想到画家米开朗琪罗，在孤独的时候想到托尔斯泰。

阅读名人传记，就像是在和伟大的人对话，除了让我们了解到他们的人生经历之外，也能让我们对比自己，从而清楚地看到，原来自己面临的困难是多么的渺小，只要多一些毅力和耐心，任何困难都将不堪一击。

我们在不断阅读伟人传记的过程中，就能感觉到人生就是不断战胜困难、战胜挫折的过程。

其实，像《史记》等历史著作就是很好的人物传记读本，如果是自传性的书，我们尽量选择那些年纪偏大的，对人生有所总结的人的作品，比如季羡林先生的作品就值得一读；如果是给别人写的传记，我们尽量读那些大家的作品，比如林语堂写的《苏东坡传》等。

以上 7 招可以增强自己抗挫折的能力，你是否掌握了呢？为了强化我们抗挫的意识，现以思维导图的形式绘制如下：

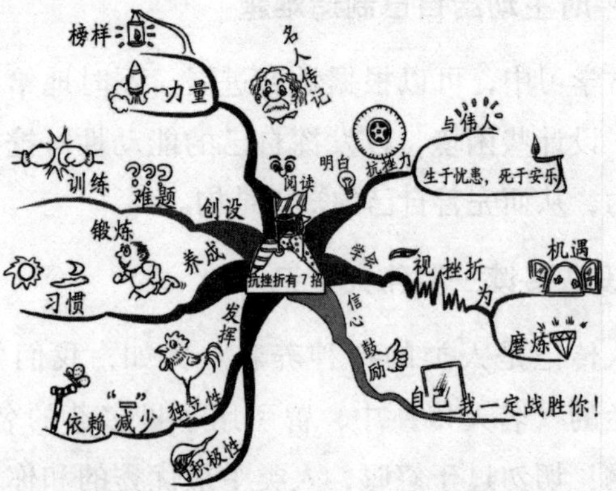

4 种方法轻松管好你的时间

善于利用时间是善学者高效学习的保证。

在学习阶段，大部分的时间是在课堂和自习中度过的，能自由支配的时间很少，在这种情况下，更应学会利用和管好我们宝贵的时间。

下面即是一个管理时间的思维导图：

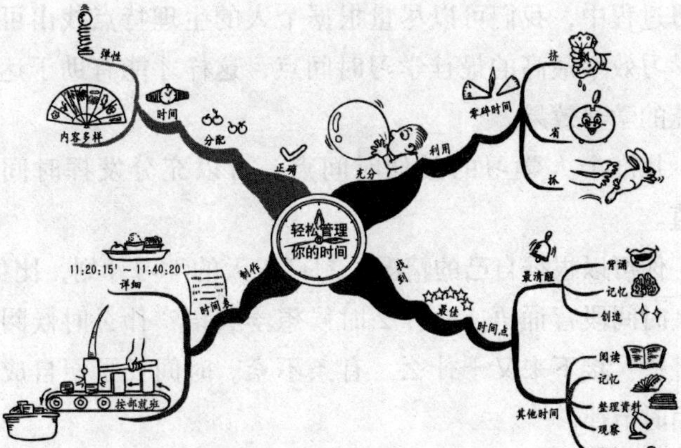

从图中我们可以看出，管理时间主要有 4 种方法：

1. 充分利用零碎的时间

生命是以时间为单位的，时间就是生命。学习是要用时间来完成的，浪费自己的时间等于慢性自杀。只有利用好自己身边的零散时间，才能不断地超越自我，实现学习上的飞跃。

善于利用零散时间的人，可用的时间就比别人多。除了“挤”时间，还要善于节省时间，比如一天当中，一定要办最重要的事情；用大部分时间去处理最难、影响最大的事等等。“挤”时间与省时间的另一个方法是科学利用业余时间。

2. 找准适合自己的最佳学习时间点

一个人一天究竟在什么时间点学习效率最高，这个学习效率最高的点，就是我们要掌握的最佳学习时间点。在学习过程中，我们可以尽量根据个人的生理特点找出可以让学习效率最高的最佳学习时间点，这样才能有助于达到最佳的学习效果。

找准个人学习的最佳时间点，可以充分发挥时间的价值。

你可以根据自己的情况，制订一天的学习计划，比如，什么时间段背诵语文？什么时候想学英语？什么时候阅读最轻松？接下来又干什么，有条不紊。时间长了便自成一种用时节律。

找到适合自己学习的最佳时间点，在头脑最清醒的时间无疑可以用来背诵、记忆、创造；其他时间可用来阅读、浏览、整理资料、观察、实验。

这样合理地安排时间，将会提高你的学习效率。

3. 学会制作学习时间表

制作学习时间表能把你的时间划分得很具体，让你每天的时间井然有序。一个善于学习的人，既不会玩了一天什么也没有干，也不能碰到学习困难就退缩，而应该制订一个详细的时间表，按部就班地执行，那样才会收到事半功倍的效果。

4. **正确分配学习的时间**

学习如同练武，一张一弛，也是学习之道。无论做什么事情，都要保持时间运筹上的弹性，这样才能有效率，才能持久。列宁在写给他妹妹伊里奇·乌里扬诺娃的信中说："我劝你正确分配学习的时间，使学习内容多样化。我很清楚地记得，写作之后改做体操，看完有分量的书之后改看小说是非常有益的。"

所以，你在上完理科课之后，可以利用课间休息的时间，掏出英语单词本，读几个单词，不是为了去记忆，而是给头脑换换气，或者掏出一本精彩的小说看一段，也是一种休息。

管理时间是一件很简单的事情，只要你管好了时间，你的学习成绩一定会有很大提高。

第五章　磨砺社交技能

第一节　思考商

带着思考去工作

思考是通往问题解决的必要之路。面临问题，如果你不能积极思考，将之妥善解决，那么，问题就会成为你工作的负担，这样，不只是你本人的不幸，更是企业的不幸。

在全世界 IBM 管理人员的桌上，都摆着一块金属板，上面写着“Think”（想）。这个字的精粹，是 IBM 创始人华特森创造的。

有一天，寒风刺骨、阴雨连绵，华特森一大早就主持了一项销售会议。会议一直进行到下午，气氛沉闷，无人发言，大家开始显得焦躁不安。

这时，华特森在黑板上写了一个很大的“Think”，然后对大家说：“我们共同缺的，是对每一个问题充分地去思考，别忘了，我们都是靠脑筋赚得薪水的。”

从此，“Think”成了华特森和公司的座右铭。

无独有偶，著名的微软公司也十分重视思考的价值。微软公司的创始人兼CEO比尔·盖茨曾多次说道：“如果把我们顶尖的20个人才挖走，那么，我告诉你，微软就会变成一家无足轻重的公司。”

新闻记者史卓斯在与微软公司接触了3个月后写道：“据我观察，微软不像昔日的IBM那样，在墙上挂着训斥员工‘要思考’的牌子，而是将‘思考’彻彻底底地植入微软的血液。”

微软的最高管理层研究院的核心大约由10来个人组成。他们管理关键产品，组织非正式的监督组来评估每个人的工作。许多在各项目工作的高级技术人员，组成了研究院的外围。其中一些人还是公司的元老，从微软建立之初便一直在这里工作。微软公司就是靠这些出类拔萃的人物和比尔·盖茨合理的管理制度，在竞争中走向成功的。

思考让IBM、微软这些公司成为行业的领导者，对于我们个人来说，善于思考也是一项十分重要的成功喜悦。

有人调查过很多企业的成功人士，从他们身上发现了一个共同的规律：最优秀的人，往往是最重视找方法的人。他们相信凡事都会有方法解决，而且是总有更好的方法。

作为华人首富，李嘉诚的名字可谓家喻户晓。他之所以能成为首富，也并非没有规律可循：从打工的时候起，他就是一个找方法解决问题的高手。

有一次，李嘉诚去推销一种塑料洒水器，连走了好几家都无人问津。一上午过去了，一点儿收获都没有，如果下午还是毫无进展，回去将无法向老板交代。

尽管刚开始进行得不太顺利，但是他仍然不断地鼓励自己，精神抖擞地走进了另一栋办公楼。当他看到楼道上的灰尘很多时，突然灵机一动，没有直接去推销产品，而是去洗手间，往洒水器里装了一些水，将水洒在楼道里。十分神奇，经他这么一洒，原来很脏的楼道，一下变得干净起来。这一来，立即引起了主管办公楼的有关人士的兴趣，一下午，他就卖掉了十多台洒水器。

在做推销员的整个过程中，李嘉诚都十分注重分析和总结。他将香港划分成几片儿，对各片儿的人员结构进行分析，了解哪一片儿的潜在客户最多，便抽出大部分的时间专攻这些地区。短短的一年下来，李嘉诚一个人的业务量比公司所有的推销员业务量的总和还多。

三菱经济研究所的所长町田一郎氏曾说："现在是用头脑思考，而不是用身体决胜负的时代。"

有些人则会说："我太忙了，连考虑的时间也没有！""以前的人也都是这么做的啊！"这些人总爱找借口逃避工作中的困难。这种做法是很不可取的。

我们都知道，一个好的创意，可以让一个濒临破产的企业起死回生，能让一个名不见经传的公司名声大噪，也能让一个成功的企业扩大战果，再创辉煌。所以，每个公司的老板都很重视员工思考能力的培养，将是否善于思考当成衡量一个员工能否晋升的重要标准。一个不能够在工作中主动思考的员工是无法做好自己的工作的，当然，他们也无法跨入优秀员工的行列，也就难以得到老板的器重。

法就在自己身上

“与其诅咒黑暗，不如点起一支蜡烛”。面对问题，诅咒和抱怨帮不了我们什么，相反，只会加深我们解决问题的难度。事实上，解决问题的关键就在我们自己手中，你要解决问题，让自己成为问题的主宰，还是向问题妥协，让自己成为问题的一部分，决定权完全在你自己手中。

吕思在一家广告公司做创意文案。一次，一个著名的洗衣粉制造商委托吕思所在的公司做广告宣传，负责这个广告创意的好几位文案创意人员拿出的东西都不能令制造商满意。

没办法，经理让吕思把手中的事务先搁置几天，专心完成这个创意文案。

接连几天，吕思在办公室里抚弄着一整袋的洗衣粉在想：“这个产品在市场上已经非常畅销了，人家以前的许多广告词也非常富有创意。那么，我该怎么下手才能重新找到一个点，做出既与众不同，又令人满意的广告创意呢？”

有一天，他在苦思之余，把手中的洗衣粉袋放在办公桌上，又翻来覆去地看了几遍，突然间灵光闪现，他想把这袋洗衣粉打开看一看。

于是他找了一张报纸铺在桌面上，然后，撕开洗衣粉袋，倒出了一些洗衣粉，一边用手揉搓着这些粉末，一边轻轻嗅着它的味道，寻找灵感。

突然，在射进办公室的阳光下，他发现了洗衣粉的粉末间遍布着一些特别微小的蓝色晶体。审视了一番后，证实的确不是自己看花了眼。

他便立刻起身，亲自跑到制造商那儿问这到底是什么东西。得知这些蓝色晶体是一些“活力去污因子”。因为有了它们，这一次新推出的洗衣粉才具有超强洁白的效果。

明白了这些情况后，吕思回去便从这一点下手，绞尽脑汁，寻找最好的文字创意，因此推出了非常成功的广告。

一位人力资源培训师在课堂上打了一个很有趣的比喻：他将方法比成人身上的“虱子”，只要你用力去找，就一定能够找到。

海尔公司在进入美国市场时，刚开始并不了解该怎么做，于是他们聘请了一个美国当地人作为管理者，张瑞敏让他自己提出年薪，不管多少钱，都不打折扣地答应，但是同时也提出条件，美国十大连锁企业，海尔的产品至少要进去一半。

那个美国人说根本不可能，GE、惠尔普、美泰克是美国的前三强，它们要进去，都花了很长时间。

张瑞敏坚决不同意，他认为海尔跟在人家后边，永远不会有市场。最后美国人就同意了，他想出了一些很有创意的措施。

那个美国人就在阿肯色州，在沃尔玛的总部外边，竖立了一个巨大的海尔广告牌。

沃尔玛的总经理经常在工作时间向窗外眺望，一眺望就看到了这个广告牌，他就问这个海尔是个什么品牌？是哪儿的？

底下人就去了解了，说海尔是中国的，这个品牌也不错，而且广告牌上有地址、电话，在美国有总部，可以联系一下。就这样，海尔和沃尔玛“接上头”了。

不怕问题、困难，就怕不想；就好像一把钥匙开一把锁，每一个问题都有解决的办法。而这把解决问题的钥匙，就在我们自己身上。

“与其诅咒黑暗，不如点起一支蜡烛”，这句话是克里斯托弗斯的座右铭，它也应当成为指导我们工作和生活的一条准则。通过诅咒和抱怨，我们什么也改变不了，黑暗和恐惧仍然存在，而且还会因为人们的逃避和夸大而增加问题解决的难度。

然而，如果我们果断地采取行动，及时寻找解决问题的方法，哪怕我们只做了一点点努力，也会使我们朝着克服困难、解决问题的方向迈进一步。同时，我们还可能在积极努力的过程中寻找到不同的、更便捷的解决问题的方法。因为解决问题的关键就在我们身上。

突破自我，才能够突破困境

突破自我，才能够突破现实的困境。

有一条小河从遥远的高山上流下来，流过了很多个村庄与森林，最后它来到一个沙漠。它想：我已经越过了重重的障碍，这次应该也可以越过这个沙漠吧！当它决定越过这个沙漠的时候，它发现河水渐渐消失在泥沙之中，它试了一次又一次，总是徒劳无功。

于是，它灰心了。“也许这就是我的命运，我永远也到不了传说中那片浩瀚的大海。”它颓废地自言自语。

这时候，四周响起了一阵低沉的声音："如果微风可以跨越沙漠，那么河流也可以。"原来这是沙漠发出的声音。

小河流很不服气地说道："那是因为微风可以飞过沙漠，可是我却不可以。"

"因为你坚持你原来的样子，所以你永远无法跨越这个沙漠。你必须让微风带着你飞过这个沙漠，到达你的目的地。你只要愿意放弃你现在的样子，让自己蒸发到微风中。"沙漠用它低沉的声音建议道。

这种建议超出了小河的想象，"放弃我现在的样子，然后消失在微风中？不！不！"小河流无法接受这样的事情，毕竟它从未有过这样的经验，叫它放弃自己现在的样子，那不等于自我毁灭吗？"我怎么知道这是真的？"小河流这么问。

"微风可以把水汽包含在它之中，然后飘过沙漠，等到了适当的地点，它就把这些水汽释放出来，于是就变成了雨水。然后，这些雨水又会形成河流，继续向前进。"沙漠很有耐心地回答。

"那我还是原来的河流吗？"小河流问。

"可以说是，也可以说不是。"沙漠回答，"不管你是一条河流还是看不见的水蒸气，你内在的本质从来没有改变。你之所以会坚持你是一条河流，因为你从来不知道自己内在的本质。"

此时，小河流的心中，隐隐约约地想起了自己在变成河流之前，似乎也是由微风带着自己，飞到内陆某座高山的半山腰，然后变成雨水落下，才变成今日的河流。于是，小河流终于鼓起勇气，投入微风张开的双臂，消失在微风之中，让微风带着它，奔向它生命中的归宿。

生命是一个不断改变以适应外界变化的过程。只有不断地调整自己的心态，积极改变，才能战胜生活中的重重困难，顺利地走向成功。

海尔刚刚拓展海外市场的时候，很多人不理解，海尔守着中国市场，完全可以吃大块的肉，可到了国外市场，或许只有喝汤的份儿。

对此，张瑞敏的看法不同，他觉得海尔之所以要走出去，并不是因为他们强大到什么都不怕，相反，是因为想到不出去的后果更可怕，所以才出去。

如果不出去，就很难知道竞争对手有什么样的实力，有什么样的规则。所以，张瑞敏曾提出一个口号叫作“国门之内无名牌”，必须走出去，锻炼和提高自己的竞争能力。

张瑞敏说：“海尔刚刚出去的时候，只是刚刚进小学的一个小学生，但是我们的对手可能是大学生或者是研究生，我们根本不可能和人家对话。

“虽然小学生是一定要败给大学生的，但这个小学生是为了想成为大学生才出去的，所以，我们要老老实实地向人家学习，慢慢地提高自身的竞争能力。”

有人问张瑞敏：“如果先把小学生培养成大学生，再出去跟他们较量，会不会更好一些呢？”

张瑞敏回答道：“在这个环境里头永远培养不出大学生来，打个比方来说，你要游泳，但是你老是在岸上，不下水，在地面上学习这些动作，即使这个动作学习得再好、再漂亮，你也永远不会成为游泳高手。

“所以，必须在水中学习游泳，进去之后可能会喝几口水，可能会受一些挫折，但是最终你一定会成功。”

张瑞敏之所以冒天下之大不韪，选择到美国设厂，为的就是四个字：先难后易。

虽然海尔的国际化进程一开始并不被一些保守人士所接受，然而据海尔自己披露，自 1998 年以来，海尔在美国的销售量年均增长率达 115%，市场份额也在不断扩大，海尔的公寓冰箱及小型冰箱已占美国 30% 以上的市场份额，海尔冷柜已占 12% 的份额，海尔酒柜已占有 50% 以上的份额。

就像一个企业一样，我们自身也会面临许多层出不穷的问题，当我们遇到困境和难题的时候，也应当像海尔一样，要勇于自我挑战和自我超越，只有突破了自我，才能够突破困境。

第二节　社交商

利用思维导图提高情商

曾是谷歌（Google）全球副总裁兼大中华区总裁的李开复曾说：“情商意味着：有足够的勇气面对可以克服的挑战、有足够的度量接受不可克服的挑战、有足够的智慧来分辨两者的不同。”自20世纪90年代以来，一个新的名词“情商”被人们普遍使用，有研究者甚至认为，一个人的成功，情商因素远远大于智商因素。

那么什么是情商呢？情商是怎么被人们发现的，这个概念又是谁提出来的？我们能不能把握自己的情商呢？

科学研究的结果表明，人的情商不是一成不变的，是可以通过对大脑的开发及科学的训练得到不断提高的。大量的实践证明思维导图就是可以引导大家迅速提高情商的有力工具。

情商就是情绪商数，情绪智力，情绪智能，情绪智慧。也就是我们经常说的理智、明智、理性、明理，主要是指你的信心，你的恒心，你的毅力，你的忍耐，你的直觉，你的抗挫力，你的合作精神等等一系列与人素质有关的反应程度。它是一个人感受、理解、控制、运用、表达自己以及他人情绪的一种情感能力。

1995年，美国哈佛大学心理学教授丹尼尔·戈尔曼提出了“情商”（EQ）的概念，认为“情商”是一个人重要的生存能力，是一种发掘情感潜能、运用情感能力影响生活各个层面和人生未来的关键品质因素。戈尔曼认为，在成功的要素中，智力因素固然是重要的，但情感因素更为重要。

丹尼尔·戈尔曼在其所著的《情感智商》一书中说：“情商高者，能清醒了解并把握自己的情感，敏锐感受并有效反馈他人情绪变化的人，在生活各个层面都占尽优势。情商决定我们怎样才能充分而又完善地发挥我们所拥有的各种能力，包括我们的天赋能力。”丹尼尔·戈尔曼所偏重的是日常生活中所强调的自知、自控、热情、坚持、社交技巧等心理品质。

为此，他将情商概括为以下五个方面的能力：

（1）认识自身情绪的能力；

（2）妥善管理情绪的能力；

（3）自我激励的能力；

（4）认知他人情绪的能力；

（5）人际关系的管理能力。

哈佛心理学家麦克利兰研究一家全球餐饮公司，发现高情商的人中，87%业绩突出，奖金额领先，其所领导的部门销售额超出指标15%～20%。而情商低的人，年终考评成绩很少取得优秀，其所领导的部门业绩低于指标20%。所以，著名的二八法则告诉我们：成功的20%靠智商，80%靠情商。

在这里，有三种提升情商的途径：

学会控制情绪是提升情商的前提

很多人在情绪发作过后，错已铸成的时候，才后悔当初没有控制好自己的情绪，其实问题的所在并不是他没有控制情绪的能力，而是他没有在日常生活中养成控制自己情绪的习惯，没有认识到失去控制的情绪是可以随时将人带入地狱的。

情商较高的人往往能有效地察觉出自己的情绪状态，理解情绪所传达的意义，找出某种情绪和心境产生的原因，并对自我情绪作出必要和恰当的调节，始终保持良好的情绪状态。

情商较低的人则因不能及时地认识到自我情绪产生的原因，而无法有效地对情绪进行控制和调节，导致消极情绪如雾一样弥漫心境，久久难以消退。

所以，要想完善自己的行为，必须从头脑开始打造自己。而要打造高情商，就要通过反复的实践去领悟，让思想逐渐感化自我。我们要通过加强修养逐渐学会控制自己的情绪，如果你能够成为驾驭自己情绪的主人，你未来的人生肯定会更加美好。

培养自信心是提升情商的基础

自信，是一个人做任何事情的基础、获取成功的基石。怀着自信的心态，一个人就能成为他希望成为的样子。

生活中蕴藏着这样一个道理，强者不一定是胜利者。但是，胜利者都属于有信心的人。一个不能说服自己能够做好所赋予任务的人，不会有自信心。

平时，对自信习惯的培养很重要。对事情进行分析，找出事情获得成功的关键因素，对非关键性因素，自己要正确面对，要学会抓大放小。

一个具有自信心的人，通常会认为自己有智慧、有能力，至少不比别人差；有独立感、安全感、价值感、成就感和较高的自我接受度。同时，有良好的判断力、坚持己见，具有良好的合作精神和适应性。

一个自信的人，不会在任何困难面前轻易低头。你觉得自己一无是处，你就不会再向更高的目标努力。因为良好的自我心像表现出来就是自信心。

用幽默感提升情商层次

在幽默大师查理·卓别林眼里，幽默是智慧的最高体现，具有幽默感的人最富有个人魅力，他不仅能与别人愉快相处，更重要的是拥有一个快乐的人生。

幽默能使生活变得轻松，使你生活在愉快的氛围里。生活虽然说起来虽然充满了喜怒哀乐，但是谁都盼望自己的生活中多一些欢乐，少一些忧愁和烦恼。幽默的语言可以对人们的生活做出恰当的喜剧性反映，它通常会带给人们极大的趣味性和娱乐性，有时它还可以消除生活中的一些窘境，减少那些不愉快的情绪，给生活带来轻松和乐趣。

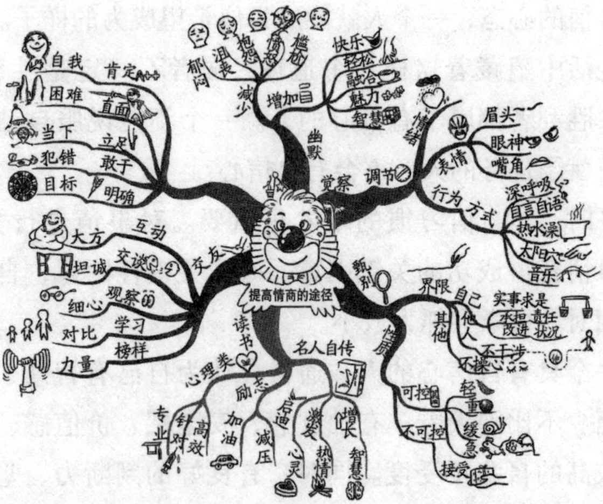

幽默在人们生活中的重要性，如同生物对于阳光、水和空气的需要。对疲乏的人们，幽默就是休息；对烦恼的

人们，幽默就是解药；对悲伤的人们，幽默就是安慰；对所有的人，幽默就是力量！

用爱心和诚信编织自己的社交网络

生活中，当你迫切需要有一位知心朋友、一份新工作、一栋新房子或提升你的专业技能时，你可以去找专业人士咨询介绍。但是如果你拥有一个完好的社交网，你完全可以不花这份“冤枉”钱，你所需要的一切建议都可以从人际网中免费获得，而且是最快速、最安全、最可靠的。

当然，这个前提是你必须用爱心和诚信来编织。同时你需要建立一个自己的朋友档案。

那么，平时应该怎样建立自己的朋友档案呢？

首先，你可以把上学时的同学资料做一个记录整理出来，当毕业几年甚至十几年后，你会有很多同学分散在各种不同的行业，有的可能已经在某个行业小有成就。当你需要帮忙时，凭着你们原来的同窗关系，他们一定会帮你忙的。这种同学关系还可从大学向下延伸到高中、初中、小学，如能充分运用这种关系，这将是你一笔相当大的资源和财富。当然，要建立起这些同学关系，你得经常与他们保持联系，并且随时注意他们对你的态度。

其次，整理你身边朋友的资料，对他们的具体情况做个详细记录。他们的住所、电话、工作等。工作变动时，也要在你的资料上随时修正，以免需要时找不到人。

同学和朋友的资料是最不能疏忽的，你还可以在档案中记下他们的生日，并在他们生日时寄上一张贺卡，或者一份精美礼物，这样你们的关系一定会突飞猛进。平时注意保持这种关系，到你有事相求时，他们一定会尽力相助，万一他们自己帮不了你，也可能动用自己的关系网为你帮忙。

同时，在应酬场合中认识的“朋友”也不能忽略，尽管你们只交换过名片，还谈不上交情。这种“朋友”面很广，各行业各阶层都有，所以你应该保留好这些名片，并且在名片上尽量记下这个人的特征，以备再见面时能“一眼认出”。

现代社会，电脑已经成为很多人不可缺少的办公设备，因此你也可以用电脑建立一个朋友档案。也有人用笔记簿，还有人用名片簿，这些都各有长处。

不管你使用什么方法，在建立这种档案时，有几点你必须记住：每个朋友对你都有用处，每个朋友都不可放弃，每个朋友都要保持一定的关系。

人与人之间的感情是在相处中慢慢培养出来的，人与人之间关系也会随着感情的加深而加深。在现代社交中，不仅要拥有自己的朋友档案，还要学会如何与他人和谐相处，这样才能将“社会关系”这张网编织完美。

那么，怎样才能使自己广结人缘并与他人和谐相处？

要想与人和谐相处，最起码应该做到以下几点：

（1）要学会真诚地欣赏和赞美别人的长处，因为每个人的身上都有自己闪光的一面，所以学会欣赏并赞美别人，是赢得友谊的第一步；

（2）在与人相处时，不要处处争强好胜，处处显得比对方强，这样容易引起对方的反感，甚至引发矛盾；

(3) 在与人交往中，应学会分享别人的喜怒哀乐，注意给他人以支持和鼓励；

(4) 要学会尊重和认可他人的独特性，尊重他人的隐私权，给他人以独处的空间和时间。

只有当我们了解了他人和自我之后，才会积极主动地与他人交往，取得他人的认可和接受，以乐观向上的态度面对生命的每一天。学会善待自己，善待他人，是与他人和谐相处的基础。

生活中，只有你懂得了怎样与人和谐相处之后，才能结交更多的好朋友，学习到更多的东西，甚至帮助你迈向更大的成功。相反，也许你很能干，聪明过人，可是不懂得维护自己的“网络”，搞得关系紧张，人们不喜欢你，那么很多人为的机遇就会与你失之交臂，到头来你将一事无成。

现在，请你找出一张空白纸出来，画一幅表示你人际关系的思维导图，称量一下自己与人交往中，爱心和诚信的重量是多少？接下来，你就知道该怎么做了。

换位思维法

换位思考是人际交往的重要方面，可以避免争端，有效缓和人与人之间的矛盾。

换位思考的一个特点是，必须站在对方的立场去感受和思考。如果我们总是站在自己的位置上去“猜想”别人的想法及感受，或是站在“一般人”的立场上去想别人

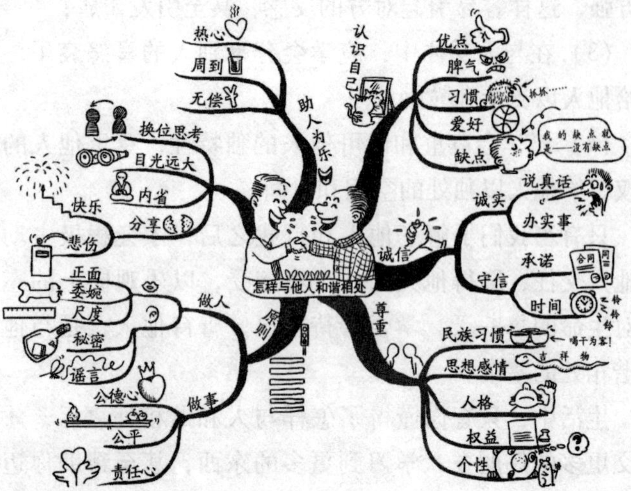

“应该”有什么想法和感受。那么，可想而知，会有一个什么样糟糕的结果。

有时候，我们看起来是在为对方思考，但是，你不仅没有因此而得到别人的感激，甚至还惹起别人的反感。当事情的后果不如我们所想象或期待时，我们也多半觉得委屈，觉得“出力不讨好”。那么，事情是不是真的这样呢？还是有其他原因？

仔细分析就会发现，这种换位思考并不是真正的换位思考，而是以本位主义来了解别人的想法及感受，这并非真正地为别人着想，因为它忽略了“对方”真正的想法及感受。这样导致的结果有可能使彼此间的关系变得更加紧张，因为大家都没有彼此完全理解或欣赏对方的观点。

比如，A、B 两个人以前是很好的伙伴，这次闹了矛盾，A 总觉得是 B 伤害了自己，他就认为是 B 不好。而 B 认为是 A 伤害了自己，他也觉得 A 不好。如此下去，两人的误会越来越深，甚至到了无法调和的地步。

但是，运用思维导图就可以化解开两人的矛盾，给双方提供一个交流的平台，避免更负面的影响。

另外，还可以借助思维导图的发散性和无所不包的本质，使矛盾双方把各自的问题放在一个更为宽广和积极的环境下加以分析考虑。

不得不承认的是，在使用思维导图较为广泛的地方，不少人因为制作思维导图，真正地互换位置为对方考虑，最终成功挽救了彼此间的友谊。

比如，面对 A、B 两个的误解，我们同样可以用思维导图化解，但前提是，两人都完全认可并理解思维导图的理论和应用方面的有效作用。

首先，矛盾双方可以分别制作一个思维导图，把自己体会到的问题和对方在交流时表现出来的问题罗列出来。

比如，A 在中央图像的上下两端画上两个人的人脸，中间由一条粗线连接，然后围绕两人表现画出一些基本的人性特征。

A 在中间连接线的左边标出影响两人的消极特征，是对两人不利的方面；在连接线的右边标出两人的积极特征，而且是有助于解决问题的方面。

同时，A 还可以在图形的左边列出引起两人矛盾的环境因素，而右边可以相应地列出可以克服冲突问题的一些特征品质和方法。

另外，A为了表达换位思考的重要性，达到消除误会的目的，还可以在消极的一面画上表示交流被完全封闭，彼此听不进任何意见的图像，代表着冲突、争斗和不团结；在积极的一面画上笑脸，表示创造、友善、幸福和高效率。

B也需要制作一幅单独的思维导图，把自己对冲突事件的认识，喜欢以及讨厌对方的一些方面罗列出来，包括解决问题的方案。

为了使问题细化、客观，两个也可以分别画三幅思维导图，把喜欢对方、讨厌对方、解决方案分别绘制出来。

然后，两人可以坐在一起进行正式讨论，两人也可以轮流表达自己的观点，可以先针对负面的消极的思维导图，再讨论积极的思维导图，最后一起探讨解决的方案。

两人在探讨过程中，允许一方发表意见，另一方只是聆听，一定要听对方讲完。或者在事先准备好的白纸上，把对方的观点全面而准确地做成思维导图。当另一方发表意见的时候，互相轮换，一方同样制作思维导图。

最后的关键是，两人彼此交换意见，包括探讨解决问题的方法。紧接着，两人可以把双方意见中一致的地方找出来，并确定一个行动方案，使冲突得到最大程度的化解。

悉心倾听，开启对方的心门

倾听是一门艺术，运用思维导图，同样可以艺术地帮助我们。

古罗马诗人帕布利琉斯·赛勒斯曾经表示：一个人对他人感兴趣的最好、最简单、最有效的方法就是倾听他们说话——真正在听，关注他们说的每一句话，而不是站在那里盘算自己接下来该说些什么话题或奇闻逸事！

积极的悉心的倾听，能够表明你对对方的重视和尊重，能够轻易获得对方的好感，是走进他人内心的钥匙。

如果你在同别人谈话时，对方将脸扭向一边，一副漫不经心、爱理不理的样子，那么你的谈话兴趣就会突然大减。也许你会猜测，对方一定是不想我继续说下去，或者提醒我“不要再说下去了，我根本就没有听进去”。于是，一场谈话只能半途而废。

其实，倾听别人说话就是这样，你若能耐心地听对方倾诉，这就等于告诉对方“你说的东西很有价值”“你是一个值得我结交的人”。无形中，对方的自尊得到了满足。这样，彼此心灵间的交流就会使双方的感情距离越来越近。可见，善于倾听无形中起到了褒奖对方的作用，是建立良好人际关系的一个必要的手段。

交谈与倾听过程中，其实是按照一定的顺序进行的，不是想说什么就说什么，想什么时候说就什么时候说，即需要双方的相互配合才能使谈话进行下去。

在这里，为你介绍几种倾听的艺术，供你参考：

（1）创造一个适合交谈和倾听的环境。比如环境很安静，能使对方达到身心放松的状态；

（2）在倾听对方说话过程中，要适时地表现出积极的身体语言，你能获取比对方说的话本身更多的内容；

（3）利用眼睛的优势，热情的目光可以表明你对聆听非常感兴趣，因而也仍然对他人感兴趣；

（4）客观看待一些容易触发我们负面情绪的词汇，试着用更开放的态度去看待它们；

（5）学会一边聆听一边注意思考对方的身体语言，及时捕捉到对方的弦外之音，但不能表现出走神儿；

（6）在不必要的情况下，尽量不要打断对方的讲话，注意对方的陈述；

（7）如果要插话的话，注意你讲话的时间不能太长，千万不要使对方变成你的聆听者；

（8）注意把握最核心的问题，如果对方的讲话已经脱离主题，你可以巧妙地把话题拉回来；

（9）心态要保持平和，充满耐心，自己更不能有偏见，不要造成争论的发生；

（10）不要随意猜测对方的意思，更不宜提前说出你的结论；

（11）在某些场合可以做笔记，不仅有助于你的聆听，也会让对方感觉到你对他讲话内容的重视；

（12）聆听者要懂得随声附和，并配合对方的表达速度而进行思考，跟着对方的节奏走，遇到不懂的问题要提出疑问，并得到确认。因为这些语意不清或不了解的话，可能就会造成以后彼此的误会；

（13）最后，当你耐心地听完对方的谈话后，自己也应该说一些和对方的话题有关的话。比如对对方说：“我对这些方面也很感兴趣。”接着可以继续说下去，甚至使自己变说话者，对方变成聆听者。这样经过及时交换位置的谈话也是交流取得成功的关键所在。

如果你是一个好的聆听者，善于倾听别人说话可以获得的3种好处：

1. 因为倾听而获得理解

如果你不能理解对方的谈话，你就不可能使事情很有条理地进行。而你能不能理解对方的谈话，完全取决于你能不能专心聆听对方的谈话。

2. 因为倾听而可以下判断

如果你不能聆听对方的谈话，如何去判断他的想法。不能判断他的想法，就根本不能够利用他的想法创造有利于自己的状况。

3. 因为倾听而影响对方

在你聆听别人说话的同时，可以思考出如何影响他的方法。你提供对方说话的机会，就是让对方把说服他所必备的利器交到你的手中。但是，你必须记住，为了影响别人而聆听他人说话时，不可以有先入为主的观念，而必须敞开胸怀仔细聆听才可以。

当然，如果你能在聆听过程中，着手绘制思维导图的话，可以获得意想不到的好处，哪怕是在纸上信手涂鸦，它也可以帮助你集中注意力，能够挖掘你惊人的大脑智能，是比一般线性笔记更能让你轻松记住更多内容的方式。

同时，思维导图还可以在你大脑中用词汇和图像创造出丰富的联想，而且思维导图画得越独特，色彩越丰富，效果就越好。

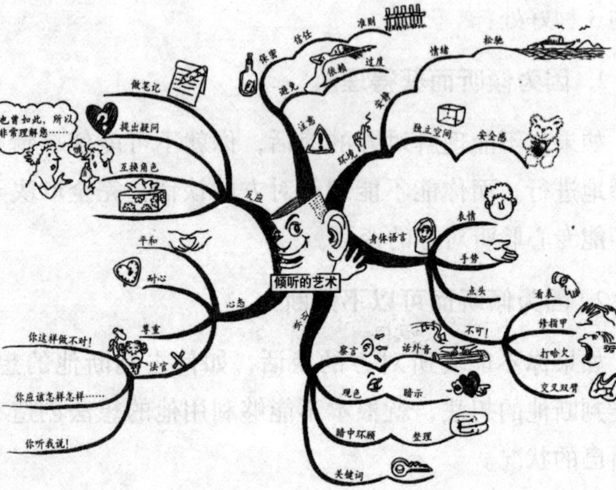

大脑潜能开发书

数独

博文◎编著

红旗出版社

红旗出版社
HONGQI PRESS
推动进步的力量

图书在版编目（CIP）数据

数独 / 博文编著 . -- 北京 : 红旗出版社 , 2020.4
（大脑潜能开发书 / 张丽洋主编）
ISBN 978-7-5051-5143-7

Ⅰ . ①数… Ⅱ . ①博… Ⅲ . ①智力游戏 – 通俗读物
Ⅳ . ① G898.2-49

中国版本图书馆 CIP 数据核字 (2020) 第 042284 号

书　　名　数 独
编　　著　博 文

出 品 人　唐中祥
总 监 制　褚定华　　责任编辑　朱小玲 王馥嘉
选题策划　三联弘源　　地　　址　北京市丰台区中核路 1 号
出版发行　红旗出版社　　编 辑 部　010-57274504
邮政编码　100070　　发 行 部　010-57270296
印　　刷　天津海德伟业印务有限公司
成品尺寸　138mm×200mm　1/32
字　　数　450 千字　　印　　张　30
版　　次　2020 年 7 月北京第一版　　印　　次　2020 年 7 月北京第一次印刷
IBSN　978-7-5051-5143-7　　定　　价　198.00 元（全六册）

欢迎品牌畅销图书项目合作　　联系电话：010-57274504
凡购买本书，如有缺页、倒页、脱页，本社发行部负责调换

前言

PREFACE

“数独”，也被称为“一个人的围棋”。数独起源于瑞士数学家欧拉发明的拉丁方块，曾在美国、日本得到过发展，后来被刊登在英国的《泰晤士报》上，一经发表便迅速风靡全世界，让无数人为之着迷。人们可以拿着纸笔玩数独、在电脑上玩数独，或者用手机玩数独。从澳大利亚到克罗地亚，从法国到美国，各家报纸杂志纷纷刊登这种填数游戏。日本人每月购买的数独杂志超过60万份；在英国，数独不仅已发展成全民游戏，还有教师主张用它来锻炼学生的脑力。

数独是在一个包含九个小九宫格的表格中，以若干已知数字为线索将1～9分别不重复地填入每行、每列、每个小九宫格中的游戏。听起来是不是很简单呢？的确，数独游戏的规则很简单，只要认识数字，并稍加练习基本就可以上手。另外，数独游戏不需要复杂的工具，只需要一支笔、一张纸，不需要填字游戏所要求的语言和文化知识，只需要认识9个数字。有了这些优势，它的大受欢迎也就不难理解了。

数独游戏看似简单，却又是一种全面锻炼逻辑思维能力、推理判断能力和观察能力的“大脑体操”。真正的数独并非只是简单的数字位置的机械变化，在数字的选择中隐藏着独一无二的创意。数独游戏可以帮助青少年锻炼逻辑思维能力，增强智力；可以帮助成年人缓解压力、放松精神，在帮他们打发闲暇时光的同时也能为平淡的生活增添几分乐趣；还可以帮助老年人活动大脑，增强大脑活力。总之，数独游戏是一种好学又好玩、老少皆宜的休闲活动。

本书精选了较为经典的一些数独游戏，让广大中国读者也能享受到这种极具挑战性的益智游戏。这些游戏适于多个年龄阶段的读者，能让大家越玩越聪明，越玩越爱玩。

目 录

CONTENTS

“独”数之道：

一看就懂的数独攻略

数独入门：基础数独解题技巧

下面将介绍数独谜题的一些基本规则和一些解决数独问题的方法。

初识九宫格

空白的数独方格如下页图1 所示，是一个九行九列的大方格，又分为三行三列的九个小九宫格。在本书中用小方格的坐标值对其进行标识——先行后列，如：（1，3）表示最顶行，左起第三个；（9，8）表示最底行，左起第八个。书中还会用数字来标识3 × 3 的小九宫格，如图1 所示。

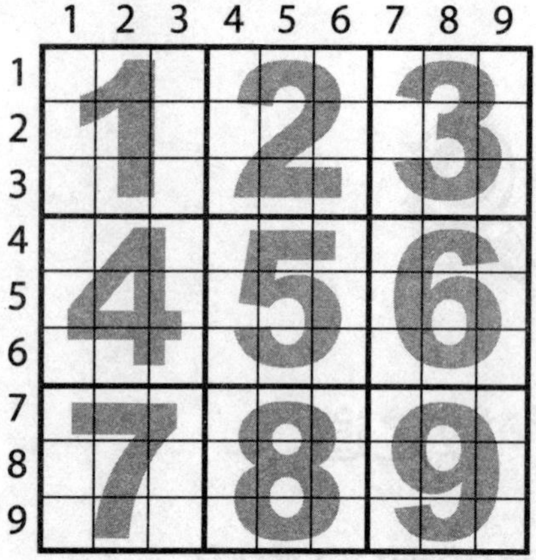

图 1 示意九宫格坐标和小九宫格标号的空白数独

从基本规则开始

如图2所示，每道谜题开始时，在九宫格中都会有一组提示数字。我们先要了解基本方法，数独的解答只需要一定的逻辑思维能力，不需要加减乘除。解决数独谜题，尤其是较难的谜题时，可能需要给待选数字做标记。这些标记应随着谜题的解答而做出相应改变。

4		3	6					
					1		2	4
	1			4		5		
			9		4		6	
3		2				4		9
	7		1		3			
		1		9			4	
2	4		3					
					8	2		7

图 2 难度适中的数独谜题

将谜题分块

开始解答谜题时应注意的第一条：不要一开始就试图解开所有谜题。如图3所示，应将谜题分块。可以拿一张纸来挡住九宫格中暂时不必观察的部分。在前三列中可以观察到，小九宫格①和小九宫格⑦各有一个1，而小九宫格④中没有1。第二列中的1排除了小九宫格④中第二列出现1的可能性，而第三列中的1使我们知道不能将其他1放在小九宫格④的第三列。这表示小九宫格④中的1肯定是在第一列，但是不能确定是在两个空格子中的哪一个。这时我们在空格子的角上用小数字对这些待选数字进行标记。在本书中所有的待选数字用同样的方式(方格中的小数字)来标记。

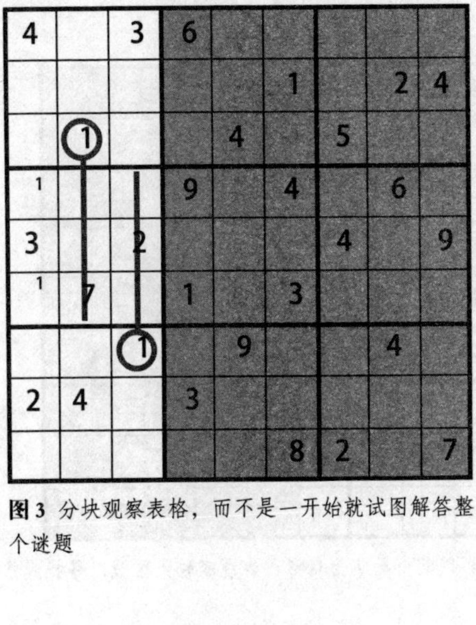

图3 分块观察表格，而不是一开始就试图解答整个谜题

观察较大的区域

如图4所示，在第六行已经有了一个1。显然，因为此行已经有了一个1，第六行再出现1的假设被否定，于是这个待选数字就可以擦去了。因此，数字1肯定只能出现在另一可选方格：第四行、第一列，即方格（4，1）。这是我们确定的第一个数字。

解答第二个数字

小九宫格、行或列中的空格子越少，解答谜题的机会就越大，所以应先观察已知数字最为密集的行、列和小九宫格。可集中精力先观察中间三行。小九宫格⑤和小九宫格⑥中各有一个4，但小九宫格④中没有4，所以看起来这是一个值得关注的数字。

第四行和第五行中的4表明小九宫格④中的4只能出现在（6，1）或（6，3），所以可以在这两处用铅笔标记之。在图5

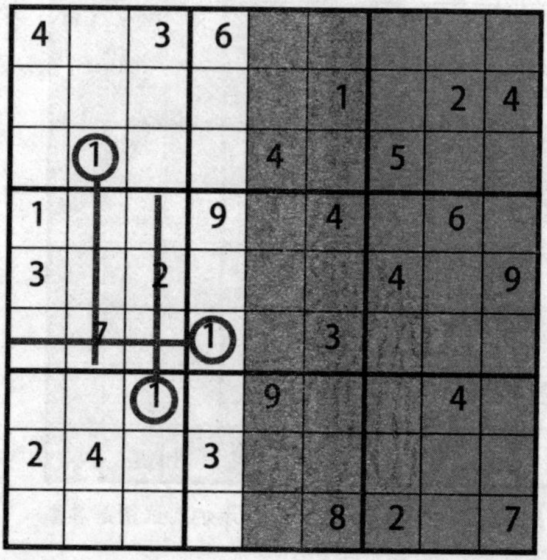

图4 以某个数字为目标逐步观察较大区域以寻找线索

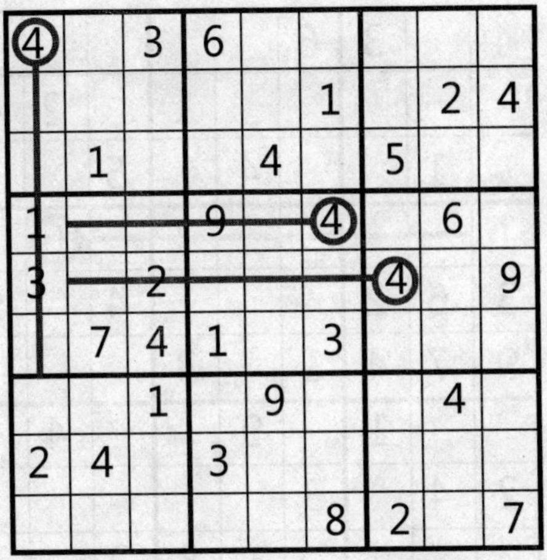

图 5 找 4 以解答谜题

中观察第一列其他部分后发现此列已经有了一个4，所以小九宫格④中的4不可能出现在（6，1），而只能放在另一个待选方格（6，3）。

顺便提一句，如果我们展示了其余的格子，你有没有观察到第二列的数字4？如果没有用第四行和第五行的4来排除小九宫格④中第二列有4的可能性，那么我们可以利用小九宫格②中的4完成这一步。

破解第一个小九宫格

继续对已有线索进行分析，在下页图6中观察第四行和第五行的9。这两个9排除了小九宫格④中除（6，1）外的任一方格中出现9的可能性。所以用不着进行标记，9只能放在方格（6，1）里。

4		3	6					
					1		2	4
	1			4		5		
1			9		4		6	
3	6	2				4		9
9	7	4	1		3			
		1		9			4	
2	4		3					
					8	2		7

图6 方格（4，8）的6表示小九宫格④中的6只可能出现在（5，2）

接下来观察第四行的6，它很好地排除了6出现在小九宫格④中的第四行的可能性。因为在小九宫格④中一些数字的位置已经得以确定，所以余下的方格中唯一可能出现6的位置只能是（5，2）。小九宫格④中只余下数字8和5的位置还未确定。这两个数字中的每一个都可以放在（4，2）或（4，3）中。从目前已知的线索来看，没有合适的方法来判断它们正确的位置。

在我们继续之前，在两个方格中都标上待选数字5和8，在以后某个阶段我们将会确定这两个数字的正确位置。

从这两个未填的方格我们可以得到重要的提示：它们都可能包含5或8（已证），同时也意味着在小九宫格④中，5和8只可能出现在这两个方格中，这不仅仅是对它们所在的小九宫格有影响，对于其所在行未解答的方格来说也具有重要意义。

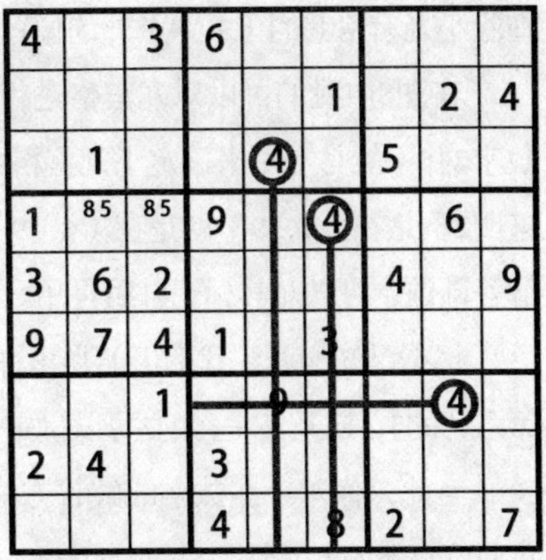

图7 找出线索

我们刚刚发现的这种数组可以称为一个成对的二元数组。二元数组的元素是指已被证明可能出现在两个方格中的数字，可以用来排除此数字出现在九宫格其他位置的可能性。随着谜题难度的增加，二元数组还可以帮助我们解决其他问题。

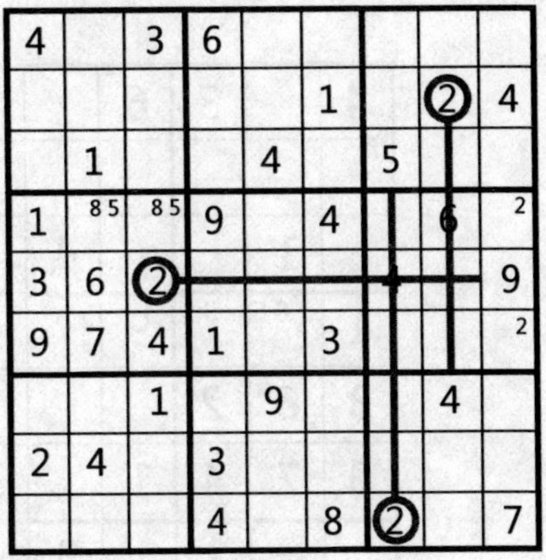

图8 掌握谜题的解答方法

线索的使用

现在，你应该已经熟悉了确定数字的位置的方法，不用再对九宫格进行部分遮挡，尽管在我们集中精力于某一特定部分时这会是一种十分有效的方法。

线索最后会自己跳入你的视野。如图7所示，这里已经可以确定数字4在小九宫格⑧中的位置，因为我们已经可以排除4出现在除小九宫格⑧的（9，4）外的位置的可能性。

在图8中我们可以对九宫格进行很好的处理。已确定位置的数字2并不能马上用来确定小九宫格中的数字2的位置，但是可以证明2不是在（4，9）就是在（6，9）。鉴于数字2不能马上用来解答谜题，可以对其标记以后再用。

根据已知的线索我们仍能得出许多答案。如，观察第四列和第六列的3，以及第一行的3可以确定小九宫格②中3的位置。

至此，你对一些数字的解答方法有了足够的了解，图9中是我们已解答的九宫格。

4		3	6					
					1		2	4
	1			4		5		
1	8 5	8 5	9		4		6	2
3	6	2				4		9
9	7	4	1		3			2
		1		9			4	
2	4		3					
			4		8	2		7

图9 已解答的九宫格

数独提高：轻松掌握解决难题的诀窍

现在我们开始对谜题进行系统的解答，为此必须仔细地寻找每一处方格的秘密。考虑到谜题的难度等级，首先你应该决定是啃骨头似的记下每一方格的所有待选数字，还是一个小九宫格一个小九宫格（或是一行行、一列列）地挨个解答。鉴于此谜题为中等难度，我们可循序渐进地完成解答。

在图10中的小九宫格⑥中所有的待定数字都已被标记。检查每一方格所在的小九宫格、行和列，以确定这些待定数字。你可以试着自己练习检查这些数字。

因为小九宫格④中的二元数组的位置已经确定，所以我们可以确定8和5都不可能出现在方格（4，7）或（4，9）。

4		3	6					
					1		2	4
	1			4		5		
1	85	85	9		4	73	6	32
3	6	2				4	78 51	9
9	7	4	1		3	8	85	852
		1		9			4	
2	4		3					
			4		8	2		7

图10 尝试解一下小九宫格⑥

选出单独的数字（独数）

观察小九宫格⑥最底行最左端的方格会发现唯一能够放在此处的数字只有8。

从其所在的行和列来看并没有什么线索足以证明8是此方格的解，只有通过排除其他的待选数字才可以确定8应该放在（6，7）。通过排除法而确定位置的数字我们称之为独数。

方格（6，7）中8的确定能帮助我们排除其所在的小九宫格、行和列出现其他8的可能性。如图11，擦去所有待选数字8后，会发现已解答数字8的右边出现了新的唯一待选数字5，用同样的方法也可以确定其位置。将5确定（擦去其余待选数字5）后使得2单独出现在（6，9），于是其位置也可以确定，然后擦去待选数字2，在（4，9）出现唯一待选数字3，尽可能地按照此方

4		3	6					
					1		2	4
	1			4		5		
1	85	85	9		4	73	6	32
3	6	2				4	751	9
9	7	4	1		3	8	5	52
		1		9			4	
2	4		3					
			4		8	2		7

图11 用待选数字来解答

4		3	6					
					1		2	4
	1			4		5		
1	85	85	9		4	73	6	32
3	6	2				4	71	9
9	7	4	1		3	8	5	2
		1		9			4	
2	4		3					
			4		8	2		7

图 12 试试自己解开这个谜题

法一直做下去，如图12。余下的由你搞定。

困难的数独的解答

下页图13不仅体现了在之前讨论到的许多数独原则，还出现了一些不明显的条件。观察一下数字6：

◎列1和列3中的数字6，与方格（9，5）中的数字6，排除了在小九宫格⑦中（7，2）或者（8，2）以外的地方填入数字6的可能性。

◎因为在小九宫格⑨中的行8已经满了，小九宫格⑨中的数字6只能是放到行7里面，所以，小九宫格⑦的数字6只能在（8，2）。

◎方格（5，8）里的数字6排除了在列8中填写数字6的可能。这就意味着，小九宫格⑨中的数字6不在（7，8），并且，既然（9，5）的数字6排除了在小九宫格（9，9）填数字6的可能，那么，小九宫格⑨中的数字6就只能放在（7，9）了。

这时，在中间三列中，小九宫格⑤中的数字6的位置可以很容易地确定。由于数独的对称性，总是有另外一组三个未解决的数字。这些数字常常有助于解答其他的问题。当我们知道这个数字只能放到这些方格中的一个里的时候，一个方格的两个待选数字刚好可以起到一个已选数字的作用。这些待选数字的排列被称为二元数组或三元数组。

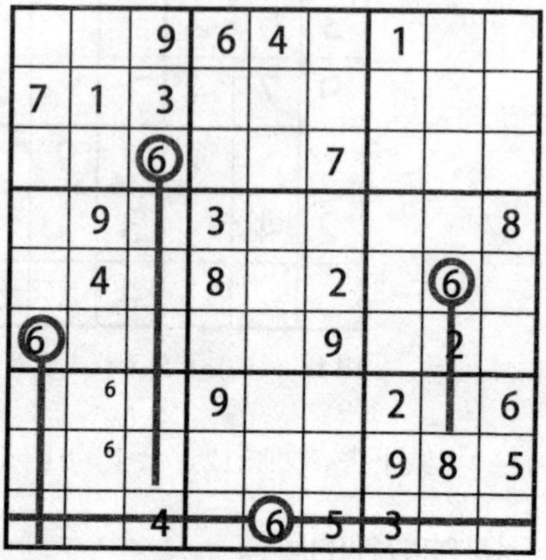

图13 寻找并利用那些不明显的条件

无关的待选数字

下面是对难度更高的数独问题的一些解答攻略。你必须小心翼翼地去寻找小九宫格中每一个未解答的方格中的所有的待选数字。如图14所示，图中的多数方格已经得到了解答，但是还有一些仍然留下了待选数字。每一个待选数字看似都有不止一个方格可以放进去，这时就要用到推理。

请你将注意力集中在列4上。如果我们只考虑小九宫格⑧的话，我们需要考虑一下（8，4）与（9，4）的一对数字7与2。这里教你点小“魔法”：在小九宫格⑧中，我们发现，必须将数字7或者2放到方格（8，4）或者（9，4）中，即是说，这两个方格就必须是这一列中仅有的两个包含这些数字的方格了。所以，我们现在知道了，数字7与数字2就不可能出现在（2，4）中，那么，在（2，4）中就只能填入数字5了，因而小九宫格②的数字2必须出现在（2，5）中。

有时候，你可能会在小九宫格、行或者列中发现诸如7、2、1或7、2的一组待选数字。如果数字1在别的地方，成为该情况下的待选数字，而7和2却没有，你就可以将数学1从7、2、1的数组

82	28	9	6	4	3	1	5	7
7	1	3	52	52	8	6	9	4
4	5	6	1	9	7	8	3	2
52	9	752	3	752	6	4	1	8
3	4	751	8	751	2	75	6	9
6	87	87 51	4	751	9	75	2	3
51	3	751	9	8	41	2	74	6
21	6	721	72	3	41	9	8	5
9	872	4	72	6	5	3	7	1

图 14 仔细看看这些待选数字

中移除掉了。因为我们知道，这两个方格只能填数字7或者数字2，如果数字7放在一个方格，数字2放在另一个方格的话，就没有放数字1的地方了。在行话中，这叫隐性配对。有时候，这样的一个配对就可以从一大堆无关的待选数字中摆脱出来。或许，最让你头晕、最困难的数独问题是这样解决的——当三个数字在一个小九宫格、行或者列中共用三个方格的情况下，从这些配对中进行筛选。根据同一个小九宫格、行、列中不能出现重复的数字的要求，这三个方格必须单独包含这三个数字。例如，如果这三个数字是8，5和1，那么它们就会出现在这种情况下的待选数字中，即8、5，5、1，8、5、1 或者 8、5，8、5、1，8、5、1，或者就是简单的8、5、1，8、5、1以及 8、5、1。

到这里，解答数独的攻略已经使得你可以解答几乎是最困难、最极端的数独了。最困难的数独的攻略方法最好是通过练习来学习。你解答的数独越多，就会变得越熟练。

圆形数独

如果你觉得做普通的方形数独很单调的话，我们在后面给你提供了一些圆形的数独来调剂，有时这种圆形数独也被称为靶子数独。图15的靶子数独是一个四圆环，相当于一个大圆被切成了八份，每一份又分为四个小块。你的目标就是在每一小块上放一个数字（每份四个数字）。所以，每两份相邻的部分就包含了从1到8的所有数字。每个环同样必须包含从1到8的所有数字（0到9的五圆环谜题则会被切成十份）。

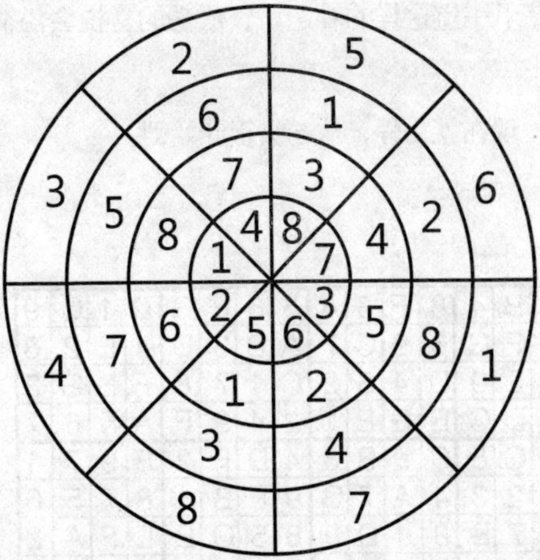

图15 在一个圆形数独中，每两份相邻的部分上都包含了从1到8的阿拉伯数字

规则：每隔一块包含着相同的数字，但是排列顺序不同，每个数字都必须出现在每个环里。

类固醇型的数独

如果你认为一些9×9的数独很难的话，这个16×16的数独就会让你发疯了。正如你所期望的，16×16的数独的规则只有些许不同。同那些数字一样，你必须使用字母A到G。每一个1到9的数字与A到G的字母，都必须放进每一行、每一列和每一个4×4的小格子里。图16就是一个16×16的数独。

在9×9的数独中所使用的所有攻略，在16×16的谜题同样有效，当你攻克了一道这样的难题后，成功的喜悦会溢满你的整个身心的。

怎么样？现在就启程，从初级篇开始吧。

7	2	B	4	8	F	3	A	5	6	E	G	D	1	C	9
1	5	F	G	6	9	C	7	A	B	3	D	4	E	2	8
6	A	E	9	D	4	5	2	C	1	7	8	F	B	G	3
8	3	D	C	B	G	E	1	2	4	9	F	A	5	6	7
A	6	G	5	C	E	B	8	4	D	F	2	3	9	7	1
D	F	2	3	4	A	7	G	9	E	B	1	8	7	5	6
4	C	7	B	3	1	D	9	8	5	G	B	E	F	A	2
E	1	9	8	5	6	2	F	3	7	A	C	G	4	B	D
B	9	6	F	2	3	G	5	1	A	C	E	7	8	D	4
2	G	4	D	E	8	F	C	7	3	6	9	B	A	1	5
5	8	3	1	A	7	9	D	F	2	4	B	6	G	E	C
C	E	A	7	1	B	6	4	G	8	D	5	2	3	9	F
G	7	1	6	9	D	4	3	B	C	8	A	5	2	F	E
9	4	8	E	G	2	1	B	D	F	5	7	C	B	3	A
3	D	5	2	F	C	A	6	E	G	1	4	9	7	8	B
F	B	C	A	7	5	8	E	6	9	2	3	1	D	4	G

图 16 使用 1 到 9 的数字与 A 到 G 的字母的 16×16 的数独

初级篇：牛刀小试

1*

5	6	7					3	8
8	3	2				1	4	
				3	8	7	5	6
			3	6	4	5	1	7
4	1	3				9	6	2
6	7	5	9	2	1			
2	5	9	6	1				
	4	1				6	2	5
7	8					3	9	1

注释*：此类题目遵循两条规则：1.在9×9的大正方形中，每一行和每一列都必须填入1至9的数字，不能重复也不能少；2.在每个粗线隔开的3×3的小正方形中，也必须填入1至9的数字，同样不能重复也不能少。

2

7	6	8	5				4	
1	4	9				5	2	7
			4	7	9	8		1
			2	1	5	4	8	
2	3	1				6	7	5
	8	4	6	3	7			
6		3	1	8	2			
4	5	7				2	1	8
	1				4	9	3	6

3

5		2		8	1	7		6
1		4	6	9	3			
		8		7	5	1	4	3
3	1			2			5	9
	9		5		4		8	
4	8			1			7	2
6	4	3	9	5		2		
			8	3	2	9		4
8		9	1	4		5		7

4

4	1	7	8	9	3	2	6	5
5	8	6	4			9	1	3
7			9	6	4			1
1	6	5				4	9	7
2			7	5	1			8
6	7	1			8	3	5	9
3	4	9	5	7	6	1	8	2

5

		4	1	9	3			8
5		1		2	6		4	3
8		9			5		1	2
	4			5		1	9	
9	5	2	7		4	3	8	6
	1	3		6			5	
1	9		2			4		5
3	8		6	4		7		1
4			5	3	1	8		

6

	3	2	8			4	5	
6					3		2	9
	4					3	8	
1	9	4	3	8	6	5	7	2
	7	3				1	6	8
8	5	6	2	7	1		3	
3	2		9		8		4	
	1	8	6	3	5		9	
	6	5	7				1	

7

9	3				6	1	5	7
1		2	7	5		3	8	6
7		6	8	3	1	2	4	9
6	1		2	7	4	5		
		4	9	6	3	7		
3	2	7		8			6	
8		1		9		4		
2	9	5		4		6	7	
4								

8

3	2	1					5	8
6	8	9	4	1	5		7	3
	7	5	3	2		1		
5	6	3	9		1	7	8	2
9	1	8						6
7		2						
2	3		1		4			7
	5		7	9	3	6	2	1
1		7		6			3	

9

	2	5	7			4	3	
8					4		6	1
	6					7	9	
9	3	8	6	4	2	1	5	7
	1	4				9	2	3
2	5	7	9	1	3		4	
7	8		5		9		1	
	4	6	2	7	1		8	
	9	1	4				7	

10

5			4	2		3	8	
2	3		6			5	1	
		9	5		3	7		2
7			9			8	6	3
8			7	3		4		1
1	6	3		4	2		7	5
3	2		1			6	9	4
4			2	9		1		7
		1	3		4	2	5	

11

		2	9	7	1			
9		7	2			4		8
	5				8		9	
7		4		1		5		3
	3		4		2		7	
1		8		3		6		9
	8		7				3	
2		3			4	9		6
			3	6	9	7		

12

5		4			7	1		6
	9			6	4		5	
		1	3			2		9
4				1		8	6	
	3		2		9		1	
	5	7		8				3
9		2			5	4		
	4		8	9			7	
6			7			3		5

13

	2			3		1		4
				1	6		2	3
4			2					8
9		6	1	8			5	
				5				
	7			6	3	8		1
8					9			5
5	9		8	7				
3		4		2			8	

14

		7			1	3		
9	5	3		8		2	4	
	4		2		3		6	5
4		5	7					9
				1	5			
1			9			5		2
5	3		1		8	9		
	1	8		7		6	5	4
		9	5				1	

15

9	4			6				5
	8			5		6	4	9
	7	6	9		4	8		
8				3				6
	6		7		8		5	
4		3		9		1		7
		5	4		2	9	6	
6	3	8		1			7	
2				7			1	8

16

5	1		3	2				4
		3	8	9				5
8					1	2	3	
6		1			9		7	
	8		1		3		6	
	9		7			5		1
	3	8	9					6
9				1	8	7		
7				3	5		8	9

17

	7				4			3
	6		8		5	7	1	4
	5	4	3			8		
1	8	5			2	3		9
	4						8	
6		3	1			4		5
		8			1	6	4	
4	1	2	7		3		5	
5			2				3	

18

2	3				5			6
	6	4		2			3	5
		1	4	6			9	
6				4		5		
	5	2	3		7	6	8	
		3		5				1
	9			8	4	2		
7	2			3		9	5	
1			2				6	8

19

1		8				5		7
		4	9		7			
6					1			
	5					6		
	4	6	1	3	5	8	7	2
3		7					9	
			6					3
			5		4	9	8	
7		5						4

20

	4			2		3		
		9		5				6
2			4		6		1	
		4				5	3	
5		1		9		4	7	8
	2	8				6		
	1	5	2		3			7
3				6		1		
		6		7			2	

21

	7			1	8	6		
8	6	9	2					
4					6		3	5
	2	1		6				9
9			1		4			7
6				2		3	8	
2	5		3					8
					5	7	2	3
		8	9	4			1	

22

	1	4			8	2	3	
	3		7	2	5		6	
5					3	9		
		1	5					8
	2	3				5	9	
9					6	7		
		7	6					1
	5		1	9	7		4	
	4	8	3			6	7	

23

		6			7	3		8
5	8				3			
4				1	6	7	5	
8	2				9	5		
	3		7		8		4	
		1	4				2	9
	6	2	3	5				7
			9				1	4
7		9	6			2		

24

	8		4		3		6	
4		2	7	8			5	
		7				3	4	
3		1		9	4			
8			6		1			2
			2	7		5		1
	9	3				6		
	1			5	9	7		4
	5		1		2		8	

25

	3		1				8	7
5			6	2		1		
1	6	9			4			
	1			4		7		6
	9		3		2		5	
4		2		1			9	
			8			5	7	4
		6		3	9			2
8	4				7		6	

26

5				8				
			1	4	5		9	
1		6	7					4
7	5			6			1	
6		8				2		3
	3			1			6	7
8					1	4		9
	6		9	3	8			
				2				1

27

8	2		7	6		3		
		7			4			1
1		6	5					2
6								
		4	9	8	5	2		
								9
4					2	8		7
9			8			4		
		5		7	9		2	6

28

			8	1		6		5
1	4					8	9	
7				5		2	3	
	8				9	7		
6	2		4		3		5	9
		1	5				2	
	5	2		3				6
	7	6					1	4
9		3		4	8			

29

6	8			3		2		
					5	8	7	4
9			7	2			1	3
		4		1	3			
	1	6				9	2	
			2	6		4		
5	2			7	4			6
8	7	1	9					
		3		8			5	9

30

	6		1	8		9		
4		7	5					6
					7	4	2	5
	9	4		3				1
1			9		8			2
3				4		6	5	
6	1	3	4					
8					3	5		7
		2		9	6		3	

31

	7	1		3				9
						8	4	
	5	8	6	2				7
			8		2			3
5		9				4		2
3			4		7			
2				8	1	6	3	
	3	6						
8				6		9	5	

32

		6			9	5		
		2		7			9	
		7		1	2		4	
1			8		3			5
9		5				4		8
7			2		4			6
	8		5	2		7		
	5			3		1		
		1	9			3		

33

2			8	6			3	
6			9				1	
7			4			6	5	
				5	9	8		
	5	9				4	2	
		1	2	7				
	7	4			2			5
	8				1			9
	3			4	8			6

34

6			4	9		7		
5	2	7	1					9
			2			3		
				3		6	2	
	1		5		2		9	
	8	2		7				
		3			6			
7					8	9	6	4
		9		1	4			5

35

	3			1				
4			7	2	6			
5	1	7					9	
9		5	4	8				
8		3				2		9
				7	3	5		8
	5					9	1	4
			8	5	1			6
				9			7	

36

	4		1	7	2			
				9	8	1		
2			6				7	
			3	6		7		5
	8				4	9		6
	7			8	5			1
		8						
	3			2	1		9	8
5	6					2	1	

37

8		2	5		3			
7	1	9	4	8	6		2	
3						8		
			2	6		9	5	
			3				8	
	3			7	9			4
9	7							2
6				3				1
	2					4	7	

38

2	5	8			4	7	1	
				7	2		5	
	3							6
						8		
6	4		8		3			7
				2	6			1
				4			3	
3	7	4	9		5	1		
9			3	1			7	

39

6		9				5	1	
				6				
3	4	5	1	7				
8	9		6		1			
5								
1						7		3
4	8	2			5	3	9	
	5		4	8				2
	6	1	3				5	

40

3	2					8		1
	6	4					5	
9					5			
				6				5
	7						2	
	5	6		3			8	9
6		1			4	5		
5	4		8		3	2	1	
7			6		1		3	

41

	8		4	6		7	3	
4		3				8		6
	2		8					
		9		5			2	
	1						4	
	6			7		3		
					1		7	
6		1				9		3
	7	2		3	5			

42

							5	
	8					9	3	4
7	4	9			3			8
4			6		9			
8			1	7	2			5
			8		4			1
9			3			1	4	7
5	2	3					8	
	7							

43

				3			7	
			5			4		3
	9				2	5		8
2	8			7	5			
		3	8	4	9	6		
			3	2			8	7
9		6	1				5	
8		2			7			
	7			6				

44

		4		3		2	5	
	1	3				4		
6	5			7			3	9
					4			3
			5		9			
2			3					
5	3			4			7	1
		1				5	6	
	8	9		6		3		

45

	2	5						
			4					6
1	6		3		5	7	2	
			5	9			3	
		1	2		8	6		
	9			6	4			
	8	6	7		3		1	2
3					2			
						5	6	

46

	8		2		6	5		
		3		7		8		
	5				8	2	9	
		9					7	
2	1						8	6
	6					3		
	3	2	9				4	
		8		6		9		
		4	8		1		2	

47

	4					5		2
				2				
5					6	1	9	7
	7		5	6	9			3
	9						7	
6			4	8	7		5	
8	5	1	9					6
				7				
9		7					3	

48

				8				
				9	3		4	5
7	4		6			3		
		4		2		9	7	1
	7						2	
2	8	9		7		5		
		8			1		3	6
1	3		9	4				
				6				

49

			8	5			7	
	6		4	2	1		8	
							6	1
4	3							2
1		6		4		5		7
5							3	4
3	8							
	1		7	9	2		4	
	9			8	3			

50

3				8				7
	7	1						
8	5	6	1					
7				4			2	
		4	3	9	6	7		
	6			1				4
					7	4	6	3
						9	8	
9				3				1

51

		6			7			9
8				3		1		
9			6		5		3	
		3					1	8
			9		1			
2	1					6		
	6		7		3			1
		9		2				4
7			8			5		

52

	2	4	8	6	1			
1	7			2				5
7		1			3		8	
9				5				4
	8		9			5		1
3				8			1	7
			6	9	2	4	5	

53

				5				
	6		4		9		1	
1	7						9	4
	8	6				5	4	
4			7		3			8
	2	1				6	7	
2	4						8	7
	1		9		4		3	
				3				

54

								3
			5	9		4		
8	2				4	6		5
		6			5	2		
5			1		6			9
		1	2			3		
1		8	9				4	7
		7		8	3			
2								

55

5		7						9
	8				2	1	7	
	1			6				4
	9			3				
		1	7		9	3		
				4			6	
8				5			2	
	7	6	2				9	
4						6		8

56

5					9		6	2
8	7			5			3	
1				4		5	2	
3			9		6			1
	8	4		2				3
	1			6			4	7
7	4		8					9

57

5		6	4			1		8
			8					
7		9	3			2		4
						3	7	9
2	1	3						
8		5			4	7		2
					5			
3		1			2	9		6

58

3	5		2					6
				3				2
			1		6			
		1		7		5		9
	8		6		4		7	
6		7		1		2		
			4		5			
1				6				
7					1		3	8

59

	6		2		1		9	
		9				5		
1	2						6	8
7			4		3			2
3			8		6			4
4	9						8	6
		8				2		
	1		7		8		4	

60

4			1		3			9
		2	8		6	3		
1								8
	1			5			3	
2				7				5
	7			6			2	
6								3
		1	6		5	9		
5			7		2			4

61

3		1				2		9
			1		6			
5	4						8	1
			6	1				
2			9		5			3
				4	2			
1	9						3	5
			4		8			
4		2				8		7

62

	9	3			6		8	
			4			3		2
				1				9
				5		2		3
	3	7		4		1	6	
4		2		3				
3				8				
5		9			2			
	6		3			4	2	

63

2		7	9			6	3	
3	1				4			
6			1					
		4	5		9	8		
				2				
		2	8		7	9		
					1			5
			3				2	7
	9	3			5	1		8

64

2	5			8			6	4
		3	6		2	9		
	3	9				6	2	
			3		7			
	6	1				4	5	
		6	4		9	7		
3	7			5			9	2

中级篇：过关斩将

1

	5			6				
1	2		8					
		9	7			6		
	7				3			
5	9						7	2
			4				5	
		3			1	5		
					6		1	7
				2			3	

2

9			2					
8			3					4
	3	5	9		6			
						8	7	
	6						3	
	5	7						
			8		3	6	4	
3					2			5
					1			2

3

	6						2	7
			5	1				
7			8					9
5	4			7				
			4		8			
				3			8	2
3					2			1
				6	3			
6	9						3	

4

	1	9	2			5		
7				8		3		
	4		5					
3								
	2		1		7		8	
								1
					4		5	
		5		1				6
		2			6	7	9	

5

		9						2
			3	1		8		
2		8	6					
	5			2				1
			4		8			
6				9			4	
					6	4		3
		7		8	5			
1						2		

6

8				4		1		3
			5			7		
1	3							
			2		6		8	
5								4
	2		4		7			
							3	1
		2			4			
6		4		7				5

7

3			1					4
							9	
		2			9		3	
1			2			7		
		3				8		
		8			6			1
	1		4			2		
	5							
4					7			8

8

		1	9		5			
	9		2			6	8	
							4	9
				4		5		1
7		8		5				
5	6							
	4	3			8		7	
			1		6	4		

9

8					5		9	3
4						1		
	5				2			
9		8		1				
			6		7			
				2		4		7
			3				2	
		4						8
3	1		5					9

10

	4	5						
				2		7	9	
		6		3				4
					2	5	3	
	1						4	
	5	9	6					
4				1		3		
	6	7		9				
						4	8	

11

		8					1	3
			6			5		
1		7		9				
	5				3		6	9
3	2		4				7	
				5		8		4
		5			6			
8	4					6		

12

			7	3		2		
	2			5			8	
7			4					
						6		5
6	3						4	7
1		8						
					9			3
	9			2			6	
		5		7	6			

13

3		2			8			
9	5				6			
				3	1	4		
						2	3	
8								9
	6	7						
		6	5	7				
			1				8	5
			2			9		1

14

								8
		3	9	7				
6				3			2	
8			2				7	
	7	9				2	4	
	1				7			9
	6			5				4
				4	2	9		
5								

15

						3		
			9				7	
		9		5			8	1
4	1				6			
	6			7			2	
			2				5	4
1	4			3		2		
	8				2			
		5						

16

		5	4	3			1	
1					2			
7								9
	8						2	
3								6
	2						3	
2								8
			9					7
	4			8	1	5		

17

		2		9				
	8		6					1
				1		6	8	
7								
	5		2		6		4	
								8
	6	9		7				
5					9		3	
				3		7		

18

	1				8	4		7
9	5							
		8		1				
	8	2						
7			4		6			8
						6	2	
				5		7		
							8	2
5		3	2				1	

19

	6						2	7
			5	1				
7			8					9
5	4			7				
			4		8			
				3			8	2
3					2			1
				6	3			
6	9						3	

20

8				4		1		3
			5			7		
1	3							
			2		6		8	
5								4
	2		4		7			
							3	1
		2			4			
6		4		7				5

21

3			1					4
							9	
		2			9		3	
1			2			7		
		3				8		
		8			6			1
	1		4			2		
	5							
4					7			8

22

8			6					
2								6
1	6			4		7		
6				7		9		
			2		8			
		4		9				1
		7		5			4	8
9								3
					1			2

23

		8					3	
2		9		6				
5			1		3			4
8					4	9		
		3	6					8
3			5		7			9
				1		6		2
	4					5		

24

3						2	7	
				5		1		
			8	6			4	3
4		3	2				5	
								1
6	8				7	3		
7	3			1	8	5		
		2		7				
	4	1						7

25

						3		
				2	8		6	9
			9				1	
		9	2				7	8
			7		1			
8	6				5	4		
	8				2			
1	2		5	6				
		4						

26

			5	6	7			
		1						4
						8	9	
	5		9				1	
3	9						7	2
	2				8		5	
	7	9						
8						6		
			4	2	3			

27

		4					8	7
					6			3
				7	2	5		
			5		3			9
2								4
6			7		1			
		3	2	5				
5			9					
7	8					1		

28

	4				6			
			1	2				5
		8		3				7
	7		2		5			
	9						1	
			3		8		4	
1				4		9		
2				5	3			
			7				6	

29

	7					6	9	1
					9		3	
			6	7	5			
				9				4
		6				2		
8				3				
			8	4	2			
	3		9					
9	1	2					7	

30

							3	
4	5	6						
			8	5	2			
		8			7			5
	1	9				7	6	
2			6			9		
			2	9	3			
						1	4	8
	7							

31

				9	1		3	
							4	2
8			5	2				1
2								6
			9		7			
1								5
5				1	3			9
4	6							
	7		4	8				

32

	8	9					5	
						1	3	
			5	7	4			
2			3	8				
6								5
				5	9			4
			1	2	6			
	5	3						
	6					8	7	

33

			9					8
9	2		6	7	3			
1								
					5			9
4	6						3	5
8			2					
								1
			5	3	8		6	7
5					4			

34

				5			8	
7			1			9		
6			4			3		
	1			9			5	
	8						7	
	6			2			4	
		9			6			8
		5			3			2
	4			1				

35

						9	3	6
	5	7						
			2	4	8			
6							2	7
			9		1			
2	3							8
			3	7	5			
						2	6	
4	1	5						

36

					8			3						
5						7	2							
2			6		7	9	8							
7	9				2									
	4	1				3	6							
			8				9	7						
	2	8	7		5			9			4	8		
	7	5					1	8		3		6		
3			9								8	3		1
						7						2	5	9
								3				4		
						5	4	1						6
						3		4	5					
								7		6			8	3
								2	9					4

37

3				8			1	7						
			6	9	2	4	5							
7		1			3		8							
9				5				4						
	8		9			5		1						
	2	4	8	6	1					4	1	6		
1	7			2				5	2				7	
											5	3		9
								3	6				4	5
							2			5			1	
						7	5				8	9		
						4		1	3					
							3				9	1		
								6	4	1				

38

6			2	3			9	7						
9	2			8		4								
				1		3								
						1								
	3		5	6	2		7							
		7												
		4		5					5	8				
		2		7			6	1		2		7	5	
3	8			2	9			4	3		1	2	8	
								7			4	8		5
							8						4	
						9		5	6			3		
							1	6	7		2	5		
							7	8		9		4	2	
											6			

39

7	5							6						
		9			3		8							
					1			9						
	1			4		2	7							
			1		8									
	4	5		2			9							
9			4				3							1
	8		9			1			8	5			2	
3							2	4			6			
						3	5		6	2	8			
										9				
									3	7	4		5	9
									9			7	3	
							9			6	1	2	4	
						5								

40

1	3	5	7					2						
		8						6						
	2				8		5							
			1	4	7									
6		1				4		7						
			2	6	9									
	6		5				1					6		
7						3			1				4	
5					3	9	7	4		3	8			
								1		8		9		6
									7		5			
						5		2		6		8		
									4	7		5	3	1
							2				3			9
								3					8	

41

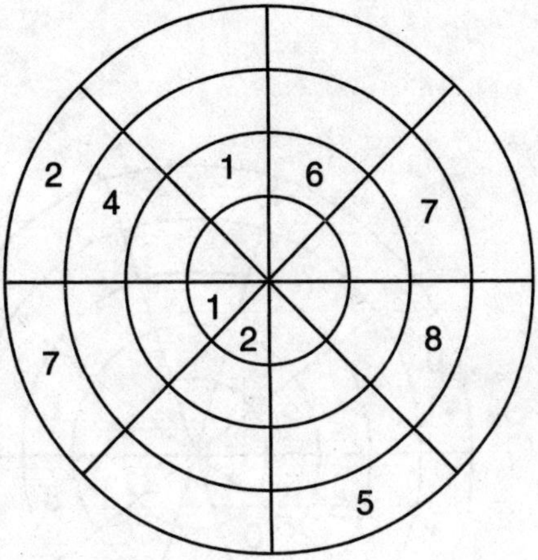

注释*：此类题目遵循两条规则：1.在每个环内必须填入数字1至8、0至9或0至11，不能重复也不能少；2.每个扇形区域中的数字必须均为偶数或是奇数。

42

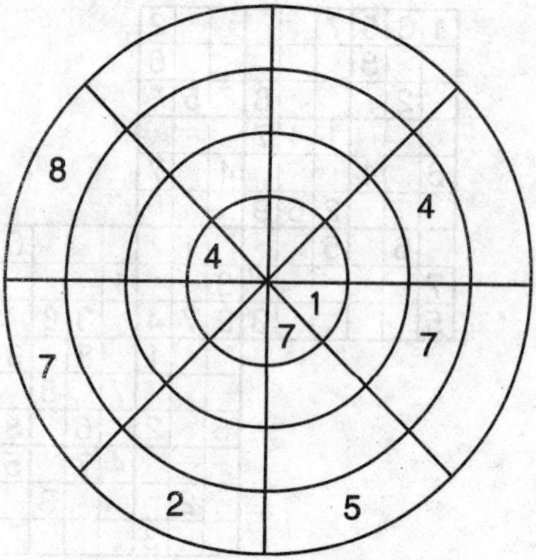

43

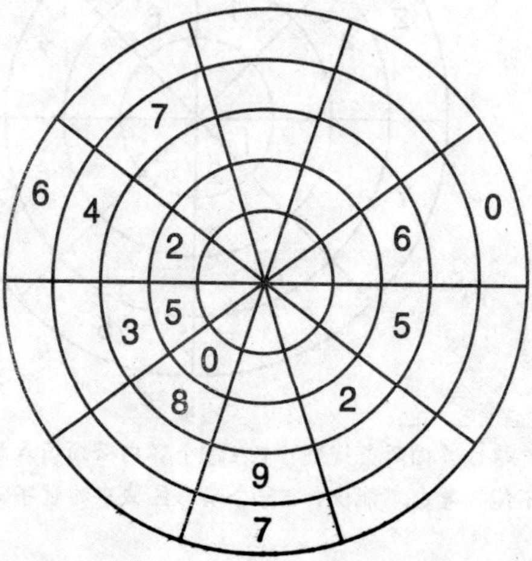

44

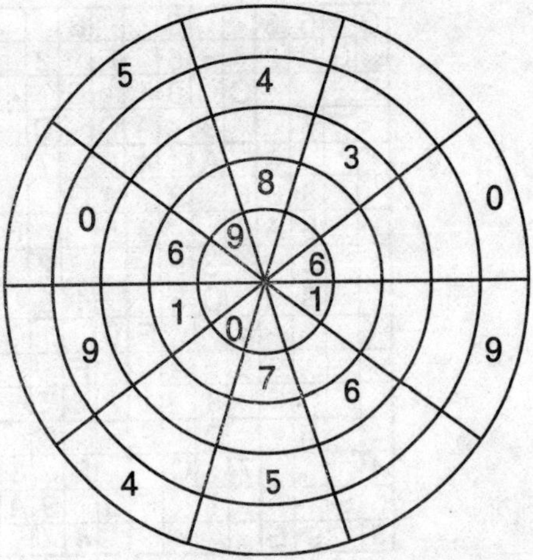

45

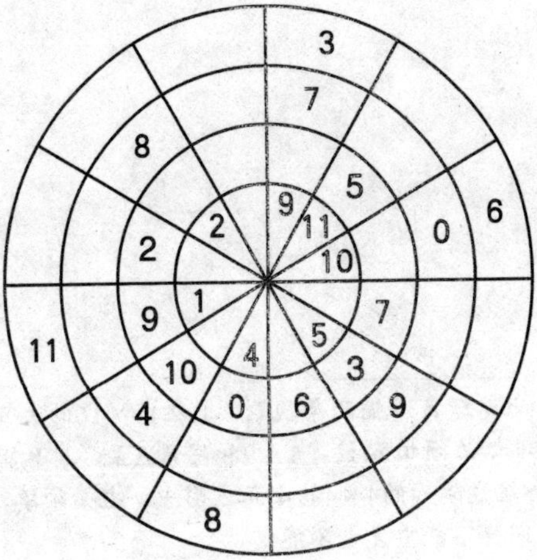

46*

C		5	3			G			B			A	D		8
	G		2		6	5		F		3		C		9	
B				C		8			E		4				5
		7			3		A	C		D			B		
			6		A		4	8		7		G			
		3	B	6		2		A	G		1	8	4		
		8	A	9			3	6			B	D	2		
		C			G	F				2			3		
		B			C	3			1	5			A		
				4			E	9			D	5			
			9	5		A			F			E	C		
			F		9		1	2		E		6			
		1			D		8			C			F		
4				7		C			2		3				6
	8				1		F	G		9	A			D	
3		9	E						4			2	7		G

注释*：此类题目遵循两条规则：1.在16×16的大正方形中，每一行和每一列都必须填入数字1至9和字母A至G，不能重复也不能少；2.在每个粗线隔开的4×4的小正方形中，也必须填入数字1至9和字母A至G，同样不能重复也不能少。

47

C	5					6	2	4	B					8	G
		9			C	4			2	E			7		
		B			9					7			D		
		6			D	A	3	1	C	F			E		
F	C		E				1	3				B		7	8
			9	3	B		5	2		8	F	E		D	
	B			F							5			2	
7			3	8		E					4	F	C		6
9			6	2					F		3	7	G		A
	3			C							2			1	
	2		B	7	5					D	1	3		9	
8	1		A				G	C				D		E	5
		A			G	3	B	F	5	4			8		
		G			A					2			3		
		8			1	2			9	3			F		
3	E					8	4	G	D					5	1

48

A			D			F			B			C			5
		7	2		9		5	8		1			B		
B			E	1		C			A		6	2			4
9	3													A	D
	B	A			4		E	1		6			C	5	
		1	7	6		B			9		C	A	4		
C			3	A	7				5	E	B	F			
	G			9	5					A	D			3	8
	A			B	E					G	3			4	2
				7	2				6	9	8				B
		B	F	8		G			2			6	5		
	2	5			A		9	7					E	F	
3	C													1	6
F			B	E		2			1		4	5			
		6			F	3	A	D		2		4	8		
G			9			7			8			D			A

49

		7	1		G	8			D	3		5	B		
	8		F	4	7					E		2		D	
D	6									2	G	4		A	C
		2				D	6	F	4				1		
		3		7			8	4			9		C		
	9			G	A	5			F	B	C			3	
8			6		F		B	2		D		E			5
				E		2	C	8	1		3				
				2		E	F	1	7		4				
E			8		5		7	B		A					2
	2			8	C				5	9				1	
		G		D			9	C			F		E		
		4		5		C	1	E					7		
G	E		5									1	2	C	3
	B		3		2						5	D		4	
		1	7			9			A			F	6		

50

		6	E				A	8				D	4		
	8				C	1			7	4				E	
	1	B	G	D	5						E	7		C	
9			A	8			B	3			1	6	G		F
	B				3		D	4		6				7	
E		8				G			2				1		C
		1	4				5	7		9		2	F	G	
F	G			A	8					5	C			D	6
B	4			E	1					F	5			6	8
	C	9	5				2	D		7		F		B	
7		E				9			A				C		D
	6				F		C	E		G				A	
6			7	4			E	C			2	3	5		G
	E	C	D	5	7						9	A	B		
	9				2	F			5	D				8	
		5	8				3	G				C	D		

51

						1		
		2		7		8	9	5
			8	4	9			
8			6					
3								7
					5			4
			9	3	2			
4	1	3		5		6		
		5						

52

			4				2	
			6	1	3			
	5	9					4	
4				2				1
3								8
7				8				9
	2					6	7	
			5	4	8			
	4				7			

53

						8	2	
			7	8	6			
3								4
		4				5		8
		7	4		9	6		
2		1				3		
4								7
			2	1	5			
	6	8						

54

	3					5		
9	4	1					2	
			6	3	2			
				4		7		
8								2
		3		1				
			5	6	9			
	7					4	6	3
		6					8	

55

		6	1		8	7	2	
				9				8
	5		6		4			9
	2						3	
3			8		7		6	
1				5				
	9	7	3		6	4		

56

							2	
			6	8	1			7
4	7	9						
		5			9			
	4	6				8	7	
			3			4		
						5	6	1
3			4	2	5			
	9							

57

		7						5
		8				9	4	
			6	1	3			
1	9							
8			5		7			3
							5	2
			9	2	8			
	5	4				7		
3						6		

58

					4		6	
		4	7				8	
		5		9			1	
2			4					7
6								1
1					3			4
	7			1		5		
	9				6	2		
	3		8					

59

5			1		8		7	
						6		
4	3	9						
				9		8	4	
		7				2		
	1	4		5				
						7	5	3
		2						
	5		7		6			2

60

		1				9		
		2						6
8			7	3	2			
6		3						4
			2		1			
5						2		8
			9	4	5			3
9						7		
		8				6		

61

		8	7					6		1					9
			4				E						A		D
								D	A	F	E	3		B	C
							5		2	B					
E		D		2			B		8	A					
C		9		E	F	6			1	4					
				8		1		5			2				
4		3	F			7							D		
	F	A	3			9	G	E		8	7			5	
1			8			B			D		6				
5	7	E			4	C	F	A					G		
		B		5	2	3			G						
8			9								3				A
			A	C					4				2	6	
			2				3			7				8	E
	6	7	5	9	8						1			3	

62

					5		9	
		6	1					3
	1	4	8	9				
9	6							
				2				
							7	2
				1	8	6	4	
7					9	2		
	2		3					

63

	1							8
6	3					4		
		5	7			6		
			6				3	
			2	3	9			
	5				1			
		8			4	3		
		2					9	5
9							2	

64*

	P					E	A	
		R			S			
A		D		O	P		T	
E	R	I		S				
					O	D		
					A		I	E
T		O					P	I
			P					
					D		S	R

注释*：此类题目需要在每个格子里填上字母S、P、A、R、D、E、I、O和T，使得这九个字母在每一横行、每一竖行以及每个3×3的小正方形中分别出现一次。

65

			3		4									
5				1				3						
7	2						8	1						
1	3		9		5		7	4						
2	9		4		8		5	6						
9	7						3	2	1			7	4	6
8				7		5		9		6				
			8		9					2		9		
									9		2			1
							6	8				3	9	
						7			6		8			
								4		8		5		3
						1				9				2
						3	8	5						

66

		3		4		6								
			2		7		1							
				6		4	8							
	3		8			7		1						
		5				3								
2		7			3		4							
	8	6		1			5			8			1	
	9		3		2	1		8		3	9	7		
		2		8							7	2		
							1	2	8	4				3
										9				
						3					5	4	6	
								1	3					4
						6		5	4	7		8		2
							2			6			7	

高级篇：成熟高手

1*

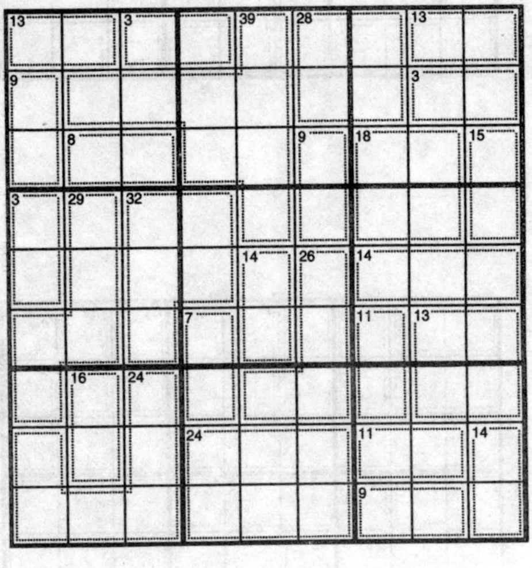

注释*：此类题目遵循三条规则：1. 在9×9 的大正方形中，每一行和每一列都必须填入数字1至9，不能重复也不能少；2. 在每个3×3的小正方形中，也必须填入数字1至9，同样不能重复也不能少；3. 每个虚线隔出的区域中的数字之和等于该区域右上角或左上角给出的数。

2

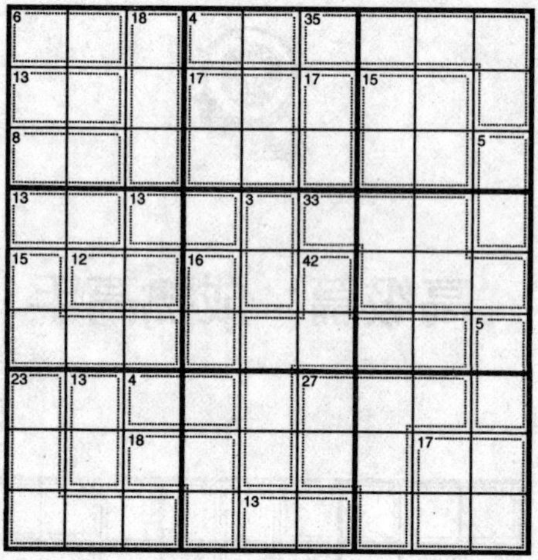

3

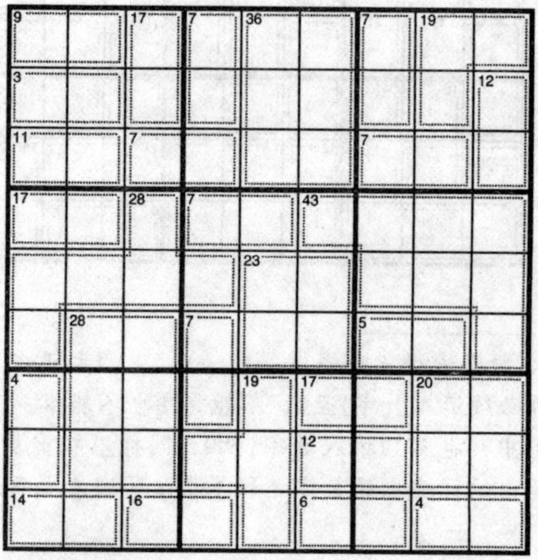

4

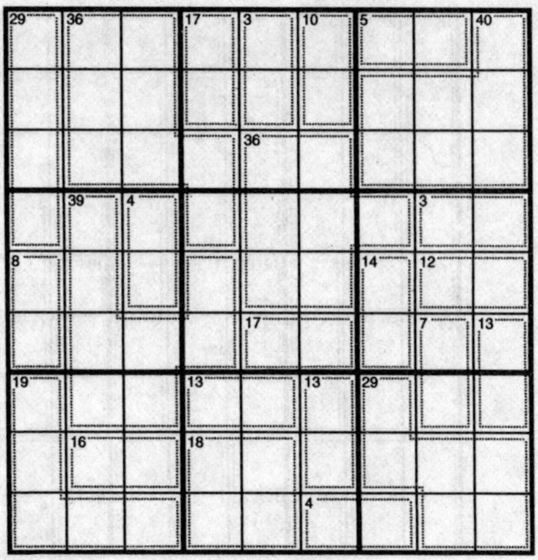

5

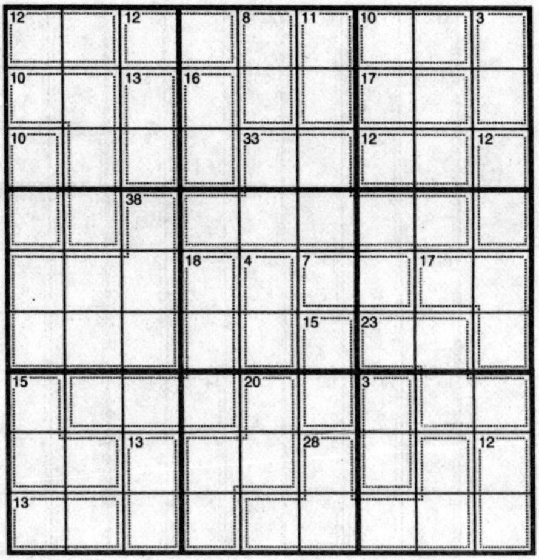

6

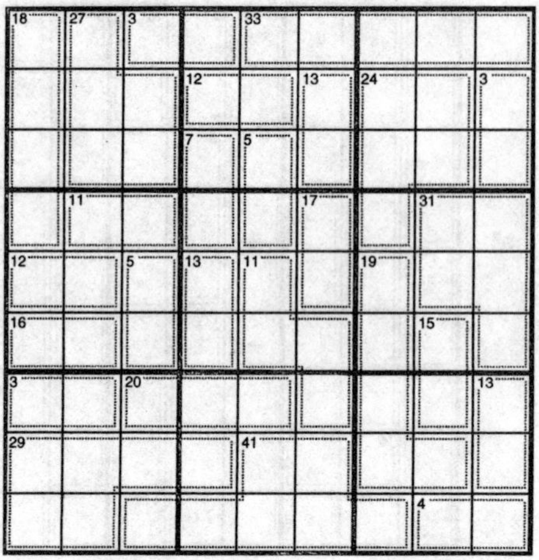
18 27 3 33
12 13 24 3
7 5
11 17 31
12 5 13 11 19
16 15
3 20 13
29 41
4

7

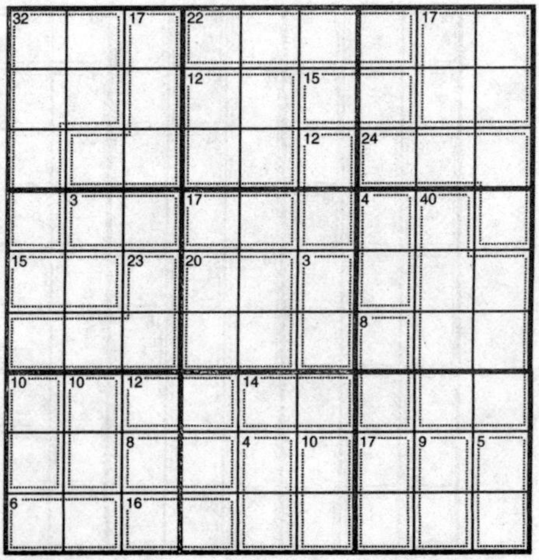
32 17 22 17
12 15
12 24
3 17 4 40
15 23 20 3
8
10 10 12 14
8 4 10 17 9 5
6 16

8

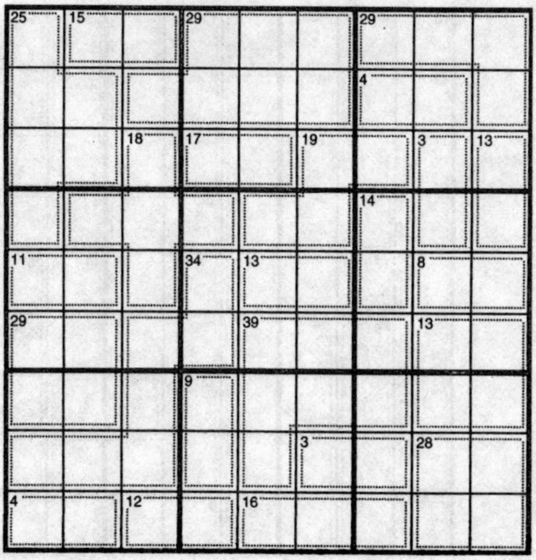
25
15
29
29
4
18
17
19
3
13
14
11
34
13
8
29
39
13
9
3
28
4
12
16

9

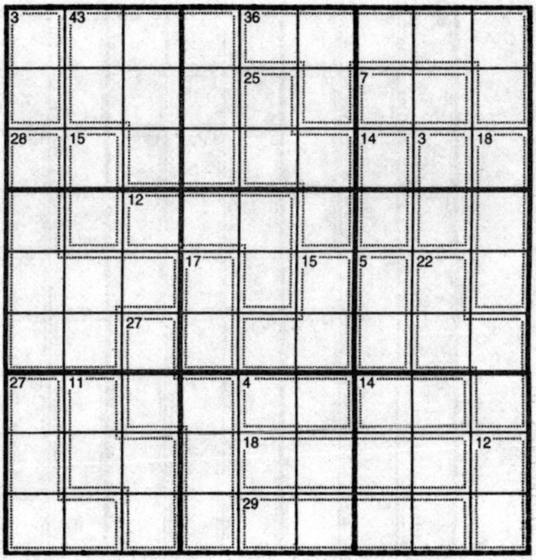
3
43
36
25
7
28
15
14
3
18
12
17
15
5
22
27
27
11
4
14
18
12
29

10

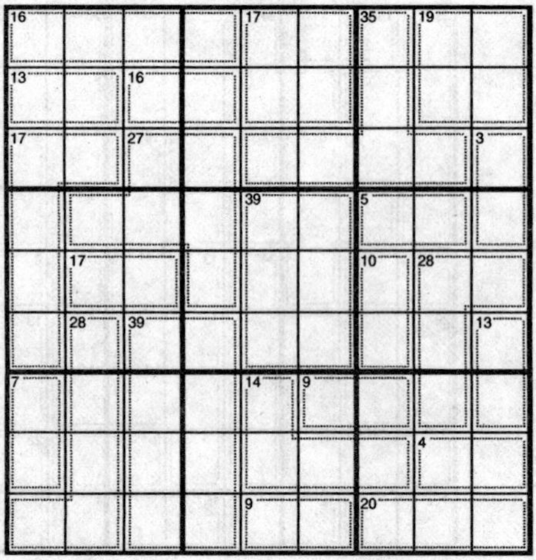
16 17 35 19
13 16
17 27 3
39 5
17 10 28
28 39 13
7 14 9
4
9 20

11

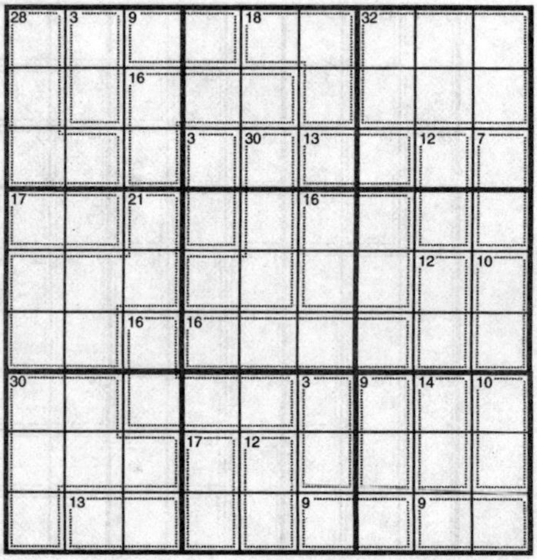
28 3 9 18 32
16
3 30 13 12 7
17 21 16
12 10
16 16
30 3 9 14 10
17 12
13 9 9

12

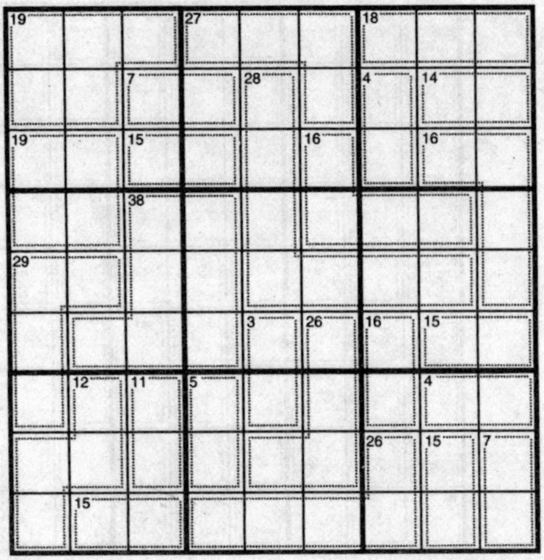
19 27 18
7 28 4 14
19 15 16 16
38
29
3 26 16 15
12 11 5 4
26 15 7
15

13

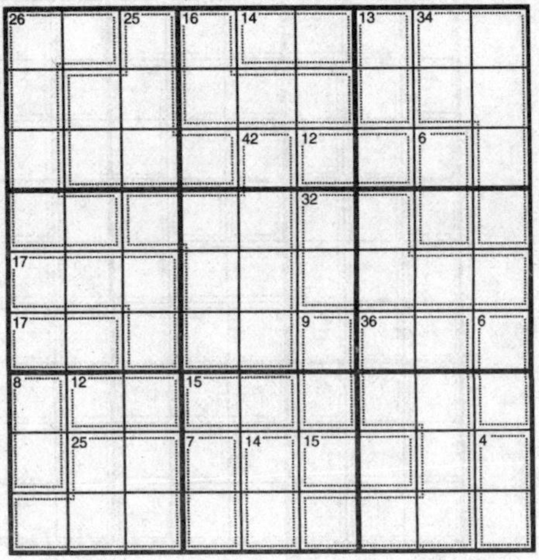
26 25 16 14 13 34
42 12 6
32
17
17 9 36 6
8 12 15
25 7 14 15 4

14

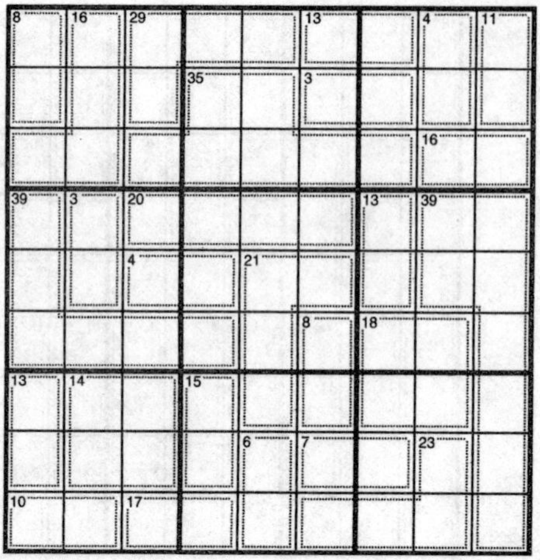
8 16 29 13 4 11
35 3
16
39 3 20 13 39
4 21
8 18
13 14 15
6 7 23
10 17

15

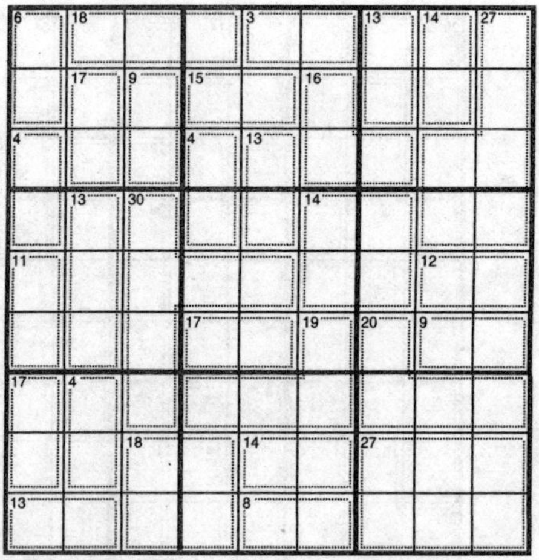
6 18 3 13 14 27
17 9 15 16
4 4 13
13 30 14
11 12
17 19 20 9
17 4
18 14 27
13 8

16

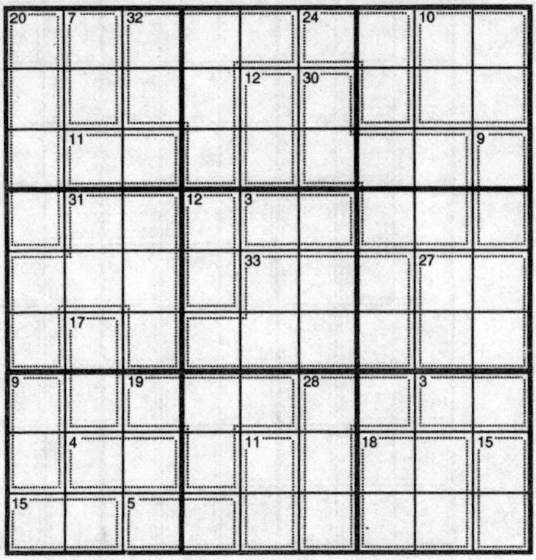
20 7 32 24 10
12 30
11 9
31 12 3
33 27
17
9 19 28 3
4 11 18 15
15 5

17

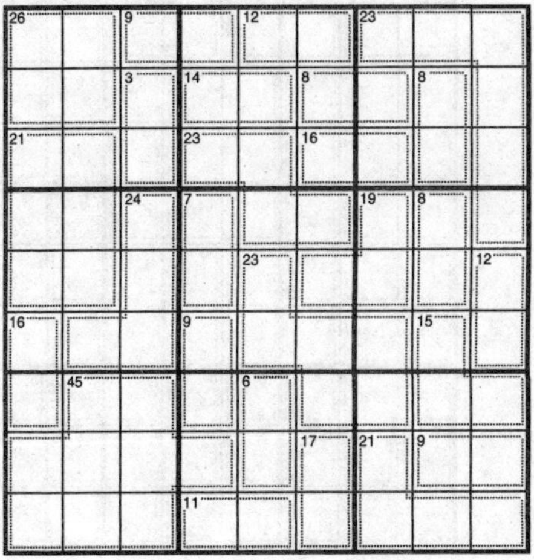
26 9 12 23
3 14 8 8
21 23 16
24 7 19 8
23 12
16 9 15
45 6
17 21 9
11

18

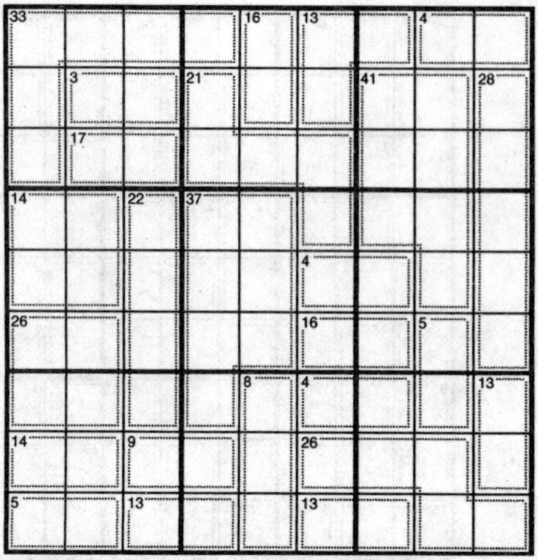
33 16 13 4
3 21 41 28
17
14 22 37
4
26 16 5
8 4 13
14 9 26
5 13 13

19

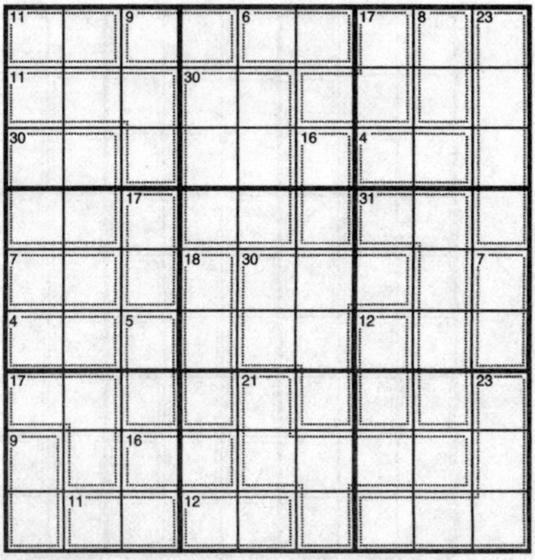
11 9 6 17 8 23
11 30
30 16 4
17 31
7 18 30 7
4 5 12
17 21 23
9 16
11 12

20

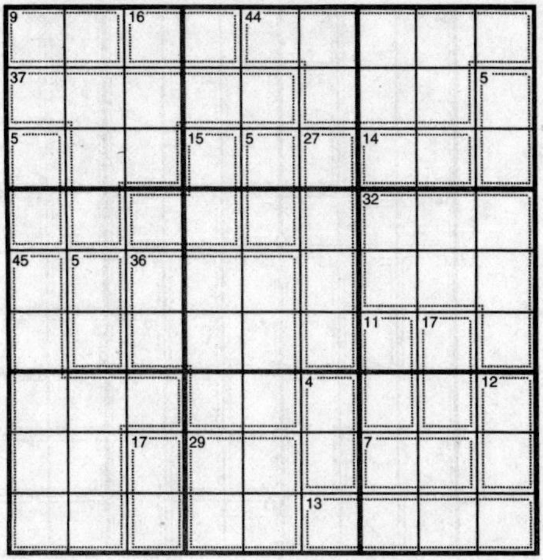
9
16
44
37
5
5
15
5
27
14
32
45
5
36
11
17
4
12
17
29
7
13

21

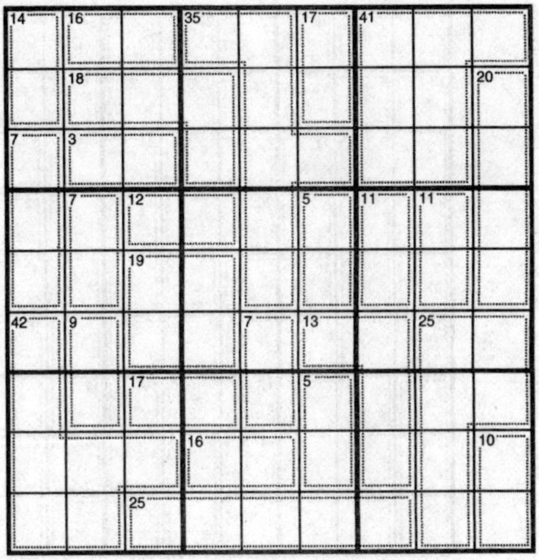
14
16
35
17
41
18
20
7
3
7
12
5
11
11
19
42
9
7
13
25
17
5
16
10
25

22

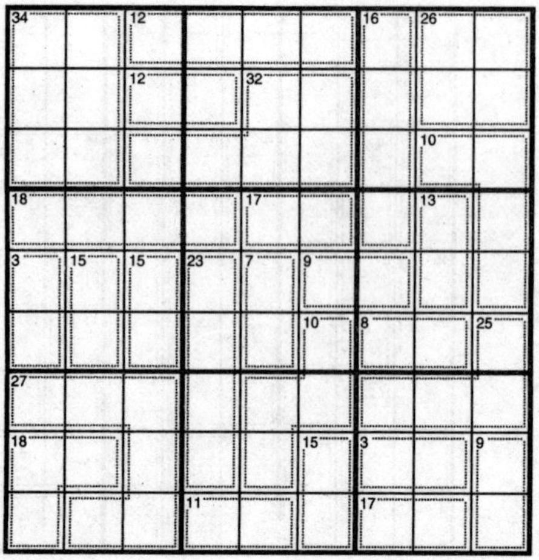
34 12 16 26
12 32
10
18 17 13
3 15 15 23 7 9
10 8 25
27
18 15 3 9
11 17

23

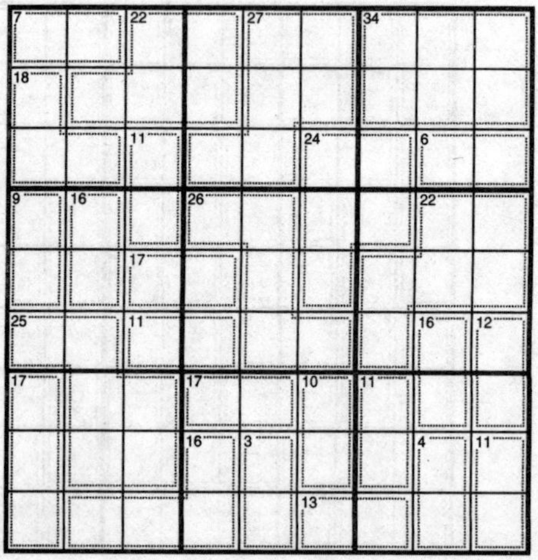
7 22 27 34
18
11 24 6
9 16 26 22
17
25 11 16 12
17 17 10 11
16 3 4 11
13

24

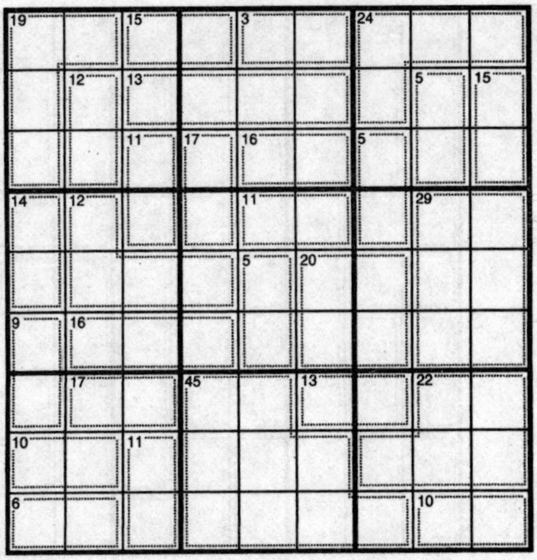
19 15 3 24
12 13 5 15
11 17 16 5
14 12 11 29
5 20
9 16
17 45 13 22
10 11
6 10

25

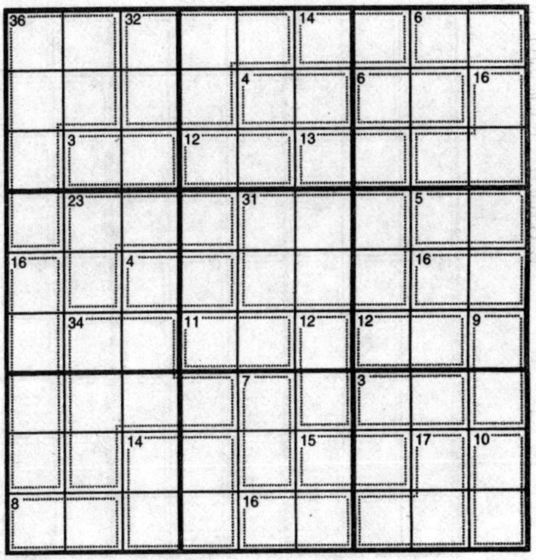
36 32 14 6
4 6 16
3 12 13
23 31 5
16 4 16
34 11 12 12 9
7 3
14 15 17 10
8 16

26

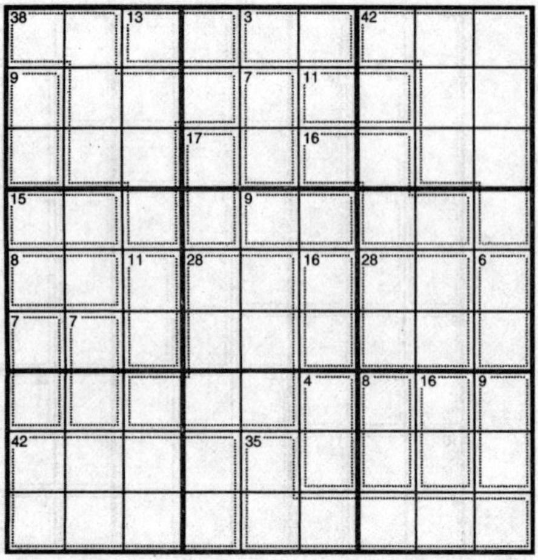

27

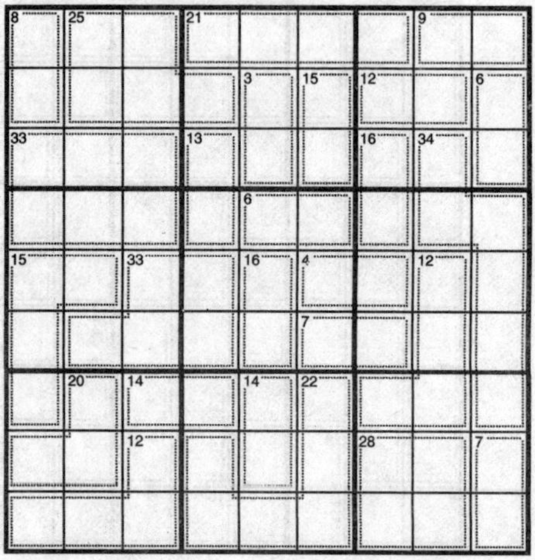

28

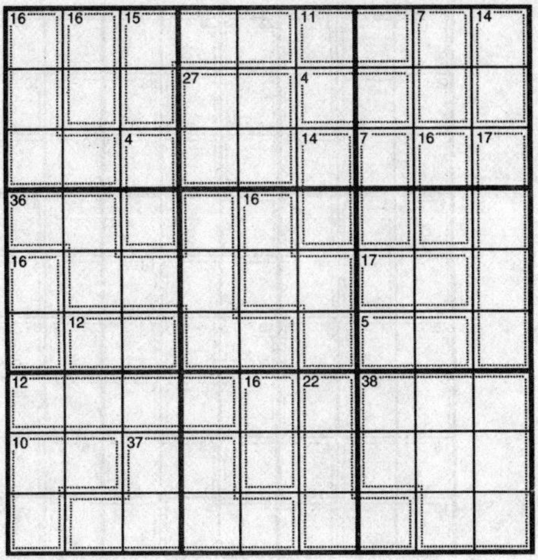

29

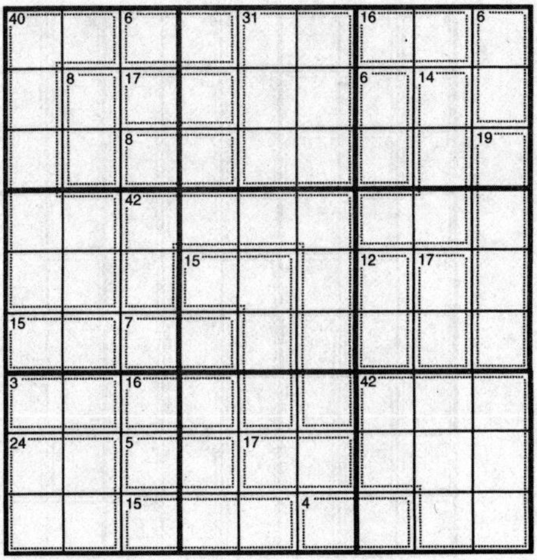

30

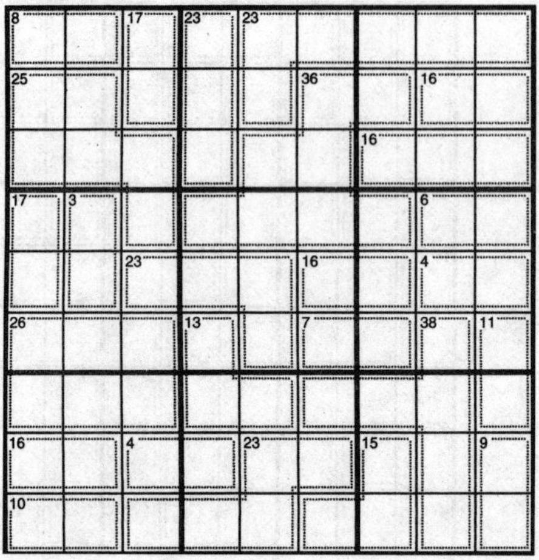
8 17 23 23
25 36 16
16
17 3 6
23 16 4
26 13 7 38 11
16 4 23 15 9
10

31

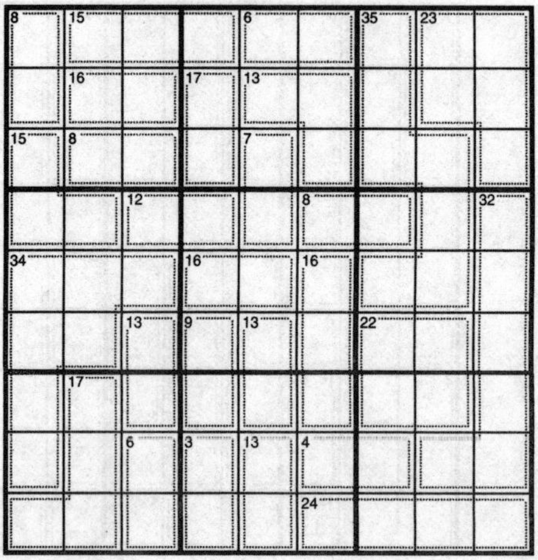
8 15 6 35 23
16 17 13
15 8 7
12 8 32
34 16 16
13 9 13 22
17
6 3 13 4
24

32

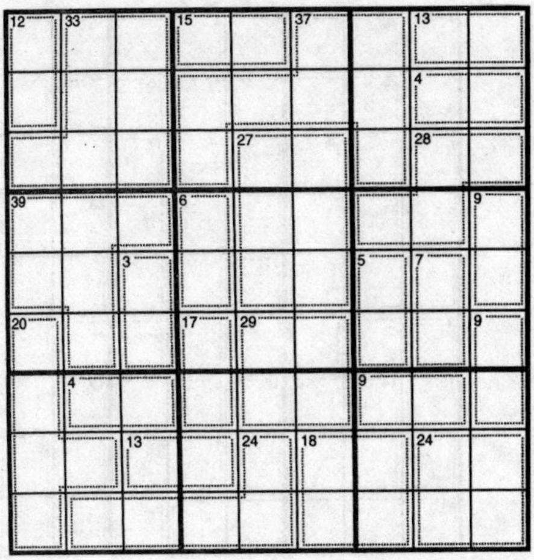
12
33
15
37
13
4
27
28
39
6
9
3
5
7
20
17
29
9
4
9
13
24
18
24

33

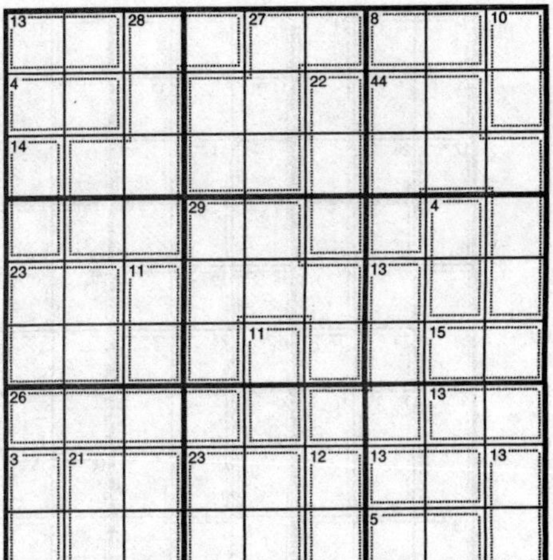
13
28
27
8
10
4
22
44
14
29
4
23
11
13
11
15
26
13
3
21
23
12
13
13
5

34

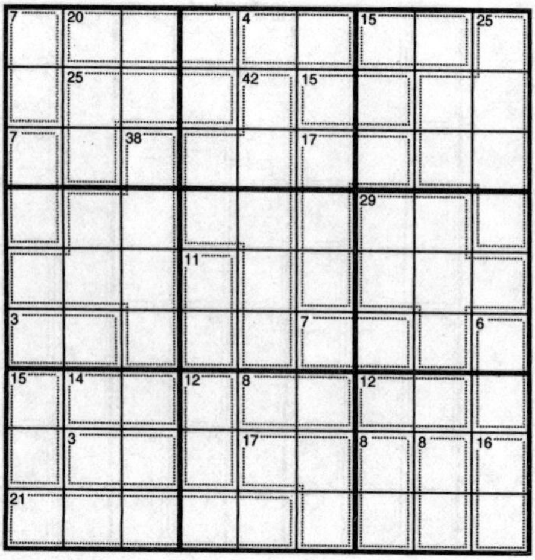
7 20 4 15 25
25 42 15
7 38 17
29
11
3 7 6
15 14 12 8 12
3 17 8 8 16
21

35

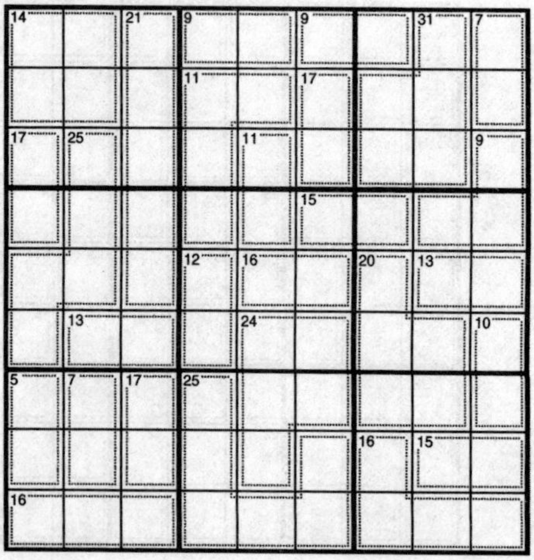
14 21 9 9 31 7
11 17
17 25 11 9
15
12 16 20 13
13 24 10
5 7 17 25
16 15
16

36

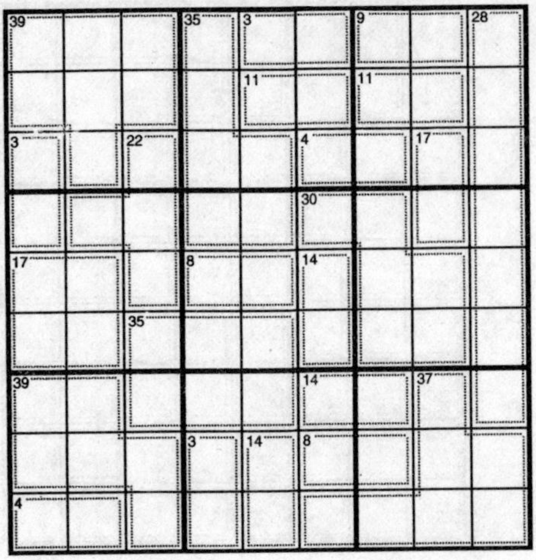

37

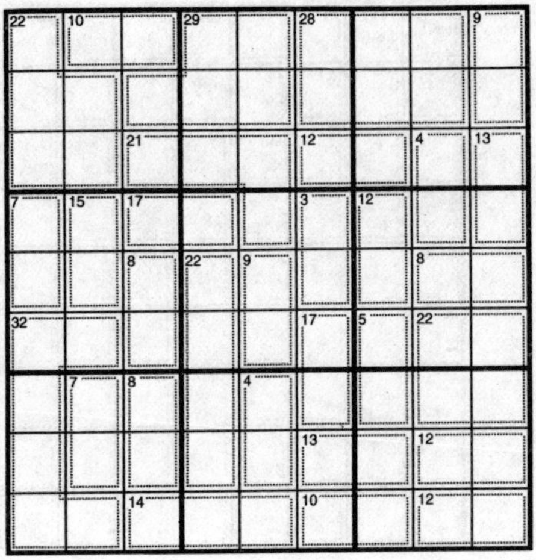

38

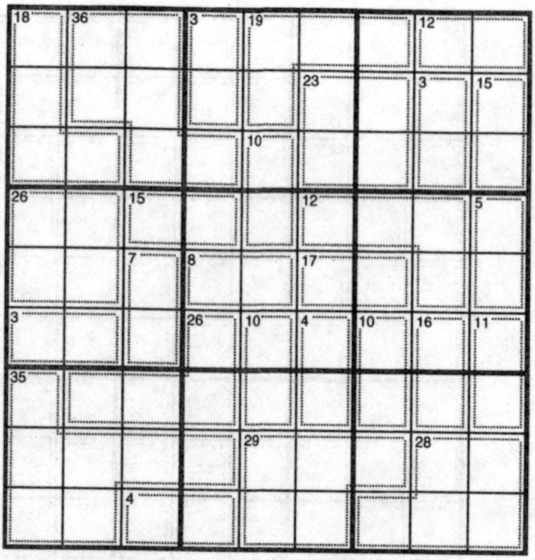
18
36
3
19
12
23
3
15
10
26
15
12
5
7
8
17
3
26
10
4
10
16
11
35
29
28
4

39

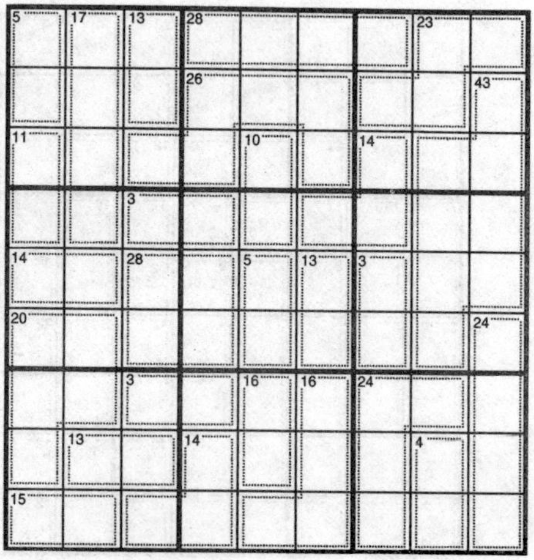
5
17
13
28
23
26
43
11
10
14
3
14
28
5
13
3
20
24
3
16
16
24
13
14
4
15

40

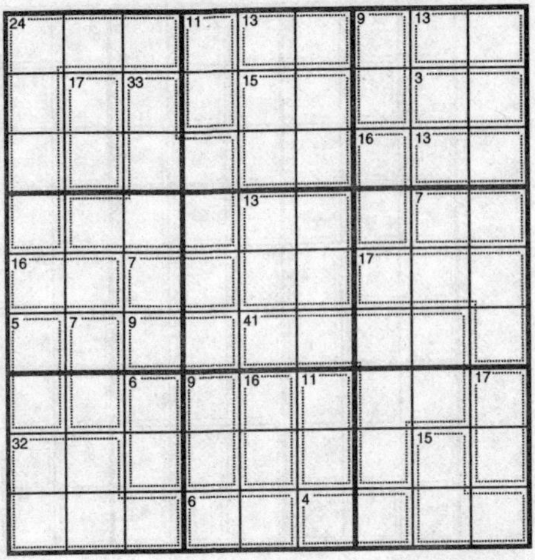

41

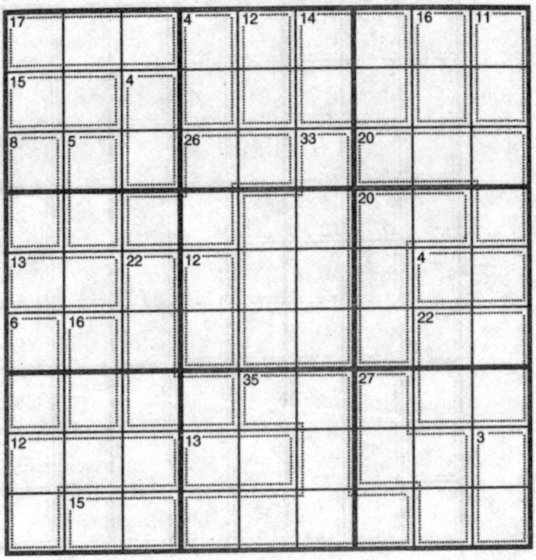

42

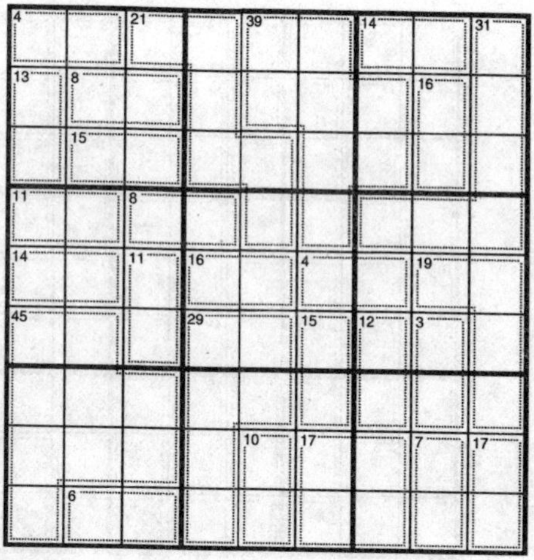
4
21
39
14
31
13
8
16
15
11
8
14
11
16
4
19
45
29
15
12
3
10
17
7
17
6

43

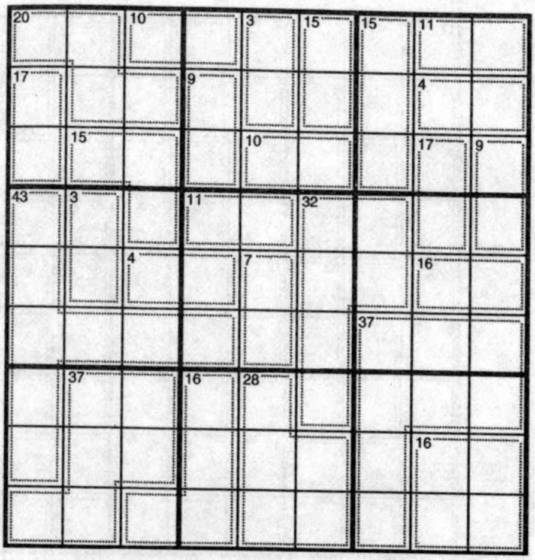
20
10
3
15
15
11
17
9
4
15
10
17
9
43
3
11
32
4
7
16
37
37
16
28
16

44

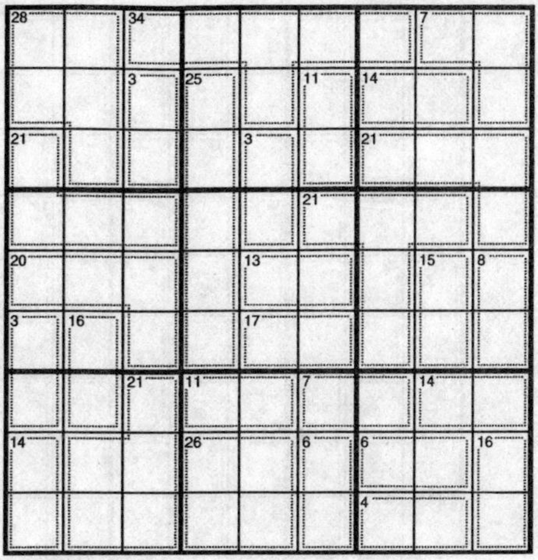
28 34 7
3 25 11 14
21 3 21
21
20 13 15 8
3 16 17
21 11 7 14
14 26 6 6 16
4

45

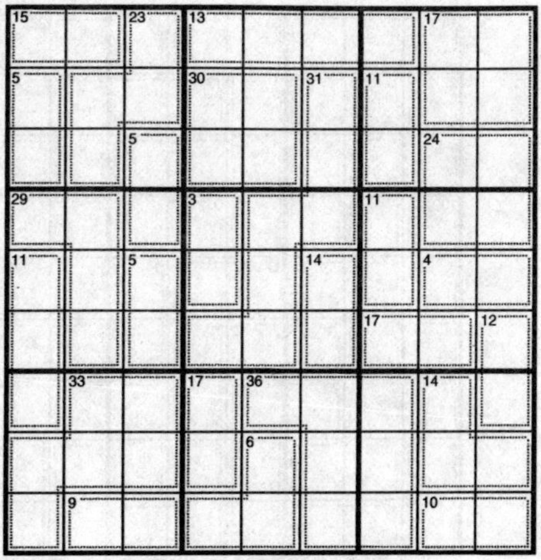
15 23 13 17
5 30 31 11
5 24
29 3 11
11 5 14 4
17 12
33 17 36 14
6
9 10

46

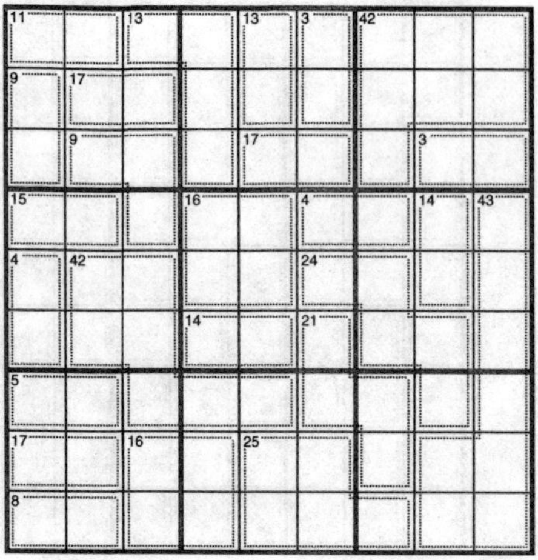
11 13 13 3 42
9 17
9 17 3
15 16 4 14 43
4 42 24
14 21
5
17 16 25
8

47

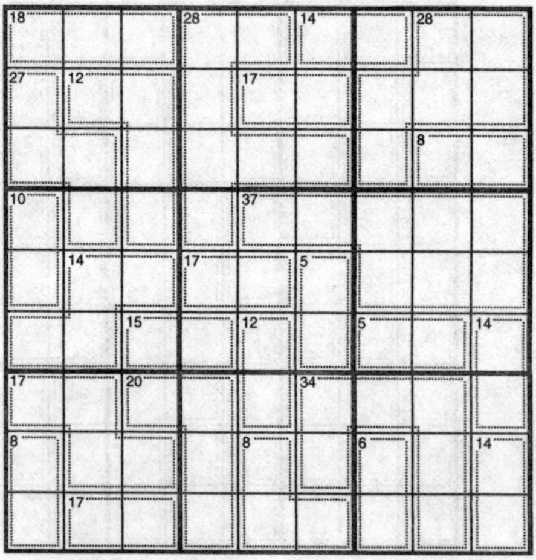
18 28 14 28
27 12 17
8
10 37
14 17 5
15 12 5 14
17 20 34
8 8 6 14
17

48

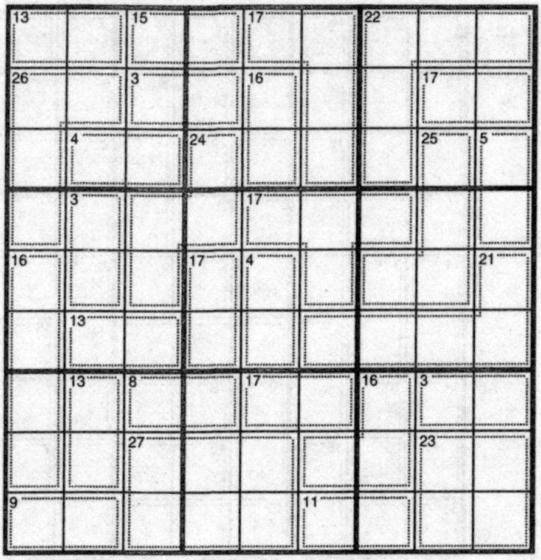

49

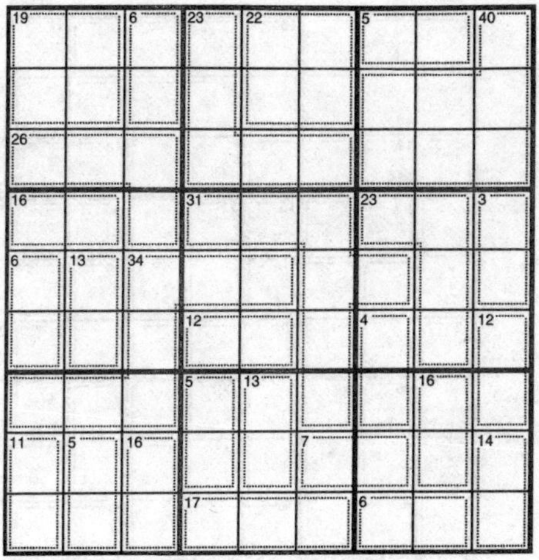

50

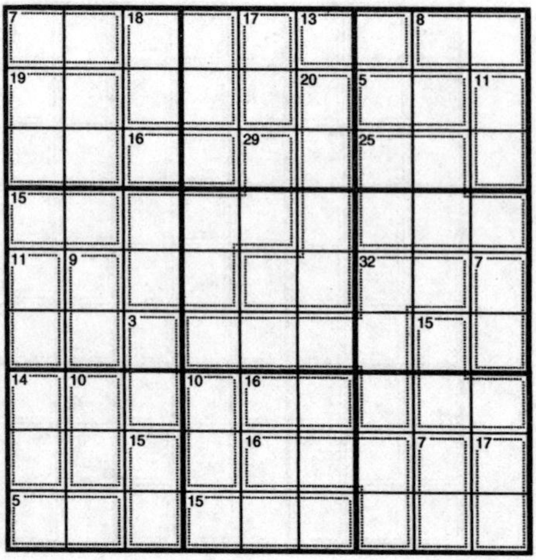
7
18
17
13
8
19
20
5
11
16
29
25
15
11
9
32
7
3
15
14
10
10
16
15
16
7
17
5
15

51

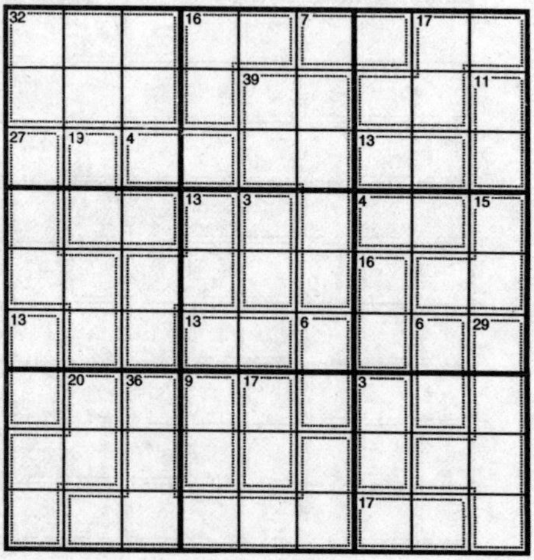
32
16
7
17
39
11
27
13
4
13
13
3
4
15
16
13
13
6
6
29
20
36
9
17
3
17

52

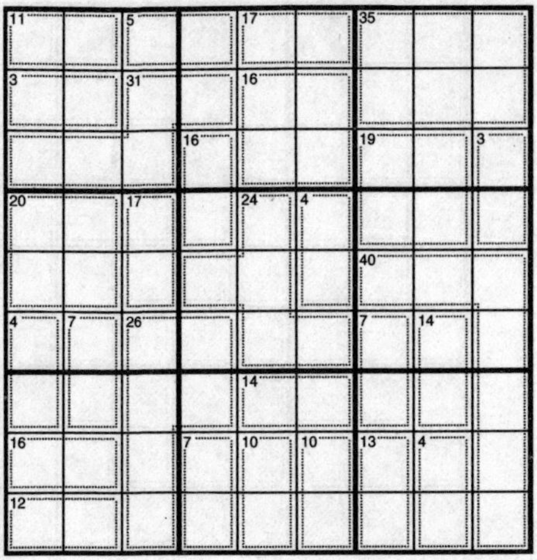
11 5 17 35
3 31 16
16 19 3
20 17 24 4
40
4 7 26 7 14
14
16 7 10 10 13 4
12

53

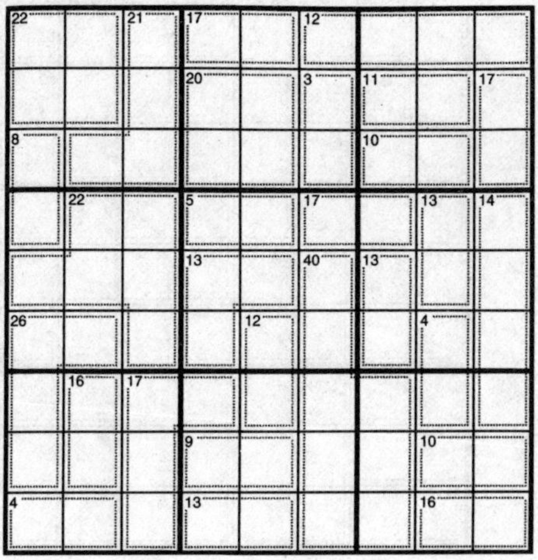
22 21 17 12
20 3 11 17
8 10
22 5 17 13 14
13 40 13
26 12 4
16 17
9 10
4 13 16

54

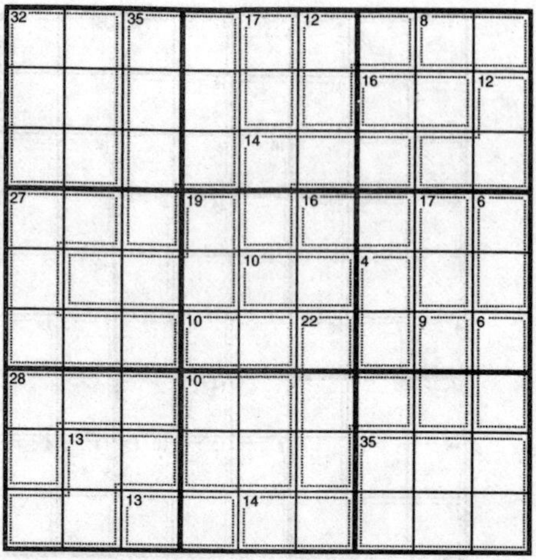
32 35 17 12 8
16 12
14
27 19 16 17 6
10 4
10 22 9 6
28 10
13 35
13 14

55

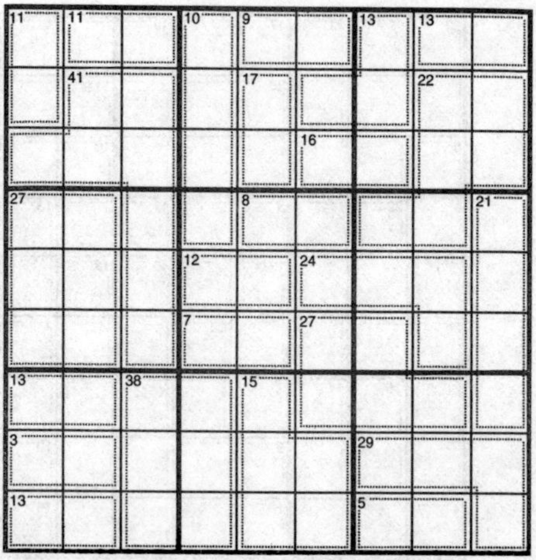
11 11 10 9 13 13
41 17 22
16
27 8 21
12 24
7 27
13 38 15
3 29
13 5

56

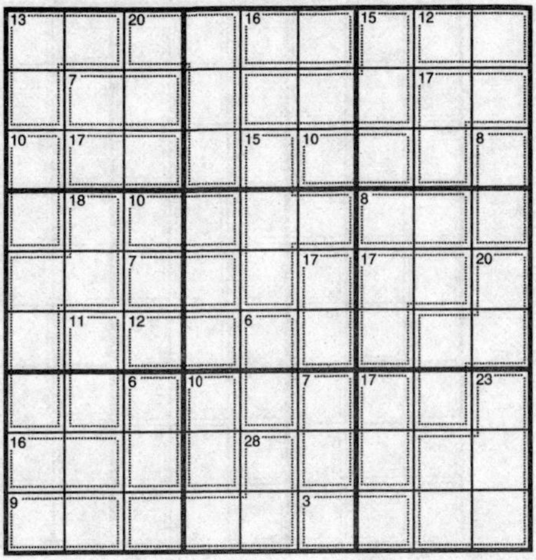

13
20
16
15
12
7
17
10
17
15
10
8
18
10
8
7
17
17
20
11
12
6
6
10
7
17
23
16
28
9
3

57

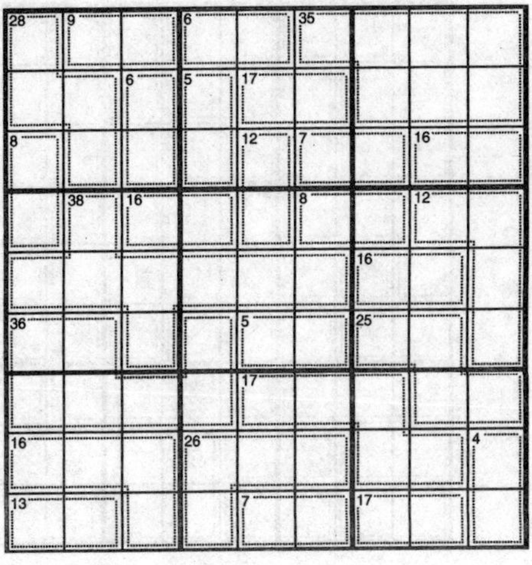

28
9
6
35
6
5
17
8
12
7
16
38
16
8
12
16
36
5
25
17
16
26
4
13
7
17

58

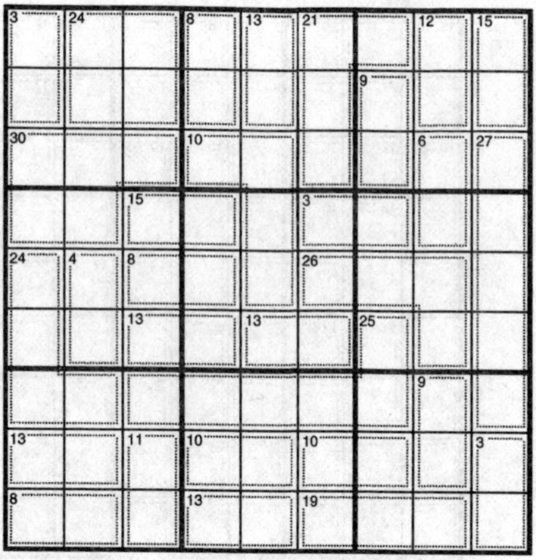
3 24 8 13 21 12 15
9
30 10 6 27
15 3
24 4 8 26
13 13 25
9
13 11 10 10 3
8 13 19

59

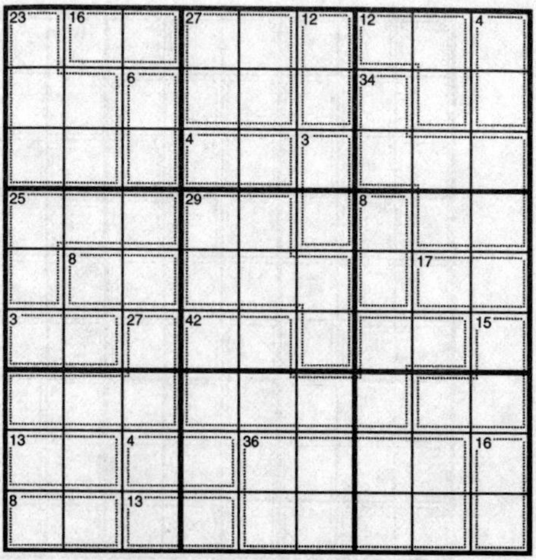
23 16 27 12 12 4
6 34
4 3
25 29 8
8 17
3 27 42 15
13 4 36 16
8 13

60

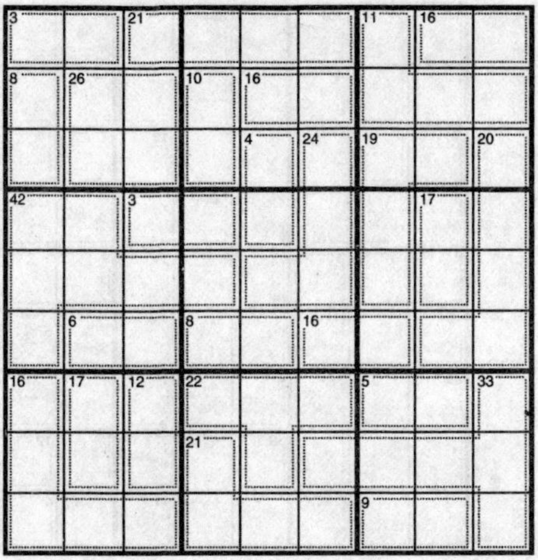

61

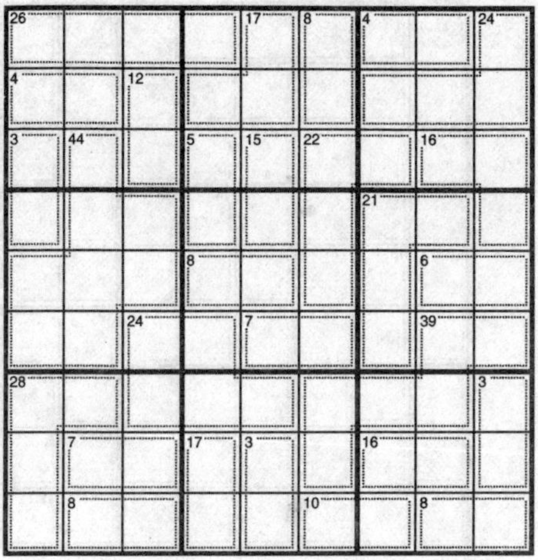

62

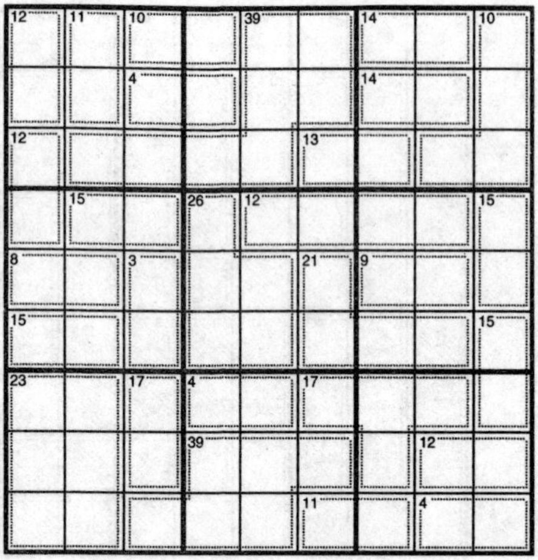
12 11 10 39 14 10
4 14
12 13
15 26 12 15
8 3 21 9
15 15
23 17 4 17
39 12
11 4

63

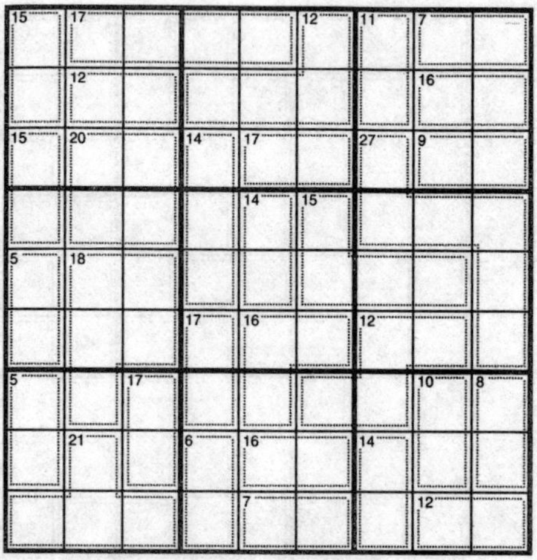
15 17 12 11 7
12 16
15 20 14 17 27 9
14 15
5 18
17 16 12
5 17 10 8
21 6 16 14
7 12

64

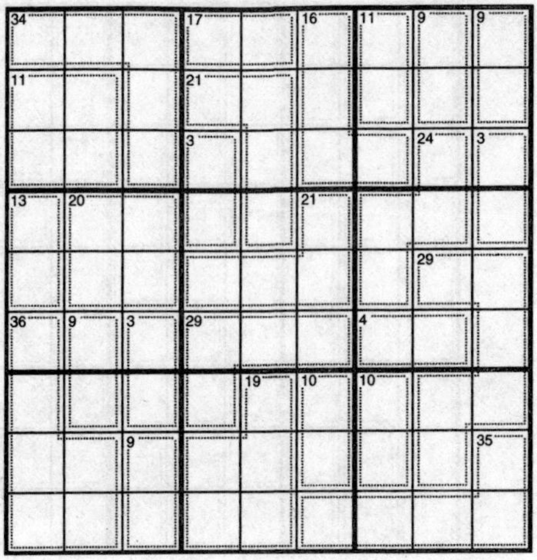
34
17
16
11
9
9
11
21
3
24
3
13
20
21
29
36
9
3
29
4
19
10
10
9
35

65

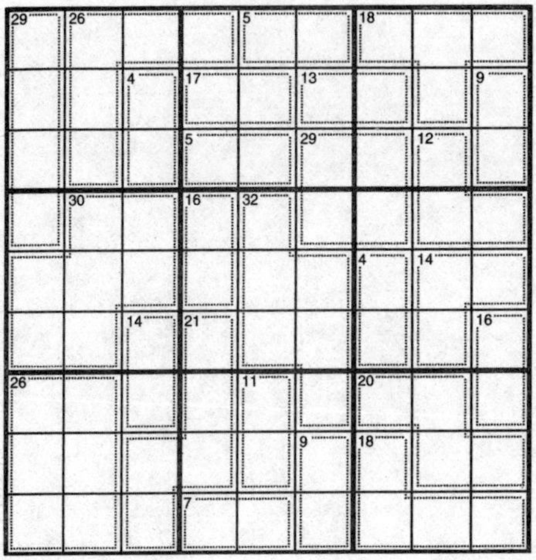
29
26
5
18
4
17
13
9
5
29
12
30
16
32
4
14
14
21
16
26
11
20
9
18
7

66

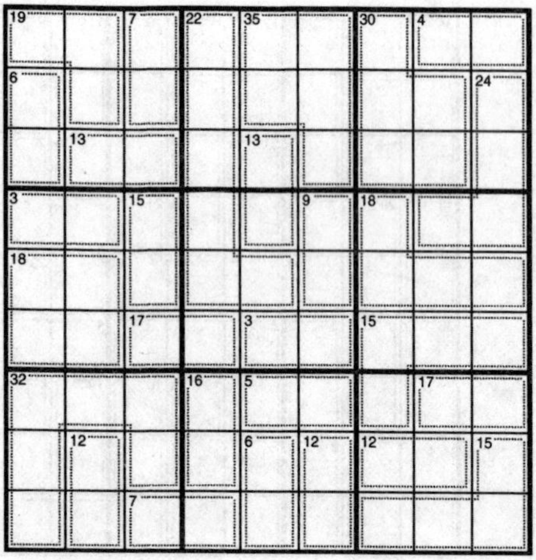

参考答案

初级篇：牛刀小试

1

5	6	7	1	4	9	2	3	8
8	3	2	5	7	6	1	4	9
1	9	4	2	3	8	7	5	6
9	2	8	3	6	4	5	1	7
4	1	3	7	8	5	9	6	2
6	7	5	9	2	1	4	8	3
2	5	9	6	1	3	8	7	4
3	4	1	8	9	7	6	2	5
7	8	6	4	5	2	3	9	1

3

5	3	2	4	8	1	7	9	6
1	7	4	6	9	3	8	2	5
9	6	8	2	7	5	1	4	3
3	1	6	7	2	8	4	5	9
2	9	7	5	6	4	3	8	1
4	8	5	3	1	9	6	7	2
6	4	3	9	5	7	2	1	8
7	5	1	8	3	2	9	6	4
8	2	9	1	4	6	5	3	7

2

7	6	8	5	2	1	3	4	9
1	4	9	8	6	3	5	2	7
3	2	5	4	7	9	8	6	1
9	7	6	2	1	5	4	8	3
2	3	1	9	4	8	6	7	5
5	8	4	6	3	7	1	9	2
6	9	3	1	8	2	7	5	4
4	5	7	3	9	6	2	1	8
8	1	2	7	5	4	9	3	6

4

4	1	7	8	9	3	2	6	5
9	2	3	6	1	5	8	7	4
5	8	6	4	2	7	9	1	3
7	3	8	9	6	4	5	2	1
1	6	5	3	8	2	4	9	7
2	9	4	7	5	1	6	3	8
6	7	1	2	4	8	3	5	9
8	5	2	1	3	9	7	4	6
3	4	9	5	7	6	1	8	2

5

2	6	4	1	9	3	5	7	8
5	7	1	8	2	6	9	4	3
8	3	9	4	7	5	6	1	2
6	4	8	3	5	2	1	9	7
9	5	2	7	1	4	3	8	6
7	1	3	9	6	8	2	5	4
1	9	6	2	8	7	4	3	5
3	8	5	6	4	9	7	2	1
4	2	7	5	3	1	8	6	9

6

7	3	2	8	6	9	4	5	1
6	8	1	4	5	3	7	2	9
5	4	9	1	2	7	3	8	6
1	9	4	3	8	6	5	7	2
2	7	3	5	9	4	1	6	8
8	5	6	2	7	1	9	3	4
3	2	7	9	1	8	6	4	5
4	1	8	6	3	5	2	9	7
9	6	5	7	4	2	8	1	3

7

9	3	8	4	2	6	1	5	7
1	4	2	7	5	9	3	8	6
7	5	6	8	3	1	2	4	9
6	1	9	2	7	4	5	3	8
5	8	4	9	6	3	7	1	2
3	2	7	1	8	5	9	6	4
8	6	1	5	9	7	4	2	3
2	9	5	3	4	8	6	7	1
4	7	3	6	1	2	8	9	5

8

3	2	1	6	7	9	4	5	8
6	8	9	4	1	5	2	7	3
4	7	5	3	2	8	1	6	9
5	6	3	9	4	1	7	8	2
9	1	8	2	5	7	3	4	6
7	4	2	8	3	6	9	1	5
2	3	6	1	8	4	5	9	7
8	5	4	7	9	3	6	2	1
1	9	7	5	6	2	8	3	4

9

1	2	5	7	9	6	4	3	8
8	7	9	3	2	4	5	6	1
4	6	3	1	8	5	7	9	2
9	3	8	6	4	2	1	5	7
6	1	4	8	5	7	9	2	3
2	5	7	9	1	3	8	4	6
7	8	2	5	3	9	6	1	4
5	4	6	2	7	1	3	8	9
3	9	1	4	6	8	2	7	5

10

5	1	7	4	2	9	3	8	6
2	3	4	6	8	7	5	1	9
6	8	9	5	1	3	7	4	2
7	4	2	9	5	1	8	6	3
8	9	5	7	3	6	4	2	1
1	6	3	8	4	2	9	7	5
3	2	8	1	7	5	6	9	4
4	5	6	2	9	8	1	3	7
9	7	1	3	6	4	2	5	8

11

8	4	2	9	7	1	3	6	5
9	6	7	2	5	3	4	1	8
3	5	1	6	4	8	2	9	7
7	9	4	8	1	6	5	2	3
5	3	6	4	9	2	8	7	1
1	2	8	5	3	7	6	4	9
6	8	9	7	2	5	1	3	4
2	7	3	1	8	4	9	5	6
4	1	5	3	6	9	7	8	2

12

5	8	4	9	2	7	1	3	6
2	9	3	1	6	4	7	5	8
7	6	1	3	5	8	2	4	9
4	2	9	5	1	3	8	6	7
8	3	6	2	7	9	5	1	4
1	5	7	4	8	6	9	2	3
9	7	2	6	3	5	4	8	1
3	4	5	8	9	1	6	7	2
6	1	8	7	4	2	3	9	5

13

6	2	9	5	3	8	1	7	4
7	5	8	4	1	6	9	2	3
4	3	1	2	9	7	5	6	8
9	4	6	1	8	2	3	5	7
1	8	3	7	5	4	6	9	2
2	7	5	9	6	3	8	4	1
8	6	7	3	4	9	2	1	5
5	9	2	8	7	1	4	3	6
3	1	4	6	2	5	7	8	9

14

6	2	7	4	5	1	3	9	8
9	5	3	6	8	7	2	4	1
8	4	1	2	9	3	7	6	5
4	8	5	7	2	6	1	3	9
3	9	2	8	1	5	4	7	6
1	7	6	9	3	4	5	8	2
5	3	4	1	6	8	9	2	7
2	1	8	3	7	9	6	5	4
7	6	9	5	4	2	8	1	3

15

9	4	1	8	6	3	7	2	5
3	8	2	1	5	7	6	4	9
5	7	6	9	2	4	8	3	1
8	5	7	2	3	1	4	9	6
1	6	9	7	4	8	3	5	2
4	2	3	6	9	5	1	8	7
7	1	5	4	8	2	9	6	3
6	3	8	5	1	9	2	7	4
2	9	4	3	7	6	5	1	8

16

5	1	6	3	2	7	8	9	4
2	7	3	8	9	4	6	1	5
8	4	9	5	6	1	2	3	7
6	5	1	2	4	9	3	7	8
4	8	7	1	5	3	9	6	2
3	9	2	7	8	6	5	4	1
1	3	8	9	7	2	4	5	6
9	6	5	4	1	8	7	2	3
7	2	4	6	3	5	1	8	9

17

8	7	1	6	9	4	5	2	3
3	6	9	8	2	5	7	1	4
2	5	4	3	1	7	8	9	6
1	8	5	4	7	2	3	6	9
9	4	7	5	3	6	2	8	1
6	2	3	1	8	9	4	7	5
7	3	8	9	5	1	6	4	2
4	1	2	7	6	3	9	5	8
5	9	6	2	4	8	1	3	7

18

2	3	7	1	9	5	8	4	6
9	6	4	7	2	8	1	3	5
5	8	1	4	6	3	7	9	2
6	1	9	8	4	2	5	7	3
4	5	2	3	1	7	6	8	9
8	7	3	9	5	6	4	2	1
3	9	6	5	8	4	2	1	7
7	2	8	6	3	1	9	5	4
1	4	5	2	7	9	3	6	8

19

1	9	8	4	2	3	5	6	7
5	2	4	9	6	7	3	1	8
6	7	3	8	5	1	2	4	9
8	5	2	7	4	9	6	3	1
9	4	6	1	3	5	8	7	2
3	1	7	2	8	6	4	9	5
4	8	9	6	1	2	7	5	3
2	3	1	5	7	4	9	8	6
7	6	5	3	9	8	1	2	4

20

6	4	7	9	2	1	3	8	5
1	8	9	3	5	7	2	4	6
2	5	3	4	8	6	7	1	9
9	6	4	7	1	8	5	3	2
5	3	1	6	9	2	4	7	8
7	2	8	5	3	4	6	9	1
8	1	5	2	4	3	9	6	7
3	7	2	8	6	9	1	5	4
4	9	6	1	7	5	8	2	3

21

5	7	3	4	1	8	6	9	2
8	6	9	2	5	3	1	7	4
4	1	2	7	9	6	8	3	5
3	2	1	8	6	7	4	5	9
9	8	5	1	3	4	2	6	7
6	4	7	5	2	9	3	8	1
2	5	6	3	7	1	9	4	8
1	9	4	6	8	5	7	2	3
7	3	8	9	4	2	5	1	6

22

7	1	4	9	6	8	2	3	5
8	3	9	7	2	5	1	6	4
5	6	2	4	1	3	9	8	7
6	7	1	5	3	9	4	2	8
4	2	3	8	7	1	5	9	6
9	8	5	2	4	6	7	1	3
2	9	7	6	8	4	3	5	1
3	5	6	1	9	7	8	4	2
1	4	8	3	5	2	6	7	9

23

2	1	6	5	4	7	3	9	8
5	8	7	2	9	3	4	6	1
4	9	3	8	1	6	7	5	2
8	2	4	1	6	9	5	7	3
9	3	5	7	2	8	1	4	6
6	7	1	4	3	5	8	2	9
1	6	2	3	5	4	9	8	7
3	5	8	9	7	2	6	1	4
7	4	9	6	8	1	2	3	5

24

5	8	9	4	1	3	2	6	7
4	3	2	7	8	6	1	5	9
1	6	7	9	2	5	3	4	8
3	2	1	5	9	4	8	7	6
8	7	5	6	3	1	4	9	2
9	4	6	2	7	8	5	3	1
2	9	3	8	4	7	6	1	5
6	1	8	3	5	9	7	2	4
7	5	4	1	6	2	9	8	3

25

2	3	4	1	9	5	6	8	7
5	8	7	6	2	3	1	4	9
1	6	9	7	8	4	2	3	5
3	1	5	9	4	8	7	2	6
6	9	8	3	7	2	4	5	1
4	7	2	5	1	6	3	9	8
9	2	3	8	6	1	5	7	4
7	5	6	4	3	9	8	1	2
8	4	1	2	5	7	9	6	3

26

5	4	9	3	8	6	1	7	2
2	7	3	1	4	5	8	9	6
1	8	6	7	9	2	3	5	4
7	5	4	2	6	3	9	1	8
6	1	8	5	7	9	2	4	3
9	3	2	8	1	4	5	6	7
8	2	7	6	5	1	4	3	9
4	6	1	9	3	8	7	2	5
3	9	5	4	2	7	6	8	1

27

8	2	9	7	6	1	3	5	4
5	3	7	2	9	4	6	8	1
1	4	6	5	3	8	9	7	2
6	9	3	1	2	7	5	4	8
7	1	4	9	8	5	2	6	3
2	5	8	6	4	3	7	1	9
4	6	1	3	5	2	8	9	7
9	7	2	8	1	6	4	3	5
3	8	5	4	7	9	1	2	6

28

2	3	9	8	1	7	6	4	5
1	4	5	3	6	2	8	9	7
7	6	8	9	5	4	2	3	1
5	8	4	1	2	9	7	6	3
6	2	7	4	8	3	1	5	9
3	9	1	5	7	6	4	2	8
4	5	2	7	3	1	9	8	6
8	7	6	2	9	5	3	1	4
9	1	3	6	4	8	5	7	2

29

6	8	7	4	3	1	2	9	5
1	3	2	6	9	5	8	7	4
9	4	5	7	2	8	6	1	3
2	9	4	8	1	3	5	6	7
3	1	6	5	4	7	9	2	8
7	5	8	2	6	9	4	3	1
5	2	9	3	7	4	1	8	6
8	7	1	9	5	6	3	4	2
4	6	3	1	8	2	7	5	9

30

2	6	5	1	8	4	9	7	3
4	3	7	5	2	9	8	1	6
9	8	1	3	6	7	4	2	5
5	9	4	6	3	2	7	8	1
1	7	6	9	5	8	3	4	2
3	2	8	7	4	1	6	5	9
6	1	3	4	7	5	2	9	8
8	4	9	2	1	3	5	6	7
7	5	2	8	9	6	1	3	4

31

4	7	1	5	3	8	2	6	9
6	2	3	1	7	9	8	4	5
9	5	8	6	2	4	3	1	7
7	6	4	8	5	2	1	9	3
5	8	9	3	1	6	4	7	2
3	1	2	4	9	7	5	8	6
2	9	5	7	8	1	6	3	4
1	3	6	9	4	5	7	2	8
8	4	7	2	6	3	9	5	1

32

3	1	6	4	8	9	5	2	7
8	4	2	3	7	5	6	9	1
5	9	7	6	1	2	8	4	3
1	6	4	8	9	3	2	7	5
9	2	5	1	6	7	4	3	8
7	3	8	2	5	4	9	1	6
4	8	3	5	2	1	7	6	9
2	5	9	7	3	6	1	8	4
6	7	1	9	4	8	3	5	2

33

2	1	5	8	6	7	9	3	4
6	4	3	9	2	5	7	1	8
7	9	8	4	1	3	6	5	2
4	2	7	3	5	9	8	6	1
3	5	9	1	8	6	4	2	7
8	6	1	2	7	4	5	9	3
1	7	4	6	9	2	3	8	5
5	8	6	7	3	1	2	4	9
9	3	2	5	4	8	1	7	6

34

6	3	8	4	9	5	7	1	2
5	2	7	1	6	3	4	8	9
1	9	4	2	8	7	3	5	6
4	7	5	8	3	9	6	2	1
3	1	6	5	4	2	8	9	7
9	8	2	6	7	1	5	4	3
2	4	3	9	5	6	1	7	8
7	5	1	3	2	8	9	6	4
8	6	9	7	1	4	2	3	5

35

2	3	6	5	1	9	4	8	7
4	8	9	7	2	6	1	5	3
5	1	7	3	4	8	6	9	2
9	6	5	4	8	2	7	3	1
8	7	3	1	6	5	2	4	9
1	4	2	9	7	3	5	6	8
6	5	8	2	3	7	9	1	4
7	9	4	8	5	1	3	2	6
3	2	1	6	9	4	8	7	5

36

8	4	3	1	7	2	5	6	9
6	5	7	4	9	8	1	3	2
2	9	1	6	5	3	8	7	4
4	1	2	3	6	9	7	8	5
3	8	5	7	1	4	9	2	6
9	7	6	2	8	5	3	4	1
1	2	8	9	3	6	4	5	7
7	3	4	5	2	1	6	9	8
5	6	9	8	4	7	2	1	3

37

8	6	2	5	1	3	7	4	9
7	1	9	4	8	6	3	2	5
3	5	4	9	2	7	8	1	6
4	8	7	2	6	1	9	5	3
2	9	6	3	5	4	1	8	7
5	3	1	8	7	9	2	6	4
9	7	5	1	4	8	6	3	2
6	4	8	7	3	2	5	9	1
1	2	3	6	9	5	4	7	8

38

2	5	8	6	3	4	7	1	9
4	6	9	1	7	2	3	5	8
1	3	7	5	8	9	2	4	6
7	9	2	4	5	1	8	6	3
6	4	1	8	9	3	5	2	7
5	8	3	7	2	6	4	9	1
8	1	6	2	4	7	9	3	5
3	7	4	9	6	5	1	8	2
9	2	5	3	1	8	6	7	4

39

6	7	9	2	4	3	5	1	8
2	1	8	5	6	9	4	3	7
3	4	5	1	7	8	6	2	9
8	9	7	6	3	1	2	4	5
5	3	4	8	2	7	9	6	1
1	2	6	9	5	4	7	8	3
4	8	2	7	1	5	3	9	6
9	5	3	4	8	6	1	7	2
7	6	1	3	9	2	8	5	4

40

3	2	5	7	4	6	8	9	1
8	6	4	1	9	2	3	5	7
9	1	7	3	8	5	4	6	2
1	9	3	2	6	8	7	4	5
4	7	8	5	1	9	6	2	3
2	5	6	4	3	7	1	8	9
6	3	1	9	2	4	5	7	8
5	4	9	8	7	3	2	1	6
7	8	2	6	5	1	9	3	4

41

1	8	5	4	6	9	7	3	2
4	9	3	5	2	7	8	1	6
7	2	6	8	1	3	4	5	9
3	4	9	1	5	8	6	2	7
2	1	7	3	9	6	5	4	8
5	6	8	2	7	4	3	9	1
9	3	4	6	8	1	2	7	5
6	5	1	7	4	2	9	8	3
8	7	2	9	3	5	1	6	4

42

3	1	2	4	9	8	7	5	6
6	8	5	2	1	7	9	3	4
7	4	9	5	6	3	2	1	8
4	5	1	6	3	9	8	7	2
8	3	6	1	7	2	4	9	5
2	9	7	8	5	4	3	6	1
9	6	8	3	2	5	1	4	7
5	2	3	7	4	1	6	8	9
1	7	4	9	8	6	5	2	3

43

1	5	8	4	3	6	2	7	9
6	2	7	5	9	8	4	1	3
3	9	4	7	1	2	5	6	8
2	8	9	6	7	5	3	4	1
7	1	3	8	4	9	6	2	5
4	6	5	3	2	1	9	8	7
9	3	6	1	8	4	7	5	2
8	4	2	9	5	7	1	3	6
5	7	1	2	6	3	8	9	4

44

8	7	4	9	3	1	2	5	6
9	1	3	2	5	6	4	8	7
6	5	2	4	7	8	1	3	9
1	9	5	6	8	4	7	2	3
3	6	7	5	2	9	8	1	4
2	4	8	3	1	7	6	9	5
5	3	6	8	4	2	9	7	1
4	2	1	7	9	3	5	6	8
7	8	9	1	6	5	3	4	2

45

4	2	5	9	7	6	3	8	1
7	3	8	4	2	1	9	5	6
1	6	9	3	8	5	7	2	4
6	4	2	5	9	7	1	3	8
5	7	1	2	3	8	6	4	9
8	9	3	1	6	4	2	7	5
9	8	6	7	5	3	4	1	2
3	5	4	6	1	2	8	9	7
2	1	7	8	4	9	5	6	3

46

9	8	1	2	4	6	5	3	7
4	2	3	5	7	9	8	6	1
7	5	6	3	1	8	2	9	4
3	4	9	6	8	5	1	7	2
2	1	5	7	9	3	4	8	6
8	6	7	1	2	4	3	5	9
1	3	2	9	5	7	6	4	8
5	7	8	4	6	2	9	1	3
6	9	4	8	3	1	7	2	5

47

7	4	6	3	9	1	5	8	2
1	8	9	7	2	5	3	6	4
5	3	2	8	4	6	1	9	7
2	7	8	5	6	9	4	1	3
4	9	5	2	1	3	6	7	8
6	1	3	4	8	7	2	5	9
8	5	1	9	3	2	7	4	6
3	6	4	1	7	8	9	2	5
9	2	7	6	5	4	8	3	1

50

3	2	9	5	8	4	6	1	7
4	7	1	2	6	9	8	3	5
8	5	6	1	7	3	2	4	9
7	9	3	8	4	5	1	2	6
2	1	4	3	9	6	7	5	8
5	6	8	7	1	2	3	9	4
1	8	5	9	2	7	4	6	3
6	3	7	4	5	1	9	8	2
9	4	2	6	3	8	5	7	1

48

9	6	3	4	8	5	2	1	7
8	1	2	7	9	3	6	4	5
7	4	5	6	1	2	3	8	9
3	5	4	8	2	6	9	7	1
6	7	1	5	3	9	4	2	8
2	8	9	1	7	4	5	6	3
4	9	8	2	5	1	7	3	6
1	3	6	9	4	7	8	5	2
5	2	7	3	6	8	1	9	4

51

1	3	6	4	8	7	2	5	9
8	7	5	2	3	9	1	4	6
9	4	2	6	1	5	8	3	7
6	9	3	5	7	2	4	1	8
5	8	4	9	6	1	3	7	2
2	1	7	3	4	8	6	9	5
4	6	8	7	5	3	9	2	1
3	5	9	1	2	6	7	8	4
7	2	1	8	9	4	5	6	3

49

9	4	1	8	5	6	2	7	3
7	6	3	4	2	1	9	8	5
8	5	2	9	3	7	4	6	1
4	3	9	6	7	5	8	1	2
1	2	6	3	4	8	5	9	7
5	7	8	2	1	9	6	3	4
3	8	7	5	6	4	1	2	9
6	1	5	7	9	2	3	4	8
2	9	4	1	8	3	7	5	6

52

5	2	4	8	6	1	3	7	9
1	7	3	4	2	9	8	6	5
6	9	8	7	3	5	1	4	2
7	5	1	2	4	3	9	8	6
9	3	6	1	5	8	7	2	4
4	8	2	9	7	6	5	3	1
2	4	5	3	1	7	6	9	8
3	6	9	5	8	4	2	1	7
8	1	7	6	9	2	4	5	3

53

9	3	4	8	5	1	7	6	2
8	6	2	4	7	9	3	1	5
1	7	5	3	2	6	8	9	4
7	8	6	1	9	2	5	4	3
4	5	9	7	6	3	1	2	8
3	2	1	5	4	8	6	7	9
2	4	3	6	1	5	9	8	7
5	1	7	9	8	4	2	3	6
6	9	8	2	3	7	4	5	1

54

4	1	5	6	2	7	8	9	3
6	7	3	5	9	8	4	2	1
8	2	9	3	1	4	6	7	5
3	9	6	8	7	5	2	1	4
5	4	2	1	3	6	7	8	9
7	8	1	2	4	9	3	5	6
1	3	8	9	6	2	5	4	7
9	5	7	4	8	3	1	6	2
2	6	4	7	5	1	9	3	8

55

5	6	7	4	1	8	2	3	9
3	8	4	5	9	2	1	7	6
9	1	2	3	6	7	8	5	4
2	9	8	6	3	5	7	4	1
6	4	1	7	2	9	3	8	5
7	5	3	8	4	1	9	6	2
8	3	9	1	5	6	4	2	7
1	7	6	2	8	4	5	9	3
4	2	5	9	7	3	6	1	8

56

4	6	2	1	3	7	8	9	5
5	3	1	4	8	9	7	6	2
8	7	9	6	5	2	1	3	4
1	9	7	3	4	8	5	2	6
3	2	5	9	7	6	4	8	1
6	8	4	5	2	1	9	7	3
9	1	8	2	6	5	3	4	7
7	4	6	8	1	3	2	5	9
2	5	3	7	9	4	6	1	8

57

5	3	6	4	2	7	1	9	8
1	2	4	8	6	9	5	3	7
7	8	9	3	5	1	2	6	4
4	5	8	2	1	6	3	7	9
9	6	7	5	4	3	8	2	1
2	1	3	9	7	8	6	4	5
8	9	5	6	3	4	7	1	2
6	7	2	1	9	5	4	8	3
3	4	1	7	8	2	9	5	6

58

3	5	9	2	4	8	7	1	6
8	1	6	7	3	9	4	5	2
2	7	4	1	5	6	8	9	3
4	3	1	8	7	2	5	6	9
5	8	2	6	9	4	3	7	1
6	9	7	5	1	3	2	8	4
9	6	3	4	8	5	1	2	7
1	2	8	3	6	7	9	4	5
7	4	5	9	2	1	6	3	8

59

5	6	4	2	8	1	7	9	3
8	7	9	6	3	4	5	2	1
1	2	3	9	5	7	4	6	8
7	8	1	4	9	3	6	5	2
9	4	6	5	1	2	8	3	7
3	5	2	8	7	6	9	1	4
4	9	7	3	2	5	1	8	6
6	3	8	1	4	9	2	7	5
2	1	5	7	6	8	3	4	9

60

4	8	7	1	2	3	6	5	9
9	5	2	8	4	6	3	1	7
1	3	6	5	9	7	2	4	8
8	1	9	2	5	4	7	3	6
2	6	4	3	7	1	8	9	5
3	7	5	9	6	8	4	2	1
6	2	8	4	1	9	5	7	3
7	4	1	6	3	5	9	8	2
5	9	3	7	8	2	1	6	4

61

3	6	1	7	8	4	2	5	9
8	2	9	1	5	6	3	7	4
5	4	7	3	2	9	6	8	1
9	5	4	6	1	3	7	2	8
2	8	6	9	7	5	1	4	3
7	1	3	8	4	2	5	9	6
1	9	8	2	6	7	4	3	5
6	7	5	4	3	8	9	1	2
4	3	2	5	9	1	8	6	7

62

1	9	3	5	2	6	7	8	4
6	8	5	4	7	9	3	1	2
2	7	4	8	1	3	6	5	9
8	1	6	9	5	7	2	4	3
9	3	7	2	4	8	1	6	5
4	5	2	6	3	1	9	7	8
3	2	1	7	8	4	5	9	6
5	4	9	1	6	2	8	3	7
7	6	8	3	9	5	4	2	1

63

2	4	7	9	5	8	6	3	1
3	1	5	6	7	4	2	8	9
6	8	9	1	3	2	7	5	4
1	3	4	5	6	9	8	7	2
9	7	8	4	2	3	5	1	6
5	6	2	8	1	7	9	4	3
4	2	6	7	8	1	3	9	5
8	5	1	3	9	6	4	2	7
7	9	3	2	4	5	1	6	8

64

6	9	8	5	3	4	2	7	1
2	5	7	9	8	1	3	6	4
1	4	3	6	7	2	9	8	5
8	3	9	1	4	5	6	2	7
4	2	5	3	6	7	8	1	9
7	6	1	2	9	8	4	5	3
5	1	6	4	2	9	7	3	8
3	7	4	8	5	6	1	9	2
9	8	2	7	1	3	5	4	6

中级篇：过关斩将

1

4	5	7	1	6	2	8	9	3
1	2	6	8	3	9	7	4	5
3	8	9	7	4	5	6	2	1
8	7	1	2	5	3	4	6	9
5	9	4	6	1	8	3	7	2
6	3	2	4	9	7	1	5	8
2	6	3	9	7	1	5	8	4
9	4	5	3	8	6	2	1	7
7	1	8	5	2	4	9	3	6

2

9	4	1	2	8	5	7	6	3
8	2	6	3	1	7	9	5	4
7	3	5	9	4	6	2	1	8
2	9	3	1	5	4	8	7	6
4	6	8	7	2	9	5	3	1
1	5	7	6	3	8	4	2	9
5	1	2	8	9	3	6	4	7
3	7	9	4	6	2	1	8	5
6	8	4	5	7	1	3	9	2

3

8	6	5	3	4	9	1	2	7
4	2	9	5	1	7	8	6	3
7	1	3	8	2	6	5	4	9
5	4	8	2	7	1	3	9	6
2	3	6	4	9	8	7	1	5
9	7	1	6	3	5	4	8	2
3	5	4	9	8	2	6	7	1
1	8	2	7	6	3	9	5	4
6	9	7	1	5	4	2	3	8

4

8	1	9	2	6	3	5	4	7
7	5	6	4	8	9	3	1	2
2	4	3	5	7	1	8	6	9
3	6	1	8	4	2	9	7	5
5	2	4	1	9	7	6	8	3
9	7	8	6	3	5	4	2	1
6	3	7	9	2	4	1	5	8
4	9	5	7	1	8	2	3	6
1	8	2	3	5	6	7	9	4

5

3	1	9	8	4	7	5	6	2
5	4	6	3	1	2	8	7	9
2	7	8	6	5	9	1	3	4
8	5	4	7	2	3	6	9	1
7	9	1	4	6	8	3	2	5
6	2	3	5	9	1	7	4	8
9	8	2	1	7	6	4	5	3
4	3	7	2	8	5	9	1	6
1	6	5	9	3	4	2	8	7

6

8	6	7	9	4	2	1	5	3
2	4	9	5	3	1	7	6	8
1	3	5	7	6	8	9	4	2
4	7	1	2	5	6	3	8	9
5	8	6	1	9	3	2	7	4
9	2	3	4	8	7	5	1	6
7	9	8	6	2	5	4	3	1
3	5	2	8	1	4	6	9	7
6	1	4	3	7	9	8	2	5

7

3	9	5	1	7	2	6	8	4
7	8	1	3	6	4	5	9	2
6	4	2	8	5	9	1	3	7
1	6	4	2	3	8	7	5	9
9	2	3	7	1	5	8	4	6
5	7	8	9	4	6	3	2	1
8	1	7	4	9	3	2	6	5
2	5	9	6	8	1	4	7	3
4	3	6	5	2	7	9	1	8

8

4	8	1	9	6	5	2	3	7
3	9	7	2	1	4	6	8	5
6	2	5	7	8	3	1	4	9
9	3	6	8	4	7	5	2	1
2	5	4	3	9	1	7	6	8
7	1	8	6	5	2	3	9	4
5	6	2	4	7	9	8	1	3
1	4	3	5	2	8	9	7	6
8	7	9	1	3	6	4	5	2

9

8	2	6	1	4	5	7	9	3
4	3	9	7	6	8	1	5	2
7	5	1	9	3	2	8	4	6
9	7	8	4	1	3	2	6	5
2	4	3	6	5	7	9	8	1
1	6	5	8	2	9	4	3	7
6	8	7	3	9	1	5	2	4
5	9	4	2	7	6	3	1	8
3	1	2	5	8	4	6	7	9

10

9	4	5	1	7	8	6	2	3
1	8	3	4	2	6	7	9	5
7	2	6	5	3	9	8	1	4
6	7	4	9	8	2	5	3	1
2	1	8	7	5	3	9	4	6
3	5	9	6	4	1	2	7	8
4	9	2	8	1	5	3	6	7
8	6	7	3	9	4	1	5	2
5	3	1	2	6	7	4	8	9

11

5	6	8	7	2	4	9	1	3
2	9	4	6	3	1	5	8	7
1	3	7	5	9	8	2	4	6
7	5	1	2	8	3	4	6	9
4	8	6	9	1	7	3	2	5
3	2	9	4	6	5	1	7	8
6	7	3	1	5	2	8	9	4
9	1	5	8	4	6	7	3	2
8	4	2	3	7	9	6	5	1

12

5	6	1	7	3	8	2	9	4
4	2	3	9	5	1	7	8	6
7	8	9	4	6	2	3	5	1
9	7	4	2	8	3	6	1	5
6	3	2	1	9	5	8	4	7
1	5	8	6	4	7	9	3	2
2	4	6	8	1	9	5	7	3
3	9	7	5	2	4	1	6	8
8	1	5	3	7	6	4	2	9

13

3	1	2	4	5	8	6	9	7
9	5	4	7	2	6	8	1	3
6	7	8	9	3	1	4	5	2
5	9	1	8	4	7	2	3	6
8	4	3	6	1	2	5	7	9
2	6	7	3	9	5	1	4	8
1	8	6	5	7	9	3	2	4
4	2	9	1	6	3	7	8	5
7	3	5	2	8	4	9	6	1

14

4	5	7	1	2	6	3	9	8
1	2	3	9	7	8	4	6	5
6	9	8	5	3	4	1	2	7
8	4	6	2	9	3	5	7	1
3	7	9	8	1	5	2	4	6
2	1	5	4	6	7	8	3	9
9	6	2	3	5	1	7	8	4
7	8	1	6	4	2	9	5	3
5	3	4	7	8	9	6	1	2

15

7	5	1	6	4	8	3	9	2
8	3	4	9	2	1	5	7	6
6	2	9	3	5	7	4	8	1
4	1	2	5	8	6	9	3	7
5	6	3	4	7	9	1	2	8
9	7	8	2	1	3	6	5	4
1	4	7	8	3	5	2	6	9
3	8	6	1	9	2	7	4	5
2	9	5	7	6	4	8	1	3

16

8	9	5	4	3	7	6	1	2
1	6	4	8	9	2	3	7	5
7	3	2	6	1	5	4	8	9
5	8	1	3	6	9	7	2	4
3	7	9	1	2	4	8	5	6
4	2	6	5	7	8	9	3	1
2	5	3	7	4	6	1	9	8
6	1	8	9	5	3	2	4	7
9	4	7	2	8	1	5	6	3

17

6	1	2	5	9	8	4	7	3
4	8	7	6	2	3	5	9	1
9	3	5	7	1	4	6	8	2
7	4	8	9	5	1	3	2	6
1	5	3	2	8	6	9	4	7
2	9	6	3	4	7	1	5	8
3	6	9	4	7	2	8	1	5
5	7	1	8	6	9	2	3	4
8	2	4	1	3	5	7	6	9

18

2	1	6	9	3	8	4	5	7
9	5	4	7	6	2	8	3	1
3	7	8	5	1	4	2	6	9
6	8	2	1	9	5	3	7	4
7	3	5	4	2	6	1	9	8
4	9	1	8	7	3	6	2	5
8	2	9	6	5	1	7	4	3
1	6	7	3	4	9	5	8	2
5	4	3	2	8	7	9	1	6

19

8	6	5	3	4	9	1	2	7
4	2	9	5	1	7	8	6	3
7	1	3	8	2	6	5	4	9
5	4	8	2	7	1	3	9	6
2	3	6	4	9	8	7	1	5
9	7	1	6	3	5	4	8	2
3	5	4	9	8	2	6	7	1
1	8	2	7	6	3	9	5	4
6	9	7	1	5	4	2	3	8

20

8	6	7	9	4	2	1	5	3
2	4	9	5	3	1	7	6	8
1	3	5	7	6	8	9	4	2
4	7	1	2	5	6	3	8	9
5	8	6	1	9	3	2	7	4
9	2	3	4	8	7	5	1	6
7	9	8	6	2	5	4	3	1
3	5	2	8	1	4	6	9	7
6	1	4	3	7	9	8	2	5

21

3	9	5	1	7	2	6	8	4
7	8	1	3	6	4	5	9	2
6	4	2	8	5	9	1	3	7
1	6	4	2	3	8	7	5	9
9	2	3	7	1	5	8	4	6
5	7	8	9	4	6	3	2	1
8	1	7	4	9	3	2	6	5
2	5	9	6	8	1	4	7	3
4	3	6	5	2	7	9	1	8

22

8	7	5	6	2	9	3	1	4
2	4	9	3	1	7	8	5	6
1	6	3	8	4	5	7	2	9
6	3	2	1	7	4	9	8	5
5	9	1	2	6	8	4	3	7
7	8	4	5	9	3	2	6	1
3	2	7	9	5	6	1	4	8
9	1	6	4	8	2	5	7	3
4	5	8	7	3	1	6	9	2

23

4	1	8	9	7	5	2	3	6
2	3	9	4	6	8	7	1	5
5	6	7	1	2	3	8	9	4
8	5	2	7	3	4	9	6	1
6	9	4	8	5	1	3	2	7
1	7	3	6	9	2	4	5	8
3	2	6	5	4	7	1	8	9
7	8	5	3	1	9	6	4	2
9	4	1	2	8	6	5	7	3

24

3	6	8	9	4	1	2	7	5
9	2	4	7	5	3	1	6	8
1	5	7	8	6	2	9	4	3
4	1	3	2	8	6	7	5	9
2	7	9	5	3	4	6	8	1
6	8	5	1	9	7	3	2	4
7	3	6	4	1	8	5	9	2
8	9	2	3	7	5	4	1	6
5	4	1	6	2	9	8	3	7

25

2	9	1	6	5	7	3	8	4
4	3	5	1	2	8	7	6	9
6	7	8	9	3	4	2	1	5
3	1	9	2	4	6	5	7	8
5	4	2	7	8	1	9	3	6
8	6	7	3	9	5	4	2	1
9	8	6	4	7	2	1	5	3
1	2	3	5	6	9	8	4	7
7	5	4	8	1	3	6	9	2

28

5	4	2	8	7	6	3	9	1
7	3	6	1	2	9	4	8	5
9	1	8	5	3	4	6	2	7
4	7	1	2	9	5	8	3	6
8	9	3	4	6	7	5	1	2
6	2	5	3	1	8	7	4	9
1	8	7	6	4	2	9	5	3
2	6	4	9	5	3	1	7	8
3	5	9	7	8	1	2	6	4

26

9	8	4	5	6	7	2	3	1
7	3	1	2	8	9	5	6	4
5	6	2	1	3	4	8	9	7
4	5	6	9	7	2	3	1	8
3	9	8	6	1	5	4	7	2
1	2	7	3	4	8	9	5	6
2	7	9	8	5	6	1	4	3
8	4	3	7	9	1	6	2	5
6	1	5	4	2	3	7	8	9

29

2	7	5	3	8	4	6	9	1
6	8	4	1	2	9	7	3	5
1	9	3	6	7	5	8	4	2
7	5	1	2	9	8	3	6	4
3	4	6	7	5	1	2	8	9
8	2	9	4	3	6	1	5	7
5	6	7	8	4	2	9	1	3
4	3	8	9	1	7	5	2	6
9	1	2	5	6	3	4	7	8

27

3	2	4	1	9	5	6	8	7
1	5	7	4	8	6	9	2	3
8	6	9	3	7	2	5	4	1
4	7	1	5	2	3	8	6	9
2	3	5	8	6	9	7	1	4
6	9	8	7	4	1	3	5	2
9	1	3	2	5	8	4	7	6
5	4	6	9	1	7	2	3	8
7	8	2	6	3	4	1	9	5

30

8	9	2	7	6	4	5	3	1
4	5	6	1	3	9	8	7	2
7	3	1	8	5	2	4	9	6
3	6	8	9	4	7	2	1	5
5	1	9	3	2	8	7	6	4
2	4	7	6	1	5	9	8	3
1	8	4	2	9	3	6	5	7
9	2	3	5	7	6	1	4	8
6	7	5	4	8	1	3	2	9

31

7	2	4	6	9	1	5	3	8
6	1	5	3	7	8	9	4	2
8	3	9	5	2	4	6	7	1
2	9	7	1	4	5	3	8	6
3	5	8	9	6	7	1	2	4
1	4	6	8	3	2	7	9	5
5	8	2	7	1	3	4	6	9
4	6	3	2	5	9	8	1	7
9	7	1	4	8	6	2	5	3

32

7	8	9	2	1	3	4	5	6
5	2	4	9	6	8	1	3	7
3	1	6	5	7	4	9	2	8
2	4	5	3	8	1	7	6	9
6	9	1	7	4	2	3	8	5
8	3	7	6	5	9	2	1	4
4	7	8	1	2	6	5	9	3
1	5	3	8	9	7	6	4	2
9	6	2	4	3	5	8	7	1

33

6	4	3	9	5	1	7	2	8
9	2	8	6	7	3	5	1	4
1	5	7	4	8	2	6	9	3
7	1	2	3	6	5	8	4	9
4	6	9	8	1	7	2	3	5
8	3	5	2	4	9	1	7	6
3	8	4	7	2	6	9	5	1
2	9	1	5	3	8	4	6	7
5	7	6	1	9	4	3	8	2

34

4	3	2	6	5	9	7	8	1
7	5	8	1	3	2	9	6	4
6	9	1	4	8	7	3	2	5
2	1	3	7	9	4	8	5	6
5	8	4	3	6	1	2	7	9
9	6	7	8	2	5	1	4	3
1	2	9	5	7	6	4	3	8
8	7	5	9	4	3	6	1	2
3	4	6	2	1	8	5	9	7

35

8	4	2	5	1	7	9	3	6
1	5	7	6	3	9	4	8	2
3	6	9	2	4	8	7	5	1
6	9	1	4	8	3	5	2	7
5	7	8	9	2	1	6	4	3
2	3	4	7	5	6	1	9	8
9	2	6	3	7	5	8	1	4
7	8	3	1	9	4	2	6	5
4	1	5	8	6	2	3	7	9

36

1	6	7	2	9	8	5	4	3						
5	8	9	4	3	1	7	2	6						
2	3	4	6	5	7	9	8	1						
7	9	3	1	6	2	8	5	4						
8	4	1	5	7	9	3	6	2						
6	5	2	8	4	3	1	9	7						
4	2	8	7	1	5	6	3	9	1	7	4	8	2	5
9	7	5	3	2	6	4	1	8	2	3	5	6	9	7
3	1	6	9	8	4	2	7	5	6	9	8	3	4	1
						7	8	6	3	4	1	2	5	9
						9	2	3	7	5	6	4	1	8
						5	4	1	8	2	9	7	3	6
						3	9	4	5	8	7	1	6	2
						1	5	7	4	6	2	9	8	3
						8	6	2	9	1	3	5	7	4

37

2	4	5	3	1	7	6	9	8						
3	6	9	5	8	4	2	1	7						
8	1	7	6	9	2	4	5	3						
7	5	1	2	4	3	9	8	6						
9	3	6	1	5	8	7	2	4						
4	8	2	9	7	6	5	3	1						
5	2	4	8	6	1	3	7	9	8	4	1	6	5	2
1	7	3	4	2	9	8	6	5	2	9	3	4	7	1
6	9	8	7	3	5	1	4	2	7	6	5	3	8	9
						9	1	3	6	7	2	8	4	5
						6	2	8	9	5	4	7	1	3
						7	5	4	1	3	8	9	2	6
						4	8	1	3	2	6	5	9	7
						2	3	7	5	8	9	1	6	4
						5	9	6	4	1	7	2	3	8

38

6	1	8	2	3	4	5	9	7						
9	2	3	7	8	5	4	1	6						
7	4	5	9	1	6	3	8	2						
8	6	9	3	4	7	1	2	5						
4	3	1	5	6	2	9	7	8						
2	5	7	8	9	1	6	4	3						
1	7	4	6	5	8	2	3	9	5	8	7	6	1	4
5	9	2	4	7	3	8	6	1	4	2	9	7	5	3
3	8	6	1	2	9	7	5	4	3	6	1	2	8	9
						1	2	7	9	3	4	8	6	5
						6	8	3	2	7	5	9	4	1
						9	4	5	6	1	8	3	7	2
						3	1	6	7	4	2	5	9	8
						5	7	8	1	9	3	4	2	6
						4	9	2	8	5	6	1	3	7

39

7	5	8	2	9	4	3	1	6						
1	6	9	7	5	3	4	8	2						
4	3	2	6	8	1	7	5	9						
6	1	3	5	4	9	2	7	8						
2	9	7	1	6	8	5	4	3						
8	4	5	3	2	7	6	9	1						
9	2	1	4	7	6	8	3	5	2	4	9	6	7	1
5	8	4	9	3	2	1	6	7	8	5	3	9	2	4
3	7	6	8	1	5	9	2	4	7	1	6	5	8	3
						3	5	9	6	2	8	4	1	7
						4	7	8	1	9	5	3	6	2
						2	1	6	3	7	4	8	5	9
						6	4	1	9	8	2	7	3	5
						7	9	3	5	6	1	2	4	8
						5	8	2	4	3	7	1	9	6

40

1	3	5	7	9	6	8	4	2						
4	7	8	3	5	2	1	9	6						
9	2	6	4	1	8	7	5	3						
2	5	3	1	4	7	6	8	9						
6	9	1	8	3	5	4	2	7						
8	4	7	2	6	9	5	3	1						
3	6	9	5	7	4	2	1	8	5	4	7	6	9	3
7	8	4	9	2	1	3	6	5	1	2	9	7	4	8
5	1	2	6	8	3	9	7	4	6	3	8	1	2	5
						7	3	1	2	8	4	9	5	6
						8	4	6	7	9	5	3	1	2
						5	9	2	3	6	1	8	7	4
						6	8	9	4	7	2	5	3	1
						1	2	7	8	5	3	4	6	9
						4	5	3	9	1	6	2	8	7

41

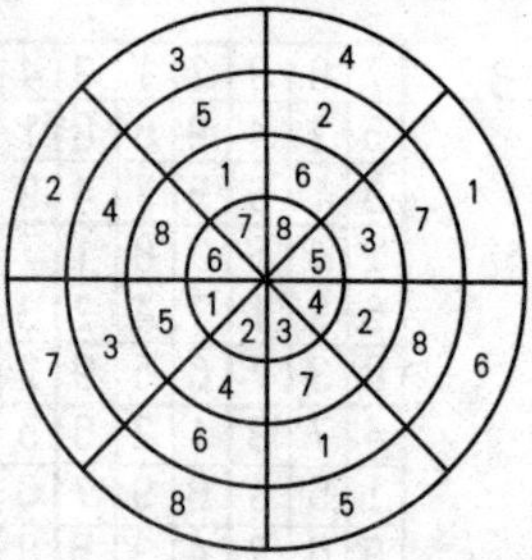

42

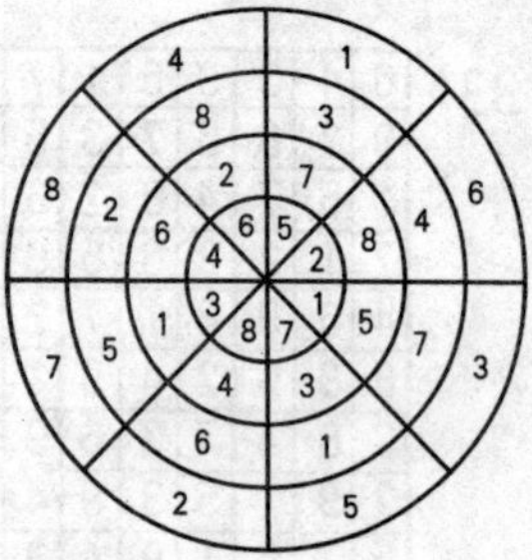

43

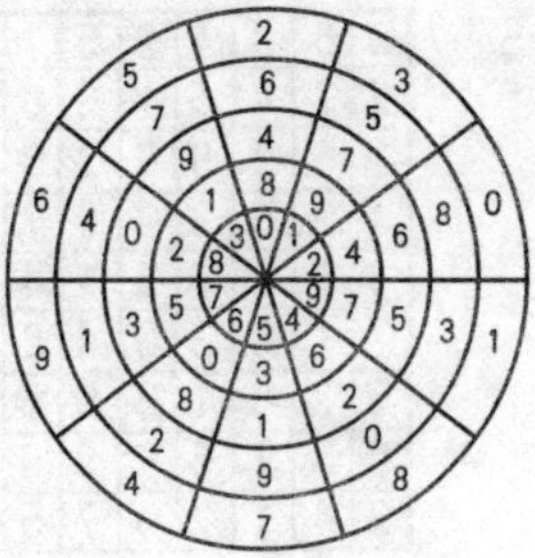

44

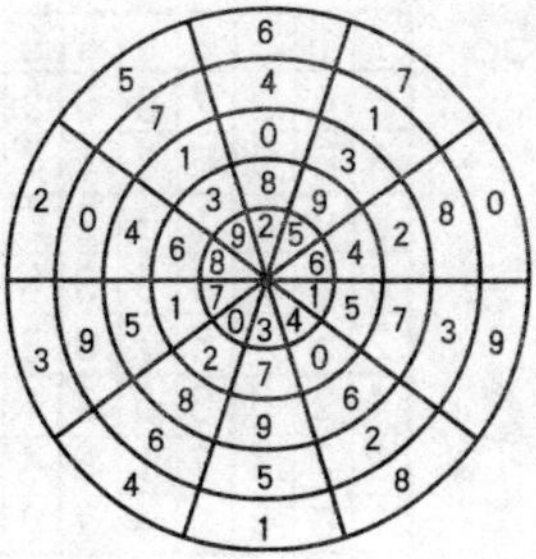

45

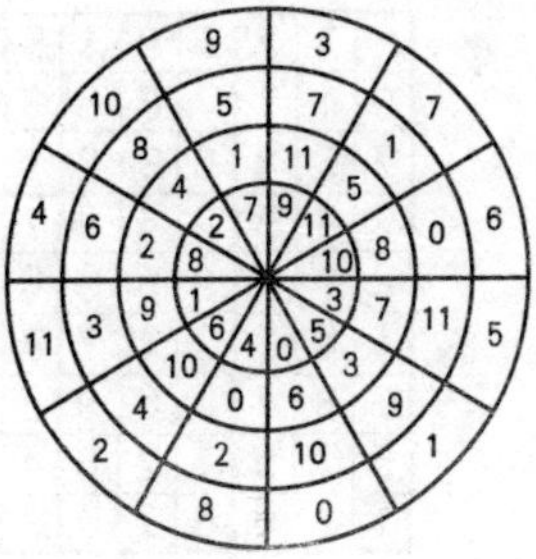

46

C	F	5	3	E	4	G	9	1	B	6	2	A	D	7	8
D	G	4	2	B	6	5	7	F	A	3	8	C	1	9	E
B	9	A	1	C	2	8	D	7	E	G	4	F	6	3	5
E	6	7	8	F	3	1	A	C	9	D	5	4	B	G	2
F	2	E	6	1	A	D	4	8	3	7	9	G	5	C	B
5	D	3	B	6	7	2	C	A	G	F	1	8	4	E	9
G	7	8	A	9	5	E	3	6	C	4	B	D	2	1	F
9	1	C	4	8	G	F	B	5	D	2	E	7	3	6	A
8	E	B	7	G	C	3	2	4	1	5	6	9	A	F	D
2	3	6	C	4	F	7	E	9	8	A	D	5	G	B	1
1	4	D	9	5	8	A	6	3	F	B	G	E	C	2	7
A	5	G	F	D	9	B	1	2	7	E	C	6	8	4	3
6	B	1	G	2	D	9	8	E	5	C	7	3	F	A	4
4	A	F	D	7	E	C	G	B	2	8	3	1	9	5	6
7	8	2	5	3	1	4	F	G	6	9	A	B	E	D	C
3	C	9	E	A	B	6	5	D	4	1	F	2	7	8	G

47

C	5	3	F	E	7	6	2	4	B	9	D	A	1	8	G
D	8	9	1	G	C	4	F	5	2	E	A	6	7	3	B
E	A	B	4	1	9	5	8	6	3	7	G	C	D	F	2
2	7	6	G	B	D	A	3	1	C	F	8	5	E	4	9
F	C	2	E	A	4	D	1	3	G	6	9	B	5	7	8
6	G	1	9	3	B	C	5	2	7	8	F	E	A	D	4
A	B	4	8	F	6	G	7	D	E	C	5	1	9	2	3
7	D	5	3	8	2	E	9	B	A	1	4	F	C	G	6
9	4	C	6	2	8	1	D	E	F	5	3	7	G	B	A
5	3	D	7	C	E	B	A	9	4	G	2	8	6	1	F
G	2	E	B	7	5	F	6	A	8	D	1	3	4	9	C
8	1	F	A	4	3	9	G	C	6	B	7	D	2	E	5
1	9	A	C	D	G	3	B	F	5	4	E	2	8	6	7
B	F	G	5	9	A	7	E	8	1	2	6	4	3	C	D
4	6	8	D	5	1	2	C	7	9	3	B	G	F	A	E
3	E	7	2	6	F	8	4	G	D	A	C	9	B	5	1

48

A	8	G	D	3	6	F	4	9	B	7	2	C	1	E	5
4	6	7	2	D	9	A	5	8	C	1	E	3	B	G	F
B	5	F	E	1	G	C	7	3	A	D	6	2	9	8	4
9	3	C	1	2	B	E	8	G	4	F	5	7	6	A	D
2	B	A	8	F	4	D	E	1	3	6	G	9	C	5	7
5	F	1	7	6	3	B	G	2	9	8	C	A	4	D	E
C	9	D	3	A	7	8	2	4	5	E	B	F	G	6	1
6	G	E	4	9	5	1	C	F	7	A	D	B	2	3	8
7	A	9	C	B	E	6	1	5	F	G	3	8	D	4	2
D	4	3	G	7	2	5	F	E	6	9	8	1	A	C	B
E	1	B	F	8	D	G	3	C	2	4	A	6	5	7	9
8	2	5	6	C	A	4	9	7	D	B	1	G	E	F	3
3	C	2	A	4	8	9	D	B	G	5	7	E	F	1	6
F	D	8	B	E	C	2	6	A	1	3	4	5	7	9	G
1	7	6	5	G	F	3	A	D	E	2	9	4	8	B	C
G	E	4	9	5	1	7	B	6	8	C	F	D	3	2	A

49

9	4	7	1	C	G	8	2	A	D	3	6	5	B	E	F
C	8	A	F	4	7	B	3	5	9	E	1	2	G	D	6
D	6	B	E	9	1	F	5	7	8	2	G	4	3	A	C
5	3	2	G	A	E	D	6	F	4	C	B	9	1	7	8
B	F	3	A	7	D	6	8	4	E	5	9	G	C	2	1
1	9	E	2	G	A	5	4	6	F	B	C	8	D	3	7
8	7	C	6	1	F	3	B	2	G	D	A	E	4	9	5
4	G	5	D	E	9	2	C	8	1	7	3	6	A	F	B
3	A	9	C	2	6	E	F	1	7	G	4	B	5	8	D
E	1	F	8	3	5	4	7	B	6	A	D	C	9	G	2
6	2	D	B	8	C	G	A	3	5	9	E	7	F	1	4
7	5	G	4	D	B	1	9	C	2	8	F	3	E	6	A
F	D	4	9	5	8	C	1	E	3	6	2	A	7	B	G
G	E	8	5	6	4	A	D	9	B	F	7	1	2	C	3
A	B	6	3	F	2	7	E	G	C	1	5	D	8	4	9
2	C	1	7	B	3	9	G	D	A	4	8	F	6	5	E

50

C	7	6	E	F	G	3	A	8	9	2	B	D	4	1	5
D	8	3	F	2	C	1	6	5	7	4	G	9	A	E	B
2	1	B	G	D	5	4	9	6	F	A	E	7	8	C	3
9	5	4	A	8	E	7	B	3	D	C	1	6	G	2	F
5	B	2	C	1	3	E	D	4	G	6	F	8	9	7	A
E	D	8	6	7	9	G	F	B	2	3	A	4	1	5	C
A	3	1	4	6	B	C	5	7	8	9	D	2	F	G	E
F	G	7	9	A	8	2	4	1	E	5	C	B	3	D	6
B	4	A	3	E	1	D	7	9	C	F	5	G	2	6	8
G	C	9	5	3	6	A	2	D	1	7	8	F	E	B	4
7	F	E	1	G	4	9	8	2	A	B	6	5	C	3	D
8	6	D	2	B	F	5	C	E	4	G	3	1	7	A	9
6	A	F	7	4	D	8	E	C	B	1	2	3	5	9	G
1	E	C	D	5	7	6	G	F	3	8	9	A	B	4	2
3	9	G	B	C	2	F	1	A	5	D	4	E	6	8	7
4	2	5	8	9	A	B	3	G	6	E	7	C	D	F	1

51

9	7	8	5	2	6	1	4	3
6	4	2	1	7	3	8	9	5
5	3	1	8	4	9	2	7	6
8	5	4	6	9	7	3	1	2
3	6	9	2	1	4	5	8	7
1	2	7	3	8	5	9	6	4
7	8	6	9	3	2	4	5	1
4	1	3	7	5	8	6	2	9
2	9	5	4	6	1	7	3	8

52

8	6	3	4	9	5	1	2	7
2	7	4	6	1	3	8	9	5
1	5	9	8	7	2	3	4	6
4	8	5	9	2	6	7	3	1
3	9	2	7	5	1	4	6	8
7	1	6	3	8	4	2	5	9
5	2	8	1	3	9	6	7	4
6	3	7	5	4	8	9	1	2
9	4	1	2	6	7	5	8	3

53

7	1	6	3	9	4	8	2	5
5	4	2	7	8	6	9	3	1
3	8	9	5	2	1	7	6	4
6	9	4	1	3	2	5	7	8
8	3	7	4	5	9	6	1	2
2	5	1	6	7	8	3	4	9
4	2	5	8	6	3	1	9	7
9	7	3	2	1	5	4	8	6
1	6	8	9	4	7	2	5	3

54

6	3	2	4	9	1	5	7	8
9	4	1	7	8	5	3	2	6
7	5	8	6	3	2	1	9	4
2	9	5	8	4	6	7	3	1
8	1	7	9	5	3	6	4	2
4	6	3	2	1	7	8	5	9
3	8	4	5	6	9	2	1	7
5	7	9	1	2	8	4	6	3
1	2	6	3	7	4	9	8	5

55

9	3	6	1	4	8	7	2	5
5	7	1	2	9	3	6	4	8
8	4	2	7	6	5	1	9	3
7	5	8	6	3	4	2	1	9
6	2	4	5	1	9	8	3	7
3	1	9	8	2	7	5	6	4
4	6	5	9	7	1	3	8	2
1	8	3	4	5	2	9	7	6
2	9	7	3	8	6	4	5	1

56

6	1	8	7	9	4	3	2	5
2	5	3	6	8	1	9	4	7
4	7	9	2	5	3	1	8	6
7	3	5	8	4	9	6	1	2
9	4	6	5	1	2	8	7	3
1	8	2	3	7	6	4	5	9
8	2	4	9	3	7	5	6	1
3	6	1	4	2	5	7	9	8
5	9	7	1	6	8	2	3	4

57

2	1	7	4	8	9	3	6	5
6	3	8	2	7	5	9	4	1
5	4	9	6	1	3	2	8	7
1	9	5	8	3	2	4	7	6
8	2	6	5	4	7	1	9	3
4	7	3	1	9	6	8	5	2
7	6	1	9	2	8	5	3	4
9	5	4	3	6	1	7	2	8
3	8	2	7	5	4	6	1	9

58

3	2	8	1	5	4	7	6	9
9	1	4	7	6	2	3	8	5
7	6	5	3	9	8	4	1	2
2	5	9	4	8	1	6	3	7
6	4	3	9	7	5	8	2	1
1	8	7	6	2	3	9	5	4
8	7	6	2	1	9	5	4	3
4	9	1	5	3	6	2	7	8
5	3	2	8	4	7	1	9	6

59

5	2	6	1	4	8	3	7	9
1	7	8	5	3	9	6	2	4
4	3	9	6	7	2	5	1	8
3	6	5	2	9	7	8	4	1
8	9	7	4	6	1	2	3	5
2	1	4	8	5	3	9	6	7
6	8	1	9	2	4	7	5	3
7	4	2	3	8	5	1	9	6
9	5	3	7	1	6	4	8	2

60

3	5	1	6	8	4	9	2	7
4	7	2	1	5	9	3	8	6
8	9	6	7	3	2	4	5	1
6	2	3	5	9	8	1	7	4
7	8	4	2	6	1	5	3	9
5	1	9	4	7	3	2	6	8
2	6	7	9	4	5	8	1	3
9	3	5	8	1	6	7	4	2
1	4	8	3	2	7	6	9	5

61

3	B	8	7	D	A	2	C	6	5	1	4	G	F	E	9
F	1	5	4	B	9	G	E	3	7	C	8	6	A	2	D
9	G	2	6	7	1	8	4	D	A	F	E	3	5	B	C
A	D	C	E	3	6	F	5	G	2	B	9	4	8	7	1
E	5	D	1	2	3	4	B	F	8	A	G	7	9	C	6
C	2	9	B	E	F	6	A	7	1	4	D	8	3	G	5
7	A	6	G	8	C	1	D	5	9	3	2	E	B	4	F
4	8	3	F	G	5	7	9	B	E	6	C	A	D	1	2
2	F	A	3	1	D	9	G	E	C	8	7	B	6	5	4
1	9	G	8	A	E	B	7	4	D	5	6	2	C	F	3
5	7	E	D	6	4	C	F	A	3	2	B	1	G	9	8
6	4	B	C	5	2	3	8	1	G	9	F	D	E	A	7
8	E	1	9	4	B	5	6	2	F	G	3	C	7	D	A
G	3	F	A	C	7	E	1	8	4	D	5	9	2	6	B
B	C	4	2	F	G	D	3	9	6	7	A	5	1	8	E
D	6	7	5	9	8	A	2	C	B	E	1	F	4	3	G

62

2	7	3	4	6	5	8	9	1
8	9	6	1	7	2	4	5	3
5	1	4	8	9	3	7	2	6
9	6	2	7	3	1	5	8	4
1	8	7	5	2	4	3	6	9
4	3	5	9	8	6	1	7	2
3	5	9	2	1	8	6	4	7
7	4	1	6	5	9	2	3	8
6	2	8	3	4	7	9	1	5

63

2	1	4	3	5	6	9	7	8
6	3	7	1	9	8	4	5	2
8	9	5	7	4	2	6	1	3
4	2	9	6	8	5	1	3	7
7	8	1	2	3	9	5	4	6
3	5	6	4	7	1	2	8	9
5	7	8	9	2	4	3	6	1
1	4	2	8	6	3	7	9	5
9	6	3	5	1	7	8	2	4

64

I	P	S	T	D	R	E	A	O
O	T	R	A	E	S	I	D	P
A	E	D	I	O	P	R	T	S
E	R	I	D	S	T	P	O	A
S	A	P	E	I	O	D	R	T
D	O	T	R	P	A	S	I	E
T	D	O	S	R	E	A	P	I
R	S	A	P	T	I	O	E	D
P	I	E	O	A	D	T	S	R

65

6	1	9	3	8	4	7	2	5						
5	8	4	7	1	2	9	6	3						
7	2	3	5	9	6	4	8	1						
1	3	8	9	6	5	2	7	4						
4	5	6	1	2	7	3	9	8						
2	9	7	4	3	8	1	5	6						
9	7	5	6	4	1	8	3	2	1	5	9	7	4	6
8	6	1	2	7	3	5	4	9	3	6	7	1	2	8
3	4	2	8	5	9	6	1	7	8	2	4	9	3	5
						4	5	3	9	7	2	8	6	1
						2	6	8	4	1	5	3	9	7
						7	9	1	6	3	8	2	5	4
						9	2	4	7	8	6	5	1	3
						1	7	6	5	9	3	4	8	2
						3	8	5	2	4	1	6	7	9

66

9	5	3	1	4	8	6	7	2						
4	6	8	2	3	7	5	1	9						
7	2	1	9	6	5	4	8	3						
6	3	9	8	5	4	7	2	1						
8	4	5	7	2	1	3	9	6						
2	1	7	6	9	3	8	4	5						
3	8	6	4	1	9	2	5	7	6	8	4	3	1	9
5	9	4	3	7	2	1	6	8	2	3	9	7	4	5
1	7	2	5	8	6	9	3	4	5	1	7	2	8	6
						7	1	2	8	4	6	9	5	3
						5	4	6	7	9	3	1	2	8
						3	8	9	1	2	5	4	6	7
						8	7	1	3	5	2	6	9	4
						6	9	5	4	7	1	8	3	2
						4	2	3	9	6	8	5	7	1

高级篇：成熟高手

1

9	4	2	1	3	8	5	7	6
3	5	8	7	4	6	9	2	1
6	1	7	9	2	5	4	3	8
2	3	9	8	1	4	6	5	7
1	8	4	6	5	7	2	9	3
7	6	5	3	9	2	8	1	4
5	7	1	4	8	9	3	6	2
8	9	3	2	6	1	7	4	5
4	2	6	5	7	3	1	8	9

4

7	3	8	9	2	6	4	1	5
5	2	6	8	1	4	7	9	3
9	1	4	7	5	3	2	8	6
8	4	3	5	6	7	9	2	1
6	9	1	3	4	2	8	5	7
2	5	7	1	8	9	6	3	4
3	8	2	6	7	5	1	4	9
1	7	9	4	3	8	5	6	2
4	6	5	2	9	1	3	7	8

2

4	2	6	1	3	7	9	5	8
8	5	3	2	4	9	1	7	6
7	1	9	5	6	8	4	3	2
6	7	5	8	1	4	2	9	3
1	8	4	9	2	3	5	6	7
9	3	2	7	5	6	8	4	1
5	9	1	3	7	2	6	8	4
3	4	8	6	9	1	7	2	5
2	6	7	4	8	5	3	1	9

5

3	9	7	5	2	8	6	4	1
1	4	5	7	6	3	9	8	2
6	2	8	9	4	1	7	5	3
4	3	1	6	5	7	8	2	9
9	5	2	8	1	4	3	7	6
8	7	6	2	3	9	5	1	4
5	1	3	4	7	6	2	9	8
2	8	4	3	9	5	1	6	7
7	6	9	1	8	2	4	3	5

3

6	3	9	1	4	5	2	8	7
2	1	8	6	3	7	5	4	9
7	4	5	2	8	9	1	6	3
9	8	6	5	2	3	7	1	4
4	2	3	8	7	1	6	9	5
5	7	1	4	9	6	3	2	8
1	5	4	3	6	8	9	7	2
3	9	2	7	1	4	8	5	6
8	6	7	9	5	2	4	3	1

6

3	6	1	2	8	5	7	4	9
5	2	4	9	3	7	8	6	1
9	8	7	4	1	6	5	3	2
1	5	6	3	4	8	2	9	7
8	4	3	7	2	9	1	5	6
7	9	2	6	5	1	3	8	4
2	1	9	5	6	3	4	7	8
6	3	8	1	7	4	9	2	5
4	7	5	8	9	2	6	1	3

7

7	5	2	6	9	3	4	1	8
1	9	3	5	4	8	7	2	6
6	4	8	1	2	7	5	3	9
4	2	1	9	8	5	3	6	7
9	6	5	3	7	2	1	8	4
3	8	7	4	6	1	2	9	5
2	3	4	8	5	9	6	7	1
8	7	6	2	1	4	9	5	3
5	1	9	7	3	6	8	4	2

10

7	2	1	6	4	9	5	3	8
8	5	9	7	3	1	4	2	6
6	3	4	5	8	2	9	7	1
5	7	6	3	9	8	1	4	2
1	9	8	2	7	4	3	6	5
2	4	3	1	5	6	7	8	9
3	6	5	8	1	7	2	9	4
4	8	7	9	2	5	6	1	3
9	1	2	4	6	3	8	5	7

8

2	9	6	4	1	3	7	8	5
7	4	8	2	5	6	1	3	9
1	5	3	9	8	7	4	2	6
6	2	4	8	3	5	9	1	7
8	3	1	7	4	9	5	6	2
5	7	9	1	6	2	8	4	3
9	8	2	6	7	4	3	5	1
4	6	5	3	9	1	2	7	8
3	1	7	5	2	8	6	9	4

11

7	2	6	3	4	5	9	1	8
8	1	5	6	2	9	7	4	3
4	9	3	1	8	7	6	5	2
9	8	4	2	6	3	1	7	5
2	5	1	7	9	4	8	3	6
3	6	7	5	1	8	2	9	4
6	7	2	4	3	1	5	8	9
5	3	8	9	7	2	4	6	1
1	4	9	8	5	6	3	2	7

9

2	4	5	7	8	3	6	9	1
1	9	8	6	5	2	4	3	7
6	7	3	1	4	9	5	2	8
5	8	6	3	2	7	9	1	4
7	2	4	9	1	5	3	8	6
3	1	9	8	6	4	2	7	5
9	5	7	4	3	1	8	6	2
8	3	2	5	7	6	1	4	9
4	6	1	2	9	8	7	5	3

12

2	6	1	7	3	8	5	4	9
3	7	5	2	4	9	1	6	8
8	4	9	6	5	1	3	2	7
6	1	4	9	7	2	8	5	3
9	8	7	5	6	3	2	1	4
5	3	2	8	1	4	7	9	6
7	5	8	4	2	6	9	3	1
4	2	3	1	9	7	6	8	5
1	9	6	3	8	5	4	7	2

13

2	5	3	1	6	8	7	4	9
9	4	1	7	3	5	6	2	8
6	7	8	2	4	9	3	1	5
3	1	7	9	2	4	8	5	6
4	6	2	5	8	3	1	9	7
8	9	5	6	1	7	4	3	2
1	3	9	8	7	2	5	6	4
7	2	4	3	5	6	9	8	1
5	8	6	4	9	1	2	7	3

14

2	3	7	5	8	9	4	1	6
6	8	9	4	7	1	2	3	5
1	4	5	3	6	2	8	7	9
5	1	6	2	4	8	7	9	3
8	2	3	1	9	7	6	5	4
7	9	4	6	3	5	1	2	8
4	5	1	8	2	3	9	6	7
9	6	2	7	5	4	3	8	1
3	7	8	9	1	6	5	4	2

15

4	5	7	6	2	1	9	8	3
2	9	3	8	7	5	4	6	1
1	8	6	3	9	4	7	5	2
3	2	8	1	4	6	5	9	7
6	7	9	5	3	2	1	4	8
5	4	1	9	8	7	2	3	6
8	3	4	2	1	9	6	7	5
9	1	5	7	6	8	3	2	4
7	6	2	4	5	3	8	1	9

16

6	2	3	5	7	9	8	1	4
8	5	9	6	4	1	7	3	2
1	4	7	2	8	3	5	9	6
5	7	6	9	1	2	4	8	3
4	1	8	3	5	7	2	6	9
3	9	2	8	6	4	1	7	5
7	8	5	4	3	6	9	2	1
2	3	1	7	9	5	6	4	8
9	6	4	1	2	8	3	5	7

17

6	9	7	2	8	4	1	3	5
8	3	2	9	5	1	7	6	4
5	4	1	6	3	7	9	2	8
1	6	4	3	9	5	8	7	2
3	2	8	4	7	6	5	1	9
9	7	5	8	1	2	6	4	3
7	8	9	1	2	3	4	5	6
2	5	6	7	4	9	3	8	1
4	1	3	5	6	8	2	9	7

18

7	4	5	8	9	2	6	3	1
6	2	1	3	7	5	9	8	4
3	9	8	1	4	6	2	7	5
1	3	9	5	8	7	4	6	2
2	8	7	4	6	1	3	5	9
5	6	4	2	3	9	7	1	8
8	7	2	9	5	3	1	4	6
9	5	3	6	1	4	8	2	7
4	1	6	7	2	8	5	9	3

19

4	7	6	3	1	5	8	2	9
2	1	3	8	9	4	5	6	7
9	8	5	2	6	7	1	3	4
7	6	8	1	4	9	2	5	3
5	2	9	6	3	8	4	7	1
1	3	4	5	7	2	9	8	6
8	4	1	7	5	6	3	9	2
3	5	7	9	2	1	6	4	8
6	9	2	4	8	3	7	1	5

22

7	3	2	1	4	5	6	9	8
6	1	4	8	9	3	5	2	7
8	9	5	2	7	6	4	3	1
5	4	3	6	8	9	1	7	2
2	7	9	3	5	1	8	6	4
1	8	6	7	2	4	3	5	9
3	6	8	9	1	2	7	4	5
9	5	7	4	3	8	2	1	6
4	2	1	5	6	7	9	8	3

20

1	8	7	9	6	4	3	2	5
6	5	3	2	1	8	9	7	4
2	9	4	5	3	7	8	6	1
3	7	6	4	2	9	5	1	8
9	4	2	1	8	5	6	3	7
8	1	5	3	7	6	4	9	2
5	2	1	6	4	3	7	8	9
4	6	8	7	9	1	2	5	3
7	3	9	8	5	2	1	4	6

23

5	2	9	4	7	8	1	6	3
4	3	1	5	6	2	7	8	9
8	6	7	1	3	9	5	4	2
3	9	4	2	8	1	6	5	7
6	7	8	9	5	3	4	2	1
2	1	5	6	4	7	3	9	8
1	5	3	8	9	6	2	7	4
7	8	6	3	2	4	9	1	5
9	4	2	7	1	5	8	3	6

21

6	9	7	1	3	8	2	4	5
8	5	3	4	2	9	7	6	1
4	1	2	6	5	7	8	9	3
2	4	5	7	8	1	6	3	9
1	3	6	2	9	4	5	8	7
9	7	8	3	6	5	1	2	4
7	2	9	8	1	3	4	5	6
5	6	4	9	7	2	3	1	8
3	8	1	5	4	6	9	7	2

24

3	8	9	6	2	1	5	7	4
6	7	1	4	3	5	8	2	9
2	5	4	8	7	9	1	3	6
5	1	7	9	8	3	4	6	2
9	4	2	5	1	6	3	8	7
8	6	3	7	4	2	9	1	5
1	9	8	2	5	7	6	4	3
7	3	6	1	9	4	2	5	8
4	2	5	3	6	8	7	9	1

25

3	4	7	9	2	6	8	1	5
5	9	6	8	1	3	2	4	7
8	1	2	7	5	4	9	6	3
7	8	5	4	9	1	6	3	2
4	6	1	3	8	2	5	7	9
2	3	9	5	6	7	4	8	1
9	7	4	6	3	5	1	2	8
1	5	3	2	4	8	7	9	6
6	2	8	1	7	9	3	5	4

28

1	9	6	3	2	7	4	5	8
5	7	4	9	8	1	3	2	6
8	2	3	6	4	5	1	9	7
2	3	1	8	5	9	6	7	4
7	6	5	4	3	2	9	8	1
9	4	8	7	1	6	2	3	5
4	5	2	1	7	3	8	6	9
6	1	7	2	9	8	5	4	3
3	8	9	5	6	4	7	1	2

26

5	3	6	7	1	2	8	4	9
7	9	1	6	4	8	3	2	5
2	8	4	9	3	5	7	1	6
9	6	2	8	5	4	1	3	7
1	7	8	3	2	9	5	6	4
4	5	3	1	6	7	9	8	2
3	2	5	4	7	1	6	9	8
6	4	9	5	8	3	2	7	1
8	1	7	2	9	6	4	5	3

29

1	6	2	4	8	3	9	7	5
4	3	8	9	7	5	2	6	1
9	5	7	1	6	2	4	3	8
3	7	5	8	2	9	1	4	6
8	2	1	6	5	4	7	9	3
6	9	4	3	1	7	5	8	2
2	1	9	7	3	6	8	5	4
5	4	3	2	9	8	6	1	7
7	8	6	5	4	1	3	2	9

27

5	1	9	4	3	8	6	7	2
3	6	2	7	1	9	4	8	5
7	8	4	5	2	6	9	3	1
6	5	3	8	4	2	7	1	9
4	2	7	6	9	1	3	5	8
1	9	8	3	7	5	2	4	6
8	4	5	9	6	3	1	2	7
9	7	1	2	8	4	5	6	3
2	3	6	1	5	7	8	9	4

30

3	5	9	8	2	7	1	4	6
1	4	8	6	3	5	2	9	7
6	7	2	9	1	4	3	8	5
9	1	5	7	6	3	8	2	4
8	2	6	5	4	9	7	1	3
4	3	7	2	8	1	6	5	9
5	6	1	4	7	8	9	3	2
7	9	3	1	5	2	4	6	8
2	8	4	3	9	6	5	7	1

31

5	8	1	6	2	4	9	3	7
3	9	7	8	1	5	4	6	2
4	2	6	9	3	7	8	1	5
6	5	9	3	4	1	7	2	8
2	4	3	7	9	8	6	5	1
1	7	8	5	6	2	3	9	4
9	1	5	4	7	6	2	8	3
8	6	4	2	5	3	1	7	9
7	3	2	1	8	9	5	4	6

32

4	3	7	6	9	1	2	8	5
8	2	6	7	5	4	9	3	1
1	9	5	3	2	8	6	7	4
7	5	4	2	1	3	8	9	6
9	8	2	4	6	7	1	5	3
3	6	1	9	8	5	4	2	7
6	1	3	8	7	9	5	4	2
2	4	8	5	3	6	7	1	9
5	7	9	1	4	2	3	6	8

33

4	9	7	3	8	5	2	6	1
3	1	5	2	7	6	8	4	9
8	6	2	1	4	9	7	5	3
6	4	1	8	5	7	9	3	2
9	7	8	4	3	2	5	1	6
5	2	3	6	9	1	4	8	7
7	8	6	5	2	3	1	9	4
2	3	4	9	1	8	6	7	5
1	5	9	7	6	4	3	2	8

34

4	7	5	8	1	3	9	6	2
3	9	6	2	5	7	8	1	4
2	8	1	4	6	9	5	7	3
5	6	3	7	9	2	1	4	8
9	4	8	5	3	1	7	2	6
1	2	7	6	8	4	3	9	5
7	5	9	3	2	6	4	8	1
8	1	2	9	4	5	6	3	7
6	3	4	1	7	8	2	5	9

35

3	8	6	7	2	4	5	9	1
2	1	7	5	3	9	4	8	6
9	4	5	1	6	8	3	7	2
8	7	1	2	5	6	9	3	4
6	3	2	4	9	7	1	5	8
5	9	4	8	1	3	6	2	7
1	2	9	6	8	5	7	4	3
4	5	8	3	7	1	2	6	9
7	6	3	9	4	2	8	1	5

36

9	7	3	8	2	1	5	4	6
6	8	1	5	4	7	9	2	3
2	5	4	9	6	3	1	8	7
1	6	7	4	3	2	8	9	5
8	3	5	7	1	9	4	6	2
4	2	9	6	8	5	3	7	1
5	9	2	3	7	8	6	1	4
7	4	8	1	5	6	2	3	9
3	1	6	2	9	4	7	5	8

37

1	7	3	4	8	5	9	6	2
5	8	9	2	6	3	1	4	7
6	2	4	1	9	7	5	3	8
3	6	8	9	7	2	4	1	5
4	9	7	3	5	1	8	2	6
2	5	1	6	4	8	3	7	9
7	4	6	8	3	9	2	5	1
9	3	2	5	1	6	7	8	4
8	1	5	7	2	4	6	9	3

40

6	1	7	2	5	8	3	9	4
5	8	4	9	3	7	6	2	1
2	9	3	6	1	4	7	8	5
3	5	8	7	4	2	9	1	6
9	7	2	5	6	1	8	4	3
1	4	6	3	8	9	5	7	2
4	3	1	8	7	5	2	6	9
7	2	5	1	9	6	4	3	8
8	6	9	4	2	3	1	5	7

38

1	8	6	2	7	4	5	3	9
9	4	7	1	3	5	6	2	8
3	5	2	9	6	8	4	1	7
8	7	9	6	4	2	1	5	3
5	6	3	7	1	9	8	4	2
2	1	4	5	8	3	7	9	6
6	9	8	4	2	1	3	7	5
4	3	5	8	9	7	2	6	1
7	2	1	3	5	6	9	8	4

41

7	2	8	1	4	5	3	9	6
9	6	1	3	8	2	4	7	5
5	4	3	9	7	6	1	2	8
3	1	4	6	2	8	7	5	9
8	5	6	7	9	4	2	1	3
2	7	9	5	1	3	6	8	4
4	9	5	2	6	1	8	3	7
6	3	2	8	5	7	9	4	1
1	8	7	4	3	9	5	6	2

39

1	3	7	8	5	9	6	2	4
4	2	6	3	1	7	9	8	5
8	5	9	4	6	2	3	7	1
3	7	2	1	4	6	5	9	8
5	9	4	7	2	8	1	6	3
6	1	8	9	3	5	2	4	7
7	4	1	2	9	3	8	5	6
2	8	5	6	7	1	4	3	9
9	6	3	5	8	4	7	1	2

42

1	3	5	4	9	7	8	6	2
9	2	6	3	5	8	4	7	1
4	7	8	2	6	1	3	9	5
7	4	3	5	1	2	9	8	6
8	6	2	9	7	3	1	5	4
5	1	9	8	4	6	7	2	3
2	8	4	6	3	9	5	1	7
3	9	7	1	2	5	6	4	8
6	5	1	7	8	4	2	3	9

43

6	3	2	8	1	9	5	4	7
9	4	7	5	2	6	8	3	1
8	5	1	4	7	3	2	9	6
7	1	9	6	5	2	4	8	3
5	2	3	1	4	8	6	7	9
4	8	6	9	3	7	1	2	5
1	7	8	2	9	5	3	6	4
3	6	5	7	8	4	9	1	2
2	9	4	3	6	1	7	5	8

44

3	6	9	2	5	8	7	4	1
7	8	1	6	3	4	9	5	2
5	4	2	9	1	7	6	3	8
9	1	6	5	2	3	8	7	4
4	3	8	1	7	6	2	9	5
2	7	5	4	8	9	1	6	3
1	9	3	7	4	2	5	8	6
8	5	7	3	6	1	4	2	9
6	2	4	8	9	5	3	1	7

45

9	6	7	5	4	3	1	8	2
1	8	5	7	9	2	6	4	3
4	3	2	6	8	1	5	7	9
8	5	3	1	7	9	4	2	6
6	9	4	2	5	8	7	3	1
2	7	1	4	3	6	8	9	5
3	4	9	8	6	5	2	1	7
7	2	6	9	1	4	3	5	8
5	1	8	3	2	7	9	6	4

46

5	6	1	3	7	2	9	8	4
2	9	8	4	6	1	5	3	7
7	3	4	5	9	8	6	1	2
8	7	2	9	4	3	1	5	6
3	4	6	2	1	5	7	9	8
1	5	9	6	8	7	4	2	3
4	1	7	8	3	9	2	6	5
9	8	5	7	2	6	3	4	1
6	2	3	1	5	4	8	7	9

47

8	3	7	1	6	5	9	4	2
4	5	2	3	9	8	1	6	7
9	6	1	4	2	7	8	5	3
7	8	4	5	3	2	6	9	1
3	2	6	9	8	1	5	7	4
5	1	9	6	7	4	3	2	8
1	4	3	2	5	9	7	8	6
2	7	5	8	1	6	4	3	9
6	9	8	7	4	3	2	1	5

48

8	5	9	6	2	4	3	1	7
4	6	2	1	7	3	5	9	8
7	3	1	5	9	8	6	4	2
9	1	8	7	4	6	2	5	3
3	2	4	8	1	5	9	7	6
5	7	6	9	3	2	1	8	4
6	4	5	3	8	9	7	2	1
2	9	7	4	6	1	8	3	5
1	8	3	2	5	7	4	6	9

49

1	7	4	6	8	9	2	3	5
5	6	2	3	1	4	9	8	7
9	3	8	5	2	7	6	1	4
7	9	6	2	4	3	8	5	1
4	5	3	8	9	1	7	6	2
2	8	1	7	5	6	3	4	9
6	2	5	4	7	8	1	9	3
3	4	9	1	6	2	5	7	8
8	1	7	9	3	5	4	2	6

50

2	5	6	3	8	4	9	7	1
8	7	4	5	9	1	2	3	6
1	3	9	7	6	2	4	8	5
6	9	3	4	2	8	1	5	7
7	1	5	9	3	6	8	2	4
4	8	2	1	5	7	6	9	3
5	6	1	8	7	9	3	4	2
9	4	7	2	1	3	5	6	8
3	2	8	6	4	5	7	1	9

51

9	5	7	2	6	3	4	8	1
1	4	6	8	7	9	5	3	2
8	2	3	1	5	4	6	7	9
5	8	9	7	2	6	3	1	4
4	7	2	3	1	8	9	5	6
6	3	1	9	4	5	7	2	8
7	6	8	5	9	1	2	4	3
3	9	5	4	8	2	1	6	7
2	1	4	6	3	7	8	9	5

52

6	5	3	2	8	9	1	7	4
2	1	7	3	5	4	6	9	8
8	9	4	7	1	6	3	5	2
5	2	8	9	6	3	7	4	1
7	6	9	5	4	1	8	2	3
3	4	1	8	2	7	5	6	9
1	3	6	4	9	5	2	8	7
9	7	2	6	3	8	4	1	5
4	8	5	1	7	2	9	3	6

53

7	6	3	9	8	5	4	2	1
8	1	4	3	7	2	5	6	9
2	5	9	6	4	1	3	7	8
6	2	7	4	1	8	9	5	3
3	4	1	5	6	9	7	8	2
9	8	5	2	3	7	6	1	4
4	7	2	1	9	6	8	3	5
5	9	8	7	2	3	1	4	6
1	3	6	8	5	4	2	9	7

54

4	8	3	7	9	1	5	2	6
2	5	1	4	8	6	9	7	3
7	6	9	5	3	2	4	1	8
3	2	6	1	5	9	7	8	4
5	4	8	6	7	3	1	9	2
9	1	7	8	2	4	3	6	5
8	9	5	2	4	7	6	3	1
6	7	2	3	1	5	8	4	9
1	3	4	9	6	8	2	5	7

55

9	7	4	1	6	3	2	5	8
2	8	1	4	9	5	6	7	3
3	5	6	2	8	7	9	4	1
8	4	9	3	7	1	5	2	6
5	1	2	8	4	6	7	3	9
6	3	7	5	2	9	1	8	4
4	9	5	7	1	8	3	6	2
1	2	3	6	5	4	8	9	7
7	6	8	9	3	2	4	1	5

58

2	7	8	5	6	1	3	4	9
1	4	5	3	7	9	2	8	6
9	6	3	2	4	8	7	1	5
4	8	6	9	3	2	1	5	7
5	3	2	6	1	7	8	9	4
7	1	9	4	8	5	6	2	3
3	9	1	7	2	4	5	6	8
8	5	7	1	9	6	4	3	2
6	2	4	8	5	3	9	7	1

56

5	1	6	2	9	7	3	4	8
7	4	3	8	5	6	1	9	2
2	9	8	4	1	3	7	6	5
8	5	9	1	7	4	6	2	3
4	2	1	6	3	9	5	8	7
6	3	7	5	2	8	4	1	9
1	8	2	7	4	5	9	3	6
9	7	4	3	6	2	8	5	1
3	6	5	9	8	1	2	7	4

59

1	9	7	6	5	8	4	2	3
5	3	2	9	7	4	8	6	1
8	6	4	1	3	2	9	7	5
4	8	6	5	9	1	7	3	2
7	5	3	4	2	6	1	9	8
2	1	9	7	8	3	5	4	6
3	7	8	2	1	9	6	5	4
9	4	1	3	6	5	2	8	7
6	2	5	8	4	7	3	1	9

57

9	3	6	5	1	7	4	2	8
4	7	1	2	9	8	5	3	6
2	8	5	3	4	6	1	7	9
6	2	7	9	8	5	3	1	4
3	5	8	1	6	4	7	9	2
1	4	9	7	2	3	8	6	5
5	9	2	8	3	1	6	4	7
8	1	4	6	7	9	2	5	3
7	6	3	4	5	2	9	8	1

60

2	1	8	4	6	3	5	7	9
5	6	4	8	9	7	2	1	3
3	7	9	2	1	5	8	4	6
7	4	2	1	3	8	6	9	5
9	3	6	5	7	4	1	8	2
8	5	1	6	2	9	7	3	4
1	9	5	7	4	6	3	2	8
4	8	7	3	5	2	9	6	1
6	2	3	9	8	1	4	5	7

61

4	6	9	7	5	2	3	1	8
3	1	7	4	8	6	2	5	9
2	8	5	3	9	1	4	6	7
1	5	4	2	6	9	7	8	3
9	3	6	1	7	8	5	2	4
7	2	8	5	4	3	1	9	6
5	9	2	6	3	7	8	4	1
6	4	3	8	1	5	9	7	2
8	7	1	9	2	4	6	3	5

64

7	4	6	8	9	1	2	5	3
1	2	8	5	7	3	9	4	6
3	5	9	2	6	4	8	7	1
5	9	7	1	3	6	4	8	2
8	1	3	4	2	9	5	6	7
4	6	2	7	8	5	1	3	9
6	3	1	9	5	8	7	2	4
9	7	5	6	4	2	3	1	8
2	8	4	3	1	7	6	9	5

62

7	2	6	4	3	8	5	9	1
5	9	3	1	2	7	8	6	4
8	1	4	9	5	6	7	3	2
4	8	7	5	6	1	3	2	9
3	5	2	7	4	9	1	8	6
9	6	1	2	8	3	4	5	7
2	7	9	3	1	5	6	4	8
1	3	8	6	9	4	2	7	5
6	4	5	8	7	2	9	1	3

65

7	4	9	5	2	3	6	8	1
5	2	1	8	9	6	7	3	4
8	6	3	4	1	7	9	2	5
9	1	2	7	3	5	8	4	6
3	8	5	9	6	4	1	7	2
4	7	6	1	8	2	3	5	9
6	5	8	3	4	9	2	1	7
2	3	4	6	7	1	5	9	8
1	9	7	2	5	8	4	6	3

63

9	5	2	7	3	4	8	6	1
6	8	4	1	2	5	3	9	7
7	3	1	6	9	8	2	4	5
8	9	7	5	6	2	4	1	3
2	4	6	3	8	1	7	5	9
3	1	5	9	4	7	6	2	8
4	2	9	8	5	3	1	7	6
1	6	8	4	7	9	5	3	2
5	7	3	2	1	6	9	8	4

66

9	8	4	2	6	5	7	1	3
5	2	3	1	8	7	4	6	9
1	7	6	3	4	9	8	5	2
2	1	7	4	9	3	6	8	5
3	4	8	5	7	6	9	2	1
6	5	9	8	2	1	3	4	7
4	6	5	7	3	2	1	9	8
8	3	2	9	1	4	5	7	6
7	9	1	6	5	8	2	3	4

SECURITY
SAFE

大脑潜能开发书

逻辑思维训练

博文◎编著

红旗出版社

红旗出版社 HONGQI PRESS 推动进步的力量

图书在版编目（CIP）数据

逻辑思维训练 / 博文编著 . -- 北京 : 红旗出版社，2020.4

（大脑潜能开发书 / 张丽洋主编）

ISBN 978-7-5051-5143-7

Ⅰ . ①逻… Ⅱ . ①博… Ⅲ . ①逻辑思维 – 思维训练 – 通俗读物 Ⅳ . ① B80-49

中国版本图书馆 CIP 数据核字 (2020) 第 042378 号

书　　名　逻辑思维训练
编　　著　博　文

出品人　唐中祥
总监制　褚定华　　责任编辑　朱小玲 王馥嘉
选题策划　三联弘源　　地　　址　北京市丰台区中核路 1 号
出版发行　红旗出版社　　编辑部　010–57274504
邮政编码　100070　　发行部　010–57270296
印　　刷　天津海德伟业印务有限公司
成品尺寸　138mm × 200mm　1/32
字　　数　450 千字　　印　　张　30
版　　次　2020 年 7 月北京第一版　　印　　次　2020 年 7 月北京第一次印刷
IBSN　978–7–5051–5143–7　　定　　价　198.00 元（全六册）

欢迎品牌畅销图书项目合作　　联系电话：010–57274504
凡购买本书，如有缺页、倒页、脱页，本社发行部负责调换

前言
PREFACE

逻辑思维能力是指采用科学的思维方法，对事物进行观察、比较、分析、综合、抽象、概括、判断、推理，从而准确而有条理地表达自己思维过程的能力。逻辑是所有学科的基础。逻辑能力不但决定了思考能力、学习能力、管理能力、表达能力，还与我们日常生活中的行事、说话、交往等密切相关。它对我们理清思路、完善语言表达、统筹时间、规划人生等都有很大帮助，是每个人都必须具备的基本能力。

黑格尔曾说过，逻辑是一切思考的基础。逻辑思维能力强的人能迅速、准确地把握住问题的实质，面对纷繁复杂的问题能更容易找到解决的办法。当今社会，逻辑思维能力越来越被人重视，不仅学生应试要具备逻辑思维能力，就是公务员考试也有逻辑测试题。世界著名公司的招聘面试中，逻辑能力训练题目更是必考内容。它对考查一个人的思维方式及思维适应能力有极其明显的作用，这样的能力往往也与工作中的应变与创新能力密切相关。只有通过不断的训练来活跃思维，在遇到问题时才能得心应手，游刃有余。

那么，该如何使大脑“动起来”，轻松提高逻辑能力呢？

本书介绍了排除法、递推法、作图法、计算法、类比法等5种常用的解题方法，并精选近千道世界上顶级的逻辑思维训练题，既有简单的谜题，也有复杂的游戏，每一道题都是为全方位培养和训练读者的逻辑思维能力专门设计的，引导读者亲身实践这些方法的应用。

编者还根据难易程度将题目分为初级、中级和高级三个等级，读者可以根据自己的实际情况逐步训练，也可以有选择地学习和训练，从而激发推理潜能、扩展想象空间、活跃思维，掌握正确的逻辑思维方法，提升逻辑思维能力。

无论是孩子、大人，还是学生、上班族、求职者、管理层，甚至是高智商的天才，都能从中找到适合自己的题目。通过完成这些训练题，你会发现自己的逻辑思维潜能得到了全面的开发，无论在学习、生活、求职、工作中遭遇什么样的问题，你都不会再感到无从下手，而是能够运用从本书中学到的各种逻辑思维方法，通过思维的灵活转换，顺利迈向成功。

目录

CONTENTS

第一章　排除法

第二章　递推法

第三章　作图法

第四章　计算法

第五章　类比法

第一章

排除法

所谓排除法，是指在综合考虑题目内容、题干和备选答案等各种信息的基础上，运用一定的逻辑推理，排除不符合题干要求或与题目内容不符的干扰项，从而选出正确答案的一种解题方法。

排除法看似笨拙，但在解题的过程中却特别重要。正确运用排除法，往往能收到事半功倍的效果。这种方法在工作和生活中经常会被用到，对于提高大家的逻辑思维能力、推理能力有很大的作用。

1. 困惑【初级】

哪一项不是箱子相同3个面的视图？

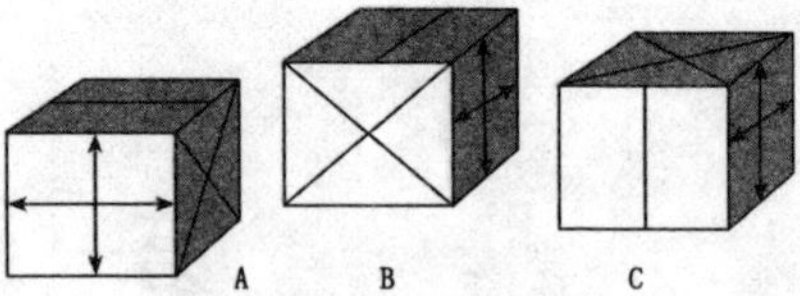

2. 找出异己【初级】

在右边4个字母中，哪个与其余3个差别最大呢？

3. 破损的金字塔【初级】

年久失修的金字塔有很多裂缝，其中有两块碎片形状是一模一样的，是哪两块碎片？

4. 找袜子【初级】

图中7只袜子随便地摆放着，请你仔细地观察一下，放在最下面的是几号袜子呢？

5. 波娣娅的宝盒【初级】

在莎士比亚的《威尼斯商人》一剧中，波娣娅有3个珠宝盒，一个是金的，一个是银的，一个是铜的。在其中一个盒子中，藏有波娣娅的画像。波娣娅的追求者要在这3个盒子中选择一个。如果他有足够的运气或者足够的智慧，挑出的那个盒子藏有波娣娅的画像，他就能娶波娣娅为妻子。如下图所示，在每个盒子外面，写有一段话，内容都是有关本盒子是否装有画像。

波娣娅告诉追求者，在3句话中，最多只有一句是真的。这个追求者有可能成为幸运者吗？他应该选择哪个盒子呢？

6. 哪一个不一样【初级】

下面几个图片中，哪一个与其他的不一样？

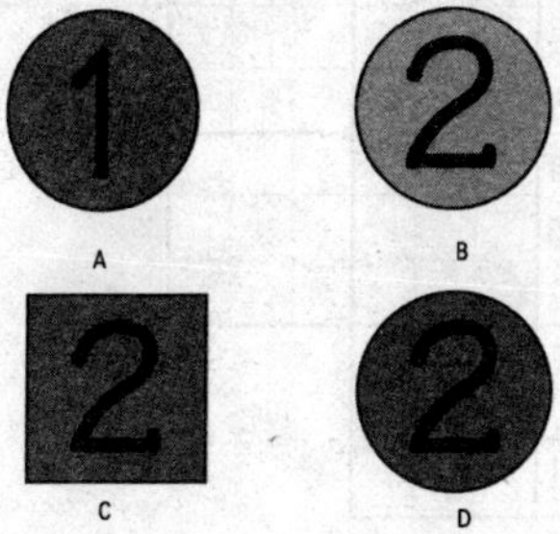

7. 三棱柱【初级】

4个选项中哪一个是原图的展开图？

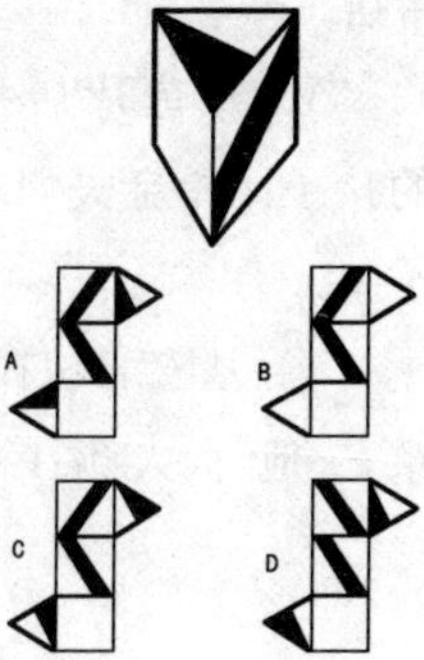

8. 形单影只【初级】

下面的图形中哪一个是与众不同的？

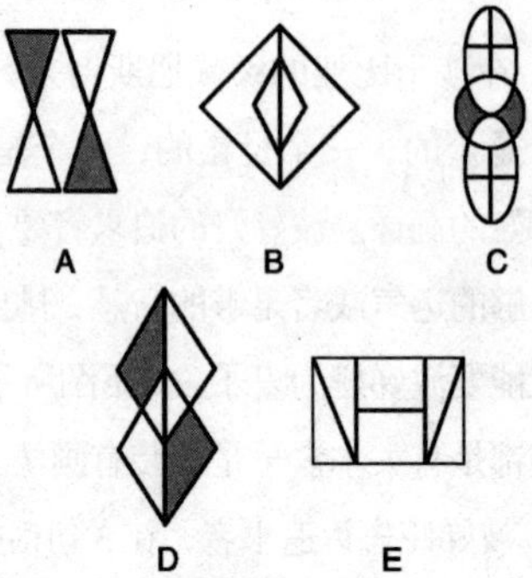

9. 移民【初级】

去年有3个家庭从思托贝瑞远迁到了其他国家，现在他们在那里有声有色地经营着自己的小店。根据下面的信息，你能说出每对夫妻有几个孩子、他们移民到了哪里以及所做的是何种生意吗？

1. 有3个孩子的家庭移民到了澳大利亚，他们没有在那里开旅馆。

2. 移民到新西兰的布里格一家开的不是鱼片店。

3. 开鱼片店那家的孩子比希金夫妇的孩子少。

4. 基德拜夫妇有2个孩子，他们每人照看1个。

	1个	2个	3个	澳大利亚	加拿大	新西兰	鱼片店	农场	旅馆
布里格夫妇									
希金夫妇									
基德拜夫妇									
鱼片店									
农场									
旅馆									
澳大利亚									
加拿大									
新西兰									

10. 分开链条【初级】

在收拾一盒链子时，珠宝匠发现了如图所示的3根相连的链条，并决定把这链条分开。经过观察，珠宝匠找到了只需打开1根链子就能分开整个链条的方法。你找出来了吗？

11. 规律【初级】

左图中哪一项不符合排列规律？

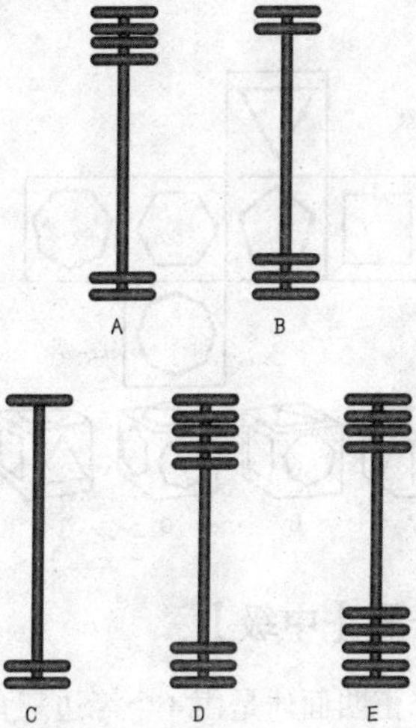

12. 翻身【中级】

请你把右边的火柴图按箭头所指的方向翻一个身，它会变成选项中哪一个？

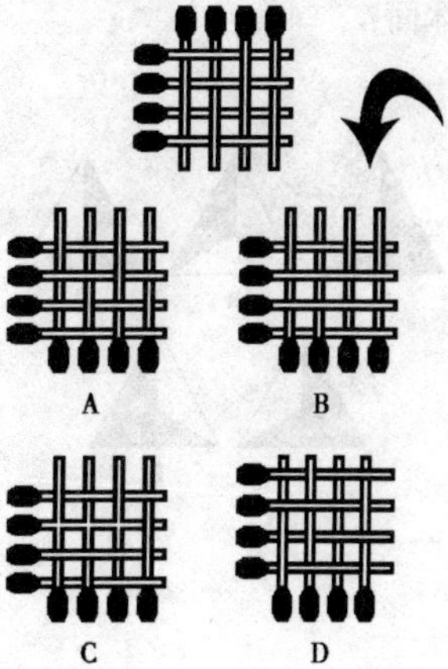

13. 帽子的颜色【中级】

有3顶白帽子和2顶黑帽子。让甲、乙、丙3人同向列成一队，然后分别给他们各戴上一顶白帽子。即丙可以看到乙、甲，乙可以看到甲，甲则看不到乙、丙。如下图。他们3人中，谁可以正确推导出自己头上所戴帽子的颜色？

14. 美丽的正方体【中级】

有一个正方体的每一个面都有美丽的图案装饰着，右图是这个正方体拆开后的各面的图案构成。那么在下面的几个选项中，哪一个不是这个正方体的立体面？

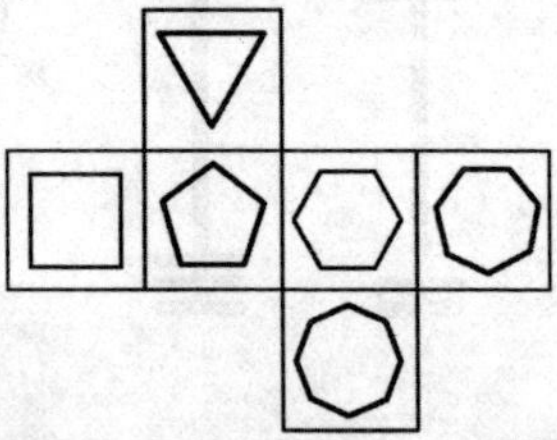

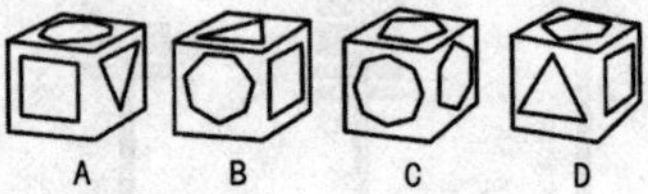

15. 看一看【中级】

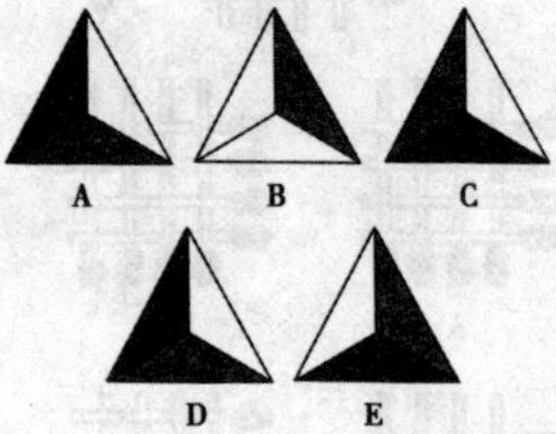

一个正四面体是由4个等边三角形组成的立体图形，有点像金字塔。每一个面都可以被涂上与其他面不同的颜色，在5个选项中，有4项是同一四面体从不同顶点的俯视图，1项不是。你能找出是哪一项吗？

16. 一刀两断【中级】

右图的图中有 4 个圈，把其中的 1 个圈剪开，其余的 3 个圈就会全部分开，想一下，看看剪哪个圈，才会使其余的 3 个圈全部分开。

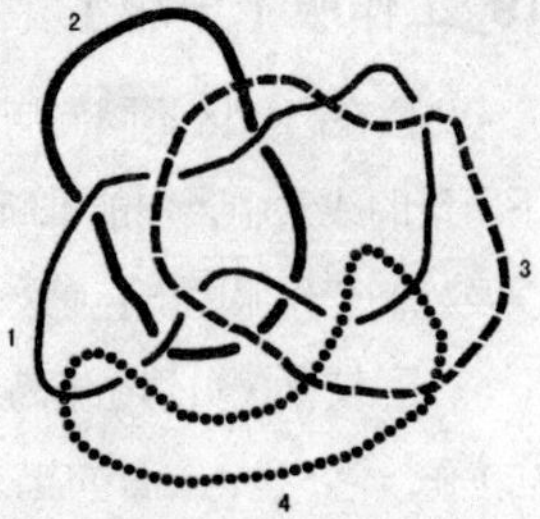

17. 残缺的纸杯【中级】

一个斜切的纸杯，其侧面展开图是什么样的呢？

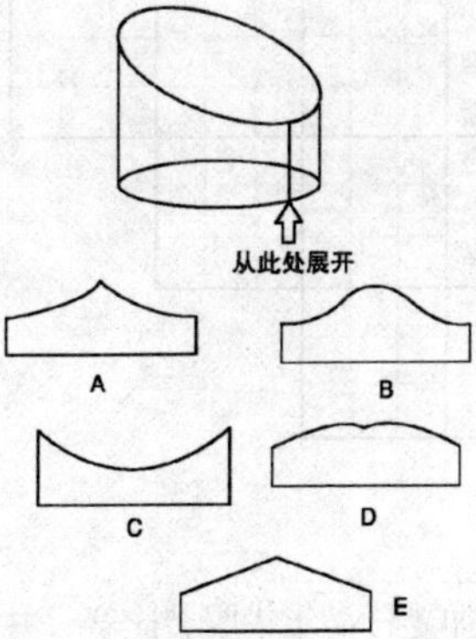

18. 在海滩上【中级】

3位母亲带着各自年幼的儿子在海滩上玩，从以下所给的线索中，你能准确地推断出这3位母亲的姓名、她们儿子的名字以及孩子所穿泳衣的颜色吗？

1. 丹尼斯不是蒂米的妈妈，蒂米穿红色泳衣。

2. 莎·卡索在海滩上玩得相当愉快。

3. 曼迪的儿子穿绿色泳衣。

4. 那个姓响的小男孩穿着橙色泳衣。

		姓：卡索	姓：桑德斯	姓：响	詹姆士	莎	蒂米	绿色	橙色	红色
妈妈	丹尼斯									
妈妈	曼迪									
妈妈	萨利									
	绿色									
	橙色									
	红色									
儿子	詹姆士									
儿子	莎									
儿子	蒂米									

19. 工作服【中级】

3位在高街区不同商店工作的女店员都需要穿工作服上班。从以下所给的线索中，你能推断出每个店员所在的商店名称、商店的类型以及她们工作服的颜色吗？

1. 艾米·贝尔在半岛商店工作，它不是一家面包店。

2. 埃德娜·福克斯每天都穿黄色的工作服上班。

3. 斯蒂德商店的女店员都穿蓝色的工作服。

4. 科拉·迪在一家药店工作。

	半岛商店	梅森商店	斯蒂德商店	面包店	药店	零售店	蓝色	粉红色	黄色
艾米·贝尔									
科拉·迪									
埃德娜·福克斯									
蓝色									
粉红色									
黄色									
面包店									
药店									
零售店									

20. 夏日嘉年华【中级】

3位自豪的母亲带着各自的小孩去参加夏日嘉年华服装比赛，并且赢得了前3名的好成绩。从以下所给的线索中，你能将这3位母亲和她们各自的孩子配对，并描述出每个小孩的服装以及他们的名次吗？

1. 穿成垃圾桶装束的小孩排名紧跟在丹妮尔的孩子的后面。

2. 杰克的服装获得了第三名。

3. 埃莉诺的服装像一个蘑菇。

4. 梅勒妮是尼古拉的母亲，尼古拉不是第二名。

	埃莉诺	杰克	尼古拉	机器人	垃圾桶	蘑菇	第一名	第二名	第三名
丹妮尔									
梅勒妮									
谢莉									
第一名									
第二名									
第三名									
机器人									
垃圾桶									
蘑菇									

21. 吹笛手游行【中级】

图中展示了吹笛手带领着哈密林镇的小孩游行，原因是他用他的笛声赶走了镇里所有的老鼠，但镇里却拒绝付钱给他。从以下所给的线索中，你能说出4个小孩的名字、他们的年龄以及他们父亲的职业吗？

1. 牧羊者的小孩紧跟在6岁的格雷琴的后面。
2. 汉斯要比约翰纳年纪小。
3. 最前面的小孩后面紧跟的不是屠夫的孩子。
4. 队列中3号位置的小孩今年7岁。
5. 玛丽亚的父亲是药剂师，她要比2号位置的孩子年纪小。

姓名：格雷琴，汉斯，约翰纳，玛丽亚
年龄：5，6，7，8
父亲：药剂师，屠夫，牧羊者，伐木工

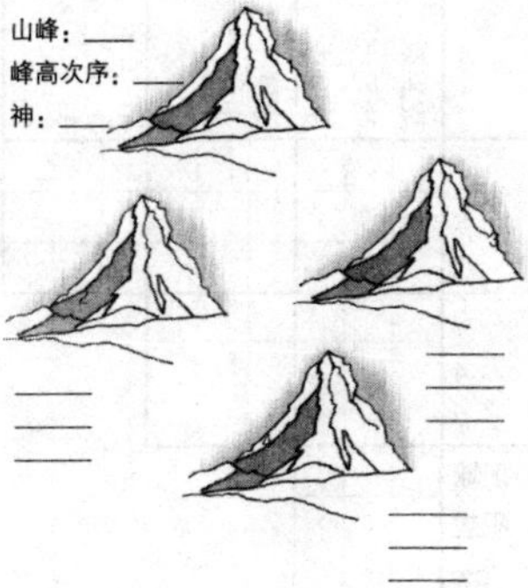

22. 顶峰地区【中级】

在安第斯山脉的某个人迹罕至之地，那里的4座高峰都被当地居民当作神来崇拜。从以下所给的线索中，你能说出4座山峰的名字以及它们之前被当作哪个神来崇拜吗？最后将4座山峰按高度排序。

1. 最高那座山峰是座火山，曾经被当作火神崇拜。

2. 格美特被当作庄稼之神崇拜，是4座山峰中最矮那座的顺时针方向上的下一座。

3. 山峰1被当作森林之神崇拜。

4. 最西面的山峰叫飞弗特尔，而普立特佩尔不是第二高的山峰。

5. 最东面那座是第三高的山峰。

6. 辛格凯特比被崇拜为河神的山峰更靠北一些。

山峰:飞弗特尔，格美特，普立特佩尔，辛格凯特

峰高次序:最高，第二，第三，第四

神:庄稼之神，火神，森林之神，河神

23. 出师不利【中级】

在最近的乡村板球比赛中，头3号种子选手都发挥得不甚理想，都因某个问题出局。从以下所给的线索中，你能找出得分记录簿中各人的排名、他们出局的原因以及总共得分的场数吗？

1. 犯规的板球手得分的场数比克里斯少。

2. 史蒂夫得分的场数不是2，他得分要比被判lbw（板球的一种违规方式）的选手要低。

3. 哈里不是1号，因滚球出场，他的得分不是7。

4. 3号的得分不是4。

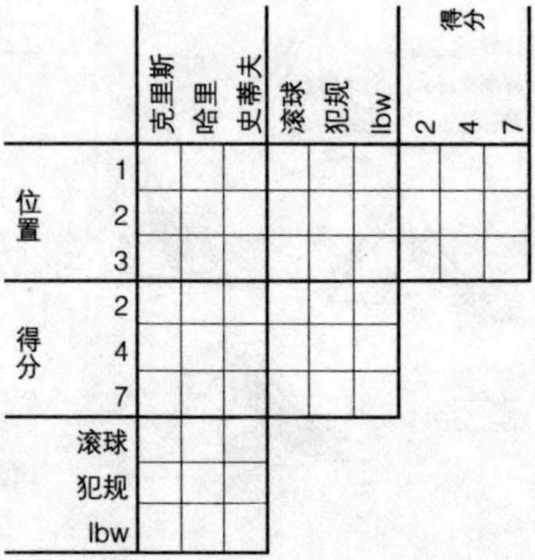

24. 汤姆的舅舅【中级】

汤姆是思道布市的市长，他在镇上有3个舅舅，3人在退休之前从事着不同的职业，退休之后都把时间花在各自的爱好上。从以下所给的线索中，你能说出每个舅舅出生的时间、他们曾经的职业以及各自的爱好吗？

	1910年	1913年	1916年	工程师	士兵	教师	诗歌	钓鱼	制作挂毯
安布罗斯									
伯纳德									
克莱门特									
诗歌									
钓鱼									
制作挂毯									
工程师									
士兵									
教师									

1. 伯纳德要比他有不寻常爱好——制作挂毯比这个兄弟年纪大。

2. 退休之前从事教师职业的舅舅不是出生于1913年，也不爱好诗歌。

3. 以前是工程师的舅舅把大部分的时间花在钓鱼、阅读和书写钓鱼书籍上，他的年纪要比安布罗斯小。

25. 小屋的盒子【中级】

每次乔做家务要用到东西的时候，他就会去盒子里找。图中架子上立着4个不同颜色的盒子，每个盒子里都是一些有用的东西。从以下所给的线索中，你能弄清有关盒子的所有细节吗？

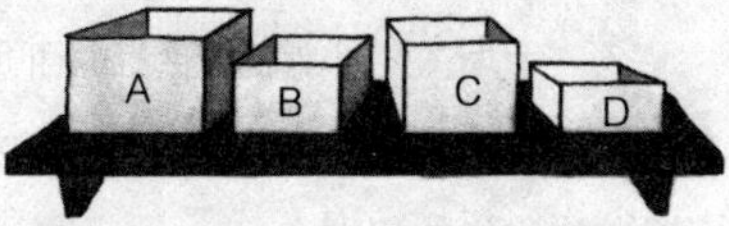

盒子颜色：____　____　____　____

东西数目：____　____　____　____

东西条目：____　____　____　____

1. 不同种类的43个钉子不在灰色的盒子里。

2. 蓝色的盒子里有58样东西。

3. 螺丝钉在绿色的盒子里，绿色盒子一边的盒子里有洗涤器，另一边的盒子里放着数目最多的东西。

4. 地毯缝针在C盒子里。

盒子颜色：蓝，灰，绿，红
东西数目：39，43，58，65
东西条目：地毯缝针，钉子，螺丝钉，洗涤器

26. 换装【中级】

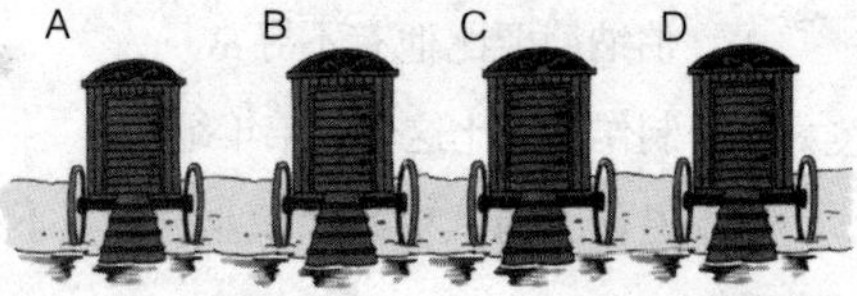

在过去，有素养的女士不像现在这样能在海边游泳，她们只能穿着及膝的浴袍坐在沐浴用的机器上，让机器把她们缓缓降入水中。上图展示的是4台机器，从所给的线索中，你能说出使用机器的4位女士的名字以及她们所穿浴袍的颜色吗？

1. 贝莎的机器紧挨马歇班克斯小姐的机器。

2. C机器是兰顿斯罗朴小姐的。

3. 卡斯太尔小姐穿着绿白相间的浴袍。

4. 拉福尼亚的机器位于尤菲米娅·坡斯拜尔的机器和穿黄白相间浴袍小姐的机器之间。

5. 使用B机器的女士穿了红白相间的浴袍。

名:贝莎，尤菲米娅，拉福尼亚，维多利亚

姓:卡斯太尔，兰顿斯罗朴，马歇班克斯，坡斯拜尔

浴袍:蓝白相间，绿白相间，黄白相间，红白相间

27. 记者艾弗【中级】

上周末，记者艾弗对3位国际著名女性进行了采访。根据下面的信息，你能找出每天他所采访的女性的名字、职业和家乡吗？

	阿比·布鲁克	利亚·凯尔	帕特丝·欧文	电影演员	小说家	流行歌手	澳大利亚	加拿大	美国
星期五									
星期六									
星期日									
澳大利亚									
加拿大									
美国									
电影演员									
小说家									
流行歌手									

1. 艾弗在采访加拿大女星的第二天又采访了帕特丝·欧文。

2. 艾弗在星期五采访了一名流行歌手。

3. 艾弗在采访了一位澳大利亚的客人之后采访了畅销小说家阿比·布鲁克。

4. 艾弗在星期天访问的不是女电影演员。

28. 野鸭子【中级】

在池塘的周围有4栋别墅，每栋别墅的花园都是一只母鸭子和它的一群小鸭子的领地。根据下面的线索，你能说出图中每个别墅的名字、别墅主人给母鸭子取的名字以及每只母鸭子生了多少只小鸭子吗？

1. 戴西生了7只小鸭子，它把巢筑在与洁丝敏别墅顺时针相邻的那栋别墅里。

2. 沃德拜别墅在池塘的西面。

3. 迪力生的小鸭子比在罗斯别墅孵养的小鸭子少一只，而后者在逆时针方向上和前者所在的别墅相邻。

4. 多勒生的小鸭子数量最少。

5. 达芙妮所在的别墅和小鸭子数最少的那栋别墅沿逆时针方

向是邻居。

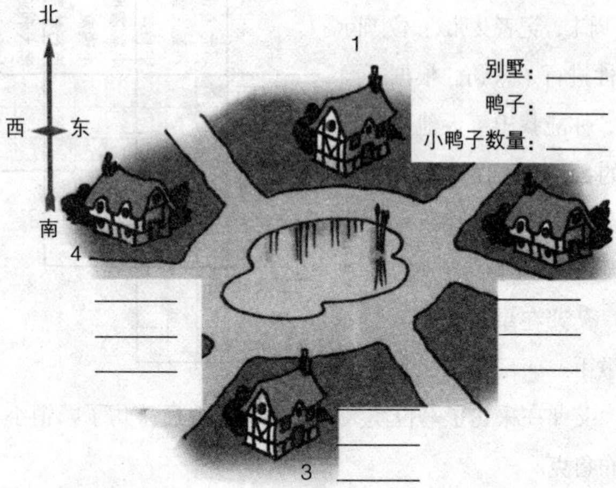

别墅：洁丝敏别墅，来乐克别墅，罗斯别墅，沃德拜别墅

鸭子：戴西，达芙妮，迪力，多勒

小鸭子数量：5，6，7，8

29. 破纪录者【中级】

新闻照片上是4名年轻的女运动员，她们在最近的国家青年运动锦标赛中打破了各自参赛项目的纪录。根据下面的信息，你能认出图片中的4个女孩，并说出她们各自打破了什么项目的纪录吗？

1. 凯瑞旁边的两个女孩都打破了跑步类项目的纪录。
2. 戴尔芬·赫尔站在标枪运动员旁边。
3. 洛伊斯不在2号位置。
4. 1号位置的女孩打破了跳远项目的纪录，她不姓福特。

5. 一名姓哈蒂的运动员打破了400米项目的纪录，但她不叫瓦内萨。

名：戴尔芬，凯瑞，洛伊斯，瓦内萨

姓：福特，赫尔，哈蒂，斯琼

比赛项目：100米，400米，标枪，跳远

30. 请集中注意力【中级】

乡长老斯布瑞格正在指派任务，4个老朋友看上去都很认真。根据下面的信息，你能认出1～4号位置的每个人，说出他们想做的事以及每个人穿的衣服是什么面料的吗？

1. 一个人穿着狼皮上衣，艾格挨着他并在他的右边。

2. 埃格正在想怎样面对他自己的岳母耐格，本身他的妻子就很能言善辩。

3. 穿着山羊皮上衣的人在3号位置。

4. 奥格穿着小牛皮上衣，他不打算靠粉刷他的窑洞的墙壁打发时间。

5. 穿着绵羊皮外套的那个人打算在假日里把他的小圆舟上的漏洞修补一下，坐在他左边的是阿格。

集会成员：艾格，埃格，奥格，阿格

想做的事：钓鱼，修小圆舟，粉刷窑洞的墙壁，拜访岳母

上衣：小牛皮，山羊皮，绵羊皮，狼皮

31.势单力薄的警察们【中级】

4个警察在执行一项镇压示威游行的任务，他们试图用警戒线隔离人群。在行动后期每个人的身体都受到了伤害，那种折磨让他们难以忍受。根据下面的信息，你能分辨出1～4号警官并说出他们所受到的伤害吗？

1. 时刻紧绷着神经使2号警官的肩膀都麻木了，这让他感觉很不舒服。

2. 内卫尔的鼻子痒得厉害，但他不能去抓，因为卡弗的左手紧紧抓着他的右手。

3. 图片上这群势单力薄的警察中，布特比亚瑟更靠左边，艾尔莫特站在格瑞的右面，中间隔了一个位置。

4. 斯图尔特·杜琼和有鸡眼的警官之间隔了一个人。

名：亚瑟，格瑞，内卫尔，斯图尔特

姓：布特，卡弗，艾尔莫特，杜琼

问题：鸡眼，肩膀麻木，发痒的鼻子，肿胀的脚

32.抓巫将军【中级】

在17世纪中期，“抓巫将军”马太·霍普金斯主要负责杀死那些被人们认为是巫婆或者巫师的人，其中有3个巫婆来自思托贝瑞附近的乡村。根据下面的信息，你能说出每个巫婆的名字、绰号以及各自的家乡和获得法力的时间吗？

1. 艾丽丝·诺格斯被称为“诺格斯奶奶”是很自然的事情。

2. 马太·霍普金斯1647年在盖蒙罕姆抓到了一个女巫并把她送到了法院接受审判。

3. “蓝鼻子母亲”不是在1648年被确定为女巫，也不是来自里球格特乡村，一生居住在这个乡村的也不是克莱拉·皮奇。

		绰号 “诺格斯奶奶”	绰号 “蓝鼻子母亲”	绰号 “红母鸡”	家乡 盖蒙罕姆	家乡 希尔塞德	家乡 里球格特	1647 年	1648 年	1649 年
	艾丽丝·诺格斯									
	克莱拉·皮奇									
	伊迪丝·鲁乔									
	1647 年									
	1648 年									
	1649 年									
家乡	盖蒙罕姆									
家乡	希尔塞德									
家乡	里球格特									

4. 1649年，经“抓巫将军”证实，“红母鸡”是一个和魔鬼勾结在一起的女巫；从希尔塞德抓到的那名妇女被证实是女巫，随后的第二年伊迪丝·鲁乔也被确认为女巫。

33.英格兰的旗舰【中级】

1805年10月21日，罗德·纳尔逊在战役中不幸受伤，他在特拉法尔战役中战胜了法国舰队。他的旗舰的名字由16个字母组成。根据下面的信息，你能在每个小方框中填出正确的字母吗？

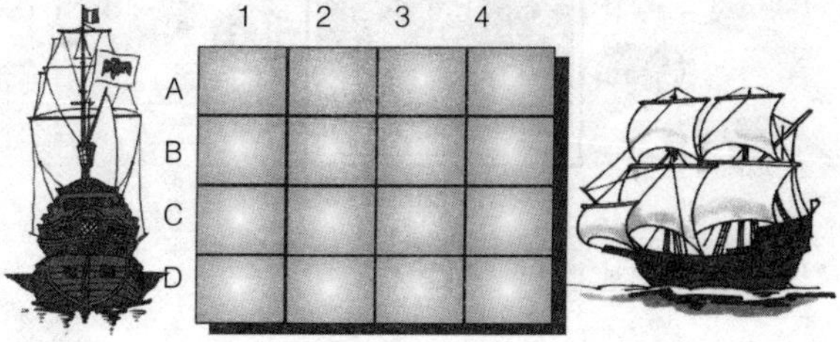

1. 任何两个水平、垂直或对角线方向上的相邻字母都不同。

2. V在R下面的第二个方框内，并在C的左边第二个方框内。

3. L不在A2位置，也不在最后一行。

4. 其中一个A在D3位置上，但没有一个R在D4位置上。

5. A4和C2中的字母相同，紧邻它们下面的方框内的字母都是元音字母。

6. G在I所在行的上面一行。

7. O就在T上面的那个位置，在Y下面一行的某个位置，而Y在与O不同的一列的顶端。

要填的16个字母：A，A，A，C，F，G，I，L，O，R，R，R，T，T，V，Y

34.在沙坑里【中级】

在操场的一个角落里有一个沙坑，4位母亲站在沙坑的四周（A，B，C，D），看着自己的孩子在沙坑里（1，2，3，4）玩耍。根据下面的信息，你能分别说出这8个人的名字，并给他们配对吗？

1. 站在C位置上的不是汉纳，她的儿子站在顺时针方向上爱德

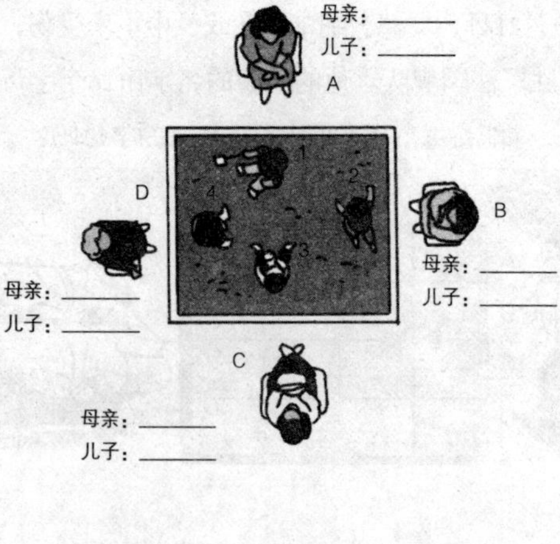

华的旁边。

2. 卡纳在4号位置上，而他的母亲不在B位置。

3. 詹妮的孩子在3号位置。

4. 丹尼尔是莎拉的儿子，他在逆时针方向上的雷切尔儿子的旁边，而雷切尔站在D位置。

5. 没有一个孩子在沙堆里的位置与各自母亲的位置相对应。

母亲：汉纳，詹妮，雷切尔，莎拉

儿子：卡纳，丹尼尔，爱德华，马库斯

35.小宝贝找妈妈【中级】

根据题目所给条件，你能否判断出宝贝与妈妈的对应关系？

36.演艺人员【高级】

阳光灿烂的夏日，4位演艺者在大街上展现他们的才艺。从以下所给的线索中，你能判断出在1～4号位置中的演艺者的名字以及他们的职业吗?

1. 沿着大道往东走，在遇到弹着吉他唱歌的人之前你一定先遇到哈利，并且这两个人不在街道的同一边。

2. 泰萨不是1号位置的演艺者，他不姓克罗葳。莎拉·帕吉不是吉他手。

3. 变戏法者在街道中处于偶数的位置。

4. 西帕罗在街边艺术家的西南面。

5. 在2号位置的内森不弹吉他。

名：哈利，内森，莎拉，泰萨
姓：克罗葳，帕吉，罗宾斯，西帕罗
职业：手风琴师，吉他手，变戏法者，街边艺术家

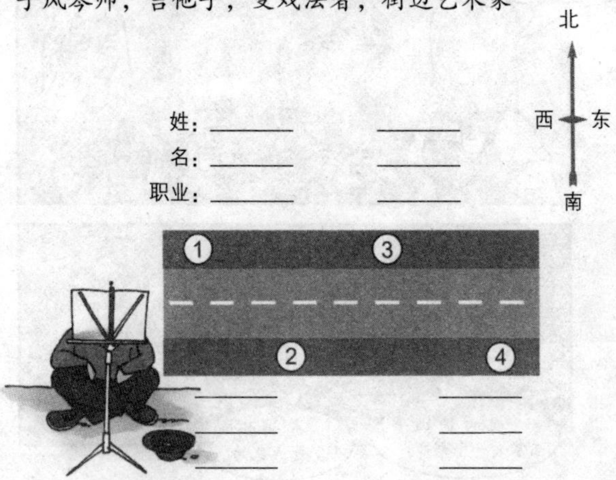

答　案

1.

B。

2.

A。只有A具有左右对称性，其余3个字母都不具有这种对称性。

3.

10和16。

4.

1号。

5.

金盒子上的话和铜盒子上的话是矛盾的，所以两句话必有一真。又知三句话中至多只有一句是真话，所以银盒子上的是假话。因此，画像在银盒中。

6.

B图的符号和其他符号不一样，因为它是浅灰色的，而其他是深灰色的。A图的符号和其他的不一样，因为它是1，而其他是2。C图的符号也不一样，因为它是正方形而其他符号是圆形。因此，D图的符号才是真正不一样的，因为它没有“不一样”的地方。

7.

C。

8.

E。其他的图形都是中心对称图形。换句话说，如果它们旋转180°，将会出现一个完全相同的图形。

9.

基德拜夫妇有两个孩子（线索4），因此不只有一个孩子的希金夫妇（线索3）一定有三个孩子，并且他们去了澳大利亚（线索1）。通过排除法，去新西兰的布里格夫妇只有一个孩子；排除法又可以得出基德拜夫妇去了加拿大。希金夫妇不是开旅馆（线索1）或鱼片店（线索3），因此他们经营的一定是农场。鱼片店不是由布里格夫妇经营的（线索2），那么一定是基德拜夫妇经营的，布里格夫妇所做的生意是开旅馆。

答案：

布里格夫妇，一个，新西兰，旅馆。

希金夫妇，三个，澳大利亚，农场。

基德拜夫妇，两个，加拿大，鱼片店。

10.

只需要打开最下面的链子。上面的两根链子并没有连接在一起。

11.

D。在其他各项中，将直线两端的横木数量相乘，都得到偶数值，只有D项得到奇数值。

12.

D。

13.

甲可以正确地推导出自己头上所戴帽子的颜色。

14.

A。

15.

E不是。

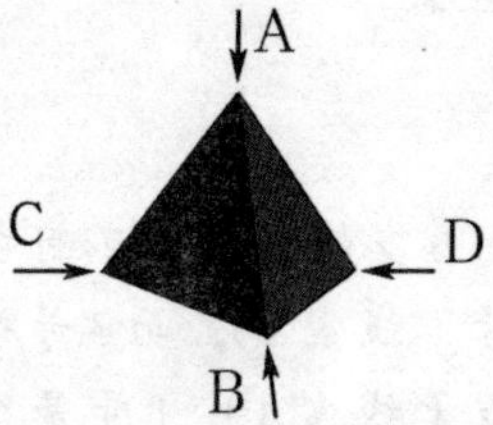

16.

第三个。

17.

B。

18.

莎的姓是卡索（线索2），蒂米穿红色的泳衣（线索1），因此，穿橙色泳衣姓响的小男孩肯定是詹姆士。通过排除法，莎的泳衣一定是绿色的，她的母亲是曼迪（线索3）。同样再次通过排除法，蒂米的姓是桑德斯，他的母亲不是丹尼斯（线索1），那么肯定是萨利，最后剩下丹尼斯是詹姆士的母亲。

答案：

丹尼斯·响，詹姆士，橙色。

曼迪·卡索，莎，绿色。

萨利·桑德斯，蒂米，红色。

19.

科拉·迪在药店工作（线索4），而艾米·贝尔不在面包店工作（线索1），所以她肯定在零售店工作，而埃德娜·福克斯则在面包店工作。艾米·贝尔在半岛商店工作（线索1），斯蒂德商店店员穿蓝色工作服（线索2），因此，穿黄色工作服的埃德娜，肯定在梅森商店工作。通过排除法，艾米的工作服肯定是粉红色的，而在斯蒂德商店工作的一定是科拉，她穿蓝色的工作服。

答案：

艾米·贝尔，半岛商店，

零售店，粉红色。

科拉·迪，斯蒂德商店，药店，蓝色。

埃德娜·福克斯，梅森商店，面包店，黄色。

20.

杰克获得了第三名（线索2），因此他的母亲不可能是丹妮尔（线索1），而梅勒妮是尼古拉的母亲（线索4），那么杰克只能是谢莉的儿子，剩下埃莉诺是丹妮尔的女儿，埃莉诺的服装像个蘑菇（线索3）。尼古拉不是第二名（线索4），我们知道他也不是第三名，因此他肯定是第一名，剩下埃莉诺是第二名。从线索1中知道，排名第三的杰克穿成垃圾桶装束，剩下第一名的尼古拉则穿成机器人的样子。

答案：

丹妮尔，埃莉诺，蘑菇，第二名。

梅勒妮，尼古拉，机器人，第一名。

谢莉，杰克，垃圾桶，第三名。

21.

6岁的格雷琴不可能是4号（线索1），而3号今年7岁（线索4），1号是个男孩（线索3），因此，通过排除法，格雷琴肯定是2号。现在从线索1中知道，3号是7岁的牧羊者的孩子。玛丽亚的父亲是药剂师（线索5），不可能是1号（线索3），那么只能是4号，从线索5中知道，她今年5岁，剩下1号男孩8岁。所以1号不是汉斯（线索2），则一定是约翰纳，剩下汉斯是7岁的牧羊者。从线索3中知道，格雷琴的父亲不是屠夫，那么只能是伐木工，最后知道约翰纳是屠夫的儿子。

答案：

1号，约翰纳，8岁，屠

夫。

2号，格雷琴，6岁，伐木工。

3号，汉斯，7岁，牧羊者。

4号，玛丽亚，5岁，药剂师。

22.

位置3的山是第三高峰（线索5），线索2排除了格美特是位置4的山峰，格美特被称为庄稼之神，而山峰1是森林之神（线索3）。山峰2是飞弗特尔（线索4），通过排除法，格美特是位置3的高峰。通过线索2知道，第四高峰肯定是位置1的山峰。辛格凯特不是位置4的山峰（线索6），通过排除法，它一定是山峰1，剩下山峰4是普立特佩尔。它不是第二高峰（线索4），那么它肯定是最高的。因此它就是被人们当作火神来崇拜的那座（线索1）。最后通过排除法，飞弗特尔是第二高峰，而它是人们心中的河神。

答案：

山峰1，辛格凯特，第四，森林之神。

山峰2，飞弗特尔，第二，河神。

山峰3，格美特，第三，庄稼之神。

山峰4，普立特佩尔，最高，火神。

23.

哈里滚球了（线索3），而史蒂夫不是lbw（线索2），那么他一定是犯规的，剩下克里斯是lbw。得了7分的不是哈里（线索3），也非史蒂夫（线索1），那么一定是克里斯。史蒂夫得分不是2分（线索2），那么一定是4分，而哈里是2分。史蒂夫不是3号（线索4），也非1号（线索2），那他一定是2号。哈里不是1号（线索3），则肯定是3号，剩下

1号就是克里斯。

答案：

1号，克里斯，lbw，7分。

2号，史蒂夫，犯规，4分。

3号，哈里，滚球，2分。

24.

1910年出生的舅舅的爱好不是制作挂毯（线索1），他也不是工程师，因为工程师的爱好是钓鱼（线索3），那么他肯定爱好诗歌。而他退休之前不是教师（线索2），那么只能是士兵，剩下前教师的爱好是制作挂毯。从线索1中知道，1916年不是伯纳德出生的年份，而线索3也排除了安布罗斯，那么1916年出生的只能是克莱门特。前教师出生的年份不是1913年（线索2），那么他一定是1916年出生的克莱门特，剩下前工程师是1913年出生的。从线索3中知道，安布罗斯是1910年出生的，他退休前是士兵，剩下前工程师就是伯纳德。

答案：

安布罗斯，1910年，士兵，诗歌。

伯纳德，1913年，工程师，钓鱼。

克莱门特，1916年，教师，制作挂毯。

25.

蓝色的盒子里有58个东西（线索2），绿色盒子有螺丝钉（线索3），43个钉子不在灰色的盒子里（线索1），那么一定在红色的盒子。我们知道绿盒子里的东西不是43或58个，而线索3也排除了65个，那么在绿盒子里一定是39个螺丝钉。通过排除法，灰色盒子的东西肯定是65个，它们不是洗涤器（线索3），那么一定是地毯缝针，灰色盒子就是C盒（线索4），剩下蓝色的盒子有58个洗涤器。绿盒子不是D盒（线索3），因它有2个相邻的盒子，那么知道它就是B盒，而有洗涤器的盒子就是A盒（线索3），剩下红色的盒子就是D盒。

答案：

A盒，蓝色,58个洗涤器。

B盒，绿色,39个螺丝钉。

C盒，灰色，65个地毯缝针。

D盒，红色，43个钉子。

26.

B机器是穿红白相间的浴袍的女士用的（线索5），线索4排除了D是尤菲米娅·坡斯拜尔用的，因为兰顿斯罗朴小姐用了机器C（线索2），尤菲米娅的机器可能是A或者B。而拉福尼亚的是B或者C（线索4），因此她也不用机器D。我们知道兰顿斯罗朴用了机器C，那么贝莎不可能是机器D（线索1）。因此，通过排除法，维多利亚肯定用了机器D。所以她的姓不可能是马歇班克斯（线索1），我们知道她的姓也不是坡斯拜尔或者兰顿斯罗朴，那么一定是卡斯太尔，而她的浴袍肯定是绿白相间的（线索3）。因此尤菲米娅不可能用了机器B（线索4），那么一定是在A上，剩下机器B是马歇班克斯用的。因此，从线索1中可以知道，贝莎就是兰顿斯罗朴小姐，她用了机器C，装束是黄白相间的，通过排除法，尤菲米娅·坡斯拜尔是穿了蓝白相间浴袍的人。

答案：

机器A，尤菲米娅·坡斯拜尔，蓝白相间。

机器B，拉福尼亚·马歇班克斯，红白相间。

机器C，贝莎·兰顿斯罗朴，黄白相间。

机器D，维多利亚·卡斯太尔，绿白相间。

27.

已知星期五拜访的女

性不是帕特丝·欧文（线索1）或小说家阿比·布鲁克（线索3），那么拜访的是利亚·凯尔，并且可以知道她是个流行歌手（线索2）；通过排除法，帕特丝·欧文是个电影演员，她被拜访的时间不是星期天（线索4），而是星期六，剩下小说家阿比·布鲁克是在星期天被采访的。根据线索1，星期五拜访的利亚·凯尔来自加拿大，根据线索3，星期六的被访者帕特丝·欧文来自澳大利亚，最后排除法得出，星期天的被访者小说家阿比·布鲁克来自美国。

答案：

星期五，利亚·凯尔，流行歌手，加拿大。

星期六，帕特丝·欧文，电影演员，澳大利亚。

星期天，阿比·布鲁克，小说家，美国。

28.

因为沃德拜别墅在4号位置（线索2），那么在1号位置筑巢的不是养了7只小鸭子的戴西（线索1），也不是迪力（线索3），线索4排除了多勒，通过排除法得出是达芙妮。然后根据线索5，5只小鸭子在2号别墅的花园里。我们知道拥有小鸭子数最多的不是戴西、多勒（线索4）或迪力（线索3），而是达芙妮，她拥有8只小鸭子。1号位置小鸭子的数量比2号位置上的多3只，线索3排除了迪力在2号花园里的可能，已知多勒有5只小鸭子，剩下迪力有6只小鸭子。这样根据线索3，罗斯别墅是戴西和她的7只小鸭子的家。我们知道它们不在1号、2号或4号位置，那么一定在3号位置，根据排除法和线索3，迪力在4号沃德拜别墅的花园里抚养它的6只小鸭子。线索1现在告诉我们洁丝敏别墅在2号位置，剩下1号是来乐克别墅。

答案：

1号，来乐克别墅，达芙妮，8只。

2号，洁丝敏别墅，多勒，5只。

3号，罗斯别墅，戴西，7只。

4号，沃德拜别墅，迪力，6只。

29.

由于凯瑞的运动项目不是100米或400米（线索1），她也不是在跳远比赛中获胜的1号女孩（线索1和4），因此通过排除法，她一定破了标枪比赛的纪录。1号位置上的不是跑步运动员，所以凯瑞不是2号女孩（线索1），同一个线索排除了她是1号或4号的可能，所以她在3号位置。400米冠军哈蒂不叫瓦内萨（线索5），我们知道她不叫凯瑞。赫尔的名字是戴尔芬（线索2），那么哈蒂就是洛伊斯。她不在2号位置（线索3），而她的运动项目排除了1号和3号位置，因此她一定在照片中的4号位置。1号女孩不是戴尔芬·赫尔（线索2），而是瓦内萨，戴尔芬是2号女孩，排除法得出戴尔芬的运动项目是100米。最后根据线索4，瓦内萨不姓福特，而姓斯琼，剩下凯瑞是福特小姐。

答案：

1号，瓦内萨·斯琼，跳远。

2号，戴尔芬·赫尔，100米。

3号，凯瑞·福特，标枪。

4号，洛伊斯·哈蒂，400米。

30.

埃格要去拜访岳母（线索2），穿着绵羊皮外套的男人打算修他的小圆舟（线索5)，并且穿着小牛皮上衣的奥格不打算粉刷他的窑洞墙壁(线索4)，因此他一定是去钓鱼。由于穿着绵羊皮外套的男人不是阿格(线索5)，我们知道他也不是埃格或奥格，那么他是艾格。通过排除法，剩下阿格是准备粉刷窑洞墙壁的男人。穿着绵羊皮外套的艾格不在1号位置(线索1)，也不在3号位置，因为3号穿着山羊皮上衣(线索3)，而线索1和3排除了他在4号位置的可能，那么他一定在2号位置，1号穿着狼皮上衣(线索1)，剩下穿着小牛皮上衣的奥格在4号位置。线索5说明阿格在1号位置，他穿着狼皮上衣，通过排除法，在3号位置上穿着山羊皮上衣的人是埃格，就是那个打算拜访岳母的人。

答案：

1号，阿格，粉刷窑洞墙壁，狼皮。

2号，艾格，修小圆舟，绵羊皮。

3号，埃格，拜访岳母，山羊皮。

4号，奥格，钓鱼，小牛皮。

31.

由于2号警官的肩膀麻木(线索1)，线索4说明斯图尔特·杜琼不是4号警官。线索2也排除了卡弗在4号位置的可能，并且线索3排除了布特，因此通过排除法，4号警官一定是艾尔莫特。这样根据线索3，格瑞在2号位置，并且遭受肩膀麻木的痛苦。1号警官不是鼻子发痒的内卫尔(线索2)，也不是亚瑟(线索3)，而是斯图尔特·杜琼。这样根据线索4，3号警官受鸡眼折磨。我们知道他不是格瑞、内卫尔或斯图尔特，那么必定是亚瑟，剩下4号警官是鼻子发痒的内卫尔·艾尔莫特。通过排除法，斯图尔特·杜琼一定受肿胀的脚的折磨。亚瑟就是卡弗（线索2），剩下格瑞就是布特。

答案：

1号，斯图尔特·杜琼，肿胀的脚。

2号，格瑞·布特，肩膀麻木。

3号，亚瑟·卡弗，鸡眼。

4号，内卫尔·艾尔莫特，发痒的鼻子。

32.

“红母鸡”在1649年被宣判（线索4），在1648年被认为是女巫的不是“蓝鼻子母亲”（线索3），因此她一定是“诺格斯奶奶”，并且真名是艾丽丝·诺格斯（线索1）。通过排除法，“蓝鼻子母亲”在1647年被宣判为女巫，而她来自盖蒙罕姆（线索2）。那么伊迪丝·鲁乔不是在1648年被宣判（线索4），而是在1649年，她的绰号是“红母鸡”。可以得出艾丽丝·诺格斯住在希尔塞德（线索4）。克莱拉·皮奇不是来自里球格特乡村（线索3），所以必定来自盖蒙罕姆，并且她是在1647年被宣判的“蓝鼻子母亲”；排除法得出伊迪丝·鲁乔住在里球格特。

答案：

克莱拉·皮奇，“蓝鼻子母亲”，盖蒙罕姆，1647年。

艾丽丝·诺格斯，“诺格斯奶奶”，希尔塞德，1648年。

伊迪丝·鲁乔，“红母鸡”，里球格特，1649年。

33.

根据线索2，V一定在C1，C2，D1或D2中的一个格子内。因为它不是重复的，所以不可能在C2（线索5），而那个线索也排除了包含有一个元音的D2。D3内是个A（线索4），那么线索

2排除了V在D1内，排除法得出它在C1内。这样根据线索2，A1内有个R，而C3内是C。线索1和4排除了在D2内的元音（线索5）是A，也不是O（线索7），因此只能是I。根据线索6，G在C排，但G只有一个，不在C2内（线索5），只能在C4内。这样B4内的元音（线索5）不是O（线索7），而是另一个A。线索7排除了O在A或D排的可能，而已经找到位置的字母除掉了B1，B3或C2，以及B4，C1，C3和C4，只剩下B2包含O，而一个T在C2内（线索7）。这样根据线索5，第二个T在A4内。根据

R	A	Y	T
L	O	R	A
V	T	C	G
R	I	A	F

线索7，Y在A3内。我们还需找到两个R的位置，但都不在D4内（线索4），线索1也排除了B1和A2，只剩下B3和D1。L不是在D4内，也不是在A2内（线索3），因此在B1内。线索1排除了剩下的A在D4的可能，得出F在D4，而A在A2。

34.

詹妮的孩子在3号位置上（线索3）。4号位置上的卡纳（线索2）不是D位置上的雷切尔的儿子（线索4和5），丹尼尔是莎拉的儿子（线索4），这样通过排除法，卡纳的母亲是汉纳。然后根据线索1，爱德华是詹妮的孩子，他在3号位置，雷切尔的儿子是马库斯。我们知道汉纳不在D位置上，也不在C位置（线索1）或B位置（线索2），因此她一定在A位置。詹妮不在C位置

（线索5），而是在B位置，剩下C位置上的是莎拉。丹尼尔不在2号位置（线索4），那他一定在1号，剩下马库斯在2号位置，这由线索4证实。

答案：

A位置，汉纳；4位置，卡纳。

B位置，詹妮；3位置，爱德华。

C位置，莎拉；1位置，丹尼尔。

D位置，雷切尔；2位置，马库斯。

35.

宝贝1，海蒂，是乔治亚的孩子。

宝贝2，伊莎贝尔，是詹妮的孩子。

宝贝3，戴西，是爱瑞的孩子。

宝贝4，达娜，是艾莉森的孩子。

36.

弹吉他的不是1号（线索1），1号也不是变戏法者（线索3），也非街边艺术家（线索4），因此1号肯定是手风琴师，他不是泰萨，也不是莎拉·帕吉（线索2），而内森是2号（线索5），因此1号只能是哈利。因内森不弹吉他（线索5），线索1可以提示吉他手就是4号。4号不是莎拉·帕吉（线索2），而莎拉·帕吉不是1号和2号，因此只能是3号。因此，她不是变戏法者（线索3），通过排除法，她肯定是街边艺术家，剩下变戏法者就是2号内森。从线索4中知道，他的姓一定是西帕罗，而4号位置肯定是泰萨。从线索2中知道，克罗葳不是泰萨的姓，则一定是哈利的姓，而泰萨的姓只能是罗宾斯。

答案：

1号，哈利·克罗葳，

手风琴师。

2号，内森·西帕罗，变戏法者。

3号，莎拉·帕吉，街边艺术家。

4号，泰萨·罗宾斯，吉他手。

第二章

递推法

由已知条件层层分析得出结论的过程，要确保每一步都准确无误。在这个过程中，可能会有几个分支，应该本着先易后难的原则，先从简单的入手，逐个分析，直到考虑到所有的情况，找到符合题目要求的答案。这时候就要用到递推法。

递推法是利用问题本身具有的一种递推关系来求解的方法，也就是从上到下，一步步地推理。这种方法，不但有益于解决学习和工作中的问题，对于提高逻辑思维能力也大有裨益。

1. 图形组合【初级】

仔细观察右边4幅图形，依据图形规律，从A~D中选出适合的第五幅图形。

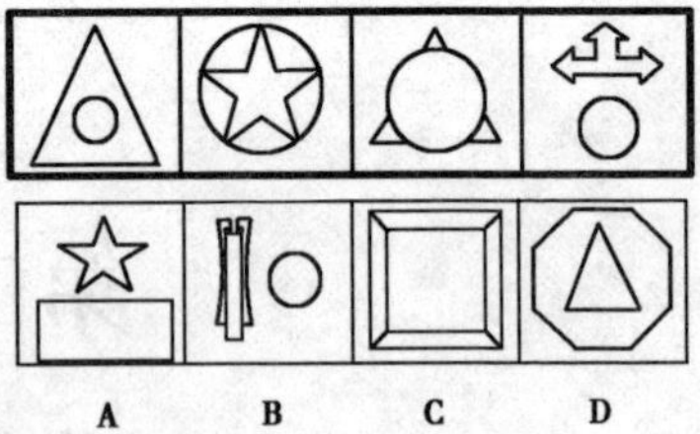

2. 图形四等分【初级】

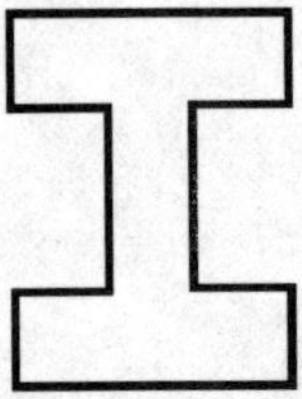

将左图分为大小和形状均相同的四等份。

3. 哪个不相关【初级】

下面哪个图与其他的图不相关?

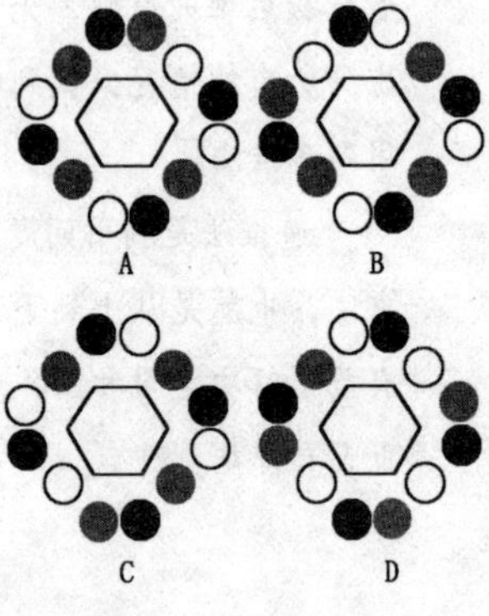

4. 图形识别【初级】

依据左图的图形变化规律找出第四幅图。

5. 填数字【初级】

根据规律，填数字完成右侧谜题。

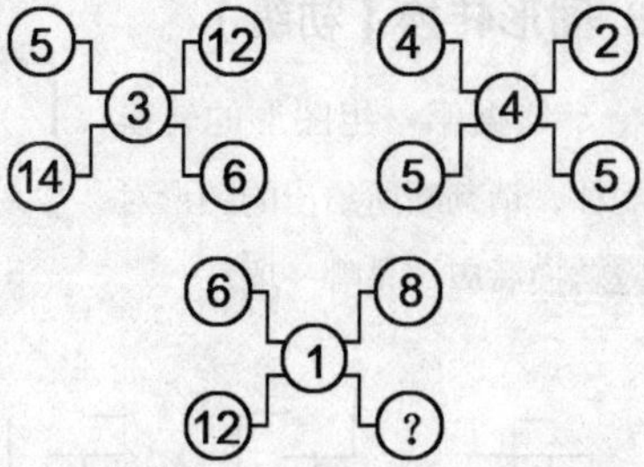

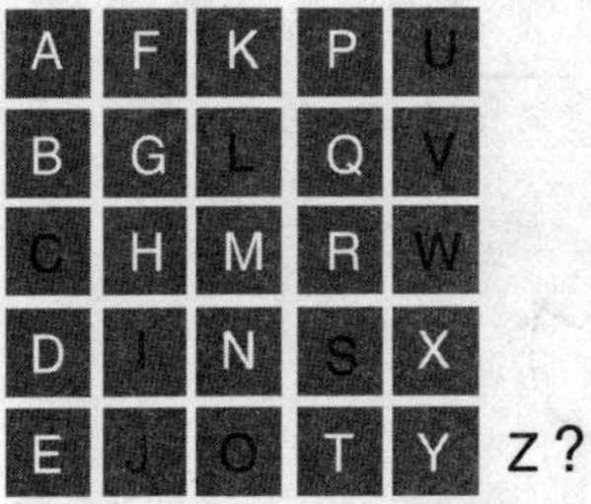

6. 黑色还是白色【初级】

依照左图的逻辑，说说Z应该是黑色还是白色。

7. 黑点方格【初级】

空缺处应该放入A～F项中的哪一项?

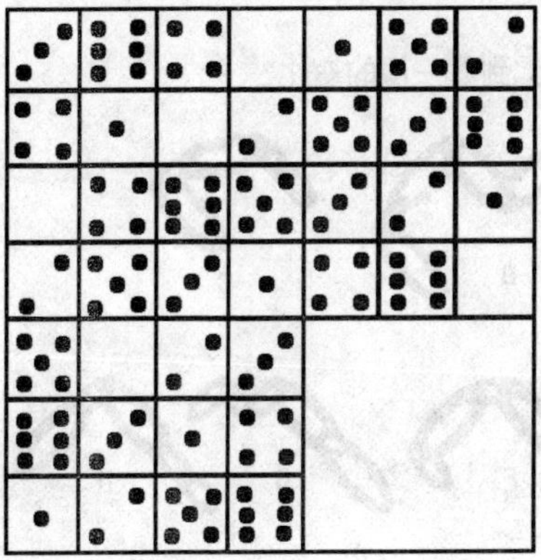

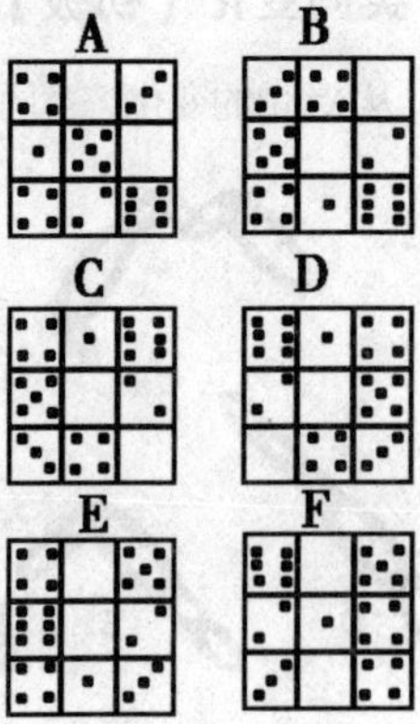

8. 图形转换【初级】

依据第一组图形的转换规律，请判断所给出的图形对应转换后应该是哪一项。

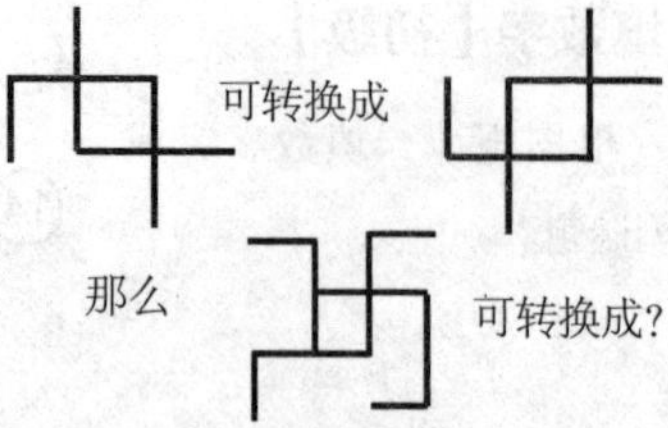

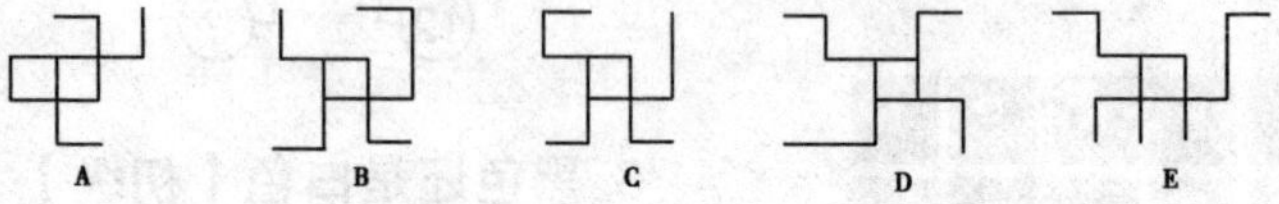

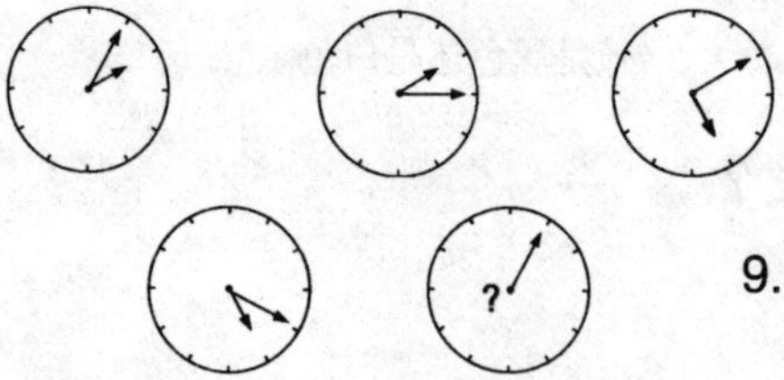

9. 缺少的时针【初级】

表盘中缺少的时针应指向哪儿?

10. 类同变化【初级】

从A到B的变化，类同于从C到哪一项的变化?

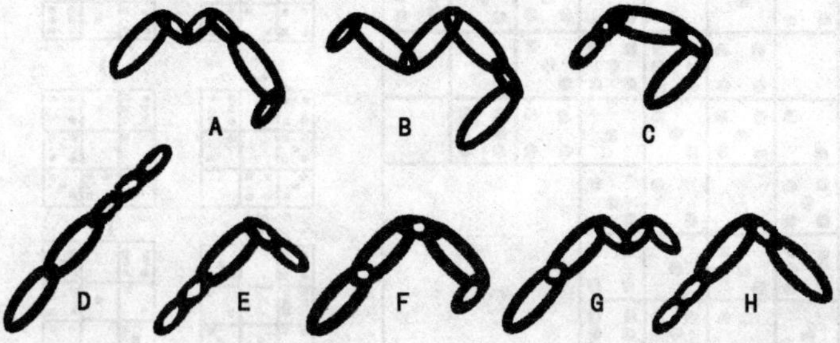

11. 回忆填图【初级】

仔细观察右图上面的第一组图，然后将图遮住，从A，B，C，D中选出第二组图中缺失的图形。

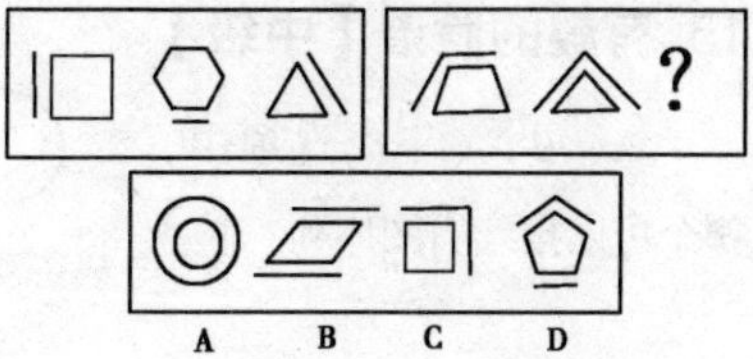

12. 补充图案【初级】

仔细观察左面的图形，选择合适的答案将空白补上。

13. 规律推图【初级】

仔细观察右面4幅图形，从A，B，C，D选项中选出规律相同的第五幅图形。

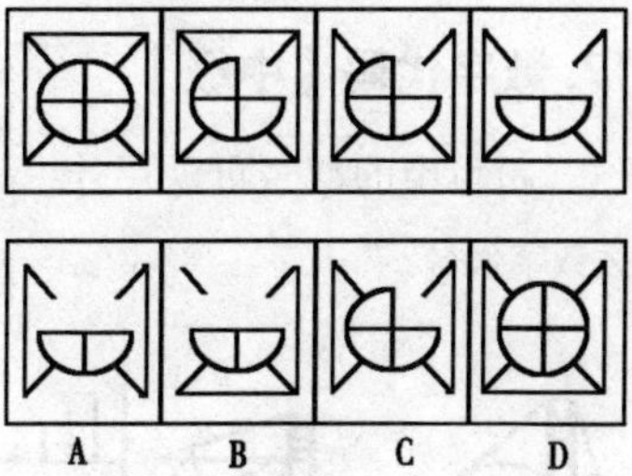

14. 图形选择【初级】

观察左图中的第一组图形，依据规律选出第二组图形中缺少的图形。

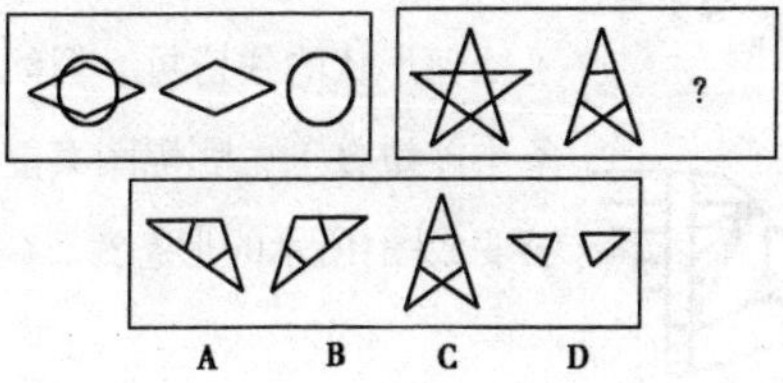

15. 有趣的脸谱【中级】

A，B，C三个选项中，哪个可以接续右图序列？

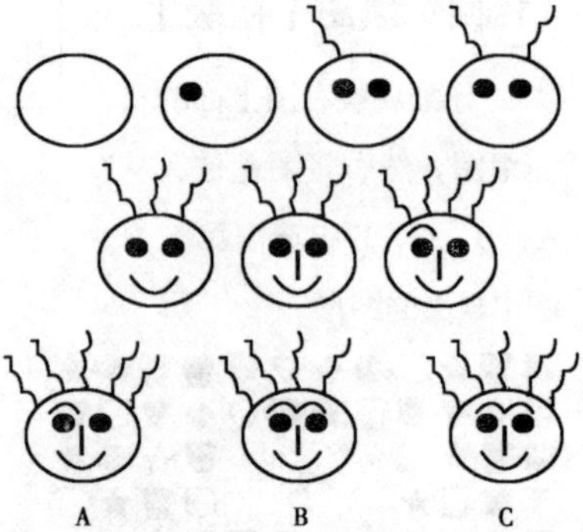

16. 查漏补缺【中级】

你能找出图中的规律，并把缺掉的部分补上吗？

17. 数字代码【中级】

题目中的问号可以用什么数字代替？

7628	5126	3020
9387	6243	1088
8553	2254	?

18. 添上一条线【中级】

如果在A，B，C，D，E各图中某处添上一条线（任何形状的线皆可，但线条不能重叠），哪幅图案能够变成图1所示的形态？

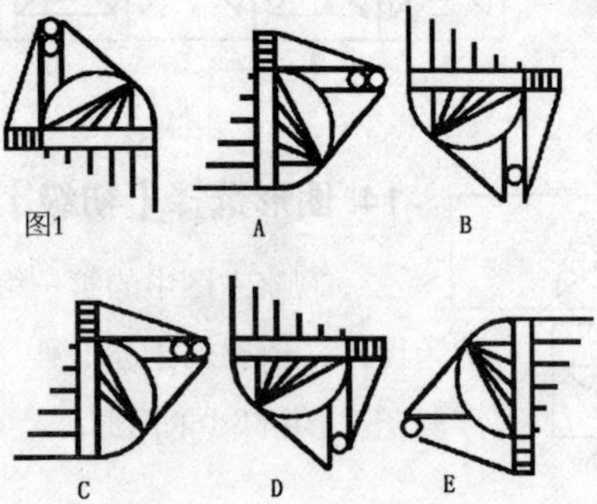

19. 推测符号【中级】

如右图所示，将○、△、×符号填入25个空格中，每格一个。问号处应该是什么符号？

○	×	△	○	○
△	×	△	×	×
×	○	○	△	△
○	△	×	○	○
?	×	○	△	×

20. 中国盒【中级】

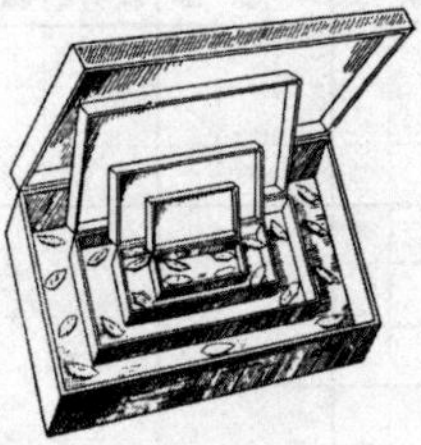

用4个盒子一盒套一盒做成1个中国盒。里面的3个盒子里各放4块糖，外面的大盒子里放9块糖。把这个盒子作为生日礼物送给你的朋友，并且告诉他（她）必须使每个盒子里的糖果变成偶数对再加1颗，然后才可以吃糖。你知道怎么放吗？

21. 数字巧妙推【中级】

充分发挥你的想象力，推算出下一行的数字是什么。

1
11
21
121
111221
312211
13112221
1113213211

22. 数字矩阵【中级】

观察下边这个矩阵。你能填上未给出的数字吗？

1	1	1	1
1	3	5	7
1	5	13	25
1	7	25	?

23. 补充表格【中级】

仔细看表格，然后说出表格中的问号该填什么数。

2	9	6	24
6	7	5	47
5	6	3	33
3	7	5	?

24. 跳棋【中级】

跳棋协会这个星期举办了一场激动人心的跳棋比赛。从给出的线索中，你能说出3个让人有所期待的选手名字、俱乐部及他们最后的排名吗？

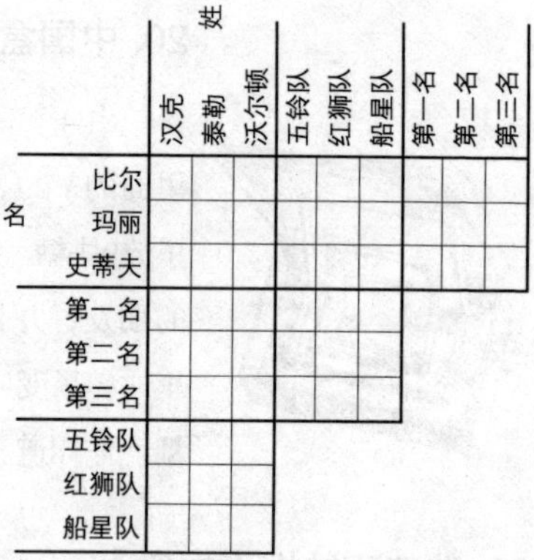

姓
汉克
泰勒
沃尔顿
五铃队
红狮队
船星队
第一名
第二名
第三名
名
比尔
玛丽
史蒂夫
第一名
第二名
第三名
五铃队
红狮队
船星队

1. 跳棋选手泰勒代表红狮队。

2. 在史蒂夫胜出比赛后，紧接着是沃尔顿胜出。

3. 在第三场比赛中胜出的选手姓汉克。

4. 比尔比来自五铃队的选手早胜出比赛。

25.ABC（1）【中级】

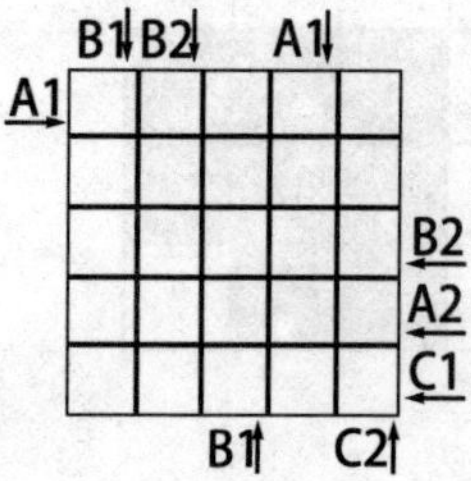

按要求填表格。要求每行每列均包含字母A，B，C和两个空格。表格外的字母表示箭头所指方向的第一或者第二个出现的字母，如B1代表箭头所指方向出现的第一个字母为B。你能按要求完成吗？

26. 战舰（1）【中级】

这道题是按照一个古老的战舰游戏设计的，你的任务是找出表格中的船。方格中已填入了几个代表海或某种船的局部的图案，而紧靠行和列边上的数字表示这行或这列被占的方格总数。船和船之间可以水平或垂直停靠，但是任意两艘船或船的某个部分都不可以在水平、垂直和对角方向上相邻或重叠。

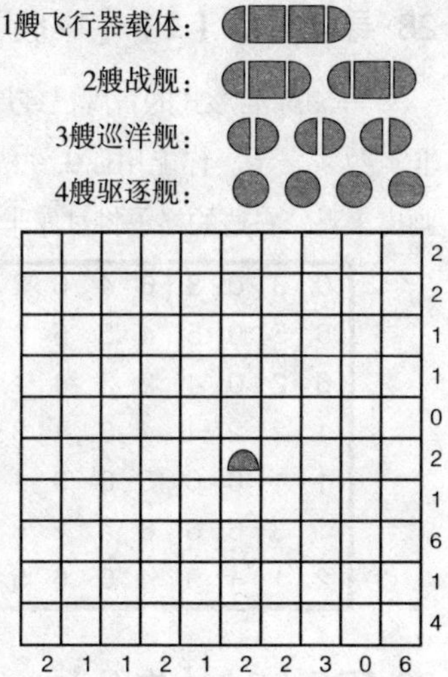

27. 战舰（2）【中级】

这道题是按照一个古老的战舰游戏设计的，你的任务是找出表格中的船。方格中已填入了几个代表海或某种船的局部的图案，而紧靠行和列边上的数字表示这行或这列被占的方格总数。船和船之间可以水平或垂直停靠，但是任意两艘船或船的某个部分都不可以在水平、垂直和对角方向上相邻或重叠。

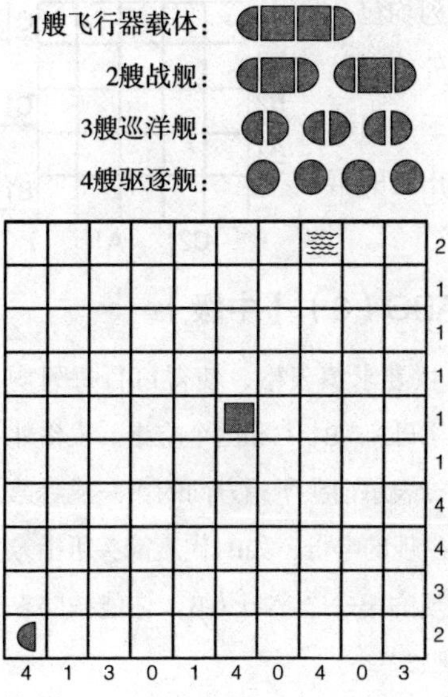

28. 寻找骨牌（1）【中级】

一副标准形式的骨牌已经展开，为了清楚起见，它使用数字而非点数来表示。你能用你尖锐的笔尖和灵活的脑瓜，把每个骨牌都画出来吗？右边的格子将对你非常有帮助。

0	3	0	3	6	4	6	2
5	5	0	5	4	5	5	0
6	2	0	4	2	3	4	1
1	2	2	4	4	3	1	3
1	1	0	6	5	3	3	1
1	3	6	6	6	2	2	5
2	1	4	0	4	0	6	5

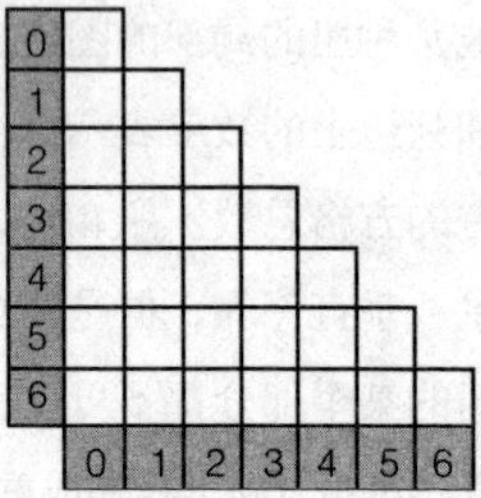

29.ABC（2）【中级】

按要求填表格，使得每行每列均包含字母A，B，C和两个空格。表格外的字母表示箭头所指方向的第一或者第二个出现的字母，如B1代表箭头所指方向出现的第一个字母为B。你能按要求完成吗？

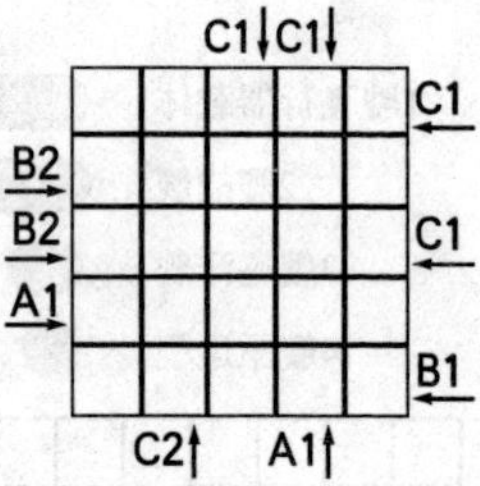

30.ABC（3）【中级】

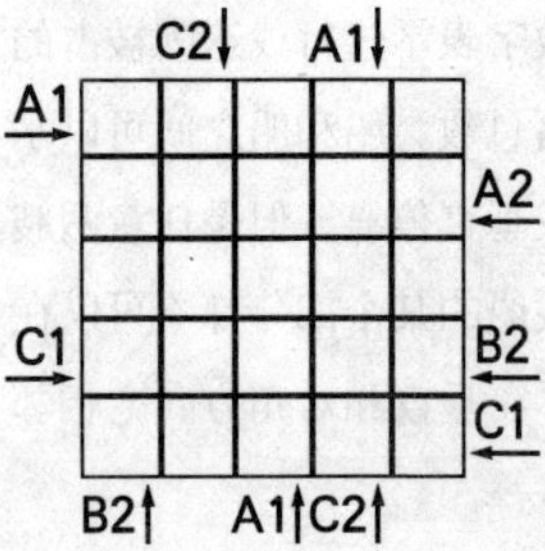

按要求填表格，使得每行每列均包含字母A，B，C和两个空格。表格外的字母表示箭头所指方向的第一或者第二个出现的字母，如B1代表箭头所指方向出现的第一个字母为B。你能按要求完成吗？

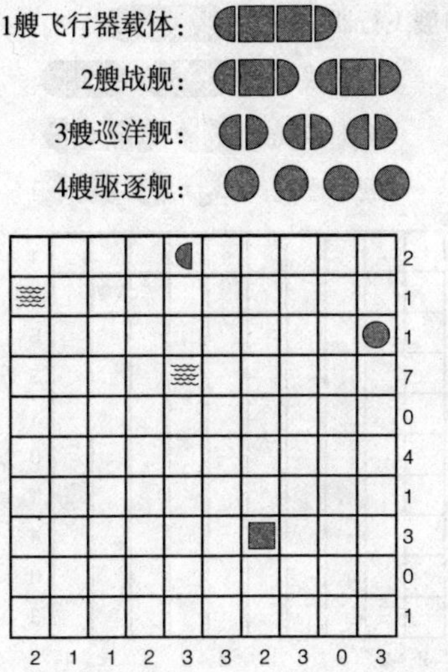

31. 战舰（3）【中级】

这道题是按照一个古老的战舰游戏设计的，你的任务是找出表格中的船。方格中已填入了几个代表海或某种船的局部的图案，而紧靠行和列边上的数字表示这行或这列被占的方格总数。船和船之间可以水平或垂直停靠，但是任意两艘船或船的某个部分都不可以在水平、垂直和对角方向上相邻或重叠。

32. 寻找骨牌（2）【中级】

一副标准的骨牌已经摆出，为了表达清楚，它使用数字而非点数来表示。你能运用锋利的笔和敏锐的头脑，标出每张骨牌的位置吗？每找到一张牌就把它去掉，你会发现右边的表格对你很有帮助。

1	3	4	0	2	3	0	0
6	5	5	1	2	3	4	6
4	4	4	2	2	5	5	6
3	1	0	0	3	0	5	6
6	1	1	2	2	5	3	3
1	5	6	0	2	5	6	1
4	0	4	6	2	4	1	3

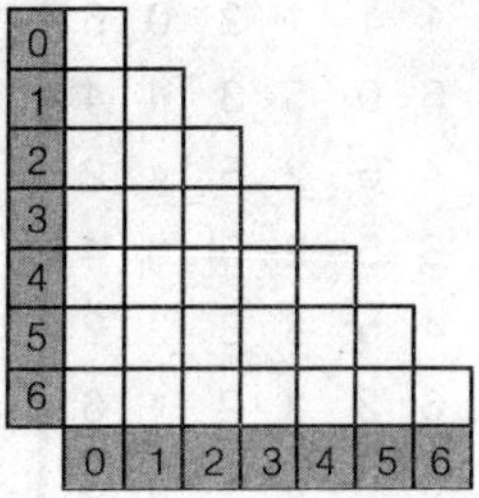

33. 战舰（4）【中级】

这道题是按照一个古老的战舰游戏设计的，你的任务是找出表格中的船。方格中已填入了几个代表海或某种船的局部的图案，而紧靠行和列边上的数字表示这行或这列被占的方格总数。船和船之间可以水平或垂直停靠，但是任意两艘船或船的某个部分都不可以在水平、垂直和对角方向上相邻或重叠。

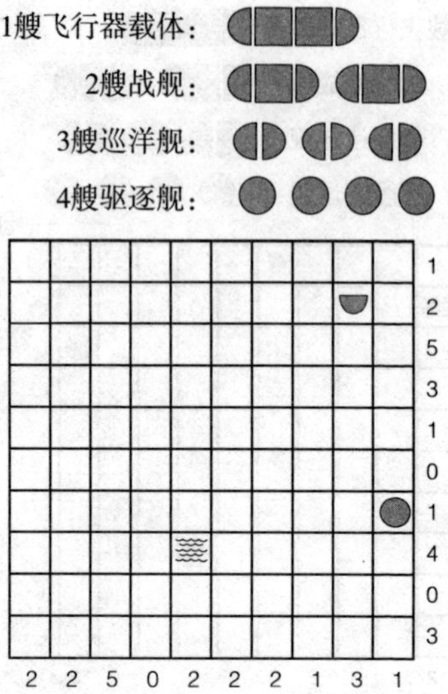

34. 寻找骨牌（3）【中级】

一副标准形式的骨牌已经展开，为了清楚起见，它使用数字而非点数来表示。你能用你尖锐的笔尖和灵活的脑瓜，把每个骨牌都找出来吗？你会发现右边的格子对你非常有帮助。

2	5	1	1	1	2	0	6
5	0	6	6	5	3	4	4
2	3	4	5	2	5	4	2
1	1	6	5	2	5	0	4
0	0	4	5	3	3	3	2
6	6	6	3	3	2	1	6
4	1	0	0	0	1	4	3

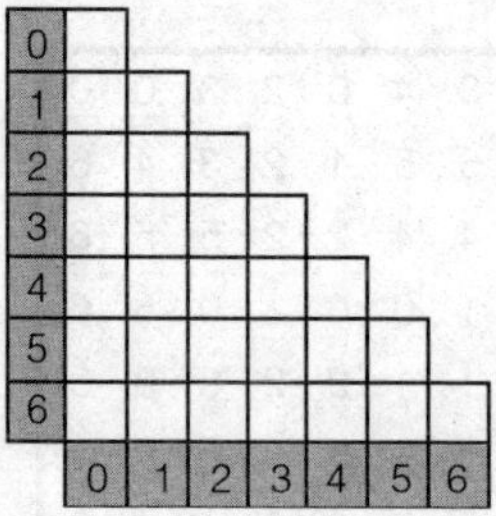

35. 战舰（5）【中级】

这道题是按照一个古老的战舰游戏设计的，你的任务是找出表格中的船。方格中已填入了几个代表海或某种船的局部的图案，而紧靠行和列边上的数字表示这行或这列被占的方格总数。船和船之间可以水平或垂直停靠，但是任意两艘船或船的某个部分都不可以在水平、垂直和对角方向上相邻或重叠。

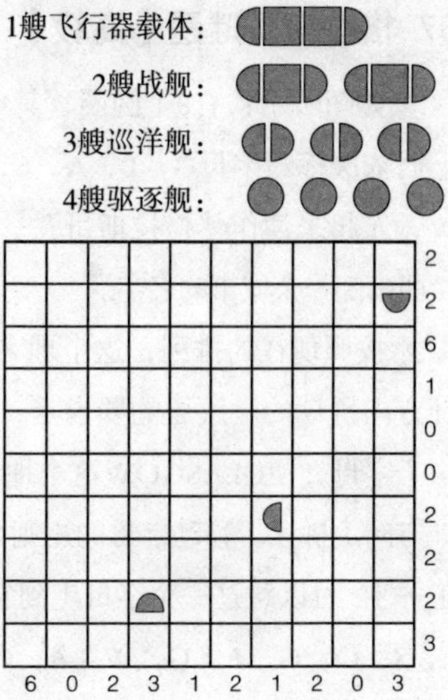

36. 战舰（6）【中级】

这道题是按照一个古老的战舰游戏设计的，你的任务是找出表格中的船。方格中已填入了几个代表海或某种船的局部的图案，而紧靠行和列边上的数字表示这行或这列被占的方格总数。船和船之间可以水平或垂直停靠，但是任意两艘船或船的某个部分都不可以在水平、垂直和对角方向上相邻或重叠。

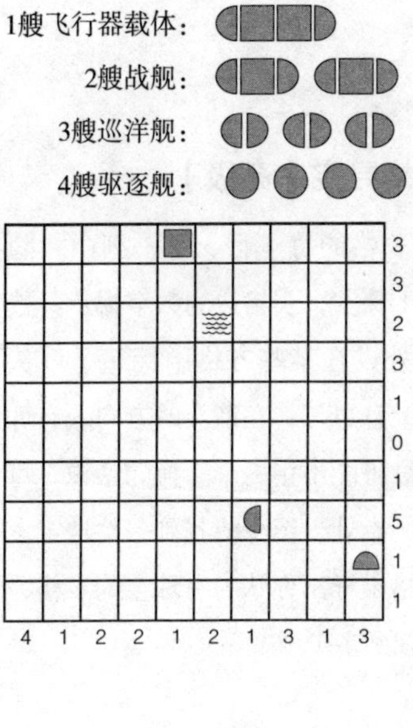

37. 格拉斯哥谜题【高级】

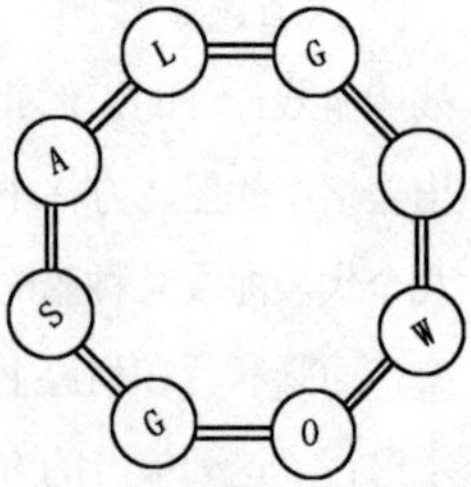

如图所示：有8个圆圈，其中7个圆圈上面依次标着字母G，L，A，S，G，O，W，连起来读作“格拉斯哥”，这是苏格兰西南部一个城市的名字。

按照现在的排列，这个地名是按逆时针方向拼读的。解题的要求是：每次移动一个字母，使GLASGOW这个地名最后可以按照正确的方向（顺时针方向）拼读。移动字母的规则是:如果旁边有一个圆圈空着，可以走一步; 可以跳过一个字母走到它旁边的空圆圈里去。这样，按照L，S，O，G，A，G，W，A，G，S，O，S，W，A，G，S，O的顺序移动字母，就可以达到目的。但一共要走17步。你能少走几步来实现上述目标吗?

38. 方格寻宝【高级】

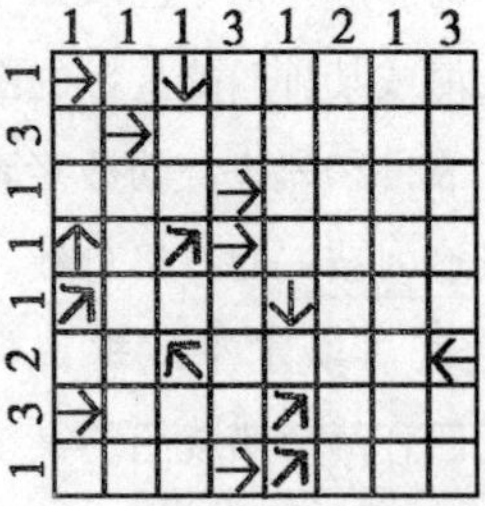

在表格的每一行、每一列中，隐藏了若干珠宝，表格边的数字揭示其数量。此外，在某些方格中标记了箭头的符号，意思是：在箭头的方向藏有珠宝，数量可能不止一个。换句话说，每个箭头所指处，至少能找到一件珠宝。请在表格中标出你认为有珠宝的表格，看你能找到多少个。

39. 战舰（7）【高级】

这道题是按照一个古老的战舰游戏设计的，你的任务是找出表格中的船。方格中已填入了几个代表海或某种船的局部的图案，而紧靠行和列边上的数字表示这行或这列被占的方格总数。船和船之间可以水平或垂直停靠，但是任意两艘船或船的某个部分都不可以在水平、垂直和对角方向上相邻或重叠。

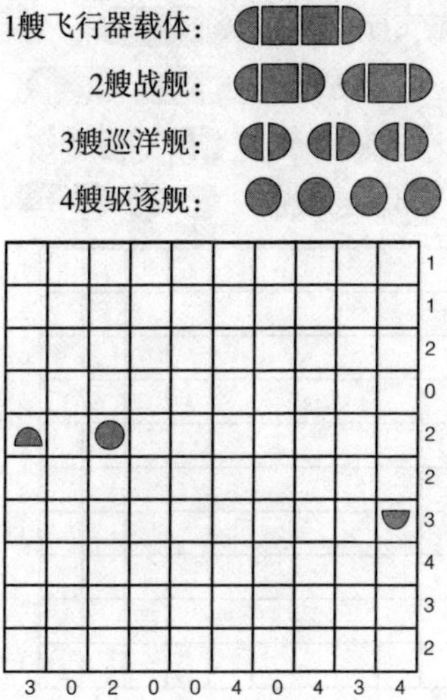

40. 战舰（8）【高级】

这道题是按照一个古老的战舰游戏设计的，你的任务是找出表格中的船。方格中已填入了几个代表海或某种船的局部的图案，而紧靠行和列边上的数字表示这行或这列被占的方格总数。船和船之间可以水平或垂直停靠，但是任意两艘船或船的某个部分都不可以在水平、垂直和对角方向上相邻或重叠。

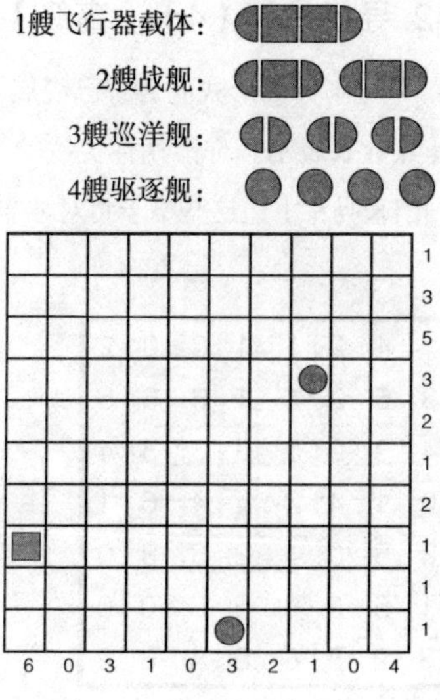

41. 战舰（9）【高级】

这道题是按照一个古老的战舰游戏设计的，你的任务是找出表格中的船。方格中已填入了几个代表海或某种船的局部的图案，而紧靠行和列边上的数字表示这行或这列被占的方格总数。船和船之间可以水平或垂直停靠，但是任意两艘船或船的某个部分都不可以在水平、垂直和对角方向上相邻或重叠。

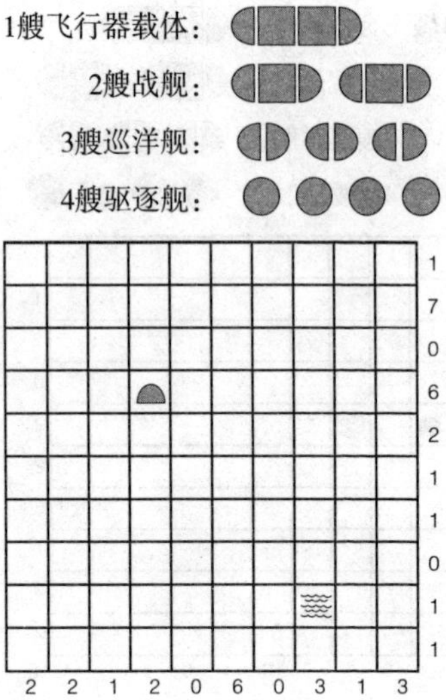

42. 寻找骨牌（4）【高级】

一副标准形式的骨牌已经展开，为了清楚起见，它使用数字而非点数来表示。你能用你尖锐的笔尖和灵活的脑瓜，把每个骨牌都画出来吗？下边这些格子将对你非常有帮助。

1	4	2	1	1	6	0	2
3	6	2	1	1	6	6	5
4	3	2	5	3	3	3	4
0	1	4	2	4	4	6	1
3	5	0	4	2	5	3	0
1	5	5	6	5	0	0	0
3	2	5	6	0	4	6	2

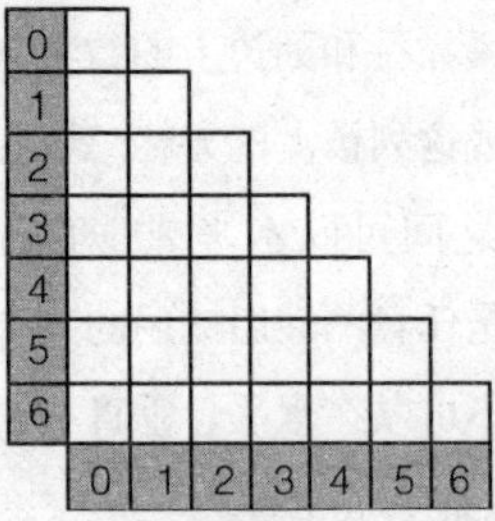

43.ABC（4）【高级】

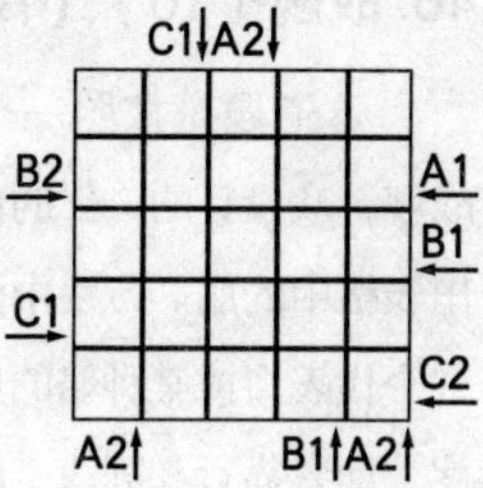

按要求填表格，使得每行每列均包含字母A、B、C和两个空格。表格外的字母表示箭头所指方向的第一或者第二个出现的字母，如B1代表箭头所指方向出现的第一个字母为B。你能按要求完成吗？

44. 寻找骨牌（5）【高级】

一副标准形式的骨牌已经展开，为了清楚起见，它使用数字而非点数来表示。你能用你尖锐的笔尖和灵活的脑瓜，你能把每个骨牌都找出来吗？你会发现右边的格子对你非常有帮助。

2	0	6	6	3	6	2	1
1	0	6	3	4	3	3	6
5	1	1	1	3	6	0	0
1	2	5	2	2	5	5	1
2	0	5	2	5	4	5	4
4	6	6	4	0	1	0	4
0	3	3	3	5	2	4	4

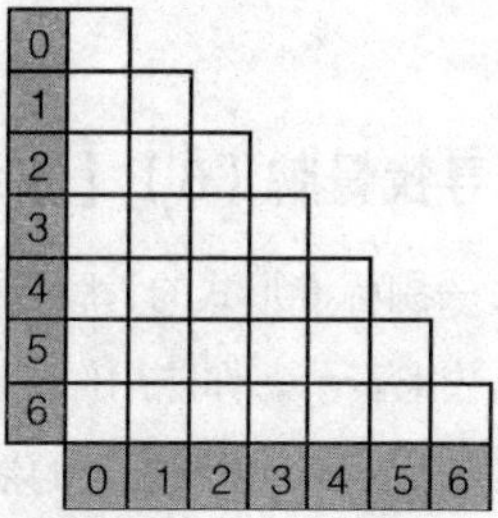

45.ABC（5）【高级】

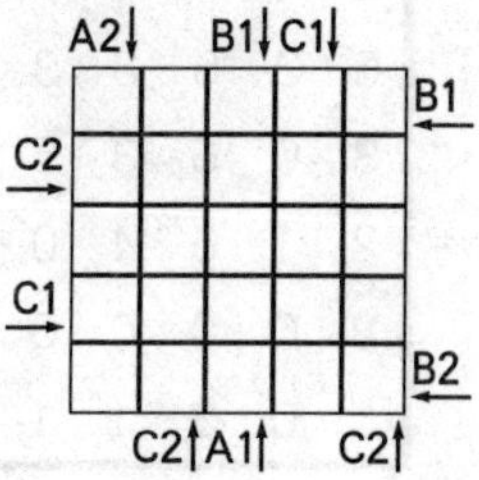

按要求填表格，使得每行每列均包含字母A、B、C和两个空格。表格外的字母表示箭头所指方向的第一或者第二个出现的字母，如B1代表箭头所指方向出现的第一个字母为B。你能按要求完成吗？

46. 战舰（10）【高级】

这道题是按照一个古老的战舰游戏设计的，你的任务是找出表格中的船。方格中已填入了几个代表海或某种船的局部的图案，而紧靠行和列边上的数字表示这行或这列被占的方格总数。船和船之间可以水平或垂直停靠，但是任意两艘船或船的某个部分都不可以在水平、垂直和对角方向上相邻或重叠。

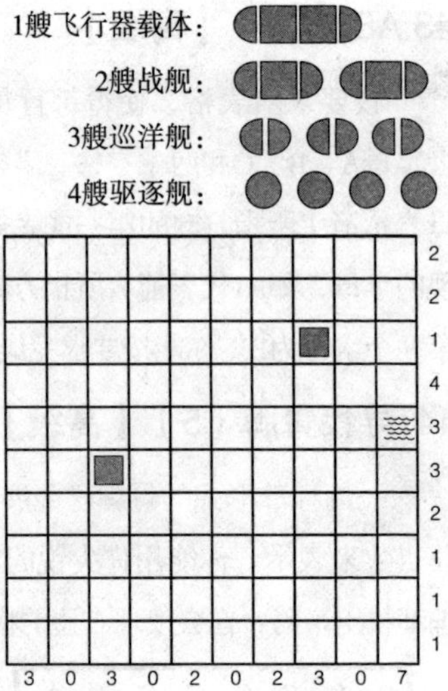

47. 寻找骨牌（6）【高级】

一副标准形式的骨牌已经展开，为了清楚起见，它使用数字而非点数来表示。你能用你尖锐的笔尖和灵活的脑瓜，把每个骨牌都找出来吗？你会发现右面的格子对你非常有帮助。

0	2	2	4	4	4	4	4
2	5	2	3	1	1	6	6
6	3	6	3	3	5	3	5
3	0	6	3	5	2	5	6
2	1	6	4	0	5	5	4
2	0	0	0	6	5	1	4
1	0	3	1	1	2	1	0

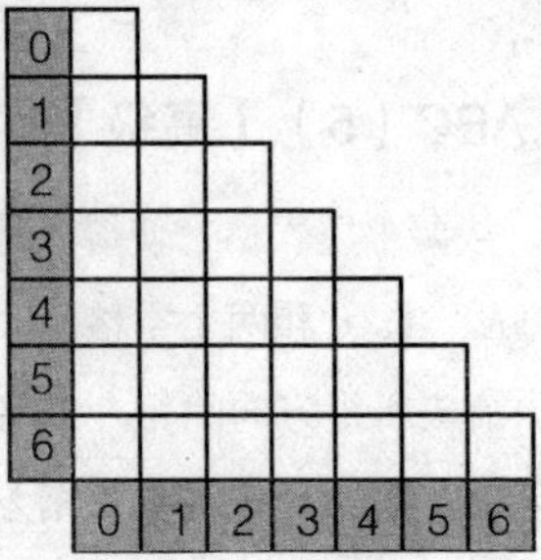

48. 战舰（11）【高级】

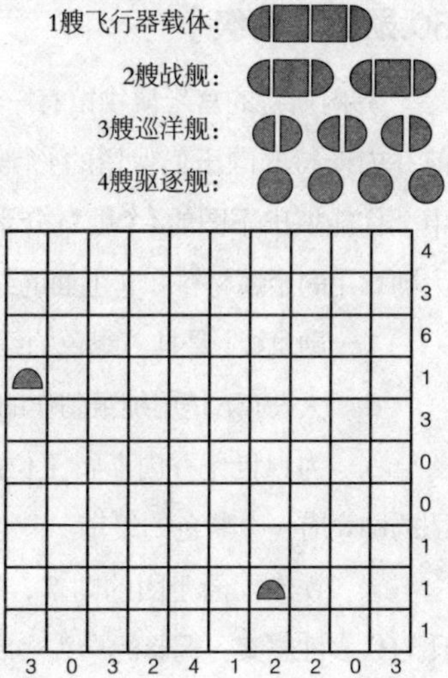

这道题是按照一个古老的战舰游戏设计的，你的任务是找出表格中的船。方格中已填入了几个代表海或某种船的局部的图案，而紧靠行和列边上的数字表示这行或这列被占的方格总数。船和船之间可以水平或垂直停靠，但是任意两艘船或船的某个部分都不可以在水平、垂直和对角方向上相邻或重叠。

49. 四人车组【高级】

英国电视台正在录制一部反映鸟类生活的纪录片。根据下面的线索，你能说出车中每个人的全名和他们的身份吗？

1. 瓦内萨·鲁特坐在录音师的斜对面。
2. 坐在D位置的鸟类学专家不姓温。
3. 姓贝瑞的摄像师不叫艾玛，而植物学家不在C位置上。
4. 盖伊不姓福特。

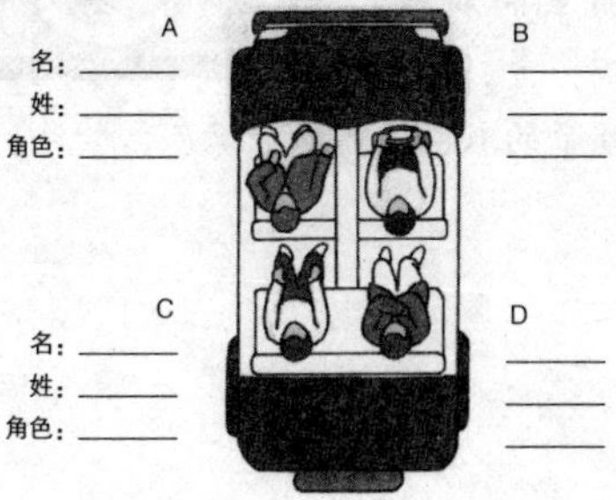

名：艾玛，盖伊，罗伊，瓦内萨

姓：贝瑞，福特，鲁特，温

身份：植物学家，摄像师，鸟类学专家，录音师

50.勋章【高级】

乔内斯特的宫廷博物馆有一个陈列橱，里面排放着14～19世纪前乔内斯特的国王们保留的4个骑士团大勋章。从以下给出的线索中，你能填出下图的4个勋章分别代表的4个勋爵士团的名字、制造大勋章用的金属材料和它上面的绶带的颜色吗？

1. 勋章C上悬挂着绿色的绶带。

2. 大勋章A是用纯银制作的。

3. 为14世纪乔内斯特王位的继承人命名的赖班恩王子勋爵士团的勋章有一个紫色的绶带。

4. 铁拳勋爵士团的勋章，顾名思义是铁制的大勋章，上面烙印着代表性图案：握紧的拳头。展示在有蓝色绶带的勋章旁边。

5. 青铜制的勋章紧靠在由纯金制造的勋章的右边，金制勋章不是伊斯特埃尔勋爵士团的代表。

勋爵士团：赖班恩王子，圣爱克赞讷，伊斯特埃尔，铁拳。
勋章的材料：青铜，金，铁，银。
绶带的颜色：蓝色，绿色，紫色，白色。

答 案

1.

B。

2.

如图：

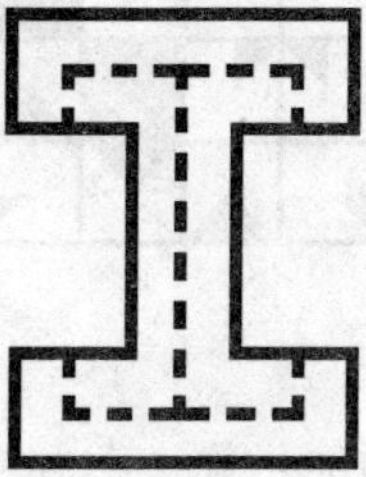

3.

D。图形B、C为图形A每次逆时针旋转90° 所得。

4.

C。其他各个图形的中心部分是逆时针方向旋转，而周围部分是顺时针方向旋转。

5.

3。每个图形上面3个数字之和与下面两个数字之和相等。

6.

Z应该是黑色。因为所有的黑色字母都能一笔写完，白色的字母就不能。

7.

D。每一行或列的小方格中的黑点数目都不同。

8.

B。

9.

指向10。从左上方开始，

沿顺时针方向进行，每个钟上时针与分针所指向的数字之和从3开始，每次加2。

10.

F。大的部分变小，小的部分变大。

11.

C。

12.

C。每行的图形不论颜色如何都是顺序重复着的。

13.

B。

14.

D。

15.

A。先在脸上添画一种元素，再加画一根头发、脸上添画一种元素，接着加画一根头发，然后加画一根头发、脸上添画一种元素。此后，按照这个顺序添加。

16.

每一行中的黑三角形都可以构成一个完整的正方形。

17.

0108。前一个数字中的外面两位数相乘，乘积就是下一个数字中的外面两位数。前一个数字中里面的两位数相乘，乘积就是下一个数字中的中间两位数。

18.

B。只要再加一个小圆就可以和图1相同。A完全与图相同，其他几个相差太大。

19.

填△。其排列规则是从中心向外，按照○、△、×的次序旋转着填充。

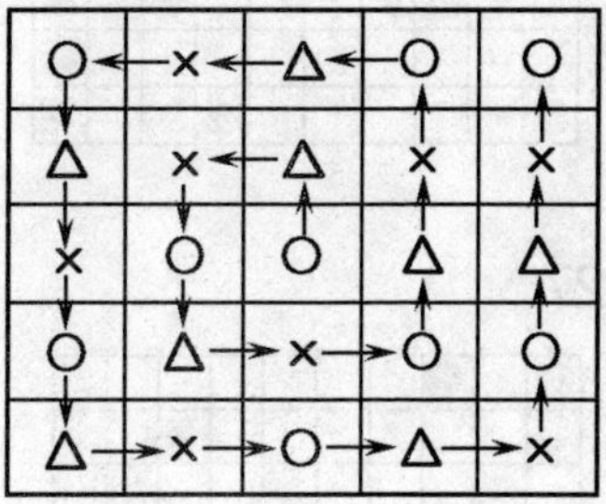

20.

从外面的大盒子里拿出1块糖，放到里面最小的盒子里就可以了。这样，最小的盒子里就有了5块糖（两对加1块），将这5块糖算进第二个小盒子的糖果数目中，第二个小盒子中的糖果数现在是5+4=9块（4对加1块）。第三个小盒子中现在有了9+4=13块糖果（6对加1块）。最外面的大盒子中有13+8=21块（10对加1块）。

21.

每一行数字就是对其上面一行数字的描述。最下一行应该是31131211131221

22.

每个数字是它所在小正方形其他三个数字之和，根据这条规则，未给出的数字是63。

23.

26。每行的第一列数乘以第二列数，再加上第三列的数，等于第四列的数。

24.

史蒂夫的姓不是沃尔顿（线索2），他也不可能姓汉克，汉克是第三名（线索2和3），因此他只可能姓泰勒，所以他代表红狮队（线索1）。他不是第二名（线索2），那么他只能是第一名，而沃尔顿是第二名。比尔不代表五铃队（线索4），因此他只可能代表船星队，而玛丽代表五铃队。从线索4中知道她肯定姓汉克，最后取得第三名，得出比尔肯定姓沃尔顿，取得第二名。

答案：

比尔·沃尔顿，船星队，第二名。

玛丽·汉克，五铃队，第三名。

史蒂夫·泰勒，红狮队，第一名。

25.

	A		C	B
B			A	C
C	B			A
	C	A	B	
A		B	C	

26.

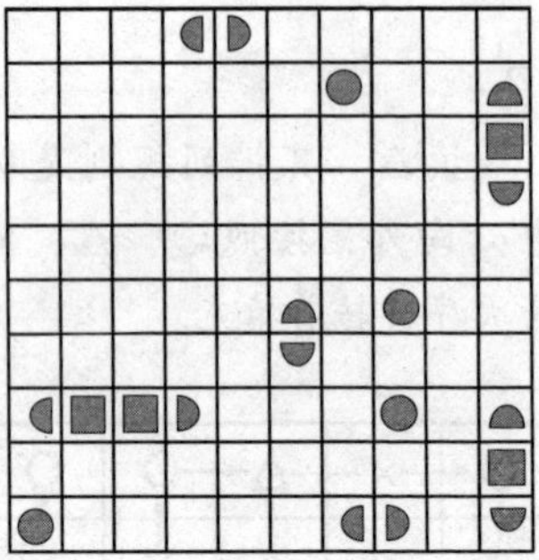

27.

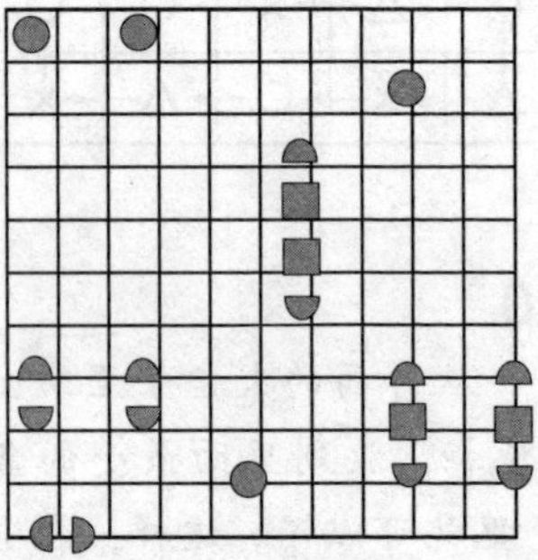

28.

0	3	0	3	6	4	6	2
5	5	0	5	4	5	5	0
6	2	0	4	2	3	4	1
1	2	2	4	4	3	1	3
1	1	0	6	5	3	3	1
1	3	6	6	6	2	2	5
2	1	4	0	4	0	6	5

30.

A	B	C		
	C		A	B
B	A		C	
C		B		A
		A	B	C

29.

B	A	C		
	C	B		A
A	B		C	
		A	B	C
C			A	B

31.

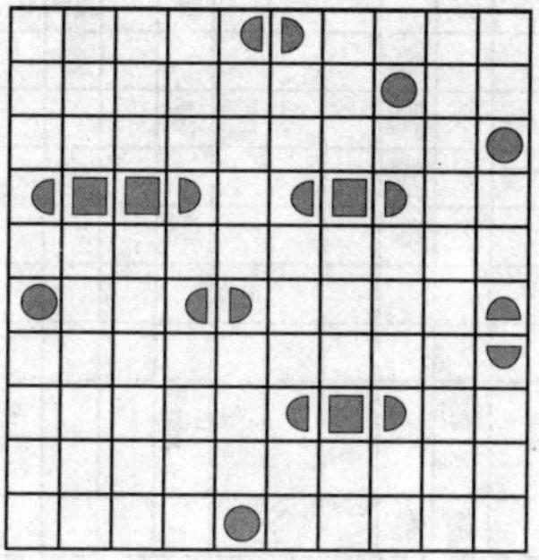

32.

1	3	4	0	2	3	0	0
6	5	5	1	2	3	4	6
4	4	4	2	2	5	5	6
3	1	0	0	3	0	5	6
6	1	1	2	2	5	3	3
1	5	6	0	2	5	6	1
4	0	4	6	2	4	1	3

34.

2	5	1	1	1	2	0	6
5	0	6	6	5	3	4	4
2	3	4	5	2	5	4	2
1	1	6	5	2	5	0	4
0	0	4	5	3	3	3	2
6	6	6	3	3	2	1	6
4	1	0	0	0	1	4	3

33.

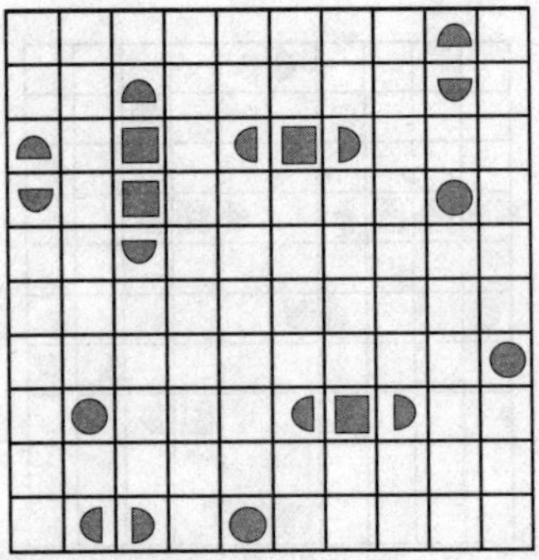

35.

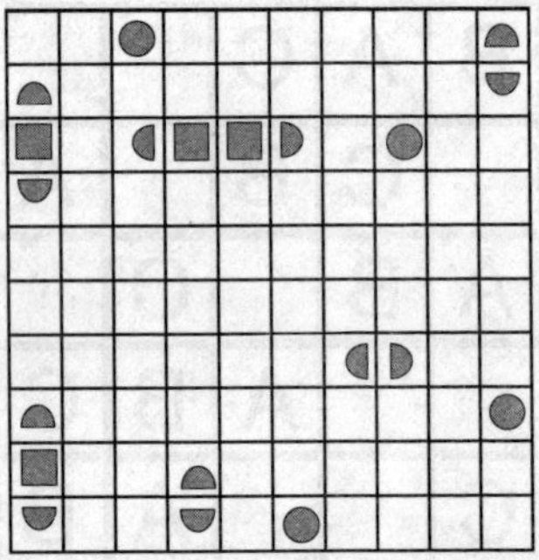

36.

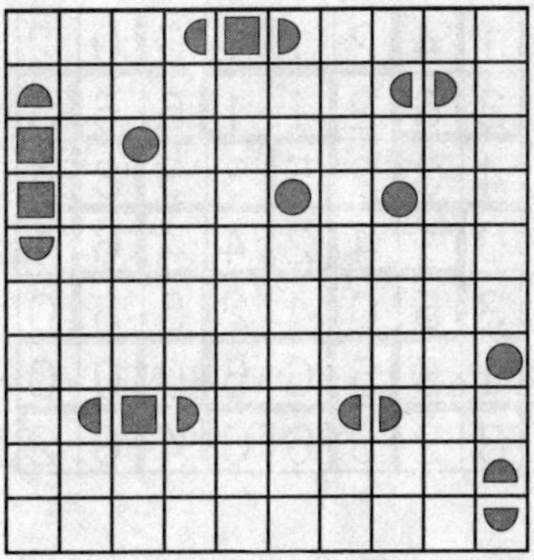

37.

只需要走8步。两个G哪个做字头都可以。如用下面的G做字头，按下列顺序移动字母就可以达到目的：G，A，S，L，S，A，G，O。

38.

如图：

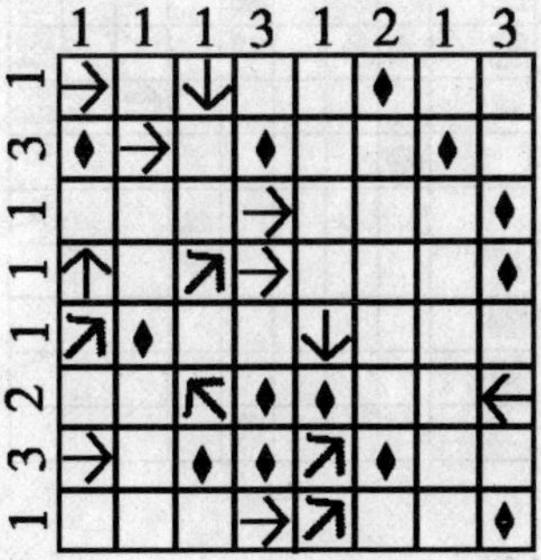

39.

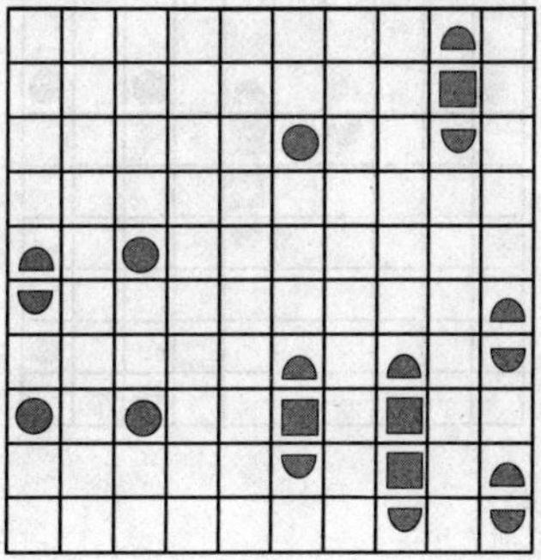

40.

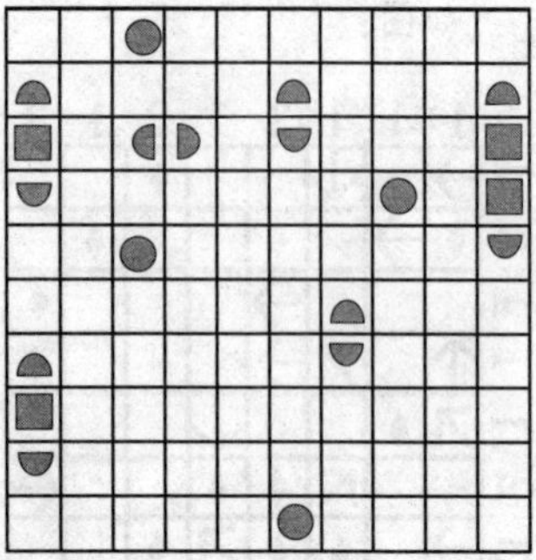

41.

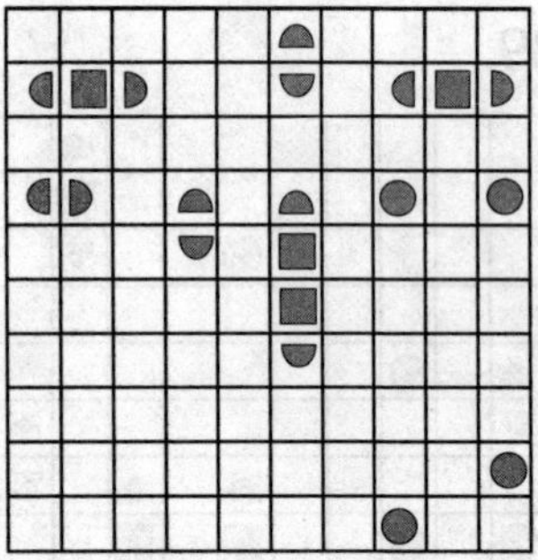

42.

1	4	2	1	1	6	0	2
3	6	2	1	1	6	6	5
4	3	2	5	3	3	3	4
0	1	4	2	4	4	6	1
3	5	0	4	2	5	3	0
1	5	5	6	5	0	0	0
3	2	5	6	0	4	6	2

43.

B			A	C
	C	B		A
A			C	B
C	B	A		
	A	C	B	

44.

2	0	6	6	3	6	2	1
1	0	6	3	4	3	3	6
5	1	1	1	3	6	0	0
1	2	5	2	2	5	5	1
2	0	5	2	5	4	5	4
4	6	6	4	0	1	0	4
0	3	3	3	5	2	4	4

46.

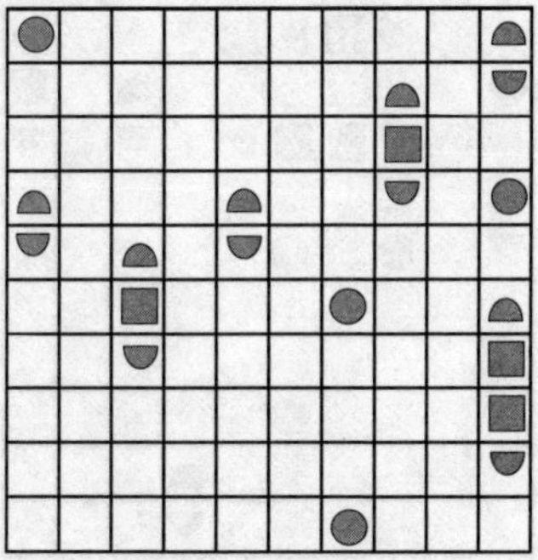

45.

	A		C	B
B	C		A	
A		B		C
		C	B	A
C	B	A		

47.

0	2	2	4	4	4	4	4
2	5	2	3	1	1	6	6
6	3	6	3	3	5	3	5
3	0	6	3	5	2	5	6
2	1	6	4	0	5	5	4
2	0	0	0	6	5	1	4
1	0	3	1	1	2	1	0

48.

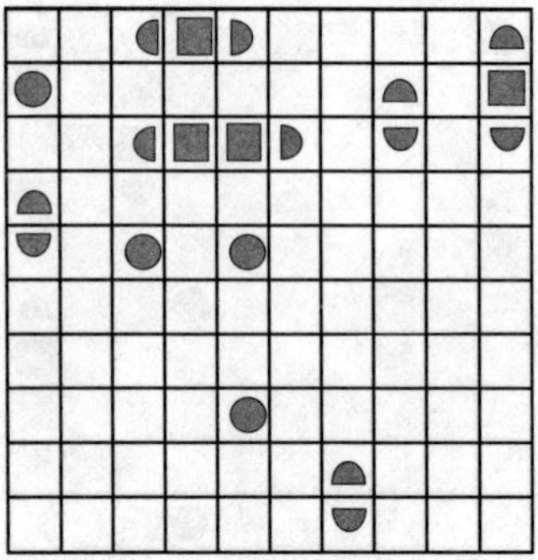

49.

因为摄像师姓贝瑞（线索3），坐在D位置的鸟类学专家是个男的（线索2），因此瓦内萨·鲁特（线索1）不是录音师，而是植物学家。她不在C位置上（线索3），又因为她的斜对面是录音师（线索1），所以她不在A位置上（线索2），我们知道她也不在D位置，那么她一定在B位置。这样根据线索1，录音师在C位置，通过排除法，摄像师贝瑞在A位置。坐在D位置的鸟类学专家不姓温（线索2），而姓福特，因此他不叫盖伊（线索4），而叫罗伊（线索2）。现在通过排除法，C位置的录音师姓温。A位置的贝瑞不叫艾玛（线索3），而叫盖伊，剩下C位置的录音师是艾玛·温。

答案：

位置A，盖伊·贝瑞，摄像师。

位置B，瓦内萨·鲁特，植物学家。

位置C，艾玛·温，录音师。

位置D，罗伊·福特，鸟类学专家。

50.

因为勋章C有一个绿色的绶带（线索1），根据线索4，所以铁拳团的铁制勋章不可能是勋章D。勋章A用的是银作为材料（线索2），勋章D不是金制的（线索5），所以勋章D应该是青铜制的。根据线索5，勋章C是金制的。综上可得，铁拳团的铁制勋章应该是勋章 B。因此，由线索 4 得出，悬挂蓝色绶带的勋章是勋章 A。现在已知 3 个勋章的团名或绶带颜色，所以赖班恩王子勋爵士团的有着紫色绶带的是青铜制勋章 D，因此，白色绶带的勋章是铁拳团的勋章 B。最后，由线索 5，不是伊斯特埃尔勋爵士团的、带绿色绶带的金制勋章 C 是圣爱克赞讷勋爵士团的，而伊斯特埃尔勋爵士团的是银制的蓝色绶带的勋章 A。

答案：

勋章 A，伊斯特埃尔勋爵士团，银，蓝色。

勋章 B，铁拳勋爵士团，铁，白色。

勋章 C，圣爱克赞讷勋爵士团，金，绿色。

勋章 D，赖班恩王子勋爵士团，青铜，紫色。

第三章
作图法

作图法是根据题目内容，把抽象复杂的条件有针对性地用图表的形式表示出来的方法。图表降低了分析和解决问题的难度。有些题目在作图之前会令人觉得无处下手，但是在作图以后就变得一目了然了。

作图法不仅能让形象直观鲜明，同时还包括抽象的严密推理过程，是逻辑推理的重要方法之一，对快速解决问题、锻炼逻辑思维能力有很大的帮助。

1. 老鼠迪克【初级】

老鼠迪克要怎样才能吃到奶酪呢？

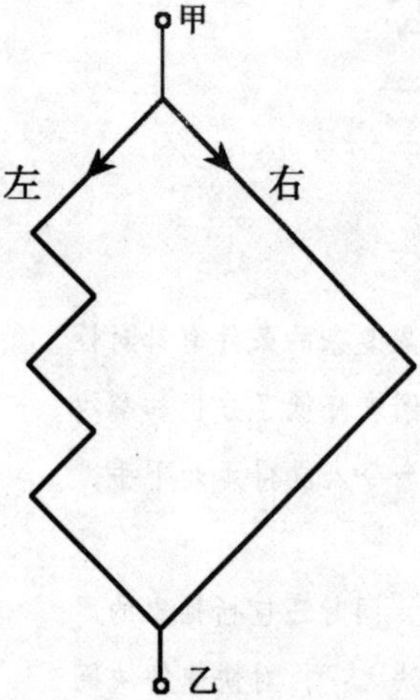

2. 谁先到达【初级】

如左图所示，从甲点到乙点中间隔着一个小草坪，草坪的两边有两条小路。小明和小军同时从甲点出发，小明从左侧小路走，小军从右侧小路走，相同的速度下，谁先到达乙点？

3. 男生还是女生【初级】

一个班有 90 个人排成一队去植物园。他们的排列顺序是这样的：男、女、男、男、男、女、男、男、男、女、男、男、男、女、男、男、男、女……那么，最后一个学生是男还是女呢？

4. 几个正方形【初级】

如下图所示的16个点能围成几个正方形？

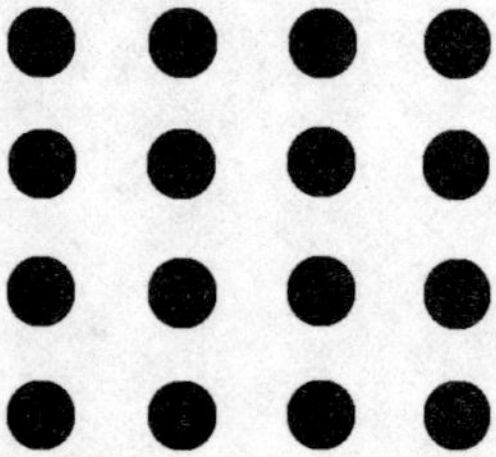

5. 双胞离体【初级】

将右面5种图形分别分成形状、大小都相同的双胞图形。

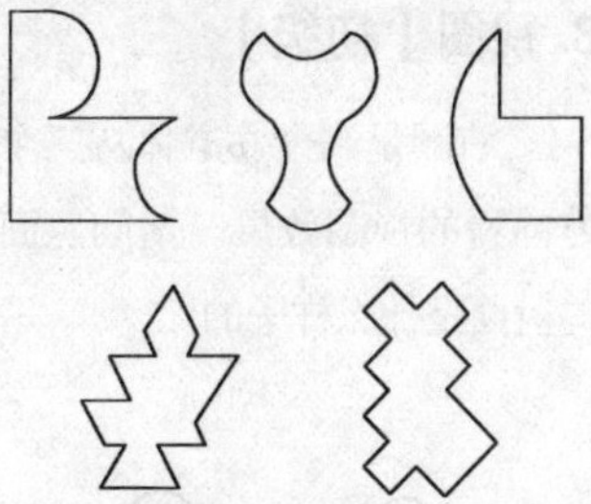

6. 不向左转【初级】

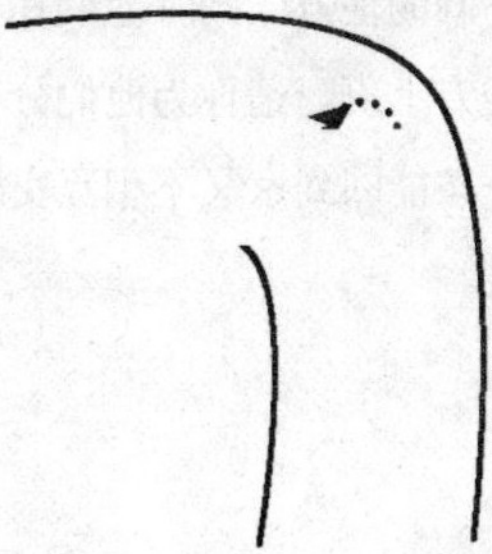

吉姆和汤米在一条马路上走着，眼见前面的马路就要向左拐弯了，汤米便考吉姆说："你能不往左转，就把这条马路走完吗？"吉姆笑道："这还不容易？"说罢，便快步向转弯处走去。没过一会儿，他果然没有向左转弯，就走完了这条向左转弯的路。你知道他是怎么做到的吗？

7. 只剩一点【初级】

有17个如右图中所画的点。从任何一点画一条比点粗的直线连接其他的点，最后应可让每一个点至少都能与另一点连接起来。但是，某人做这项工作，虽然连接了所有的点，最后却还是剩下一点。有这种可能吗？

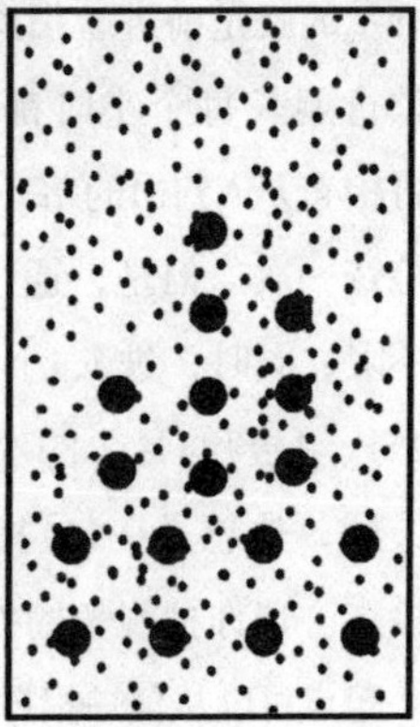

8. 视图【初级】

右图是一个立方体从三个方向看的视图效果。请问黑面的对面是什么样子的?

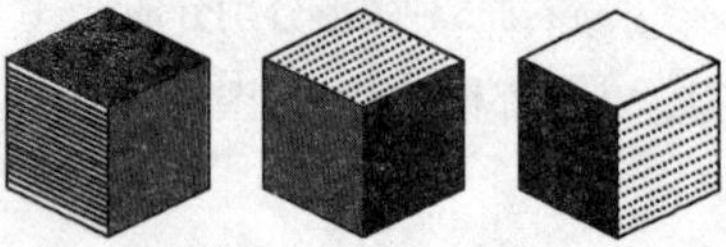

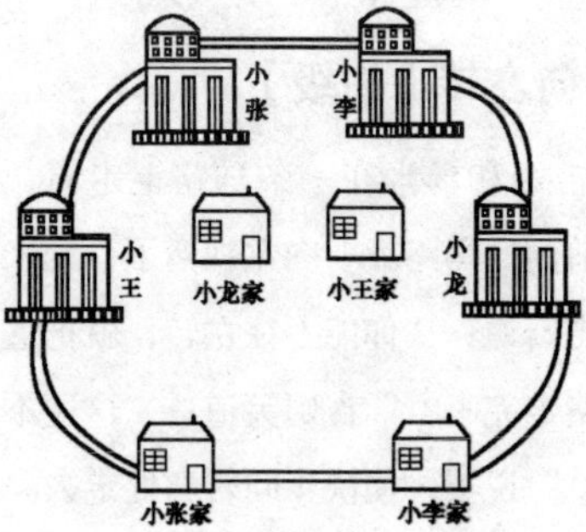

9. 条条大道通罗马【初级】

小张、小李、小龙、小王的家在不同的地方，同时他们在不同的地方上班。请你为他们分别设计一条能回到家又不相互交错的路线。

10. 飞船【初级】

这艘飞船正从月球飞回地球。右图所示的就是前进舱指挥舰板的平面图。伯肯舰长每个小时都会巡视飞船，他将检查从A到M的每一个走廊，而且只检查一次。但是，通过外走廊N的次数不限；同时，进入4个指挥中心（1号、2号、3号和4号）的次数也不受限制。最后，他总是在1号指挥中心结束他的检查。请你把舰长的检查路线展示出来（起点可以从任一指挥中心开始）。

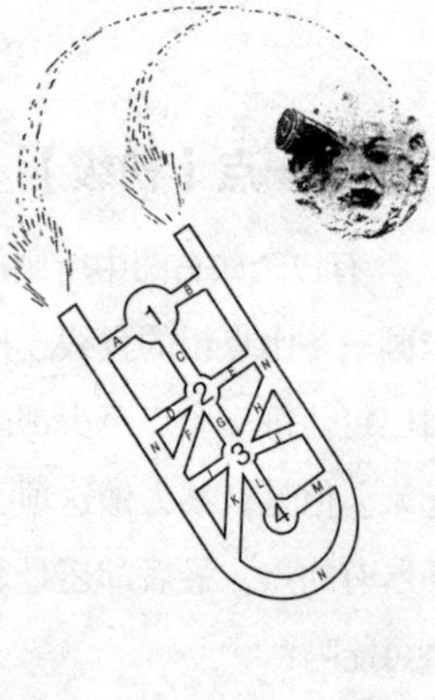

11. 未来时光【中级】

一位将军在战场上，拿着望远镜观察远处的房屋，偶尔看见一家墙壁上的挂历有如图所示的黑字。根据这些字能不能推测出这个月的1号是星期几？

12. 面积有多大【中级】

在一个正三角形中内切一个圆，圆内又内接一个正三角形。

请问：外面的大三角形和里面的小三角形的面积比是多少？

13. 考试的结果【中级】

有A，B，C，D，E 5个人参加考试，都考了相同的五门课。老师评完考卷后，有如下结果（成绩按1，2，3，4，5分评分）：

1. 5个人的总分各不相同，而且在同一门考试中，也没有相同分数的人。但无论是谁，都有一门课程成绩是5个人中最好的。

2. 按得分总名次排列，A为第一名，其余依次为B，C，E，D。

3. A总分为18分，B比A少2分。

4. A历史最好，B语文最好，但B的地理和英语均为第三名。

5. C的地理为第一，数学为第二，历史为第三。

6. D的数学为第一，英语为第二。关于E的得分情况，老师什么也没有说。

这5个人的各科成绩各是多少？总分又各是多少？

14. 人鬼同渡【中级】

3个人和3个鬼同在一个小河渡口，渡口上只有一条可容2人的小船，但是摆渡人不知去向。他们如何用这条小船全部渡到对岸去？

条件是在渡河的过程中，河两岸随时都保持人数不少于鬼数，否则鬼会把处于少数的人吃掉。

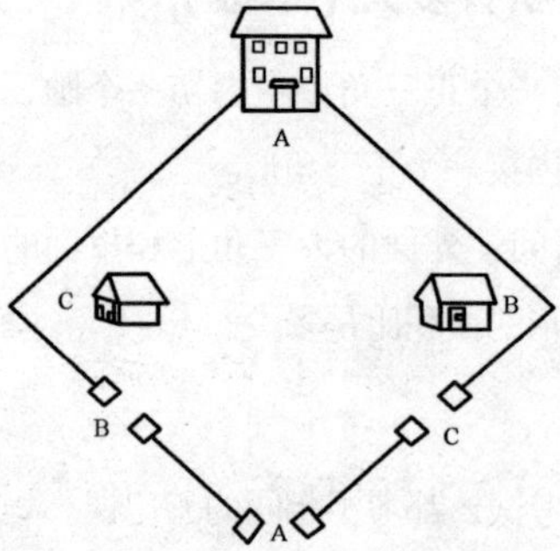

15. 各走各门【中级】

一个院子里住了3户人家。这3户人家的关系简直糟透了，不只是互不说话，而且谁也不想看到谁。他们想各走各的门，也就是像图上所画的那样，A走A门、B走B门、C走C门。为了避免相遇，他们走的道也不能交叉。那么，他们该怎样走才好呢？

16. 兔子难题【中级】

直线AA上有3只兔子，直线CC上也有3只兔子，直线BB上有2只兔子。有多少条直线上有3只兔子？有多少条直线上有2只兔子？如果拿走3只兔子，将余下的6只兔子排成3排，且每排有3只兔子，该怎么排列？

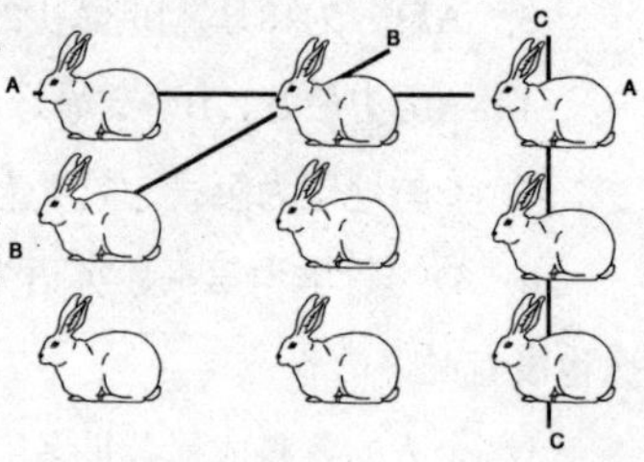

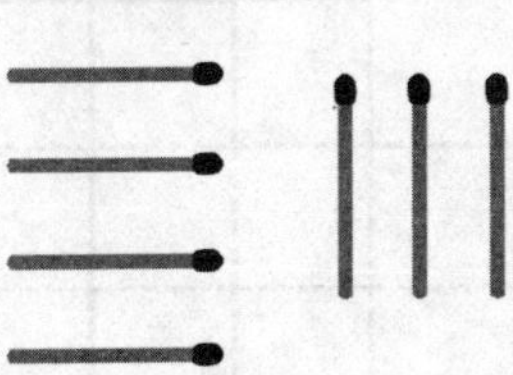

17. 拼汉字【中级】

想象一下，5根横排的火柴和3根竖排的火柴能拼几个汉字？

18. 学生会委员【中级】

在某校新当选的7名学生会委员中，有1个大连人，2个北方人，1个福州人，2个特长生，3个贫困生。假设上述介绍涉及了该学生会中的所有委员，则以下各项关于该学生会的断定与题干相矛盾的是：

A.两个特长生都是贫困生。

B.贫困生不都是南方人。

C.特长生都是南方人。

D.大连人都是特长生。

E.福州人不是贫困生。

19. 保守的丈夫【中级】

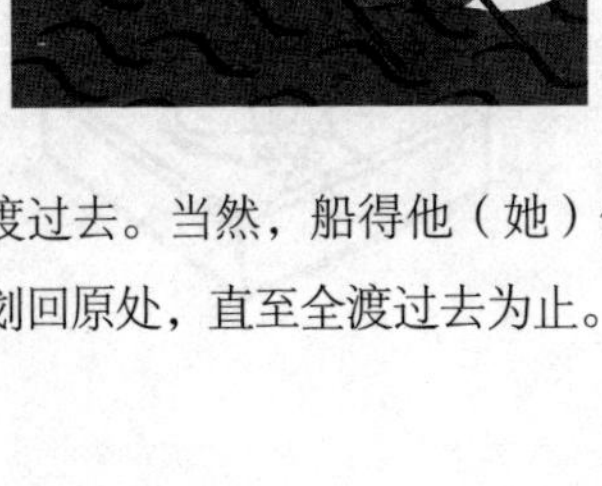

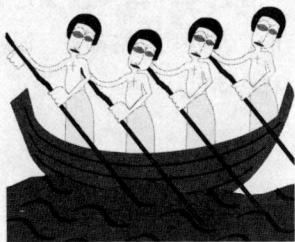

河岸上有3对夫妇，他们都要渡河，可是只有一条能乘2个人的小船。而且，这3个男人都很保守，他们不希望自己的妻子在他本人不在的情况下和别的男人在一起。请想想，用什么办法把他们都渡过去。当然，船得他（她）们自己划。因此每次渡过河都要有人划回原处，直至全渡过去为止。

20. 放不下的榻榻米【中级】

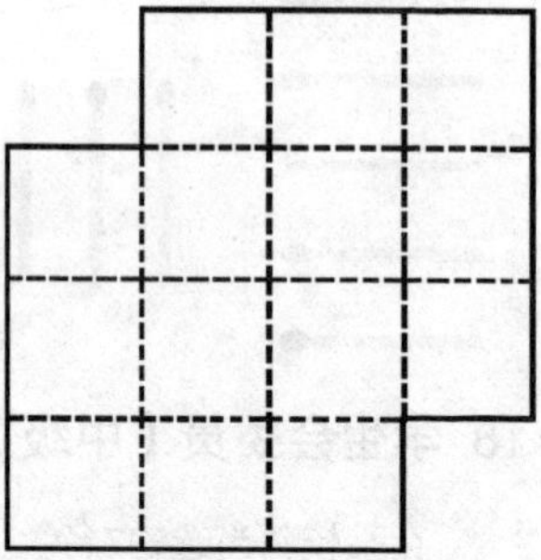

一个日本人在买榻榻米（日本人铺房间用的一种草垫子，尺寸大小一般和中国的单人凉席差不多）之前，量了一下房间地面尺寸，正好是铺7张榻榻米的面积（见右图，两方格铺一整张榻榻米）。可是，当他买回来后却发现7张榻榻米在他的房间里怎么也铺不下。你知道其中的原因吗？

21. 移动汽车【中级】

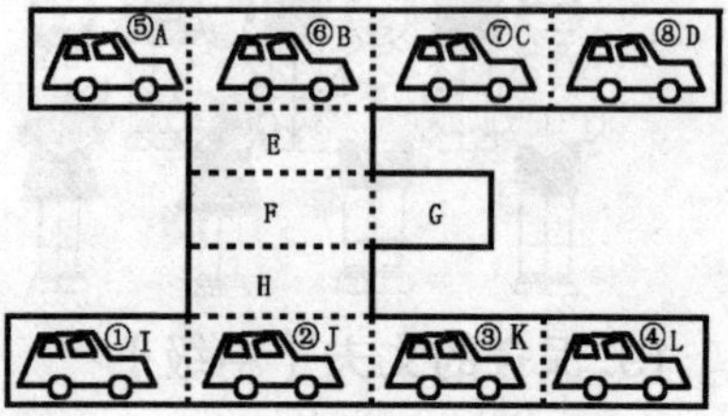

如图，这是一座汽车库，实线表示墙，虚线表示车位的划分，车可以自由移动。如果要将车对调一下，即1和5对调，2和6对调……每格只能进一辆车，但如果是空的，车移动几格都行。该怎样移动呢？

22. 戒指放盒里【中级】

一只盒子上面放着一枚钻石戒指，你能否在一分钟内把它放到盒内去？

23. 聪明的家丁【中级】

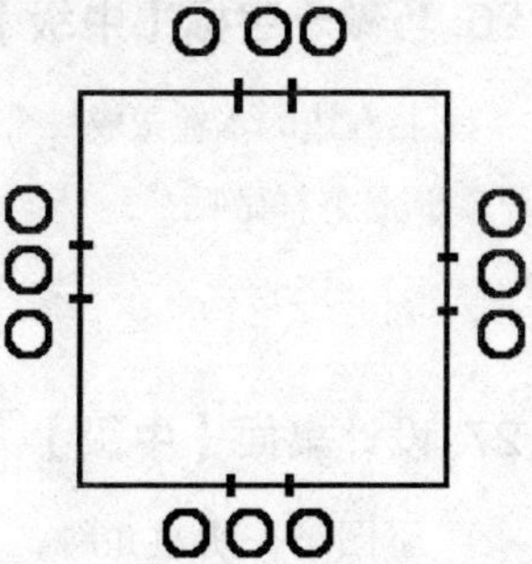

如图所示，这是一座从正上方俯视时呈正方形的城堡，堡主每面都派3个家丁日夜巡逻，自己在堡内每天都通过四面的窗口视察一下，看他们是否忠于职守。这差事如此辛苦，12个家丁叫苦不迭。他们想了一个办法，既节省了人力，又让堡主视察时看到的仍是每面3人。他们是怎样做的？

24. 变大的正方形【中级】

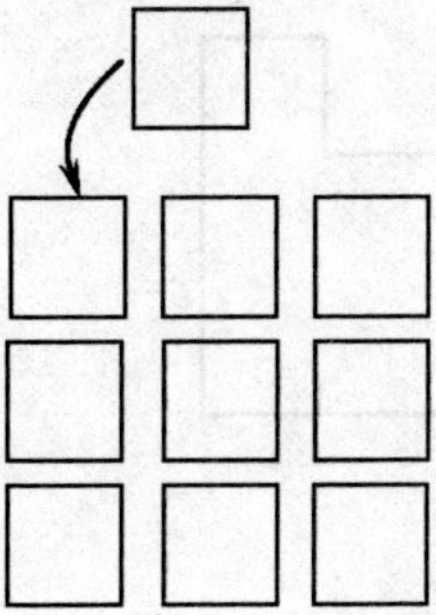

在图中，有相同大小的正方形纸9枚，全部排列成一个大正方形。现在想再加一枚小正方形纸片，以便和原先的9张一同做出一个更大的正方形。纸张可视需要自由裁剪，只是不能有多出来或重叠的部分。你准备怎样做呢？

25. 十字变方【中级】

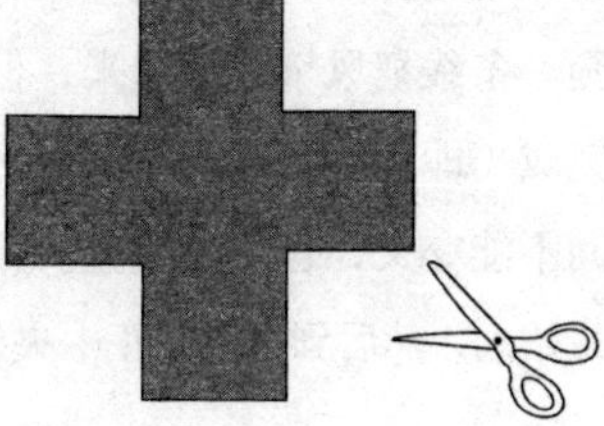

图中所示的一张十字标志图，若让你另剪一刀，并把它拼成一个正方形，应该怎么做？

26. 巧做十字标【中级】

将右边的木板做成一个十字标志，应该怎样做呢？

27. 设计桌面【中级】

下图是一块边角料，小花想把它做成一张正方形桌面，请你帮她设计一下，怎样剪拼，才能完成呢？

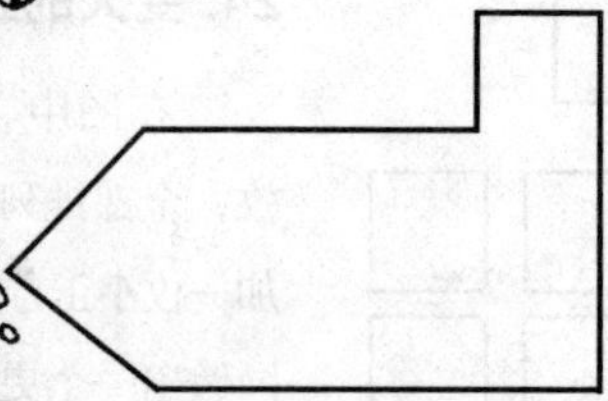

28.神奇的风筝【中级】

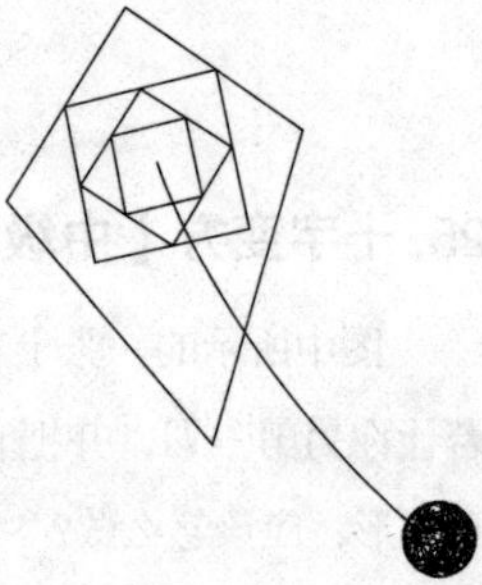

右图就是著名的“风筝思维游戏”。要做这个游戏，你得先画一个风筝。然后画一条线把风筝连接起来，但是必须一笔完成（即用一条线连续画出）。线与线之间不能交叉，也不能重叠。你必须从线团开始画，然后到风筝的正中央结束。

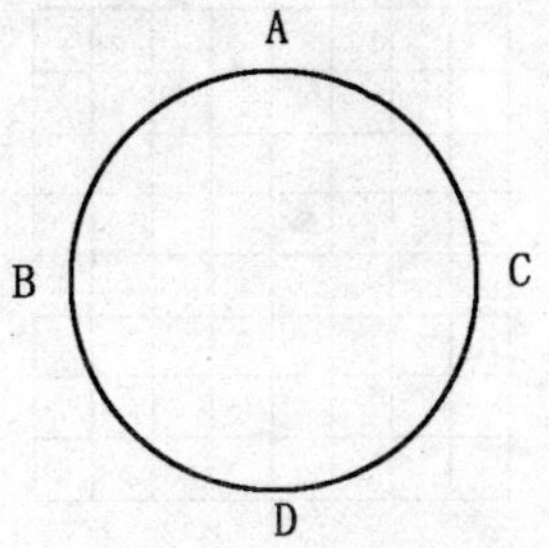

29. 谁点了牛排【高级】

4个好朋友前往一家西餐厅用餐，他们选了个圆桌，依A，B，C，D的顺序坐下，并在看过菜单之后，彼此接续点了主菜、汤及饮料。

在主菜方面，李先生点了一份鸡排，连先生点了一份羊排，而坐在B的人则点了一份猪排。

汤水方面，萧先生及坐在B处的人都点了玉米浓汤，李先生点了洋葱汤，另一人则点了罗宋汤。至于饮料方面，萧先生点了热红茶，李先生和连先生点了冰咖啡，而另一个人则点了果汁。

当大伙儿点完之后，这才发现：邻座的人都点了不一样的东西。如果李先生是坐在A的位置，试问，坐在哪个位置的先生点了牛排？

30. 火车卸运【高级】

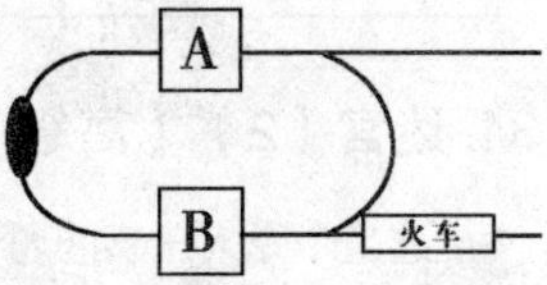

一列火车将货物A运到B处，将货物B运到A处，但不能让它们穿越隧道，最后将火车返回原先的位置。

怎样解决这个问题呢？

31. 周游世界【高级】

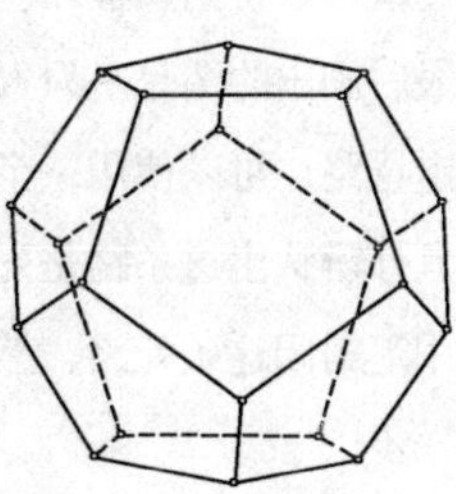

一个正十二面体，有20个顶点，每个顶点有3处棱相聚，如左图。从其中某个点出发，沿着正十二面体的棱，寻找一条路径，恰好经过每个点一次，最后返回出发地。

这样的路径能找到吗？

32. 贪玩的蜗牛【高级】

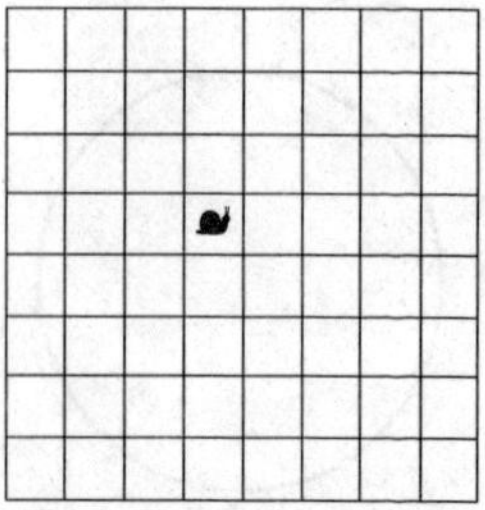

一只蜗牛掉进了棋盒，它想走完所有的格子回到原点，但它每次只能在上下或左右方向上移动一格，不能跃过格子跳动。它要怎样走呢？

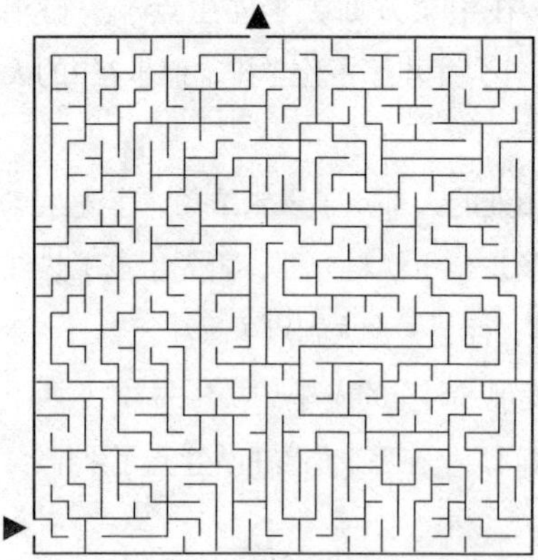

33. 迷宫（1）【高级】

左边是一个路径奇特的迷宫，其中迷宫的直道构成了一幅图，当你用粗线条作标记的时候就会特别明显，这个图案看起来像一个小伙子。试试看吧！

34. 迷宫（2）【高级】

这是个令人迷惑的题目，它的答案也同样令人惊讶：如果你使用一支黑线笔描绘出正确的路径，你就可以得到一幅画。在此题中，最后画出的图是一只猴子。为了不走错路，可以使用一个小窍门：一旦你辨认出这条路是死路时，就先用笔封闭这条死路，然后再进行下一步。

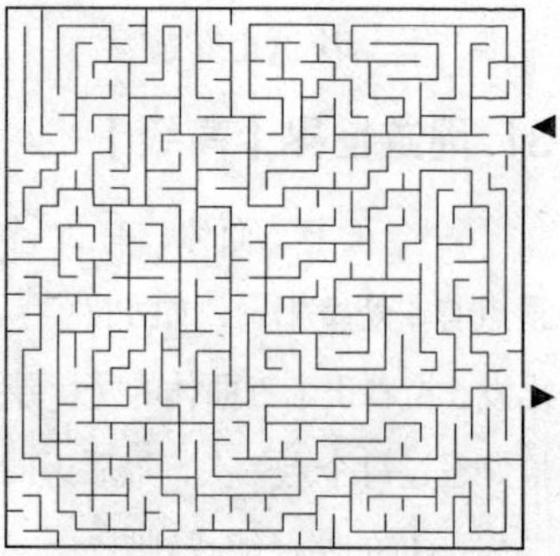

35. 弹孔【高级】

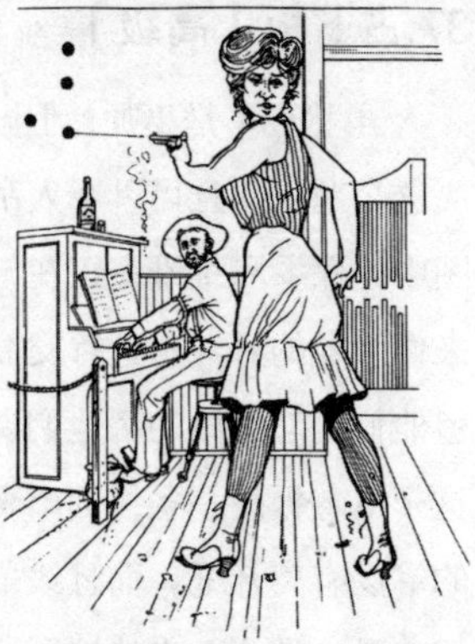

按照过去的西部观念，卡特尔·凯特称得上是位高人。她使用 6 发装左轮手枪的本领堪称传奇，这里我们看到的是她如何打赌取胜的。她说她可以在扭转头的同时往墙上射 12 颗子弹，这 12 个弹孔排列成 7 行，每行 4 个弹孔，当然，某些弹孔将同时存在于多个行列。钢琴师萨姆一点儿也不担心。那么，你认为弹孔在墙上是如何排列的呢？

36. 地毯【高级】

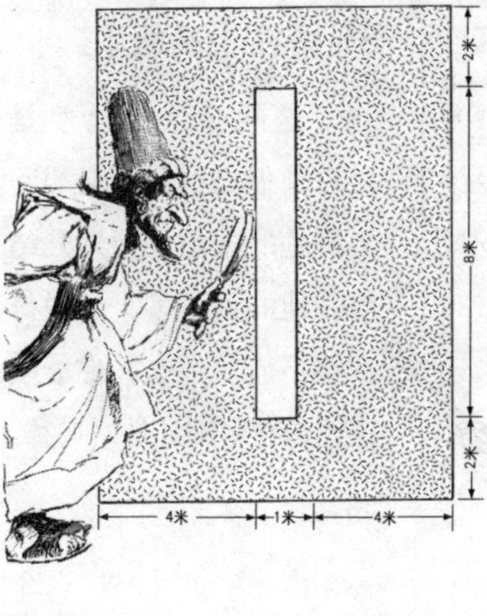

阿布杜是个地毯商，现在他遇到了一个大麻烦。他必须在太阳落山之前把一块边长为10米的正方形地毯交给一位十分富裕的客户。他在仓库里找出一块长12米宽9米的地毯，打算用这块地毯来做客户所要的地毯。可是，当他展开这块地毯时，发现有人在中间剪掉了一块，被剪掉的部分长8米宽1米。然而，老练的阿布杜却很快想出一个办法：他把剩下的地毯剪成了两块，然后再缝在一起，这样便做出一整块边长为10米的正方形地毯。那么，他是怎么做的呢？

37.占卜板【高级】

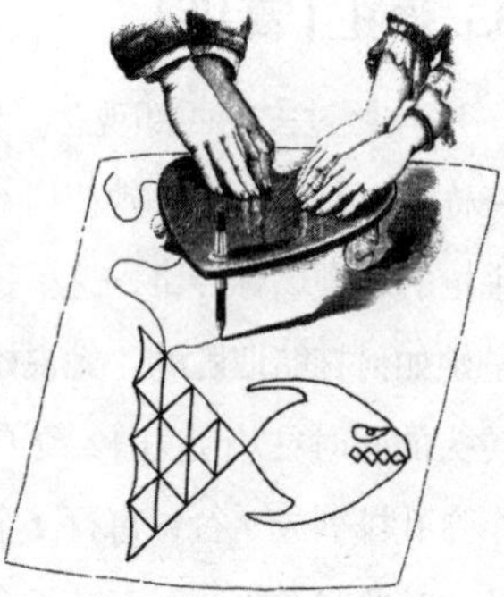

虽然你不是巫师，但同样可以解决这个题，而且可以令人刮目相看！图中的保罗和维维安正在与样子看起来像暹罗的好斗鱼进行交流。没人知道他们是怎么做的，他们说这幅画是这个占卜板用一条线画出来的，板上的笔没有离开纸，而且线条也没有相互交叉。那么，你能按照这些规则重复以上的过程吗？

“那个日子的后天是‘今天’的昨天，那个日子的前天是‘今天’的明天，这两个‘今天’距离那个日子的天数相等，我们就在那个日子结婚。”

38.婚礼【高级】

这两个人很显然是一对情侣。这位年轻的女士问她的未婚夫星期几结婚。他的话不多，又说得含混不清。那么，你能确定他想在星期几结婚吗？

答　案

1.

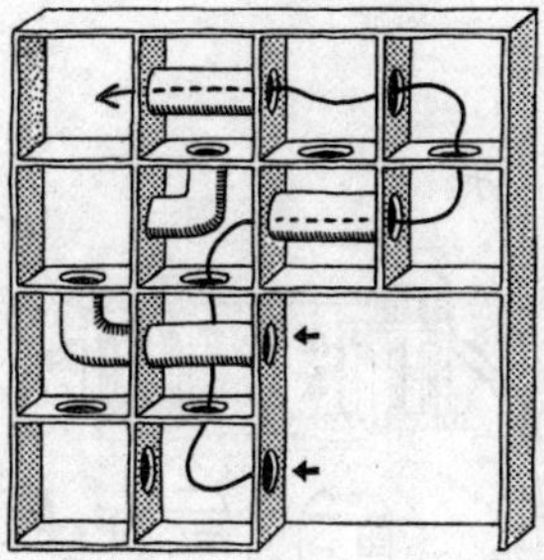

2.

两条小路的路程相同。如图，线路一的各分段距离之和，正好等于线路二的距离。

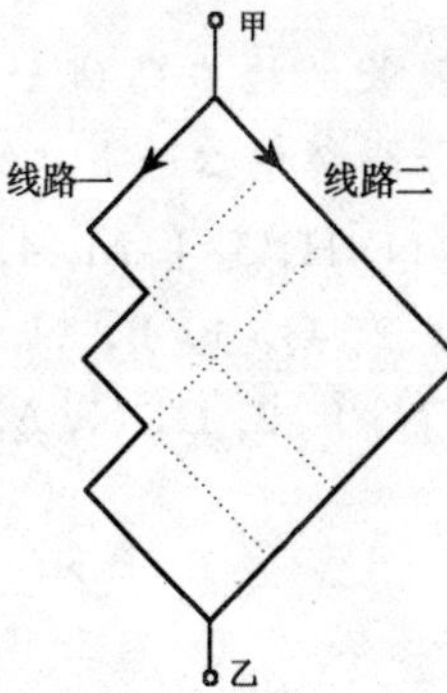

3.

最后一个学生是女生。

4.

20 个。如图。

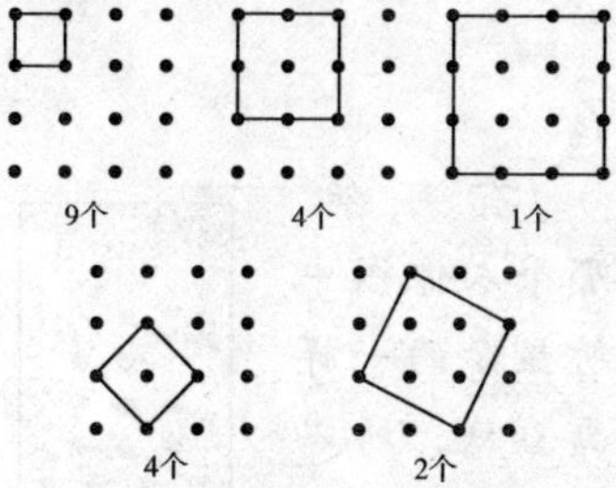

5.

沿虚线剪开。

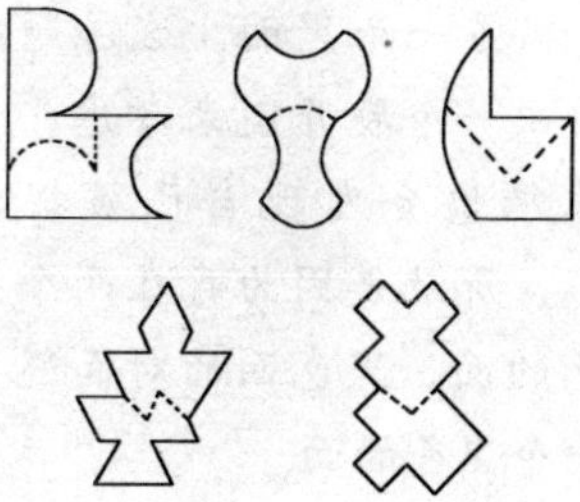

6.

他走的路线如下图中虚线所示：

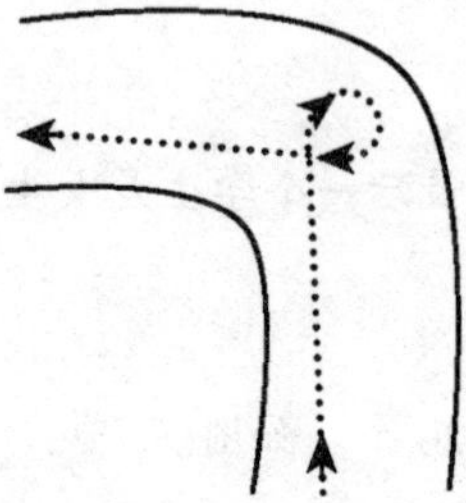

7.

有可能。那个人像图中所显示的一样画直线，所以留下一个“点”的简体字。

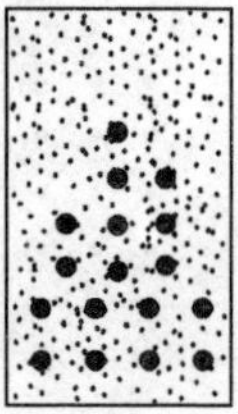

8.

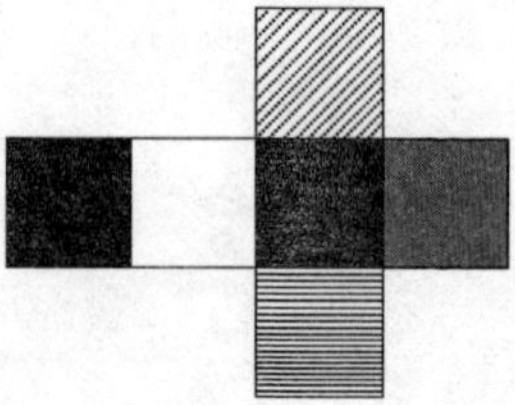

另一个黑面。这道题也要画一个展开图来考虑，但你很快会发现自己被捉弄了，那就是因为存在两个黑色的面，黑色面的对面还是一个黑色的面。

9.

如图：

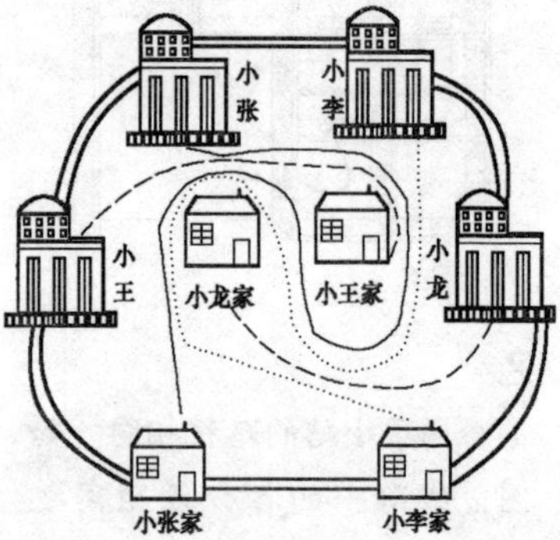

10.

舰长的检查路线如下：从2号指挥中心进去，然后是E，N，H，3，J，M，4，L，3，G，2，C，1，B，N，K，3，I，N，F，2，D，N，A，1。

11.

要回答这个问题，对日历的形式必然熟悉。日历通常把每月的日期写成5行，看24/31添加栏的月份，1号将是星期五或星期六。已经知道24号是黑体字，说明这天不是休息日。因此，1号排除了星期五的可能，必然是星期六。

12.

4∶1。把小三角形颠倒过来，就能立刻看出大三角形是小三角形的4倍。

13.

如表所示：

	历史	语文	地理	英语	数学	总分
A	5	4	4	2	3	18
B	4	5	3	3	1	16
C	3	2	5	1	4	15
D	1	1	1	4	5	12
E	2	3	2	5	3	14

14.

（1）一个人和一个鬼过河；（2）留下鬼，人返回；（3）两个鬼过河；（4）一个鬼返回；（5）两个人过河；（6）一个人和一个鬼返回；（7）两个人过河；（8）一个鬼返回；（9）两个鬼过河；（10）一个人返回；（11）一人一鬼过河。

15.

走道的设计如图。既然关系不好，不想见面，走路就别怕绕路。

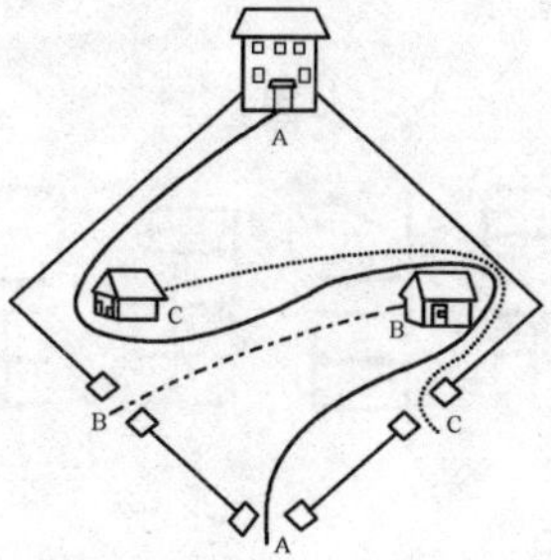

16.

有8条直线上有3只兔子；有28条直线上有2只兔子；6只兔子排成3排且每排

3 只，可以如下图排列：

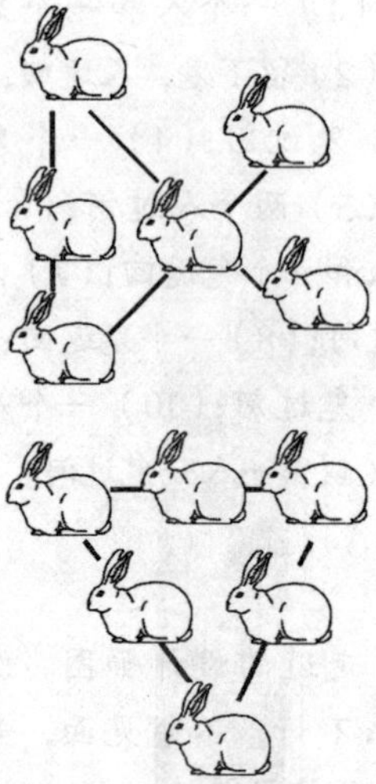

17.

4 个。如图：

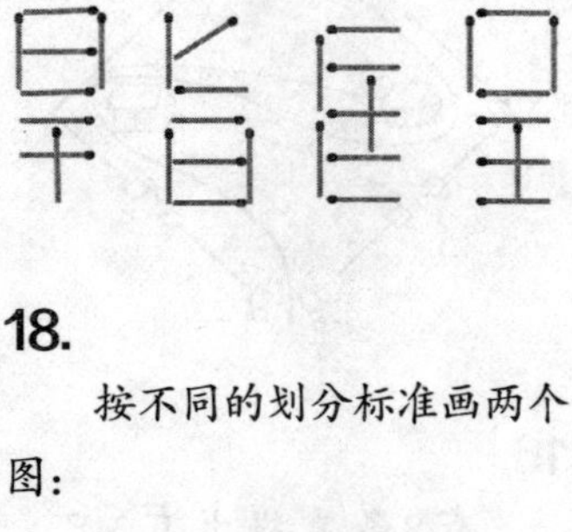

18.

按不同的划分标准画两个图：

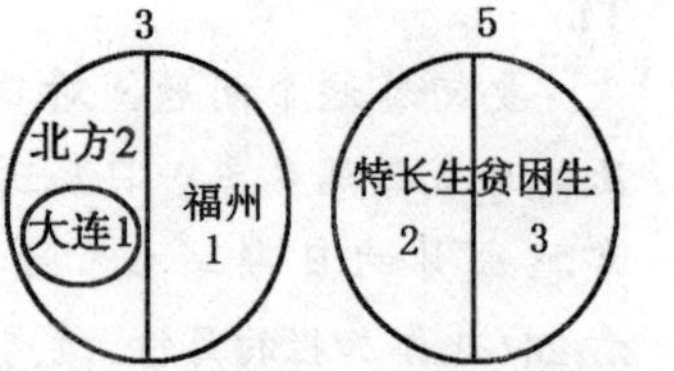

如果 2 个特长生都是贫困生，那么题中介绍便只涉及了 6 个人，与题干矛盾；其他选项均不矛盾。正确选项是 A。

19.

渡法如下：船来去的情况用箭头表示。人用字母代表，大写的英文字母代表丈夫，小写的英文字母代表妻子。这道题的关键是在第 6 至第 7 次之间，又把 Bb 夫妇渡回来了。想到这一点，问题基本解决了。

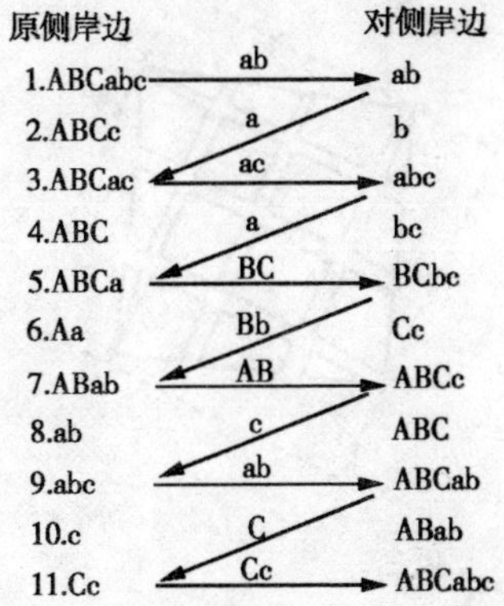

20.

老头的房间确实是7张榻榻米的面积，但该房间的形状是不能整铺7张榻榻米的，而是只能铺6张整的和两个半张的。

21.

照如下顺序移动即可。

1.6 → G 2.2 → B 3.1 → E

4.3 → H 5.4 → I 6.3 → L

7.6 → K 8.4 → G 9.1 → I

10.2 → J 11.5 → H

12.4 → A 13.7 → F

14.8 → E 15.4 → D

16.8 → C 17.7 → A

18.8 → G 19.5 → C

20.2 → B 21.1 → E

22.8 → I 23.1 → G

24.2 → J 25.7 → H

26.1 → A 27.7 → G

28.2 → B 29.6 → E

30.3 → H 31.8 → L

32.3 → I 33.7 → K

34.3 → G 35.6 → I

36.2 → J 37.5 → H

38.3 → C 39.5 → G

40.2 → B 41.6 → E

42.5 → I 43.6 → J

22.

添3根直线。

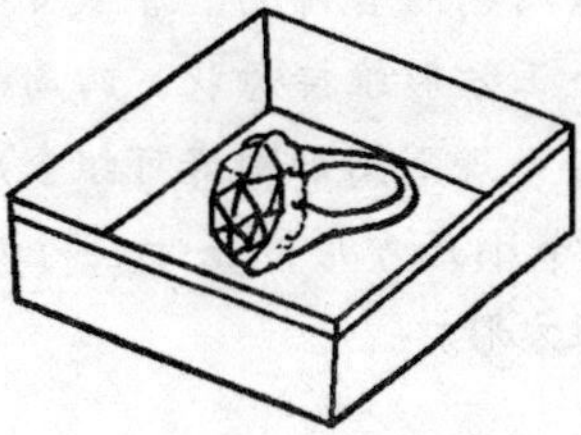

23.

如图：

(1)

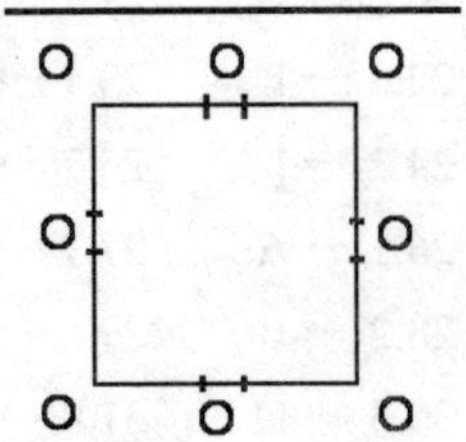

(2)

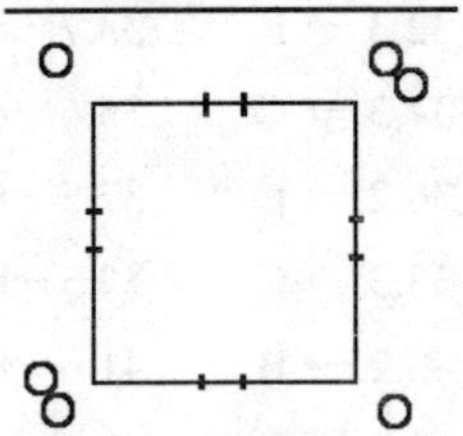

24.

如图，依照实线部分加以切割组合即可。中央4个小正方形维持原状，四周的12个规则图形刚好可组合成6个小正方形，合计10个小正方形。

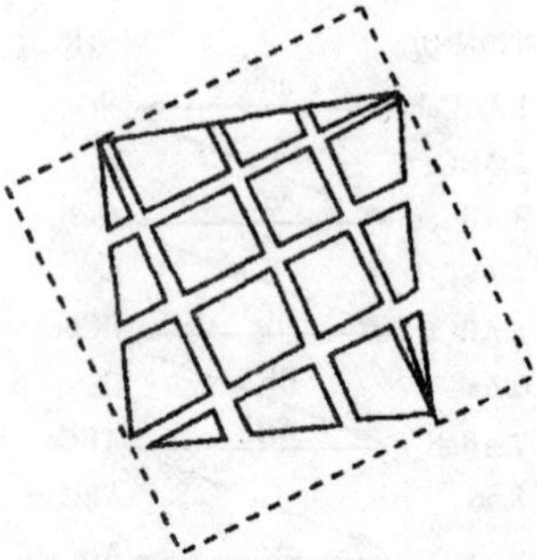

25.

先沿图1的虚线折叠，然后再沿图2的虚线折叠，最后沿图3的虚线折一下，并沿这条线剪一刀，就把"十"字形分成了4块相同的图形，把它们拼起来，就是一个正方形了。

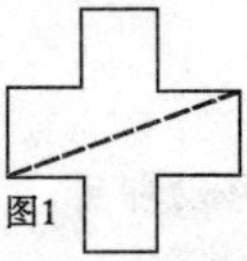
图1

图2

图3

图4

26.

沿虚线锯开。

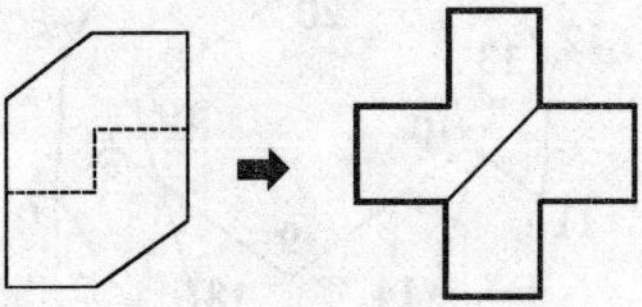

27.

如图：

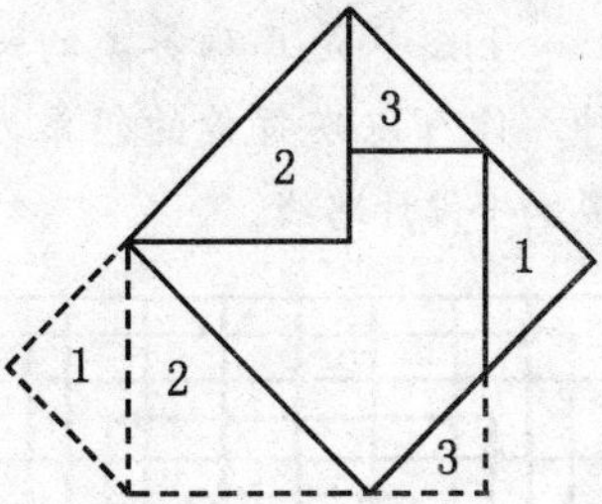

28.

答案如下图：

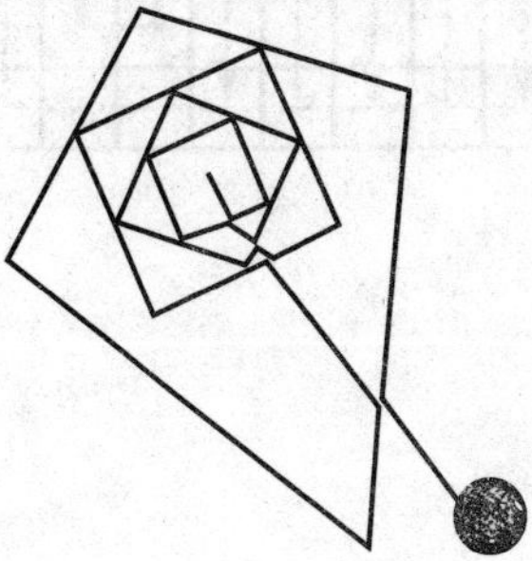

29.

坐在C处的萧先生点了牛排。破解此题的关键在于“邻座的人都点了不一样的东西”，因此，只要顺利排出各人所点的东西，并且填入他们的主菜，如此一来，主菜栏空白者便是点了牛排。李先生坐在A座，则连先生一定不是B、C座，那么确定D座是连先生，而坐在B的人点了一份猪排，那么萧先生肯定坐C座，而且A、D两人前文交代又点了鸡排和羊排，所以可以判定C座萧先生点的是牛排。

座位	人物	主菜	汤	饮料
A	李先生	鸡排	洋葱汤	冰咖啡
B	?	猪排	玉米浓汤	果汁
C	萧先生	?	玉米浓汤	热红茶
D	连先生	羊排	罗宋汤	冰咖啡

30.

如图：

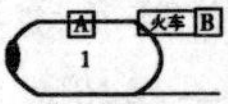

第一步
火车搭载上货物B行驶到A处，倒车，然后运到如图所示的位置，卸车。

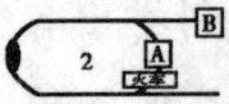

第二步
火车搭载上货物A，行驶到如图所示的位置，卸车，然后火车穿过隧道，到大货物B处。

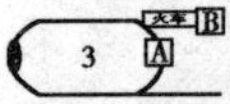

第三步
火车搭载上货物B，倒车。

第四步
火车行驶到货物A处，将A一起搭载上。

第五步
火车载着货物A和B到达如图所示的位置。

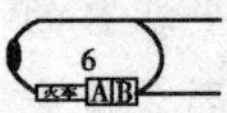

第六步
卸车后火车环绕铁轨一周，将货物A搭载在车头上。

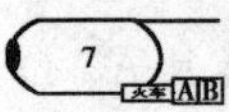

第七步
将货物A和B运送到如图所示的位置，将B卸下。

第八步
载着A倒车到如图所示的位置。

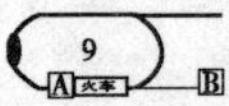

第九步
将A卸下后，火车环绕铁轨行驶到如图所示的位置。

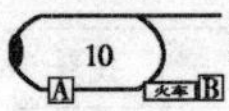

第十步
搭载上货物B向货物A处倒车。

第十一步
将货物B运到如图所示的位置，然后火车头返回到原先位置。

31.

按照下图所示，顺次沿着标有数字1，2，3……19，20的线路走，最后从顶点20回到顶点1。

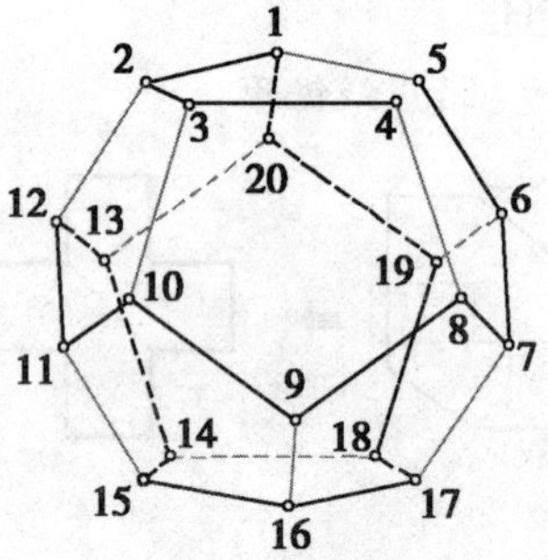

32.

下图只是正确答案的一种，你可以发挥你的想象力帮蜗牛设计路线。

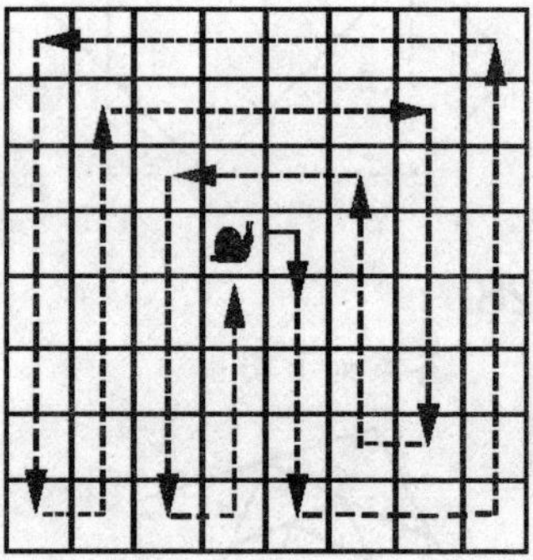

33.

答案如下图：

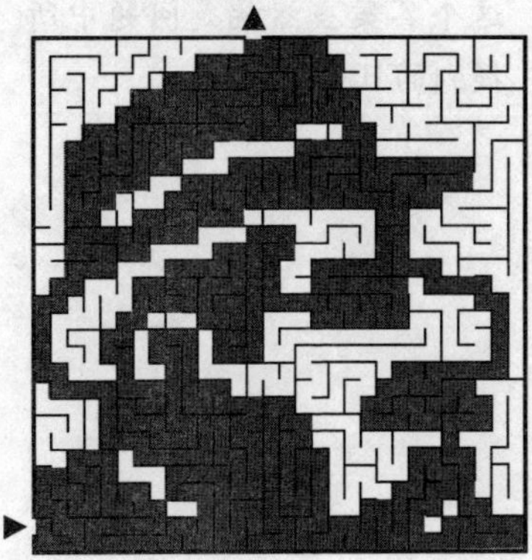

34.

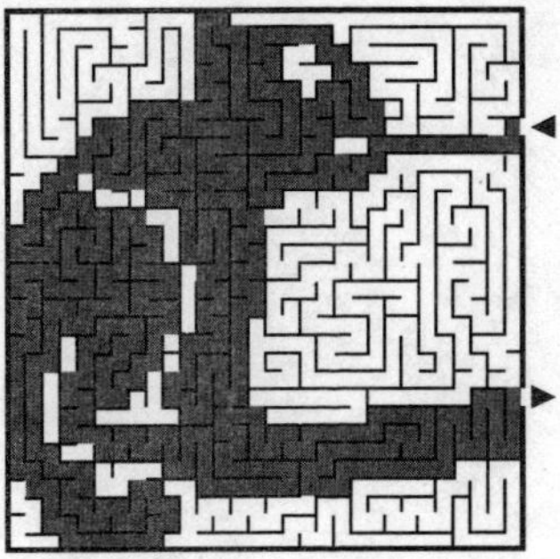

35.

答案如下图：

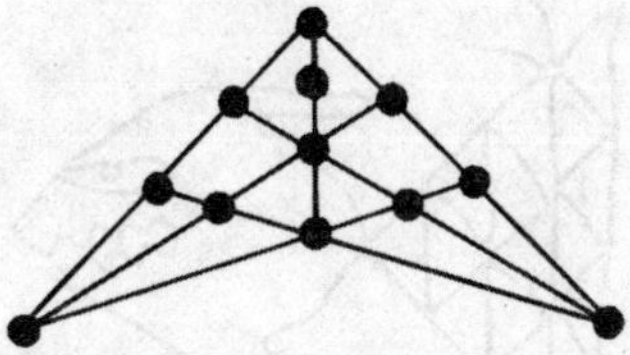

36.

他先沿着图 1 中虚线把地毯剪开，然后，再把上半部分的地毯向左下方移动，这样，就正好可以与下半部分的地毯合并在一起（参见图 2）。然后，将它们缝合成一个完整的正方形地毯。

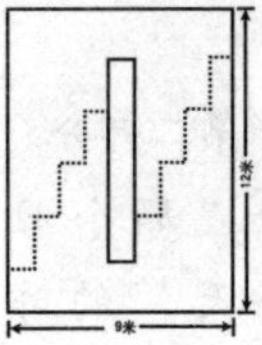

图 1

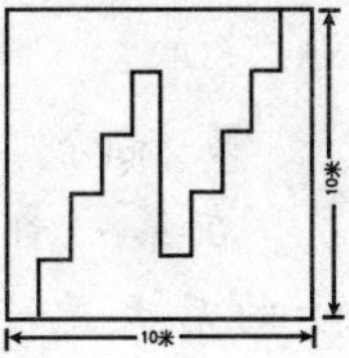

图 2

37.

答案如图所示：

38.

举行婚礼的日子是星期日。我们得把他说的话分成两部分。

日　一　二　三　四　五　六　日

SUN MON TUES WED THUR FRI SAT SUN

第一部分　　第二部分

在第一部分“那个日子的后天是‘今天’的昨天……”，从星期天往前算，就到了星期三，即过了3天。在第二部分“那个日子的前天是‘今天’的明天，这两个‘今天’距离那个日子的天数相等”，从星期天往后算，这样就到了星期四，即距离星期天有3天。所以，这个答案当然就是问题中所提到的日子。

第四章
计算法

数学中一丝不苟的计算，使得每一个数学结论都不可动摇。这种思维方法是人类的巨大财富。逻辑思维中有些问题也是一样，必须经过计算才能解决。

很多时候，逻辑测试中设置了种种隐含的条件，但是对解题无用，反倒是给出的几个数字才是解题的关键。这时候，运用计算法，问题就会迎刃而解。

1. 巧妙连线【初级】

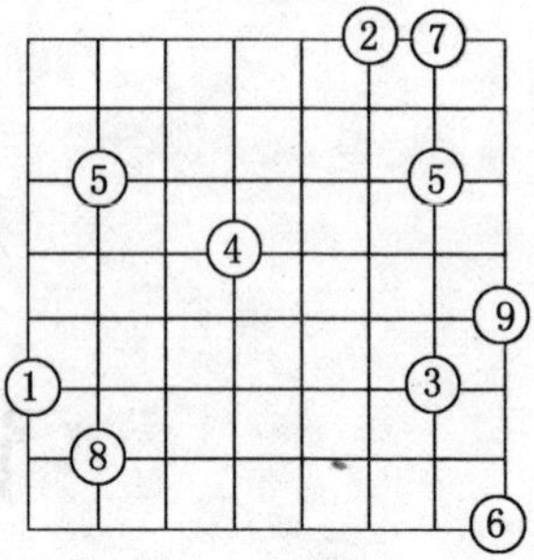

请你沿着图中的格子线，把圆圈中的数字两个两个地连起来，使两者之和为10。注意：连接线之间不能交叉或重叠。

2. 数字和密码【初级】

下面是数字和相应密码的对应表。你能确定它们之间的关系并找出最后一行的数字是什么吗?

数字	密码
589	521
724	386
1346	9764
?	485

3. 书蛀虫【初级】

“贪婪的书蛀虫”游戏很早就有了，而且非常有意思。书架上有一套思维游戏书，共3册。每册书的封面和封底各厚0.2厘米;不算封面和封底，每册书厚2厘米。现在，假如书蛀虫从第一册的第一页开始沿直线吃，那么，到第三册的最后一页需要走多远?

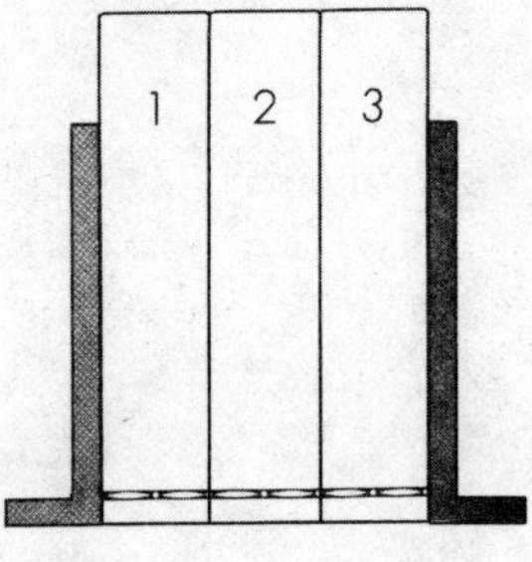

4. 几何（1）【初级】

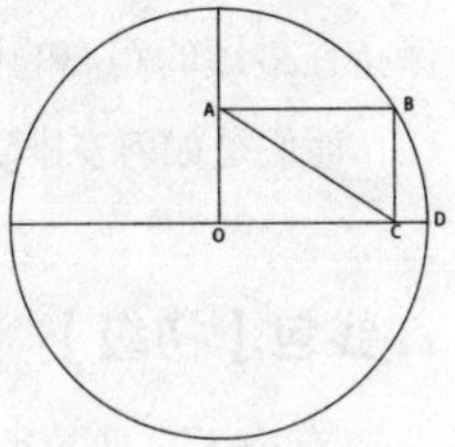

这是一个很好玩的几何思维游戏，而且要比想象的简单。右图中，圆圈的中心点是O，∠AOC是90°，线段AB与线段OD线平行，线段OC长12厘米，线段CD长2厘米。你要做的是计算线段AC的长度。

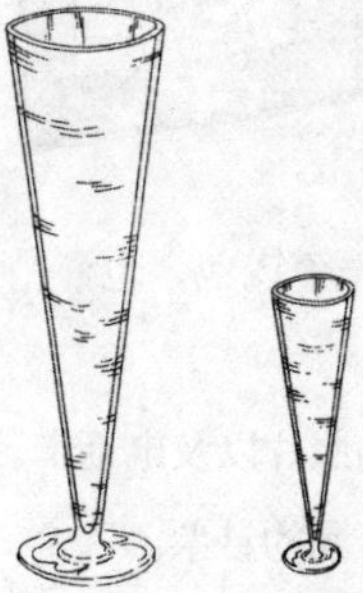

5. 细长玻璃杯【初级】

图中有两个细长玻璃杯。大玻璃杯的杯口直径和杯身高度正好是小玻璃杯的2倍。现在要做的就是把小玻璃杯当作度量器将大玻璃杯装满水。先把小玻璃杯装满水，然后把水倒进大玻璃杯。那么，我们需要多少次才能把大玻璃杯装满水?

6. 自行车【初级】

这个故事发生在自行车刚刚出现的时候。一天，有2名年轻的骑车人，贝蒂和纳丁·帕克斯特准备骑车到20千米外的乡村看望姑妈。当走过4千米的时候，贝蒂的自行车出了问题，她不得不把车子用链子拴在树上。由于很着急，他们决定继续尽快向前走。她们有2种选择：要么2人都步行；要么1个人步行，1个人骑车。他们都能以每小时4千米的速度步行或者以

每小时8千米的速度骑车前进。他们决定制订一个计划，即在把步行保持在最短的距离的情况下，利用最短的时间同时到达姑妈家。那么，他们是如何安排步行和骑车的呢？

7. 钱包【初级】

有一天，威拉德·古特罗克斯先生急匆匆地跑进警察局，大喊自己的钱包被盗了。

“现在要镇静，古特罗克斯先生，” 安德森警察说，“有人刚刚交还了一个钱包，也许是你丢的，你能把里面的东西描述一下吗？”

“好的，”威拉德回答说，“里面有一张菲尔兹的照片以及电话卡。哦，对了，还有 320 元，共 8 张钞票，而且没有 10 元的钞票。”

“完全吻合，古特罗克斯先生。给，这是你的钱包。”

那么，你知道他钱包里有哪 8 张钞票相加之后正好是 320 元吗？

8. 卖车【初级】

“啊，达芙妮，今天我终于把那辆破车卖掉了。原来我标价 1100 元，可没有人感兴趣，于是我把价钱降到 880 元，还是没有人感兴趣，我又把价钱下调到 704 元。最后，出于绝望，我再一次降价。今天一早，奥维尔·威尼萨普把它买走了。”那么，你能猜出他卖了多少钱吗？

9. 加法【初级】

熊爸爸好像被它在佩尔特维利报上看到的一个思维游戏难住了。趁它还没有被烦透，我们来看看这个思维游戏吧：

右图所示的一行数字相加之后正好等于45。那么，你能否将其中一个加号改为乘号，使这个算式的结果变成100呢？

10. 机器人【初级】

世界上的许多超现实的梦想都源自这个机器人思维游戏。图中的机器人的不同部位已经用1到12这几个数字标注。由于某种奇怪的原因，他无法离开这个超自然的行星，除非他身上的数字可以以7种不同的方式重新排列，并使由4个数字组成的各行各列相加的结果都是26。其中包括水平的两列数字、垂直的两列数字、4个中间的数字、胳膊上的4个数字以及脖子和腿上的4个数字。你知道怎样让他离开吗？

11. 五行打油诗【初级】

有种思维游戏叫作五行打油诗。人们总是对这种类型的思维游戏充满期待。下面我们就来看看其中一个。这道题要求读者把一个只包括1和3的8个数重新排列，使它们最后组成的数学表达式的结果等于100万。那么，你准备好笔和纸了吗？

“以前有一个卡斯蒂利亚人，他虽然十分鲁莽，但他却能把一个十分富有的西西里岛人赌赢了。”

“他可以把一个包含1和3的8个数轻而易举地排列，并使它们的结果等于100万！”

12. 破解密码算式【中级】

下面是一道算式，数字被人用英文密码隐藏了。隐藏了的数字构成了一个奇特的式子。请你运用智慧来想出每个字母代表的数字是什么。

$$
\begin{array}{r}
VEXATIBN \\
\times\quad V \\
\hline
EEEEEEE
\end{array}
$$

13. 剩余的页数【中级】

共计100页的书，其中的第20～25页脱落了，请问剩下的书还有多少页呢？

14. 计算闯关【中级】

A为B设计了一道游戏题，如右图所示。要求是由出发点开始，经过每一关时，从＋、－、×、÷中选一个符号，对相邻的两个数字进行运算，使到达目的地时，答案恰好是1。B想了半天，也不知道该怎么前进。你知道该怎样过关吗？

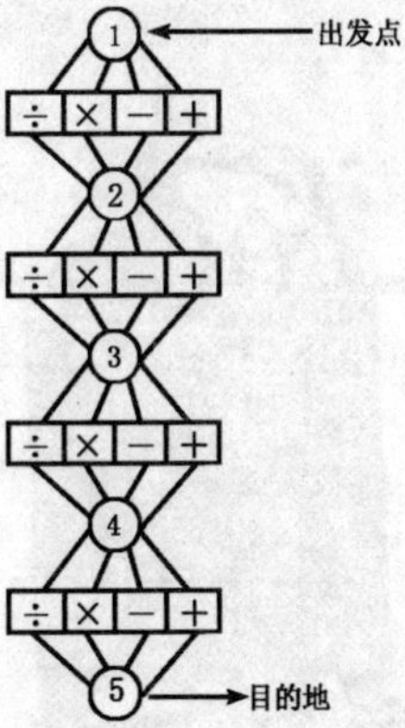

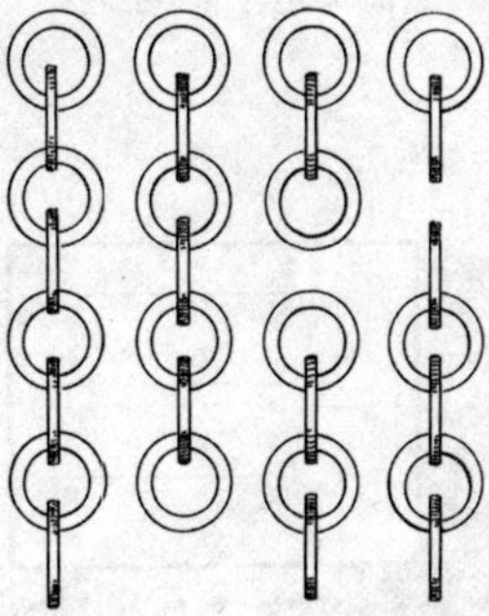

15. 链子【中级】

一个人有6条链子，他想把它们连成一条有29个环的链子。他去问铁匠这个需要花费多少钱。铁匠告诉他打开一个环要花1元，而要把它焊接在一起则要花5角。请问，做这条链子最少要花多少钱？

16. 动物【中级】

这是一个有关管理员的游戏，它来自非洲的肯尼亚。有个管理员决定计算一下公园里的狮子和鸵鸟的数量。出于某种原因，他是通过计算这些动物的头和腿的数目来统计动物数量的。最后，他算出一共有35个头和78条腿。那么，你知道公园里分别有多少狮子和鸵鸟吗？

17. 保险箱【中级】

在犯罪纪录上，没有哪个贼比纳库克拉斯·哈里伯顿更卑鄙。当他到别人家里行窃时，他会毫不犹豫地去偷孩子们的存钱罐。看着他在下图中的样子，就知道他肯定是历史上最矮的小偷了。他撬开保险箱偷走了125枚硬币，一共有70元。其中没有1角的硬币。那么，你能否判断出他偷走的是哪些硬币，而每枚硬币的面值又是多少吗？

18. 数字【中级】

让我们来看看你是否有资格在润滑油补给站获得这份免费赠品。你所要做的就是将下图中数学表达式里的字母用数字代替，相同的数字必须代替相同的字母。竞赛的时限是1个小时。祝你好运！

解决了这个题，你就可以在汽车销售站免费获得润滑油！

19. 长角的蜥蜴【中级】

伯沙撒是我们镇上的自然博物馆从某个地方得到的一只长角的蜥蜴，它十分神奇。工作人员特意把它放在爬行动物观赏大厅新建的一个圆形有顶的窝里。刚放下，伯沙撒就马上开始考察它的新领地了。从门口开始，它向北爬行了4米到达圆的边缘，然后，它急忙转身向东爬行了3米，这时它又到达了围栏边。那么，你能否根据这些信息计算出它这个窝的直径呢？

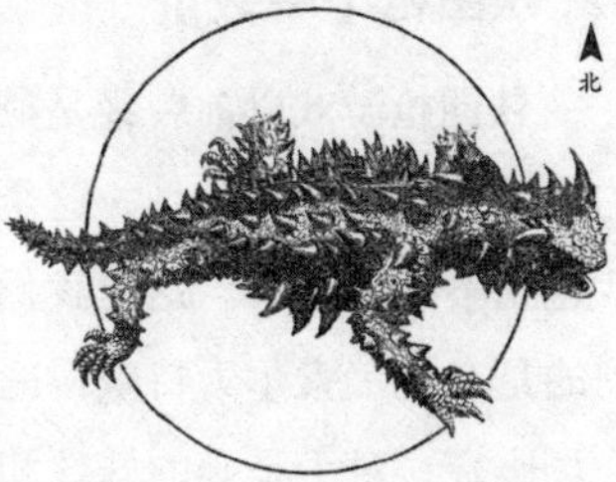

20. 车厢【中级】

小时候，爸爸给我买了一列玩具火车作为我的生日礼物。除了火车配备的车厢之外，他又花了20元买了另外20个车厢。乘客车厢每个4元，货物车厢每个0.5元，煤炭车厢每个0.25元。那么，你能否计算出这几种类型的车厢各有几个？

21. 开商店【中级】

哈丽和桃瑞斯正在做开商店游戏。哈丽花了3.1元从桃瑞斯那里买了3罐草莓酱和4罐桃酱。那么，你能根据上面说的情况计算出每罐草莓酱和每罐桃酱的价钱吗？

“桃瑞斯！我把这罐桃酱拿回来了，我想换成草莓酱。”
“好的，哈丽，给你草莓酱。”

22. 铁圈枪【中级】

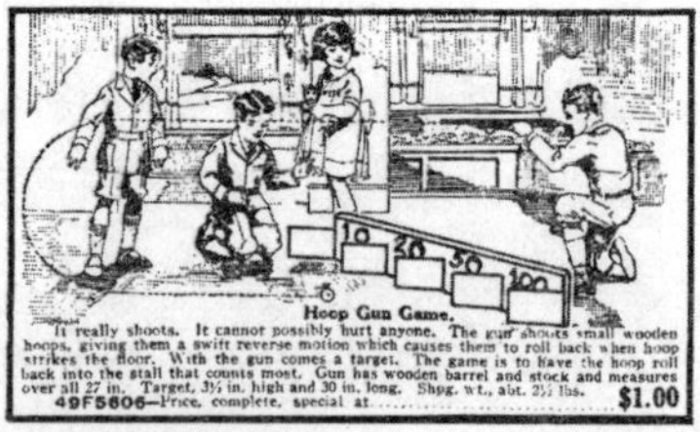

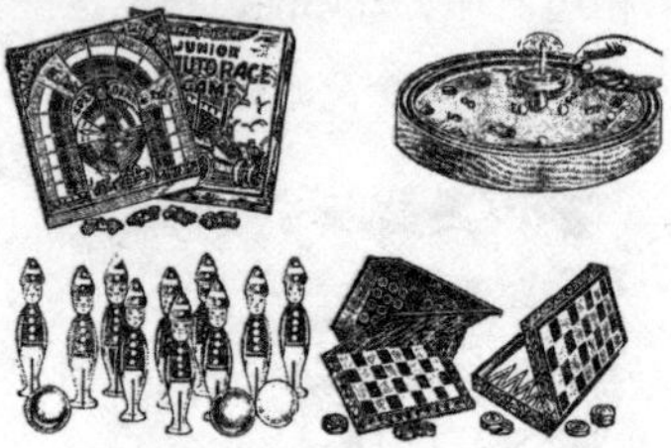

铁圈枪游戏以前曾经是最棒的娱乐方式之一，而且，这个游戏也花不了多少钱。这里我们看到的是奈德·索尔索特赢得的又一场比赛，对手是她的妹妹和威姆威尔勒家的男孩子们。奈德将25个铁圈打进靶槽里，且每个靶槽均有得分，一共得到500分。共有4个靶槽，每个槽内的分值分别为10，20，50，100。那么，你能算出奈德在每个靶槽内打进的铁圈数吗？

23. 灵长类动物【中级】

现在是动物园的午餐时间，我们在灵长类动物的观看亭所听到的叫声是它们在抢香蕉的声音。管理员每天都会分给这100只灵长类动物100根香蕉。每只大猩猩有3根香蕉，每只猿有2根香蕉，而狐猴因为最小只有半根香蕉。

你能否根据上面所给出的信息计算出动物园里的大猩猩、猿、狐猴各有多少只？

24. 面粉【中级】

当塞·科恩克利伯核对自己的补给品时，他在面布袋上发现了一些有趣的东西。面布袋每3个放在一层，共有9个布袋，上面分别标有从1到9这几个数字。在第一层和第三层，都是一个布袋与另外两个布袋分开放，而中间那层的 3 个布袋则被放在一起。如果他将单个布袋的数字（7）乘以与之相邻的两个布袋的数字（28）得到196，也就是中间 3 个布袋上的数字。然而，如果他将第三层的两个数字相乘，则得到170。

塞于是想出来一道题：你能否尽可能少地移动布袋，使得上、下两层上的每一对布袋上的数字与各自单个布袋上的数字相乘的结果都等于中间 3 个布袋上的数字呢？

25. 排列数字【中级】

这纯粹是一道数字题。你能将图表中的17个数字重新排列，使排列之后的每一条直线上的数字相加之和都等于55吗？

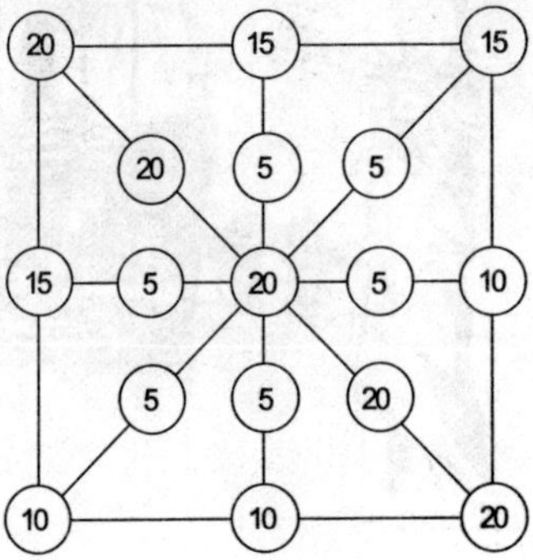

26. 幻方游戏【中级】

Universal Intelligencer.
X 3 X 13
5 X 11 X
X X X X
4 15 X X
FIRST PRIZE AT THE
PUZZLE CONVENTION

这位绅士正在解答一道设有奖项的幻方思维游戏。要解决这道题，需要将所有方格内的X换成数字，并使每一列、每一行以及两条对角线的数字相加的和都等于34。只能使用1到16之间的数字，而且，每个数字只能使用一次。

27. 轮船【中级】

巨轮出现在蒸汽运用的鼎盛时期，而纽约港便成了它们的停泊地之一。一天，有3艘轮船驶出纽约湾海峡并驶向英国的朴茨茅斯。第一艘轮船12天后从朴茨茅斯返回，第二艘轮船用了16天完成了航行，而第三艘轮船用了20天才回到纽约港。因为轮船在港内的恢复时间是12个小时，所以轮船抵港的日期就是它们返航的日期。那么，需要多少天这3艘轮船才能再次同一天驶出纽约港，同时，在这期间每一艘轮船将会航行多少次?

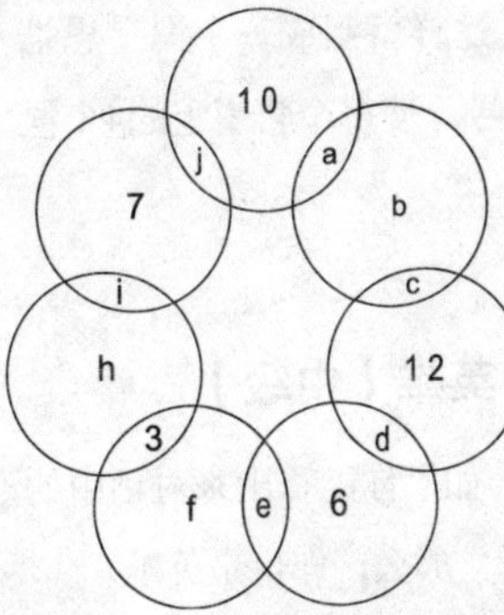

28. 圆圈【中级】

在解答这道题之前，你也许会发现自己在“看圆圈”。左图是7个相互交叉的圆圈，也就有14个有限区域。现在，请你把图中的字母用1到14的数字代替，使每一个圆圈内的数字相加的和等于21，注意，数字不能重复。

29. 台球【中级】

“莱克斯福德，谁把第7个球打进横袋谁就获胜！”
RULES

我们看到的是库申斯·哈利布尔顿即将打进制胜一球，他随后获得了1903年曼哈顿花式台球锦标赛的冠军。5轮之后，他共打进了100个球，而每轮他都要比前一轮多打进6个球。那么，你能否计算出他5轮中的各轮进球数吗?

30. 天文【中级】

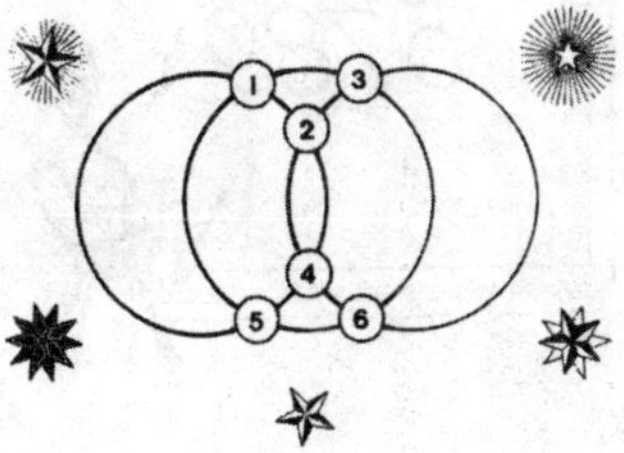

威拉德·斯达芬德在观看自己最新的发现。他发现太阳系中的6个恒星是在3个重叠的轨道上旋转的，他在它们会聚在一点产生超新星之前很快给它们起了名

字。威拉德把这几个恒星从1到6标上号，这样就组成一个恒星思维游戏。那么，你能否重新给这几个恒星标号，使每个轨道上的4个恒星相加的和是14呢？

31. 数学题【中级】

普里西拉·孙珊女士今天做我们的代课老师，她很严厉，可得当心啊。

“同学们，我上次站在这里已是好几个星期之前了。这样吧，我给大家出一道题：把黑板上的这8个数字分成两组，每组各有4个数字，将每组的 4 个数字排列组合成 2 个数并相加，而两组相加的结果必须一致。谁能把这道题解答出来呢？”

32. 英雄【中级】

如果你能答出来对话中的问题，那么，你也是英雄。

33. 神秘的正方形【中级】

让我们抽时间来解决另一个有趣而又神秘的正方形思维游戏吧。你所要做的就是将下图中正方形里的数字重新排列，使每个水平方向、垂直方向以及对角线上的数字相加的结果为33。希望你用大约5分钟的时间把答案推测出来。

1	2	3
10	11	12
19	20	21

34. 几何（2）【中级】

教授现在陷入了困境。他忘记了图中题的答案，离上课只剩下5分钟了！线段BD和GD已经画在虚构的立方体的两个面上。两条线段相交于D点。那么，你能否帮教授计算出这两条对角线之间的角度呢？

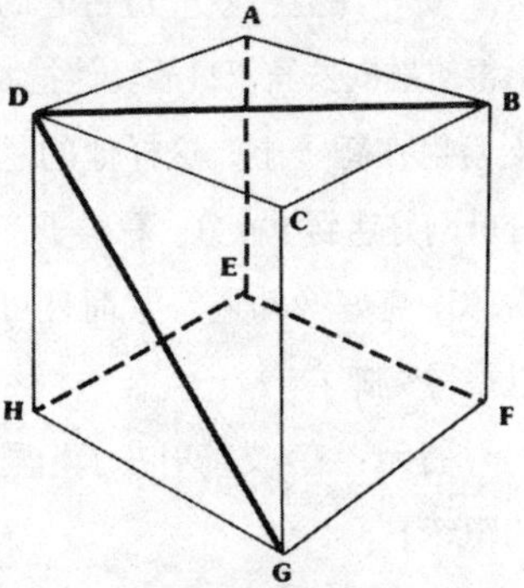

35.蜘蛛网【中级】

有一个雕像存放在格力姆斯力城堡的阴暗凹室里。凹室的部分入口被一张巨大的蜘蛛网挡住了，拱状的网的弧正好是圆周长的$\frac{1}{4}$，长20厘米。那么，你能根据这些实际情况计算出蜘蛛网遮盖部分的面积是多少平方厘米吗？

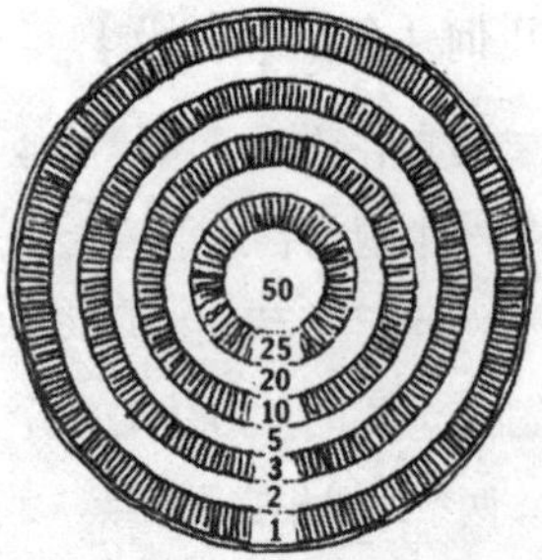

36. 靶子【中级】

世纪之交的家庭娱乐节目给我们带来一个有趣的思维游戏。亚历山大和他的妹妹西比拉在靶子上打出了相同的环数，他们一共得到了96分。那么，你知道这些箭射在哪些环上吗？

37. 射箭【高级】

费尔图克曾就一道古老的射箭难题向罗宾汉挑战。他把6支箭射在靶子上，这样他的总分就刚好达到100分。看样子，费尔图克好像知道答案而且可以摘得奖牌了。

提示：有4支箭射在了相同的靶环上。

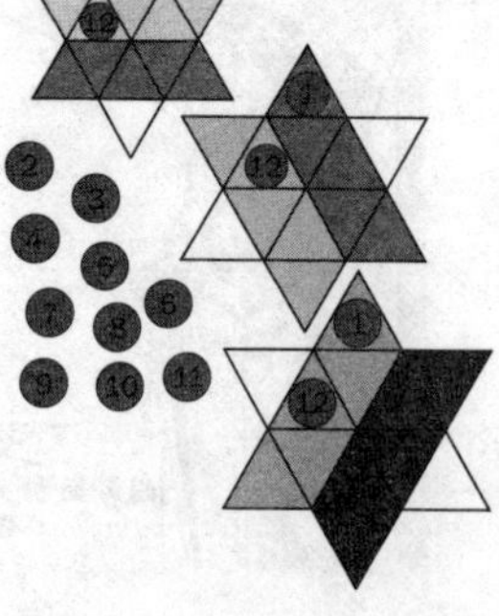

38. 三角形组【高级】

你能否将数字1～12填入多边形的12个三角形中，使得多边形中的6行（由5个三角形组成的三角形组）中，每行（每组）的和均为33？

39. 替换数字【高级】

当一位魔术师在装书的箱子里翻找时遇到了一个很麻烦的思维游戏，他手里拿的木板就是这个思维游戏。要解决这个思维游戏，你必须把全部圆点用1至9这几个数字代替，这样，其实就形成了一道数学题。上面没有数字0，同时，每个数字都只能使用一次。请你试一试，看能否在半个小时之内推算出这道题的答案。

40. 亚当和夏娃【高级】

亚当从别人那里收到一封信。可是，我们发现这封关于夏娃的信却给我们留下一个很大的难题。那么，你能用相同的数字代替相同的字母，最后得出一个正确的数学表达式吗？

41. 讨论会【高级】

随着圣诞节的临近，参加圣诞老人讨论会的动物助手也开展了圣诞前的动员会。现在我们看到的是它们正在解答一道很难的数学题。要解决它，你必须用从1到9这9个数字替换数学表达式中的字母，同时，必须使最后得出的减法结果正确，相同的数字要替换相同的字母。

答 案

1.

连接如图。

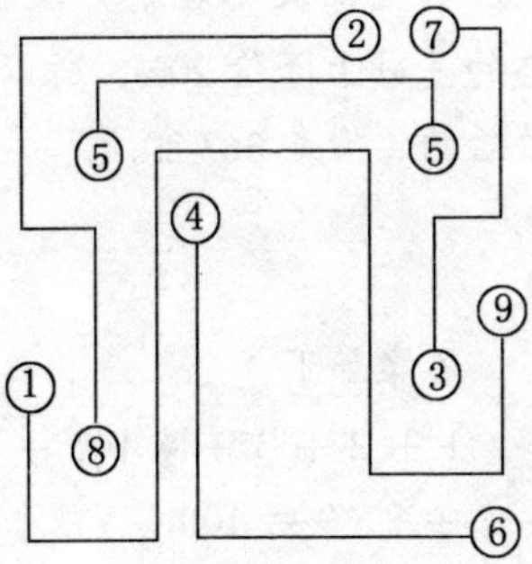

2.

625。用10减去数字里的每位数上的数字得到破解后的数字。

3.

书虫一共走了6.8厘米。书虫如果要从第一册第一页开始向右侧的第三册推进的话，第一件事情就是先从第一册的书开始破坏，接着是第一册的封底、第二册的封面、第二册书，之后是第二册的封底，然后是第三册的封面，最后是2厘米厚的书（即思维游戏的终点线）。期间，一共经过4个封页以及3册书的厚度，享用了6.8厘米的美味。

4.

线段OD是圆的半径，它的长度是14厘米。图形ABCO是个长方形，它与圆的中心以及圆边都相交。因此，线段OB（即圆的半径）的长度为14厘米。因为长方形的两个对角线的长度都相等，所以，线段AC与线段OB的长度相等，即14厘米。

5.

如果用小玻璃杯的话，我们需要倒8次才能把大玻璃杯装满水。因为大玻璃杯的杯身直径和高度是小玻璃杯的2倍，所以它的体积就是小玻璃杯的体积乘以8。比如，我们拿一个1厘米 ×1厘米 ×1厘米的立方体举例，它的体积为1立方厘米；那么，大玻璃杯的体积，即2厘米 ×2厘米 ×2厘米，这时它的体积就是8立方厘米。

6.

贝蒂骑1个小时的自行车后把自行车放在路边，并继续步行2个小时，行走8千米后到达她的姑妈家；纳丁步行2个小时后到达放自行车的地方，然后骑1个小时的自行车，这样他就能和贝蒂同时在最短的时间到达姑妈家。

7.

钱包里有2张50元的钞票、2张100元的钞票、4张5元的钞票。

8.

车主每次都在前一次价格的基础上降价20%，所以，最后的售价是563.20元。

9.

答案如下：

$1+2+3+4+5+6+7+8\times9=100$

10.

答案中的一种如图所示：

	8	11	
9	10	6	1
12	3	7	4
	5	2	

11.

这道题有多种解法，下面是其中的一种解法：

333333×3+1 = 1000000

12.

如图：

$$\begin{array}{r} 98765432 \\ \times \quad\quad\quad\quad 9 \\ \hline 888888888 \end{array}$$

13.

92 页。从第 20 ~ 25 页共有 6 页，那么从 100 里减去 6 就是 94 页……那就错了。纸是有正反两面的，所以不可能只脱落其中的一面。既然第 20 页脱落了，那么第 19 页也必定脱落。同理第 25 页脱落了，那么背面的第 26 页也必然随之脱落。综上所述，应该是从第 19 ~ 26 页共计 8 页脱落了。即 100−8=92。

14.

如图：

(1)

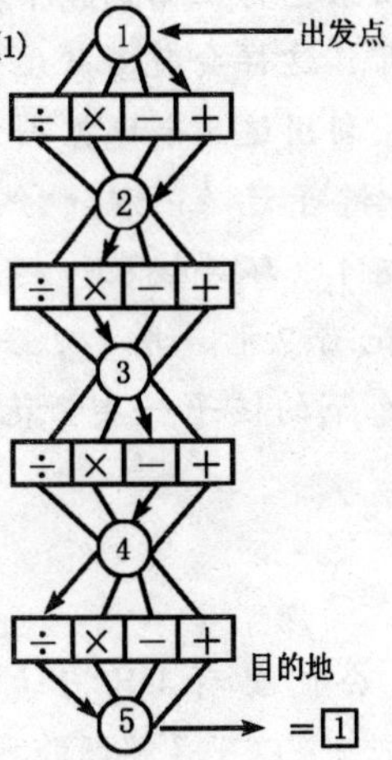

(2)

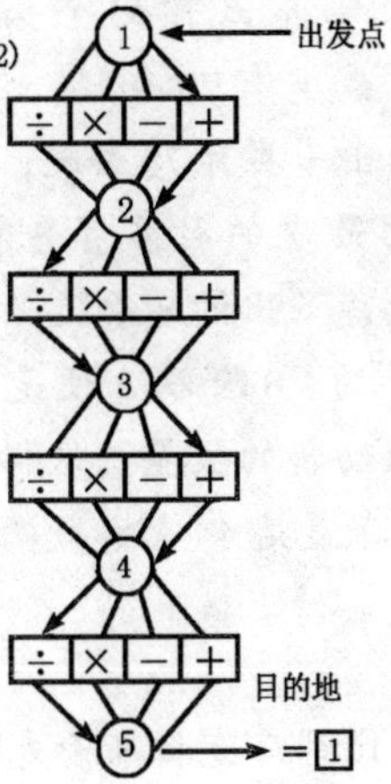

15.

把那条带4个环的链子拿出来，将上面的4个环都打开，这样会花费4元。接着，利用这4个环把剩余的5条链子连在一起；然后，把这4个环焊接在一起，这会花费2元。所以，一条29个节的链子一共会花费6元。

16.

公园里有4只狮子、31只鸵鸟。以下是解题的方法：因为他算出有35个头，所以，最少有70条腿。但是，他算出一共有78条腿，也就是比最少的数多了8条腿，因此，多出的8条腿必定是狮子的。8除以2便是四条腿的动物的数量。这样，狮子的数量是4。

17.

比纳库克拉斯偷走了60枚1元硬币、15枚5角硬币以及50枚5分硬币。

18.

答案如下：

解题步骤:（1）因为第一个值与除数相同，所以，商的第一个值就是1；（2）根据第二次减运算，可用得知字母E肯定是0，因为字母FC原封不动地放在了下面；（3）字母FEE所代表的数字就是100，而这正是字母AB与第二个值的乘积，除数不可以是0，所以当一个两位数和一个一位数相乘能够得出100的只有25，因此，商的第二个值就是4；（4）在第一次减运算中，字母GH与25的差是11，所以，字母GH肯定是36；（5）这最后一个字母C就是7，8或者9。如果你每一个都试一试，那么，你很快就可以发现只有7最合适。

$$
\begin{array}{r}
147 \\
25\overline{)3675} \\
\underline{25} \\
117 \\
\underline{100} \\
175 \\
175
\end{array}
$$

19.

这只蜥蜴爬行时正好是一个直角三角形。如果一个直角三角形的三个点都与一个圆的边相接触，那么，这个直角三角形的长边，即斜边就等于这个圆的直径。所以，圆（窝）的直径就是5米（直角三角形的斜边的平方等于两条直角边的平方和，即$4^2+3^2=25$，25的平方根等于5）。

20.

乘客车厢每个4元，买了3个（共12元）；货物车厢每个0.5元，买了15个（共7.5元）；煤炭车厢每个0.25元，买了2个（共0.5元）。这些费用加起来就是12+7.5+0.5=20。

21.

其中的一个答案为：草莓酱每罐0.5元，而桃酱每罐0.4元。在原先的交易中，3罐草莓酱花费1.5元，而4罐桃酱则花费1.6元，这样，一共花费了3.1元。

22.

奈德的得分如下：10分靶槽内有14个铁圈，共得分140；20分靶槽内有8个铁圈，共得分160；50分靶槽内有2个铁圈，共得分100；100分靶槽内有1个铁圈，得分100。这样，$140+160+100+100=500$。

23.

动物园里有5只大猩猩、25只猿以及70只狐猴。

24.

在第一层，将布袋（7）和（2）交换，这样就得到单个布袋数字（2）和两位数字（78），两个数相乘结果为156。接着，把第三行的单个布袋（5）与中间那行的布袋（9）交换，这样，中间那行数字就是156。然后，将布袋（9）与第三行两位数中的布袋（4）交换，这样，布袋（4）移到右边成为单个布袋。这时，第三行的数字为（39）和（4），相乘的结果为156。总共移动了5步就把这道题完成了。

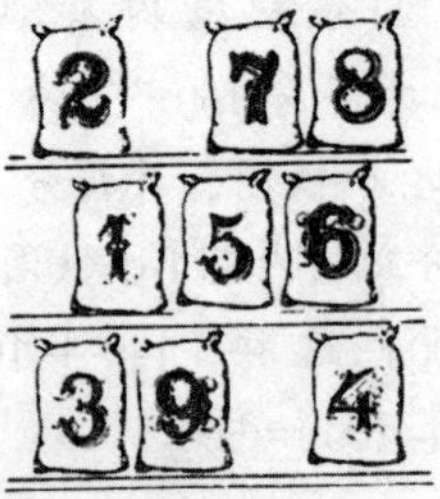

25.

答案如下图：

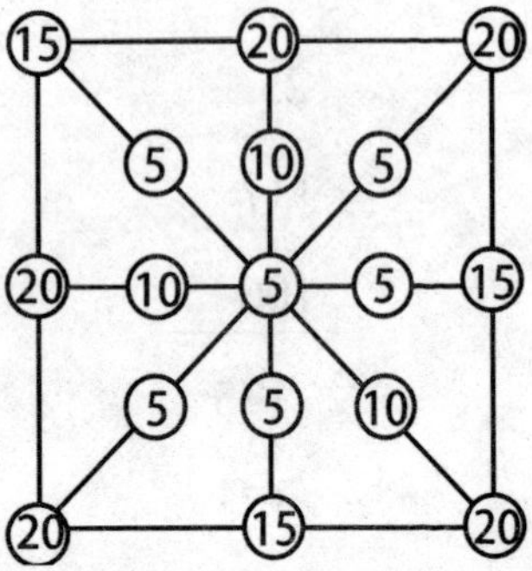

26.

答案如下图：

16	3	2	13
5	10	11	8
9	6	7	12
4	15	14	1

27.

这3艘轮船下次同一天驶出纽约港需要等到240天以后。因为240是12、16、20的最小公倍数，在这期间 3 艘轮船都可以完成航行。至于这段时间每一艘轮船所航行的次数，可以按以下方式计算。

第一艘轮船：240 ÷ 12 = 20 次；

第二艘轮船：240 ÷ 16 = 15 次；

第三艘轮船：240 ÷ 20 = 12 次。

28.

将字母用以下数字来代替：a = 2，b = 11，c = 8，d = 1，e = 14，f = 4，h = 13，i = 5，j = 9。

29.

他这 5 轮中，每轮分别打进了 8,14,20,26,32 个球。

30.

答案如下：

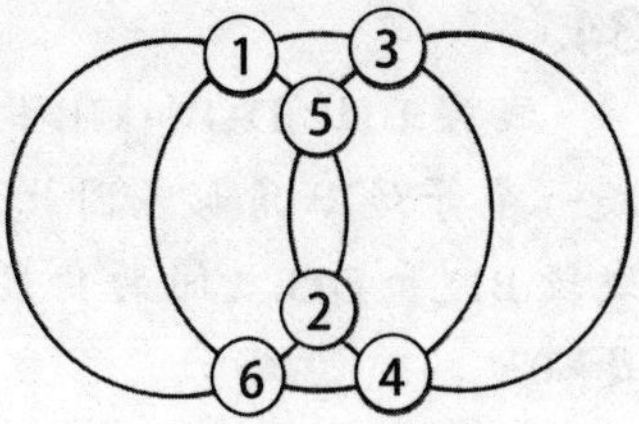

31.

答案如下：

$$\begin{array}{r} 173 \\ +\ \ 4 \\ \hline 177 \end{array} \qquad \begin{array}{r} 85 \\ +\ 92 \\ \hline 177 \end{array}$$

32.

答案如下：

$$\begin{array}{r} 98765 \\ +\ 1234 \\ \hline 99999 \end{array}$$

33.

答案如下：

20	1	12
3	11	19
10	21	2

34.

线段BD、DG和GB构成一个等边三角形。因此，线段BD和DG之间的角度是60°。

35.

下面的步骤清楚地说明了计算过程：

步骤1

20×4＝80（周长）

步骤2

80÷3.14＝25.48（直径）

步骤3

25.48×25.48＝649.23

（正方形面积）

步骤4

25.48÷2＝12.74

（圆半径）

步骤5

12.74×12.74×3.14＝509.65（圆面积）

步骤6

649.23－509.65＝139.58

（四个角的面积）

步骤7

139.58÷4＝34.9

（蜘蛛网的面积）

36.

亚历山大和他的妹妹西比拉的得分如下：两箭射中25环、两箭射中20环、两箭射中3环。

37.

6支箭的分数刚好达到100分，那么他射中的靶环依次为：16，16，17，17，17，17。

38.

这里给出其中一种解法：

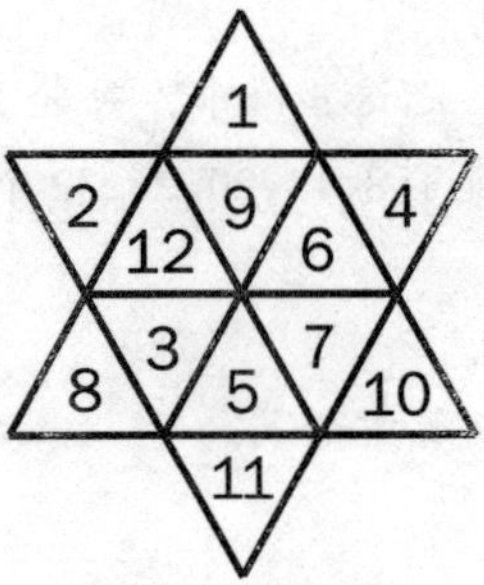

39.

答案如下：

$$\begin{array}{r} 17 \\ \times \quad 4 \\ \hline 68 \\ + \quad 25 \\ \hline 93 \end{array}$$

40.

这个题的答案是：

$$\frac{242}{303}=.798679867986\cdots\cdots$$

41.

以下是我们知道的两个答案：

$$\begin{array}{r} 24794 \\ -16452 \\ \hline 8342 \end{array} \qquad \begin{array}{r} 36156 \\ -28693 \\ \hline 7463 \end{array}$$

第五章

类比法

类比推理是数学中常用的一种逻辑推理方法。类比推理是根据两个事物有一部分属性相类似，推出这两个事物的其他属性相类似的一种方法，生活中的很多领域都要用到类比推理。

逻辑思维中的类比法，更多的是与生活中我们熟悉的、常见的事物进行类比，这就要求大家能更多地关注生活中的一些细节。

1. 真的没有时间吗【初级】

一个人经常抱怨没有学习时间。有一次他又对朋友说："你知道吗？我的时间太紧张了，以至于我没有学习的时间。你看，我每天要睡8个小时，这样一年的睡眠时间就是122天。我们寒假和暑假加起来又有60天。我们每星期休息2天，那么一年又要休息104天。我每天吃饭还要3个小时，那么一年就需要46天。我每天从学校到家走路共需要2个小时，这些时间加在一起又有30天。你看看，所有的这些加起来有362天了。"他停了一下说，"我一年只有4天的时间学习，哪能有什么成绩呢！"你知道这个人错误的地方吗？

2. 碑铭【初级】

斯皮尔牧师在去做晚祷的路上碰到了下图中的墓碑，而碑铭中的某些东西让他很烦恼。他思考了一会儿发现里面有个错误。那么，你能否找出牧师发现的那个错误呢？

3. 文字推数【初级】

下面5个答案中哪一个是最好的类比？"预杉"对于"须杅"相当于8326对于：

A. 2368

B. 6283

C. 2683

D. 6328

E. 3628

悼念该教区的爱德华·方丹先生，他于1823年10月28日逝世，享年66岁；同时，也悼念莎拉·方丹太太，方丹先生的寡妇，她于1812年9月23日逝世，享年82岁。

4. 单词【初级】

右图中的8个单词有什么共同点呢？

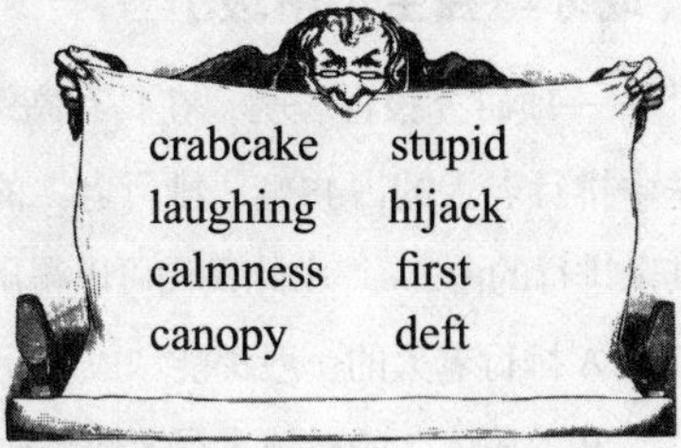

5. 长袜【初级】

虽然罗杰爵士过分讲究衣饰，但他曾被称作出色的剑客。虽然他的击剑决斗生涯充满波折，但他总会为决斗好好打扮一番。一天早晨，当他再次为决斗装扮自己时，他要找一双长袜。他知道衣柜底下的抽屉里有10双白色长袜和10双灰色长袜。但是，由于衣柜顶上只有一根蜡烛，光线太暗，以至于他无法辨认哪个是白色哪个是灰色。那么，你认为他最少从抽屉里拿出几只袜子便可以在外边光亮处找到并穿上颜色搭配的一双袜子呢？

6. 一样的小马【初级】

下边方框内的哪一个图形与给定的图形完全相同？

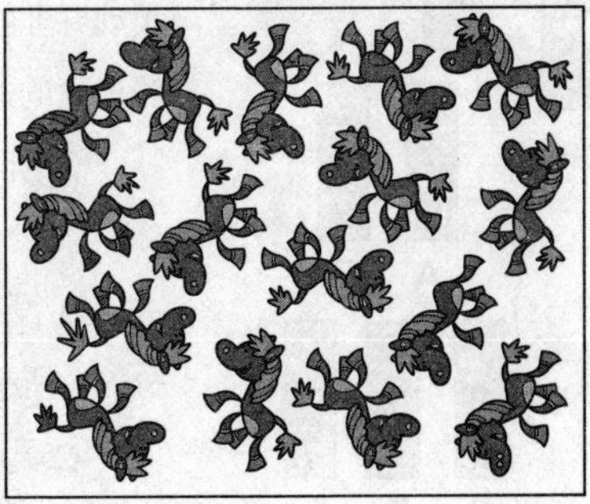

7. 成才与独生【中级】

一项研究报告表明，在具有高级职称的科技人员中，在兄弟姐妹中排行老大的占48%，排行老二的占33%，排行老三的占15%，其余排行的占2%。由此我们可以得出下列哪一个结论？

A.排行老大的一般都能“成才”

B.“成才”的科技人员多数是独生子女

C.“成才”的可能性与其在兄弟姐妹中排行次序无关

D.在兄弟姐妹中排行越大，“成才”的可能性越大

8. 最适合【中级】

图中标注问号的地方应该填上一列数字，从下列选项中选出合适的填上去。

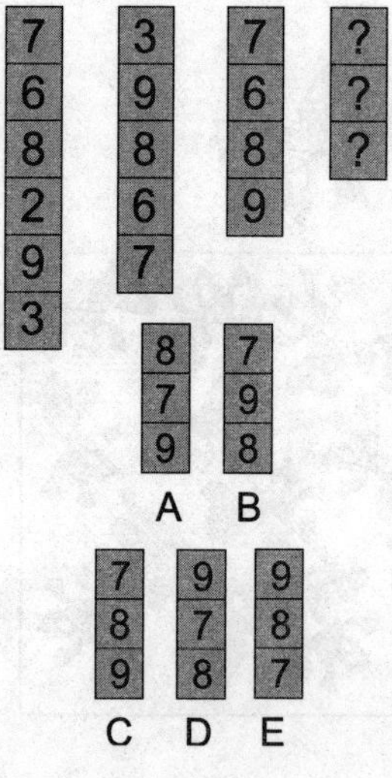

9. 假设【中级】

所有的物质实体都可以再分，而任何可以再分的东西都是不完美的。因而，灵魂并非物质实体。以下哪项是使上文结论成立的假设？

A.所有可以再分的东西都是物质实体

B.没有任何不完美的东西是不可再分的（所有完美的东西是不可再分的）

C.灵魂是可分的

D.灵魂是完美的

10. 哪里人【中级】

所有的赵庄人穿白衣服；所有的李庄人穿黑衣服。没有既穿白衣服又穿黑衣服的人。李四穿黑衣服。如果上述是真的，以下哪项一定是真的?

A.李四是李庄人

B.李四不是李庄人

C.李四是赵庄人

D.李四不是赵庄人

11. 判断正误【中级】

下面的3个论断中，有一个是正确的，你知道是哪个吗?

1. 这里正确的论断有一个
2. 这里正确的论断有两个
3. 这里正确的论断有三个

同样，下面的三个论断中，也只有一个正确，请选择出来。

1. 这里错误的论断有一个
2. 这里错误的论断有两个
3. 这里错误的论断有三个

12. 挽救熊猫的方法【中级】

为了挽救濒临灭绝的熊猫，一种有效的方法是把它们都捕获到动物园进行人工饲养和繁殖。以下哪项为真，最能对上述结论提出质疑?

A.近5年在全世界各动物园中出生的熊猫总数是9只，而在野生自然环境中出生的熊猫的数字，不可能准确地获得

B.只有在熊猫生活的自然环境中，才有足够它们吃的嫩竹，而嫩竹几乎是熊猫的唯一食物

C.动物学家警告，对野生动物的人工饲养将会改变它们的某些遗传特性

D.提出上述观点的是一个动物园主，他的动议带有明显的商业动机

13. 犯罪嫌疑人【中级】

某珠宝店被盗，警方已发现如下线索：（1）甲、乙、丙3人中至少有一个人是犯罪嫌疑人。（2）如果甲是犯罪嫌疑人，则乙一定是同案犯。（3）盗窃发生时，乙正在咖啡店喝咖啡。谁是嫌疑人呢?

A.甲是犯罪嫌疑人

B.甲、乙都是犯罪嫌疑人

C.甲、乙、丙都是犯罪嫌疑人

D.丙是犯罪嫌疑人

14. 百米冠军【中级】

田径场上正在进行100米决赛。参加决赛的是A，B，C，D，E，F等6个人。关于谁会得冠军，看台上甲、乙、丙谈了自己的看法：乙认为冠军不是A就是B。丙坚信冠军绝不是C。甲则认为D，E，F都不可能取得冠军。比赛结束后，人们发现他们3个中只有一个

人的看法是正确的。请问谁是100米决赛冠军？

15. 堆积（1）【中级】

下面的砖堆并不是孩子们玩耍时随意堆砌的，而是暗示了右边空白砖堆的最终结果。和其他砖堆一样，空白的一堆内有6块砖，每块上标有字母A，B，C，D，E，F中的一个，且各不相同。砖堆下面的数字告诉你两个信息：

1. 每堆内符合以下条件的砖对数：这堆中相邻的砖对在结果中仍相邻且顺序相同。

2. 每堆内符合以下条件的砖对数：这堆中相邻的砖对在结果中仍相邻，但顺序颠倒。

如：

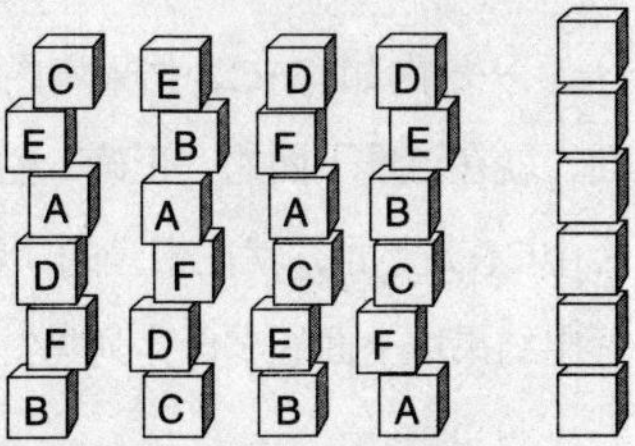

正确	0	0	0	0	5
颠倒	1	1	1	1	0

一堆内如有AC，结果堆内包含相同的相邻的两块砖，若A在C上面，就在该堆下面的“正确”栏内标1；相反，如果结果堆内相邻两块砖中C在A上面，就在相应的“颠倒”栏内标1，根据所给信息，你能标出结果堆上面的字母序列吗？

16. 堆积（2）【中级】

下面的砖堆并不是孩子们玩耍时随意堆砌的，而是暗示了右边空白砖堆的最终结果。和其他砖堆一样，空白的一堆内有6块砖，每块上标有字母A，B，C，D，E，F中的一个，且各不相同。砖堆下面的数字告诉你两个信息：

1. 每堆内符合以下条件的砖对数：这堆中相邻的砖对在结果中仍相邻且顺序相同。

2. 每堆内符合以下条件的砖对数：这堆中相邻的砖对在结果中仍相邻，但顺序颠倒。

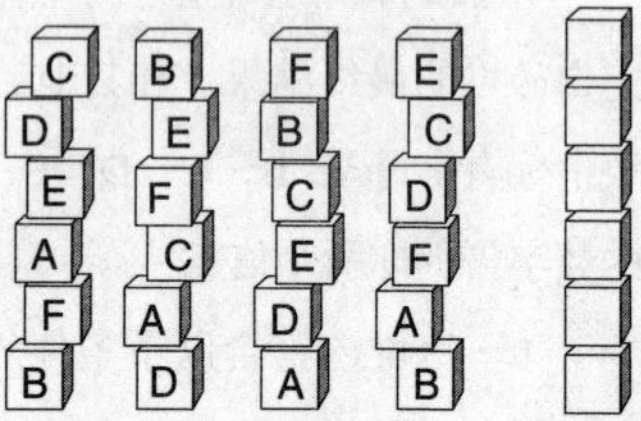

正确	0	0	2	0	5
颠倒	2	1	0	0	0

如： 

一堆内如有AC，结果堆内包含相同的相邻的两块砖，若A在C上面，就在该堆下面的“正确”栏内标1；相反，如果结果堆内相邻两块砖中C在A上面，就在相应的“颠倒”栏内标1。根据所给信息，你能标出结果堆上面的字母序列吗？

17. 堆积（3）【中级】

下面的砖堆并不是孩子们玩耍时随意堆砌的，而是暗示了右边空白砖堆的最终结果。和其他砖堆一样，空白的一堆内有6块砖，每块上标有字母A、B、C、D、E、F中的一个，且各不相同。砖堆下面的数字告诉你两个信息：

1. 每堆内符合以下条件的砖对数：这堆中相邻的砖对在结果中仍相邻，且顺序相同。

2. 每堆内符合以下条件的砖对数：这堆中相邻的砖对在结果

中仍相邻，但顺序颠倒。

如：

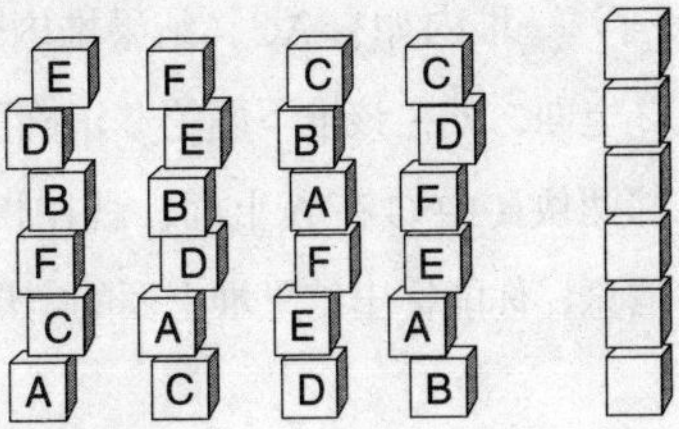

正确	0	0	0	0	5
颠倒	2	2	0	1	0

一堆内如有A，C，结果堆内包含相同的相邻的两块砖，若A在C上面，就在该堆下面的“正确”栏内标1；相反，如果结果堆内相邻两块砖中C在A上面，就在相应的“颠倒”栏内标1。根据所给信息，你能标出结果堆上面的字母序列吗？

18. 堆积（4）【中级】

下面的砖堆并不是孩子们玩耍时随意堆砌的，而是暗示了右边空白砖堆的最终结果。和其他砖堆一样，空白的一堆内有6块砖，每块上标有字母A，B，C，D，E，F中的一个，且各不相同。砖堆下面的数字告诉你两个信息：

1. 每堆内符合以下条件的砖对数：这堆中相邻的砖对在结果中仍相邻，且顺序相同。

2. 每堆内符合以下条件的砖对数：这堆中相邻的砖对在结果中仍相邻，但顺序颠倒。

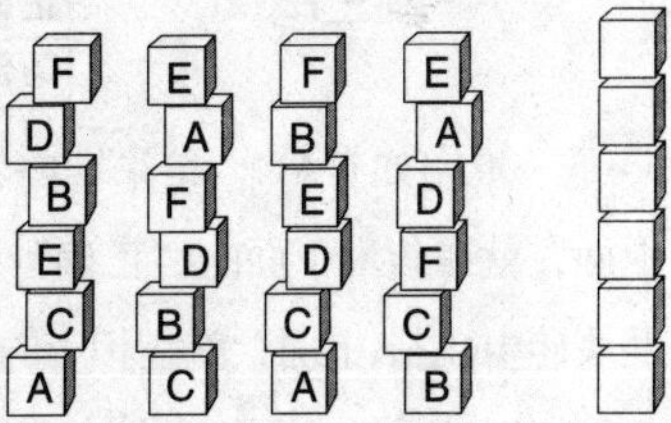

如：

正确	1	0	0	0	5
颠倒	0	0	2	0	0

一堆内如有 AC，结果堆内包含相同的相邻的两块砖，若 A 在 C 上面，就在该堆下面的“正确”栏内标 1，相反；如果结果堆内相邻两块砖中 C 在 A 上面，就在相应的“颠倒”栏内标 1。根据所给信息，你能标出结果堆上面的字母序列吗？

19. 堆积（5）【中级】

下面的砖堆并不是孩子们玩耍时随意堆砌的，而是暗示了右边空白砖堆的最终结果。和其他砖堆一样，空白的一堆内有6块砖，每块上标有字母A，B，C，D，E，F中的一个，且各不相同。砖堆下面的数字告诉你两个信息：

1. 每堆内符合以下条件的砖对数：这堆中相邻的砖对在结果中仍相邻，且顺序相同。

2. 每堆内符合以下条件的砖对数：这堆中相邻的砖对在结果中仍相邻，但顺序颠倒。

如：

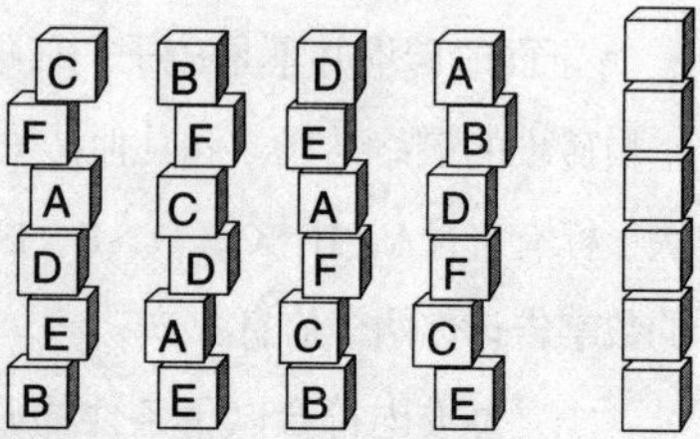

正确	0	2	1	0	5
颠倒	1	0	0	0	0

一堆内如有AC，结果堆内包含相同的相邻的两块砖，若A在C上面，就在该堆下面的“正确”栏内标1；相反，如果结果堆内相邻两块砖中C在A上面，就在相应的“颠倒”栏内标1。根据所给信息，你能标出结果堆上面的字母序列吗？

20. 堆积（6）【中级】

下面的砖堆并不是孩子们玩耍时随意堆砌的，而是暗示了右边空白砖堆的最终结果。和其他砖堆一样，空白的一堆内有6块砖，每块上标有字母A，B，C，D，E，F中的一个，且各不相同。砖堆下面的数字告诉你两个信息：

1. 每堆内符合以下条件的砖对数：这堆中相邻的砖对在结果中仍相邻，且顺序相同。

2. 每堆内符合以下条件的砖对数：这堆中相邻的砖对在结果中仍相邻，但顺序颠倒。

如：

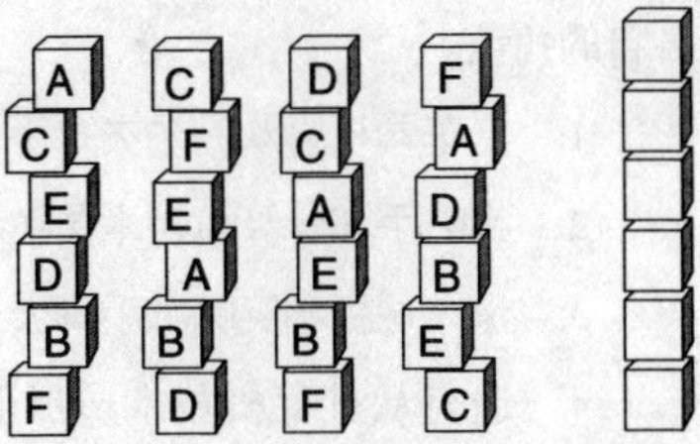

正确	0	1	0	0	5
颠倒	1	1	1	0	0

一堆内如有AC，结果堆内包含相同的相邻的两块砖，若A在C上面，就在该堆下面的“正确”栏内标1；相反，如果结果堆内相邻两块砖中C在A上面，就在相应的“颠倒”栏内标1。根据所给的信息，你能标出结果堆上面的字母序列吗？

21. 巨型鱼【中级】

图中的渔夫上岸后肯定会把这个刻骨铭心的故事告诉给他的朋友们。好像他的祈祷真的应验了，那个庞然大物从他身边经过。那条鱼有多大呢？据他猜测，这条巨型鱼的头有60米长，它的尾巴是身体长度的一半与头的长度的总和，而它的身体又是整个长度的一半。那么，这个深水动物各部分的长度该如何计算呢?

22. 小丑【中级】

有3个小丑，约翰、迪克和罗杰，他们每个人在冬季都扮演两个不同的角色。这6个角色分别是：卡车司机、作家、喇叭手、高尔夫球手、计算机技术员和理发师。请根据以下6条线索确定这 3 个小丑各自的角色。

1. 卡车司机喜欢高尔夫球手的妹妹。
2. 喇叭手和计算机技术员在和约翰骑马。
3. 卡车司机嘲笑喇叭手脚大。
4. 迪克从计算机技术员那里收到一盒巧克力。
5. 高尔夫球手从作家那里买了一辆二手汽车。
6. 罗杰吃比萨饼比迪克和高尔夫球手都要快。

23. 玩具【中级】

有一天，加尔文·克莱克特伯尔碰到了一些铁制的机械玩具收藏品，他因此大花了一笔。其中，包括自动倾卸卡车、蒸汽挖土机以及农用拖拉机。我们把他的发现编成了一道题。他买了下面 4 堆玩具：

第一堆有1辆拖拉机、3辆挖土机以及7辆卡车，它们花了140元。

第二堆有1辆拖拉机、4辆挖土机以及10辆卡车，它们花了170元。

第三堆有10辆拖拉机、15辆挖土机以及25辆卡车。

第四堆有1辆拖拉机、1辆挖土机以及1辆卡车。

请计算出加尔文为第三堆和第四堆玩具分别花了多少钱。

24. 女巫【中级】

在万圣节前夕，有个醉醺醺的农民十分倒霉，他被一个恶毒的女巫抓住并被带到破烂的教堂里。“如果你想活命，你就只能说一句话！”她咆哮说，“如果你说对了，我会把你榨成油；如果说错了，我会把你喂蝙蝠！”这时，那个农民立刻清醒过来，然后说了一句话，而这句话却让女巫诅咒了他并且把他释放了。那么，那个农民说了什么呢？

25. 手表【中级】

克兰西三兄弟是纽约市古老的熨斗大楼里最出色的清洁工，为了对他们的准时表示感谢，业主们送给他们每人一块卡兰德手表。但是，麻烦也随之而来。布莱恩那块表很准时，巴里那块表每天都慢 1 分钟，而帕特里克的表则每天都快 1 分钟。如果兄弟三人在收到手表的那天中午同时把手表调到准确时间并且此后不再调整手表的话，那么这 3 块手表需要过多少天才能再次在中午显示正确时间呢？

26. 考古【中级】

霍金斯和皮特里这两位刚毅的考古学家又挖掘出一件古代文物。我们来听听他们说了什么：

“皮特里，我们终于发现了举世闻名的‘斯芬克司思维游戏’墓碑，它都有3500年的历史了！”

“我们？什么意思，”皮特里语无伦次地说，“别把我也扯进去!我不相信造金字塔的思维游戏大师会把它写下来！”

这个墓碑当然是假的，但是这个思维游戏的确很有趣。看看你能不能在他们向别人打听之前把它解答出来。

“什么东西早上有四条腿，下午有两条腿，晚上有三条腿？”

27. 朗姆酒【中级】

传说很久以前，有两个好朋友——比利·伯恩斯和派斯特·皮耶，他们在布奇特·奥布拉德烈酒商店大吵起来。好像是比利拿来一个5升的空桶，他让派斯特往里面倒4升最好的朗姆酒，但是商店只有一个旧的3升锡铅合金的小罐，无论比利和派斯特怎么试，他们都无法用这两个容器从朗姆酒桶里正好量出4升酒。他们屡屡受挫使他们大打出手。如果你当时在场的话，你能否解决他们之间的问题呢？

28. 猜纸牌【中级】

下图中的迈克·米勒、琳达·凯恩和比夫·本宁顿正在思维游戏俱乐部的游戏室里玩。迈克刚刚把扑克牌正面朝下放好，现在他向他们挑战，让他们找出这些扑克牌的数值。欢迎读者朋友一起玩（为了表达清楚，假设读者看到的线索与扑克相一致）。

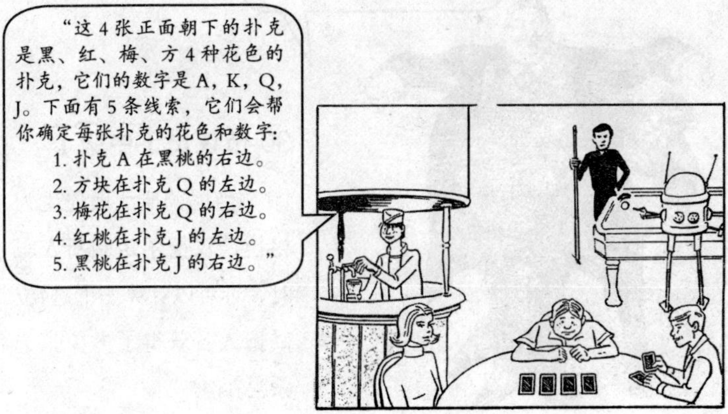

“这4张正面朝下的扑克是黑、红、梅、方4种花色的扑克，它们的数字是A，K，Q，J。下面有5条线索，它们会帮你确定每张扑克的花色和数字：
1. 扑克A在黑桃的右边。
2. 方块在扑克Q的左边。
3. 梅花在扑克Q的右边。
4. 红桃在扑克J的左边。
5. 黑桃在扑克J的右边。”

29. 埋伏地点【中级】

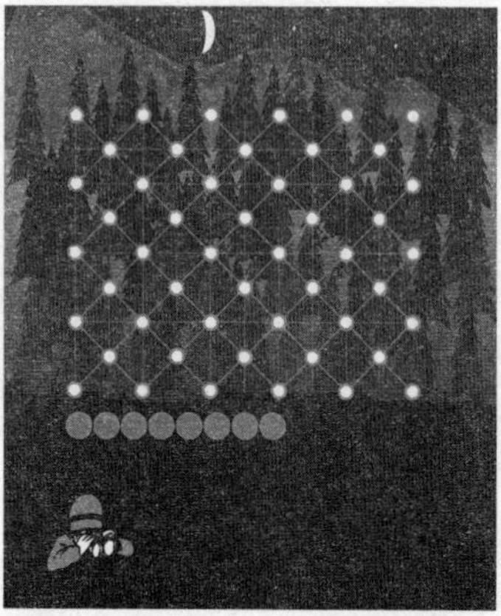

8个士兵必须埋伏在森林中，并且他们每个人都不能看到其他的人。

如图，每个人都可以埋伏在网格中的白色小圆处，通过夜视镜只能看到横向、竖向或斜向直线上的东西。

请你在图中把这8个士兵的埋伏地点标出来。

“恭喜您，格拉德汉德尔先生，我知道您现在是我们市的新议员！”
“是啊，尼德斯沃斯先生，最出色的人总是能够获胜。在5219张选票当中，我的选票比墨菲多22张、比霍夫曼多30张、比唐吉菲尔德多73张！要是按这个速度，总有一天我会成为市长的！”

30.市议员【中级】

当尼德斯沃斯先生为格拉德汉德尔定制新衣服时，你可以计算一下这4位候选人各获得了多少张选票吗？

31.最重的西瓜【高级】

7个大西瓜的重量（以整千克计算）是依次递增的，平均重量是7千克。最重的西瓜有多少千克?

32.正确答案【高级】

有4道测试题（每个问题都用Y或N来回答），小兰、小朋、小乐3人是如下表那样回答的。

这道测试题中，每答对一个问题得1分，3人的分数各不相同。以下陈述中，最低分的人的话是假的。那么请问，怎么答题才能得满分呢？小兰："问题4的正确答案是N。"小朋："小兰只得了1分。"小乐："小朋只得了1分。"

	Q1	Q2	Q3	Q4
小兰	Y	Y	N	N
小朋	N	Y	Y	N
小乐	Y	N	Y	Y

33.英语过级【高级】

有一次学校要统计一下英语四级过级的人数。中文专业共有学生32人。经过统计，可以有这么3个判断：

1. 中文专业有些学生过了英语四级。
2. 中文专业有些学生没有过英语四级。
3. 中文专业班长没有过英语四级。

如果只有一个判断是正确的，那么你可以判断出什么？

34.背后的圆牌【高级】

A，B，C，D，E共5人，每个人的背后都系着一块白色或黑色的圆牌。每个人都能看到系在别人背后的牌，但唯独看不见自己背后的那一块圆牌。如果某个人系的圆牌是白色的，他所讲的话就是真实的；如果系的圆牌是黑色的，他所讲的话就是假的。他们讲的话如下：

A说："我看见3块白牌和一块黑牌。"

B说："我看见4块黑牌。"

C说："我看见一块白牌和3块黑牌。"

E说："我看见4块白牌。"

根据以上情况，推出D的背后系的是什么颜色的牌。

35.3000米决赛【高级】

世界田径锦标赛3000米决赛中，始终跑在最前面的甲、乙、丙3人中，一个是美国选手，一个是德国选手，一个是肯尼亚选手。比赛结束后得知：

1. 甲的成绩比德国选手的成绩好。
2. 肯尼亚选手的成绩比乙的成绩差。
3. 丙称赞肯尼亚选手发挥出色。

以下哪一项肯定为真?

A. 甲、乙、丙依次为肯尼亚选手、德国选手和美国选手。

B. 肯尼亚选手是冠军，美国选手是亚军，德国选手是第三名。

C. 甲、乙、丙依次为肯尼亚选手、美国选手和德国选手。

D. 美国选手是冠军，德国选手是亚军，肯尼亚选手是第三名。

36.黑白筹码【高级】

在20世纪20年代，出版了许多令人愉快的书，它们虽然价格很低，却能带来无限的乐趣。一本5角的书就可以让你学到有关魔术、思维游戏、国际象棋以及拳击的知识。这里就有一道从这些书当中找出来的有趣的题。

在一大张纸上画出10个表格（如下图所示）。然后，把4个白色扑克筹码和4个黑色扑克筹码放在前8个方格内，按照图中的样子，将各颜色的筹码交替放置。现在，要把筹码变成下图的顺序,在这个过程当中，每一次要将相邻的两个筹码移动到 2 个空方格内，而你只能通过 4 步来完成。

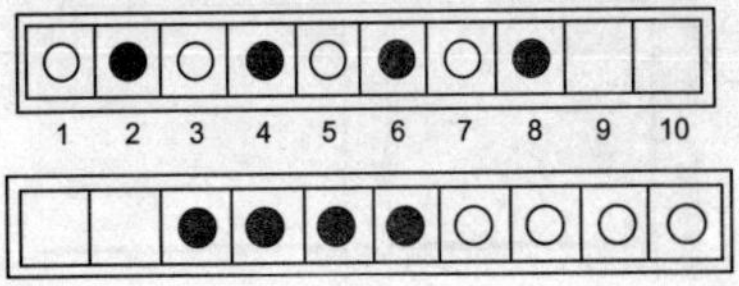

37.爱丽丝【高级】

爱丽丝在去参加麦德·哈特举办的茶会途中遇到一个岔路口，她不知道该走哪条路。幸好，半斤和八两哥俩在那里帮忙。

“瓦勒斯告诉我，一条路通向麦德·哈特的家，而另一条路则通向魔兽的洞穴，我可不想去那里。他说你们知道那条正确的路应该怎么走，但同时也提醒我，你们当中的一个总是说实话，而另一个总是说谎。他还说，我只能问你们一个问题。”然后，爱丽丝提出了她的问题，而不论问他们当中的哪个，她都能得出正确的答案。那么，你知道她问了他们什么问题后找到了正确的路吗？

38.假砝码【高级】

“你爸爸凯恩教授给我们出的这道思维游戏真的很不错。我们必须从这9个铅制砝码当中找出哪个是假的。其中的8个砝码每个重300克，而第9个砝码只有280¾克！”
“是啊，迈克，而我们在找那个假砝码时只能用这个秤。如果我们能称很多次，问题就简单了，我们很快就可以找到那个假砝码。但是，爸爸说我们只能称2次。现在该发挥你过人的直觉了！”

39. 鸡蛋【高级】

艾伯特是一个很有名的男管家，从未引起争论的他这次又成功了。他连续两年因设计烹饪决赛的思维游戏而获得尊重。他的问题是：“如果你只有2个沙漏——一个11分钟的、一个7分钟的，那么你如何把鸡蛋煮15分钟呢？”他因此得到长时间的热烈掌声并获得一瓶香槟酒。欢迎你加入这个宴会，并把这道题解答出来。

“不是，米兰达，她的年龄不是38岁。你得再加把劲儿。记住，5年前拜罗斯夫人的年龄是她女儿塞西莉的5倍。可是现在，她的年龄只是塞西莉的3倍。拜罗斯夫人现在多大呢？”
“是38岁吗？”

40. 水下【高级】

这是娱乐节目历史上最奇特的表演。广告中的尼莫教授和水下答题人米兰达环游过北美洲和欧洲,他们还解答了那里的观众提出的每一个思维游戏。米兰达面对的只有问题,她别无选择,要么快速找到答案，要么面临溺水而亡的危险。你能帮她弄清楚拜罗斯夫人现在的年龄吗?

41. 汽车【高级】

事情发生在1948年，斯威夫特·阿姆特维斯特正在跟慕洛格先生通电话，他可真会给人出难题。那么，当他与慕洛格先生通话时，你能否从他的话语中判断出每辆古董车的年龄分别是多少呢？

“你好，慕洛格先生，我是阿姆特维斯特，我正在萨姆以前的汽车市场。刚刚收到4辆轻型轿车，我就马上想到了你……它们有多少年的历史呢？艾塞克斯轿车比第二年老的林肯敞篷车年长4年，后者又比第三年老的杜森伯格汽车年长4年，而再后者又比最年轻的考特812型汽车年长4年，同时，考特汽车的年龄是艾塞克斯轿车的一半。那么，慕洛格先生，你在听吗？”

42. 城镇【高级】

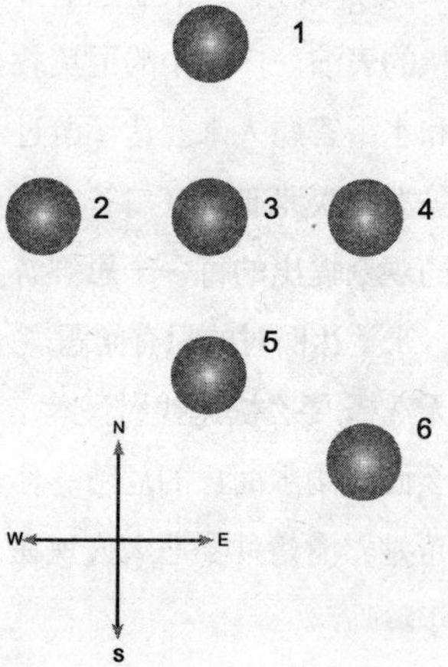

在如图所示的地图中，须填入字母A，B，C，D，E，F分别代表6个城镇。C在A的南边、E的东南边，B在F的西南边、E的西北边。

1. 图中标注1处的是哪个城镇？
2. 哪个城镇位于最西边？
3. 哪个城镇位于A的西南边？
4. 哪个城镇位于D的北边？
5. 图中标注6处的是哪个城镇？

答　案

1.

这个人在计算时间的时候重复计算了很多的时间，比如说假期中的睡眠时间和吃饭时间，星期中的睡眠和吃饭时间，以及很多上学时走路的时间。

2.

根据碑铭上所说的，莎拉·方丹太太比她的丈夫先去世。如果是那样的话，她怎么会是寡妇呢?

3.

D。予:8，页:3，木:2，彡:6

4.

这8个单词的共同之处就是它们每个词当中都包含字母表中连续的3个字母。

5.

罗杰最少可以从抽屉里拿出3只袜子。如果前两只正好搭配，他不会有疑问；如果不搭配的话，那么第三只袜子必定与前两只袜子中的一只搭配。

6.

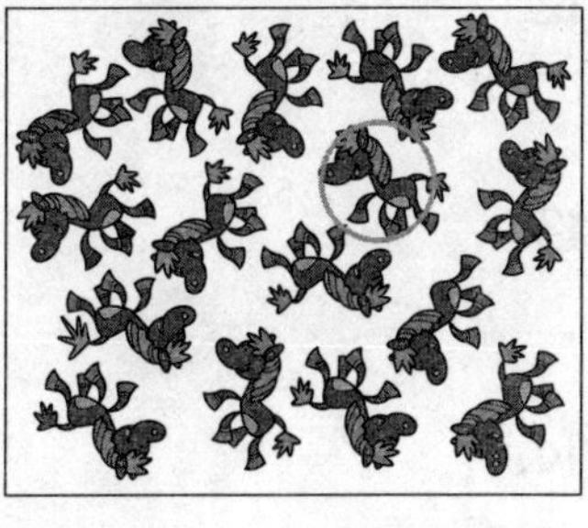

7.

D。

8.

E。每一竖行里的数字每次将被颠倒顺序，竖行里最小的数字将被去掉。

9.

正确答案为D。

10.

D。

11.

第一个题目中正确的是1；第二个题目中正确的是2。

12.

B。

13.

D。

14.

C。

15.

从上到下：C，A，B，F，E，D。

16.

从上到下：A，E，D，B，C，F。

17.

从上到下：A，D，C，F，B，E。

18.

从上到下：A，B，F，E，C，D。

19.

从上到下：D，A，C，B，F，E。

20.

从上到下：A，B，C，D，E，F

21.

这条鱼头长60米、尾

巴长180米、身体长240米，鱼的总长度为480米。

22.

约翰扮演了高尔夫球手和理发师；迪克扮演了喇叭手和作家；罗杰扮演了计算机技术员和卡车司机。

23.

加尔文为每辆拖拉机花了60元，为每辆挖土机花了15元，为每辆卡车花了5元。这样，第三堆玩具一共花了950元，第四堆玩具一共花了80元。

24.

他说的这句话是“你还是把我喂蝙蝠吧！”如果他说对的话，他会被榨成油；如果他说错的话，他会被喂蝙蝠。但是，找到正确的处罚却是不可能的，所以女巫的计划落败。

25.

如果这3块手表要再次在中午显示正确时间，那么，每天慢1分钟的那块表必须等到它慢24小时中的12个小时，而每天都快1分钟的那块表必须等到它快24小时中的12个小时。以每天1分钟的速度，那么这3块表要过整整720天才能再次在中午显示正确时间。

26.

这道题的答案与题本身一样，都有很长的历史了，即：人。当人是婴儿的时候，人四肢着地；壮年时，人用两条腿走路；年老时，人走路就需要拐杖帮忙了。

27.

下面就是派斯特·皮耶应该做的：

（1）将3升的罐子倒满酒，然后，把酒倒入5升的桶中。

（2）将3升的罐子重新倒满酒，然后，再倒入5升的桶中，倒满为止。

（3）3升的罐子这时剩下1升的酒。然后，把5升桶中的酒倒回朗姆酒桶，接着，把3升的罐子里剩下的1升酒倒进去。

（4）将3升的罐子重新倒满酒，然后倒入5升的桶内。这时，桶内正好有比利·伯恩斯想得到的4升酒，即他此次想要购买的酒。

28.

这4张正面朝下的扑克牌从左到右依次是红桃K、方块J、黑桃Q、梅花A。

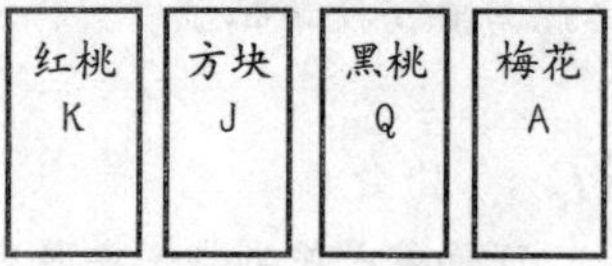

29.

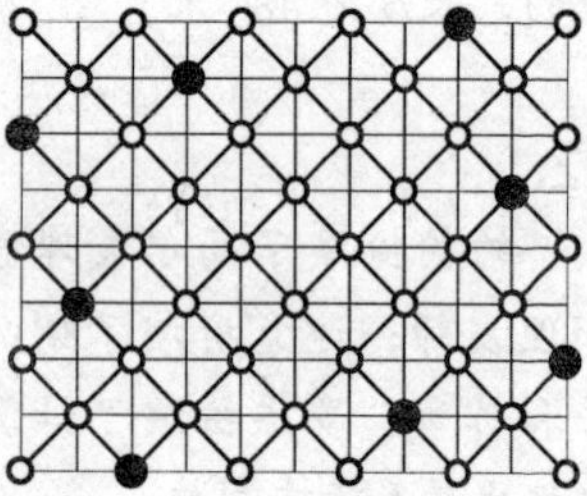

30.

格拉德汉德尔先生获得1336张选票；墨菲先生获得1314张选票，少了22张；霍夫曼先生获得1306张选票，少了30张；唐吉菲尔德先生获得1263张选票，少了73张，共5219张选票。

31.

13千克。

?	?	?	7	?	?	?
1	3	5	7	9	11	13

32.

因为不存在同样分数的

情况，所以小兰和小朋不可能都得1分，所以，小朋或者小乐有一个人撒谎了。假设小乐得了最低分的话，根据小朋的话（真实），小兰只得了1分，小乐比他还要低就是0分。就是说，4个问题的正确答案应该是与小乐的答案相反，即“NYNN”，如此小兰则得了3分，这是相互矛盾的。所以，最低分的是小朋，根据小乐的话（真实），小朋应该得了1分。根据小兰的话（真实），小朋答对的题只有第四题。所以可知，正确答案就是“YNNN”。

33.

中文专业所有人都过了英语四级。

34.

白色圆牌。

35.

按条件②和③，肯尼亚选手不是乙也不是丙，一定是甲。开始匹配：

美＞肯＞德

乙　甲　丙

正确选项是C。

36.

将2号和3号筹码移到方格9和10；将5号和6号筹码移到方格2和3；将8号和9号筹码移到方格5和6；将1号和2号筹码移到方格8和9。

37.

爱丽丝问：“如果我昨天问你们‘哪条路通向麦德·哈特家？’的话，你们的答案是什么呢？”

对于这个问题，说实话的那个人仍会说出正确的答案，而那个说谎话的人会再次撒谎，但是昨天他也在撒谎，所以，他的谎话在抵消后也是正确的道路。

38.

首先，他们把9个砝码分成3堆、每堆3个砝码。然后把其中的两堆放在秤上，一边一堆。如果两堆中有一堆向上升，那么那个假砝码肯定在这堆砝码里；如果两边保持平衡，那么那个假砝码肯定在第三堆砝码里。无论哪种情况，琳达和迈克在称了一次后就知道假砝码在哪一堆里。称第二次时，他们从放有假砝码的那堆砝码里挑出两个砝码，然后把它们放在秤上、一边一个。如果秤两边保持平衡，那么第3个砝码就是假砝码；否则，向上升的那个砝码就是他们要找的。

39.

当水沸腾后，艾伯特将鸡蛋放进去，并把两个沙漏都倒放过来。当7分钟的沙漏中的沙子漏光时，他把它再倒放过来；这时，11分钟的沙漏还剩下4分钟，当里面的沙子漏光时，7分钟的沙漏底部正好有4分钟的沙子。艾伯特再把7分钟的沙漏倒放，这样，等到沙子再漏光时，时间正好是15分钟，然后他把鸡蛋从水里拿出来。

40.

拜罗斯夫人是30岁，她女儿塞西莉是10岁。现在，拜罗斯夫人的年龄是她女儿的3倍。5年前，当她25岁时，塞西莉是5岁，即是女儿年龄的5倍。

41.

题中在1948年所提到的汽车是：

（1）产于1924年的艾塞克斯轿车，它已经买了24年。

（2）产于1928年的林肯敞篷车，它已经买了20年。

（3）产于1932年的杜

森伯格汽车，它已经买了16年。

（4）产于1936年的考特812型汽车，它已经买了12年。

42.

1. F
2. B
3. E
4. F
5. C

大脑潜能开发书

左脑训练开发

博文◎编著

红旗出版社

红旗出版社
HONGQI PRESS
推动进步的力量

图书在版编目（CIP）数据

左脑训练开发 / 博文编著 . -- 北京 : 红旗出版社，2020.4

（大脑潜能开发书 / 张丽洋主编）

ISBN 978-7-5051-5143-7

Ⅰ . ①左… Ⅱ . ①博… Ⅲ . ①智力游戏 – 通俗读物 Ⅳ . ① G898.2-49

中国版本图书馆 CIP 数据核字 (2020) 第 042381 号

书　　名　左脑训练开发
编　　著　博　文

出 品 人　唐中祥
总 监 制　褚定华
选题策划　三联弘源
出版发行　红旗出版社
邮政编码　100070
印　　刷　天津海德伟业印务有限公司
成品尺寸　138mm × 200mm　1/32
字　　数　450 千字
版　　次　2020 年 7 月北京第一版
IBSN　978-7-5051-5143-7

责任编辑　朱小玲 王馥嘉
地　　址　北京市丰台区中核路 1 号
编 辑 部　010-57274504
发 行 部　010-57270296
印　　张　30
印　　次　2020 年 7 月北京第一次印刷
定　　价　198.00 元（全六册）

前言

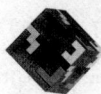

著名科学家霍金曾经说过：有一个聪明的大脑，你就会比别人更接近成功。大脑不仅控制了人的思想，还控制着人的感觉、情绪以及身体的各种反应，最终主宰着人一生的发展。

人类的大脑有着无穷的潜力。遗憾的是，对于大脑的这种巨大潜能，我们并没有充分开发。科学家调查结果表明，到目前为止人类的大脑普遍才开发了5%，即使像爱因斯坦这些科学精英的大脑的开发程度也只达到13%左右。实践证明，合理开发左右脑，适时地进行头脑思维训练，能迅速提升人的心智，使人们具有更强的理解力和创造力，让每个人的潜能得到淋漓尽致的发挥。

为了帮助人们更全面科学地开发自身的大脑潜力，立足于左右脑分工的理论，结合认知能力与认识特点，我们特意编写了这本书。本书荟萃了古今中外众多思维训练题，包括算术类、几何类、组合类、数独类、推理类、创造类、观察类、想象类、文字类等各种的思维游戏，每一个游戏都让读者在娱乐中带动思维高速运转，强化左脑和右脑的交互运用，从而提高观察力、判断力、推理力、创造力、分析力、计算力、想象力、逻辑力、语言力等多种能力。此外，在每篇的最后都配有详尽的解析和参考答案，以利于你更好地掌握内容。

书中训练题难易有度，有看似复杂却非常简单的推理问题，有让人迷惑不解的图形难题，有运用算数技巧与常识解决的谜题，以及由词语、数字组成的字谜等。无论大人、孩子，或是学生、上班族、管理者，甚至高智商的天才们，都能在此找到适合自己的题目。在解决问题的过程中，你需要大胆的设想、判断和推测，需要尽量发挥想象力，突破固有的思维模式，充分运用创造性思维，多角度、多层次地审视问题，将所有线索纳入你的思考。这些精彩纷呈的训练题将让你在享受乐趣的同时，彻底带动你的思维高速运转起来，充分发掘大脑潜力，让你越玩越聪明，越玩越优秀。

无论你是9岁，还是99岁，对于任何一个想变聪明的人来说，本书都是不二的选择。你可以利用点滴时间阅读和练习，既可用它作为专门训练，也可把它当作业余消闲。相信阅读完本书，你的思维将会更缜密，观察更敏锐，想象更丰富，心思更细腻，做事更理性，心情更愉快。

目 录

第1章 语言力

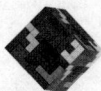

第 2 章 计算力

第 3 章 判断力

第 4 章 推理力

第 5 章　分析力

答　案

语言力

计算力

判断力

推理力

分析力

第1章　语言力

001 拼汉字

想象一下，5根横排的火柴和3根竖排的火柴能拼几个汉字？

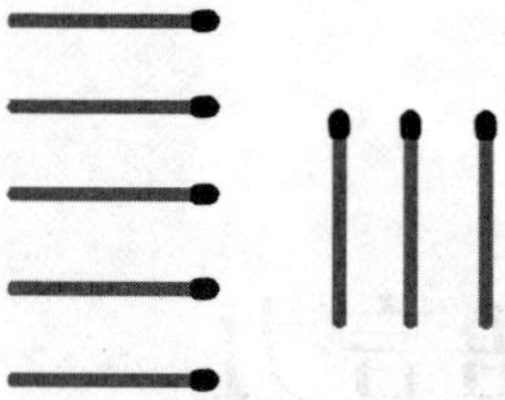

002 诗词填数

准确地填出下面诗词选句中的第一个字，你会发现它们是一组很有趣的数词。

1.____年好景君须记（苏轼）

2.__月巴陵日日风（陈与义）

3.____月残花落更开（王令）

4.__月清和雨乍晴（司马光）

5.____月榴花照眼明（韩愈）

6.__月天兵征腐恶（毛泽东）

7.__百里驱十五日（毛泽东）

8.____千里路云和月（岳飞）

9.____雏鸣凤乱啾啾（李颀）

10._年生死两茫茫（苏轼）

11._亩庭中半是苔（刘禹锡）

12.___里莺啼绿映红（杜牧）

13.___紫千红总是春（朱熹）

003 纵横交错

横向

1.国际足联的一个奖项，2004年被小罗纳尔多夺得。2.我国一个大型电信运营商。3.清末农民起义军建立的政权。4.比喻事情极容易做。5.《碧血剑》中的一个人物。6.形容极多。7.教学上对物理、化学、数学、生物等学科的总称。8.法国作家福楼拜的代表作。9.由政府执行或托管的保险计划，用来向失业者、老人或残疾人提供经济援助。10.我国一个著名的软件公司。11.由社会承办的赡养老人的机构。12.用于称他人的女儿，有尊贵之意。

纵向

一、“WTO”的中文意思。二、严格执行法律，一点不动摇。三、在其中引发并控制裂变材料链式反应的装置。四、对观看球赛有狂热爱好的人。五、古时对男子的尊称。六、皮皮的一篇以婚恋为题材的长篇小说。七、一个生物群落及其系统之中，各种对立因素相互制约而达到相对稳定。八、我国哲学、社会科学研究的最高学术机构和综合研究中心。九、联合国的永久性保护和平机构。十、雅典奥运会女子万米冠军。十一、投资者协助具有专门科技知识而缺乏资金的人创业，并承担失败风险的资金。

004 三国演义

有个秀才正翻看《三国演义》时，厨师进来对他说："老爷，不瞒你说，《三国演义》是我天天必读之书。就拿今天来说吧，我炒菜缺了四样佐料，全在这书里面，所以我来看看！"秀才听了半信半疑，他只知道《三国演义》里写的是曹操、刘备和孙权，还没听说过写有做菜用的佐料呢。厨师说："有，老爷你听着——刘备求计问孔明，徐庶无事进曹营，赵云难勒白龙马，孙权上阵乱点兵。"秀才想了想便猜了出来。那么，你能猜出厨师缺哪四样佐料吗？

005 疑惑的小书童

明朝有一个著名的文学家，叫冯梦龙。有一年夏天，冯梦龙起床后，发现后院的桃花盛开了，正在这时，有一位姓李的朋友来拜会。冯梦龙便开玩笑说："桃李杏春风一家，既然您来了，我们就到后院去，一面喝酒，一面赏看您本家吧！"他们来到后院，冯梦龙忽然想起忘了一样东西，就对书童说，"你快去拿一件东西，送到后院来！"书童问："是什么东西呢？"冯梦龙随口就造了一个谜："有面无口，有脚无手，又好吃肉，又好吃酒。"书童愣在那儿，猜不出应该去拿什么。你能帮帮这个书童吗？

006 成语十字格

请在下图的空格里填上适当的字，使其横竖读起来都是成语。

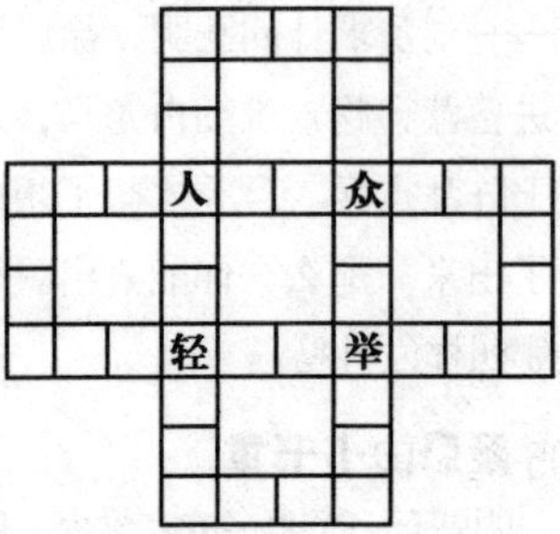

007 一台彩电

桌子上放着一台彩电。A说：“以这台彩电为道具，谁能连做两个简单的动作，打两个成语？”大家都在静静地思索。忽然，B走上前来，将彩电开关打开，屏幕上出现了画面，有了声音。没过几秒钟，B又把电视开关关了。B的这两个动作并没有引起人们的注意。谁料，A竟说B猜中了谜底。你知道这是哪两个成语吗？

008 一笔变新字

汉字结构有趣又奇怪，一笔之差就有不同含义。你能将下面图形中的字添上一笔变成另一个字吗？

009 几家欢喜几家愁

项羽和刘邦当年争夺天下的时候水火不容，三国时期的刘备和关羽是结义兄弟，如果刘邦听了大笑，刘备听了大哭，这是为什么？请用一个字来回答。

010 成语接龙

下面的成语，前一个成语的最后一个字，是它后面那个成语的第一个字，这在修辞上叫“顶真”。请在它们之间的空白处填上一个字，使每组成语连接起来。

今是昨（　）同小（　）望不可（　）以其人之道，还治其人之（　）体力（　）若无（　）在人（　）所欲（　）富不（　）至义（　）心竭（　）不胜（　）重道（　）走

高（　）沙走（　）破天（　）天动
（　）利人（　）睦相（　）心积虑
醉生梦（　）去活（　）去自
（　）花似（　）树临（　）调雨
（　）手牵（　）肠小（　）听途
（　）长道（　）兵相（　）二连
（　）言两（　）重心（　）驱直
（　）不敷（　）其不（　）气风
（　）扬光（　）材小（　）兵如
（　）采飞（　）眉吐（　）象万
（　）军万（　）到成（　）败垂
（　）千上（　）古长（　）红皂
（　）日作（　）寐以（　）同存
（　）想天（　）天辟地

011 象棋成语

下图是一个象棋棋盘，请你在每格空白棋子上填入一个适当的字，使横竖相邻的4个棋子能够组成一个成语。

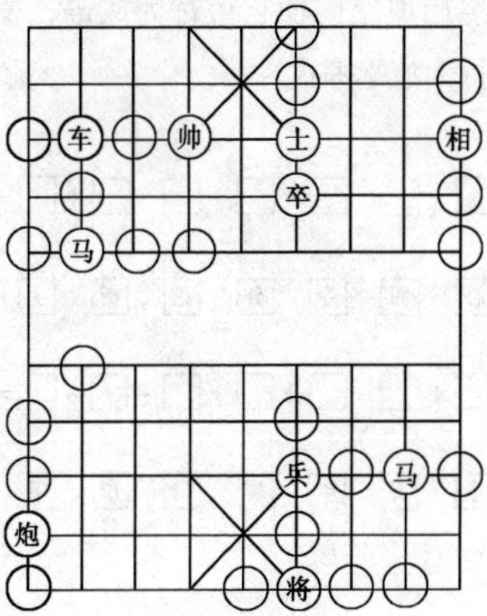

012 组合猜字

如图数字方格，每个数字都代表一个文字，两格相加，又可以合成一个字，你能依照下面的暗示猜出此文字来吗?

①1加2等于日落的意思。

②2加3等于日出的意思。

③3加4等于欺侮的意思。

④4加5等于瞄准出击的意思。

⑤2加6等于光亮的意思。

⑥6加7等于丰满的意思。

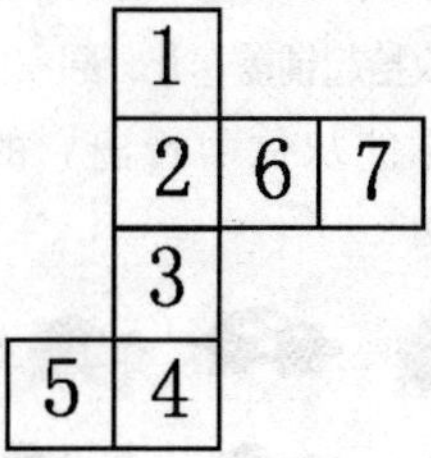

013 串门

一天，王秀才到朋友家去串门。一进门，他双拳一抱，随即念了一首字谜诗：“寺字门前一头牛，二人抬个哑木头，未曾进门先开口，闺宫女子紧盖头。”朋友稍一思忖，就领会了其中的意思，便也以诗相答：“言对青山不是青，二人土上在谈心，三人骑头无角牛，草木丛中站一人。”王秀才一听，朋友所说的与自己说的完全吻合。双方哈哈大笑起来。请你猜一猜，这两首字谜诗的谜底是什么?

014 乌龟信

一位目不识丁的农妇惦记在外做工的丈夫，于是托人捎去一封信。她的丈夫拆开一看，一页全都画着排列整齐的乌龟，最后却是一只竖着的大乌龟。丈夫立刻明白了，收拾起铺盖卷儿，回家去了。

你能从信中看出它的意思来吗?

015 长联句读

请你给下面一副长联加上标点：

五百里滇池奔来眼底披襟岸帻喜茫茫空阔无边看东骧神骏西翥灵仪北走蜿蜒南翔缟素高人韵士何妨选胜登临趁蟹屿螺洲梳裹就风鬟雾鬓更苹天苇地点缀些翠羽丹霞莫辜负四围香稻万顷晴沙九夏芙蓉三春杨柳

数千年往事注到心头把酒凌虚叹滚滚英雄谁在想汉习楼船唐标铁柱宋挥玉斧元跨革囊伟烈丰功费尽移山心力尽珠帘画栋卷不及暮雨朝云便断碣残碑都付于苍烟落照只赢得几许疏种半江渔火两行秋雁一枕清霜

016 成语与算式

下图两盏数字灯，用适当的数字巧填空。使它直行为成语，横行为数学等式。

□+□-□+□+□-□+□=⑩

心 面 令 分 花 街 上 □

□+□-□+□+□-□-□=①

意 刀 申 裂 门 市 下 □

017 一封怪信

某人被公派驻外地，半年后他突然接到农村不识字的妻子寄来的一封信。打开一看，上面并没有字，只有一连串象形文字似的图画。丈夫接到此信，知道妻子一定有事要告诉他，但又不解其意，急得像热锅上的蚂蚁一样。最后他只得把信带在身上，一有空就仔细研究，终于找到了答案。比如A表示他（圈）和他的已怀孕的妻子（同心圆圈），那么下面的5个图又表示什么呢？

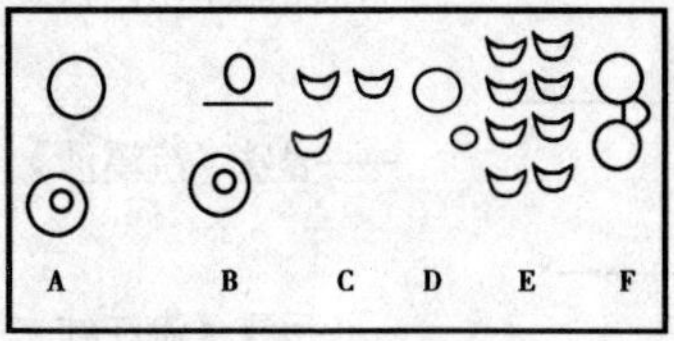

018 秀才贵姓

从前，一大户人家的老太太过六十大寿，八方宾朋济济一堂。一位秀才进京赶考，路过这里，想求一口饭吃。老太太热情地款待了他。席间，老太太问秀才："贵人尊姓大名？"秀才回答："今天不是老太太的生日宴吗？巧得很，我的姓氏与生日宴很有缘。如果把生日宴三个字作为谜面，打一字，谜底即是。"你知道这位秀才姓什么吗？

019 成语加减

将下面的成语运用加减法使其完整。

1.成语加法

(　)龙戏珠+(　)鸣惊人=(　)令五申

(　)敲碎打+(　)来二去=(　)事无成

(　)生有幸+(　)呼百应=(　)海升平

(　)步之才+(　)举成名=(　)面威风

2.成语减法

(　)全十美−(　)发千钧=(　)霄云外

(　)方呼应−(　)网打尽=(　)零八落

(　)亲不认−(　)无所知=(　)花八门

(　)管齐下−(　)孔之见=(　)落千丈

020 “山东”唐诗

山							东						
	山							东					
		山							东				
			山							东			
				山							东		
					山							东	
						山							东

021 诗词影片名

有些电影片名是从古诗词中择取的。请你为下面诗词填出电影片名。

(1)何当共剪西窗烛，却话________时。

——李商隐《夜雨寄北》

(2)山重水复疑无路，________又一村。

——陆游《游山西村》

(3)无可奈何花落去，似曾相识________。

——晏殊《浣溪沙》

(4)三十功名尘与土，____________。

——岳飞《满江红》

(5)问君能有几多愁？恰似____________。

——李煜《虞美人》

(6)________其修远兮，吾将上下而求索。

——屈原《离骚》

(7)________，处处闻啼鸟。

——孟浩然《春晓》

(8)当时明月在，曾照________。

——晏几道《临江仙》

(9)____________路，孤舟几月程。

——贾岛《送耿处士》

(10)岂有豪情似旧时，__________两由之。

——鲁迅《悼杨铨》

022 断肠谜

相传朱淑贞曾以断肠之情巧制《断肠谜》一则，字里行间充满着一片怨恨决绝之情，此谜制得确是巧妙：“下楼来金钱卜落，问苍天人在何方；恨王孙一直去了，詈冤家言去难留；悔当初吾错失口，有上交无下交；皂白何须问，分开不用刀；从今莫把仇人靠，千里相思一撇消。”

谜面由10个句子组合，每句各打一字，你知道是什么吗?

023 屏开雀选

在图中的空白圆圈内填入一个适当的汉字，使其与左右的字都能组成一个新的字。

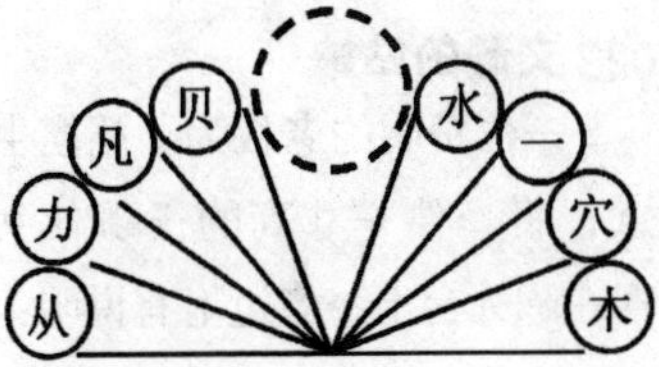

024 环形情诗

电视剧《鹊桥仙》中，苏小妹给新郎秦少游出了3道考题，全部答出方能入洞房。其中有一道题要求将环形的14个字断分成4句七言诗，每句首尾几个字可重叠。你能把苏小妹的诗准确地读出来吗?

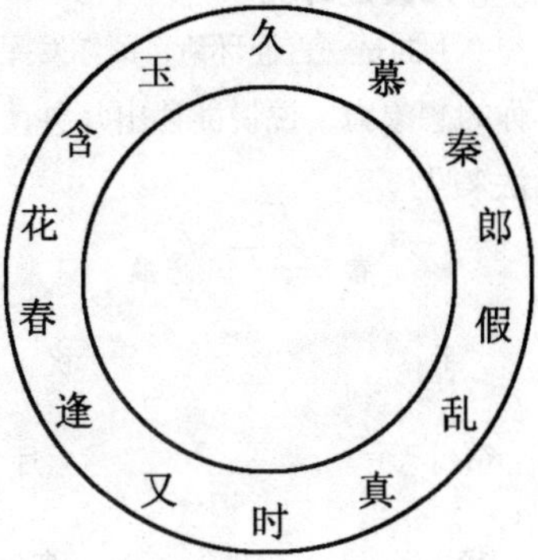

025 组字透诗意

下面有禾、青、九、十等4个字，请你在中间的空白格内填上一个字，使它分别与这4个字拼成另外4个字，而且使拼成的字又符合下边诗句的寓意。

禾稳扬花菊开月，青天无云不飞雪。

九九艳阳东升起，十足干劲迎晨曦。

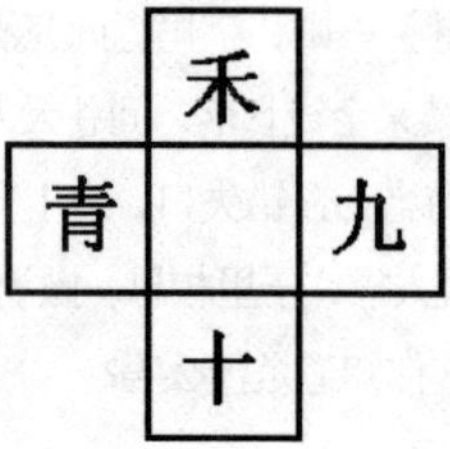

026 几读连环诗

下面是一首连环诗，请你发挥你的想象力，说说能读出几种读法来吗？

027 孪生成语

把下图中的方框填满，组成像双胞胎一样的成语。

□	波	□	□，	□	波	□	□
□	夫	□	□，	□	夫	□	□
□	年	□	□，	□	年	□	□
□	可	□	□，	□	可	□	□
□	事	□	□，	□	事	□	□
□	为	□	□，	□	为	□	□
□	不	□	□，	□	不	□	□
□	则	□	□，	□	则	□	□
□	高	□	□，	□	高	□	□
□	者	□	□，	□	者	□	□

028 文静的姑娘

一位精明的老板为了招揽生意，将一件一寸高的玉雕仕女摆在陈列台上，旁边附有说明："本店愿以谜会友。用这一寸人作谜面，打一字，猜中者，此玉雕仕女便是赠品。"这一招真灵，店内天天顾客盈门。只是一连几天没有谁能猜中。这一天，老板正拿着"一寸人"向顾客夸耀时，一位文静的姑娘从老板手中抢过玉雕，转身便走。保安人员正要前去阻拦，老板说话了：“她猜中了。”

你知道这个谜底是个什么字吗？

029 水果汉字

以下5个盘子中，放着香蕉、梨和苹果。这3种水果分别代表一个汉字。请问代表什么汉字时，每个盘子中的水果都能组成一个新字？

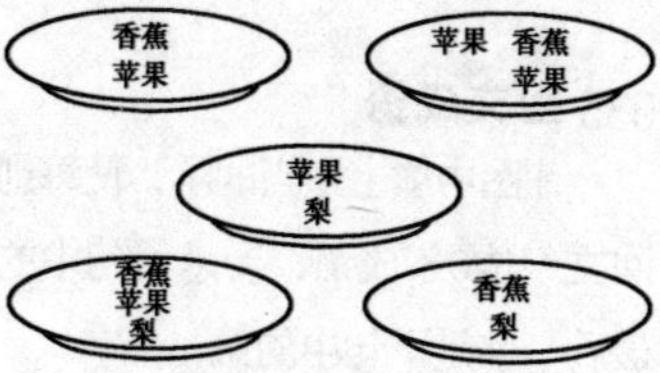

030 字画藏唐诗

下面每一幅图片都是由一句唐诗组成的，分别写出来。

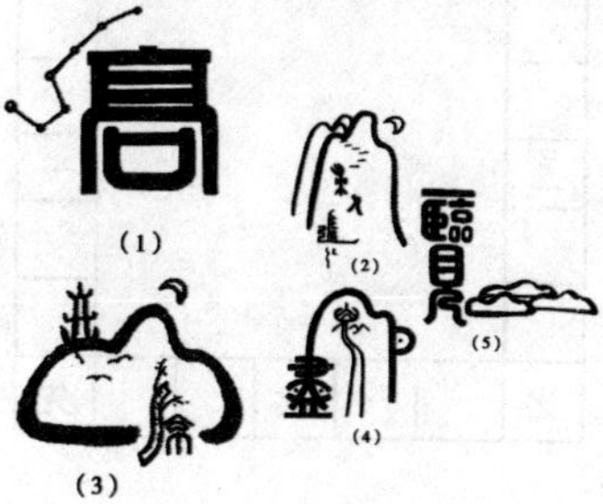

031 数字藏成语

3.5；2+3；333和555；9寸+1寸=1尺；1256789；12345609。上述数字或数式均暗示了一个成语，你知道是什么吗？

032 心连心

请在圈中填上适当的字，使它们组成相关的6条成语（3个圈内已有3个“心”字，要求“心”字在成语中的位置：第一个到第四个至少有一个）。

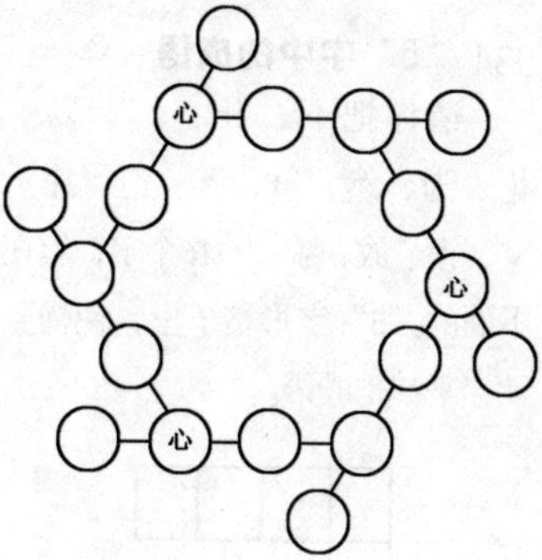

033 人名变成语

下列表格中有14个人名，要求在人名前后的空格里填上适当的字，使之成为成语。

①				关	羽				⑧				马	忠			
②				张	飞				⑨				张	松			
③				马	超				⑩				乐	进			
④				黄	忠				⑪				李	通			
⑤				赵	云				⑫				黄	盖			
⑥				孔	明				⑬				孙	权			
⑦				马	良				⑭				丁	奉			

034 “5”字中的成语

请你把不、开、百、以、花、为、然、争、齐、道、岸、家、锣、放、貌、鸣16个字，填在下面的“5”字形格子里，使横竖读起来都是成语。

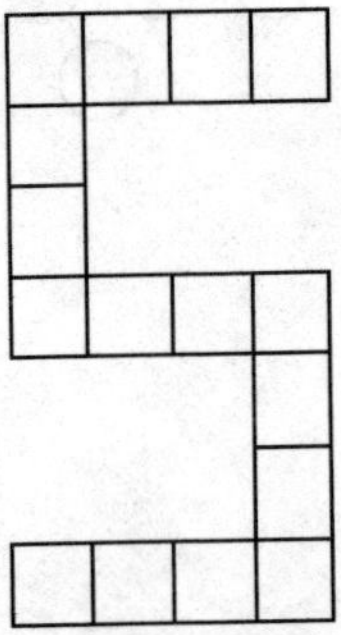

035 回文成语

在图中填上适当的字，使每则回文组成8条成语，要求前句中的最后一字是下句中的第一个字。

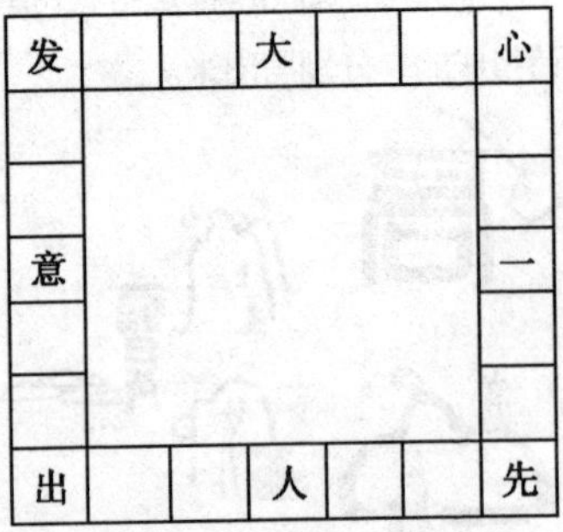

036 省市组唐诗

图中包含有4市16省的名称，将空格填充完整，使之成为通顺的唐诗，并将唐诗作者之名答出。

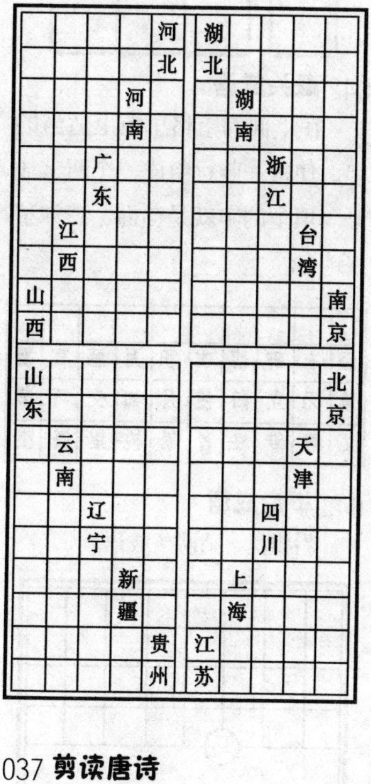

037 剪读唐诗

将图形中唐朝贯休的《春野作五首》剪为4块形状、面积相同的部分，拼组成诗，该怎么做?

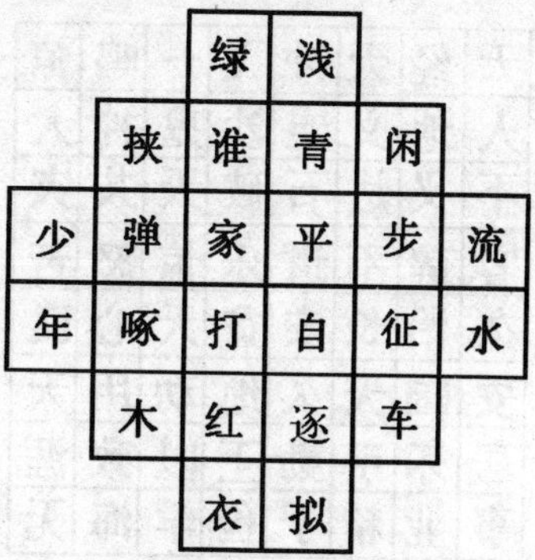

038 钟表成语

图中每个钟面上指针所指示的时间都能构成一个成语。请你猜一猜，这是3个什么成语?

（1）　（2）　（3）

039 迷宫成语

下图是一座成语迷宫，其中有10条成语首尾相接。请从成语的首字开始，用一条不重复的线把它们串起来。

天	经	天	冲	飞	一	鸣	惊
人	地	义	走	沙	鬼	神	人
不	义	达	石	破	天	共	灾
容	辞	不	道	乐	惊	怒	苦
久	治	长	安	贫	天	心	良
安	国	天	久	地	动	用	天
居	乐	手	勤	工	以	致	涯
事	业	精	于	俭	学	海	无

040 成语之最

根据图片中的文字提示，快速写出这一系列的“最”相对应的成语。

最长的一天	最尖的针
最难做的饭	最重的话
最宽的视野	最大的差别
最高的人	最快的速度
最大的容量	最怪的动物
最大的变化	最宝贵的话
最大的手术	

041 巧拼省名

用23根火柴摆成下面的图案。请你移动其中的4根，将其变成两个汉字，并使它们连起来是中国的一个省名。动动脑筋，怎样移才能成功呢？

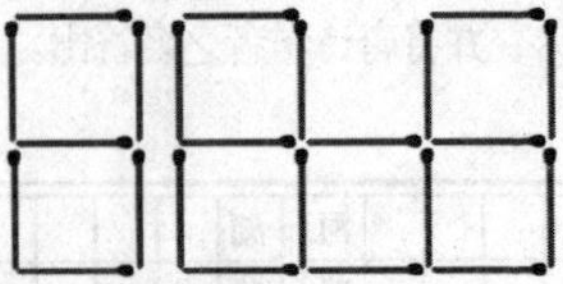

042 藏头成语

在下面的空格里填上适当的字，使每一竖行组成一个四字成语。填上的字就是谜面，请你猜一地名。

经	衣	碑	落	衣	积	月	感	言	源
地	无	立	归	使	月	如	交	巧	节
义	缝	传	根	者	累	梭	集	语	流

043 棋盘成语

看棋盘，猜两条成语。

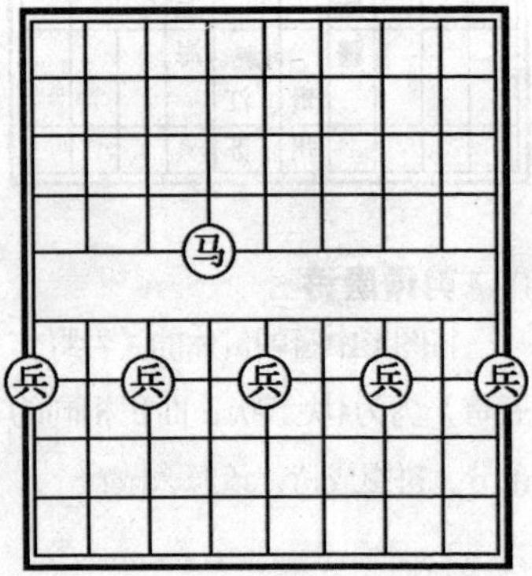

044 尴尬礼物

图中这些人都拿到了一份礼物，但这些礼物的单词里，都少了一个字母。比如说，某个人希望能给他的汽车得到一个轮胎（TIRE），却只得到了领带（TIE），因为他的礼物少了一个R。要完全解开这一道题，首先请你把礼物和图片对应起来；然后，把失踪的字母找出来，并把这8个字母重新排序，你将得到一个单词来形容这些不合时宜的礼物。

045 虎字成语

请你填一填。

			虎
		虎	
	虎		
虎			
虎			
	虎		
		虎	
			虎

虎			
	虎		
		虎	
			虎
			虎
		虎	
	虎		
虎			

046 给我C！给我D！

这道纵横字谜里的所有单词都以C开头，以D结尾，但是其他的字母却不见了。根据提示把它们填入相应的空格中。

横向
4 厨房柜台上的小壁橱
5 ____角（Cape）是马萨诸塞州一个度假胜地
8 同时弹奏的三个或更多音符
9 懦弱的人
11 奶油圈里面填充有
12 印第安人所在的俄亥俄州城市

纵向
1 他射出的箭可能会让你坠入爱河
2 天空中的白色物体
3 这是一种什么类型的字谜
5 你生日时信箱里收到的
6 一端是插头的电线
7 关于三个巫婆的电视节目
10 胶性绷带的品牌

047 标签分类

今年谁将得到什么礼物？要搞清楚，在每个礼物标签的两行空格上填入相同顺序的相同字母。第一行告诉你礼物是给谁的，第二行告诉你礼物的名称，它们都在树下放着（并非每件物品都会被用到）。作为开始，有一个标签已经为你填好了。

048 O地带

在这个O形散射状的图形中你将找到横向、纵向和斜向的30个单词，它们都只有O作为唯一的元音字母。你把它们全部找出来以后，从左到右，从上到下阅读剩下的字母，你会发现额外的信息。现在开始吧！

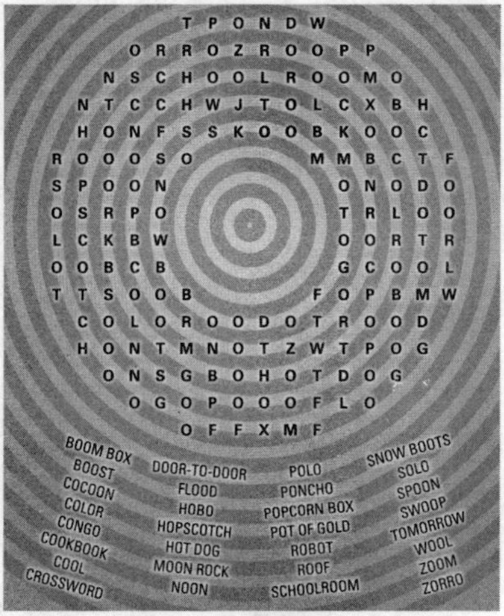

049 单词演变（1）

你能把“camp”这个词最终变成“fire”吗？根据提示每次改动一个字母。如果卡住，可以从底下开始往上做。

050 单词演变（2）

你能把“toad”这个词最终变成“newt”吗？根据提示每次改动一个字母。如果卡住，可以从底下开始往上做。

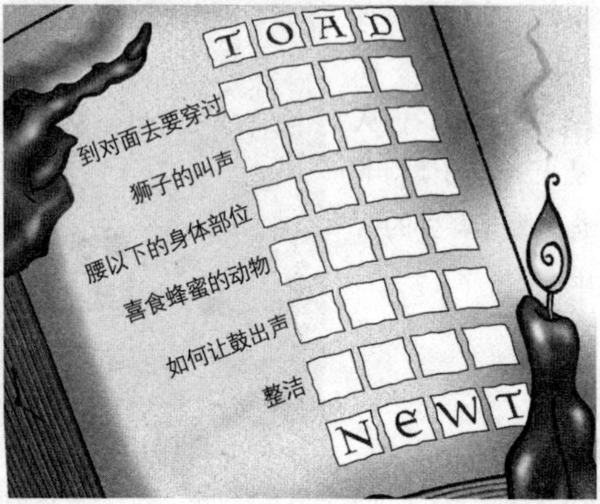

051 夏威夷之旅

在这个网格中你将找到横向、纵向和斜向的20个单词，它们都跟夏威夷有关。你把它们全部找出来以后，从左到右、从上到下阅读剩下的字母，你会发现一个很酷的事实。祝你好运！

052 指挥系统

把字母从一个空格转移到下一个空格，你将最终得到10个总统的名字。彩色的线告诉你把哪些字母移下来，但是剩下的字母你得自己填上。这道题目中每种颜色在不同的地方表示不同的字母。比如，尽管在ADAMS里面的M由一根蓝色的线连接至下一个名字中的M，但是蓝色在其他地方可能会表示其他字母。

053 捉苍蝇

哪里来的嗡嗡声？在这道题目中，字母组合F-L-Y在列出来的单词中出现了18次，它们总是用一只苍蝇的图案代替。比如，“flypaper”这个词在纵横格中的表示形式就是“PAPER”。这些单词按照左右、上下或者斜向的顺序隐藏在纵横格中。你把它们全部找出来以后，从左到右、从上到下阅读剩下的字母，你会得到一条额外的信息。

054 乐器

这个故事里隐藏有18种乐器的名称。有的直接就在一个词里面（“harp竖琴”就藏在“sharply”里面），有的则是穿越了两个甚至更多单词（“sitar锡塔琴”藏在“sit around”里面）。找到10个就很好了，找出15个是非常好，如果你18个全部找出来，那你就是真正的乐器专家了。

Peter and Tippi had sharply different tastes in music. Peter liked to sit around in the tub and listen to jazz,while Tippi really responded to rock concerts.
One night,Tippi told Peter that she was planning on going to see her favorite band,even though she’d heard rumors that the concert was sold out.Her plan was to pack a zoom lens and a camera and blend in with all the paparazzi there.
“You think they’re so disorganized,they let in every shutterbug left and right?” Peter asked.
Tippi said, “When I turn the charm on I can get past anyone.”
“But tonight’s ravioli night,” Peter whined. “Would you really cancel long-standing plans?”
“Absolutely!” she replied,and left.
Before long,Tippi returned and threw the biggest tantrum Peter had ever seen.The police had given Tippi an order to go home for violating the law.Peter smiled as he said, “Will you feel better if I fetch you som cold ravioli?”

055 隐藏的美食

你能在这个字母格里找出列出来的25种美食吗？不，你不可能找出来。这是因为事实上只有20个隐藏在里面。这些单词可以是从上到下、从下到上、从左到右、从右到左以及斜向排列。当你把全部20个找出来以后，剩下的字母从左到右、从上到下阅读会组成一个谜，剩下5个在字母格里没有找到的单词的首字母，将组成这个谜的谜底。

056 奇怪的球

你得有准备才能完成这道题目，因为图中的每一个物体都代表一个以“ball”结尾的单词或者短语。比如，一罐漆代表单词“paintball”。你能找出多少呢?

第2章　计算力

001 数字填空（1）

仔细算一算，空着的小正方形中应该填上哪些数字？

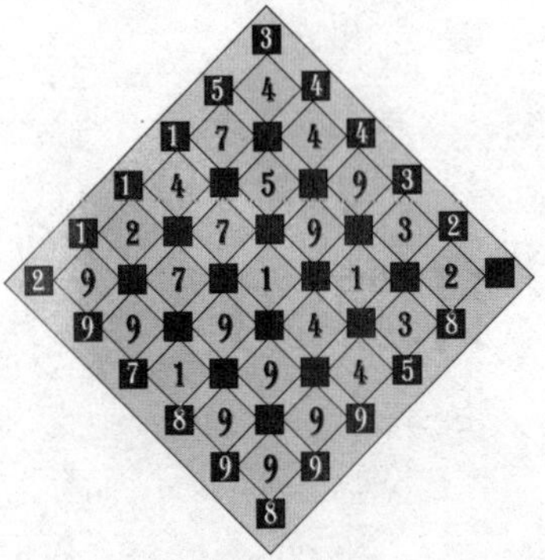

002 数字填空（2）

图中标注问号的地方应该填上一个什么数字？

2	4	2
16	12	48
8	12	?

003 杜勒幻方

杜勒著名的蚀刻画《忧郁》（图1所示）包含了1个四阶的魔方，关于这个魔方还有一系列的书。它只是许多四阶魔方中的1个，但是因为它比魔方定义所要求的更加“魔幻”，所以它经常被叫作恶魔魔方。这幅蚀刻画创作的年份——1514，显示在魔方底行中心的2个方块中。

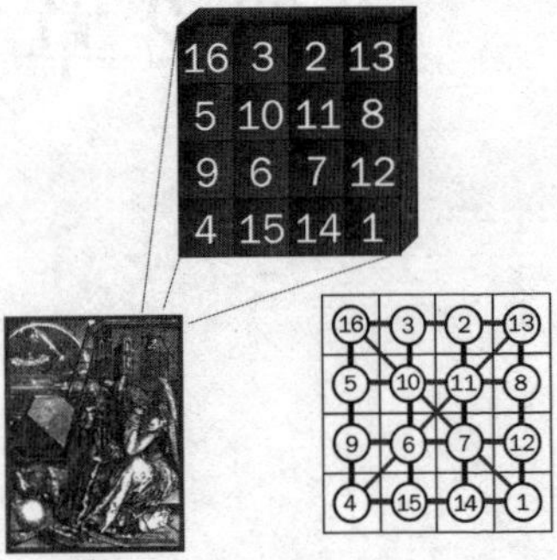

图1

除了魔方基本定义中的几组数字模式（每行、每列以及每条对角线上的和相等）之外，你还能在这个恶魔魔方当中找出几组不同的模式，使其魔数为34？

004 排列法

已知图形是1个被对角线分成2个三角形的正方形，这2个三角形分别为黑色和白色，而且这个正方形可以通过旋转得到4

种不同的图案，如下图所示。现在把3个这样的正方形排成1行，请问一共有多少排列方法?

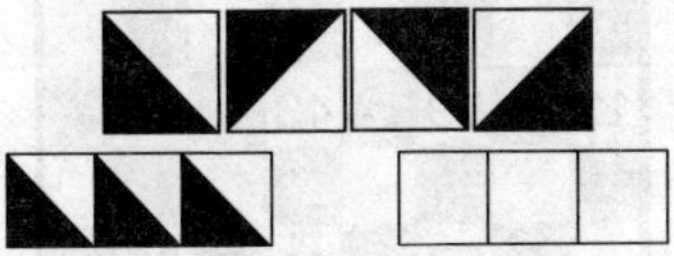

005 完成等式

将数字1~9放进数字路线中，使各等式成立。

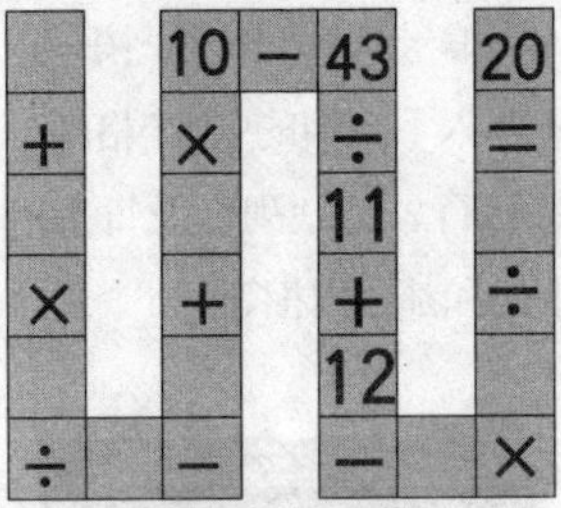

006 数字谜题

仔细算一算，哪些数字可以完成这道谜题?

007 保龄球

保龄球队一共有6个队员，队长需要从这6个人中选出4个人来打比赛，并且还要决定他们4个人的出场顺序。

请问有多少种排列方法?

008 按顺序排列的西瓜

7个大西瓜的重量（以整千克计算）是依次递增的，平均重量是7千克。最重的西瓜有多少千克?

009 下落的砖

要掉在砌砖工头上的砖有多重?假设它的重量是1千克再加上半块砖的重量。

010 贝克魔方

你能将数字1~13填入下面图中的灰色圆圈中，使得每组围绕彩色方块的6个圆圈之和相等吗?

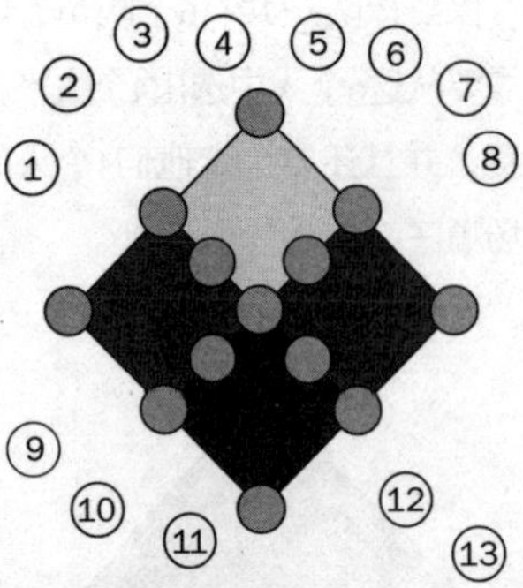

011 六阶魔方

用数字1~36填入缺失数字的方格中，使得每行、每列及每条对角线上的6个数之和分别都等于111。

28		3		35	
	18		24		1
7		12		22	
	13		19		29
5		15		25	
	33		6		9

012 八阶魔方

本杰明·富兰克林的八阶魔方诞生于1750年，包含了从1~64的所有数字，并以每行、每列的和为260的方式进行排列。

你能填出缺失的数字吗?

52		4		20		36	
14	3	62	51	46	35	30	19
53		5		21		37	
11	6	59	54	43	38	27	22
55		7		23		39	
9	8	57	56	41	40	25	24
50		2		18		34	
16	1	64	49	48	33	32	17

013 九宫图

将编号从1~9的棋子按一定的方式填入下图中的9个小格中，使得每一行、每一列以及每条对角线上的和都分别相等。

1	2	3	4	5	6	7	8	9

014 多米诺骨牌墙

有人在砌一堵墙。你能替他完成这项工作，把剩下的7张多米诺骨牌插入相应的位置吗？但是要记住，每行中要包括6组不同的点数，而且这些点数相加的和要与每行右侧的数值相等；每列也要包括3组不同的点数，且这些点数相加的和也要与底部的数值相等。

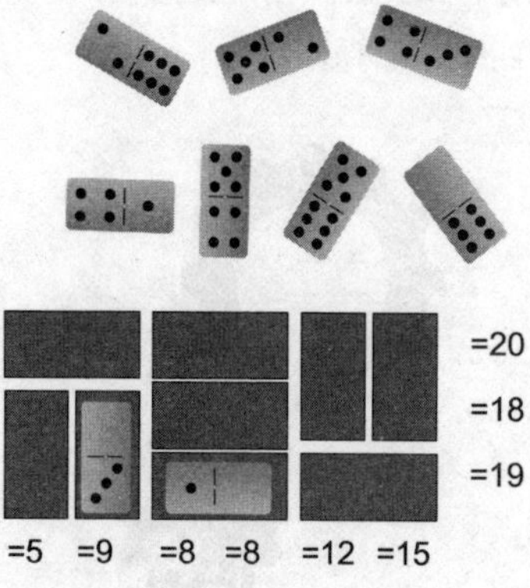

015 博彩游戏

在一种博彩游戏中，买彩票者需要在 1~54这些数字中间选出6个数字，这6个数字的顺序不重要。

请问有多少种选择？

016 五星数字谜题

在这道谜题中，你必须运用从1~12的数字，每个圆圈中只能放入1个数字，而且所有的数字都要用上。将数字全部安放正确，使得各行4个数字的总和都等于26。

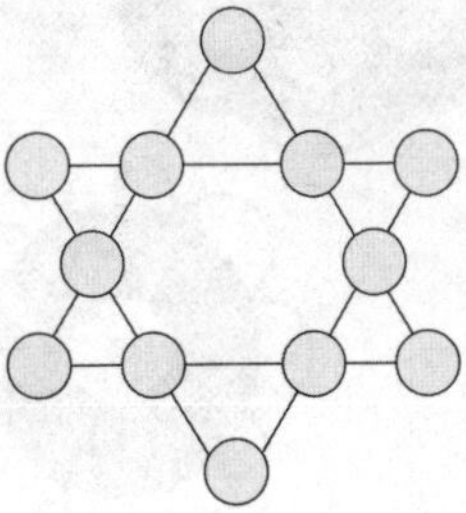

017 送货

传送带和滚轴上的货物需要运到20个单位距离的地方。如果每个滚轴的周长为0.8个单位长度，那么它们需要转多少圈才能将货物运到指定的地点？

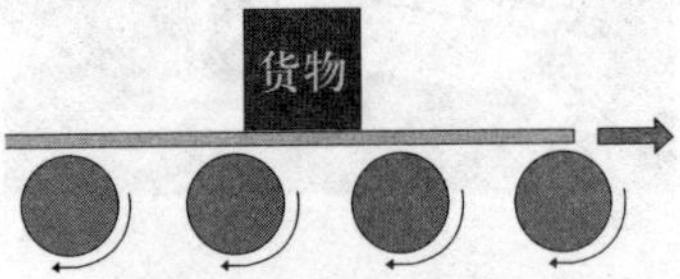

018 魔轮（1）

这里有一个经典魔方的新变体。

谜题的目标是将两个魔轮以同心圆的方式咬合，使得任何一条直径上的数字和都相等。

复制这两个魔轮，并将内魔轮放在外魔轮上面；然后上下翻动带数字的半圆纸片，直到找到正确答案为止。

你也可以尝试用心算的方法解决。

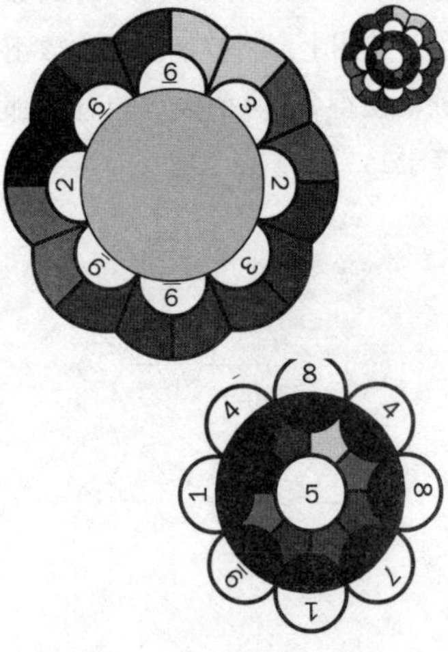

019 魔轮（2）

这个魔方所适用的规则跟18题一样，但现在你要操控3个魔轮。你可以旋转魔轮，颜色不一定要匹配。祝你好运！

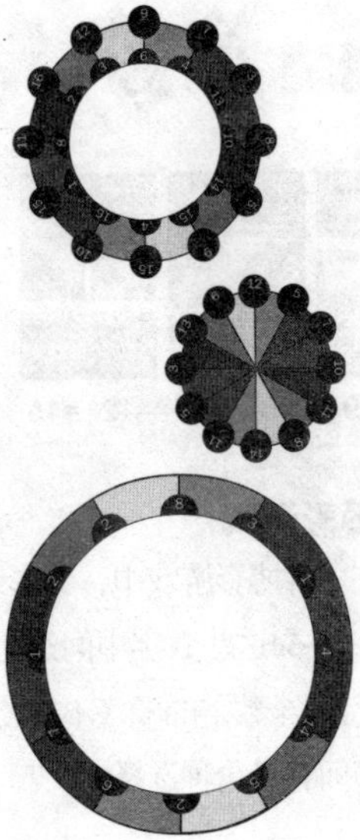

020 完成等式

在空格中填入正确的数字，使所有上下、左右方向的运算等式均成立。

	+		=	6
−	■	×	■	+
	+	4	=	
=	■	=	■	=
3	+		=	

021 合力

这4个力是作用在同一个点上的（蓝点）。力的大小以千克为单位。

你可以算出它们合力的大小吗？

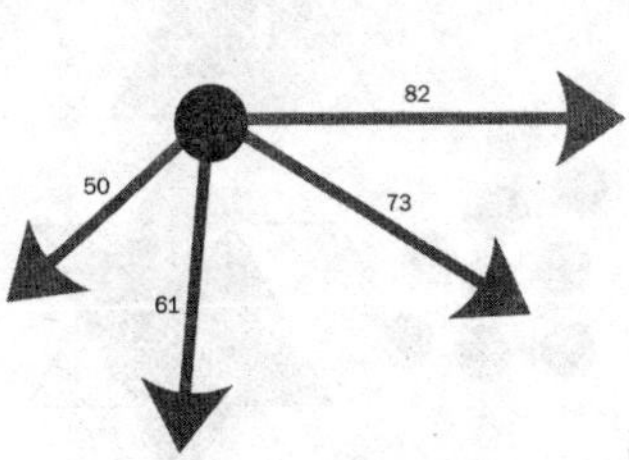

022 魔数蜂巢（1）

将数字1~8填入下图的圆圈内，使游戏板上任何一处相邻的数字都不是连续的。你能做到吗？

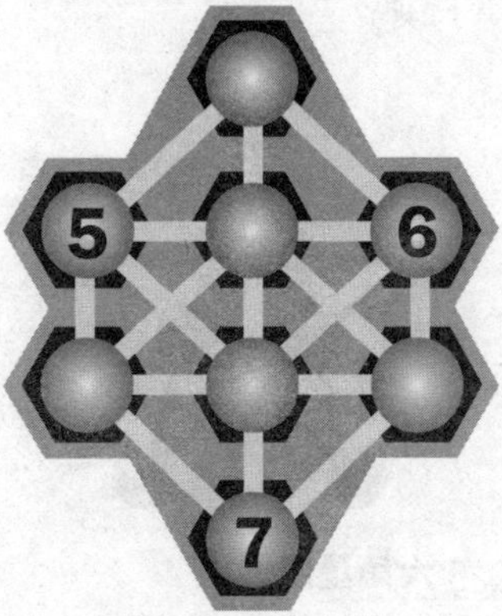

023 魔数蜂巢（2）

将数字1~9填入下图的圆圈里，使得与某一个六边形相邻的所有六边形上的数字之和为该六边形上的数字的一个倍数。你能做到吗？

024 五角星魔方

你能将数字1~12（除了7和11）填入五角星上的10个圆圈上，并使任何一条直线上的数字之和等于24吗？

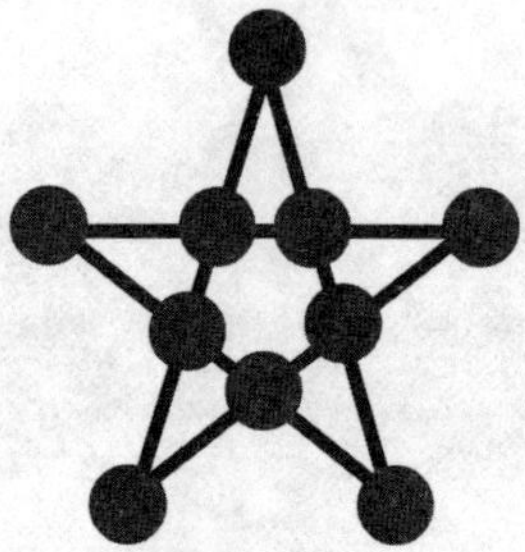

025 六角星魔方

你能将数字1~12填入六角星的圆圈中，使得任何一条直线上的数字之和为26吗？

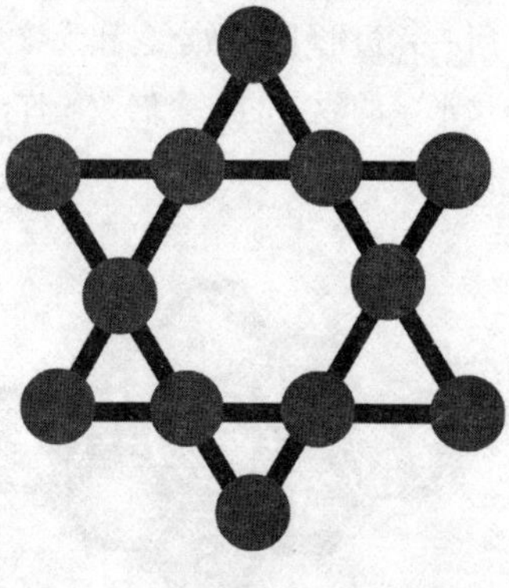

026 七角星魔方

你能将数字1~14填入右图的七角星圆圈内，使得每条直线上数字之和为30吗？

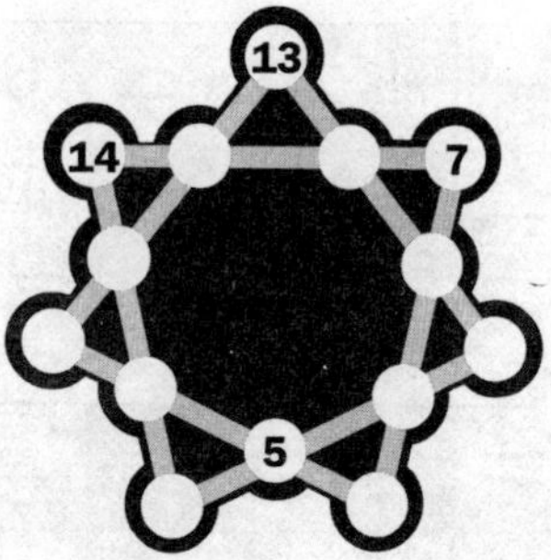

027 六角魔方

你能否将数字1~12填入多边形的12个三角形中，使得多边形中的6行（由5个三角形组成的三角形组）中，每行（每组）的和均为33？

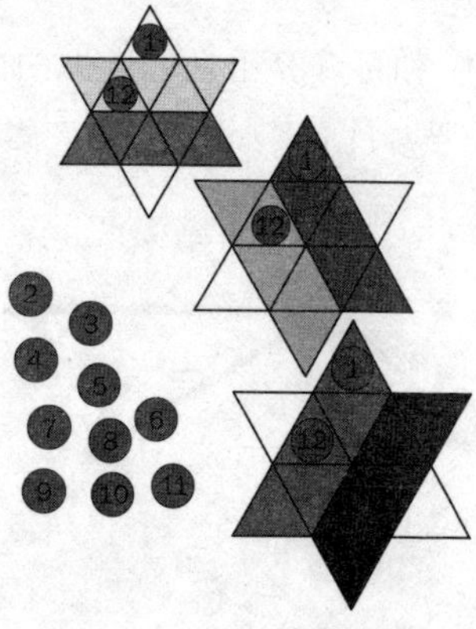

028 代数

要完成这道题，问号的位置应该换成什么数字？

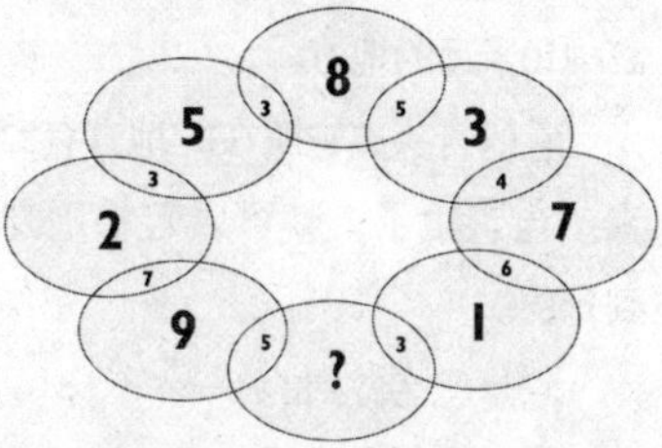

029 路径

从顶部的数字2出发，得出一个算式，使算式最后的得数仍然是2，不可以连续经过同一排的两个数字或运算符号，也不可以两次经过同一条路线。

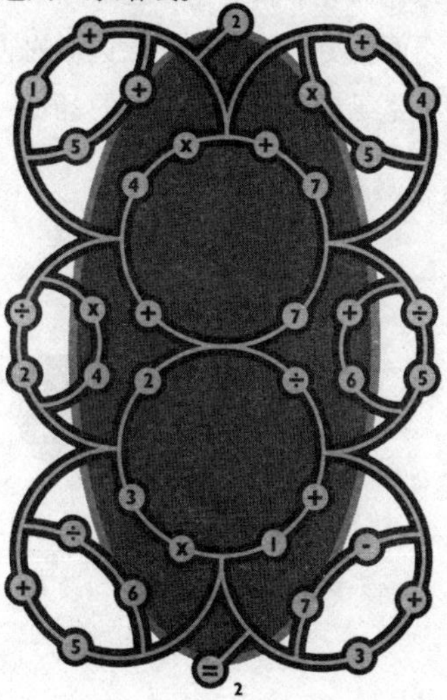

030 完成谜题

算一算，在问号处填上什么数字可以完成这道题？

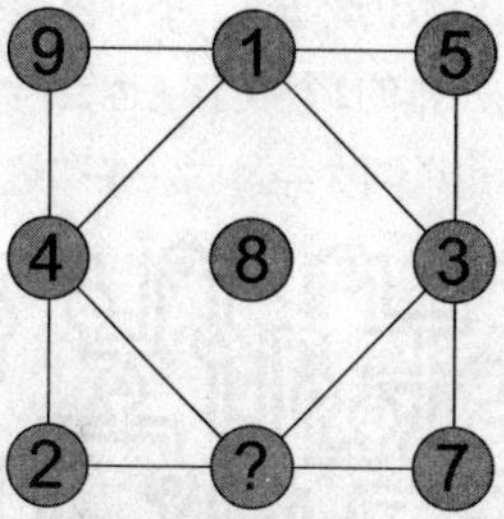

031 房顶上的数

你能找出房顶处所缺的数字为多少吗？门窗上的那些数字只能使用1次，并且不能颠倒。

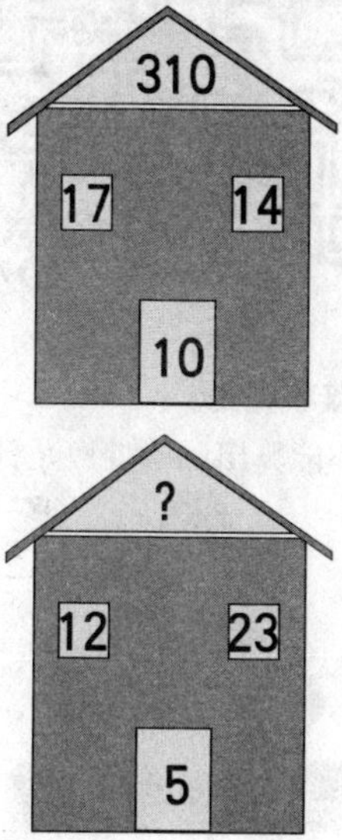

032 迷宫算式

从右下方的数字7出发，穿过迷宫并得出一个算式，使算式最后的得数仍然是7。不可以连续经过同一排的2个数字或运算符号，也不可以两次经过同一条路线。

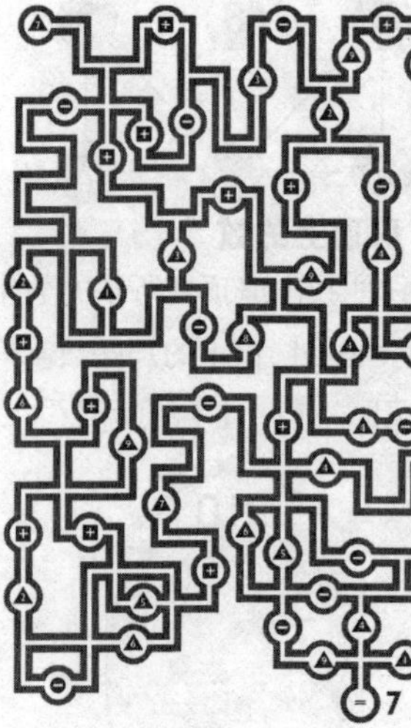

033 数字完形

你能算出问号处应是什么数字吗?

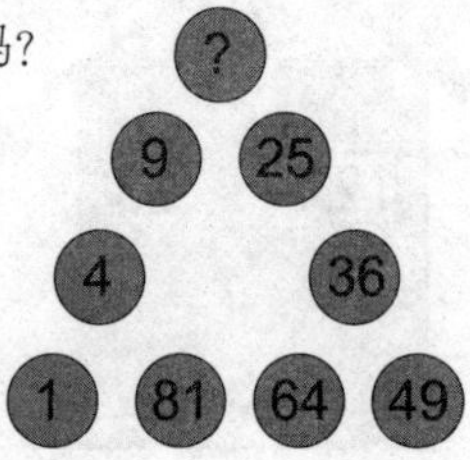

034 小狗菲多

小狗菲多被人用一条长绳拴在了树上。拴它的绳子可以到达距离树10米远的地方。

它的骨头离它所在的地方有22米。当它饿了，就可以轻松地吃到骨头。

它是怎么做到的?

035 剩余面积

如图所示，4个绿色的小正六边形和红色的大正六边形部分重叠。

问：除去重叠的部分，4个绿色六边形和红色六边形哪个剩余面积更大?红色正六边形的边长是绿色正六边形边长的2倍。

036 数字难题

要完成这道题，问号处应该填上什么数字？

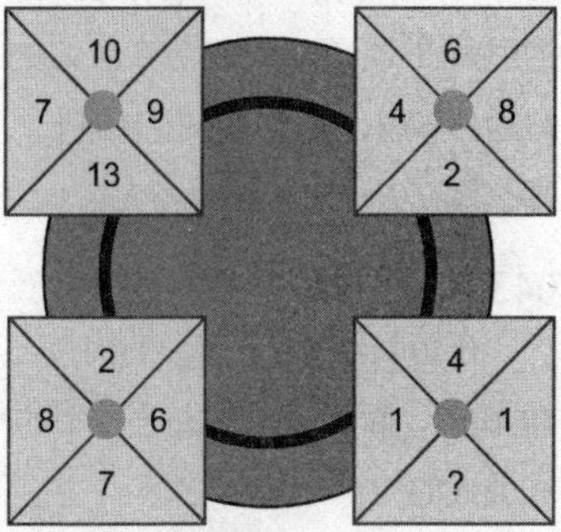

037 四边形面积

如图所示，用1根橡皮筋在下边的小钉板上围出1个红色的四边形，假设图中每一个小正方形的边长为1个单位，你能算出这个红色的四边形的面积吗？

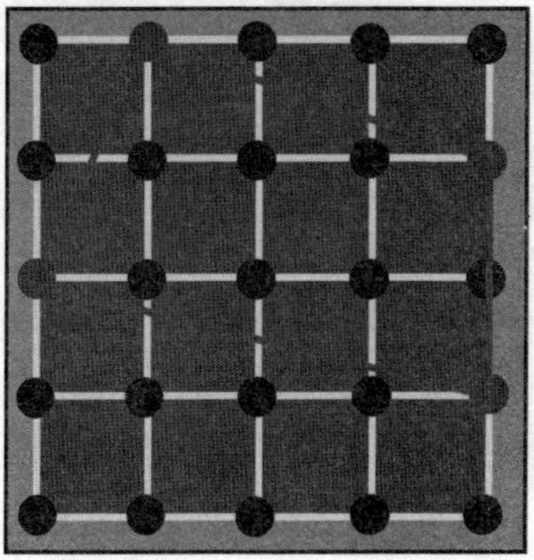

038 总值

浅绿、绿色和紫色圆圈各代表不同的数值。最后那排的总值为多少？

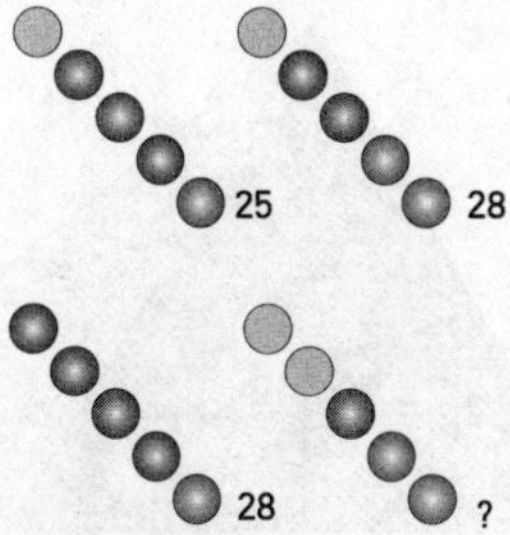

039 求面积

如图所示，假设每个小正方形的边长为1个单位，你能够算出下边4个图形的面积吗？

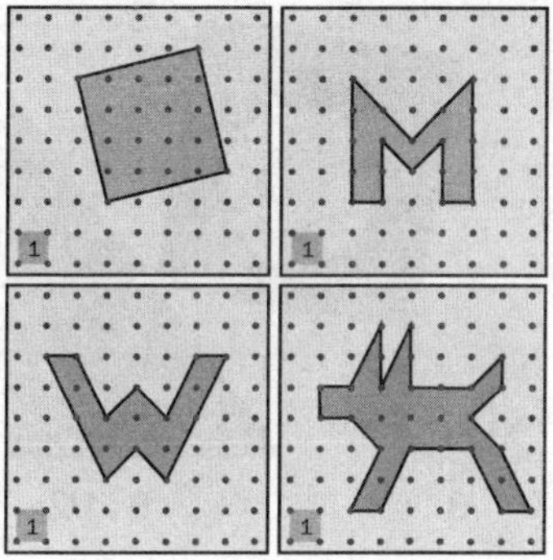

040 金字塔上的问号

金字塔每一格中的数字都是下面两格中的数字之和。用哪一个数字来替换问号呢？

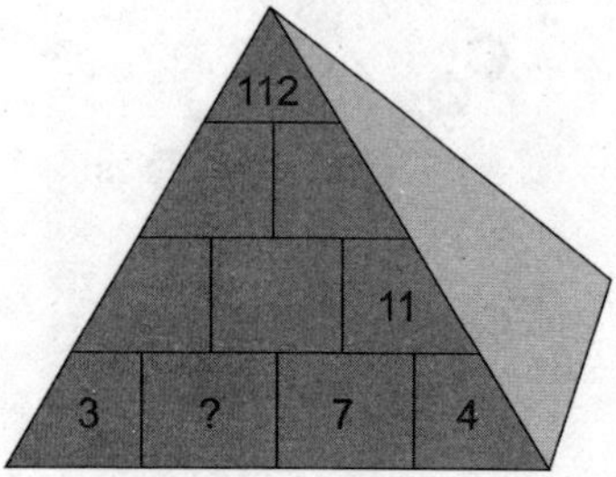

041 面积比值

已知图中的两块黄色区域面积相等，请问其他两块区域的面积比值是多少？

A 1/3　　B 1/2

C 1　　D 3/2

042 年龄

据说，曾有一位希腊人，孩童时期占据了他生命中1/4的时间，青年时期占据了1/5，在生命中1/3的时间里他是成人，而在生命的最后13年里，他成了一位老绅士。那么他在去世时年纪有多大呢？

043 大小面积

在边长为1的正方形的内接三角形中，面积最小的是多少？面积最大的呢？

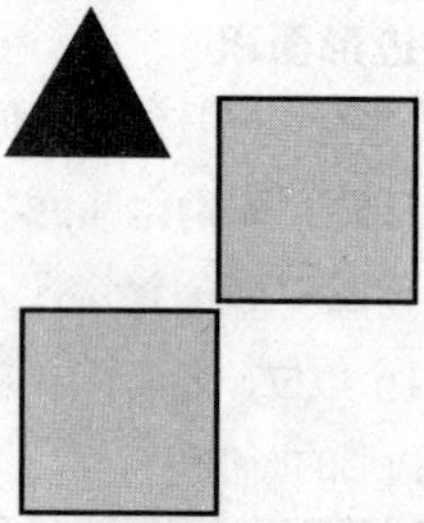

044 重新排列

观察这3组由标有数字的方块组成的图形。你能否通过把每组中的1个（且只能是1个）数字方块与别组进行交换将整个图形重新排列，从而使得每组数字的总和都与其他各组中数字的总和相同呢？

045 砝码

如图所示的天平系统是平衡的。那么，黄色砝码的重量是多少（忽略杠杆作用）？

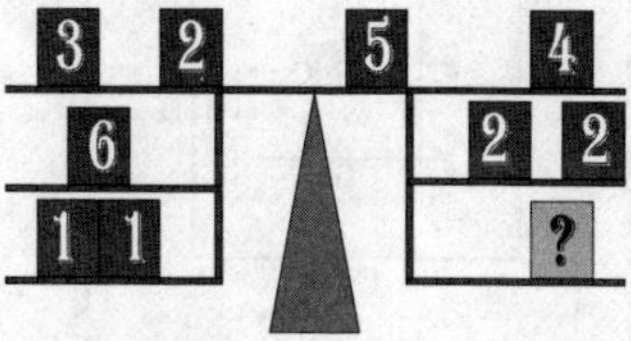

046 组合木板

现在有许多不同长度（毫米）的厚木板，如图所示，我们的目的是选择一些木板并把它们组合成一根连续长度尽可能接近某一个特定长度的木板——在这道题目里为3154毫米，如果可能，不要砍断任何木板。你能得到的最好结果是多少？

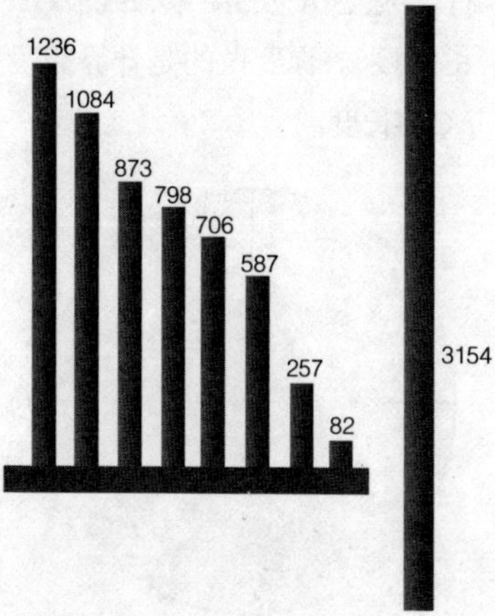

047 平衡

右边这个盒子里应放入多重的物品才能保持平衡？注意：衡量所划分的部分是相等的，每个盒子的重量是从盒子下方的中点开始计算的。

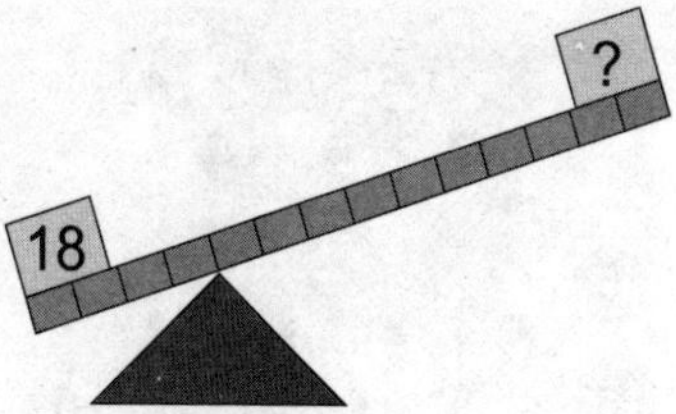

048 AC的长度

图中，圆圈的中心点是O，角AOC是90°；AB与OD平行。线段OC长5厘米，线段CD长1厘米。你要做的是计算线段AC的长度。

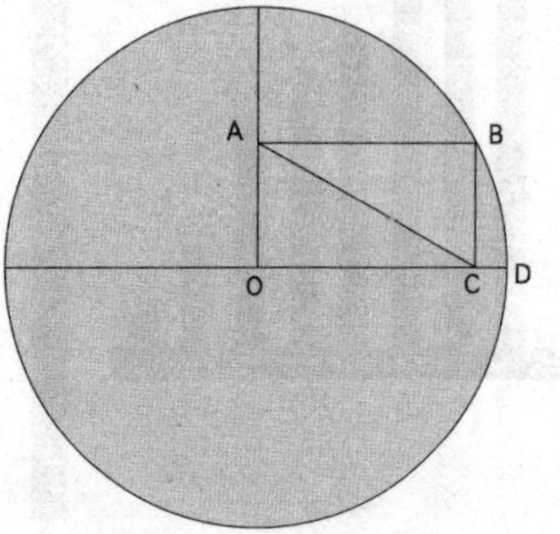

049 六边形与圆

每个六边形底部3个球对应的数之和减去六边形顶端的3个球所对应的数之和，等于六边形中间相对应的这个数。请填出空白处对应的数字。

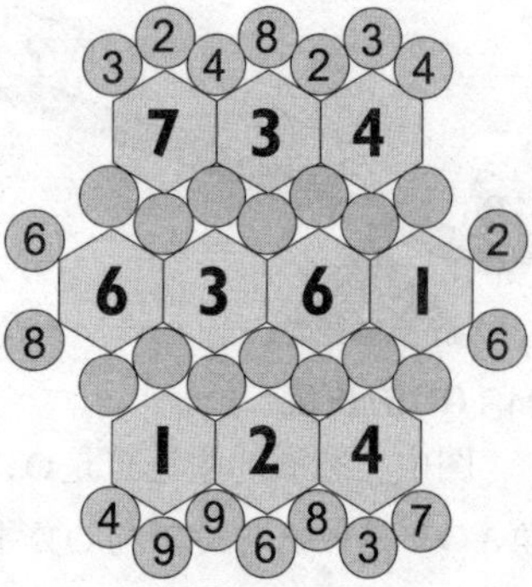

050 距离

有一位女士，她的花园小道有2米宽，道路一边都有篱笆。小道呈回形，直至花园中心。有一天，这位女士步行丈量小道到花园中心的长度，并忽略篱笆的宽度，假设她一直走在小道的中间，请问她走了多远的路？

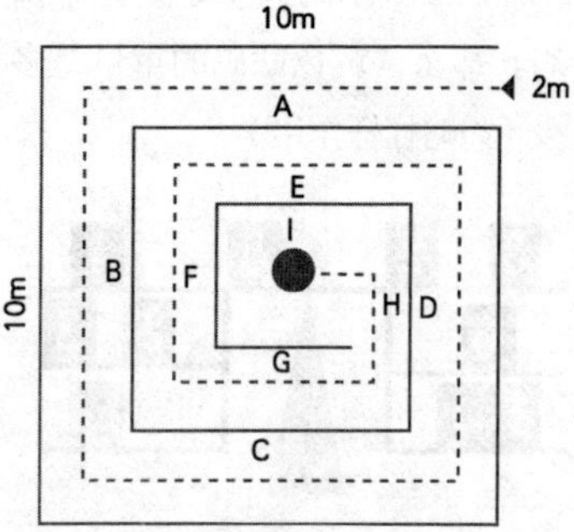

051 旗杆的长度

某天下午3点，有一根旗杆和测量杆在地上的投影如下图所示。请问旗杆的长度为多少？

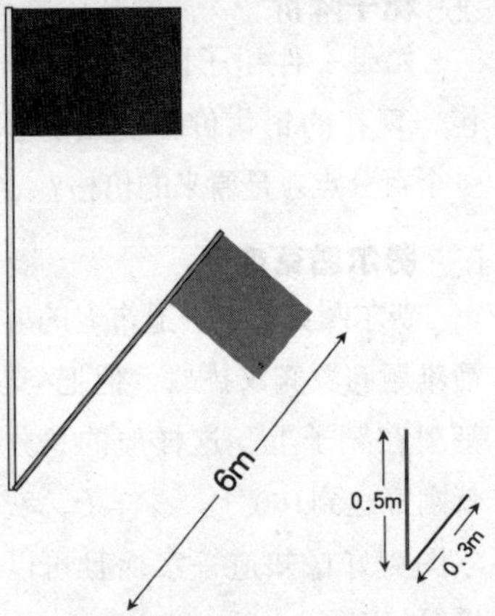

052 阴影面积

从绕地球轨道运行的人造卫星上可以看到任何种类的事物。例如，间谍卫星上配备有功能强大的镜头，足以“读取”到地球上汽车牌照上的数字。而其他类型的人造卫星则可以“看透”地球表面。所获取的这些影像能为人类的研究工作带来帮助——其中有些影像被用于那些已在滚滚黄沙中埋葬千年的失落文明的探索工作。

在这个问题中，我们将利用人造卫星来俯瞰一块土地进行调查。这块土地基本上呈正方形，边长为20米。假设将每一条边的中点都作为标记，把整块土地分割成9块大小、形状各不相同的土地。你能算出中间正方形阴影部分的面积是多少吗？注意：不要得意得太早，先告诉你，答案可不等于100平方米哦！

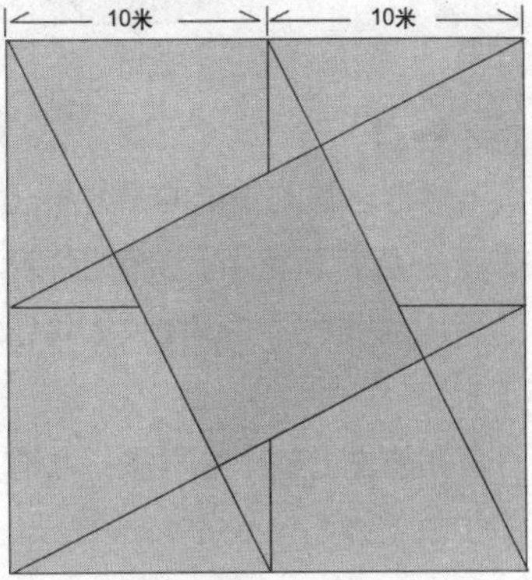

053 切割立方体

任何立方体的表面积都等于立方体6个面单面面积相加的总和。例如，下边这块立方体干酪每一面的边长都是2厘米。因此，每一面的表面积就等于2厘米×2厘米，即4平方厘米。由于总共有6个面，因此这个立方体的表面积就是24平方厘米。

现在，挑战来了。要求你将这个立方体切成若干块，使得切割后的形体的表面积之和等于原来这个2×2立方体表面积的2倍，需要几刀就切几刀。

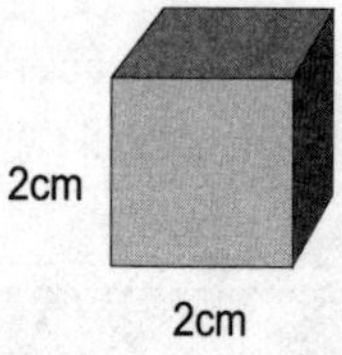

054 **蜂群**

蜂群总数的一半的平方根飞去了一丛茉莉花中，8/9的蜂群也紧跟着飞去了;只有2只蜜蜂留下来。

你能说出整个蜂群里一共有多少只蜜蜂吗？

055 **裙子降价**

如果一件裙子降价20％出售，现在的销售价格要增加多少个百分点才是原来的价格？

056 **费尔图克难题**

费尔图克曾就一道古老的射箭难题向罗宾汉挑战。他把6支箭射在靶子上，这样他的总分就刚好达到100分。看样子，费尔图克好像知道答案而且可以摘得奖牌了。

提示：有4支箭射在了相同的靶环上。

2	5	3	1	6	8	7	4	9
9	4	1	7	3	5	6	2	8
6	7	8	2	4	9	3	1	5
3	1	7	9	2	4	8	5	6
4	6	2	5	8	3	1	9	7
8	9	5	6	1	7	4	3	2
1	3	9	8	7	2	5	6	4
7	2	4	3	5	6	9	8	1
5	8	6	4	9	1	2	7	3

第3章　判断力

001 不同的图形（1）

哪个图形和其他选项不一样？

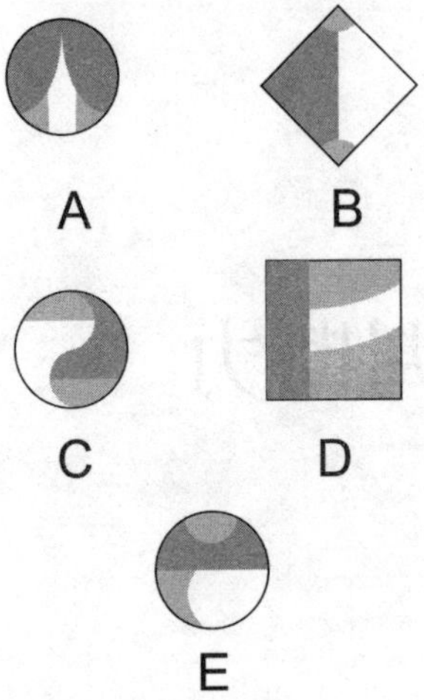

002 不同的图形（2）

仔细看一看，哪个图与其他的不同？

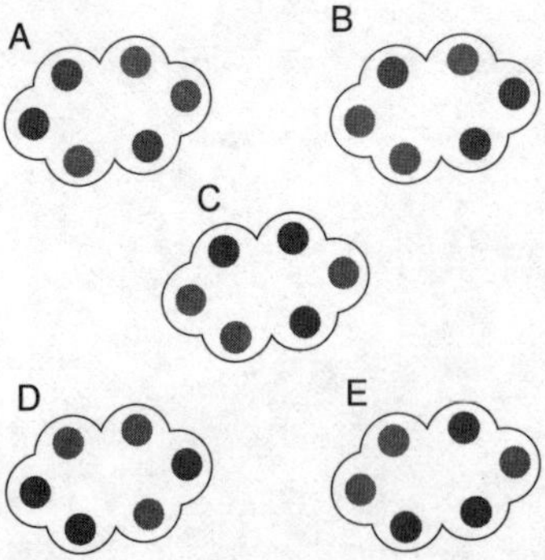

003 构成图案

请问最少需要几种图形才能构成下面 2 种图案？

004 缺失的字母

猜一猜，哪个字母可以完成这道谜题？

005 对应

哪个选项和图中D1相对应？

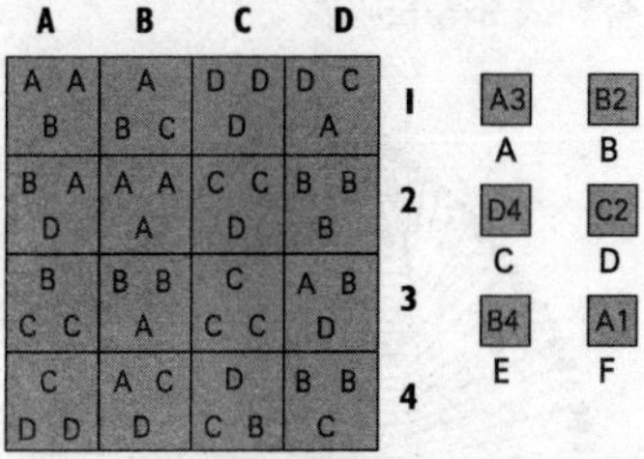

006 多边形与线段

某个多边形如果满足下面的条件我们就叫它正多边形：

1.各条边相等；

2.各个角相等。

圆一般我们也将其看作有无数条边的正多边形。

最后1条边的终点跟第1条边的起点不重合的多边形我们称之为不闭合多边形；

最后1条边的终点跟第1条边的起点重合的多边形我们称之为闭合多边形；

任两条边都不相交的多边形我们称之为简单多边形，简单多边形把平面分成两个部分，多边形里面的部分和外面的部分；

多边形的边存在相交情况的多边形我们称之为复杂多边形，复杂多边形把平面分为两个以上的部分；

复合多边形是由几个简单多边形叠加所形成的多边形；

多边形内任意两点的连线所成的线段都在多边形里面，这样的多边形我们称之为凸多边形；反之则为凹多边形。

请问：下面12幅图中哪些是正多边形，哪些是不闭合多边形、闭合多边形、简单多边形、复杂多边形、复合多边形、凸多边形和凹多边形？

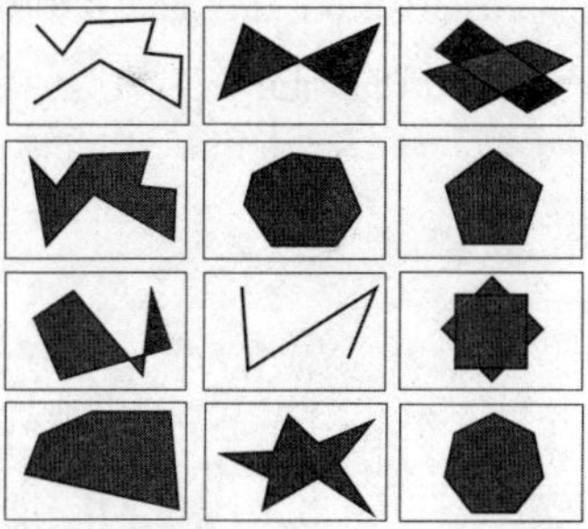

007 拆弹专家

时钟在嘀嗒作响，你必须在它爆炸之前拆除炸弹的引信，可以把它的线剪成两部分，即从底部的蓝线到顶部的绿线，穿过中间错综复杂的红色线网，剪尽可能少的次数。你可以剪断这些线，但是不要剪到中间的连接结点（黄色的圆点）。快点，炸弹马上要爆炸了！

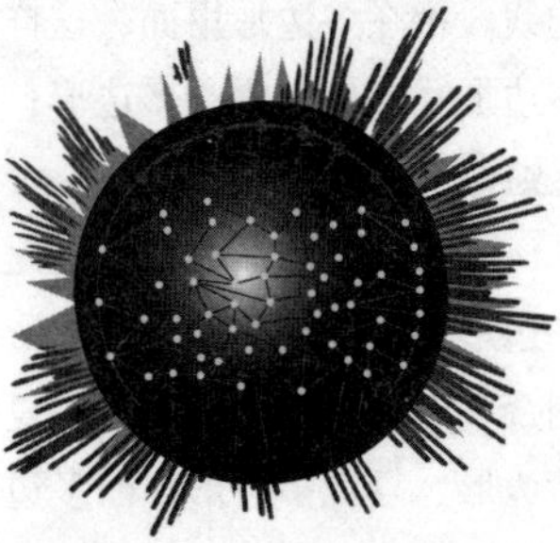

008 圆心

下图中，6个红色的圆点中哪一个是大圆的圆心？

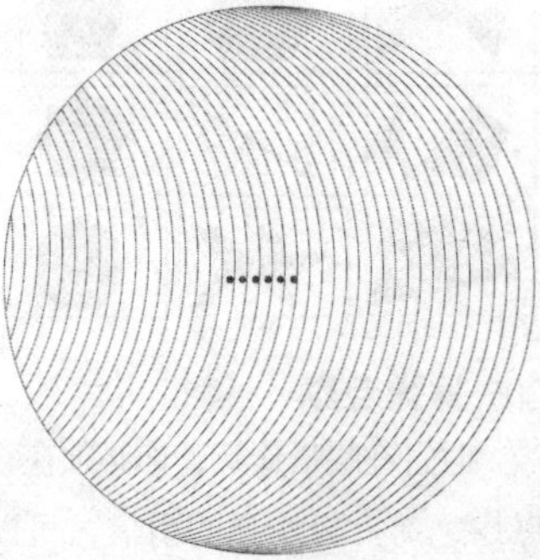

009 “蜈蚣”

如下图，这条“蜈蚣”中间所有横线都等长吗？

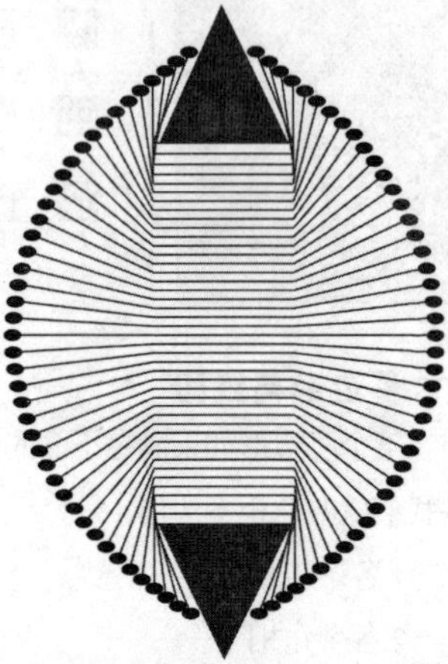

010 圆圈上的弧线

一个完整的圆圈被一张黑色的卡片遮住了一部分，只用眼睛看，你能不能告诉我们哪一条弧线是这个圆圈上的弧线？

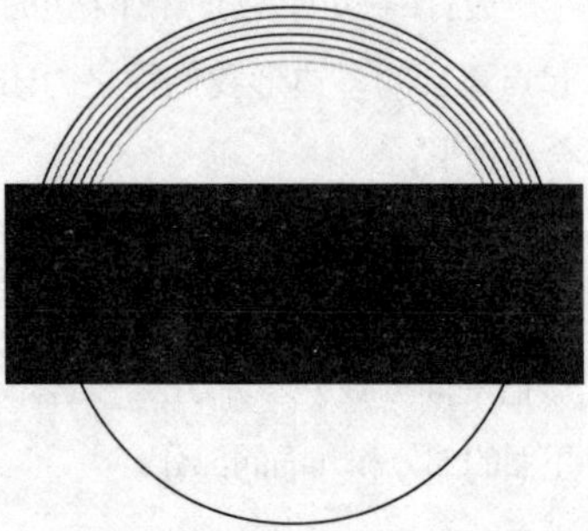

011 麦比乌斯圈（1）

如下图，红色的线是平分麦比乌斯圈的线，沿着这条线剪开，会得到什么结果?

一张纸条首尾相粘形成1个纸圈

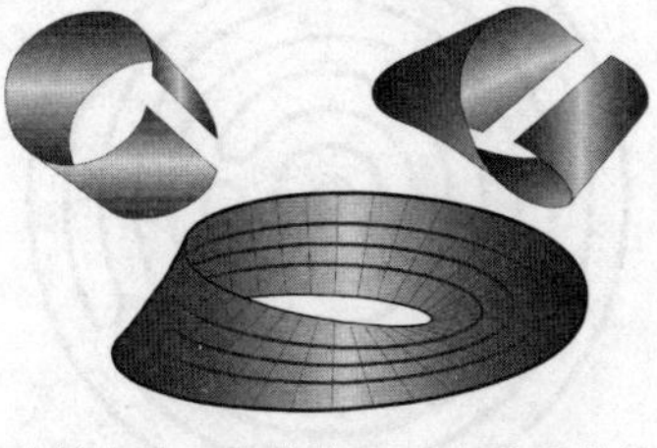

将纸条的一端旋转180°之后再首尾相粘，就形成了1个麦比乌斯圈

012 麦比乌斯圈（2）

下图中这两条绿色的线将麦比乌斯圈分成3等份，沿着这两条线剪开，会得到什么结果?

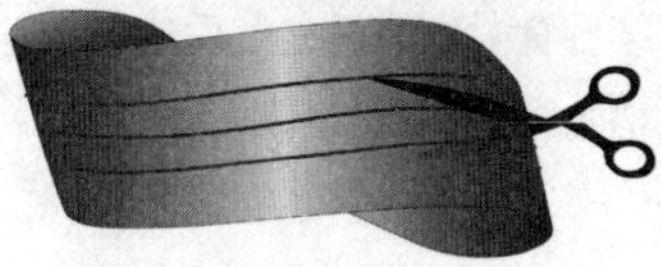

013 六边形游戏

六边形游戏是最有趣的拓扑学游戏之一，一般来说，这个游戏的棋盘是由11×11的六边形所组成的（其他规格的棋盘也可以）。

一个玩家用红色的棋子，另一个玩家用绿色的棋子——如果是在一张纸上玩这个游戏，玩家可以用铅笔在格子上分别标注O或X。

玩家轮流在空白的格子处放上棋子（或者标注O或X）。

最终玩家必须用自己颜色的棋子把棋盘两边的颜色连起来，先做到者胜出。4个顶点的棋盘格子既可以属于红方也可以属于绿方。

这个游戏不可能出现平局，每一盘都一定会出现胜负。

在2×2的棋盘上，先下的玩家很容易赢

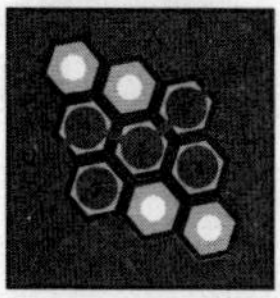

在3×3的棋盘上，先下的玩家如果第1步走在棋盘的中心就很容易赢

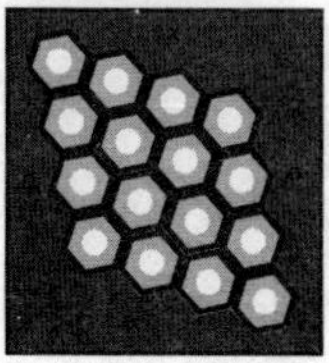

问：在4×4的棋盘上,先下的玩家至少需要几步才能赢?

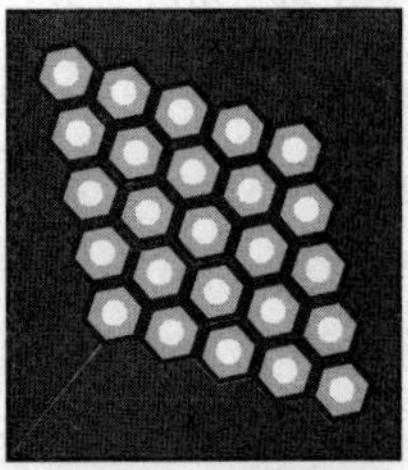

问：在5×5的棋盘上，先下的玩家怎样才能赢？

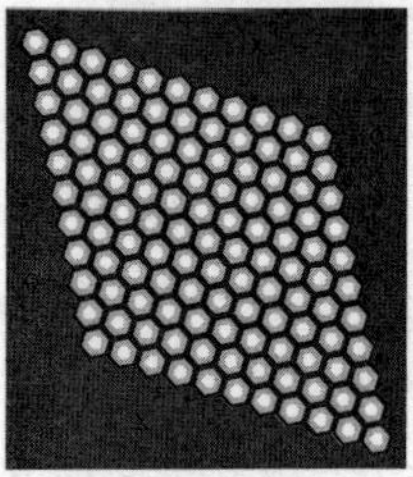

二人游戏的标准棋盘

014 拿掉谁

想一想，应该拿掉哪一个数字下面这组数列才能成立？

1, 2, 3, 6, 7, 8, 14, 15, 30

015 绳子和管道

一条管道坐落于一段奇特的绳圈的中央。假设从开放的两端拉动这条绳子，那么这条绳子究竟是会和管道彻底分离，还是会和管道连在一起呢？

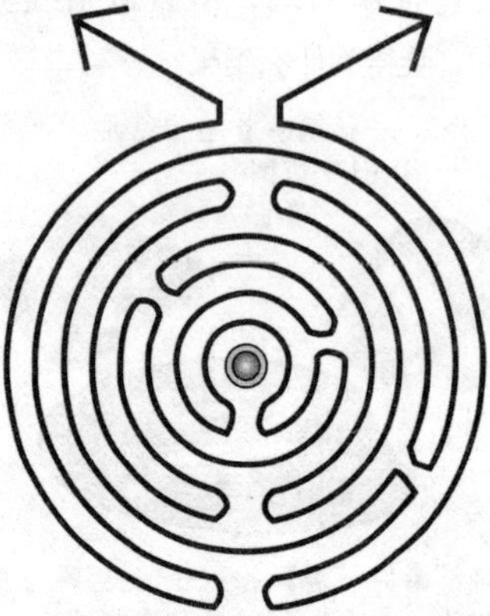

016 贪吃蛇

这些饥饿的蛇正在互相吞食着对方。由于它们采用了这种怪异的进餐方式，它们所组成的圆环正在逐渐缩小。如果它们仍旧继续吞食对方的话，最后这个由蛇构成的圆环会出现什么情况呢？

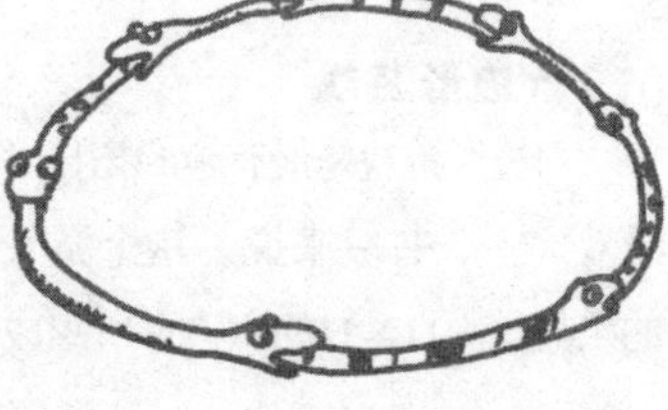

017 最大周长

从A，B，C，D中找出周长最长的那个图形。

A

B
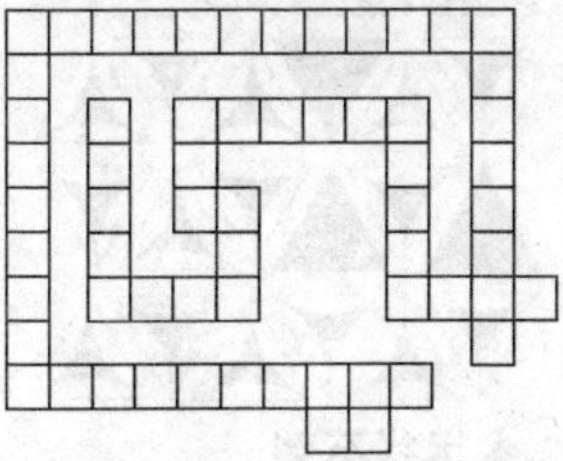

C

D
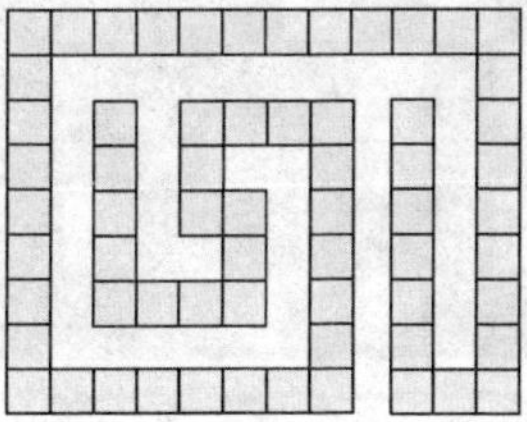

018 金鱼

你从鱼缸的上面向下看，所看到的金鱼位置和金鱼在鱼缸里的实际位置是一致的吗？

019 判断角度

图A：不用尺子测量来判断，这些角中，哪个角是最大的？哪个是最小的？

图B：所有的角都一样大吗？

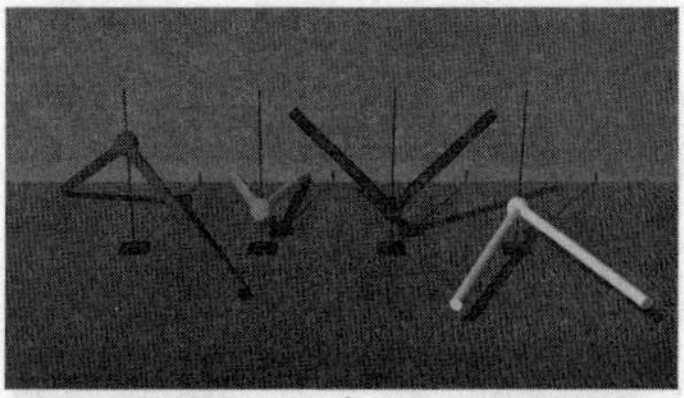
A

B

020 三角形中的点

三角形中的黑点在三角形垂线的中点吗？

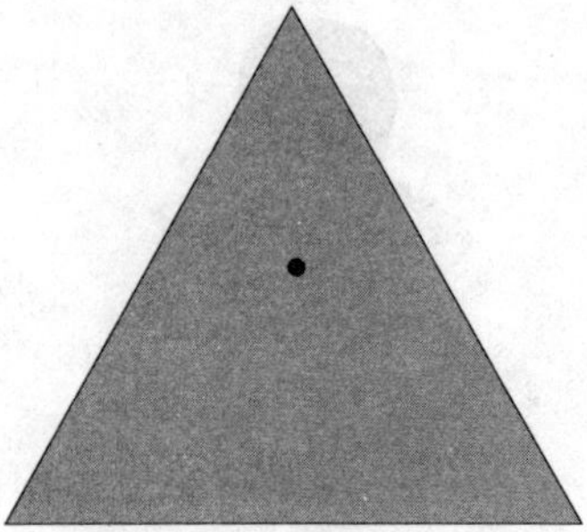

021 封闭的环形线路

这8个方块的每条边都包含6种颜色。你能分辨出方块经过旋转后（不改变它们的位置），哪种颜色能形成封闭的环形线路吗？

022 麦克马洪的彩色三角形

用4种颜色给等边三角形的3个边缘上色，你可能得到24个不同颜色的三角形吗？

注意：旋转后得到的三角形不被算作是不同的；镜面反射则算。

023 永远找不到

底部5张编号的卡片哪一张永远不可能在大正方形中找到？

024 哪个人最矮

这是1890年法国一则关于茶叶的广告。图中哪个人最矮？在测量之前，请大胆猜一猜。

025 狗拉绳子

如果这两只狗向着相反的方向拉这根绳子，绳子将会被拉直。

请问拉直后的绳子上面有没有结，如果有的话，有几个？

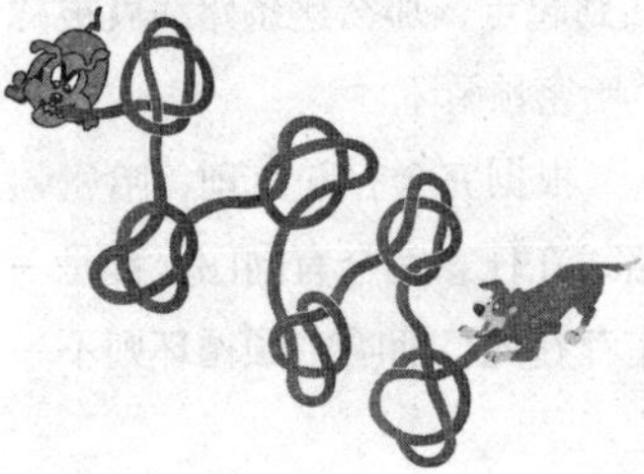

026 不同方向的结

如图，一条绳子的两个不同方向上分别有两个结。

请问这两个结能够相互抵消吗？还有，你能否将这两个结互换位置？

027 数字球

你能找出与众不同的那个数字球吗？

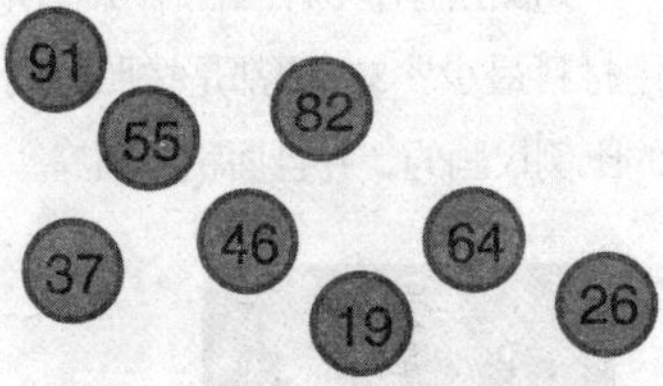

028 动物围栏（1）

这3个围栏的面积相同，请问制作哪个围栏所用的材料最少？

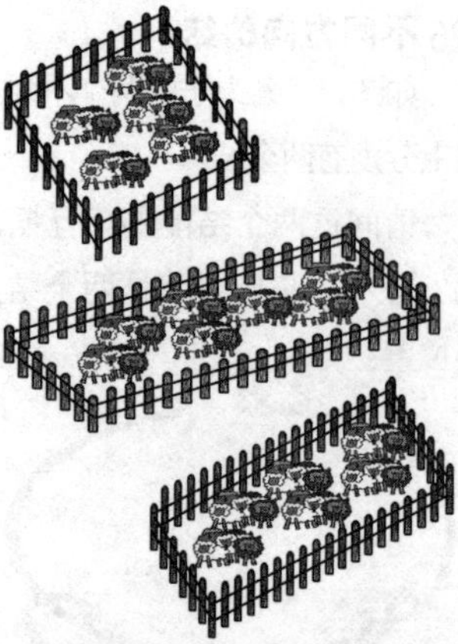

029 动物围栏（2）

2个矩形围栏全等，并且有1条边重合，这种情况下怎样才能使制造围栏所用的材料最少呢？

如图所示，3种围栏中哪种所用材料最少？3幅图都是按照相同的比例尺画的，并且面积都相等。

030 不一样的图标

你能找出其中不同的那个图标吗？

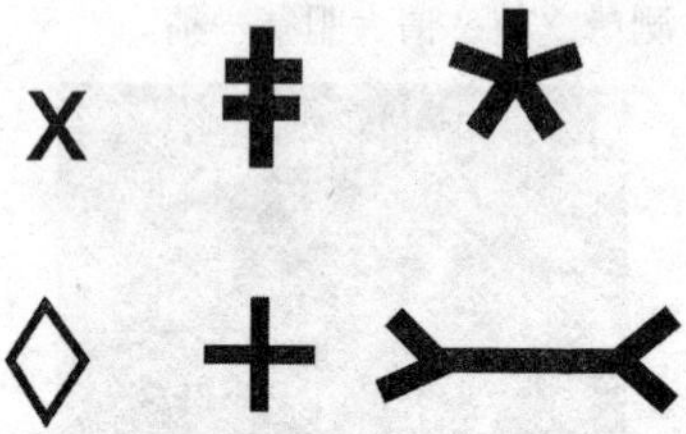

031 哈密顿循环

在完全有向的图里每2个顶点之间都有连线，且每条线段都有1个箭头。

对于完全有向的图有个著名的定理，即完全有向图各线段的箭头不论怎么加，总有1条路线——从某个顶点出发，沿着箭头方向通过每个顶点，且每个顶点只经过1次。这样的路线被称为哈密顿路线。而如果这条路线能够正好回到起点，那么这条路线就被称为哈密顿循环。

根据完全有向定理，哈密顿路线在任意完全有向图上都是一定存在的，而哈密顿循环则不一定。

下面是1个有7个顶点的完全有向图。你能够在它里面找到1个哈密尔顿循环吗？也就是说，从起点开始，到达其他每个顶点分别1次，然后再回到起点。

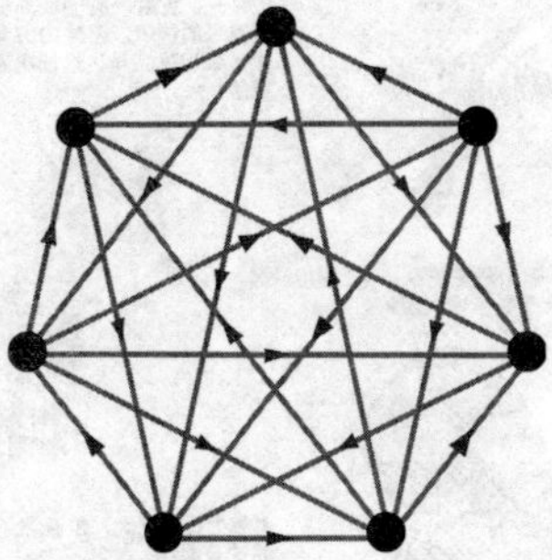

032 与众不同

哪幅图不同于其他4幅？

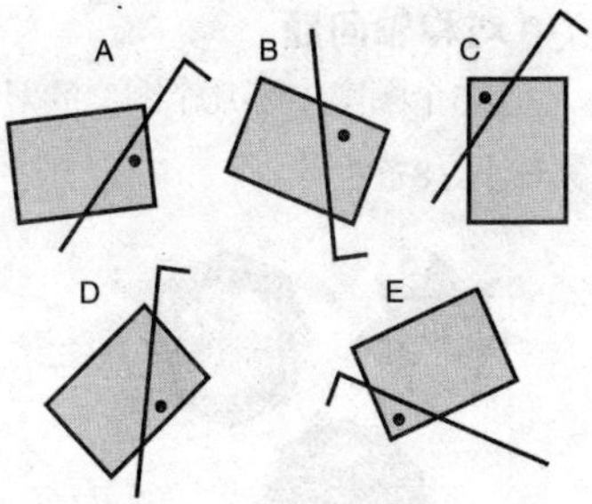

033 一笔画图（1）

如果有的话，在下边的图形中，哪个不需要横穿或者重复其他线条，一笔就能在纸上画出来。

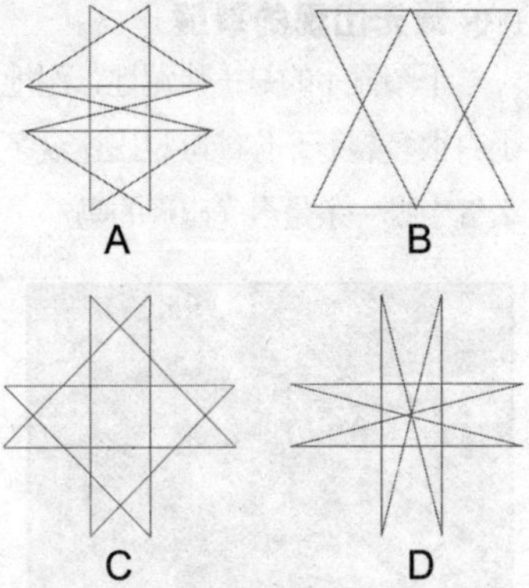

034 一笔画图（2）

你能仅仅利用一根连续的线就把下边的图形整个描画下来吗？将你的铅笔放置于图形的任意一点，然后描画出整个图形，铅笔不得离开纸面。

注意：这条线既不能自行交叉也不能重复路线中的任何部分。

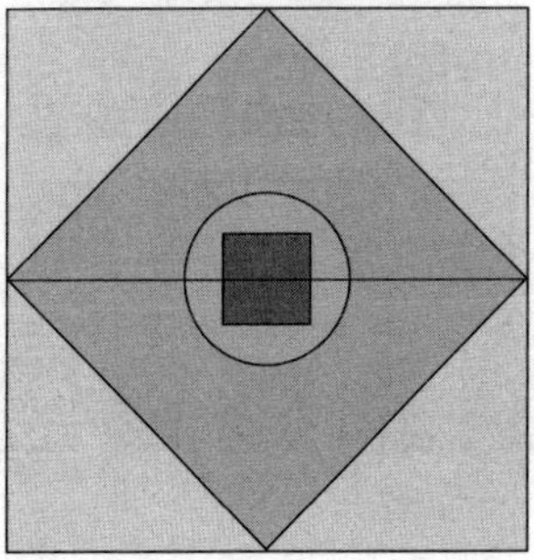

035 最先出现的裂缝

下图显示的是一块泥地，泥地上有很多裂缝，你能够说出这众多裂缝中哪一条是最先出现的吗？

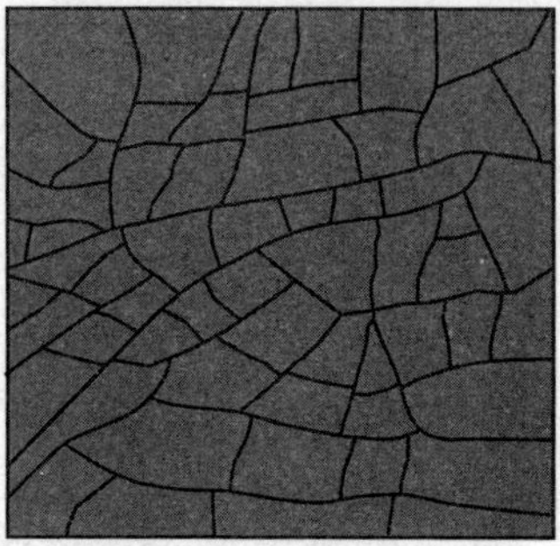

036 图形金字塔

问号处应是A，B，C，D，E中的哪一个呢？

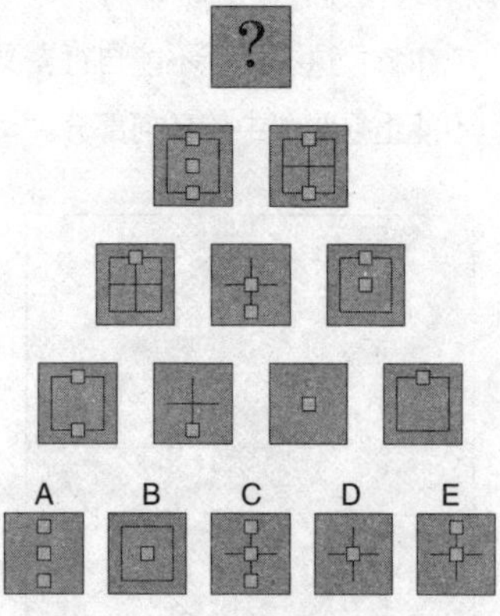

037 敢于比较

你是否能答出每道问题里的哪一件物品更……试试看吧！

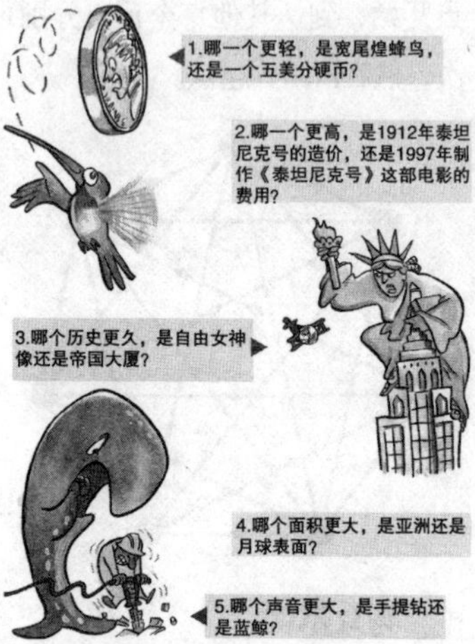

1.哪一个更轻，是宽尾煌蜂鸟，还是一个五美分硬币？
2.哪一个更高，是1912年泰坦尼克号的造价，还是1997年制作《泰坦尼克号》这部电影的费用？
3.哪个历史更久，是自由女神像还是帝国大厦？
4.哪个面积更大，是亚洲还是月球表面？
5.哪个声音更大，是手提钻还是蓝鲸？

038 对称轴问题

这5个图案中哪几个图案的对称轴不是8条？

039 词以类聚

下面表格中的物品可以分成四类，每一类的4件物品都有一些共同点。划为一类的4个空格之间，起码共用一条边。它们都有一些共同点，比如说，滚刷、雨伞、网球拍、箱包的共同点是都有手柄。你能把它们划分出来吗?

040 哪个不是

在这个谜题中，运用你的知识和直觉，来判断每组中不属于该组的一项。你能猜出来是哪一个吗?

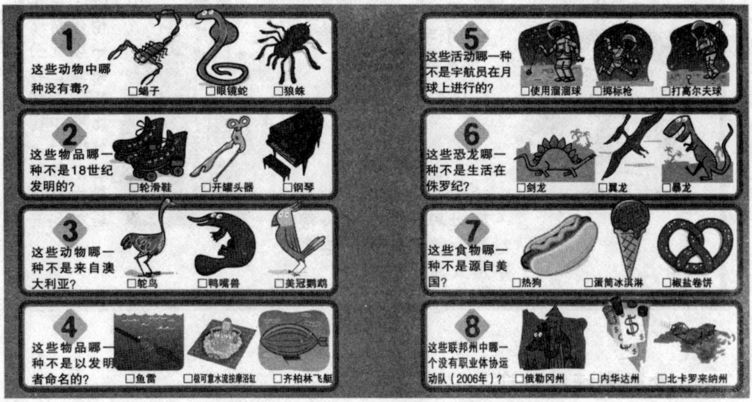
1
这些动物中哪种没有毒?
□蝎子 □眼镜蛇 □狼蛛
2
这些物品哪一种不是18世纪发明的?
□轮滑鞋 □开罐头器 □钢琴
3
这些动物哪一种不是来自澳大利亚?
□鸵鸟 □鸭嘴兽 □美冠鹦鹉
4
这些物品哪一种不是以发明者命名的?
□鱼雷 □极可意水流按摩浴缸 □齐柏林飞艇
5
这些活动哪一种不是宇航员在月球上进行的?
□使用溜溜球 □掷标枪 □打高尔夫球
6
这些恐龙哪一种不是生活在侏罗纪?
□剑龙 □翼龙 □暴龙
7
这些食物哪一种不是源自美国?
□热狗 □蛋筒冰淇淋 □椒盐卷饼
8
这些联邦州中哪一个没有职业体协运动队（2006年）?
□俄勒冈州 □内华达州 □北卡罗来纳州

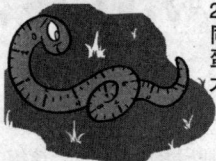

041 数字错误

图中那些令人惊叹的说法都有一个问题：每次遇到的数字事实上都是错误的。阅读每一个说法，判断数字是太高还是太低。

1.史上发现最长的蛇是一条长22英尺的巨蟒。这个数字是太高还是太低？
2.苏斯博士只用104个不同的单词来写《火腿加绿蛋》这本书。这个数字是太高还是太低？
3.如果木星是中空的，你可以放进去310个地球。这个数字是太高还是太低？
4.沃尔特·迪士尼有生之年赢得的奥斯卡奖项比任何人都要多，总共35个。这个数字是太高还是太低？
ALOHA
5.夏威夷语言里只有20个字母。这个数字是太高还是太低？
6.1993年，有个人创造了一项世界纪录，在一根钢丝绳上待了36天。这个数字是太高还是太低？
7.篮球运动员威尔特·张伯伦保持了一项比分纪录，在NBA单场比赛中得分62分。这个数字是太高还是太低？

042 冷酷无情的事实

在这道题中，运用你关于寒冷天气的知识，辨别每组里面不属于该组的一个。你能找出来是哪个吗？

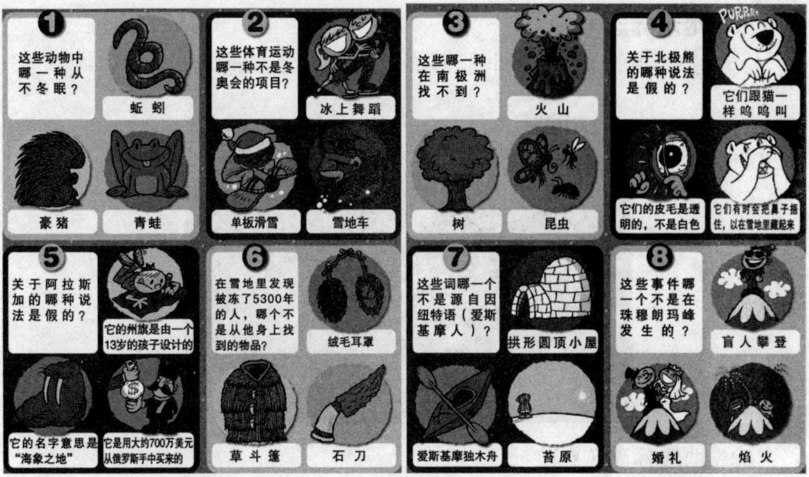
1
这些动物中哪一种从不冬眠？
蚯蚓
豪猪
青蛙
2
这些体育运动哪一种不是冬奥会的项目？
冰上舞蹈
单板滑雪
雪地车
3
这些哪一种在南极洲找不到？
火山
树
昆虫
4
关于北极熊的哪种说法是假的？
PURR
它们跟猫一样呜呜叫
它们的皮毛是透明的，不是白色
它们有时会把鼻子捂住，以在雪地里藏起来
5
关于阿拉斯加的哪种说法是假的？
它的州旗是由一个13岁的孩子设计的
它的名字意思是“海象之地”
它是用大约700万美元从俄罗斯手中买来的
6
在雪地里发现被冻了5300年的人，哪个不是从他身上找到的物品？
绒毛耳罩
草斗篷
石刀
7
这些词哪一个不是源自因纽特语（爱斯基摩人）？
拱形圆顶小屋
爱斯基摩独木舟
苔原
8
这些事件哪一个不是在珠穆朗玛峰发生的？
盲人攀登
婚礼
焰火

043 运动空间

下图中的每一个孩子都在做运动，但是，他们的运动器材并没有画出来。请仔细观察他们的姿势，你能说出这些分别是什么运动吗？你可以选择参考右下角列出的词，当然，如果想要增加挑战性，也可以不看这些词，自己想出来。

044 **地理标志（1）**

这幅图中隐藏了一个非常著名的地理标志，你知道是什么吗？

045 **地理标志（2）**

这幅图中隐藏了一个非常著名的地理标志，你知道是什么吗？

046 **地理标志（3）**

这幅图中隐藏了一个非常著名的地理标志，你知道是什么吗？

047 地理标志（4）

这幅图中隐藏了一个非常著名的地理标志，你知道是什么吗？

048 地理标志（5）

这幅图中隐藏了一个非常著名的地理标志，你知道是什么吗？

049 地理标志（6）

这幅图中隐藏了一个非常著名的地理标志，你知道是什么吗?

050 找错误（1）

下边这幅图的画家犯了一系列视觉的、概念的和逻辑的错误。你能把这些错误全部找出来吗?

051 找错误（2）

下边这幅图的画家犯了一系列视觉的、概念的和逻辑的错误。你能把这些错误全部找出来吗?

052 找错误（3）

下面这幅图的画家犯了一系列视觉的、概念的和逻辑的错误。你能把这些错误全部找出来吗？

053 找错误（4）

下面这幅图的画家犯了一系列视觉的、概念的和逻辑错误。你能把这些错误全部找出来吗？

第 4 章　推理力

001 数列对应

如果数列1对应数列2，那么数列3对应的是哪一个？

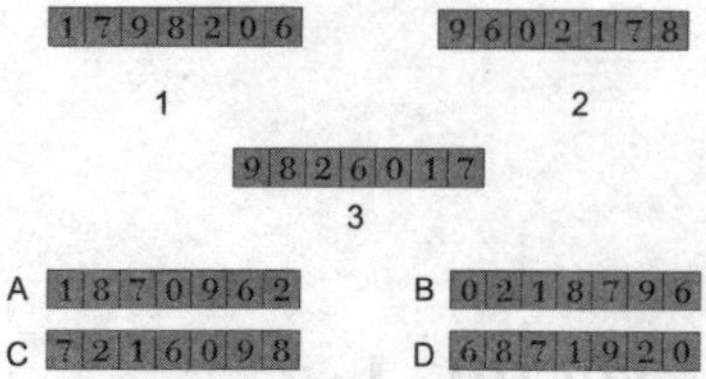

002 分蛋糕

要求把这个顶上和四周都有糖霜装饰的蛋糕分成5块体积相等，并且有等量糖霜的小蛋糕。

如果蛋糕上没有糖霜或装饰，这个问题就可以用简单的4条平行线解决，但是现在问题有点麻烦，因为那样做将会使2块蛋糕上有较多的糖霜。

003 沿铰链转动的双层魔方

沿着铰链翻动标有数字的方片会覆盖某些数字并翻出其他数字：每个方片背面的数字是和正面一样的，而在每个方片下面(即第2层魔方)的数字则是该方片原始数字的2倍。

如果要得到一个使得所有水平方向的行、垂直方向的列以及2条对角线上的和分别都等于总魔数的魔方，需要翻动多少方片和哪些方片？

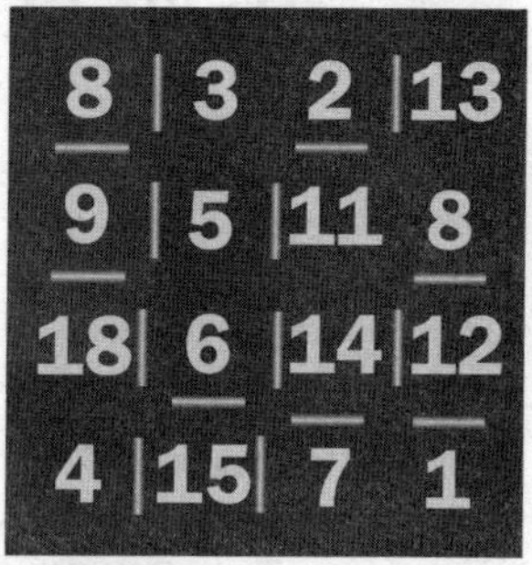

004 猫鼠游戏

游戏界面上放了3只猫和2只老鼠，每只猫都看不见老鼠，同样老鼠也都看不见猫（猫和老鼠都只能看见横向、纵向和斜向直线上的物体）。

现在要求再放1只猫和2只老鼠在该游戏界面上，并且使上面的条件仍然成立，你可以做到吗？不能改变游戏界面上原有的猫和老鼠的位置。

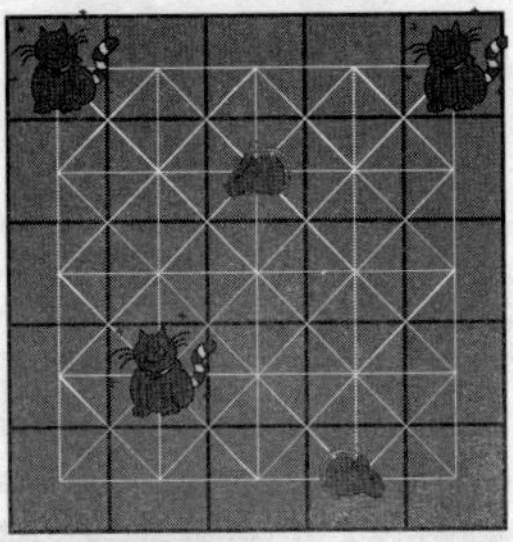

005 发现规律

下列图形是按照一定规律排列的，按照这一规律，接下来应该填入方框中的是A，B，C，D中的哪一项？

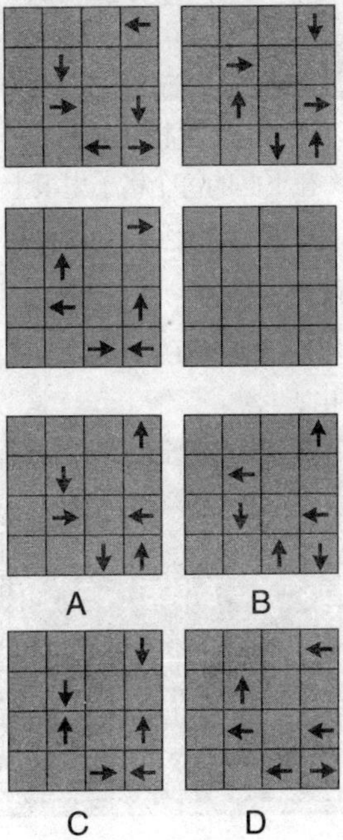

006 箭头的方向

从格栅的左上角开始，每个箭头都是按照一定的逻辑顺序排列的。那么，空格处的箭头应朝哪个方向，同时，这个排列顺序是什么？

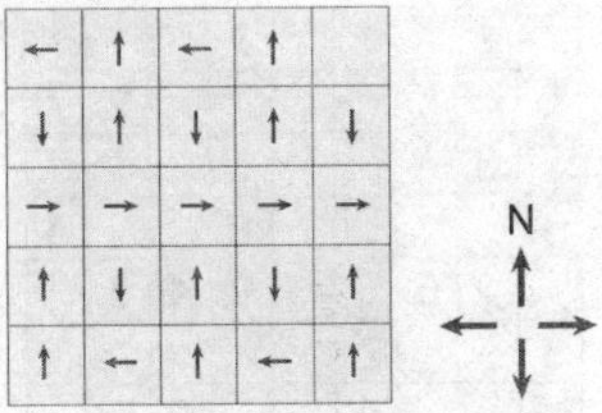

007 正确的选项

根据已给出的数列，请推测问号处应填A，B，C，D，E，F哪一项？

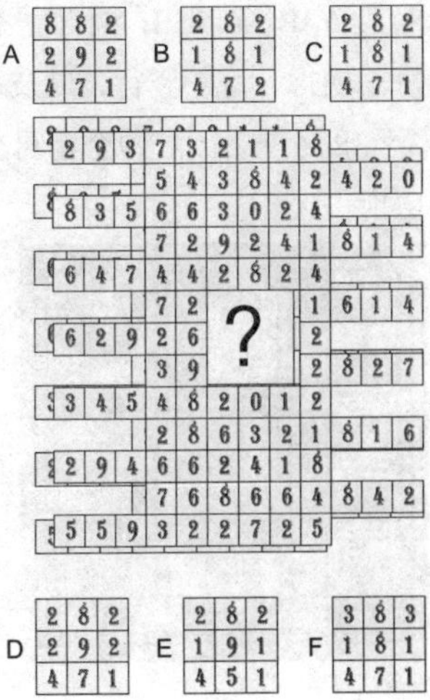

008 数独

这是流行于日本的一种游戏——数独。它的规则比较简单：从1~9这些数字中选择1个，放入每个空格中，使每一横排、纵列和3×3的格子中都包含了1~9这些数字。

	8				1			
6							2	7
	3	4			6			
					8			1
	2	6	5		9	4	3	
3			2					
			9			3	5	
4	9							6
			1				8	

009 字母九宫格（1）

在下面的每个格子里填上字母S, P, A, R, K, L, I, N和G，使得每一横行、每一竖行，以及每个3×3的小方框中这9个字母分别出现一次。

P		N		K				L
						N		
		A		I	P			
		L		G	R			N
K				L			G	
						R		
			P		S	I		A
A	K	R	G					S

010 字母九宫格（2）

在下面的每个格子里填上字母S，P, A, R, K, L，I , N和G，使得每一横行、每一竖行，以及每个3×3的小方框中这9个字母分别出现一次。

L			S	A		G		K
			N					
	P							R
			L				A	
					S		R	P
G	I							
		P	I	L			G	
		I			P		N	A
		N						

011 字母九宫格（3）

在下面的每个格子里填上字母S，P, A, R, K, L，I , N和G，使得每一横行、每一竖行，以及每个3×3的小方框中这9个字母分别出现一次。

		I	N					K
						G		
	L	G		K	R		S	
				S			A	
		S				P		
	R	P		I	K			
		K			N			
	S		I					P
N							L	R

012 扑克牌（1）

猜一猜，哪张扑克牌可以替换问号完成这道题？

013 扑克牌（2）

想一想，哪张扑克牌替代问号后可以完成这道难题？

014 逻辑数值

问号处的逻辑数值是多少？

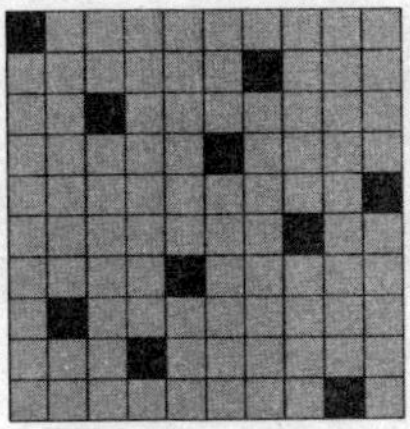

0324924831

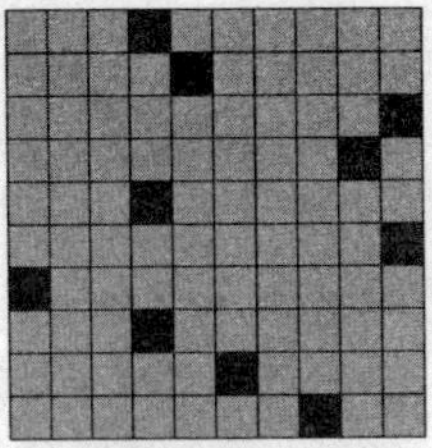

3591300652

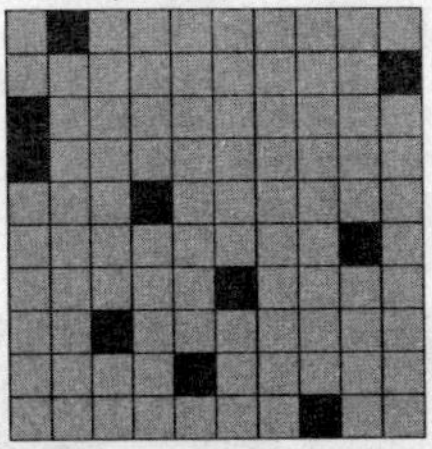

?

015 帕斯卡定理

下图是液压机的一个模型，从中我们可以清楚地看到它的机械效率(一台机器产生的输出力和应用的投入力之间的比例)。这个液压机有两个汽缸，每个汽缸有一个活塞。

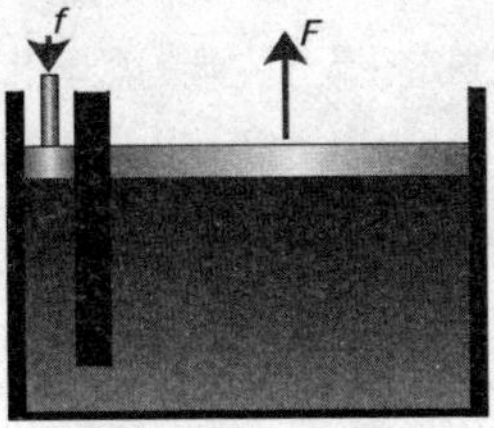

这个模型中：

小活塞的面积是3平方厘米；大活塞的面积是21平方厘米;机械效率为21÷3=7。

请问小活塞上面需要加上多少力，才能将大活塞向上举起1个单位的距离？

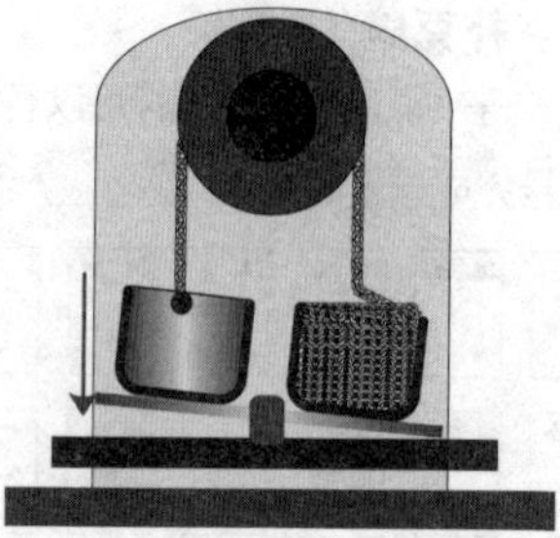

016 画符号

请在空格中画出正确的符号。

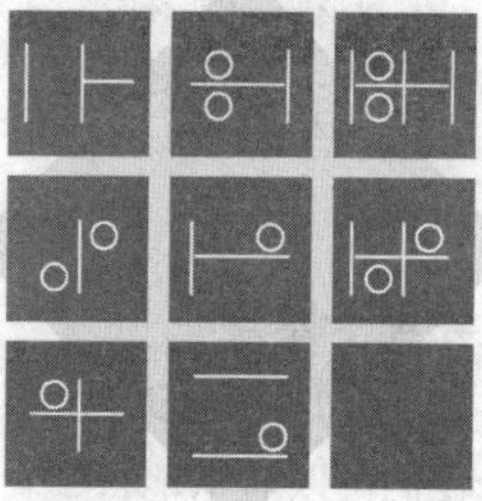

017 链条平衡

如图所示，天平右端的盘里装了一条链子，这条链子绕过一个滑轮被固定在天平左端的盘子上。

如果现在把天平左端翘起的空盘往下压，会出现什么情况？

018 柜子里的秘密

我的电脑桌旁边的一面墙上有一些小的木柜子，平时可以放一些小东西，我就把自己的收藏分别放在这些柜子里。放的时候我按照了英文字母的排列顺序，如下图所示，这个顺序能够提示我记住密码。

你能猜出我的密码是什么吗？

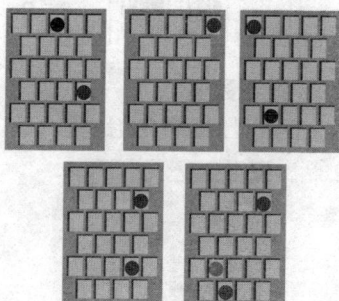

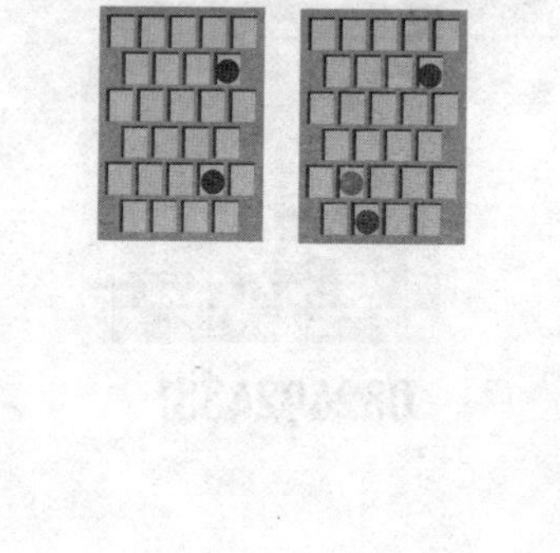

019 连续八边形

哪一个八边形可以继续这个序列？

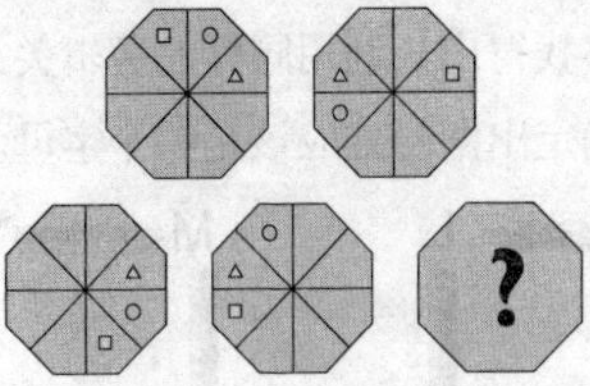

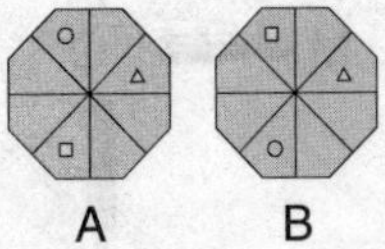

A　　B

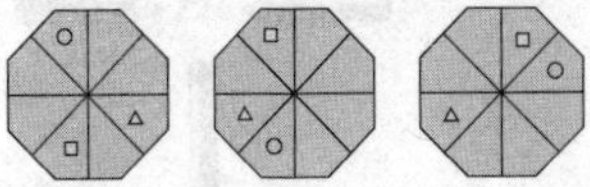

C　　D　　E

020 洪水警告

根据安装在漂浮物上的这组齿轮，你能推断出洪水警告正确吗？

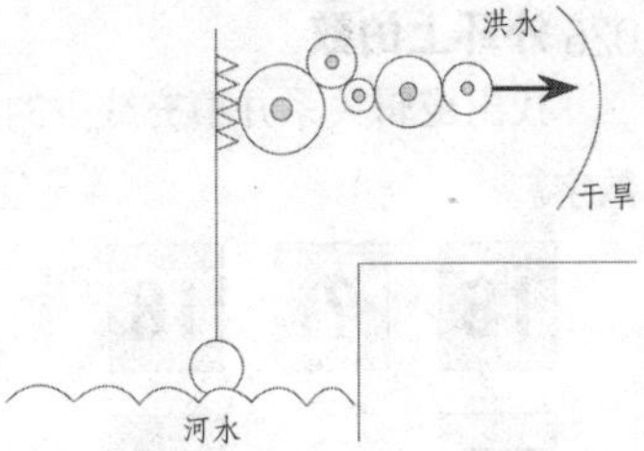

021 对号入座

仔细观察一下，问号的地方应该填入哪个图形？

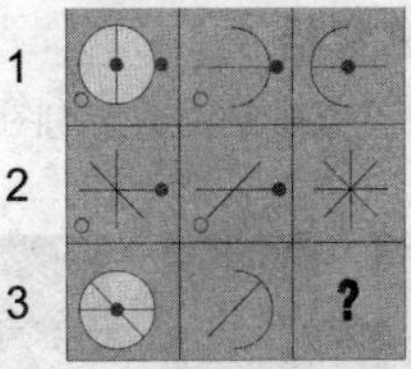

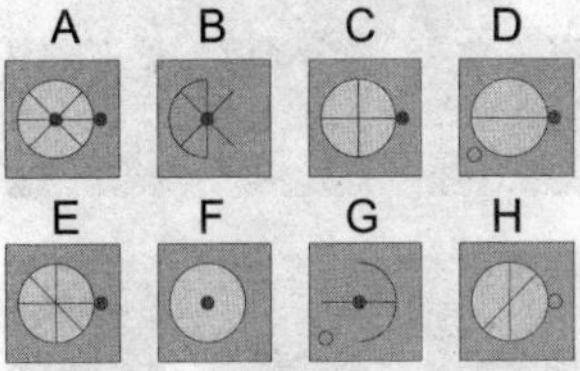

022 归位

6个选项中哪一个可以完成这个问题？

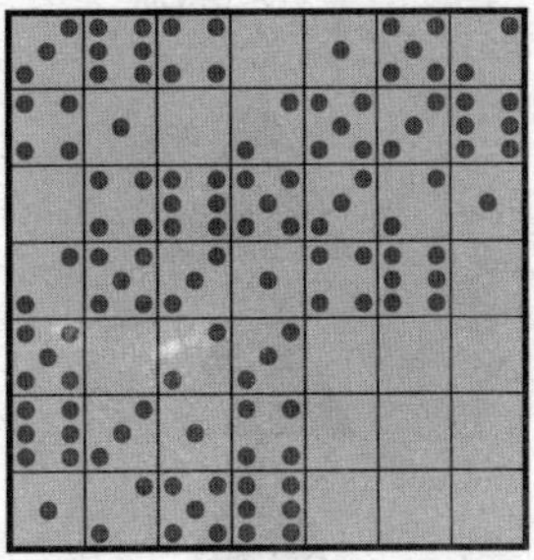

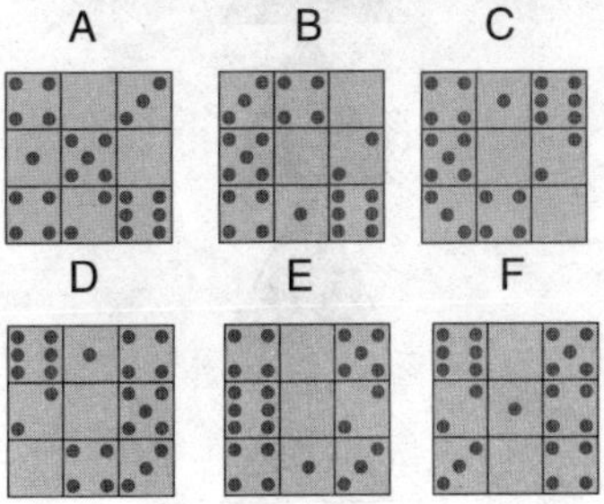

023 填充空格

请在空格中画出适当的图形。

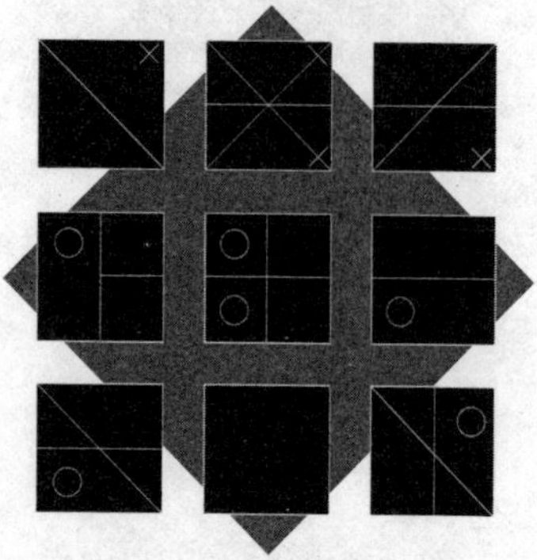

024 树形序列

你能完成这个序列吗?

025 铅笔游戏

你能找出这个排列方式中所利用的逻辑关系吗？如果你能够找得出，利用同样的逻辑关系确定出问号处应该是哪个字母。

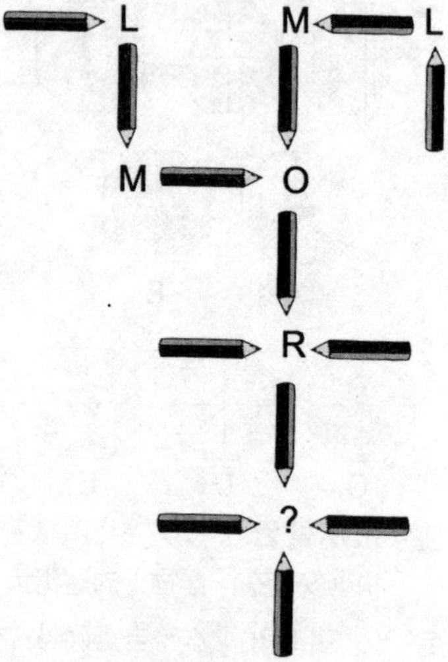

026 外环上的数

找出逻辑关系并填充缺少的数字。

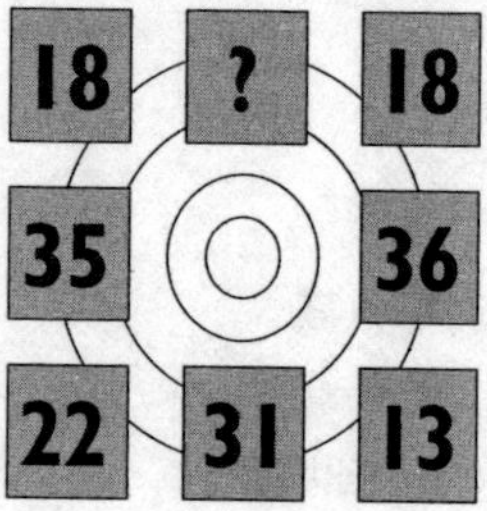

027 恰当的数字（1）

猜猜看，问号处应该填上什么数字？

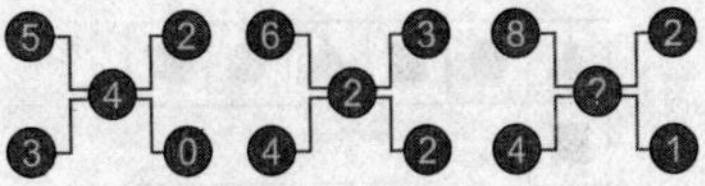

028 恰当的数字（2）

在下图中标注问号的地方填上恰当的数字。

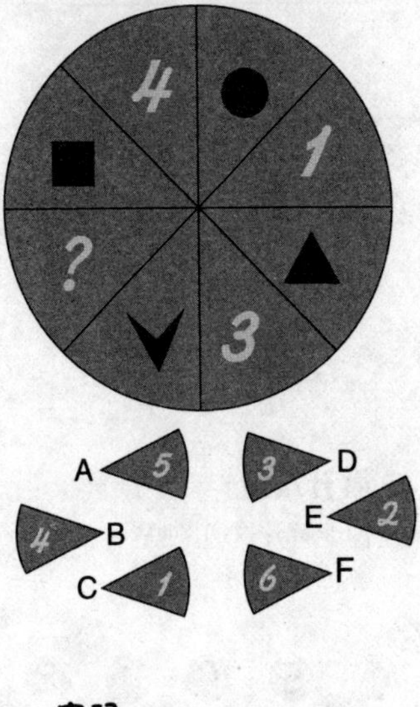

029 密码

一位男士在银行新开了一个账户，他需要为这个账户设定一组密码。按照银行的规定，密码一共有5位，前3位由字母组成，后2位由数字组成：

问：按照下面的条件，密码的设定分别有多少种可能性？

1.可以使用所有的字母和所有的数字。

2.字母和数字都不能重复。

3.密码的开头字母必须是T，其他条件同条件2。

030 逻辑数字

你知道问号处应填上什么数字吗。

1.

4 ⟶ 13
7 ⟶ 22
1 ⟶ 4
9 ⟶ ?

2.

6 ⟶ 2
13 ⟶ 16
17 ⟶ 24
8 ⟶ ?

3.
8 → 23
3 → 13
11 → 29
2 → ?

4.
6 → 10
5 → 8
17 → 32
12 → ?

5.
18 → 15
20 → 16
8 → 9
14 → ?

6.
31 → 12
15 → 4
13 → 3
41 → ?

7.
10 → 12
19 → 30
23 → 38
14 → ?

8.
9 → 85
6 → 40
13 → 173
4 → ?

9.
361 → 22
121 → 14
81 → 12
25 → ?

10.
21 → 436
15 → 220
8 → 59
3 → ?

11.
5 → 65
2 → 50
14 → 110
8 → ?

12.
15 → 16
34 → 92
13 → 8
20 → ?

13.
5 → 38
12 → 80
23 → 146
9 → ?

14.
7 → 15
16 → 51
4 → 3
21 → ?

15.
36 → 12
56 → 17
12 → 6
40 → ?

16.
145 → 26
60 → 9
225 → 42
110 → ?

17.
25 → 72
31 → 108
16 → 18
19 → ?

18.
8 → 99
11 → 126
26 → 261
15 → ?

19.
8 → 100
13 → 225
31 → 1089
17 → ?

20.
29 → 5
260 → 16
13 → 3
40 → ?

031 恰当的符号

在下图中标注问号的地方填上恰当的选项。

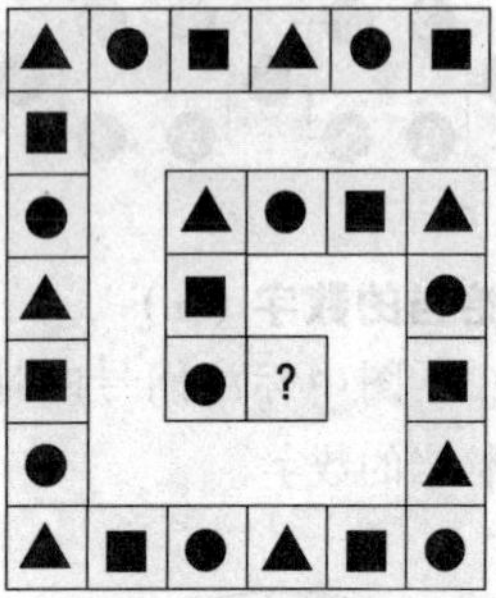

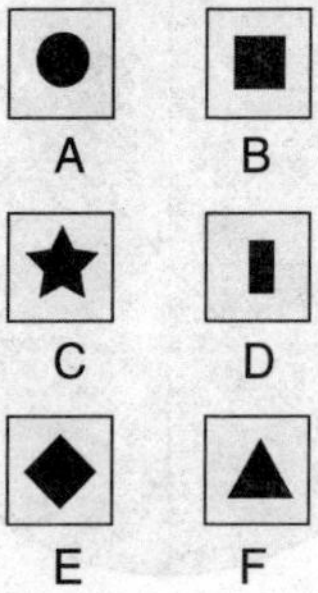

032 解开难题

你能解开这道题吗?

033 数字盘

你能找出最后那个数字盘中问号部分应当填入的数字吗?

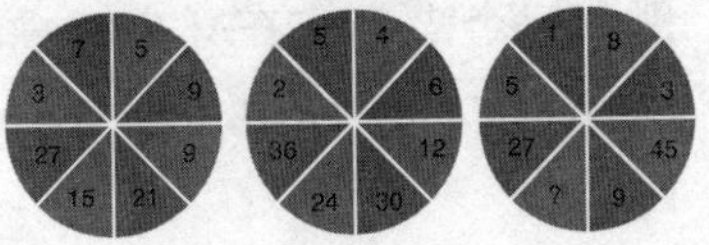

034 图形推理

你能找出最后那个三角形中问号部分应当填入的图形吗?

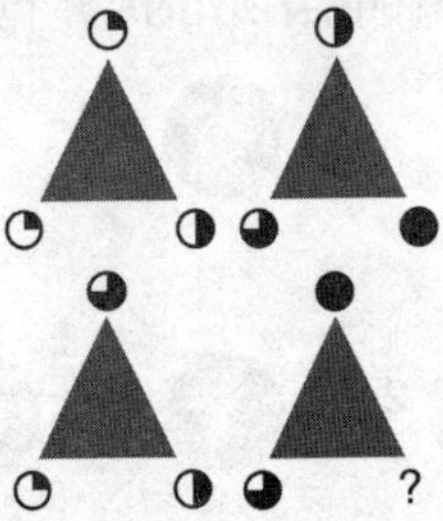

035 缺少的数字

让我们看看这道题，最后那个正方形中缺少什么呢?

036 环形图

你能想出填上什么数字后可以完成这个环形图吗?

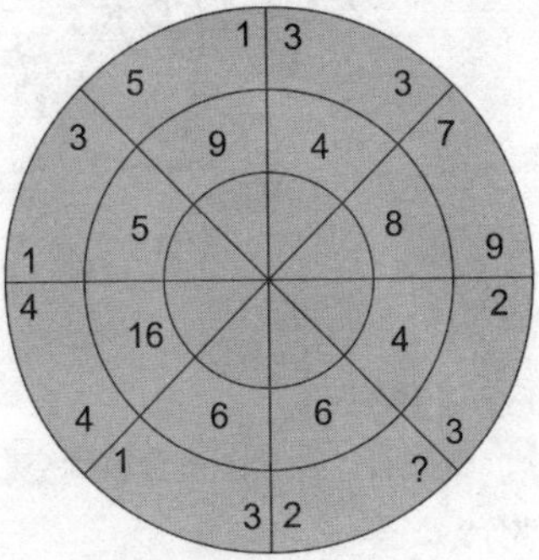

037 图形推数

问号处所缺的数字是多少?

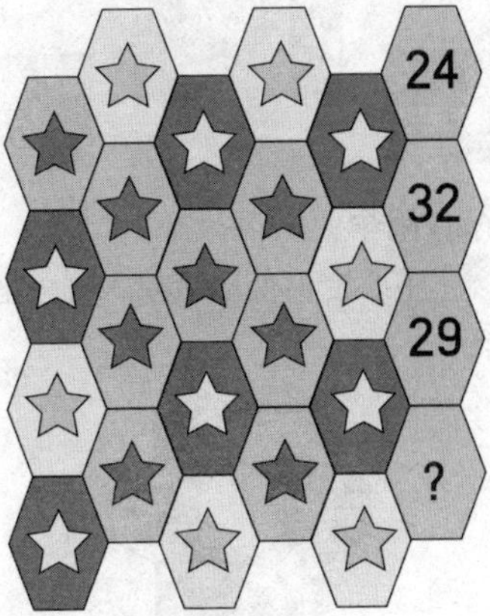

038 滑轮方向

如果齿轮A按照顺时针方向旋转，那么滑轮E将按什么方向旋转呢？

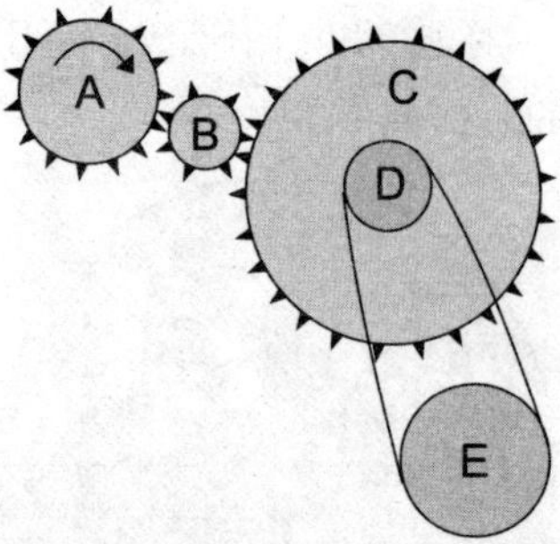

039 填补空白

找找看，哪个图适合填到空白部分？

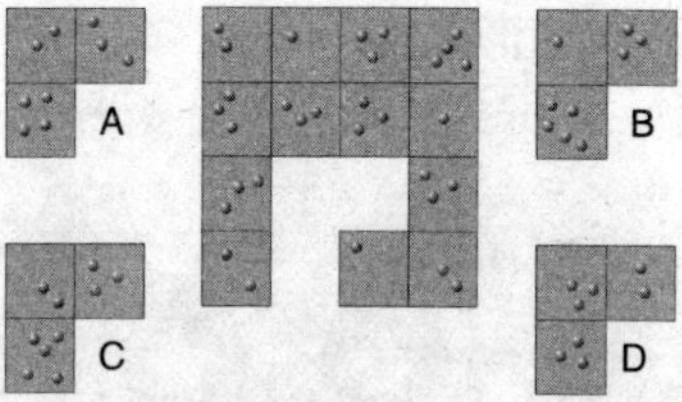

040 雨伞

中心空白处应该放入哪一把雨伞？

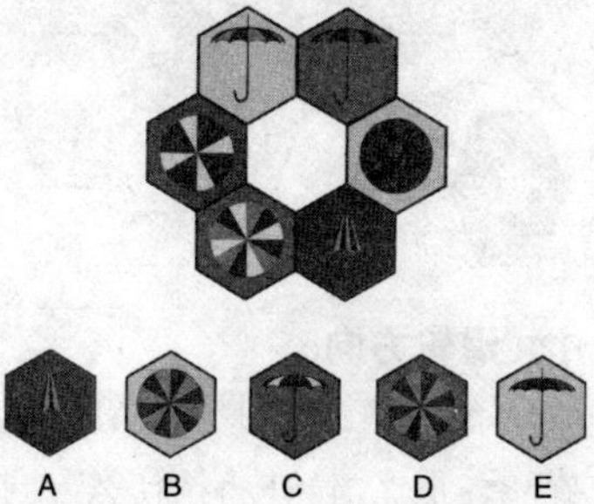

041 城镇

在如图所示的地图中，须填入字母A，B，C，D，E，F，分别代表6个城镇。C在A的南边、E的东南边，B在F的西南边、E的西北边。

1.图中标注1处的是哪个城镇？

2.哪个城镇位于最西边？

3.哪个城镇位于A的西南边？

4.哪个城镇位于D的北边？

5.图中标注6处的是哪个城镇？

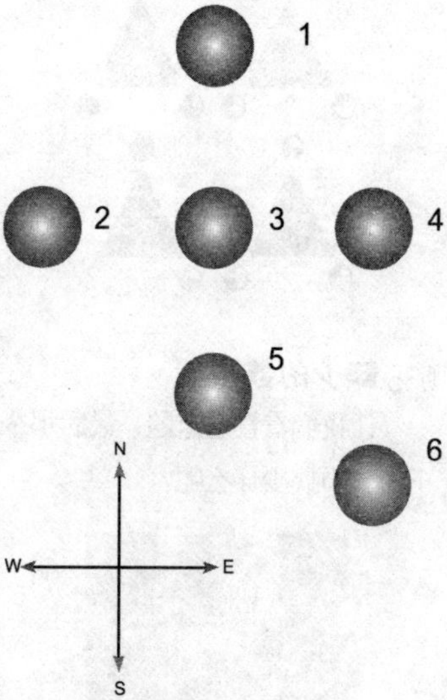

042 空缺图形

这一组图是按照一定的逻辑规

律排列的，那么空缺的图形是什么呢？

043 数字与脸型

你能推算出问号部分应当填入什么数字吗？

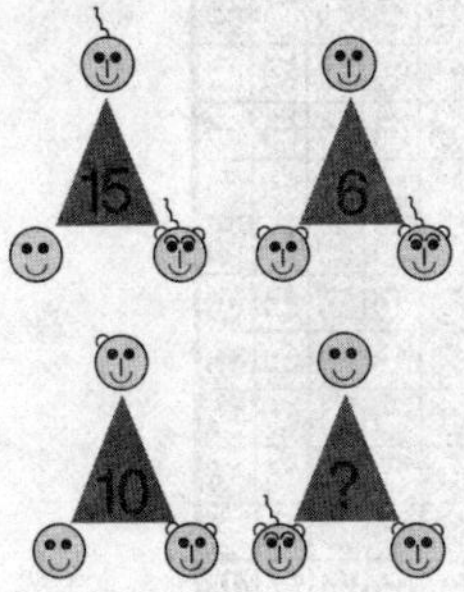

044 数字难题

什么数字替代问号以后可以完成这道难题？

045 数字与图形（1）

数字和图是根据一定的规律组合的。你能算出问号部分应当填入什么数字吗？

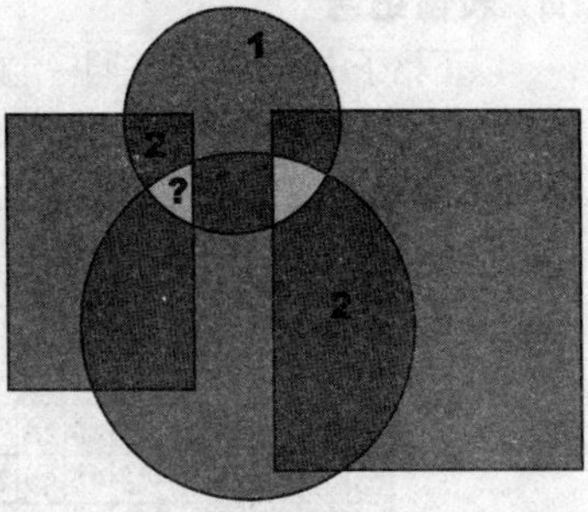

046 数字与图形（2）

你能找出数字与图形之间的组合规律吗？然后指出问号部分应当填入的数字。

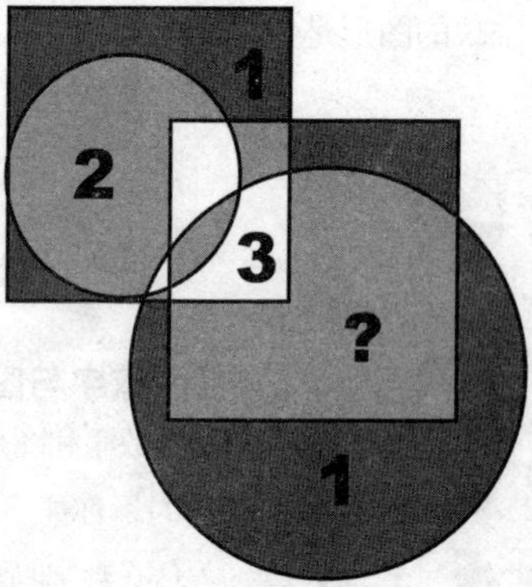

047 **表情组合**

以下格子中的表情是按照一定的规律排列的。你能找出其规律，并指出缺失部分应当填入的表情组合吗？

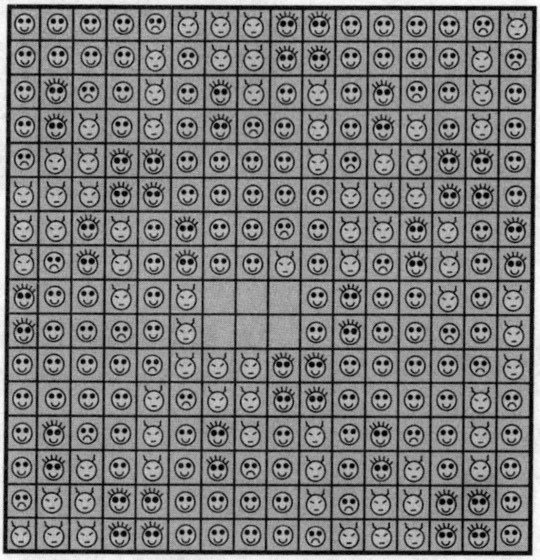

A　　B　　C　　D

048 缺失的符号

以下格子中的图是按照一定的规律排列的。你能找出其规律，并将缺失部分补充完整吗？

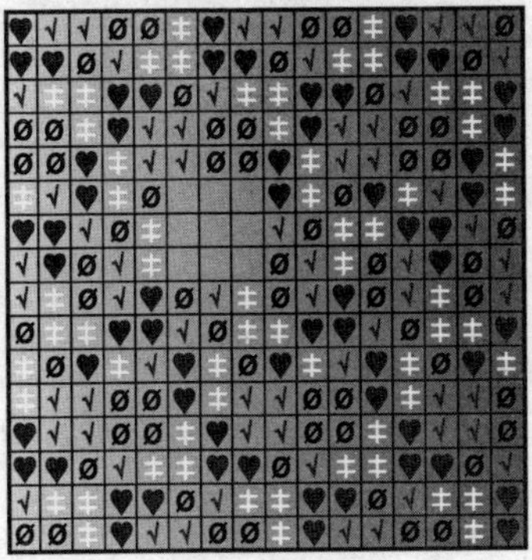

049 曲线加法

将一定的数值绘成曲线，形成了曲线1和曲线2，如果把曲线1和曲线2所代表的数值加在一起，那么4个选项中哪一个将会是图表组合之后所形成的样子呢？

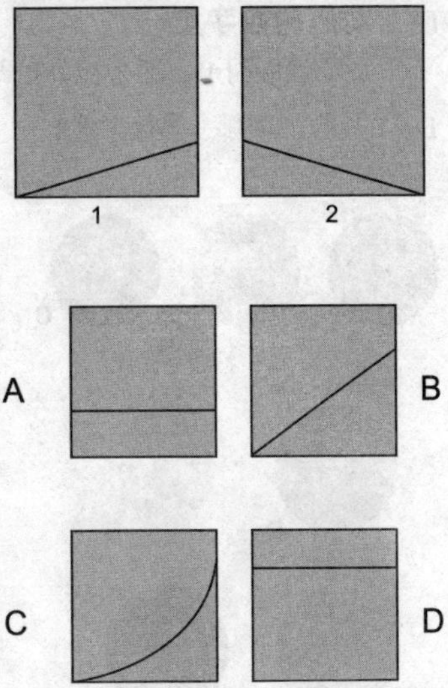

050 数学公式

4个三角形之间是通过1个简单的数学公式联系在一起的。你能找出其中不同的1个吗？

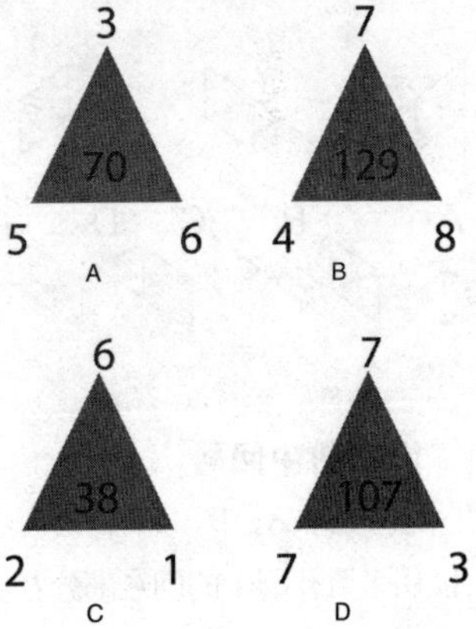

051 对应的数字盘

如果A对应于B，那么C对应于D、E、F、G中哪一个数字盘？

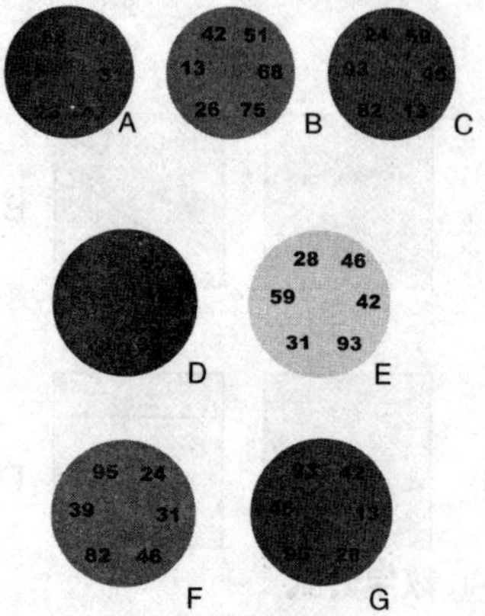

052 下一个图形

下一个图形是什么呢？

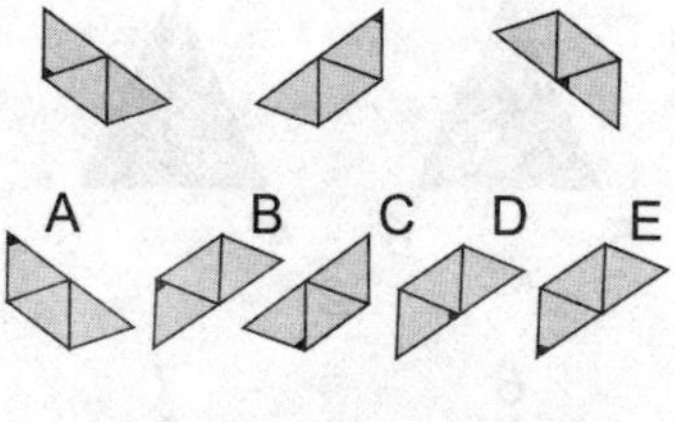

053 填补圆中问号

想一想，A，B，C，D哪一项可以用来填补圆中的问号部分？

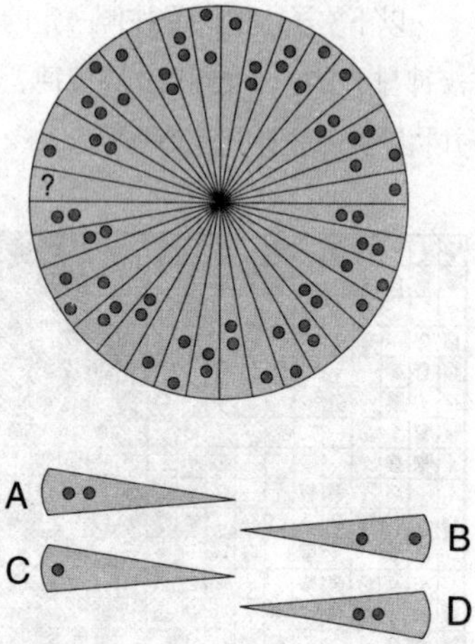

054 按键（1）

要解除这个爆炸装置，你必须按正确的顺序按键，一直按到“按键”这个钮。

每个键你只能按1次，标着“U”字母的代表向上，“D”代表向下，“L”表示向左，“R”表示向右。键上所标明的数字是你需要迈的步数。

请问你第1个按的应该是哪个键？

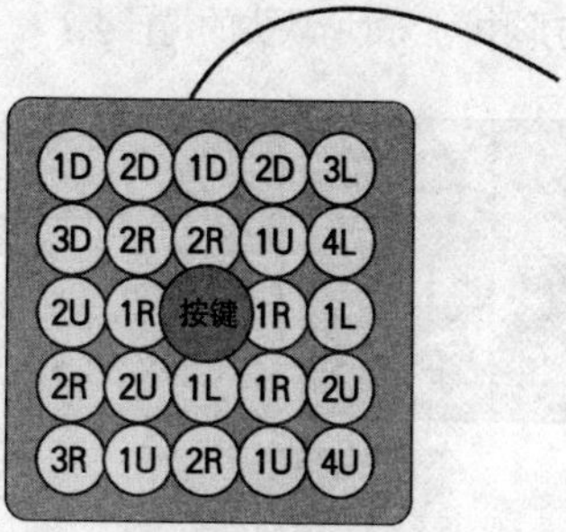

055 按键（2）

要解除这个爆炸装置，你得按照正确的顺序依次按键，直到按下“按键”这个键。键上注有U的表示向上，“D”表示向下，“L”表示向左，R表示向右。而每次该走几步键上也都作了指示。注意每个键只能按1次。请问首先应该按哪个键?

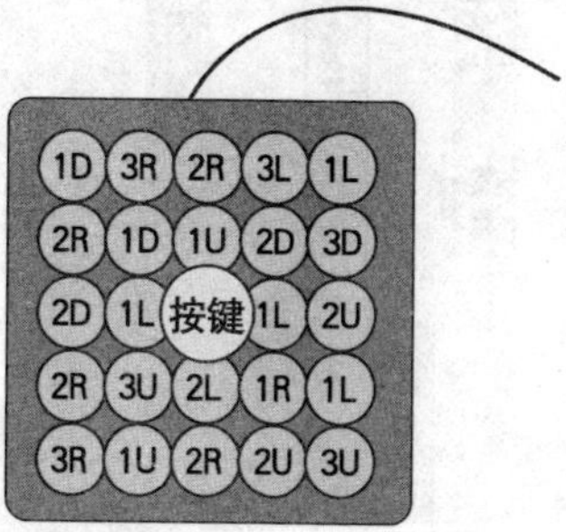

056 数值

如果图形A代表数值6，那么图形B代表哪个数值?

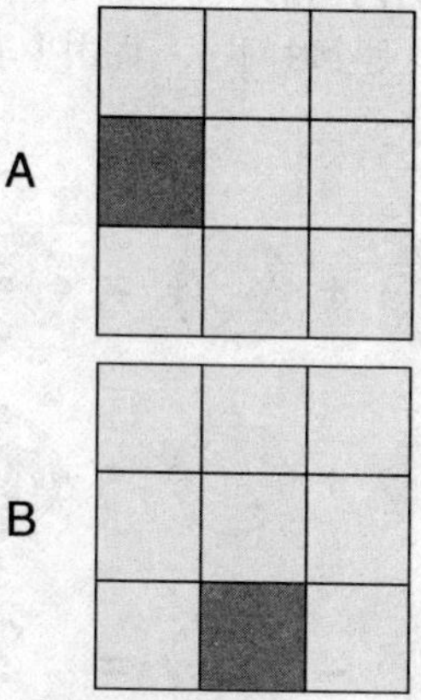

057 错误的方块

格子里有9个方块，标号从A1到C3，每个方块都在其上边和左边有与之相同字母和数字标号的方块相对应，方块里的图形由这两个方块叠加而成。例如，B2是2和B中所有线条和图形的叠加。9个方块中哪一个是错的呢?

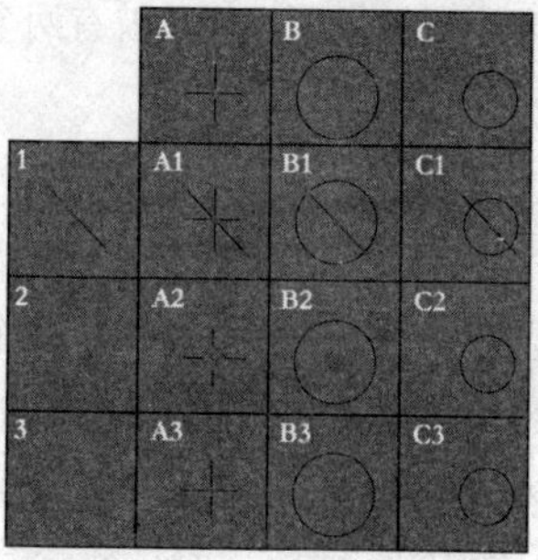

058 时间图形

这是个时间题，图中少了哪个图形？

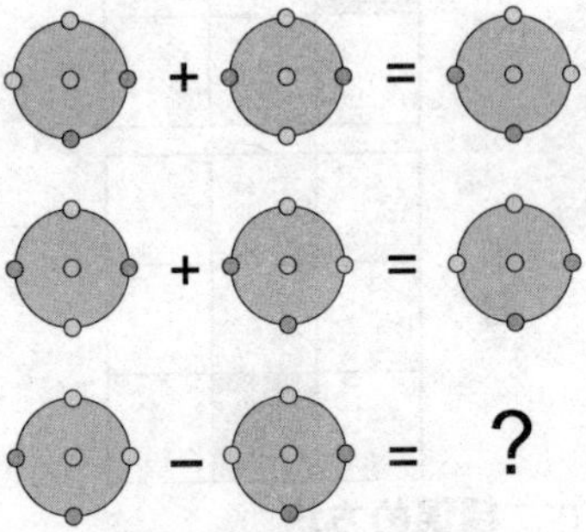

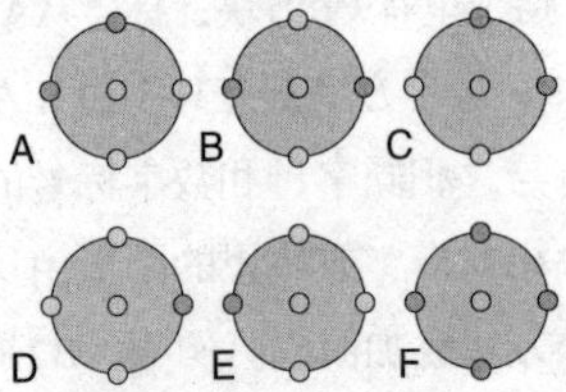

059 序列格

序列格是由一些顺序相互关联的内容所组成的。这里就有两个范例。

在第1个正方形中，所遵循的顺序是将格子里的数字依次一分为二。而第2个正方形中列举的是1个字母序列，这些字母之间都隔着1个本应存在于二者之间的字母（但该字母并未出现）。请问第3个正方形中问号处所缺失的是什么？

512	256	128
64	32	16
8	4	2

A	C	E
G	I	K
M	O	Q

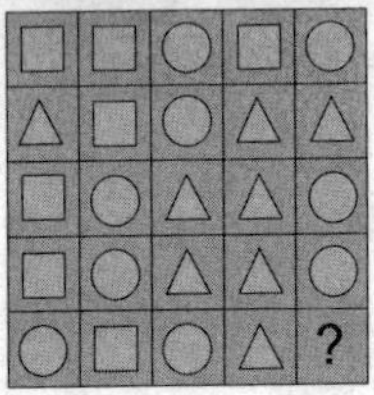

060 延续数列

观察这几列数字，哪个选项可以继续这个序列？

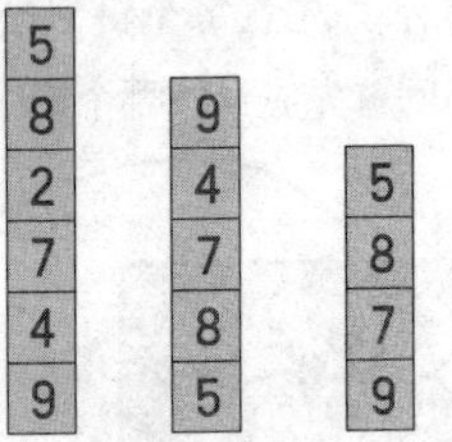

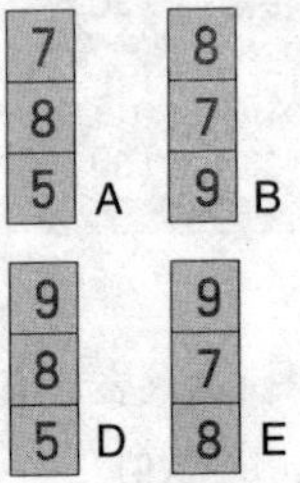

第 5 章　分析力

001 另类图形

下面哪幅图和其他各幅都不同？

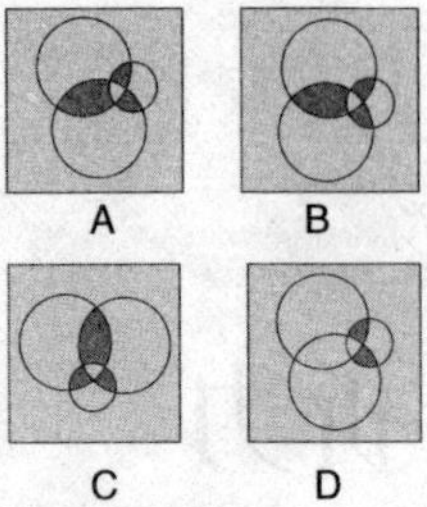

002 完成序列图

想一想，选项中哪个图形可以完成这组序列图？

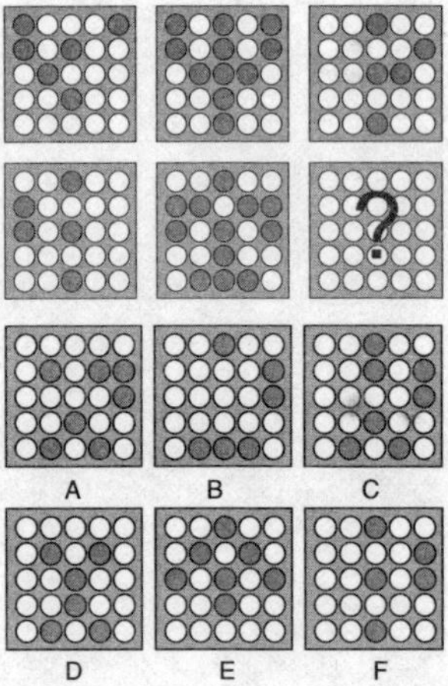

003 男孩女孩

5个人排成1行，5个人中有男孩也有女孩，但是男孩和女孩各自的人数不确定，问有多少种排列方法可以使每个女孩旁边至少有1个女孩？

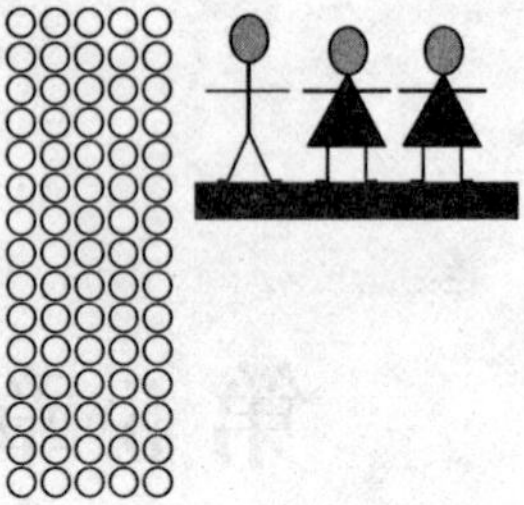

004 数字狭条

你能不能把这个图案分成85条由4个不同数字组成的狭条，使得每个狭条上的魔数都等于34？

用数字1~16组成和为34的四数组合共有86种。下边的网格图中只出现了85条。你能把缺失的那条找出来吗？

1	4	14	15	1	3	5	12	14	14	4	7	11	12	3	13	2
12	13	4	5	6	10	16	3	5	7	2	16	9	7	6	8	10
11	8	1	14	12	16	5	2	11	9	1	7	12	14	10	3	7
10	9	13	2	15	5	6	16	7	4	2	9	11	12	15	10	15
13	6	3	15	8	9	2	3	2	6	3	3	7	8	16	4	1
7	11	7	4	16	8	6	8	5	7	6	13	16	1	4	7	6
8	9	9	2	5	12	15	9	13	10	11	12	1	3	8	10	11
6	8	15	16	6	10	2	14	14	11	14	1	10	9	14	13	16
2	8	11	13	4	11	7	1	15	4	2	1	3	2	6	11	15
6	7	9	12	9	15	3	14	2	6	7	5	9	5	7	9	13
3	7	11	13	10	1	16	10	7	9	11	13	10	1	3	14	16
3	7	10	14	11	2	8	10	14	15	14	15	12	5	8	9	12
3	4	14	2	5	6	10	13	4	3	4	7	2	6	12	14	5
8	13	6	7	2	3	13	16	5	6	11	8	13	9	11	1	8
11	9	10	12	3	5	11	15	11	12	6	9	14	6	13	1	10
12	8	4	13	1	2	15	16	14	13	13	10	5	6	9	14	11
4	16	12	2	12	4	8	1	14	3	13	4	5	5	6	8	15
3	4	11	16	5	12	1	16	4	15	12	3	7	2	4	13	15
12	11	1	10	1	8	10	9	10	5	4	15	8	5	7	10	12
16	3	9	6	16	10	15	8	6	11	5	12	14	4	5	9	16

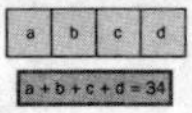

005 移动的数字

从左上角的圆圈开始顺时针移动，求出标注问号的圆圈里应该填上的数字。

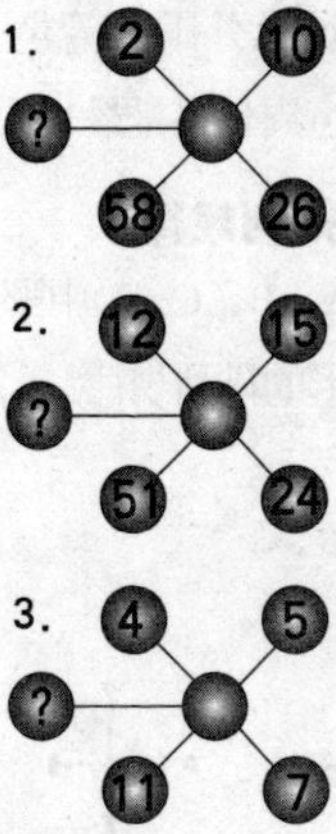

006 合适的长方形

问号所在位置应该填入选项中的哪个长方形？

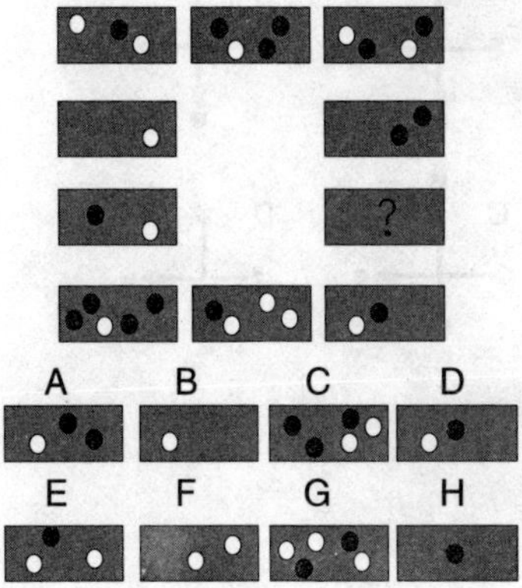

007 液体天平

上图：天平是平衡的。天平左端是一个装满水的容器，而右端是一个重物。

下图：重物从天平的右端被移到左端，而且该重物完全浸入容器中的水里面。

很明显现在左端要比右端重。

请问：为了继续保持天平的平衡，现在天平的右端应该放上多重的物体？

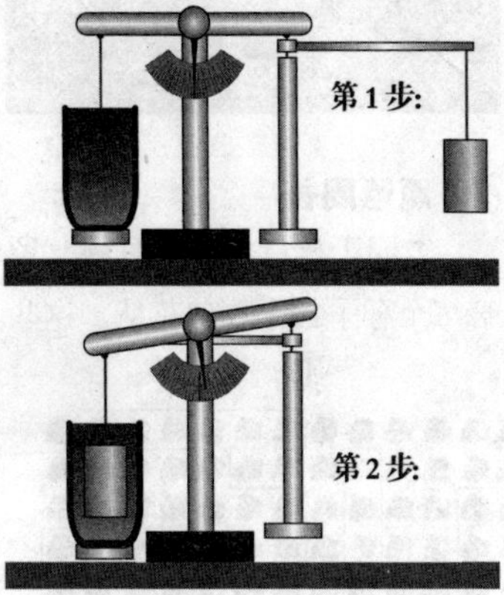

008 阿基米德的镜子

伟大的希腊数学家阿基米德富于想象力地将镜子用于许多创造发明中。根据古代著作，他最杰出的功绩就是在公元前214年罗马舰队围攻西西里岛城市叙拉古时，他用镜子将太阳光集中反射到罗马船只上并使其着火。

我们可能永远都无法得知阿基米德是否成功地用镜子保卫叙拉古免受侵略。但是，他有可能办到这件事吗?

009 篱笆周长

老园丁林肯去世的时候，留给每个孙子19个玫瑰花丛。这些孙子，Agnes（A）、Billy（B）、Catriona（C） 和Derek（D）彼此憎恨，因此准备如图所示在各自的玫瑰丛外围上篱笆。那么，谁的篱笆周长将是最长的呢?

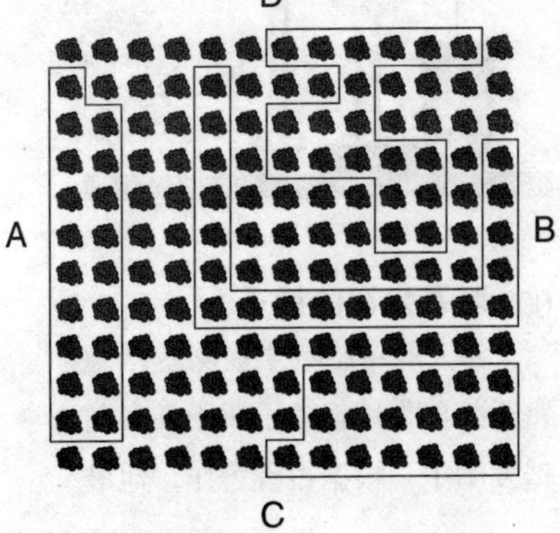

010 排列规律

A，B，C，D中哪一项符合这些图形的排列规律?

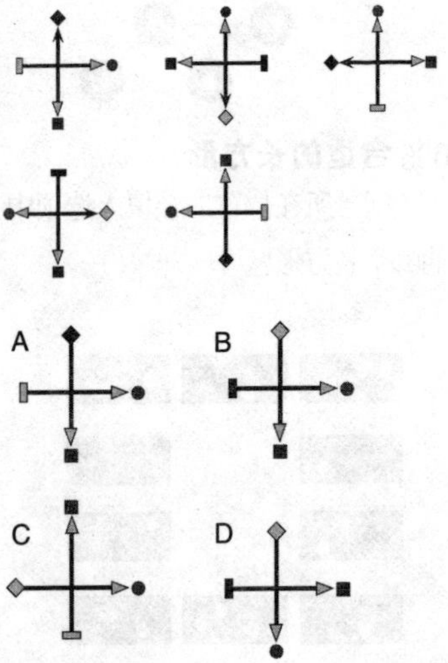

011 落水的铅球

如图所示，水池的边上有一个铅球，这个铅球有可能直接掉到水池里，也有可能掉到水池中的汽船里。

问掉到水池里和掉到汽船里哪一种情况下水池的水面会上升得更高一些？

012 升旗与降旗

如果最下面的齿轮按逆时针方向旋转，那么最上方的旗子是会上升还是会下降呢？

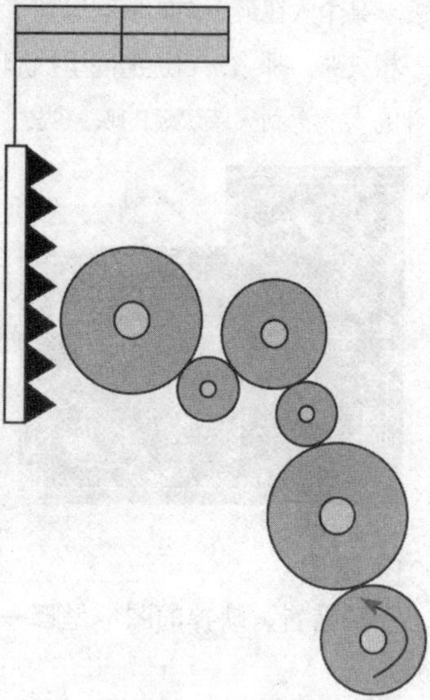

013 不一样的时间

找出和其他不同的一项？

014 火柴光

想象这3个房间的墙上(包括地板和房顶)都铺满了镜子。房间里一片漆黑。

某个人在最上面的房间里划了一根火柴。那么，右边房间里抽烟斗的人能看到火柴燃烧的映象吗?

015 猜图

猜猜看，缺掉的图形是哪一块呢?

016 地板

下图中缺少的那块地板应该是哪种样子?

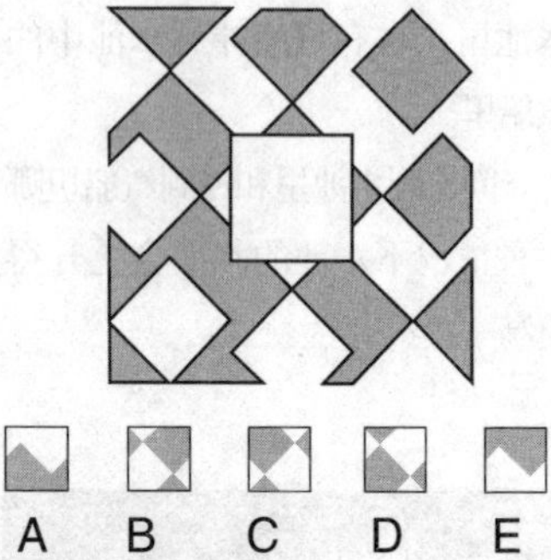

017 蛋卷冰淇淋

现在有1个3层的蛋卷冰淇淋，这3层的口味分别是草莓、香草和柠檬。请问你拿到这个冰淇淋从上到下的口味排列正好是你最喜欢的顺序的概率是多少?

018 传音管

图中的两个小孩之间离得很远，而且他们中间还隔着一堵厚厚的墙。他们试着通过两根长长的管子来通话，如图所示。请问在哪种情况下他们能够通过管子听到对方讲话？

019 图形转换

这两个图形是拓扑等价的吗？

也就是说，假想这两个图形是用橡皮做成的，你可以任意地弯曲或拉伸，但是不能够将曲面撕裂或割破，那么可以将左边的图形变成右边的图形吗？这个问题看起来似乎不可能，但是事实上是可以做到的。

那么应该怎样变呢？

020 对角线问题

在10×14长方形中，对角线穿过了几个小正方形？

你可以概括这个问题，并且总结出对于任何长方形都成立的规则吗？

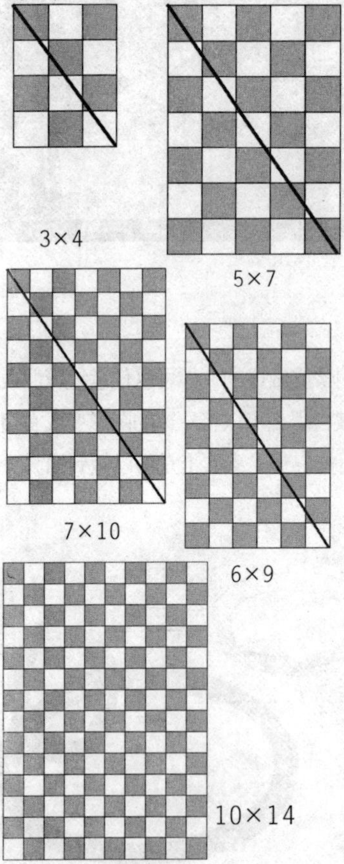

021 保持平衡

根据规律，找出可以使第3个天平保持平衡的图形。

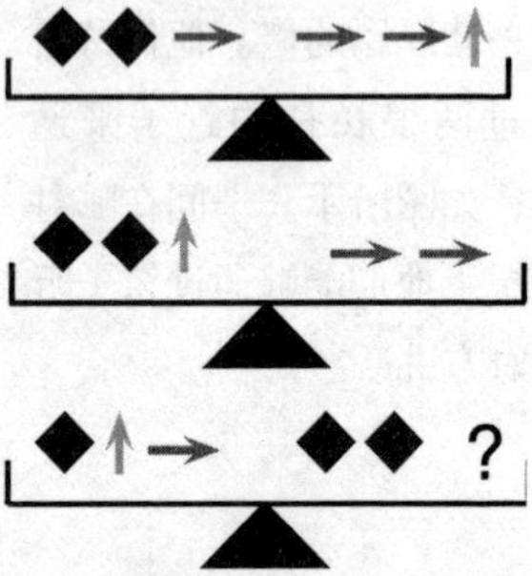

022 圣诞节风铃

这个风铃重144克（假设绳子和棒子的重量为0）。

你能计算出每个装饰物的重量吗？

023 发射炮弹

如果这3门大炮在同一时间开火。最上方的大炮沿着地平线在同一高度平行发射，左下方的大炮与地平线呈45度角发射，右下方的大炮与地平线呈90度角发射。

哪一个炮弹最先接触到地面？剩下的将以什么顺序降落？

024 最近距离

我有10个朋友住在同一条街上，如图所示。现在我想在这条街上找出某个地点，使这一点到10个朋友家的距离最近。请问这个点应该在哪里呢？

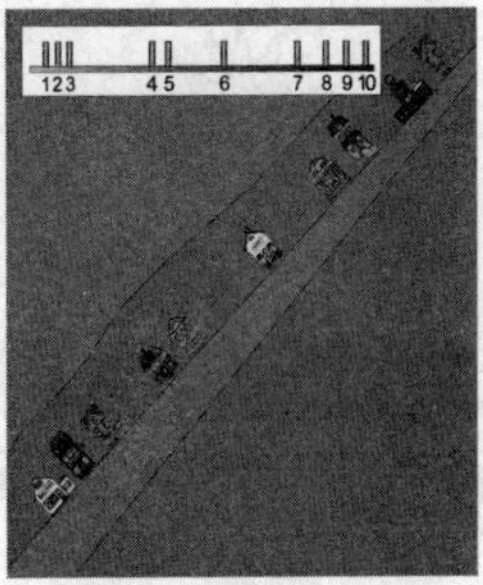

025 左撇子，右撇子

一个班级里的学生有左撇子、右撇子，还有既不是左撇子也不是右撇子的学生。在这道题目里，我们把那些既不是左撇子也不是右撇子的学生看作既是左撇子又是右撇子。

班上1/7的左撇子同时也是右撇子，而1/9的右撇子同时也是左撇子。

问班上是不是有一半以上的人都是右撇子？

026 桌球

台球击中了球台边的缓冲橡皮垫，即图中箭头所标示的点位。如果这枚台球仍有动力继续滚动，那么最后它将落入哪个球袋呢？

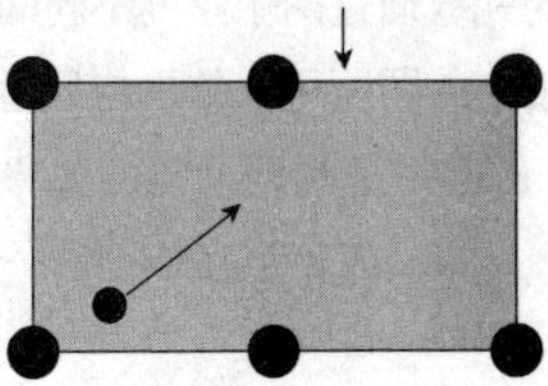

027 海市蜃楼之碗

你可能见过用两面凹面镜组成的“海市蜃楼之碗”。

放在“碗”的底部的1枚硬币或者其他小物体会被反射，并且如图所示被观察到在顶部飘浮。

这个令人难忘的视错觉是由反射产生的，那么有几次反射呢？

028 透镜

凸透镜和会聚透镜都被称为正透镜，因为它们都能把平行的光线汇聚于焦点。那么如果让平行的光线通过两个厚度不同的正透镜，如图所示，结果与只通过1个正透镜是相同的吗？如果不同，结果又应该是怎样的呢？

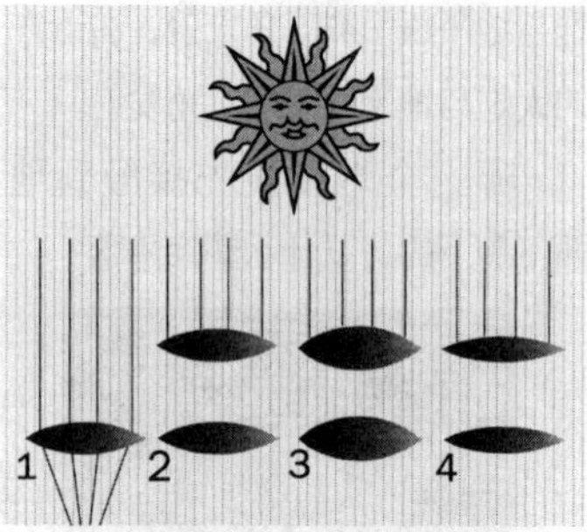

029 聚焦太阳光

如下图所示，平行的太阳光分别通过4个不同的透镜射到一张白纸上。

请问哪个透镜下的白纸会着火？哪个透镜下面的火着得更厉害？

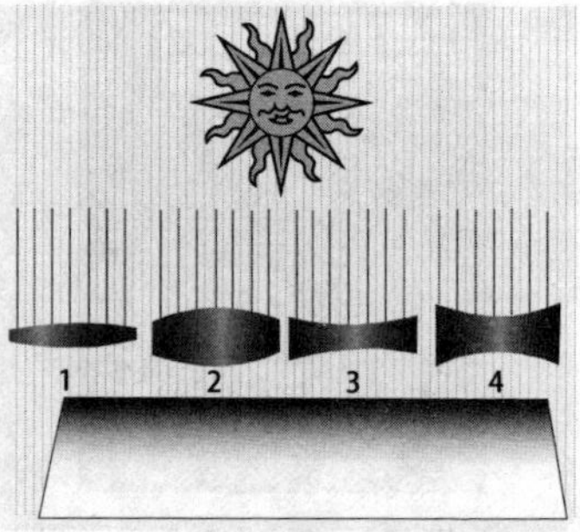

030 光的反射

我们来研究光的反射现象。如果把2种不同的透镜正面相贴地放在一起，那么可能反射光线的表面一共有4个，如图所示。

如果光线没有经过反射，它会直接穿过去。

如果光线经过1次反射，可能有2种不同的情况。

如果光线经过2次反射，可能有3种不同的情况。

不同的反射次数所出现的情况的种数分别为：1，2，3，5，8，13，21，…这是一个斐波纳契数列，即数列中后一个数字等于前两个数字之和。

那么你能够画出光线经过5次反射的13种情况吗？

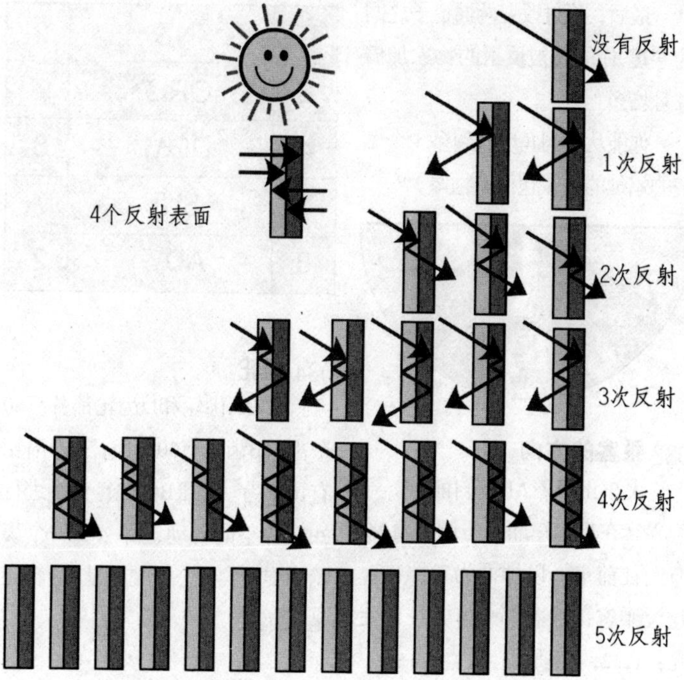

031 成角度的镜子

假设有两面以铰链衔接的平面镜，以成对的彩线所成的角度摆放。

这个铰链衔接的镜子有几个值得注意的效果。

首先，惯常的左右互换现象消失了。

其次，你只需要一个很小的东西就能制造出一个万花筒。

最后，通过改变两面镜子之间的角度,你能使被反射的物象加倍并且增多。

你能从不同角度找到多少个燃烧的蜡烛的像（包括原物像）？

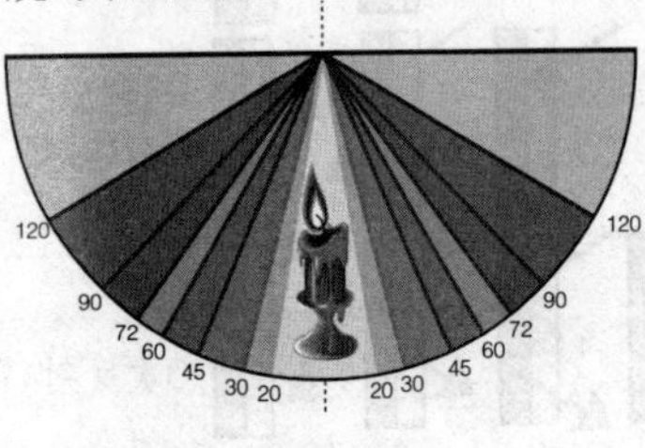

032 乘客的方向

火车正沿着AB方向前行。一位乘客在火车车厢的一侧沿着AC方向往前走。以地面为参照物，这位乘客正沿着哪个方向往前走呢：1，2，3还是4?

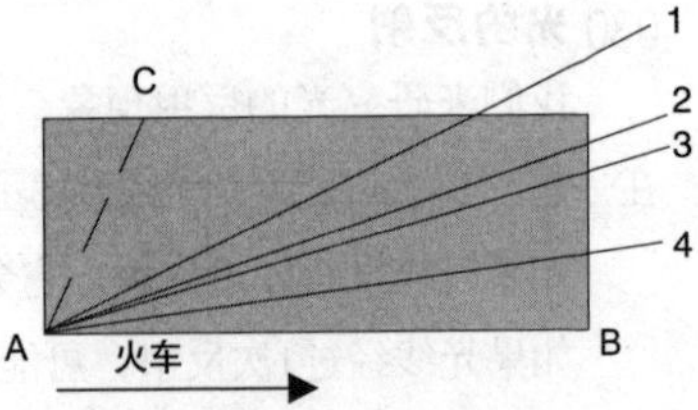

033 恰当的字母

猜一猜，哪个字母替代问号以后可以完成这道题?

13	INC	2
6	QRG	7
4	DOM	8
7	SUI	7
8	AD?	2

034 齿轮

假设A齿轮和D齿轮都各有60个齿，B齿轮有30个齿，而C齿轮有10个齿。如果B齿轮每分钟进行20次完整的转动，那么哪一个齿轮的旋转会快一些呢，是A齿轮还是D齿轮?

035 路线

从最顶端的数字开始，找出一条向下到达底部数字的路线，每次只能移一步。

1.你能找出一条路线，使路线上所有数字之和为130吗？

2.你能找出两条分开的路线，使路线上的数字之和为131吗？

3.路线上可能的最大值是多少，你走的是哪条/些路线？

4.路线上可能的最小值是多少，你走的是哪条/些路线？

5.有多少种方式可以使值为136，你走的是哪条/些路线？

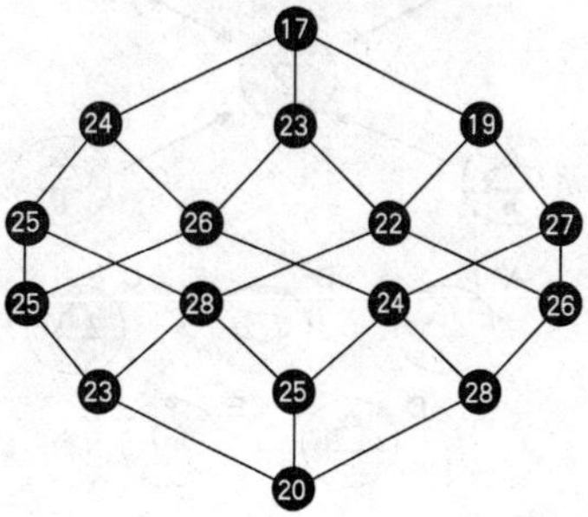

036 最短接线长度

每个小方格的边长为1厘米，两个相邻小方格中心点的距离等于3厘米。每当电线改变方向时，必须在小方格的角上绕一圈，而这道工序需要耗费2厘米的电线。不准沿对角线进行连接。假设B点与最近的小方格中心点连接时要耗用2厘米电线，你能不能算出始于B点，通过所有64个小方格的中心点，最后接到A点的电线的最短接线长度。

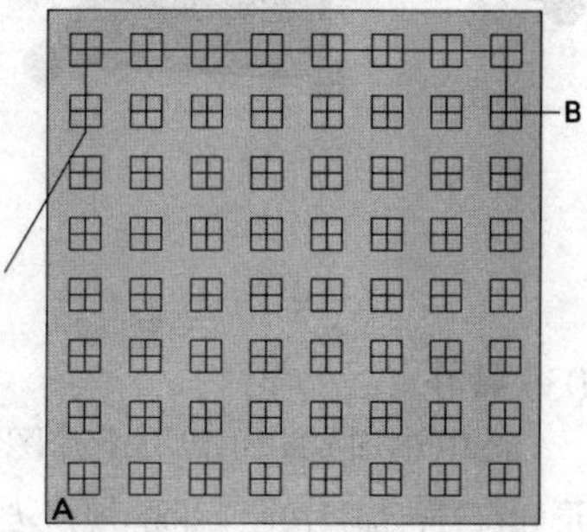

037 监视器

这个形状奇怪的美术馆里一共有24堵墙，在美术馆里的任何一个角落都可以安放监视器。在下图中，一共安放了11台监视器。

但是，监视器的安装和维护都

非常昂贵，因此美术馆希望安放最少的监视器，同时它们的监视范围必须覆盖到美术馆的每一个角落。请问最少需要安放几台？

038 欧几里得平面

请问你能不能用折纸的方式来证明欧几里德平面里的三角形内角和等于180°？

有没有这样的平面，在该平面上的三角形的内角和大于或是小于180°？

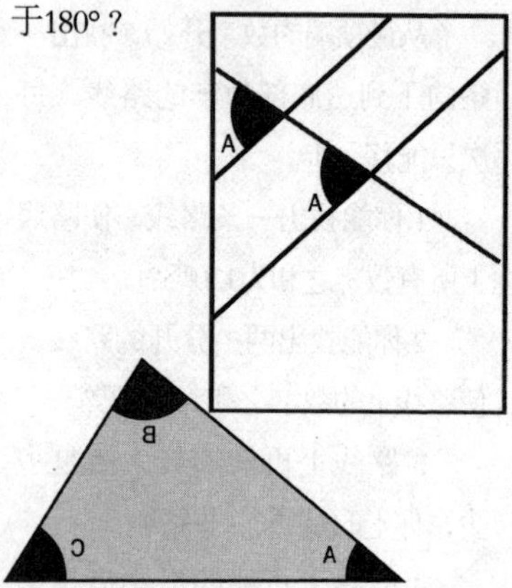

039 转移

图中外围圆圈里出现的每个图形和符号，都将按照下面的规则转移到中间的圆圈里面——如果某种图形或是符号在外围的圆圈里出现1次：转移；出现2次：可能转移；出现3次：转移；出现4次：不转移。A，B，C，D和E中哪一个应该放入问号处呢？

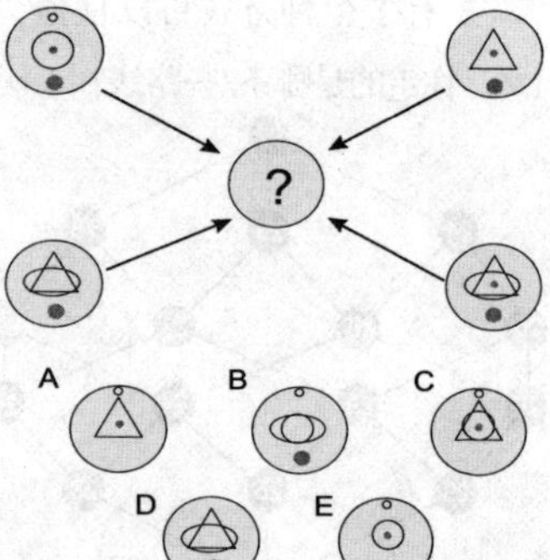

040 配平

要使天平C平衡，右边需要放什么图形？应该放几个呢？

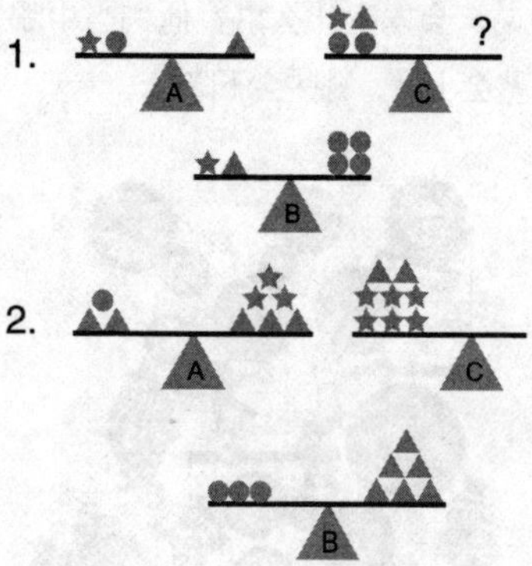

041 角度

这个立方体有两面已经画出了对角线。请问对角线AB和AC之间的角的度数。

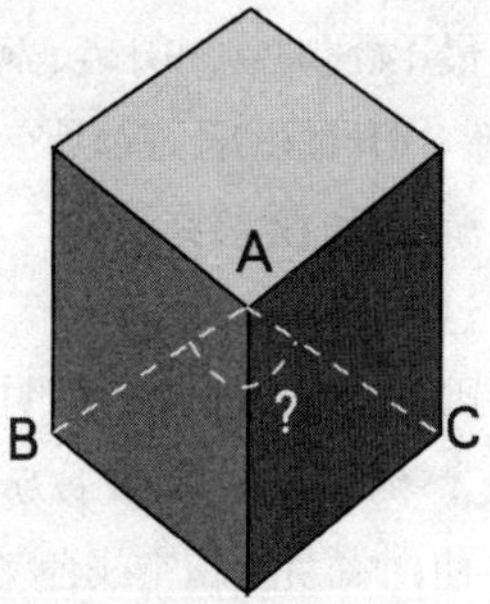

042 指针相遇

这个钟是为某个行星设计的，它每16个小时自转1次。每个小时为64分钟，每分钟为64秒。现在钟上所显示的时间为差15分钟到8点。请问指针下次最快相遇的时间是什么时候？

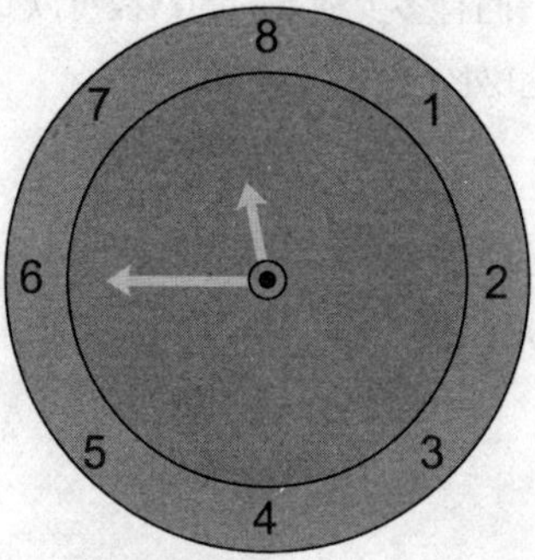

043 约会地点

有7个好朋友住在7个不同的地方（以圆点为标志）。他们准备聚在一起喝咖啡，为了最大限度地减少各自的行走路程，他们应该在哪个地方见面呢？

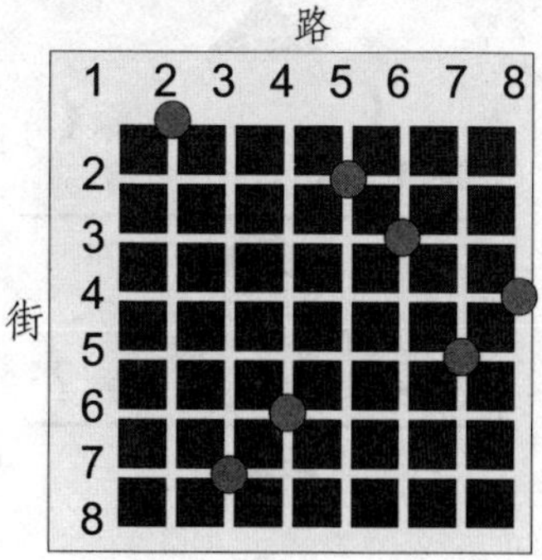

044 从A到B

某些城市比如曼哈顿、纽约都会在两条主路——A路和B路之间建起居民区，如左图方格所示。请问有多少种不同的路线可以到达B处？

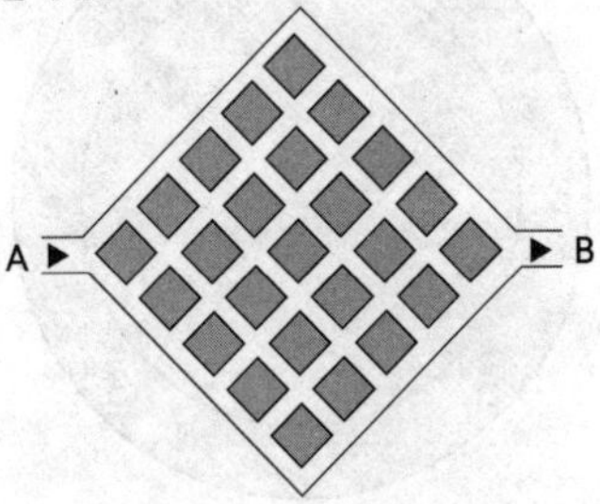

045 图形配平

你认为在最后那个天平上应当再加入什么图形才能使其保持平衡？

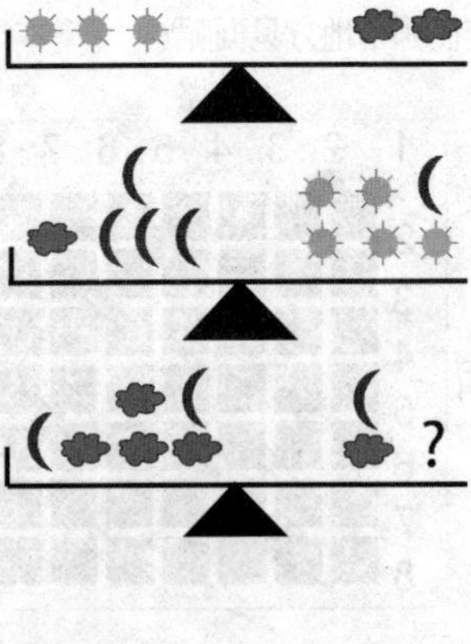

046 小丑表演

右下角的小丑正在拉绳子。对于挂在绳子上的7个杂技演员来说，会发生什么事？他们当中哪些会上升，哪些会下降？

047 倒酒

最开始的时候，9升罐是满的，5升罐、4升罐和2升罐都是空的。

游戏目的是将红酒平均分成3份（这将使最小的罐留空）。

因为这些罐都没有标明计量刻度，倒酒只能以如下方式进行：使1个罐完全留空或者完全注满。如果我们将红酒从1个罐倒入2个较小的罐中，或者从2个罐倒入第3个罐，这两种方式的每种都算作2次倒酒。

达到目的的最少倒酒次数是多少?

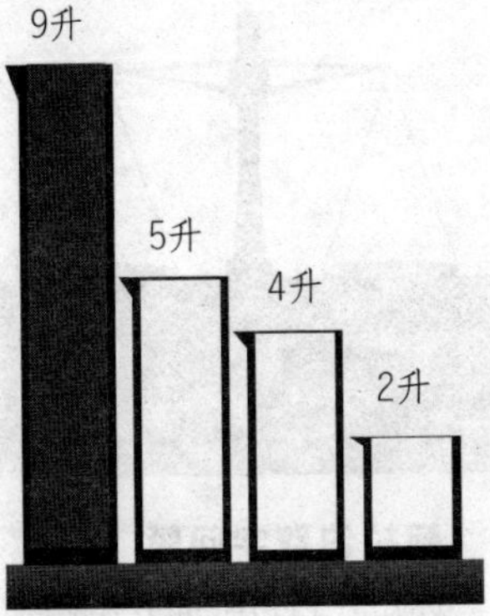

048 平分红酒

最开始的时候，9升罐是满的，7升罐、4升罐和2升罐都是空的。

游戏目的是将红酒平均分成3份（这将使最小的罐留空）。

因为这些罐都没有标明计量刻度，倒酒只能以如下方式进行：使1个罐完全留空或者完全注满。如果我们将红酒从1个罐倒入2个较小的罐中，或者从2个罐倒入第3个罐，这两种方式的每一种都算作2次倒酒。

达到目的的最少倒酒次数是多少?

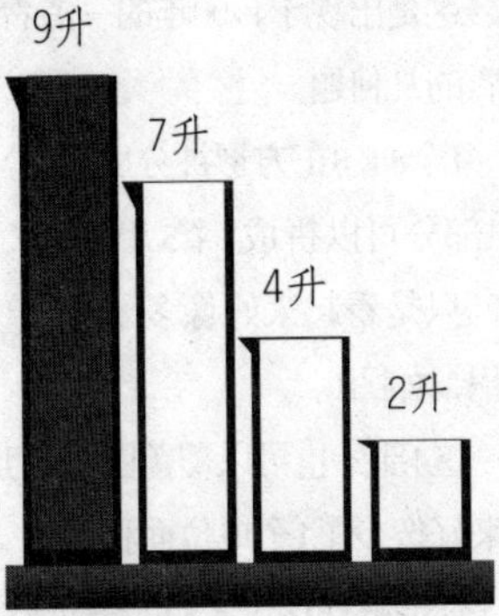

049 接通电路

哪个部件能将这个电路连通?

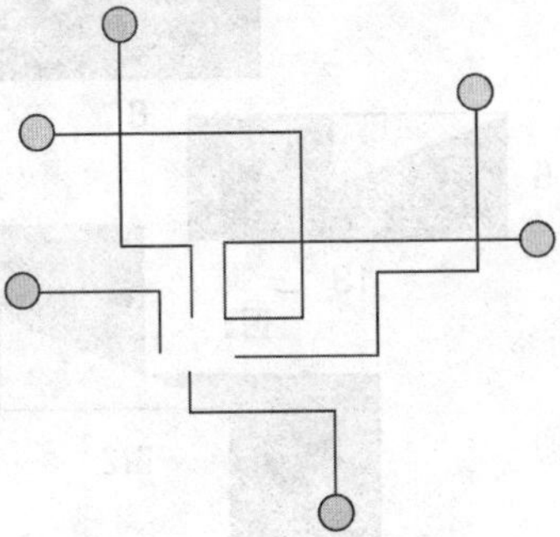

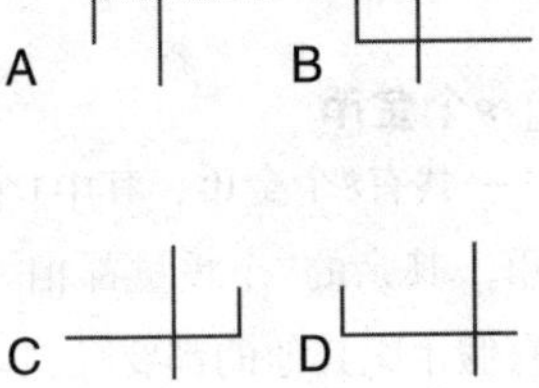

050 得与失

这是出现于1900年的一道看似矛盾的几何题。

1个8×8正方形被分成4部分，这4部分可以拼成1个5×13的长方形，只是看起来好像多了1个单位面积，如图1。

这4部分也可以覆盖图2，但看起来好像少了1个单位面积。

你能解释这个矛盾的事实吗？

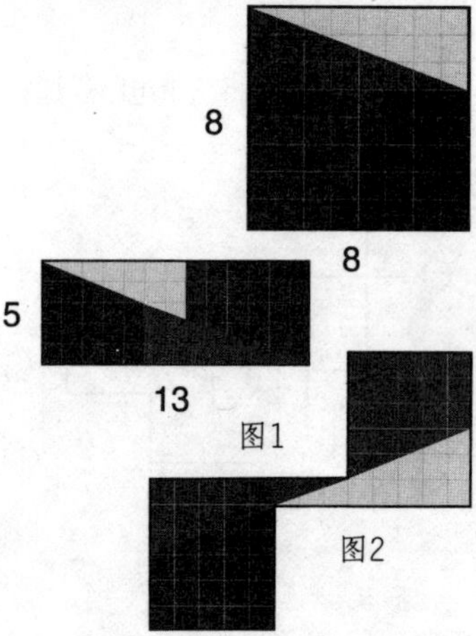
8
8
5
13
图1

图2

051 8个金币

一共有8个金币，其中1个是假币。其余的7个重量都相等，只有假币比其他的都要轻。

请问用天平最少几步能够把假币找出来？称重量的时候只能使用这8个金币，不能使用其他砝码。

052 阿拉伯数字问题

你知道下图中的问号部分应该填入什么字母吗？

345 543-345=?
456 654-456=?
567 765-567=?
678 876-678=?
789 987-789=?
1234 4321-1234=?
2345 5432-2345=?
3456 6543-3456=?
4567 7654-4567=?
5678 8765-5678=?
6789 9876-6789=?

答　案

语言力

001 拼汉字

4个。如图：

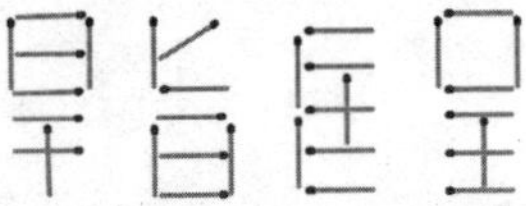

002 诗词填数

一、二、三、四、五、六、七、八、九、十、百、千、万。

003 纵横交错

横向：

1. 世界足球先生
2. 联通
3. 太平天国
4. 易如反掌
5. 安小慧
6. 堆积如山
7. 理科
8. 包法利夫人
9. 社会保险
10. 金山
11. 养老院
12. 千金

纵向：

一、世界贸易组织

二、执法如山

三、核反应堆

四、球迷

五、夫子

六、比如女人

七、生态平衡

八、社科院

九、联合国安全理事会

十、邢慧娜

十一、风险基金

004 三国演义

缺算（蒜）、少言（盐）、无缰（姜）、短将（酱）。

005 疑惑的小书童

原来冯梦龙要的是酒桌。

006 成语十字格

如图：

			自	高	自	大			
			欺			庭			
			欺			广			
先	声	夺	人	多	势	众	口	铄	金
发			微			擎			刚
制			言			易			怒
人	微	权	轻	而	易	举	世	瞩	目
			重			国			
			缓			上			
			急	转	直	下			

007 一台彩电

有声有色、不露声色

008 一笔变新字

1. 刁—习 2. 凡—风 3. 尤—龙 4. 勿—匆 5. 立—产 6. 车—轧 7. 开—卉 8. 叶—吐 9. 史—吏 10. 主—庄 11. 禾—杀 12. 灭—灰 13. 头—买 14. 玉—压 15. 去—丢 16. 舌—乱 17. 亚—严 18. 西—酉 19. 利—刹 20. 烂—烊

009 几家欢喜几家愁

翠。

010 成语接龙

今是昨（非）同小（可）望不可（即）以其人之道，还治其人之（身）体力（行）若无（事）在人（为）所欲（为）富不（仁）至义（尽）心竭（力）不胜（任）重道（远）走高（飞）沙走（石）破天（惊）天动（地）利人（和）睦相（处）心积虑

醉生梦（死）去活（来）去自（如）花似（玉）树临（风）调雨（顺）手牵（羊）肠小（道）听途（说）长道（短）兵相（接）二连（三）言两（语）重心（长）驱直（入）不敷（出）其不（意）气风（发）扬光（大）材小（用）兵如（神）采飞（扬）眉吐（气）象万（千）军万（马）到成（功）败垂（成）千上（万）古长（青）红皂（白）日作（梦）寐以（求）同存（异）想天（开）天辟地

011 象棋成语

丢车保帅、车水马龙、一马当先、身先士卒、自相矛盾、如法炮制、调兵遣将、行将就木、兵荒马乱。

012 组合猜字

如图：

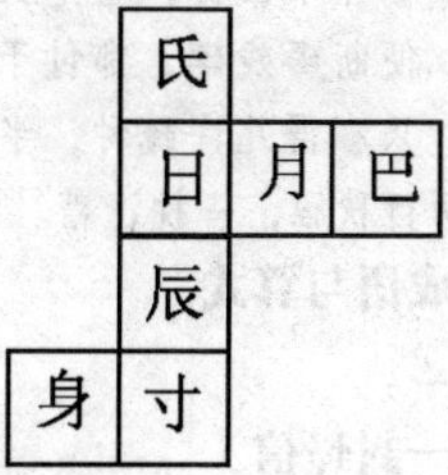

013 串门

王秀才字谜诗的谜底是：特来问安。

朋友答字谜诗的谜底是：请坐奉茶。

014 乌龟信

这是谐音“龟”（归）字。归、归……速归（竖龟）。

015 长联句读

五百里滇池，奔来眼底，披襟岸帻，喜茫茫，空阔无边！看：东骧神骏，西翥灵仪，北走蜿蜒，

南翔缟素，高人韵士，何妨选胜登临，趁蟹屿螺洲，梳裹就风鬟雾鬓，更苹天苇地，点缀些翠羽丹霞，莫辜负四围香稻，万顷晴沙，九夏芙蓉，三春杨柳。

数千年往事，注到心头，把酒凌虚，叹滚滚，英雄谁在！想：汉习楼船，唐标铁柱，宋挥玉斧，元跨革囊，伟烈丰功，费尽移山心力，尽珠帘画栋，卷不及暮雨朝云，便断碣残碑，都付于苍烟落照，只赢得几许疏种，半江渔火，两行秋雁，一枕清霜。

016 成语与算式

略。

017 一封怪信

B. 表示他们分离了。C. 三个月亮表示他们分离 4 个月了。D. 表示孩子已出生了。E.8 个月亮表示希望丈夫 8 个月后回来。F. 表示全家团聚。

018 秀才贵姓

安（谜面的意思是：生了一个“日”是宴字。宴字去掉“日”是“安”）。

019 成语加减

1.（2）龙戏珠＋（1）鸣惊人＝（3）令五申（0）敲碎打＋（1）来二去＝（1）事无成（3）生有幸＋（1）呼百应＝（4）海升平（7）步之才＋（1）举成名＝（8）面威风

2.（10）全十美－（1）发千钧＝（9）霄云外（8）方呼应－（1）网打尽＝（7）零八落（6）亲不认－（1）无所知＝（5）花八门（2）管齐下－（1）孔之见＝（1）落千丈

020 “山东”唐诗

山光物态弄春晖 张旭《山行留客》

荆山已去华山来 韩愈《次潼关先寄张十二阁老使君》

峨眉山下水如油 薛涛《乡思》

两岸青山相对出 李白《望天门山》

若非群玉山头见 李白《清平调词三首》

姑苏城外寒山寺 张继《枫桥夜泊》

轻舟已过万重山 李白《早发白帝城》

东风不与周郎便 杜牧《赤壁》

滚东滚西一万家 杜甫《夔州歌》

碧水东流至此回 李白《望天门山》

澶漫山东一百州 杜甫《承闻河北诸道节度入朝欢喜口号》

平明日出东南地 李益《度破讷沙二首》

坑灰未冷山东乱 章碣《焚书坑》

射雕今欲过山东 吴融《金桥感事》

021 诗词影片名

（1）巴山夜雨；（2）柳暗花明；（3）燕归来；（4）八千里路云和月；（5）一江春水向东流；（6）路漫漫；（7）春眠不觉晓；（8）彩云归；（9）万水千山；（10）花开花落。

022 断肠谜

一二三四五六七八九十。

023 屏开雀选

如图：

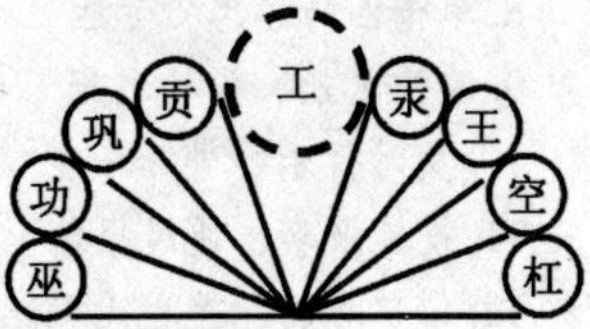

024 环形情诗

久慕秦郎假乱真，假乱真时又逢春；时又逢春花含玉，春花含玉久慕秦。

025 组字透诗意

填日字，拼成“香、晴、旭、早”四字。

026 几读连环诗

一共有5种读法：

（1）秋月曲如钩，
如钩上画楼。
画楼帘半卷，
半卷一痕秋。

（2）月曲如钩，
钩上画楼。
楼帘半卷，
卷一痕秋。

（3）月，
曲如钩，
上画楼。
上画楼，
帘半卷。
帘半卷，
一痕秋。

（4）秋，
月曲如钩上画楼。
帘半卷，一痕秋。

（5）秋痕一卷半帘楼，
卷半帘楼画上钩。
楼画上钩如曲月——秋。

027 李生成语

如图：

一波未平，一波又起
一夫当关，万夫莫开
十年树木，百年树人
只可意会，不可言传
成事不足，败事有余
宁为玉碎，不为瓦全
机不可失，时不再来
有则改之，无则加勉
道高一尺，魔高一丈
言者无罪，闻者足戒

028 文静的姑娘

夺。

029 水果汉字

香蕉（立）、苹果（日）、梨（十）。

030 字画藏唐诗

（1）北斗七星高；（2）山月随人归；（3）月出惊山鸟；（4）白日依山尽；（5）一览众山小。

031 数字藏成语

3.5（不三不四）；2+3（接二连三）；333 和 555（三五成群）；9 寸 +1 寸 =1 尺（得寸进尺）；1256789（丢三拉四）；12345609（七零八落）。

032 心连心

如图：

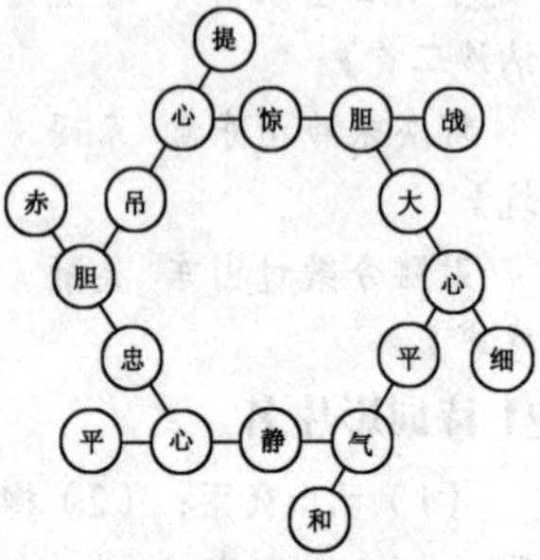

033 人名变成语

1. 生死攸关、羽扇纶巾
2. 剑拔弩张、飞黄腾达
3. 千军万马、超凡脱俗
4. 飞苍走黄、忠言逆耳
5. 完璧归赵、云开见日
6. 千疮百孔、明察暗访
7. 招兵买马、良师益友
8. 单枪匹马、忠心赤胆
9. 改弦更张、松柏之茂
10. 及时行乐、进贤任能
11. 投桃报李、通风报信
12. 信口雌黄、盖世无双
13. 不肖子孙、权倾天下
14. 目不识丁、奉公守法

034 “5”字中的成语

如图：

百	花	齐	放
家			
争			
鸣	锣	开	道
			貌
			岸
不	以	为	然

035 回文成语

大快人心、心口如一、一马当先、先声夺人、人才辈出、出其不意、意气风发、发扬光大。

036 省市组唐诗

置水写银河 崔国辅《七夕》

戎马关山北 杜甫《登岳阳楼》

未是渡河时 陈子良《七夕看新妇隔巷停车》

君问终南山 王维《答裴迪辋口遇雨忆终南山之作》

脉脉广川流 上官仪《入朝洛堤步月》

渭水东流去 岑参《西过渭州见渭水思秦川》

三江潮水急 崔颢《长干曲四首》

村西日已斜 孟浩然《寻菊花潭主人不遇》

山中一夜雨 王维《送梓州李使君》

西园引上才 李白药《赋得魏都》

山中无历日 太上隐者《答人》

东西任老身 司空曙《逢江客向南中故人因以诗寄》

影灭彩云断 李白《凤凰曲》

江南季春天 严维《状江南》

身征辽海边 贾岛《寄远》

寒歌宁戚牛 李白《秋浦歌十七首》

园林过新节 韦应物《寒食后北楼作》

先人辟疆园 皇甫冉《题卢十一所居》

自古黄金贵 陆龟蒙《黄金二首》

不敢向松州 薛涛《罚赴边有怀上韦令公二首》

湖里鸳鸯鸟 崔国辅《湖南曲》

北风吹白云 苏颋《汾上惊秋》

五湖风浪涌 崔颢《长干曲》

湖南送君去 崔国辅《湖南曲》

不畏浙江风 姚合《送薛二十三郎中赴婺州》

牢落江湖意 白居易《庾楼新岁》

还见南台月 贾岛《上谷送客游江湖》

茅屋深湾里 杜荀鹤《钓叟》
鱼戏莲叶南 陆龟蒙《江南曲》
犹能扼帝京 皮日休《古函关》
夜战桑干北 许浑《塞下》
关门限二京 李隆基《潼关口号》
渺渺望天涯 钱起《江行》
家住孟津河 王维《杂诗三首》
皆言四海同 李峤《中秋月二首》
宿雨川原霁 司空图《即事九首》
水上秋日鲜 王建《泛水曲》
四海无闲田 李绅《悯农》
江水千万层 孟郊《寒江吟》
苏武节旄尽 杨衡《边思》

037 剪读唐诗

如图：

闲步浅青平绿，流水征车自逐。谁家挟弹少年，拟打红衣啄木。

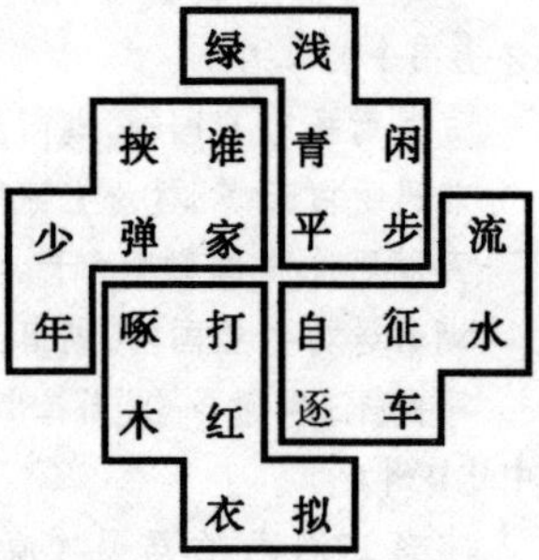

038 钟表成语

（1）一时半刻；（2）七上八下；（3）三长两短。

039 迷宫成语

如图：

040 成语之最

如图：

最长的一天——度日如年
最难做的饭——无米之炊
最宽的视野——一览无余
最高的人——顶天立地
最大的容量——包罗万象
最大的变化——天翻地覆
最大的手术——脱胎换骨
最尖的针——无孔不入
最重的话——一言九鼎
最大的差别——天壤之别
最快的速度——风驰电掣
最怪的动物——虎头蛇尾
最宝贵的话——金玉良言

041 巧拼省名

如图：

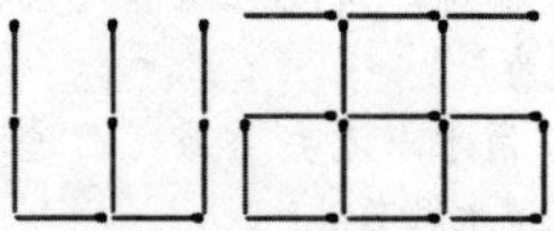

042 藏头成语

天天树叶绿，日日百花开。

地名：长春。

043 棋盘成语

一马当先、按兵不动。

044 尴尬礼物

下文中的答案为：期待的礼物、收到的礼物、丢掉的字母。

1.Bridge（桥牌），bride（新娘），G

2.Tuba（低音大喇叭），tub（浴缸），A

3.Blackboard（黑板），backboard（篮板），L

4.Bowl（碗），owl（猫头鹰），B

5.Stairs（楼梯），stars（行星），I

6.Crown（王冠），crow（乌鸦），N

7.Flock（羊群），lock（锁），F

8.Raft（木筏），rat（耗子），F

所有落下的字母可以重新排序拼成：BAFFLING（令人困惑）。

045 虎字成语

生龙活虎　虎头蛇尾

龙潭虎穴　为虎作伥

骑虎难下　狼吞虎咽

虎视眈眈　降龙伏虎

虎背熊腰　三人成虎

养虎遗患　龙行虎步

龙吟虎啸　调虎离山

九牛二虎　虎口余生

046 给我C！给我D！

如图所示

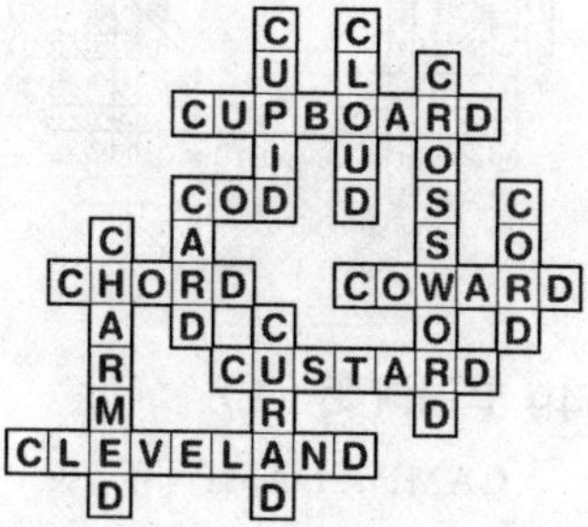

047 标签分类

上面一行：Heather 海瑟 /sweater 毛衣，Stephanie 斯蒂芬妮 /telephone 电话，Ryan 莱恩 /crayons 彩色蜡笔。

下面一行：Nicole 尼可 /unicycle 独轮车，Christopher 克里斯托夫 /microscope 显微镜，Alexander 亚历山大 /calendar 日历。

048 O地带

剩下的字母所连成的话：Top-notch job from top to bottom. Now go goof off（从头到尾都做得很棒，现在偷偷懒吧）。

如图所示：

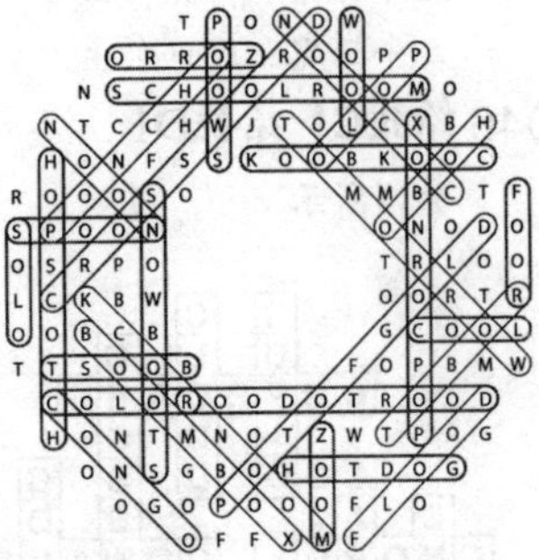

049 单词演变（1）

CAMP，DAMP 潮湿，DUMP 垃圾场，LUMP 结块，LIMP 蹒跚，LIME 酸橙，DIME 十美分硬币，DIVE 跳水，FIVE 五，FIRE。

050 单词演变（2）

TOAD，ROAD 马路，ROAR 咆哮声，REAR 尾部，BEAR 熊，BEAT 击打，NEAT 干净，NEWT。

051 夏威夷之旅

剩下的字母所连成的话：Ukulele actually means “leaping flea” in Hawaiian（在夏威夷语里，尤在里里琴实际上是“跳跃的跳蚤”的意思）。

如图所示：

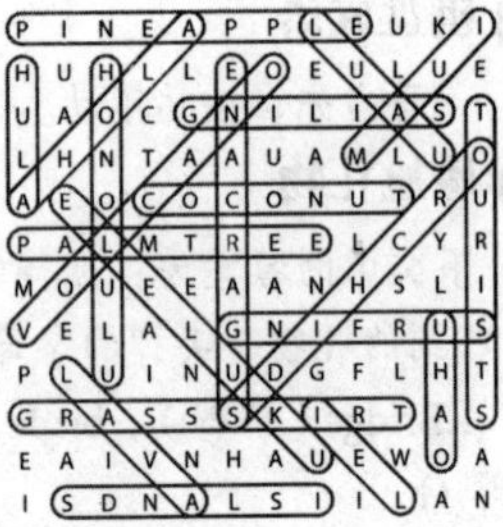

052 指挥系统

Adams 亚当斯 /

Madison 麦迪逊

Jackson 杰克逊 /

McKinley 麦金莱

Lincoln 林肯 /

Nixon 尼克松

Clinton 克林顿 /

Washington 华盛顿

Grant 格兰特 /

Reagon 里根

053 捉苍蝇

剩下的字母所连成的话：You finished this with flying colors（你用彩色完成了这道题）。

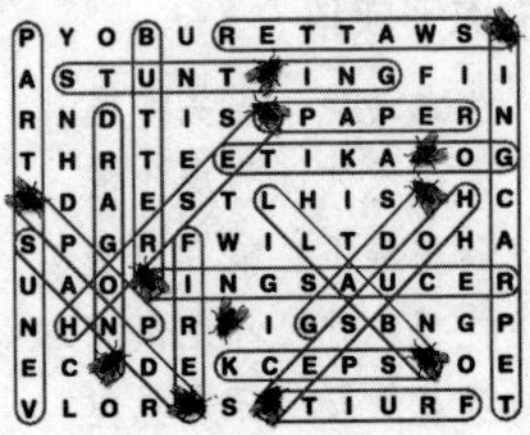

054 乐器

答案在灰色字体中。

Peter and Tippi had sharply different tastes in music.Peter liked to sit around in the tub and listen to jazz,while Tippi really responded to rock concerts.

One night,Tippi told Peter that she was planning on going to see her favorite band,even though she'd heard rumors that the concert was sold out.Her plan was to pack a zoom lens and a camera and blend in with all the paparazzi there.

"You think they're so disorganized, they let in every shutterbug left and right?" Peter asked.

Tippi said, "When I turn the charm on I can get past anyone."

"But tonight's ravioli night," Peter whined. "Would you really cancel long-standing plans?"

"Absolutely!" she replied,and left.

Before long,Tippi returned and threw the biggest tantrum Peter had ever seen. The police had given Tippi an order to go home for violating the law.Peter smiled as he said, "Will you feel better if I fetch you some cold ravioli?"

055 隐藏的美食

谜题：在万圣节游戏中谁总是透明的冬天？

谜题的答案是：GHOST（鬼）。

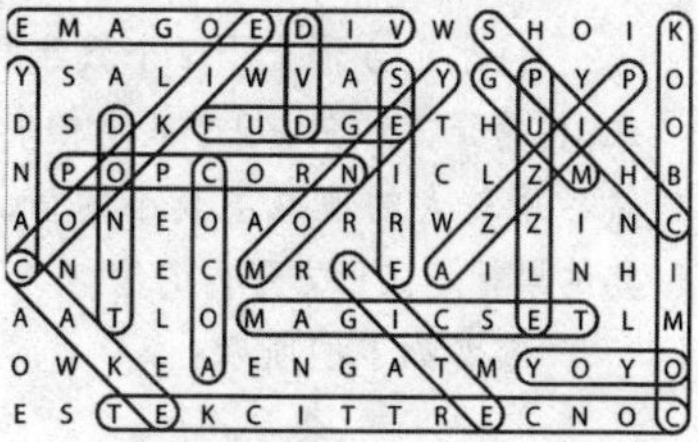

056 奇怪的球

1. Gumball 口香糖
2. Handball 手球
3. Basketball 篮球
4. Crystal ball 水晶球
5. Football 足球
6. Hair ball 毛球
7. Meatball 肉团
8. Pinball 弹球
9. Mothball 卫生球

计算力

001 数字填空（1）

只出现于2个三数组合中。因此它必须处在边上的中心，这样我们就得到完整的一行：9+5+1。

3和7也是只出现在2个三数组合中。剩余的4个数字只能有一种填法——这就证明了魔方的独特性（当然，旋转和镜像的情况不算）。

将小正方形上下2个数字相乘，再将正方形左右2个数字相乘，然后用较大的值减去较小的值，其结果就是该正方形内的值。

答案如下图所示：

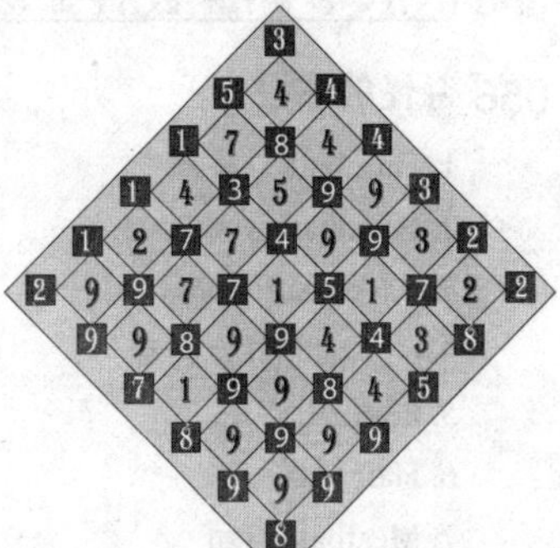

002 数字填空（2）

24。每一横行中：左边的数字×中间的数字÷4=右边的数字。（2×4）÷4=2；（16×12）÷4=48；（8×12）÷4=24。

16	5	2	11
3	10	13	8
9	4	7	14
6	15	12	1

003 杜勒幻方

下面的示意图阐明了挑选出魔数为34的几组可能性。以第1行的5幅图表为例：

①每行和每列之和为34；②每个2×2的方块中数字之和为34；③每个风筝形图案上的4个数字和为34；④3×3的正方形4个角之和为34；⑤4个不同的长方形的4个角之和为34。

看看你能否推出其他示意图的原理。

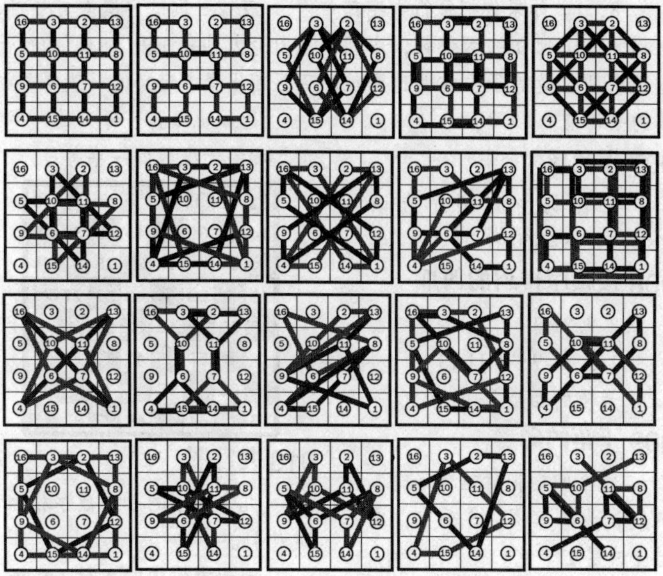

004 排列法

一共有64种排列方法，如图所示。

005 完成等式

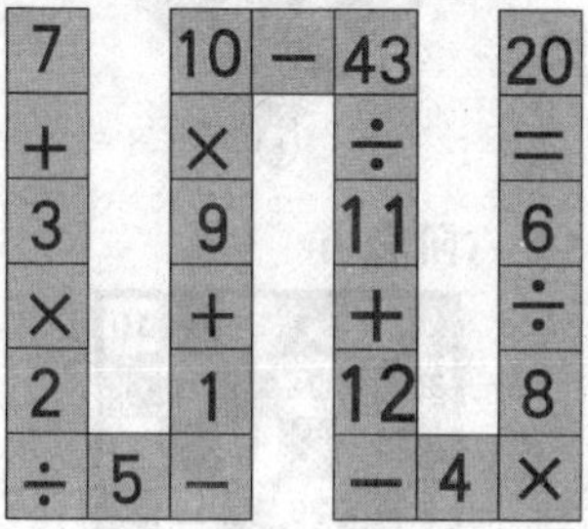

006 数字谜题

8，1。如果你把每行数字都当作是3个独立的两位数，中间的这个两位数等于左右两边两位数的平均值。

007 保龄球

可能的排列顺序应该是6×5×4×3=360种。

008 按顺序排列的西瓜

? ? ? 7 ? ? ?

1 3 5 7 9 11 13

最重的西瓜是13千克。

009 下落的砖

这个问题把你难住了吗？许多人认为答案是1.5千克，实际上应该是2千克。

010 贝克魔方

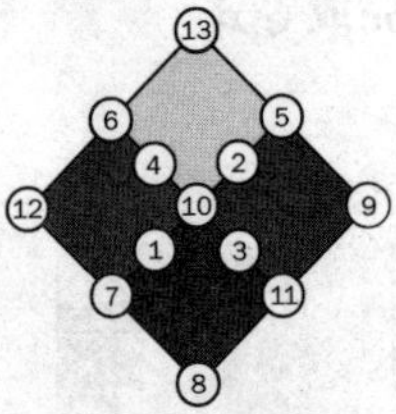

011 六阶魔方

28	4	3	31	35	10
36	18	21	24	11	1
7	23	12	17	22	30
8	13	26	19	16	29
5	20	15	14	25	32
27	33	34	6	2	9

012 八阶魔方

就像杜勒的恶魔魔方一样，八阶魔方具有许多“神秘”的特性，而且超出魔方定义的一般要求。

比如说每行、每列的一半相加之和等于魔数的一半等等。

52	61	4	13	20	29	36	45
14	3	62	51	46	35	30	19
53	60	5	12	21	28	37	44
11	6	59	54	43	38	27	22
55	58	7	10	23	26	39	42
9	8	57	56	41	40	25	24
50	63	2	15	18	31	34	47
16	1	64	49	48	33	32	17

013 九宫图

九宫图中的9个数字相加之和为45。

因为方块中的3行（或列）都分别包括数字1~9当中的1个，将这9个数字相加之和除以3便得到“魔数”——15。

总的来说，任何n阶魔方的“魔数”都可以很容易用这个公式求出：

和为15的三数组合有8种可能性：

9+5+1　　9+4+2

8+6+1

8+5+2　　8+4+3

7+6+2

7+5+3　　6+5+4

方块中心的数字必须出现在这些可能组合中的4组。5是唯一在4组三数组合中都出现的。因此它必然是中心数字。

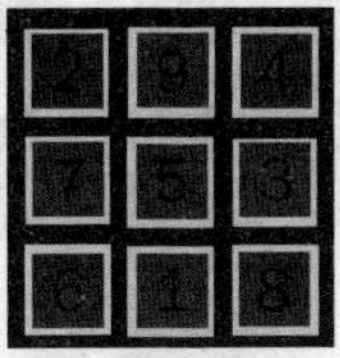

014 多米诺骨牌墙

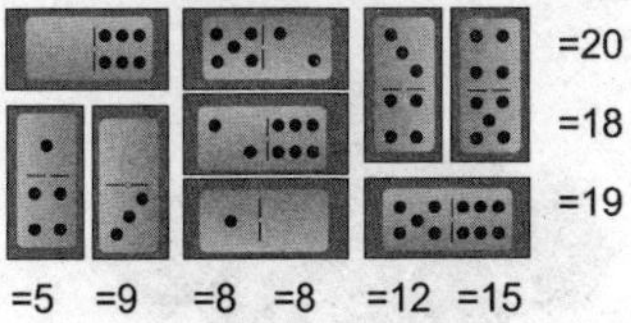

015 博彩游戏

$$C_n^k=\frac{n!}{k!(n-k)!}=\frac{54!}{6!(54-6)!}=$$

$$\frac{54\times53\times52\times\cdots\times3\times2\times1}{(6\times5\times4\times3\times2\times1)\times(48\times47\times46\times\cdots 3\times2\times1)}=25827165$$

016 五星数字谜题

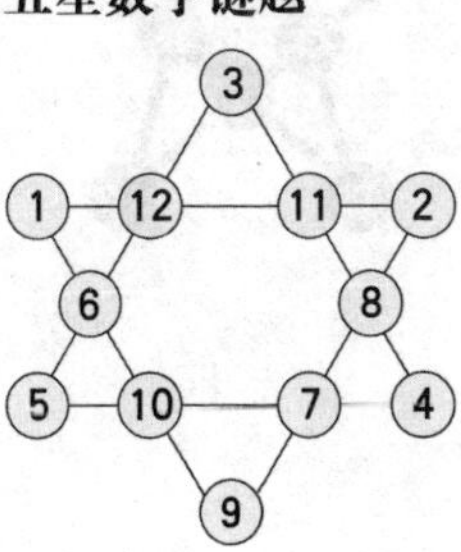

017 送货

总共要转12圈半。滚轴每走1个单位的距离，传送带就前进两个单位的距离，而滚轴走1个单位的距离要转5/4圈。

018 魔轮（1）

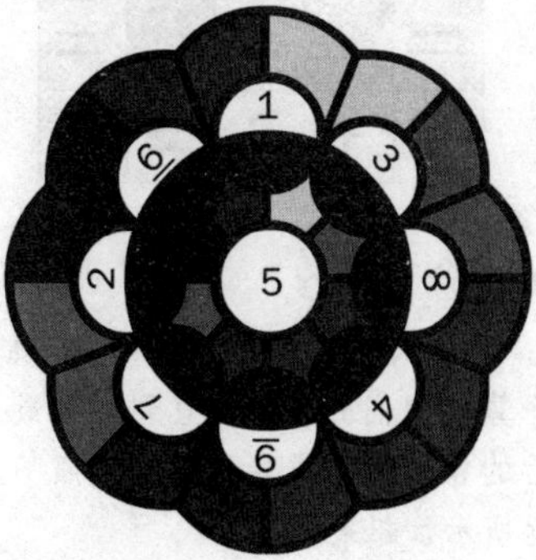

019 魔轮（2）

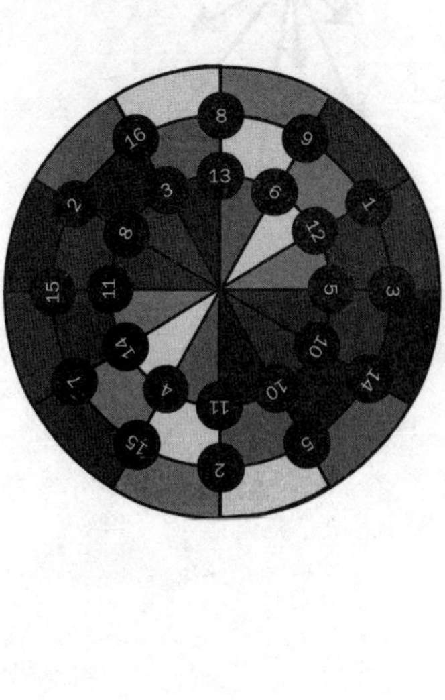

020 完成等式

4	＋	2	＝	6
－		×		＋
1	＋	4	＝	5
＝		＝		＝
3	＋	8	＝	11

021 合力

可以把每 2 个力相加，按顺序算出它们的合力，直到得到最后的作用力，或者把它们按照下面所示加起来。

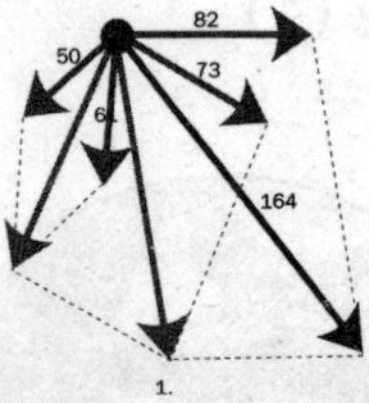

1

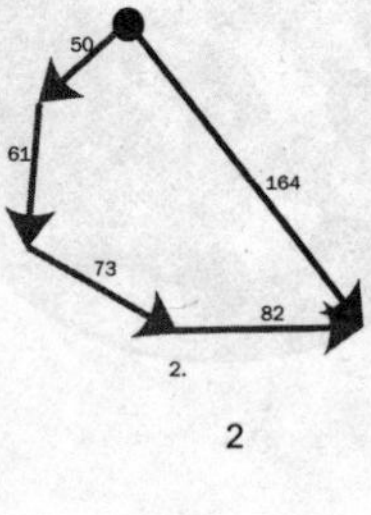

2

022 魔数蜂巢（1）

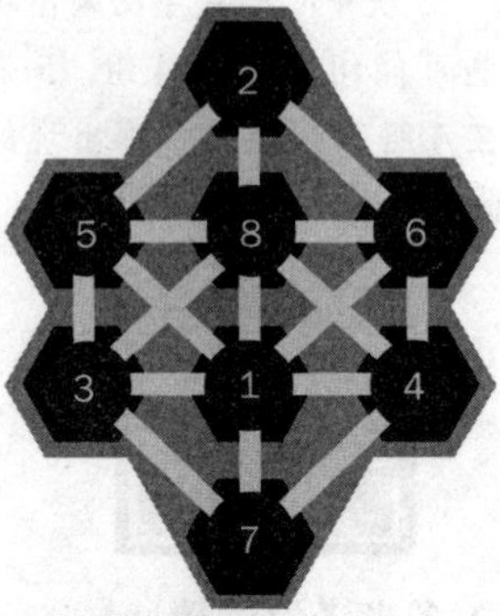

023 魔数蜂巢（2）

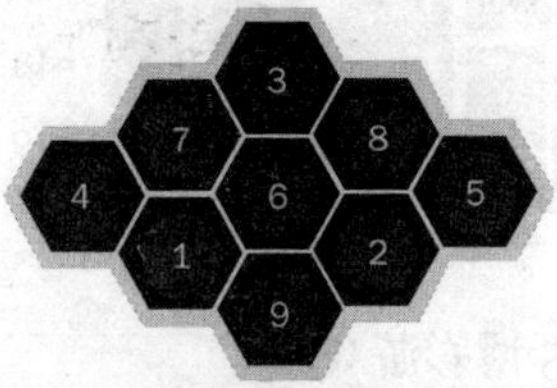

024 五角星魔方

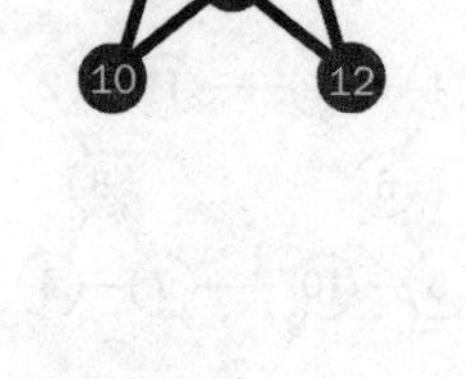

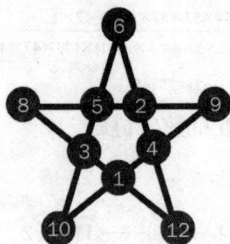

025 六角星魔方

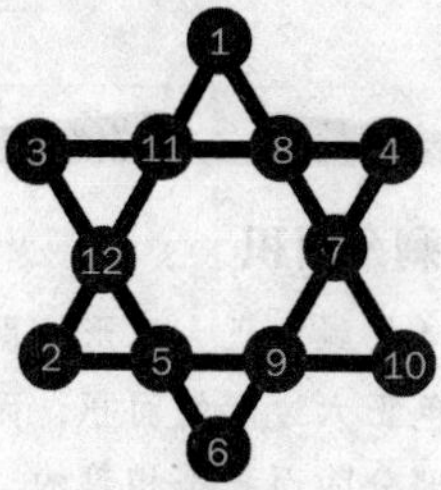

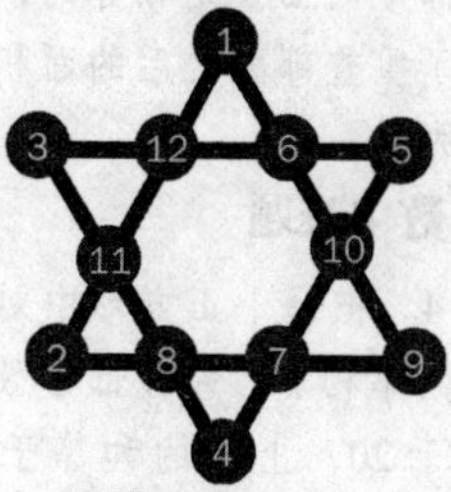

026 七角星魔方

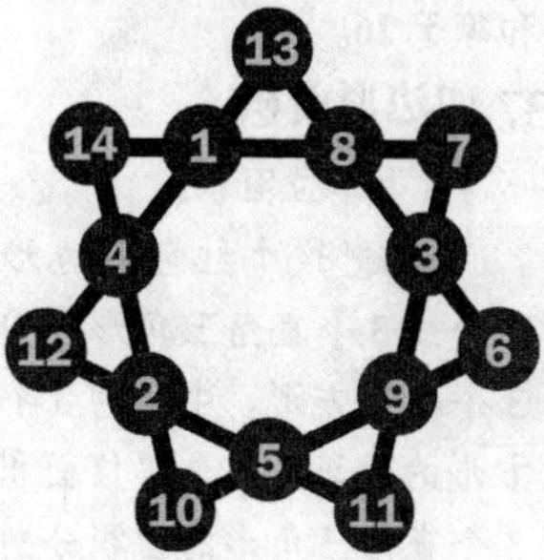

027 六角魔方

这个问题可不简单。一共有12！（12阶乘 = 1×2×3×…×11×12 = 479001600）种方法将数字1~12填入六角形上的三角形中。这里给出其中一种解法：

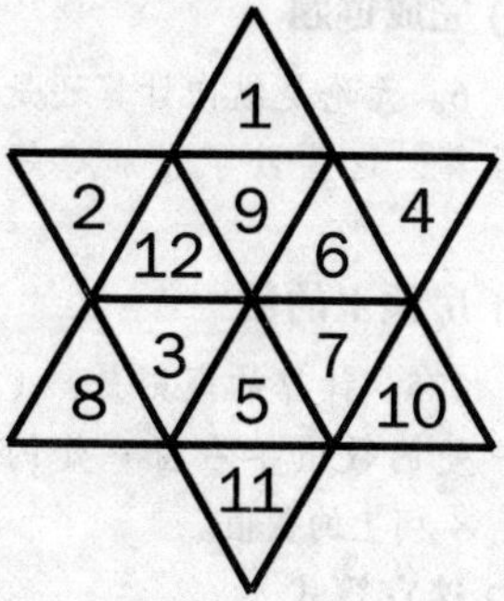

028 代数

4。把相邻2个椭圆中间的2个数字相减，所得结果放在2个椭圆交叉的位置上。

029 路径

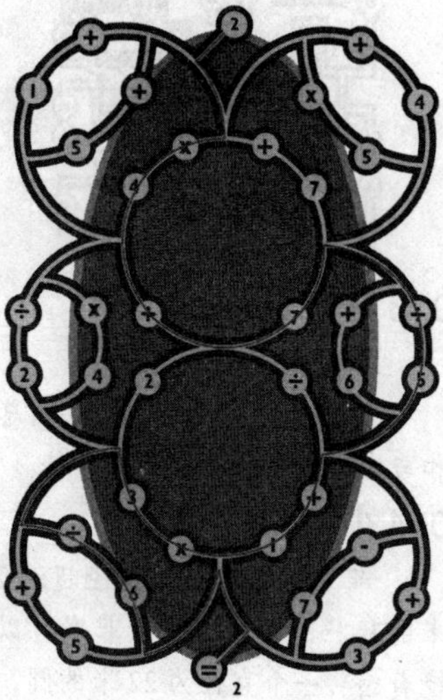

030 完成谜题

6。无论是纵向计算还是横向计算，这些数字相加都等于15。

031 房顶上的数

175。计算的规则是：（左窗户处的数值＋右窗户处的数值）× 门上的数值。

032 迷宫算式

033 数字完形

A=4，B=14，C=20。

中间的数字是上下数字的总和与左右数字总和的差的2倍。

034 小狗菲多

菲多被拴在一棵直径超过2米的粗壮的树上，所以菲多可以绕着树转一个直径为22米的圆，如图所示。

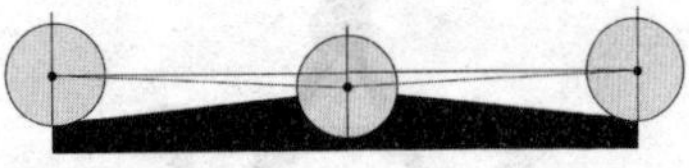

035 剩余面积

4个绿色正六边形的面积等于红色正六边形的面积，而它们重叠部分的面积是相等的，因此减去了重叠部分之后的面积还是相等的。

036 数字难题

4。把每个正方形中对应位置的数字相加，左边部分数字的和等于20，上面的和等于22，右边部分的和等于24，下面部分的和等于26。

037 四边形面积

7.5个单位面积。

可以把这个红色四边形的面积分成3个直角三角形和中间的3个小正方形。中间的3个小正方形的面积是3个单位面积，而3个直角三角形的面积分别是1.5，1，2个单位面积，因此红色四边形的总面积是3+1.5+1+2=7.5个单位面积。

038 总值

25。绿色圆圈的值是5，浅

绿色圆圈的值是2，紫色圆圈的值是8。

039 求面积

4个图形的面积分别是17，9，10，16个单位面积。

当我们要计算一个小钉板上的闭合多边形的面积时，我们所要做的就是数出这个多边形内（不包括多边形的边线）的钉子数（N），和多边形的边线上的钉子数（B），多边形的面积就等于：N+B/2-1。

你可以用本题中的例子来验证一下这个公式。

040 金字塔上的问号

设丢失的数字为X，然后一层层填满空格，那么顶部的数字就为3X+28。我们知道这个数字等于112，因而3X=112-28=84，所以X=28。

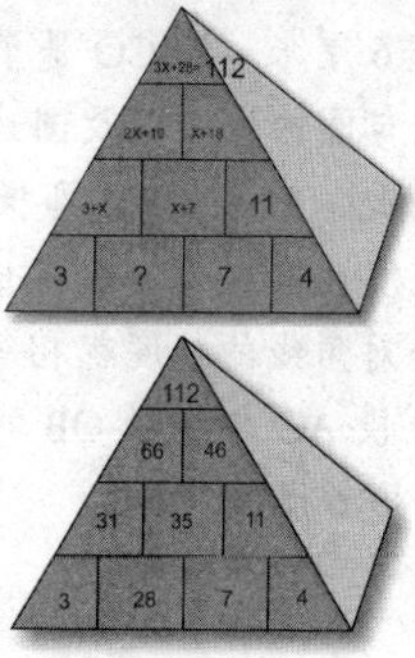

041 面积比值

D。中间的白色三角形有1个角是直角，根据毕达哥拉斯定理，2个直角边的平方之和等于斜边的平方，所以黄色和绿色区域的面积之和等于蓝色区域的面积（包括黄色的圆）。如果去掉和黄色三角形面积相等的圆，蓝色区域的面积就等于绿色区域的面积。

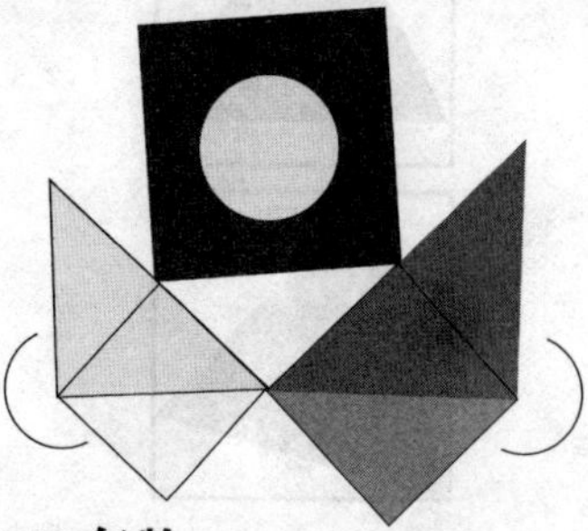

042 年龄

60岁。如果将他的整个寿命设为“x”年，那么：

他的孩童时期 =1/4x

他的青年时期 =1/5x

他的成人期 =1/3x

他的老年时期 =13

1/4x+1/5x+1/3x+13=x

x=60。

043 大小面积

最小的内接正三角形边长为

1，面积约为 0.4330;

最大的内接正三角形边长为 1.035, 面积约为 0.4641。

内接正三角形的面积计算公式是:

$$\frac{\sqrt{3}}{4}S^2$$

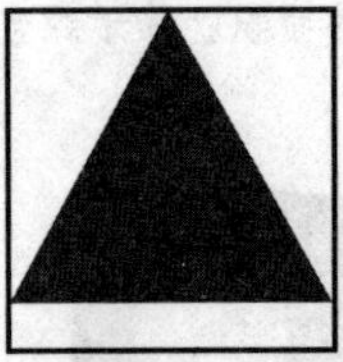

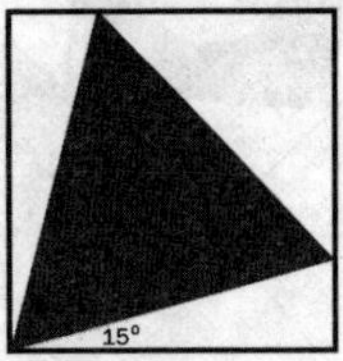

044 重新排列

045 砝码

黄色砝码的重量是 2 个单位。由于它位于第 8 个单位的位置上，所以，它的重量需要 2 个单位（总重量为 8×2＝16），才能维持系统的平衡。

左右两边的平衡关系如下：

（3×8 ＋ 2×4）＋(6×7) ＋（1×6 ＋ 1×8）＝（5×2 ＋ 4×8)+(2×6+2×9)+(2×8)。

046 组合木板

1236 ＋ 873 ＋ 706 ＋ 257 ＋ 82 ＝ 3154，加起来可以精确地达到所要求的长度。

047 平衡

所需数值是 6。右边盒子在秤上显示的重量是 9 个单位，而左边则是 3 个单位。所以，6×9（54）与 18×3（54）可以使秤的两边保持平衡。

048 AC的长度

线段 OD 是圆的半径，它的长度是 6 厘米。ABCO 是个长方形，它与圆的中心以及圆边都相交。因此，线段 OB，即圆的半径的长度为 6 厘米。因为长方形的两个对角线的长度都相等，所以，线段 AC 与线段 OB 的长度相等，即 6 厘米。

049 六边形与圆

050 距离

49 米。她在各段路上行走的路程依次如下：

A = 9 米；B = 8 米；C = 8 米；D = 6 米；E = 6 米；F = 4 米；G = 4 米；H = 2 米；I = 2 米。

一共 49 米。

051 旗杆的长度

旗杆的长度为 10 米。

旗杆与它影子的比例等于测量杆与它影子的比例。

052 阴影面积

80 平方米。如果你对这个经过切割的方格进行观察，你会发现在这些复合形状中包括了并行的几对图形，它们可以组合成 4 个正方形。整块土地的总面积是 20 米 ×20 米，即 400 平方米。这 5 个相同的正方形中任意 1 个的面积都是土地总面积的 1/5，即 80 平方米。

053 切割立方体

切 3 刀，将立方体的干酪分割为相等的 8 个小立方体。这 8 块立方体的小干酪中每一块的边长都是 1 厘米，因此其表面积也就是 6 平方厘米，那么 8 个立方体小干酪块的总表面积就是 48 平方厘米。

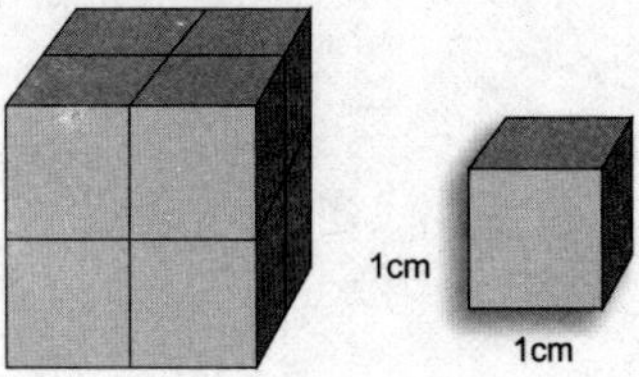

054 蜂群

$$\sqrt{\frac{x}{2}}+\frac{8}{9}x+2=x$$

这里 x= 蜂群中的蜜蜂数

整理式子为：(x-72)(2x-9)=0

很明显 x 不等于 4.5（假设 2x-9=0 得出的结果），所以 x 一定是 72，那么整个蜂群一共有 72 只蜜蜂。

055 裙子降价

25％。

056 费尔图克难题

6 支箭的分数刚好达到 100 分，那么他射中的靶环依次为：16，16，17，17，17，17。

判断力

001 不同的图形（1）

E。所有图形都可以分为4个部分。在前4个图形中，都是1个部分可以接触到其他3个部分，另外2个部分只可以接触其他2个部分。而在第5个图形中，有1个部分可以接触到另外3个部分，2个部分可以接触到另外2个部分，最后1个部分只能接触到其中1个部分。

002 不同的图形（2）

C。图形排列顺序相同，排列方向与其他的图相反。

003 构成图案

尽管看上去似乎至少需要2种图形，而事实上只要1种就够了。比如在第1幅图中，你把黄色部分看作背景，那么其余的部分就全部是由上图所示的紫色图形构成的。

004 缺失的字母

U。从左边开始，沿着这条曲线向右进行，这些字母按照字母表顺序排列，每次前移1位、2位、3位，然后是4位，以此顺序重复进行。

005 对应

E。

006 多边形与线段

正多边形：6，12；

不闭合多边形：1，8；

闭合多边形：2，3，4，5，6，7，9，10，11，12；

简单多边形：4，5，6，10，11，12；

复杂多边形：2，3，7，9；

复合多边形：3，9；

凸多边形：5，6，10，12；

凹多边形：1，2，3，4，7，8，9，11。

007 拆弹专家

祝贺你！你既然还活着来核对答案，说明你一定是按照图示那样剪了8次。

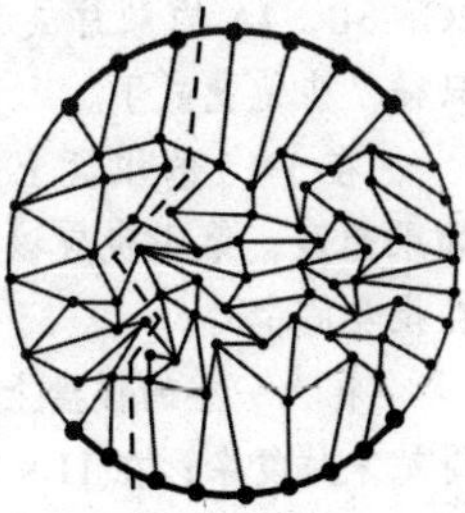

008 圆心

从左数第4个点是该大圆的圆心。

009 “蜈蚣”

所有这些横线都是等长的。

010 圆圈上的弧线

红色的圆弧。

011 麦比乌斯圈（1）

得到的图形长度是原来麦比乌斯圈的2倍，且包含2个螺旋。

这个图形有2条边界线相互缠绕，但是并不相连。

012 麦比乌斯圈（2）

得到的图形是两个绕在一起的环：其中一个是跟原来的麦比乌斯圈等长的另一个麦比乌斯圈；另外一个是长度为原来的2倍，且包含两个螺旋的环。

013 六边形游戏

如图所示，在4×4的棋盘上如果先下的一方按照1D，2C，3B，4A的顺序走步，那么只需7步他就赢了。

在5×5的棋盘上先下的人如果想赢，第1步应该把棋子下在棋盘的中心。

在大一些的棋盘上，情况变得越来越复杂；在11×11的棋盘上，棋子的走法就更多了。

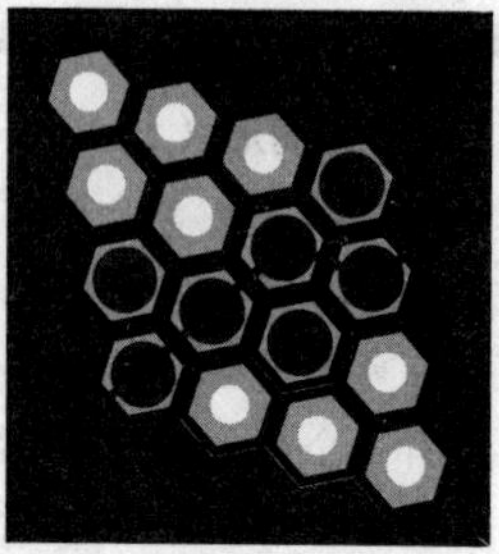

014 拿掉谁

8。这组数列的偶数位遵循这样的公式，把前面的数字乘以2，然后再加1，就等于后面的数字，依此类推。

015 绳子和管道

绳子将与管道脱离。

016 贪吃蛇

这些蛇会逐渐相互填满对方的肚子，而且不会再继续吞食任何东西。因此这个圆环也就会停止缩小。

017 最大周长

D。哪个图形中彼此接触的面最少，那它的周长就最长。

018 金鱼

从鱼身反射出的光线，由水进入空气时，在水面发生了折射，而折射角大于入射角，折射光线进入人眼，人眼逆着折射光线的方向看去，觉得这些光线好像是从它们的反向延长线的交点鱼像发出来，鱼像是鱼的虚像，鱼像的位置比实际的鱼的位置要高。

019 判断角度

在图A中，红色的角最大，而绿色的角最小。

在图B中,各角都是一样大的。

020 三角形中的点

看起来红点位于三角形垂线的上半部分，其实它恰好位于三角形垂线的正中间。这是倒T字错觉的一种变化。在倒T字错觉中，竖直线看起来比等长的水平线长。

021 封闭的环形线路

如图所示，黄色能形成一条封闭的环形线路。

022 麦克马洪的彩色三角形

023 永远找不到

1

024 哪个人最矮

3个人一样高。

025 狗拉绳子

如图所示，绳子拉开之后有两个结。

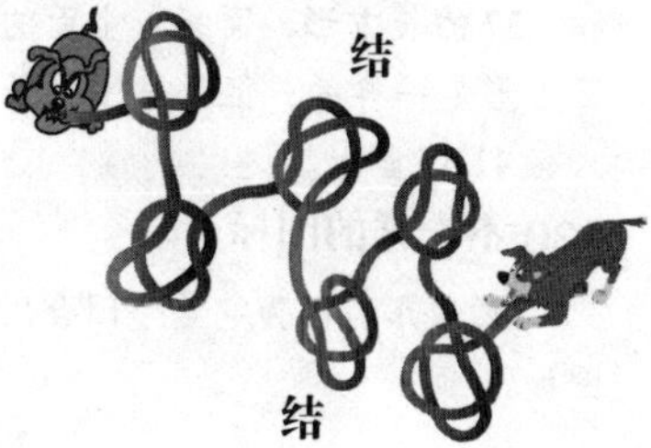

026 不同方向的结

这两个结不能互相抵消，但是可以挪动位置，使两个结位置互换。

027 数字球

26。其他各球中，个位上数字与十位上数字相加结果都等于10。

028 动物围栏（1）

在面积相等的3个围栏中正方形围栏所用的材料最少。

029 动物围栏（2）

关着大象的围栏所用的材料最少。

也就是说，2个相连的全等图形面积相等时，周长最短的并不是正方形，而是长比宽长1/3的长方形。

举个例子，2个边长为6厘米的相连的正方形，面积为72平方厘米，而围栏长为42厘米。

而2个长和宽分别为6.83和5.27的长方形，面积与上面的正方形是一样的，但是总围栏长只有41.57厘米。

030 不一样的图标

四边形。因为它是个闭合的图形。

031 哈密尔敦循环

这是其中一种情况，也可能有其他的解。

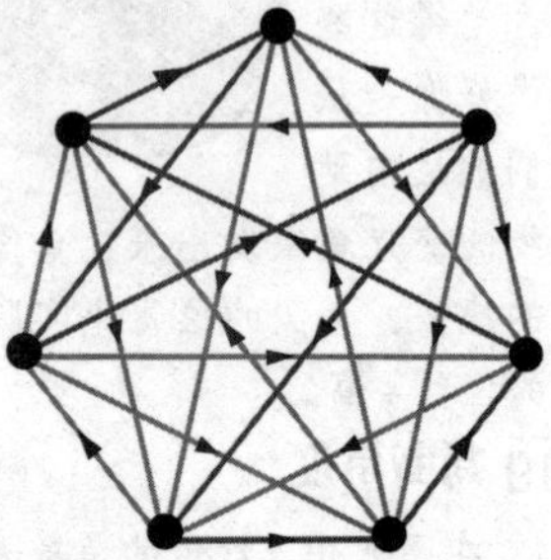

032 与众不同

B。在该项中，没有形成一个三角形。

033 一笔画图（1）

B。

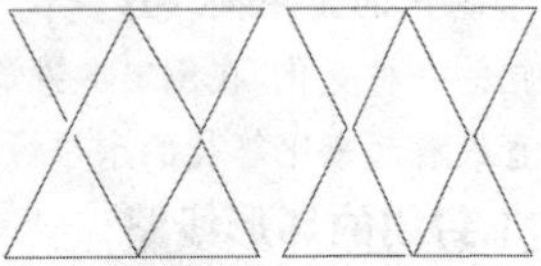

034 一笔画图（2）

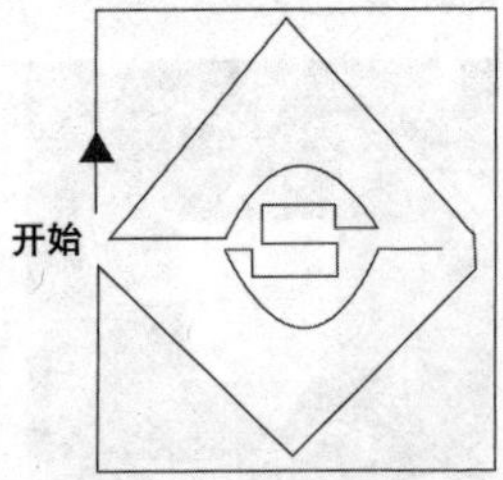

035 最先出现的裂缝

最先出现的那条裂缝是图中间横向的一条，从正方形左边的中间向右延伸到右边离右上角1/3的地方。

通常要判断两个裂缝中哪个更早出现并不难：更早出现的裂缝会完全穿过这两个裂缝的交点。

036 图形金字塔

D。每个正方形里的图形是由它下面的2个正方形里的图形叠加而成的。而当这2个正方形里有相同的符号或线段时，这一符号或线段将被去掉。

037 敢于比较

1. 宽尾煌蜂鸟，平均重3.4克。五美分硬币重5克。

2. 电影的制作费用，近2亿5千万美元。船的造价是750万美元。

3. 自由女神像，1886年完成。帝国大厦是在1931年完成的。

4. 亚洲，1740万平方英里。月球是1460万平方英里。

5. 蓝鲸，最高达188分贝，在500英里以外都能听到。手提钻的声音最高只有100分贝（一般情况下只有30分贝）。

038 对称轴问题

如图所示，有两个图案的对称轴不是8条。

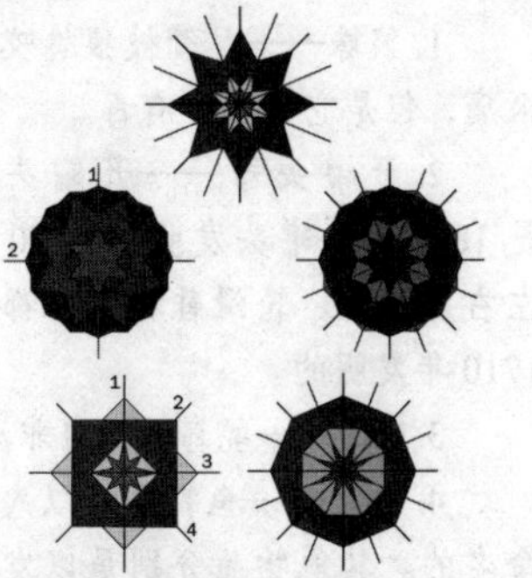

039 词以类聚

分为以下几类。

旋转的事物：地球、滑冰选手、陀螺、光盘；

能够挤压的事物：橡皮鸭，牙膏皮、手风琴、海绵；

带有针的事物：指南针、缝纫机、松树、医生；

单词以X结尾的事物：狐狸（fox）、狮身人面像（sphinix）、邮件箱（mailbox）、传真（fax）。

040 哪个不是

1. 狼蛛——尽管被狼蛛咬伤很痛，但是它并不含有毒。

2. 开罐头器——开罐头器是1870年，罐头发明以后50年左右发明的。轮滑鞋和钢琴都是1710年发明的。

3. 鸵鸟——鸵鸟原产自非洲。

4. 鱼雷——鱼雷不是以人名命名的。其他物品分别是以发明人罗伊极可意和齐柏林伯爵命名。

5. 使用溜溜球——1971年，阿波罗14号的两名宇航员曾经用打高尔夫球和掷标枪来测试月球的重力，但是没有人试过溜溜球。

6. 暴龙——暴龙生活在白垩纪，紧接着侏罗纪。剑龙和翼龙在这两个时期都有。

7. 椒盐卷饼——椒盐卷饼在欧洲已经有1000多年的历史了。而蛋筒冰淇淋和热狗都起源于19世纪晚期密苏里州的圣路易斯。

8. 内华达州——内华达州没有职业体协运动队（截至2006年）。俄勒冈州篮球有波特兰开拓者队，北卡罗来纳州篮球有夏洛特山猫队，橄榄球有卡罗来纳黑豹队，冰球有卡罗来纳飓风队。

041 数字错误

1. 太低：32英尺9.5英寸
2. 太高：50个词
3. 太低：1321个地球
4. 太高：26个奥斯卡奖项
5. 太高：12个字母
6. 太低：205天
7. 太低：100分

042 冷酷无情的事实

1. 豪猪——豪猪在糟糕的天气里可能会待在它的洞穴里，但是它不冬眠。

2. 雪地车——冰上舞蹈于1976年被引入冬奥会，单板滑雪1998年引入。

3. 树——南极洲有一定数量的火山和一些小昆虫，但是没有比地衣或苔藓更大的植物。

4. 它们跟猫一样呜呜叫——北极熊咆哮，不会呜呜叫。

5. 它的名字意思是“海象之地”——“阿拉斯加”为阿留申语翻译而来，接近“大陆”的意思。

6. 绒毛耳罩——这个被他的发现者称为奥兹的人，是1991年在阿尔卑斯山被发现的。

7. 苔原——是俄罗斯词。

8. 焰火——迄今为止，只有一个盲人攀上了珠穆朗玛峰，有一对新人在那里举行了婚礼。

043 运动空间

1. 篮球 2. 击剑 3. 高尔夫球 4. 美式撞球 5. 举重 6. 保龄球 7. 网球 8. 排球 9. 足球 10. 棒球 11. 箭术 12. 花样滑冰

044 地理标志（1）

这幅图中隐藏的是中国的万里长城。

045 地理标志（2）

这幅图中隐藏的是美国纽约的自由女神像。

046 地理标志（3）

这幅图中隐藏的是英国的巨石阵。

047 地理标志（4）

这幅图中隐藏的是埃及的斯芬克司狮身人面像。

048 地理标志（5）

这幅图中隐藏的是印度的泰姬陵。

049 地理标志（6）

这幅图中隐藏的是意大利的比萨斜塔。

050 找错误（1）

051 找错误（2）

052 找错误（3）

053 找错误（4）

推理力

001 数列对应

B。

002 分蛋糕

你所要做的是把周长分成相等的5份（或“n”份，这个“n”是你所要得到的蛋糕块数）。

然后从中心按照一般切法把蛋糕切开。

诺曼·尼尔森和佛瑞斯特·菲舍在1973年提供了证明，证明如下。

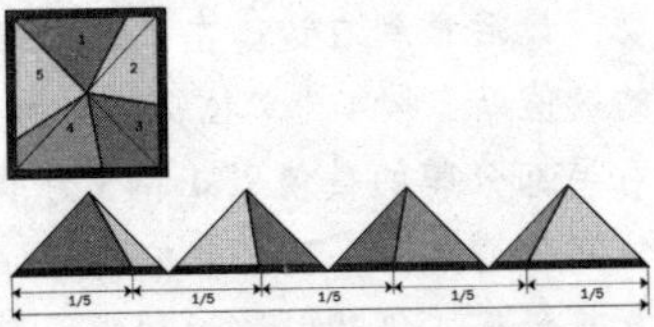

003 沿铰链转动的双层魔方

4个方片需要按以下顺序沿着铰链翻动：

①方片7向上；

②方片9向下；

③方片8向下；

④方片5向左。

然后我们就得到了著名的魔数为34的杜勒幻方。

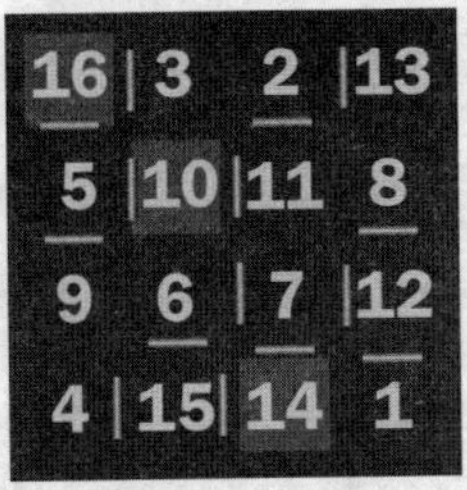

004 猫鼠游戏

不可能做到。

005 发现规律

B。每个小方框里的箭头每次逆时针旋转90°。

006 箭头的方向

空格中的箭头应该朝西。排列的顺序是：西、南、东、北、北。在第1列，此顺序由上而下排列；第2列，由下而上排列；第3列，再次由上而下排列，往后依此类推。

007 正确的选项

C。数字排列的规则是：每行第1个和第2个数字之积构成该行最后2个数字；第3个和第4个数字之积构成该行第6个和第7个数字；第6个和第7个数字构成的两位数与第8个和第9

个数字构成的两位数的差等于该行第 5 个数字。

008 数独

2	8	9	7	5	1	6	4	3
6	5	1	4	9	3	8	2	7
7	3	4	8	2	6	1	9	5
9	4	5	6	3	8	2	7	1
1	2	6	5	7	9	4	3	8
3	7	8	2	1	4	5	6	9
8	1	7	9	6	2	3	5	4
4	9	2	3	8	5	7	1	6
5	6	3	1	4	7	9	8	2

009 字母九宫格（1）

P	I	N	R	K	G	S	A	L
R	G	K	A	S	L	N	I	P
L	S	A	N	I	P	K	R	G
I	A	L	K	G	R	P	S	N
K	R	P	S	L	N	A	G	I
G	N	S	I	P	A	R	L	K
N	L	G	P	R	S	I	K	A
S	P	I	L	A	K	G	N	R
A	K	R	G	N	I	L	P	S

010 字母九宫格（2）

L	N	R	S	A	I	G	P	K
K	S	G	N	P	R	A	I	L
I	P	A	K	L	G	N	S	R
P	R	S	L	N	K	I	A	G
N	A	L	G	I	S	K	R	P
G	I	K	P	R	A	S	L	N
A	K	P	I	L	N	R	G	S
S	G	I	R	K	P	L	N	A
R	L	N	A	S	G	P	K	I

011 字母九宫格（3）

R	A	I	N	G	S	L	P	K
S	K	N	P	L	I	G	R	A
P	L	G	A	K	R	I	S	N
K	N	L	G	S	P	R	A	I
I	G	S	R	N	A	P	K	L
A	R	P	L	I	K	N	G	S
L	P	K	S	R	N	A	I	G
G	S	R	I	A	L	K	N	P
N	I	A	K	P	G	S	L	R

012 扑克牌（1）

黑桃 3。把图形垂直分成两半，在每半部分中，以蛇形和梯子形进行，以左上角的牌为起点向右移动，然后下移 1 行向左移动，最后移到右边。左半部分牌的数值以 3 和 4 为单位交替增加，右半部分牌的数值以 4 和 5 为单位交替增加。下面让我们再来计算花色吧，仍然以蛇形和梯子形进行，从整个图形的左上角开始向下移动，然后右移 1 格从下向上进行，依此类推。这些牌的花色按这样的顺序排列，从红桃开始，然后是梅花、方片和黑桃。

013 扑克牌（2）

梅花 9。把红色扑克牌看成是正数，把黑色扑克牌看成是负数。在图中每列扑克牌中，最下面一张牌等于上面两张牌数值的和。每列牌的花色交替重复。

014 逻辑数值

1009315742。表格第1行红色方格前面的黄色方格个数对应数列的第1个数，第2行红色方格后面的黄色方格个数对应数列的第2个数；第3行要计算红色方格前面黄色方格的数量；第4行则要计算红色方格后面黄色方格的数量，往后依此类推。

015 帕斯卡定理

我们必须记住的是水压所产生的巨大力量是以距离为代价的。

因此，大活塞每活动1个单位距离，那么小活塞应该要活动7个单位距离。

加在小汽缸上的压力应该是7个单位，那么这个压力能够举起的重量应该是49，也就是7倍。

016 画符号

从左向右横向进行，把前2个图形叠加在一起，就可以得到第3个图形。

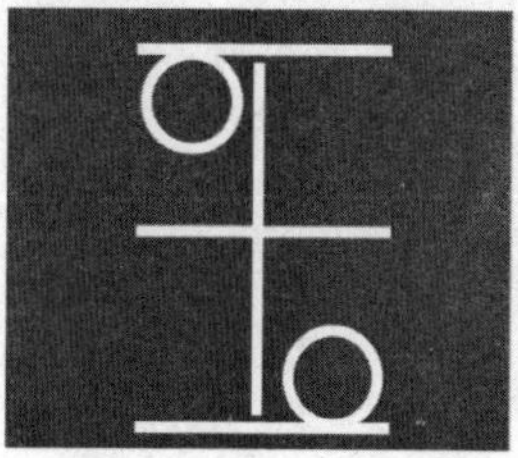

017 链条平衡

链条会开始向空盘的这一端滑动，直到左端的“臂”要比右端更长。

018 柜子里的秘密

密码是CREATIVITY。

019 连续八边形

B。正方形按照顺时针方向每步移动2个部分，圆圈按照逆时针方向每步移动3个部分，同时，三角形在2个相对应的部分交替移动。

020 洪水警告

不正确，随着水平面上升，指示标指向“干旱”。

021 对号入座

B。第1排和第2排叠加得到第3排，相同的图形叠加不显示。

022 归位

D。每个多米诺骨牌数字(包括空白)在每行、每列中出现1次。

023 填充空格

横向进行，把左右两边的图形添加在一起，就可以得到中间的图形。缺失部分如图所示。

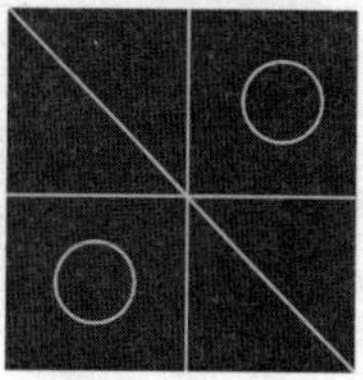

024 树形序列

48。这 6 个数字都可以用于飞镖记分。60（20 的 3 倍），57（19 的 3 倍），54（18 的 3 倍），51（17 的 3 倍），50（靶心）及 48（16 的 3 倍）。

025 铅笔游戏

V。这种排列是根据字母表中字母的顺序而排定的。“拐弯之处”的字母是由指向字母的铅笔数引出的。

看一下字母 L（哪个都可以）。字母 L 前进到了字母 M。但是，字母 M 却并没有前进到字母 N，这是因为有两支指向 O 的铅笔，于是字母 M 就跳了 2 步，前进到字母 O。运用同样的原理，字母 O 前进了 3 步到了字母 R，字母 R 则前进了 4 步到了字母 V。

026 外环上的数

40。将每行、每列拐角的正方格里的数字加在一起，并将答案放在按顺时针方向旋转的下一个中间的正方格里。

027 恰当的数字（1）

4。在每个图形中，左边 2 个数字的和除以右边 2 个数字的和，就得到中间的数字。

028 恰当的数字（2）

B。顺时针读，数字等于前一个图形的边数。

029 密码

1. 每个字母有 26 种可能，每个数字有 10 种可能，那么密码的可能性有：

$P=26\times6\times26\times10\times10$

$=263\times102=1757600$ 种

2. $P=26\times25\times24\times10\times9$

$=1\ 404\ 000$ 种

3. $P=1\times25\times24\times10\times9$

$=54000$ 种

030 逻辑数字

1. 28　(×3)+1
2. 6　(-5)×2
3. 11　(×2)+7
4. 22　(×2)-2
5. 13　(÷2)+6
6. 17　(-7)÷2
7. 20　(-4)×2
8. 20　原数的平方 +4
9. 8　将原数开方 +3
10. 4　原数的平方 -5
11. 80　(+8)×5
12. 36　(-11)×4
13. 62　(×6)+8
14. 71　(×4)-13
15. 13　(÷4)+3

16. 19 (÷5)-3

17. 36 (-13)×6

18. 162 (+3)×9

19. 361 +2，再平方

20. 6 -4，再开方

031 恰当的符号

F。

032 解开难题

4。将第1条斜线上的3个数字每个都加5，得到的结果为第2条斜线上对应的数字，再将第2条斜线上的数字每个都减4，即得到第3条斜线上的数字。

033 数字盘

72。将数字盘上半部分中的数字乘以一个特定的数，得到的积放入对应的下半部分的位置。第1个数字盘中乘以的特定数字为3，第2个为6，第3个为9。

034 图形推理

1个全满的圆。观察三角形顶角，从前1个到后1个，刚好增加1/4份。同样道理，比较各个三角形的下角，从前1个到后1个，也是刚好增加1/4份，全满后又重新开始。

035 缺少的数字

1。把每排数字当成1个三位数，从上到下分别是17，18，19的平方数。

036 环形图

7。内环每个部分的数字都等于对面位置上外面的2个数字之和。

037 图形推数

27。黄色六边形 / 绿色星星代表的数字是3；红色六边形 / 黄色星星代表的数字是5；绿色六边形 / 红色星星代表的数字是8。

038 滑轮方向

按顺时针方向旋转。

039 填补空白

B。这样每个横排和竖排上都有10个点。

040 雨伞

D。

这个方向决定背景颜色：

这个方向决定雨伞颜色：

这个方向决定形状：

041 城镇

1. F
2. B
3. E
4. F
5. C

042 空缺图形

在每行中，从左边的圆圈开始，沿着顺时针方向增加1/4，即得到下一个图形，圆圈的颜色互相颠倒。

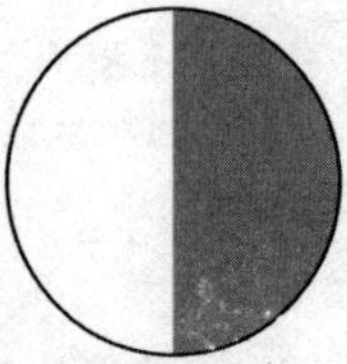

043 数字与脸型

2。表情代表的是数字，根据其内部含有的或者周边增加的元素而计（不包括头本身）。将顶部代表的数字与右下角代表的数字相乘，除以左下角代表的数字，便得到中间的数字。

044 数字难题

2。在每个图形中，中间的数字等于左右两边的数字之和减去上下2个数字之和。

045 数字与图形（1）

3。这里有4个面，其中的数字显示的是所叠加在一起的面的数量。

046 数字与图形（2）

2。其中的数字等于叠加在一起的面的数量。

047 表情组合

B。从第1列左上角开始，按照“∐∏”字形行进，规律为：4个笑脸，1个悲脸，3个平嘴，2个带头发的脸。

048 缺失的符号

从第1列左上角开始，按照“∐∏”字形行进，规律为：2个心，1个钩，2个圈叉，1个不等号，1个心，2个钩，1个圈叉，2个不等号。缺失部分如图所示。

049 曲线加法

A。

050 数学公式

C。三角形中间的数字为顶上各数平方数的和。

051 对应的数字盘

F。奇数的个位和十位数字交换位置，其他不变。

052 下一个图形

D。没有点的三角形保持在原来的位置，有点的三角形顺时针旋转，落到不动的2个三角形最近的1条边上。

053 填补圆中问号

B。圆点的位置每隔4个部分重复1次。

054 按键（1）

第5行第3列的2R。

055 按键（2）

第2行第2列的1D。

056 数值

8。各个方格都是按照从1~9的顺序排列的，从左上角的方格开始依次按照由左至右、由右至左、再由左至右的方向排列。

057 错误的方块

A1。

058 时间图形

B。黄色的点表示时钟的表针。问号处的时间应该是3:00-9:00 = 6:00。

059 序列格

问号处将出现的是三角形。谜题的方格中填满了一系列图形序列，第1个序列为1个正方形，与之相邻的第2个序列中包括了1个正方形+1个圆形，第3个序列则扩展到了包括1个正方形+1个圆形+1个三角形，第4个序列为正方形+圆形+三角形+三角形，依此类推，第6个序列是正方形+圆形+三角形+三角形+圆形+圆形，从而可以确定出第7个序列中的问号处出现的应该是三角形。

060 延续数列

D。每一列都是去掉前一列的最小值，然后将其剩下的数字颠倒排列而成的。

分析力

001 另类图形

D。其他图形都有3个阴影部分，D中只有2个。

002 完成序列图

A。按行计算，如果你把左右两边的图形添加在一起，就得到中间的图形。

003 男孩女孩

004 数字狭条

缺失的是：

4	7	8	15

1	4	14	15	1	3	5	12	14	14	4	7	11	12	3	13	2
12	13	4	5	6	10	16	3	5	7	2	16	9	7	6	8	10
11	8	1	14	12	16	5	2	11	9	1	7	12	14	10	3	7
10	9	13	2	15	5	6	16	7	4	2	9	11	12	15	10	15
13	6	3	15	8	9	2	3	2	6	3	3	7	8	16	4	1
7	11	7	4	16	8	6	8	5	7	6	13	16	1	4	7	6
8	9	9	2	5	12	15	9	13	10	11	12	1	13	8	10	11
6	8	15	16	6	10	2	14	14	11	14	1	10	9	14	13	16
2	8	11	13	4	11	7	1	15	4	2	1	3	2	6	11	15
6	7	9	12	9	15	3	14	2	6	7	5	9	5	7	9	13
3	7	11	13	10	1	16	10	7	9	11	13	10	1	3	14	16
3	7	10	14	11	2	8	10	14	15	14	15	12	5	8	9	12
3	4	14	2	5	6	10	13	4	3	4	7	2	6	12	14	5
8	13	6	7	2	3	13	16	5	6	11	8	13	9	11	1	8
11	9	10	12	3	5	11	15	11	12	6	9	14	6	13	1	10
12	8	4	13	1	2	15	16	14	13	13	10	5	6	9	14	11
4	16	12	2	12	4	8	1	14	3	13	4	5	5	6	8	15
3	4	11	16	5	12	1	16	4	15	12	3	7	2	4	13	15
12	11	1	10	1	8	10	9	10	5	4	15	8	5	7	10	12
16	3	9	6	16	10	15	8	6	11	5	12	14	4	5	9	16

005 移动的数字

下列答案中n指前一个数：

1. 122　（n+3）×2

2. 132　（n-7）×3

3. 19　2n-3

006 合适的长方形

E。每行每列长方形都包含6个红点和5个黄点。

007 液体天平

浸在水里的物体的浮力等于它所排出的水的重量。

你可能想说结果应该是在天平右端原来的重物基础上再加上与

左端容器里重物承受的浮力相等的重量，然而真的是这么简单吗?

根据牛顿定律，作用力与反作用力相等。那么容器里的水对重物的浮力就等于重物对水的反作用力。

因此，天平右端的重量减少时，天平左端的重量相应增加。

所以要达到平衡，天平右端需要加上 2W 的重量，W 等于重物在左端容器里排出的水的重量。

008 阿基米德的镜子

尽管许多科学家和历史学家都对这个故事着迷，但是他们都判定这是个不可能实现的功绩。不过有几个科学家曾试图证明阿基米德的确能使罗马船舰突然冒出火苗。这些科学家的假设是，阿基米德用的肯定不是巨型镜子，而是用非常多的小反射物制造出一面大镜子，这些小反射物可能是磨得非常光亮的金属片（也许是叙拉古战士的盾牌）。

阿基米德所做的是不是仅仅让他的士兵们举着盾牌排成一行，将太阳光聚焦到罗马船只上呢?

1747 年法国物理学家布丰做了一个实验。他用 168 面普通的长方形平面镜成功地将 330 英尺（约 100 米）以外的木头点燃。似乎阿基米德也能做到这一点，因为罗马船队在叙拉古港湾里距离岸边肯定不会超过大约 65 英尺（约 20 米）。

1973 年一位希腊工程师重复了一个与之类似的实验。他用 70 面镜子将太阳光聚集到离岸 260 英尺（约 80 米）的一艘划艇上。镜子准确瞄准目标后的几秒钟内，这艘划艇开始燃烧。为了使这个实验成功，这些镜子的镜面必须是有点凹的，而阿基米德很有可能用的就是这种镜子。

009 篱笆周长

B。Billy 那块地的篱笆最长。

010 排列规律

D。图形交替旋转 180° 或 90° 。圆圈和正方形交换位置，菱形和矩形交换颜色。

011 落水的铅球

如果球直接掉进水池里，它排出的水量等于它本身的体积。

如果球落到船上，那么它排除的水量等于它自身的重量（阿基米德定律）。由于铅球的密度比水的密度大，因此落到船上所排出的水的体积要更大。

012 升旗与降旗

旗子会上升。

013 不一样的时间

B。其他时刻都可在数字表的表面上显示出来。

014 火柴光

可以，抽烟斗的人能看到经过镜墙反射出来的火柴光。

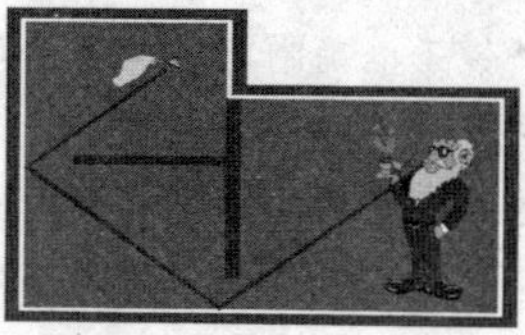

015 猜图

C。从左上角的方块开始沿第1行进行，再沿第2行回来，依此类推，图形按照黄圆、紫圆、三角的顺序循环排列。

016 地板

B。

在每行中，交叉点向下移动。在每列中，交叉点向右移动。

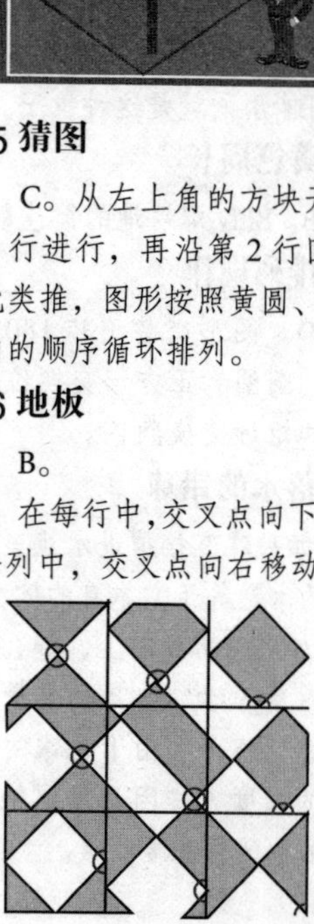

017 蛋卷冰淇淋

一共有3种颜色需要排序，那么就是3的阶乘，也就是一共有6种排序方法，因此冰淇淋的口味正好是你最喜欢的顺序的概率应该是1/6。

018 传音管

声音的传播跟光一样，也遵循反射定律。

当两根管子跟墙所成的角度分别相等时，两个孩子能够听到对方讲话。声波反射到墙面上，然后再通过墙反射到管子上。

019 图形转换

拓扑学的基本观点包括很多我们在儿童时代就非常熟悉的概念：内侧和外侧、右边和左边、连接、打结、相连和不相连。

很多拓扑学问题都是建立在拓扑变形的基础上的，也就是说改变图形的表面，但是不能使表面断开。如果两个图形能够通过拓扑变形得到对方，我们就说这两个图形是拓扑等价的。例如，球体和立方体是拓扑等价的；同样，数字8和字母B也是拓扑等价的，因为它们中间都有两个圈。拓扑学的基本问题就是把拓扑等价的图形归在一起。

020 对角线问题

在10×14长方形中对角线穿过了23个小正方形。

关于被对角线穿过的正方形的个数，我们是否可以总结出这样一个公式：被对角线穿过的正方形的个数等于长方形两个边上小正方形的个数和减去1？

这个公式适用于所有的长方形吗？

试一下6×9这个长方形。

我们得到9＋6－1=14，但是对角线穿过的正方形的个数只有12个。显然，我们的公式也不适用于对角线穿过正方形的角的情况。

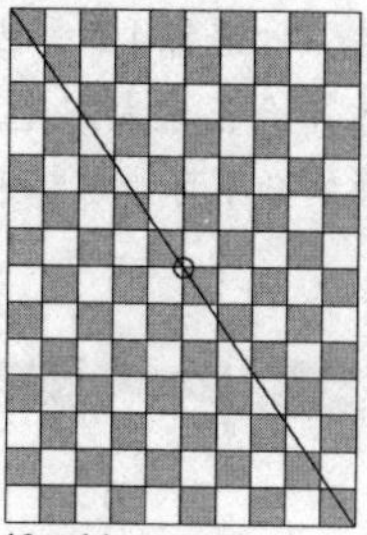

10 × 14

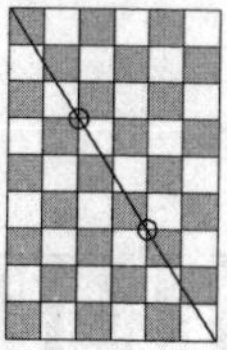

6 × 9

021 保持平衡

放入1个四边形。4个四边形=3个向右箭头=6个向上箭头。

022 圣诞节风铃

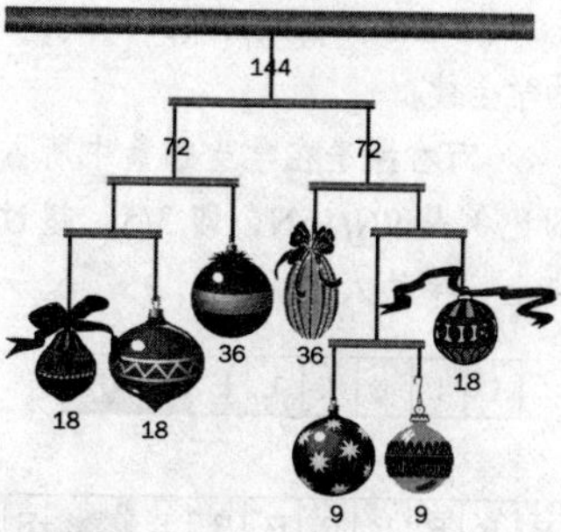

023 发射炮弹

沿着地平线发射的炮弹将最先落地，然后是与地平线成45°角发射的炮弹，最后是与地平线成90°角的炮弹。

024 最近距离

如图所示，对于房子总数为偶数的情况，到所有的房子距离最近的点应该在最中间的两栋房子的中心。

而对于房子总数为奇数的情况，到所有房子距离最近的点应该是最中间的那栋房子。

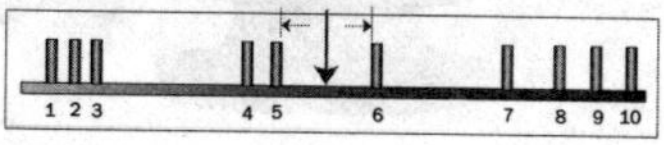

025 左撇子，右撇子

N 是既是左撇子同时也是右撇子的学生数。

7N 的人是左撇子，9N 的人是右撇子。

那么 N+6N+8N=15N 即全班的学生数。

而右撇子在学生总数中所占的比例是 9N/15N，即 3/5，超过班上一半的人数。

026 桌球

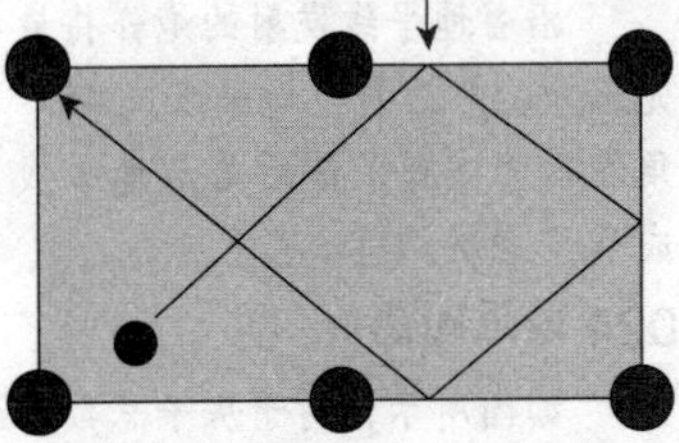

027 海市蜃楼之碗

顶部所显示的景象是由 2 次反射产生的，如下图所示。

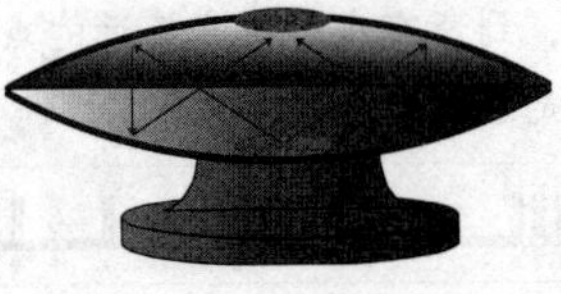

028 透镜

如下图所示，通过两个正透镜的光线的弯曲度更大，因此两个正透镜汇聚光线的能力要比一个正透镜强。

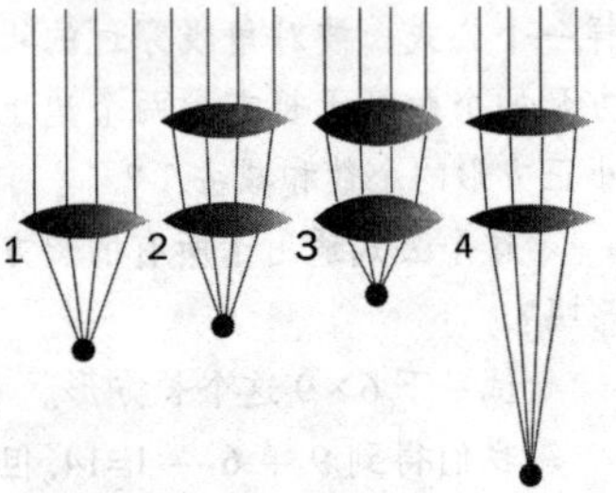

029 聚焦太阳光

透镜 2 比透镜 1 更厚，因此经过透镜 2 的光线弯曲度更大，汇聚太阳光也更强。如下图所示。

透镜 3 和透镜 4 都是凹透镜，它们根本不会汇聚太阳光，因此它们下面的纸不可能燃起来。

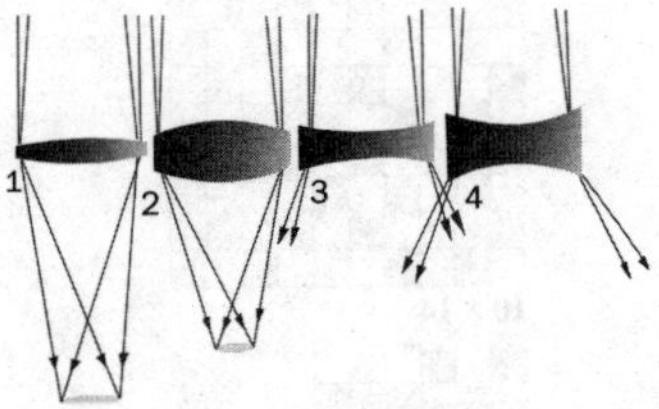

030 光的反射

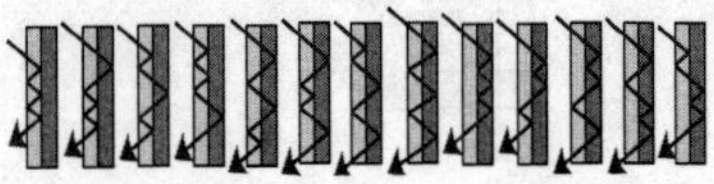

031 成角度的镜子

当镜子之间角度减小时，放在两面镜子之间的物体的多重镜像的数目将会增加。

每次夹角度数以360/N (N=2,3,4,5，…) 的数值减少时，镜像数目会对应增加。

因此，镜像数是两镜夹角度数的一个函数。

夹角度数：120°，90°，72°，60°，51.4°

镜像数：3，4，5，6，7…

理论上，当夹角接近零时，镜像数将变为无穷。当你站在两面平行镜之间或者看一面无穷大的镜子时，你就会看到这种效果。但实际上，能看到的只有有限的镜像数，因为随着每次反射，镜像将逐渐变得微弱。

032 乘客的方向

2。乘客行走的方向用平行四边形图示如下：

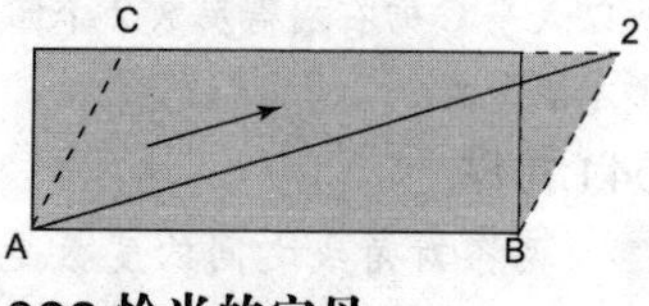

033 恰当的字母

K。在每一行中，左右两边的数字相乘，所得结果等于中间3个字母的顺序值相加。

034 齿轮

由于A齿轮和D齿轮上齿的数目都相同，因此它们会以同样的速度旋转。C齿轮并不会影响轮齿通过的速度，它只是把B齿轮上轮齿的动作传送到了D齿轮之上。

035 路线

1. 路线为：17-19-22-24-28-20，总值为130。

2. 路线为：17-19-22-28-25-20，总值为131；17-23-22-24-25-20，总值为131。

3. 路线为：17-24-26-28-25-20，最大值是140。

4. 路线为：17-19-22-24-25-20，最小值是127。

5. 一共有2种方式：17-24-26-24-25-20；17-23-22-26-28-20。

036 最短接线长度

下面的图已经画出了从B到A点的接线法，一共需要用去233厘米的电线。

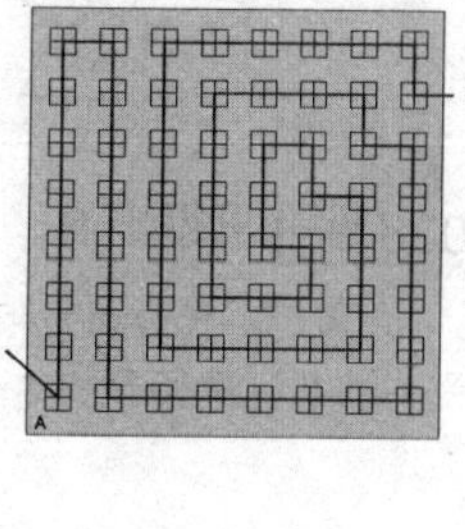

037 监视器

有人认为可以用下面的定理来解决这个美术馆的问题。

如图所示，将这个美术馆的平面图分成若干个三角形，每个三角形的顶点分别用3种不同的颜色标注出来，每个三角形所用的3种颜色都相同。最后在出现次数最少的颜色的顶点处安放监视器。

但是这个办法只能帮助我们从理论上知道最多需要放多少台监视器。

按照这一定理一共需要6台监视器，而在实际操作中只需要4台就够了。

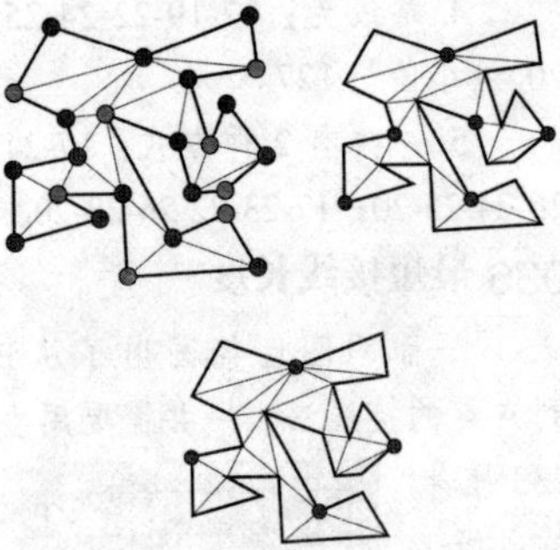

038 欧几里得平面

如图，将三角形的3个角分别向内折，中间形成1个长方形，这样A，B，C3个角加起来正好是1个平角，也就是相加之和等于180°。

除了欧几里德平面，还存在球面和双曲平面，在球面上的三角形3个内角之和大于180°，而在双曲平面上的三角形内角和则小于180°。

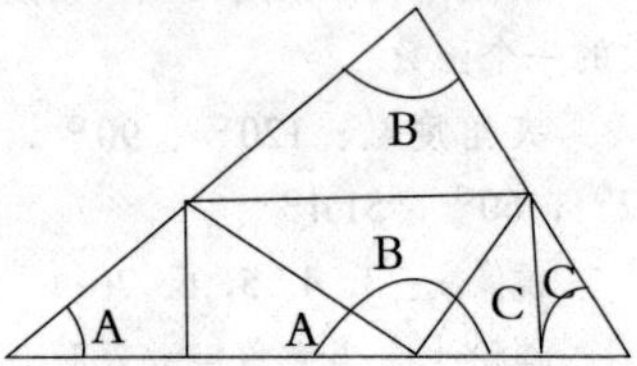

039 转移

C。

040 配平

1．圆形的数值为2，五角星的数值为3，三角形的数值为5。所以天平C的右端需要放4个五角星才能平衡。

2．五角星的数值为1，三角形的数值为3，圆形的数值为6。所以天平C的右端需要放2个圆形才能平衡。

041 角度

两条对角线之间的度数是60°。如果将第3个面的对角线——BC连接起来，那么，就可以构成等边三角形ABC。因为同是立方体对角线，所以它们的长度都相等。由于是等边三角形，所以每个角的度数都是60°。

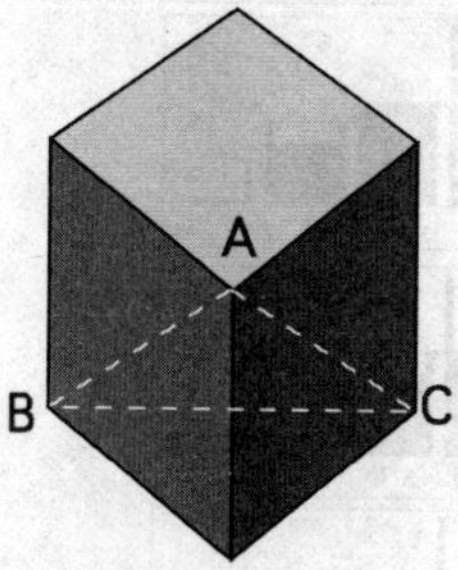

042 指针相遇

1点9分9秒。

043 约会地点

这个地方是5号路与4号街的交叉点。

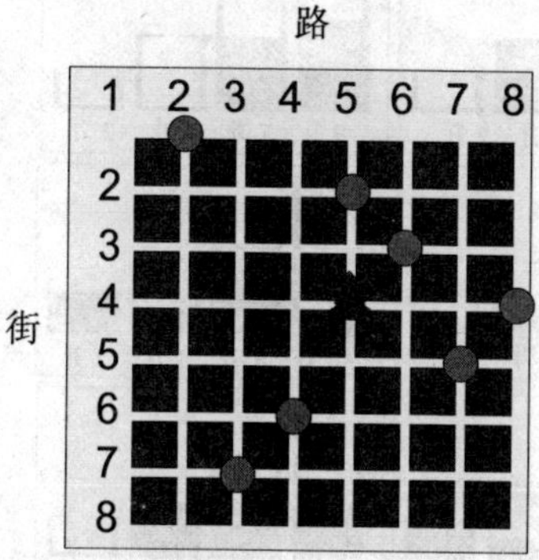

044 从A到B

一共有252种路线。下图中的数字表示所有可能的路线经过该数字所在交叉点的累积次数。

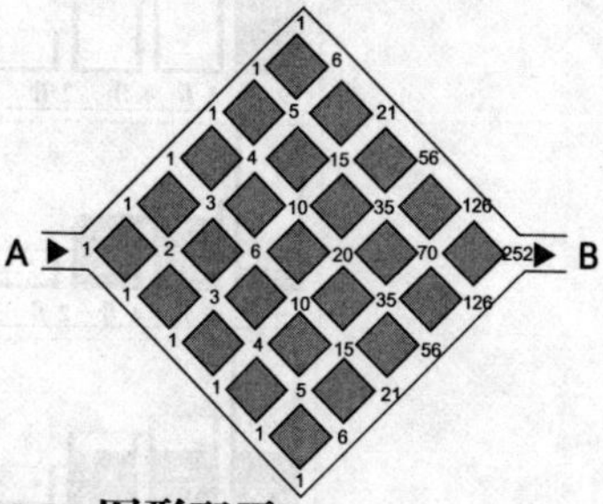

045 图形配平

3朵云和1个月亮。太阳=6，月亮=7，云=9。

046 小丑表演

047 倒酒

倒6次即可解决问题，有4种不同方法，其中一种解法如下图所示。

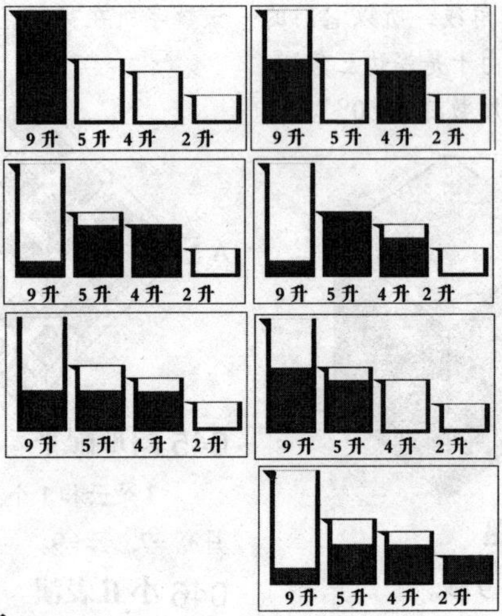

048 平分红酒

倒 8 次即可解决问题。其中一种解法如下图所示。

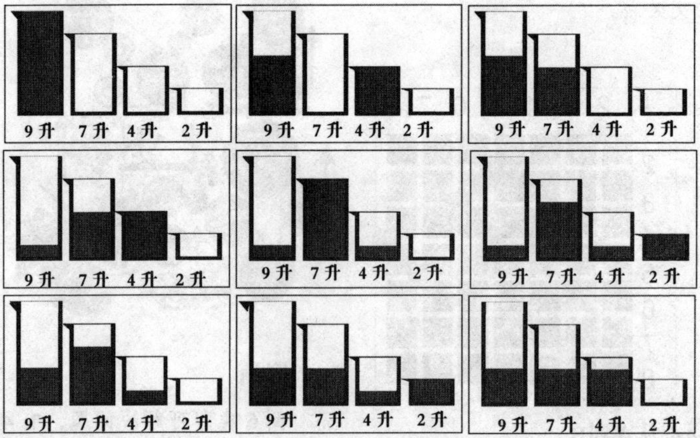

049 接通电路

B。

050 得与失

这里并没有什么魔术。这些图片只是看起来完美得适合于63和65个单元格。这些图片之间的小空隙或小重叠造成了面积的不同。

051 8个金币

把8个金币分成2个部分，一部分6个金币，一部分2个。

不管假币在哪一部分，我们只用2步就可以把它找出来：

先将第1部分的金币一边3个分别放在天平的左右两边。如果天平是平衡的，那么假币一定在剩下的2个中。

再将剩下的2个金币分别放在天平的两端，翘起的那一端的金币较轻，这个就是假币。

如果第1步分别将3个金币放在天平的两端，天平是不平衡的，那么假币在翘起的那端。

再取这3个金币中的任意2个分别放在天平的两端，如果天平不平衡，那么轻的那一端放的就是假币。

如果天平仍然是平衡的，那么剩下的那个就是假币。

052 阿拉伯数字问题

也许你可以在1分钟之内做完这一长串的计算。对于任何的这类四位数只要算1次就可以了，如图所示。

345	543 − 345 = 198
456	654 − 456 = 198
567	765 − 567 = 198
678	876 − 678 = 198
789	987 − 789 = 198
1234	4321 − 1234 = 3087
2345	5432 − 2345 = 3087
3456	6543 − 3456 = 3087
4567	7654 − 4567 = 3087
5678	8765 − 5678 = 3087
6789	9876 − 6789 = 3087

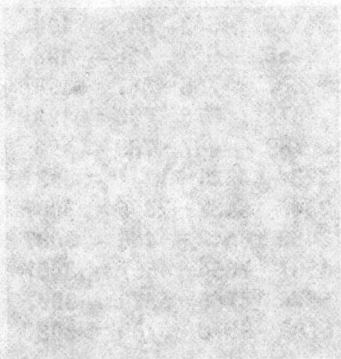

大脑潜能开发书

右脑训练开发

博文◎编著

红旗出版社

图书在版编目（CIP）数据

右脑训练开发 / 博文编著 . -- 北京 : 红旗出版社，2020.4

（大脑潜能开发书 / 张丽洋主编）

ISBN 978-7-5051-5143-7

Ⅰ . ①右… Ⅱ . ①博… Ⅲ . ①智力游戏－通俗读物 Ⅳ . ① G898.2-49

中国版本图书馆 CIP 数据核字 (2020) 第 042380 号

书　　名　右脑训练开发
编　　著　博　文

出 品 人　唐中祥
总 监 制　褚定华
责任编辑　朱小玲 王馥嘉
选题策划　三联弘源
地　　址　北京市丰台区中核路 1 号
出版发行　红旗出版社
编 辑 部　010-57274504
邮政编码　100070
发 行 部　010-57270296
印　　刷　天津海德伟业印务有限公司
成品尺寸　138mm × 200mm　1/32
字　　数　450 千字
印　　张　30
版　　次　2020 年 7 月北京第一版
印　　次　2020 年 7 月北京第一次印刷
IBSN　978-7-5051-5143-7
定　　价　198.00 元（全六册）

欢迎品牌畅销图书项目合作　联系电话：010-57274504

前　言

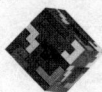

著名科学家霍金曾经说过：有一个聪明的大脑，你就会比别人更接近成功。大脑不仅控制了人的思想，还控制着人的感觉、情绪以及身体的各种反应，最终主宰着人一生的发展。

人类的大脑有着无穷的潜力。遗憾的是，对于大脑的这种巨大潜能，我们并没有充分开发。科学家调查结果表明，到目前为止人类的大脑普遍才开发了5%，即使像爱因斯坦这些科学精英的大脑的开发程度也只达到13%左右。实践证明，合理开发左右脑，适时地进行头脑思维训练，能迅速提升人的心智，使人们具有更强的理解力和创造力，让每个人的潜能得到淋漓尽致的发挥。

为了帮助人们更全面科学地开发自身的大脑潜力，立足于左右脑分工的理论，结合认知能力与认识特点，我们特意编写了这本书。本书荟萃了古今中外众多思维训练题，包括算术类、几何类、组合类、数独类、推理类、创造类、观察类、想象类、文字类等各种的思维游戏，每一个游戏都让读者在娱乐中带动思维高速运转，强化左脑和右脑的交互运用，从而提高观察力、判断力、推理力、创造力、分析力、计算力、想象力、逻辑力、语言力等多种能力。此外，在每篇的最后都配有详尽的解析和参考答案，以利于你更好地掌握内容。

书中训练题难易有度，有看似复杂却非常简单的推理问题，有让人迷惑不解的图形难题，有运用算数技巧与常识解决的谜题，以及由词语、数字组成的字谜等。无论大人、孩子，或是学生、上班族、管理者，甚至高智商的天才们，都能在此找到适合自己的题目。在解决问题的过程中，你需要大胆的设想、判断和推测，需要尽量发挥想象力，突破固有的思维模式，充分运用创造性思维，多角度、多层次地审视问题，将所有线索纳入你的思考。这些精彩纷呈的训练题将让你在享受乐趣的同时，彻底带动你的思维高速运转起来，充分发掘大脑潜力，让你越玩越聪明，越玩越优秀。

无论你是9岁，还是99岁，对于任何一个想变聪明的人来说，本书都是不二的选择。你可以利用点滴时间阅读和练习，既可用它作为专门训练，也可把它当作业余消闲。相信阅读完本书，你的思维将会更缜密，观察更敏锐，想象更丰富，心思更细腻，做事更理性，心情更愉快。

目 录

第1章 观察力

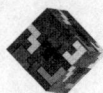

第2章　想象力

第3章 创造力

第4章 记忆力

第5章　发散力

答　案

观察力

想象力

创造力

记忆力

发散力

第1章　观察力

001 中心·方块

中心小方块是不是比周围的区域暗？

002 灰色条纹

左右两个灰色竖条纹的灰度一样吗？

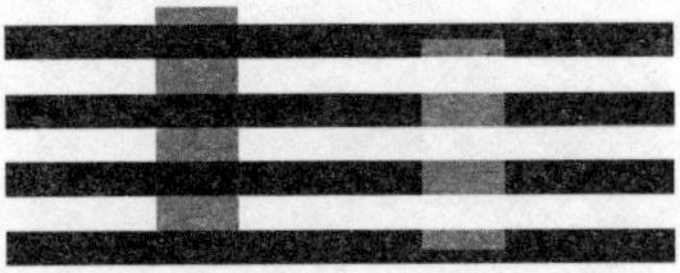

003 “十”字

图中各颜色方块中对角线上较亮的“十”字与它们所在的正方形亮度相同吗？

004 倾斜的棋盘

棋盘中每个小棋子的亮度相同吗？

005 双菱形

图中两个菱形的亮度相同吗？

006 圆圈

看到圆圈了吗？这些圆圈是不是比背景亮一些？

007 赫尔曼栅格

看到交叉处的灰点了吗？仔细看它并不存在。你能解释这个原因吗？

008 闪烁的点

在这幅闪烁栅格的变化中，当转动眼球观察图片时，会有什么变化？如果你注视圆心，又会有什么变化呢？

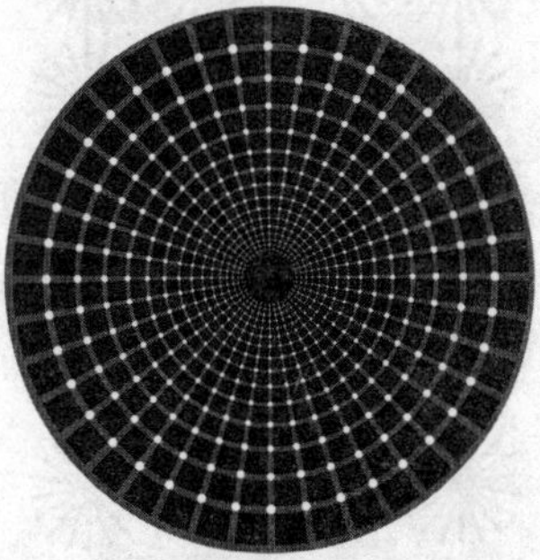

009 神奇的圆圈

扫视图片，每个圆圈中都会出现小黑点。你能看到吗？

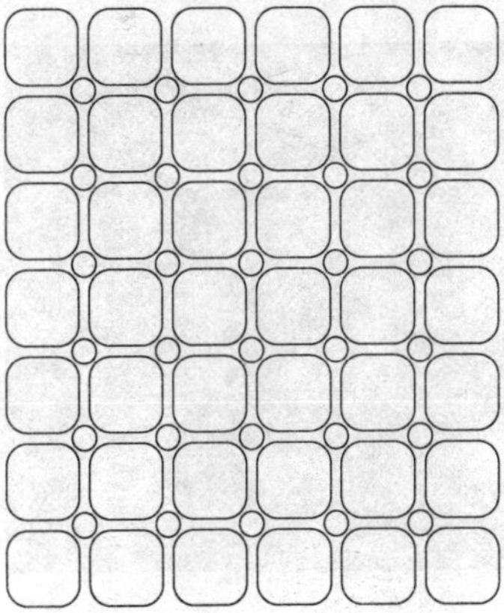

010 闪烁发光

这些圆圈看起来在闪烁吗？

011 小圆圈

环顾这张图片，小圆圈看起来好像忽明忽暗。你能感觉到吗？

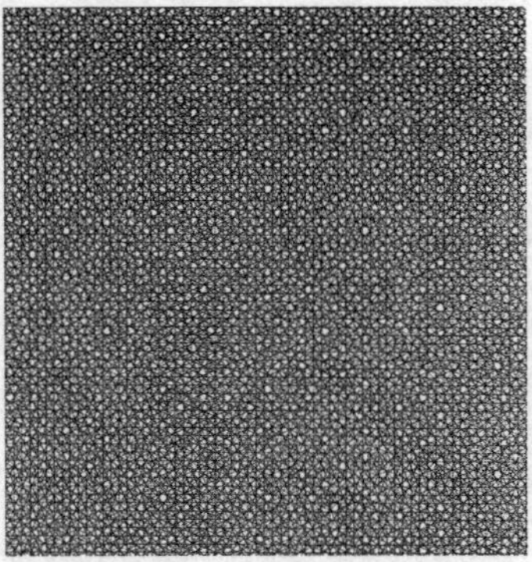

012 线条

这些竖线条是直的还是弯曲的？

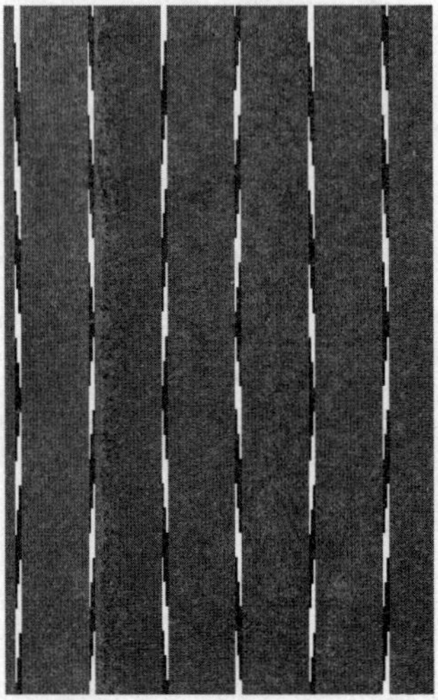

013 螺旋

这是一个螺旋还是一个个的同心圆？

014 线条组成的圆

图中由一系列线条组成的圆是同心圆还是弯曲的圆呢?

015 图像

这幅图像竖直和水平的边缘是扭曲的还是直的?

016 小方块

图中每排或每列的小方块是呈直线排列还是弯曲排列?

017 线

图中的水平线是倾斜的还是彼此平行的?

018 **面孔**

你应该一眼就能看到高脚杯，那么，你能看到两个人的轮廓吗？

019 **单词**

这个图形中有Figure和Ground两个单词，你看出来了吗？

020 **鱼**

凝视这幅图中的鱼，它们向哪个方向游呢？

021 **萨拉与内德**

你能找到一张女人的脸和一个萨克斯演奏家吗？萨拉是一个女人的名字，内德是吹萨克斯的男人。

022 猫和老鼠

在图中，你能看到老鼠吗？

023 圣乔治大战恶龙

你能发现圣乔治的肖像和他与恶龙大战的场景吗？

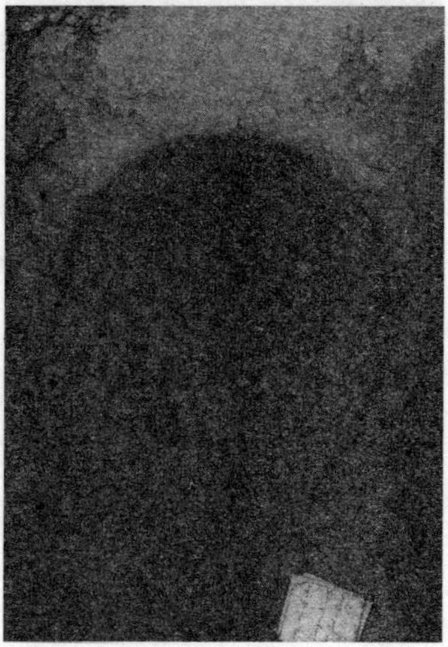

024 坟墓前的拿破仑

你能找到站在自己坟墓前的拿破仑吗？

025 紫罗兰

你能找到藏在紫罗兰中间的拿破仑、他的妻子和儿子的轮廓吗？

026 **虚幻**

你能看到骷髅头吗?

027 **高帽**

帽子的高度是不是比宽度长?

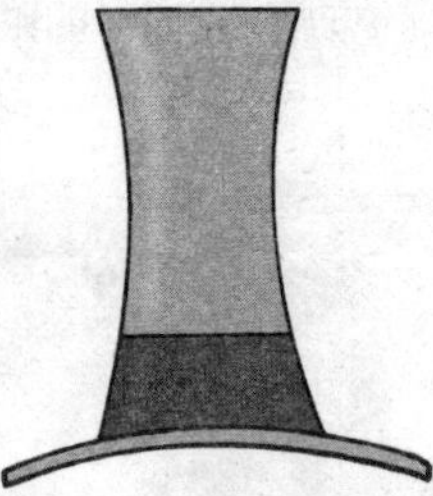

028 **心形图**

细看右边这3幅心形图，哪颗心是浮在背景上的，哪颗心是沉在背景下的？晃动脑袋或是移动图像，你还会发现它们也在移动。

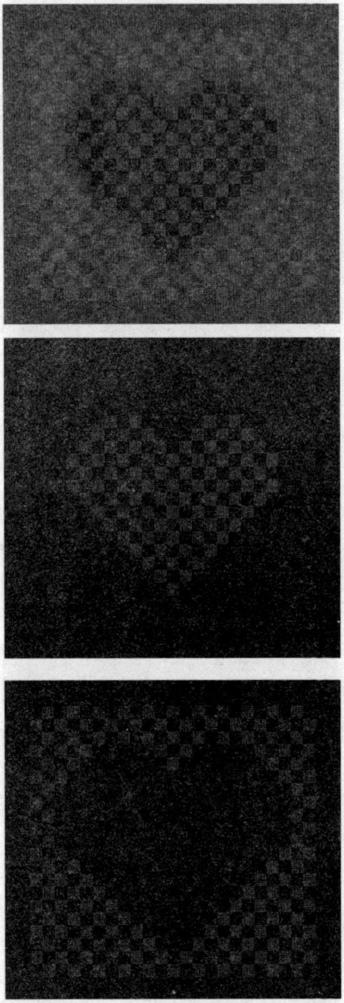

029 三维立方体

这些立方体是凸出纸面的还是凹进去的？

030 球

网格上所有球的深度一致吗？

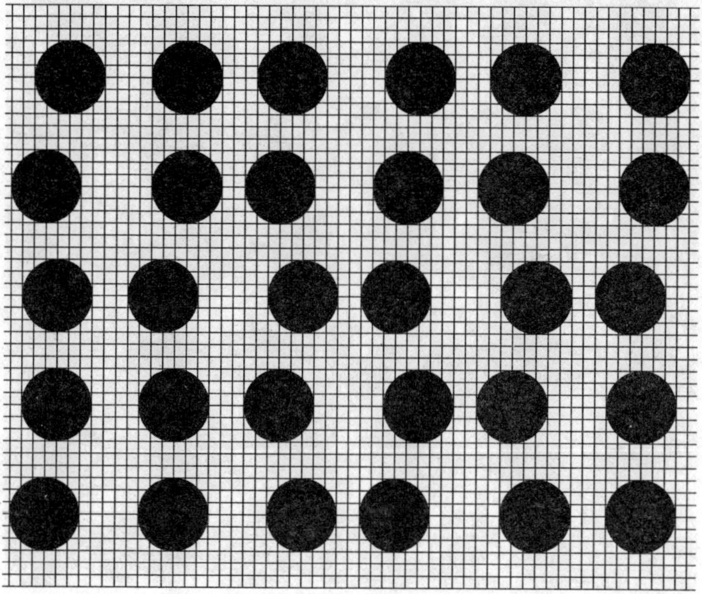

031 “雪花”

图中的“雪花”的深度一样吗?

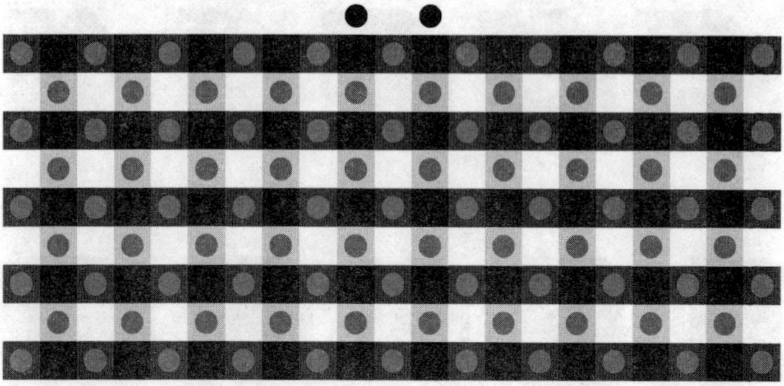

032 三维图

在下图中你看到了什么?

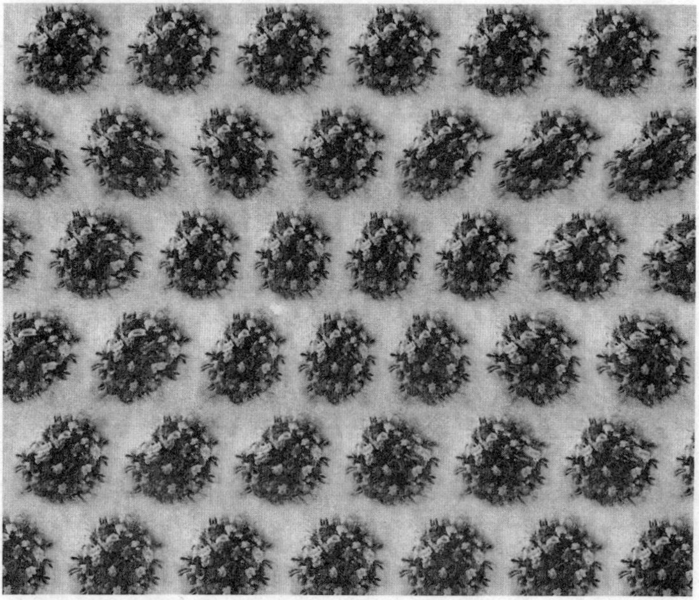

033 玫瑰

仔细观察下图，你会看到什么？

034 墙纸

仔细观察下图，你会看到什么？

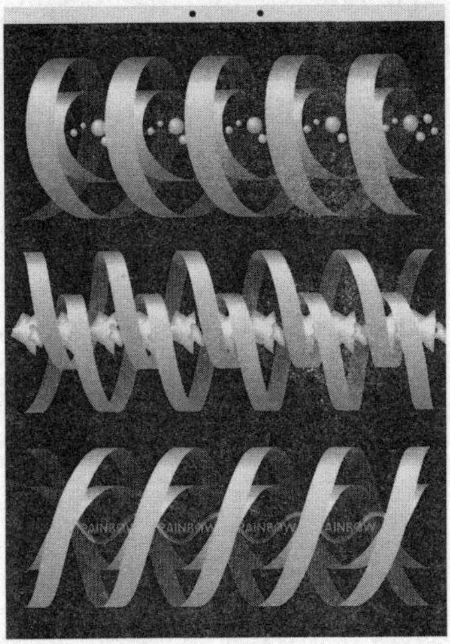

035 同心圆

如果车轮绕着圆心旋转，你会产生什么感觉？

036 “8”

将此图向左或向右转动，你会看到什么？盯着中心点看，会发现光束绕中心点慢慢转动。将目光移至中心点左侧或右侧，你会看到什么呢？

037 **圈**

盯着中心点看。发现蓝圈在转动了吗？它们是朝哪个方向转动的？它们会改变方向吗？圈和圈之间的转动方向又有什么联系呢？

038 **波**

来回移动视线，你看见了什么？

039 **线条的分离**

如果上下移动图片，你能看到什么？如果左右移动图片呢？

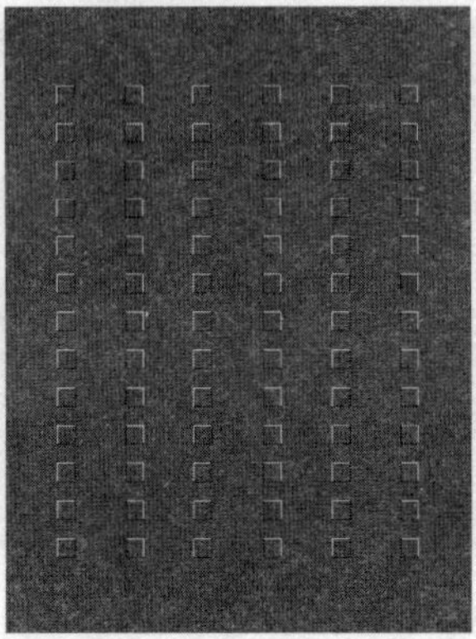

040 **方块**

仔细观察图片，它会有什么变化呢？

041 轮子

仔细观察图片，会发生什么变化呢？

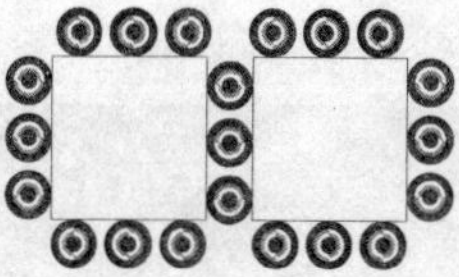

042 三角形

这是奥斯卡·路透斯沃德的一幅三角形精简图。这个三角形有可能存在吗？

043 佛兰芒之冬

仔细看下面这幅图，其中有不适合的地方吗？

044 压痕

塑料模具上有许多压痕，当你把图片倒置之后压痕会发生什么变化呢？

045 球和阴影

两图中球与背景的相对位置相同吗？

046 神奇的花瓶

下图中的花瓶是不是悬浮在空中？

047 猫

仔细观察图片，哪个是猫？哪个是它的影子？

048 圆柱体

目测一下，这个圆柱体的底面周长是多少？它会和圆柱体的高一样长吗？

049 人脸图形

你看到一个人头还是两个女人的侧面像？

050 老太太还是少妇

你看到的是老太太的侧面像，还是少妇的侧面像?

第2章　想象力

001 分割空间

假设1个四面体的4个顶点都在1个球体的内部（顶点不接触球体的边）。

这个球体被沿着四面体4个面的平面分割成了几部分？是哪几部分呢？

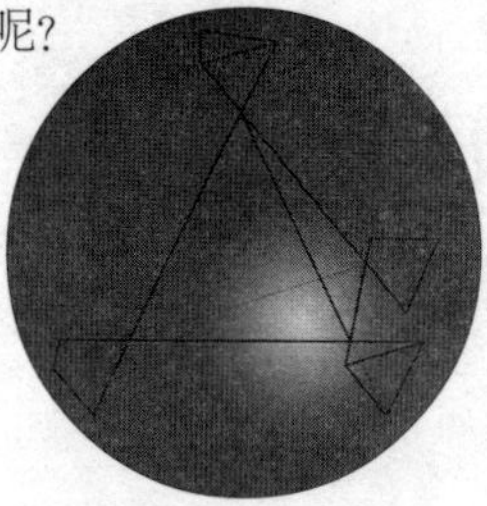

002 转角镜（1）

一个男孩分别从一面平面镜和两面以90°角相接的镜子中观察自己。

男孩的脸在两种镜子中所成的像是一样的吗？

003 转角镜（2）

男孩看左边的凸面镜发现自己是上下颠倒的。然后将镜子翻转90°，即右边的凸面镜。这时候男孩看到的自己是什么样子的呢？

004 补全多边形

如图所示，多边形缺少了一角。从A，B，C，D，E中找出正确的答案，并把它补充完整。

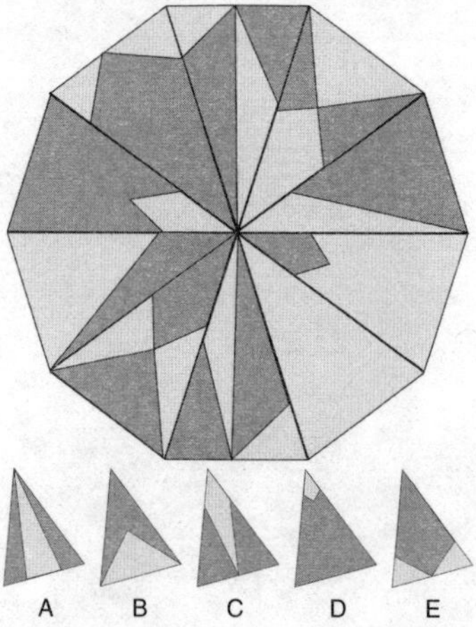

005 重力降落

如果你从北极打一个洞一直通到南极，然后让一个很重的球从这个洞里落下去，会发生什么（忽视摩擦力和空气阻力）？

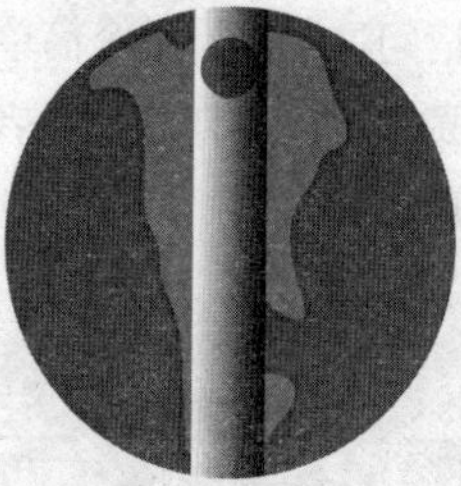

006 肥皂环

如图所示，一根垂直的铁丝上绑了两个相互平行的铁丝环。

请问：如果将这个结构放进肥皂水中，附着在这个结构上的肥皂膜的最小表面积的表面是什么样子的？

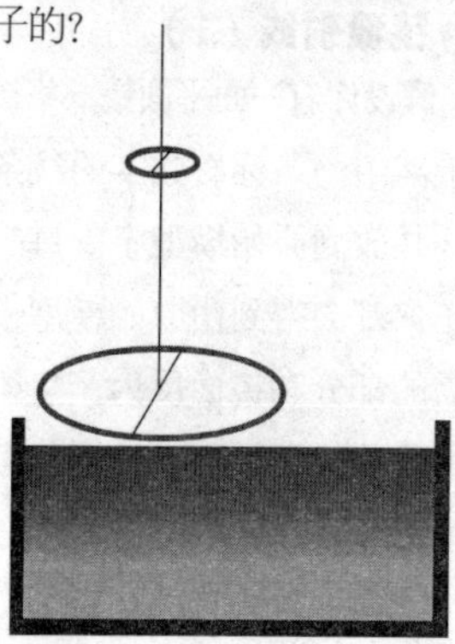

007 迷路的企鹅

不横过这些道路，你能让企鹅都回到它们自己的家吗？

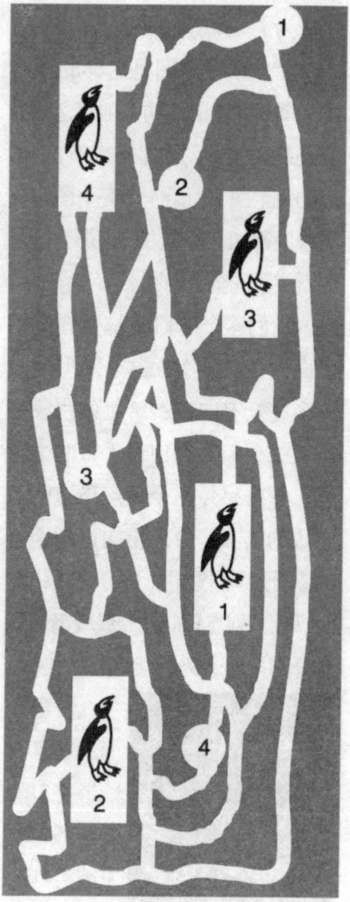

008 有向图形

如果给一个图形的每一条线段都加上一个箭头，即给每条线段加上一个方向，那么这个图形就成为了一个有向图形。

而一个完全图是这样的一个图，即该图里的每两个顶点之间都有连线（左下图即是一个有7个顶点的完全图）而给一个完全图的每条线段都加上一个方向，那么这个图就成了完全有向图。

我们这个题目就是要你根据下面的条件把上面这个图形变成一个完全有向图：给每条线段都加上一个箭头，使对于每两个顶点，都有另外一个顶点与这两点连线的箭头是分别指向这两个点的。例如下图中，对于点1和点2，从点7到点1和点2的线段箭头就是分别指向这两个点的。

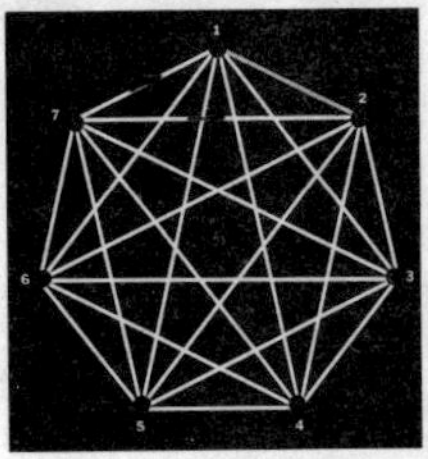

根据上面的条件你能够把其余的线段都加上箭头吗?

009 皮带传送

在皮带传送作业机上皮带被安在3个圆柱形的滚轴上，工作时由最顶上的滚轴带动工作，如图所示。

请问这个皮带是个简单的圆环，或是麦比乌斯圈，或者其他什么形状?

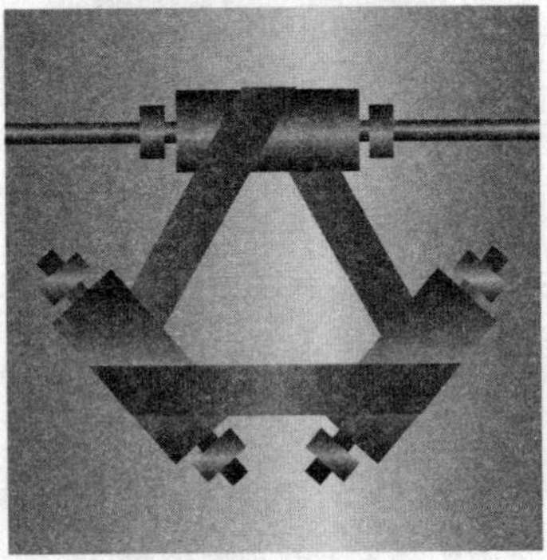

010 镜像射线（1）

假设你有一面平面镜，将镜子置于其中一条标有数字的线条上面，并放到原始模型上。每一次操作你都会得到由原始模型未被遮盖的部分和镜面反射产生的镜像组成的对称模型，镜子起着对称轴的作用。

下图8个模型就是由7条对称线按这一方法得到的。

你能辨别出制造每个模型的线条分别是什么吗?

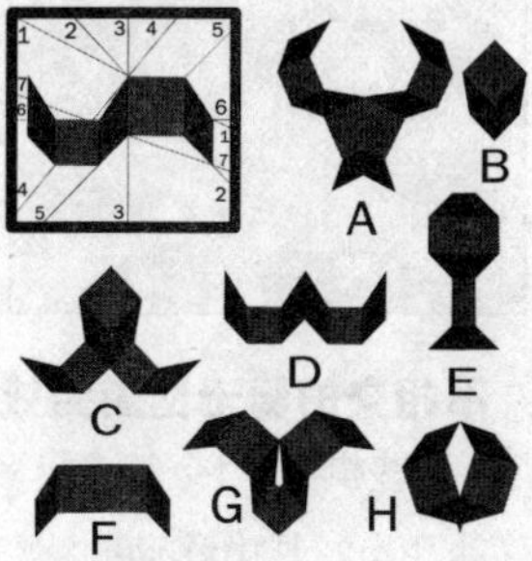

011 镜像射线（2）

题目要求同上题，但这里给出的10个模型是由5条对称线得到的。

你能辨别出制造每个模型的线条吗?

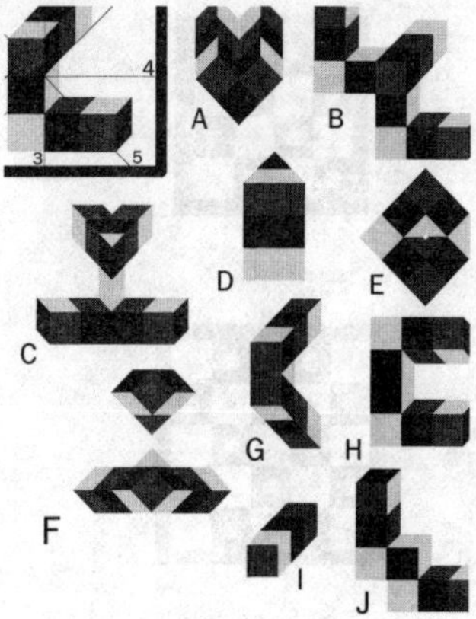

012 骑士通吃

如下图，棋盘上的12个骑士有的会被其他骑士吃掉，有的不会。

通过仔细观察你能看出，其中只有4个骑士会被吃掉。

现在请问你棋盘上至少需要多少个骑士，才能使每个骑士都会被其他骑士吃掉?

013 埃及绳

古埃及的土地勘测员用一条长度为12个单位的绳子构造出了面积为6个单位并有1个直角的三角形，这条绳子被结点分成12个相等的部分。

你可以用这样的绳子做出面积为4个单位的多边形吗?可以把绳子拉开，形成1个有直边的多边形吗？图示已经给出一种解法。你能找到其他的吗?

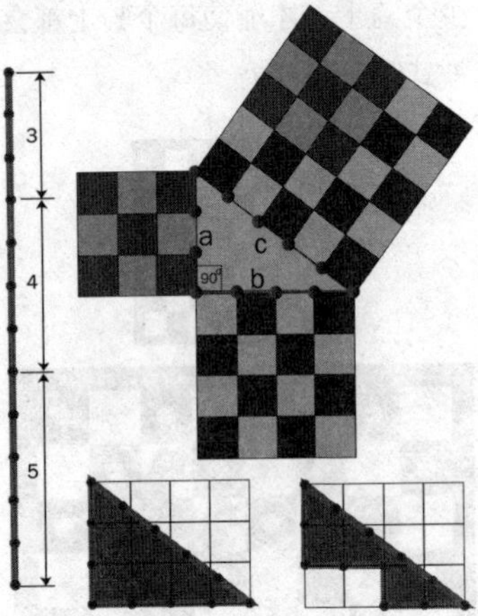

014 将洞移到中心

谜题大师约翰·P.库比克为了对自己的能力加以证明，他向人们展示了一张正方形的纸板，在纸板上偏离中心的位置上有一个洞。“通过将这张纸板剪成两半，而且只有两半，并且将这两部分重新拼接，我就能把这个洞移到正方形中心的位置上。”你能想出他是怎么做的吗?

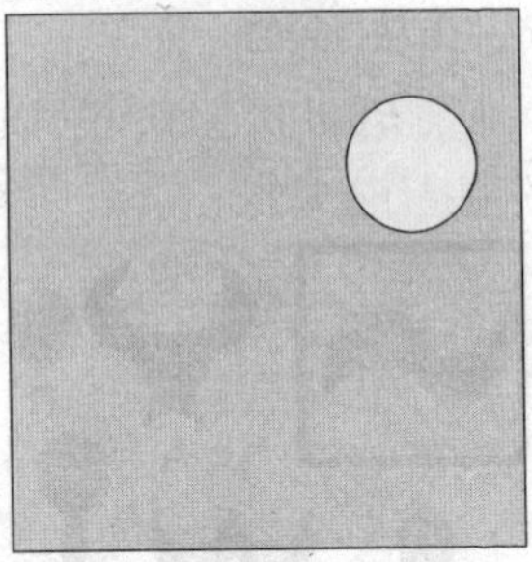

015 不相交的骑士巡游路线

在这些棋盘上1个骑士最多能够移动几步？其中移动的路线相互之间不能相交。

题1

3×3棋盘

题2

4×4棋盘

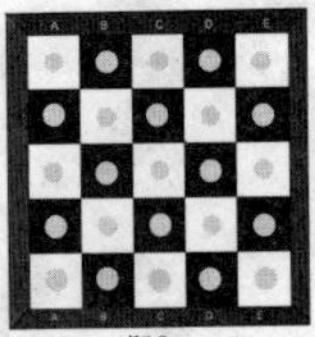

题3

5×5棋盘

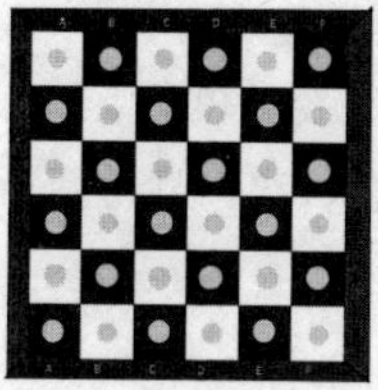

题4
6×6棋盘

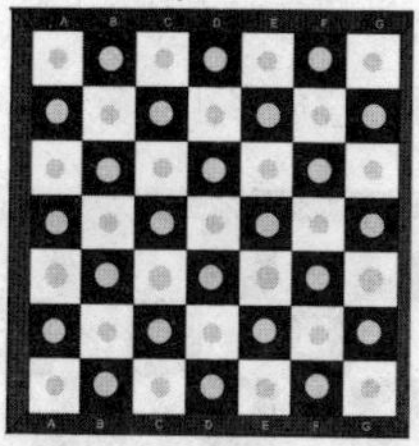

题5
7×7棋盘

题6
8×8棋盘

016 将死国王

如图所示，棋盘上摆放了9个国王，使国王能够进入棋盘上所有剩下的空格，且国王之间不能互吃。

如果把条件变动一下，使国王能够进入棋盘上的所有格子，并且每个国王都会被另外某个国王吃掉，那么最少需要在棋盘上摆放多少个国王?

017 楼号

街道上的大厦从1开始按顺序编号，直到街尾，然后从对面街上的大厦开始往回继续编号，到编号为1的大厦对面结束。每栋大厦都与对面的大厦恰好相对。

若编号为121的大厦在编号为294的大厦对面，这条街两边共有多少栋大厦?

018 拼接六边形

将这10个部分复制并裁下，重新组合成1个4×4×4的八边形蜂巢模式，如图1所示。

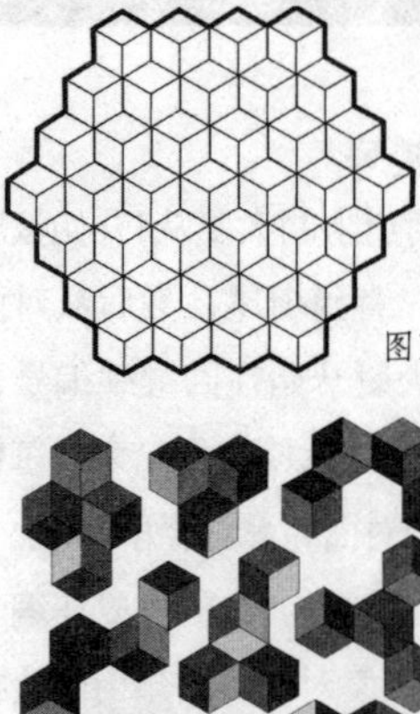

图1

019 象的互吃

如果要求棋盘上的每个格子都被进入1次，且每两个象之间不能互吃，一共需要8个象，如图所示。

其他条件不变，如果要求每个象都会被另外某个象吃掉，那么棋盘上需要摆放多少个象？

020 7张纸条

准备7张纸条，写下数字1~7，按照如图所示排列。现在，将其中的6张每张剪一下，重新排列时，还是7行7列，且每行、每列和每条对角线上的数字总和为同一个数。很难哦！

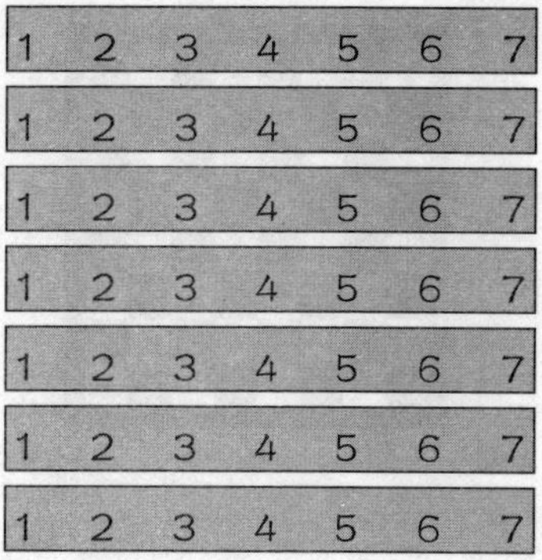

021 色块拼单词

下面是一些分散的色块，每个色块都分别有1个顶点将色块钉在白纸上，请你转动这些色块，使它们最终拼成1个英文单词。

022 分出8个三角形

拿一张纸，在上面描绘出这个八边形。然后想一想怎样将这个图形分成8个相同的三角形，同时这些三角形还必须能组成1个星形。组成的星形要有8个尖，中间还有1个八角形的孔。

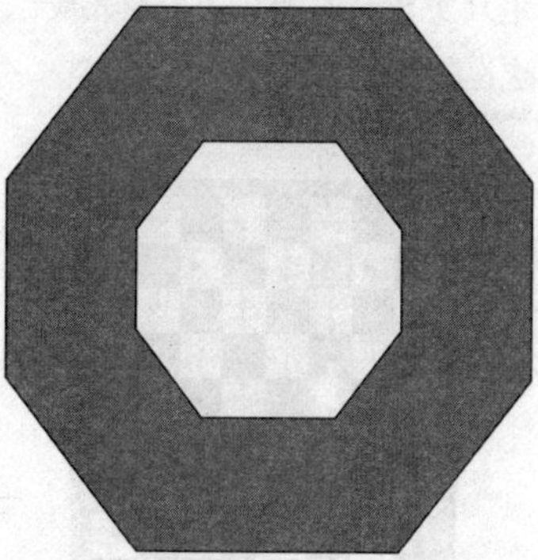

023 车的巡游

车的巡游是指车走遍棋盘上所有的格子，但每个格子只能进入1次。

车可以横走和竖走，格数不限，不能斜走。

在下面的这几种情况下请问车最少走几步或最多走几步才能完成巡游?

题1和题2:图中从A1到H7车

走了30步。请问最少走几步和最多走几步才能完成这次巡游？

题3和题4：图中从A1到A8车走了31步。请问最少走几步和最多走几步才能完成这次巡游？

题5和题6：图中车用20步完成了1次回到起点的巡游。请问最少走几步和最多走几步才能完成这次巡游？

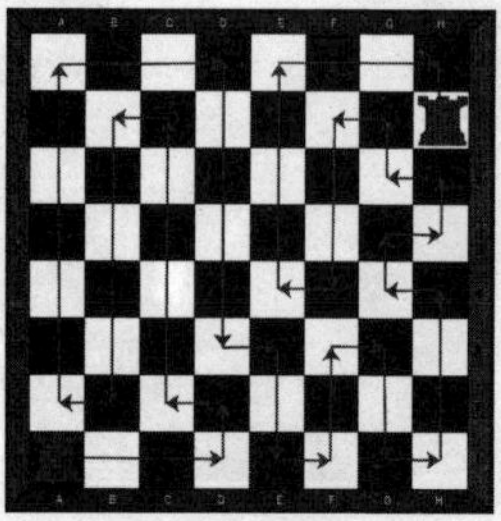

题1和题2

题3和题4

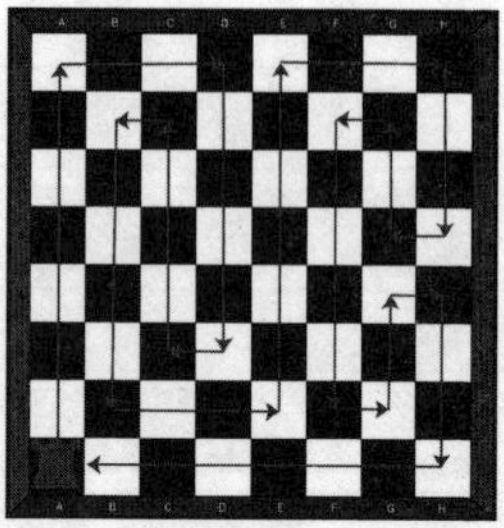

题5和题6

024 有链条的正方形

你要做的就是把这些图片组成1个正方形，且链条不允许中断。

025 单人跳棋

这个游戏规则是这样的：除了中间的那个小洞（编号17），其他的所有小洞上都插有钉子。

玩家的任务是通过一系列跳

跃，拔掉板上所有的钉子，最后只剩下1个钉子，这个钉子的最终位置必须是板的中心（编号17）。

跳跃的规则是这样的：1个钉子跳过相邻的钉子到达1个没有钉子的小洞，同时拔掉跳过的钉子。每次跳只能是横向或竖向，不能斜向。可以连跳。

你玩这个棋需要多少跳？或者你最多能够走多远，直到最后无路可走了？

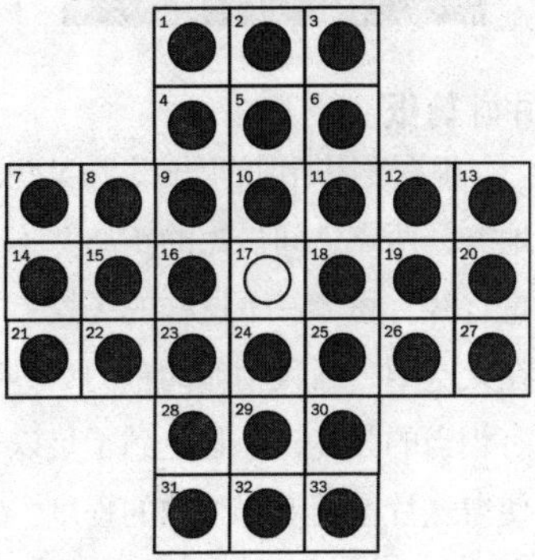

026 五角星内角

如图所示，请问你能否证明五角星的内角和等于180°？

027 吉他弦

如图所示，一根吉他弦两端分别固定在1和7两处，从1~7每两点之间的距离相等。

在4，5，6处，分别放上3个折叠的小纸片。

用手捏住琴弦的3处，然后拨动2处。

纸片会有什么反应？

028 拼接瓷砖

将这7块瓷砖按照如下要求拼接起来：

1.每两个图形任意相邻的两部分颜色不同。

2.最后拼成的图形必须保证是轴对称图形。

029 保尔·加力的正方形

把正方形分成如图所示的6个部分。将黑色的小正方形拿走，然后把剩下的部分重新拼在1个相同的正方形的轮廓里，把它完全覆盖。你能做到吗？

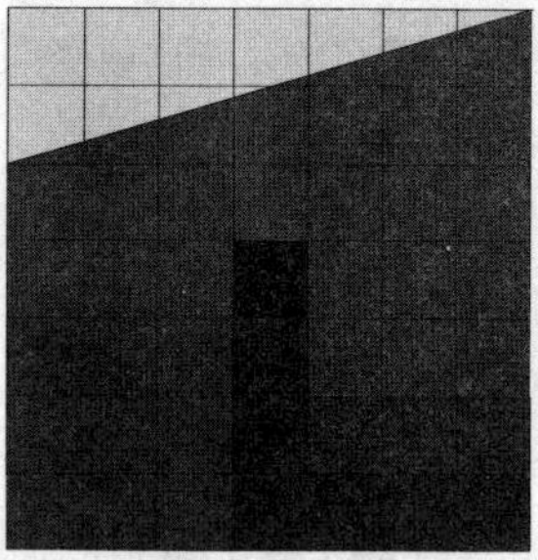

030 剪纸

根据爱因斯坦的理论，在某些地方，两点之间最短的距离并不是直线！思考一下这样的场景：在太空中，巨大物体的重力场具有相当的强度，而且达到了足以使得这片空间变得歪曲的程度。在这种空间维度已经变得弯曲的环境中，原本由直线所表现出的概念也会发生变化，转而去适应这扭曲空间的框架结构。那么你的思维也随之转向了吗？

下边的图形由一张纸构成，纸上没有哪部分进行过移动或是重新被贴回到适当的位置。你能用剪刀剪几下就做出这个图形来吗？你会找到乐趣的！

031 三角形三重唱

这些纠结的线里面隐藏有三幅画。要找出它们，你得把所有三角形涂上颜色。完成以后，分辨出这三幅画，并且试着找出它们名字的共同点。

032 列岛游

可怜的漂流者被困在了迷岛，从这里找到出去的路相当不容易。从漂流者所在的岛开始，从岛上选择任意一样物体（除了棕榈树以外），找到别的岛上跟它相同的物体，并跳到那个岛上。然后选择新岛上的另一件物体，并找到别处跟它一样的物体。如此反复，一直到达右下角的木船处……要注意路上的死角！

033 裹尸布明星

这两个木乃伊本不应该缠在一起的，但是有一条纱布把它们缠在了一起。所有其他纱布虽然相互之间穿过但是并不相连。你能把唯一那条把两个木乃伊连在一起的纱布找出来吗?

034 停车场

你能在车子的气用完之前找到购物中心侧面停车场的正确位置吗?

第 3 章　创造力

001 清理仓库

试试这个日本清理仓库的游戏。在这个游戏中，作为一个仓管员，你要把所有的“板条箱”都从出口转移出去。

规则如下：

1.可以横向或纵向推动1个板条箱；2.不可以同时推动2个板条箱；3.不可以往回拉动板条箱。

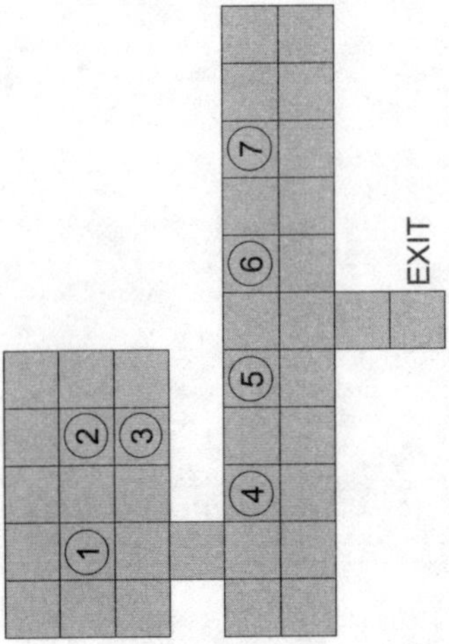

002 割据

画3条直线将方框分成6个部分，要求每部分都含有每种符号各2个。

003 3个小正方形网格

你能否将下面的格子图划分成8组，每组由3个小正方形组成，并且每组中3个数字的和相等？

004 大小梯形

你能把这个梯形剪成更小形状相同的4个梯形吗？

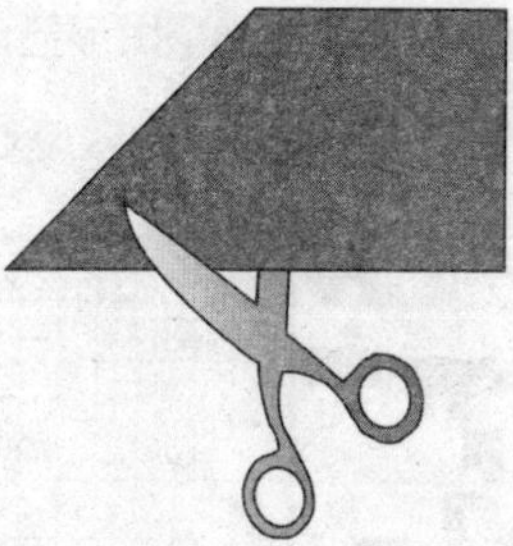

005 组合六角星

你能用这6个三角形拼出1个六角星吗(类似旋转的风车)?

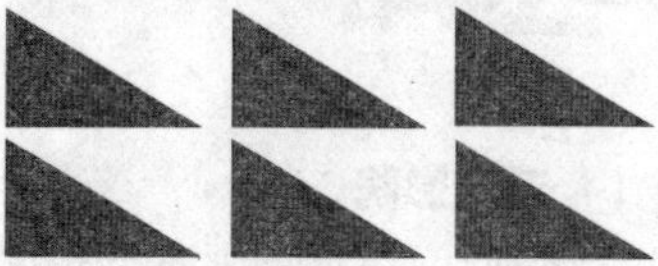

006 闭合多边形

请用6条线画1个闭合的多边形，使多边形的每一条边都跟另一条边相交(交点不是顶点）。下图是1种解法，你还能找到另外的解法吗?

007 分割正方形

迪克·赫斯提出了这个问题：你可以用几种方法把1个正方形分割成6个相似的等腰直角三角形?

他找到了27种不同的答案，其中的一些已经列在上面了。你还能找到其他的吗？

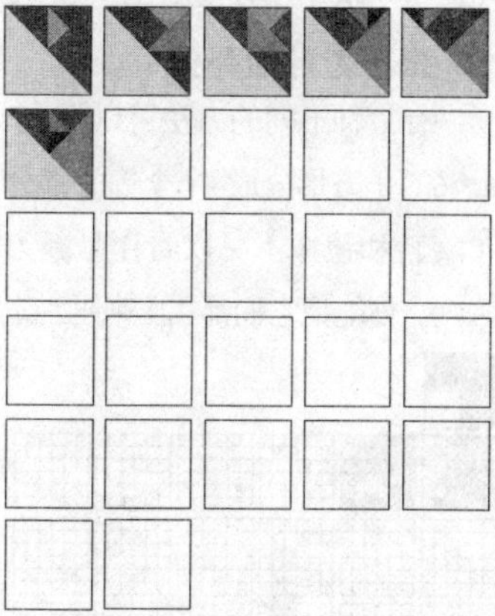

008 给3个盒子称重

你有3个形状相同、重量不同的盒子。用一架天平称它们的重量，你需要称几次就可以把它们由轻到重排列?

009 **把正方形四等分**

有37种不同的方法可以把1个6×6的正方形分成4个全等的部分（旋转和镜像不可以看作是新方法）。你能把它们都找出来吗?

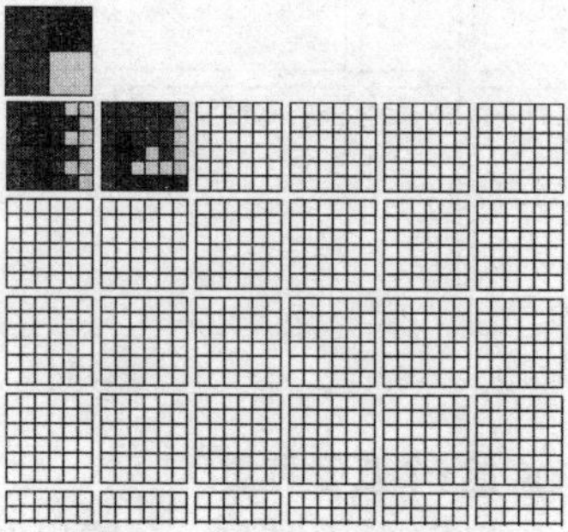

010 **覆盖正方形**

下面所示的36个图形占据了324个单位的正方形，也就是个18×18正方形的面积，即我们的游戏板。

你可以用这36个图形把正方形覆盖起来吗?

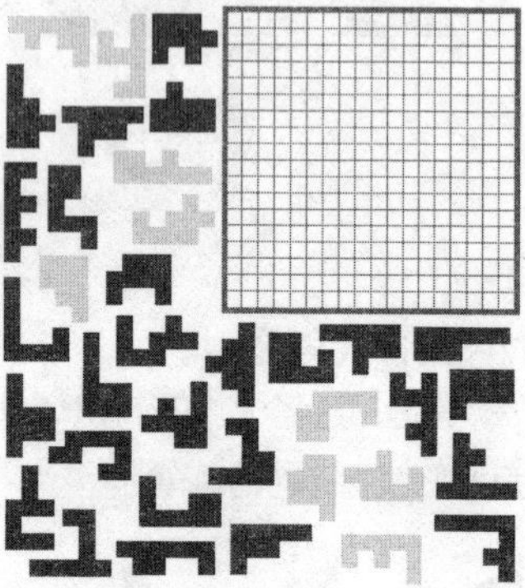

011 **去电影院**

现在让我们抛开那些谜题休息一下，看场电影吧。下面的地图显示的是从你家（H点）到电影院（M点）的各种路线。如果你只能向北、东或东北方向行进，那么从你家到电影院有多少种可能的路线呢?

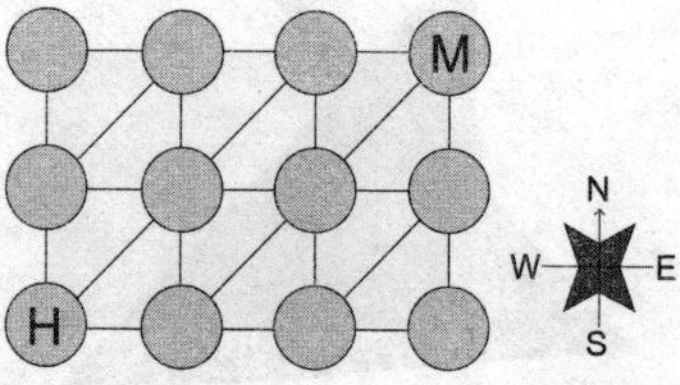

012 守卫

汤米·莱德斯给谜题国的国王帕泽尔佩特出了一道著名的“伦敦塔”问题。图中的A，B，C，D，E分别代表伦敦塔的5名守卫。每当日落的时候，A，B，C，D各守卫都会迅即走出A，B，C，D出口，鸣枪示意，唯有E会从起始点走到F位置。问题是如何给这5名守卫找到5条路线，让他们行走时均不经过其他人所走的路线。图中已标出A，B，C，D，E各守卫的位置以及他们需要通过的4道门的位置。汤米说，当你知道怎么走之后，这道题其实很简单。

汤米的第2个问题比第1个更好。

每到午夜，1名守卫就会从图中的W入口处进入塔内，然后迈着庄严的行军步伐走遍所有的64个房间，最后走到图中的黄色格子处。由于有长期的经验，守卫们都知道如何在尽可能少拐弯的情况下走完所有的房间，并且不重复经过任何房间。你能找到这条路线吗?

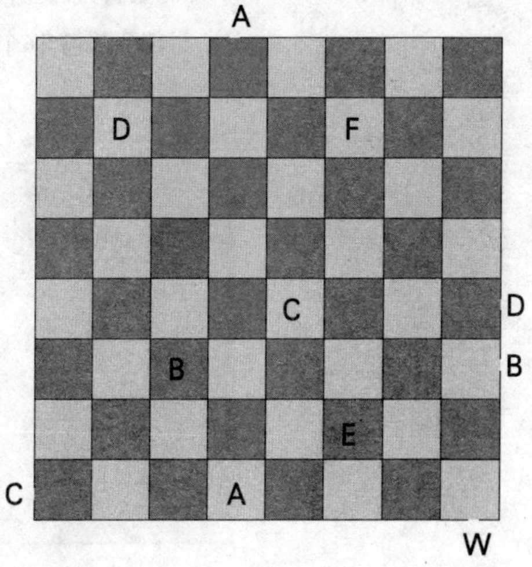

013 建造桥梁

这是风靡日本的游戏之一——建造桥梁。在这个游戏中，每个含有数字的圆圈代表一个小岛。你需要用纵向或横向的桥梁连接每个小岛，形成一条连接所有小岛的通道。桥的数量必须和岛内的数字相等。在两座小岛之间，可能会有两座桥梁连接，但这些桥梁不能横穿小岛或者与其他的桥相交。

014 增加正方形

下图中的3个正方形分别被分割成4，6，8个较小的正方形，一共18个。

你能加4条直线，使分割所得的正方形达到27个吗?

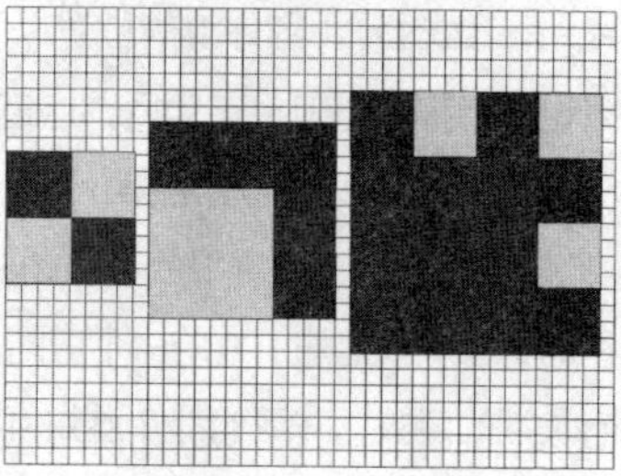

015 直线分符号

画3条直线将下图分成6个部分，每部分都包含6个符号——每种符号各2个。

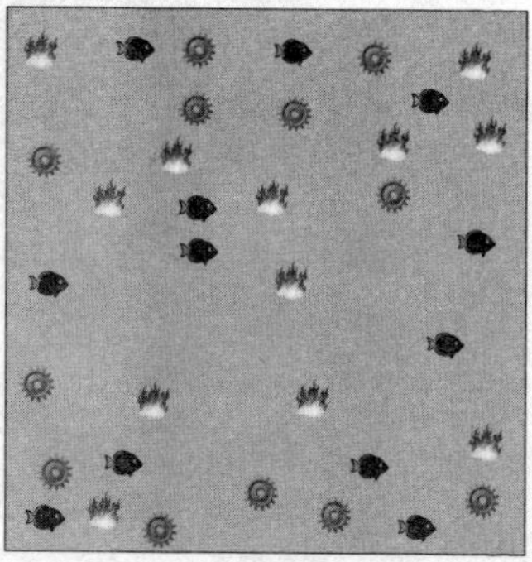

016 重组五角星

把这4个十边形复制下来，并把它们剪成如图所示的17部分。你可以把这17部分重新拼成1个规则的五角星吗？

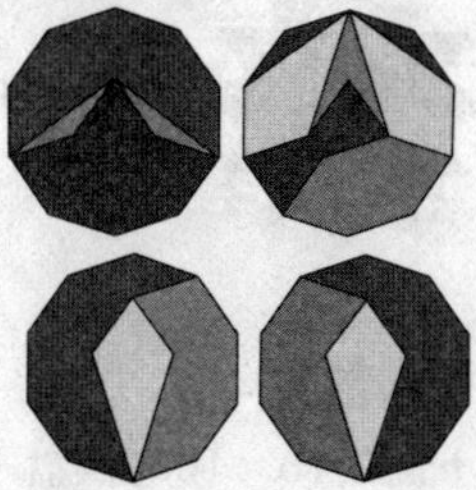

017 棋盘与多米诺骨牌

多米诺谜题中有一组经典题是用标准多米诺骨牌（1×2的长方形）覆盖国际象棋棋盘。

图中3个棋盘上各抽走2个方块（图中黑色处），留下的空缺无法用标准多米诺骨牌填充。

你能找出这3个棋盘中哪一个能用31块多米诺骨牌覆盖完吗？

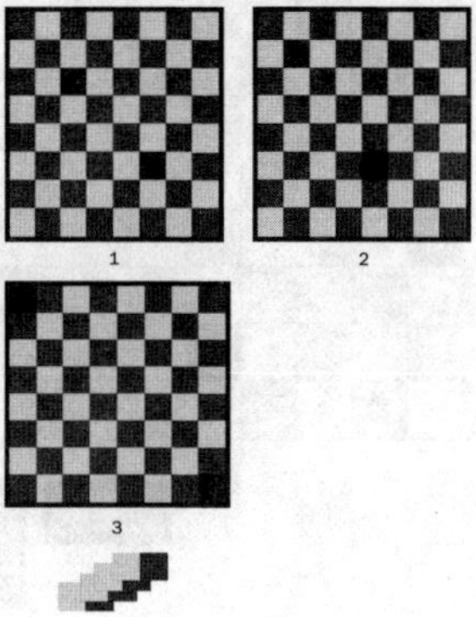

018 重组等边三角形

把这些被分割的六边形的图形碎片复制并剪下来。

你可以用这些碎片拼成1个等边三角形吗？

019 重组4个五角星

把这个大五角星复制下来，并把它分割成如图所示的12部分。

你可以把这12部分重新拼成 4 个小五角星吗？

020 重组七边形

把下面2个相同的七角星复制下来并剪成如图所示的20个部分。你可以把这20个部分重新拼成1个大的七边形吗？

021 星形难题

把这3个小的十二角星形复制并剪成24个部分。

你可以把它们重新组合拼成1个大的十二角星形吗？

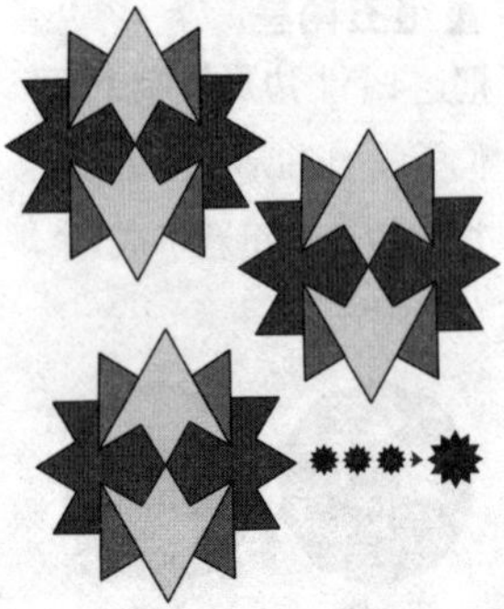

022 网格覆盖

下面的10×10的棋盘中有5个方块被删掉了。用1×2的长方形多米诺骨牌，你能完全覆盖下图的网格吗？如果不能，你能完成多少？

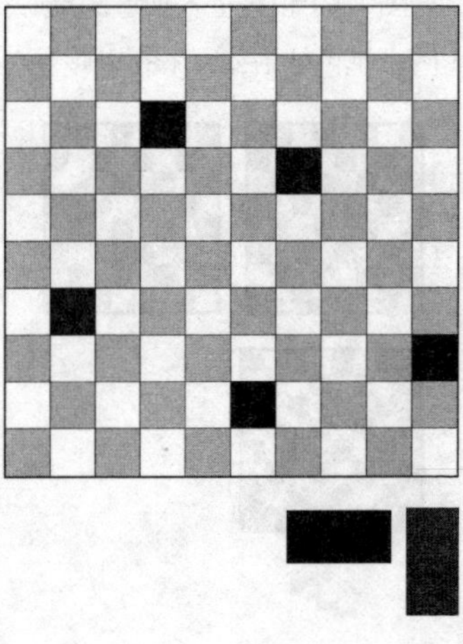

023 连续的多格骨牌方块

由1~8个正方形组成的被称作多格骨牌的这些形状，已如下图所示排列出来。

你能用所有这些形状创造出1个6×6的正方形吗？你能找到几种解决方法？

024 重拼正五边形

如图所示，把1个五角星和4个正五边形分成10部分，它们可以被重新拼成2个大的相同的正五边形。

你知道怎么拼吗？

025 重组正方形

把这个被截去一角的三角形复制并分割成8块，然后把它们重新拼成1个完整的正方形。

026 埋伏地点

8个士兵必须埋伏在森林中，并且他们每个人都不能看到其他的人。

如图，每个人都可以埋伏在网格中的白色小圆处，通过夜视镜只能看到横向、竖向或斜向直线上的东西。

请你在图中把这8个士兵的埋伏地点标出来。

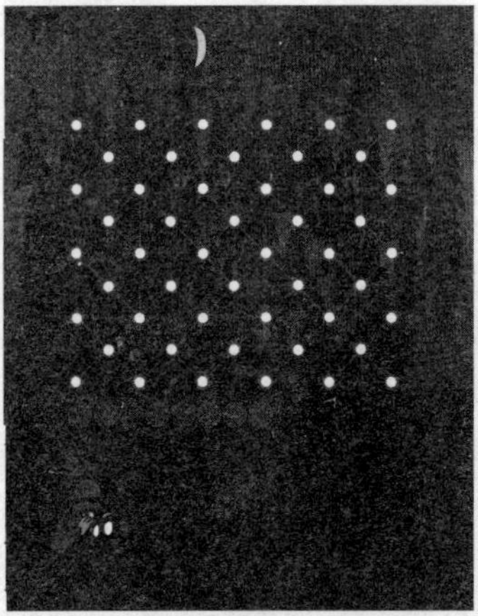

027 小钉板

小钉板可以帮助我们学习和理解多边形的面积关系，在板上用线把各个钉子连起来可以得到不同的多边形。

这里要求在正方形的小钉板上用线连成1个闭合的，并且每两条边都不在同一条直线上的多边形。多边形的每个顶点都必须在板上的钉子上，并且每个钉子只能使用1次。

1.如图所示的是在1个4×4的小钉板上连成的有9个顶点的多边形，请问你能否在这个板上用线连成1个有16个顶点的多边形，即板上的每个钉子都使用1次，并且满足上面所讲的要求?

2.请你在从2×2到5×5的小钉板上，用上尽可能多的钉子连成符合要求的多边形。

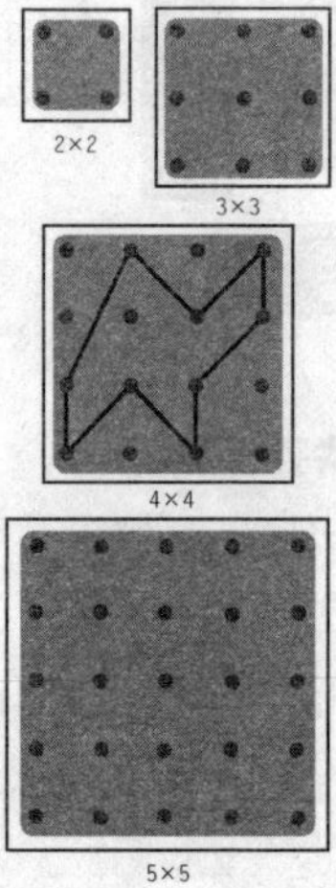

028 三角形钉板

请问你能否在这些三角形的小钉板上，用上尽可能多的钉子，连成1个闭合的，且每个顶点都在钉子上的多边形（每个钉子只能使用1次）？

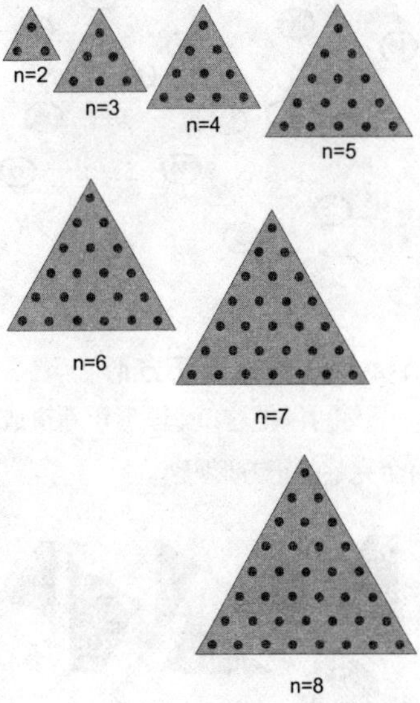

029 正六边形钉板

请问你能否在这些正六边形的小钉板上，用上尽可能多的钉子，连成1个闭合的，且每个顶点都在钉台上的多边形?

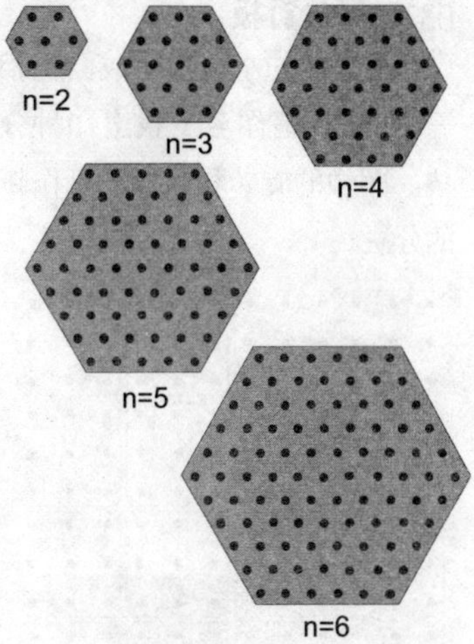

030 连接四边形

在3 × 3的小钉板上连成四边形，至少有16种连法，你能画出来吗?

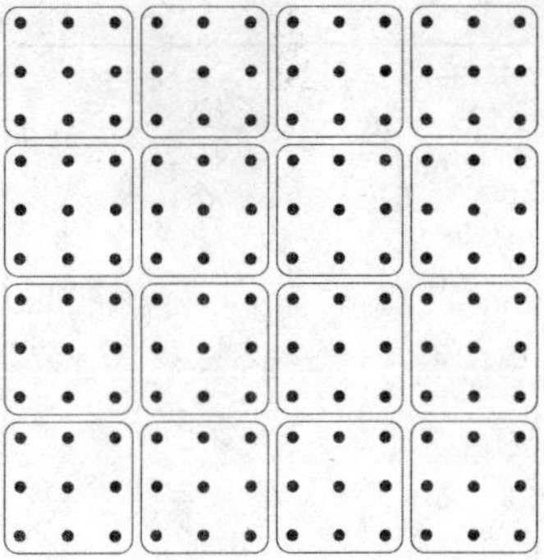

031 4等分钉板

把3×3的小钉板分成面积相等的4块，请你至少找出10种分法。图像的旋转和镜像不算作新的分法。

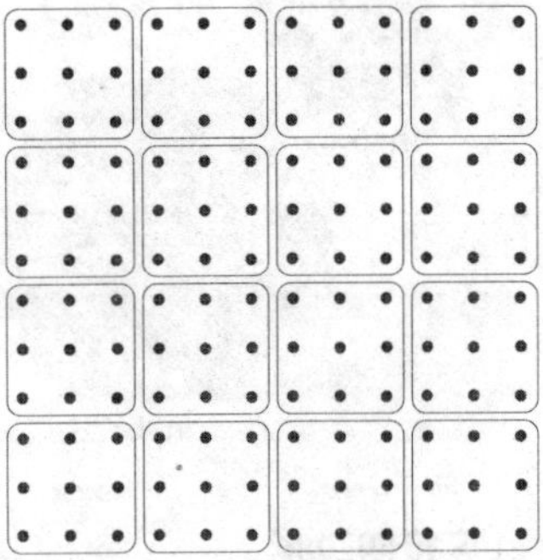

032 分割

用3条直线将这个正方形分成5部分，使得每部分所包含的总值都等于60。

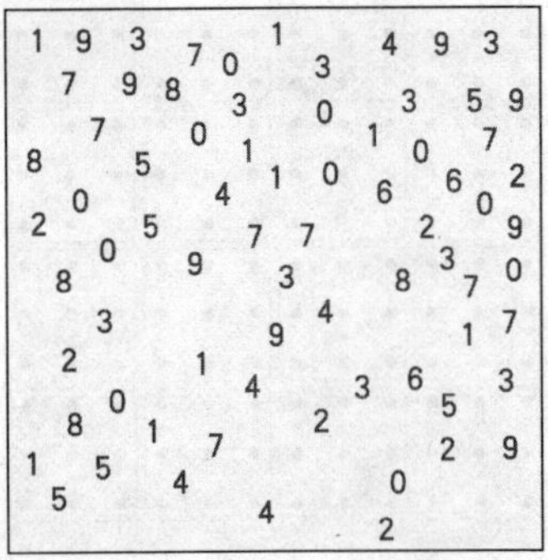

033 连接数字

你能够把下面数字1~18用曲线从头到尾连接起来吗？曲线之间不能相交。

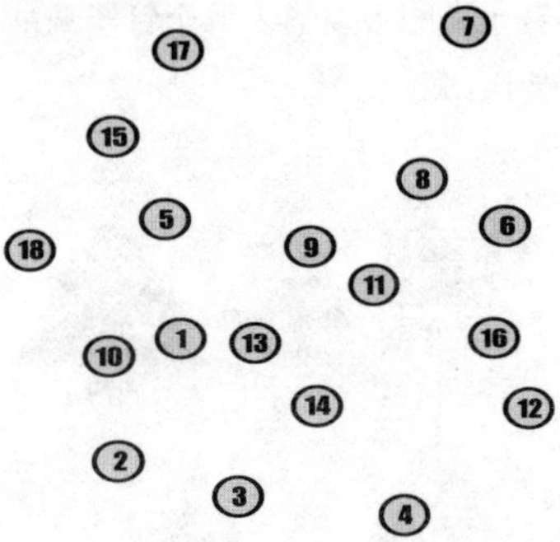

034 毕达哥拉斯正方形

你可以把这12个图形重新拼成1个完整的正方形吗？

035 分割矩阵

你能沿着这些线条把这个矩阵分成4个部分，每部分里都必须包含1个三角形和1个五角星吗？每部分的形状和尺寸都必须相同，但三角形和五角星的位置可以不同。

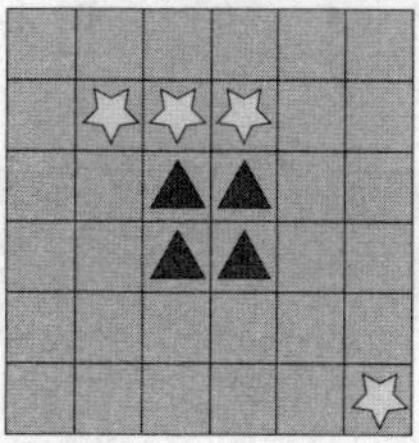

036 组成十二边形

1个十二边形可以被分割成12个相同的四边形，每个四边形都是由1个等边三角形和1个正方形的一半组成。

你能用这12个四边形重新组成1个十二边形吗？

037 走出迷宫的捷径

从中央的数字“4”开始，按你喜欢的方向走4步，横走、竖走或对角走。到达1个标有数字的方框后，再次按照你喜欢的方向，根据方框内数字所指示的步数走。通过这种方式，你可以找到走出迷宫的路。但是，最后1次移动时，你只能走1步离开迷宫。你的任务就是找到只移动3次就可以走出迷宫的捷径。

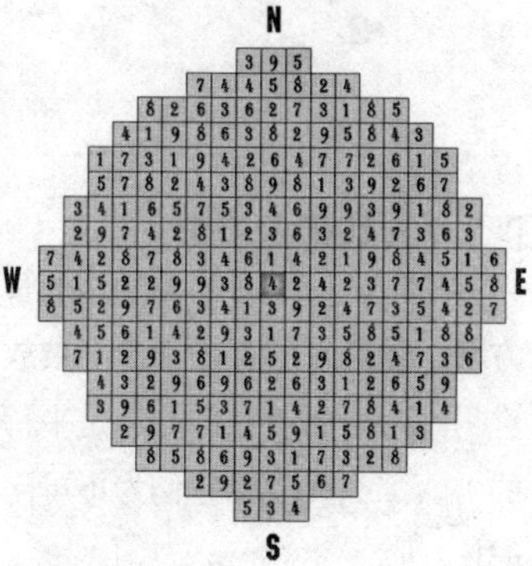

038 瓢虫

一共有19个不同大小的瓢虫，其中17个已经被分别放入了图形中，每个瓢虫均在不同的空间里。

现在要求你改变一下图形的摆

放方式，使整个图中多出两个空间，从而能够把19个瓢虫全部都放进去，并且每个瓢虫都在不同的空间里。

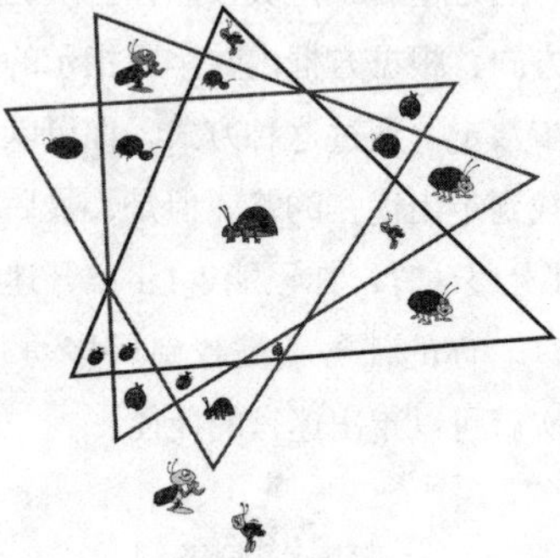

039 不可比的长方形

在数学上，2个有整数边的长方形，如果它们互相都不能被放进另一个里面（它们的边是平行的），那么我们称它们为不可比的长方形。

下面7个长方形互相不可比，而且可以被拼进1个最小的长方形。

1.你能确定这个可以由7个不可比的长方形拼成的长方形边的比例吗？

2.你能找到这类的图样吗？

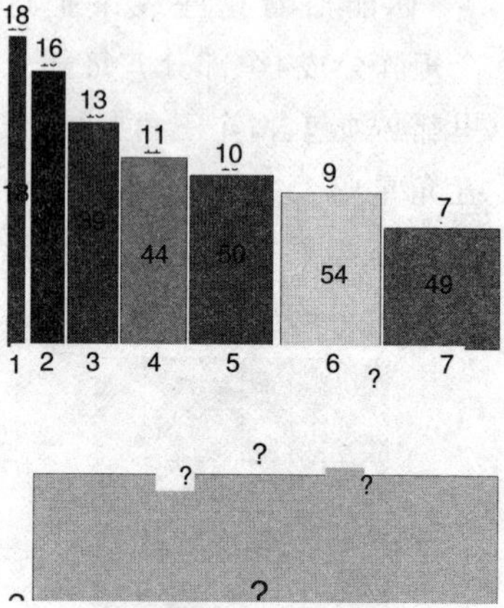

040 连接圆点

只利用6条直线，将右边的16个点全部连接起来。

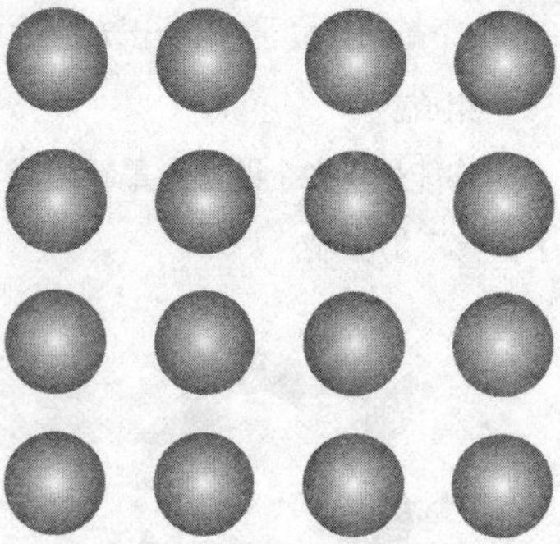

第 4 章　记忆力

001 数字筛选

请你选出10个小于100的正整数。然后从这10个数中选出两组数，使得它们的总和相等。每一组可以包含一个或者多个数，但是同一个数不能在两组中都出现。请问是否无论怎样选择，这10个数中总是可以找到数字之和相等的两组数呢？

下面是一个例子：

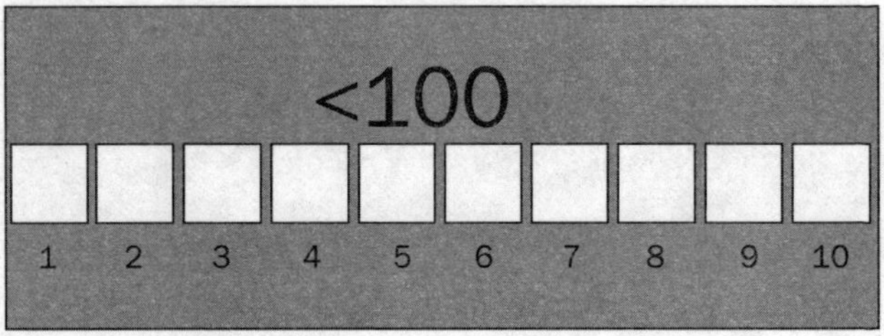

1　2　4　6　11　24　30　38　69　99

2　+　30 + 38　= 70

1　+　69　= 70

002 数字1到9

将数字1，2，3，4，5，6，7，8，9分别填到下面等式的两边，使等号前面的数乘以6等于后面的数。

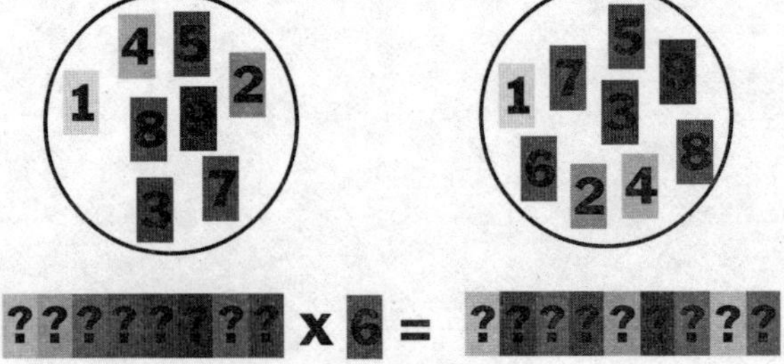

003 旋转的物体

这是一个三维物体水平旋转的不同角度的视图，但是它们的顺序被打乱了，你能否将它们按照原来的顺序排列成一行？

004 轨道错觉

开普勒(1571～1630)发现了行星围绕太阳运转的轨道是椭圆形的。请问上图中的这个轨道是椭圆形的吗？

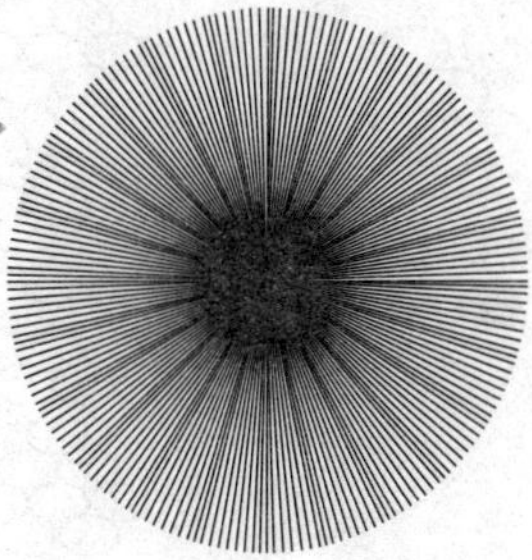

005 第100个三角形数

第100个三角形数如图所示。请问你需要花多少时间才能将这些点的个数数出来？高斯是怎样做的呢？

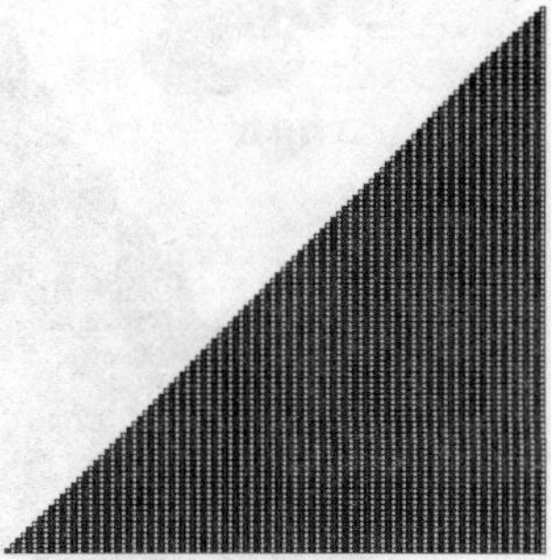

006 三维形数

三维形数是平面形数的三维类似体。小球堆成三边锥形组成四面体数；堆成四边锥形组成正方锥数。

四面体数分别是：1，4，10……

两个四面体数之间的差是三角形数。

正方锥数分别是：1，5，14……

两个正方锥数之间的差是四边形数。

上面已经分别给出了四面体数和正方锥数的前3个数。你能否将它们的前7个数都算出来？

下图的四面体是用大小相同的小球堆成的，请问它的最底层(第10层)有多少个小球？整个四面体由多少个小球构成？

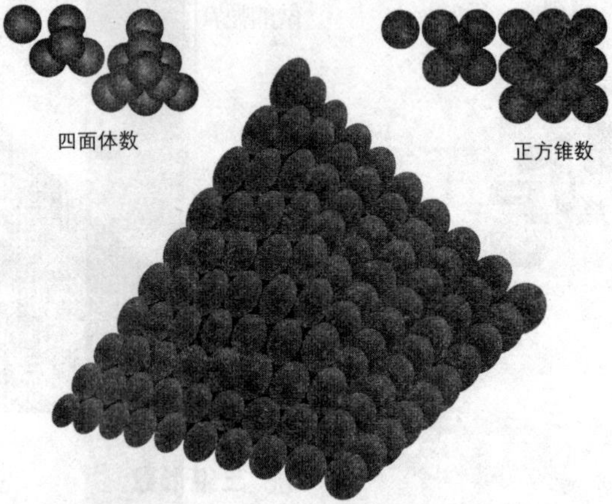

007 小猪存钱罐

我的零花钱总数的1/4，加上总数的1/5，再加上总数的1/6等于37美元。

请问我一共有多少钱？

008 三角形数

你能将前10个自然数(包括0)分别填入下面的三角形中，使三角形各边数字的总和都相同吗？

你能找出几种方法？

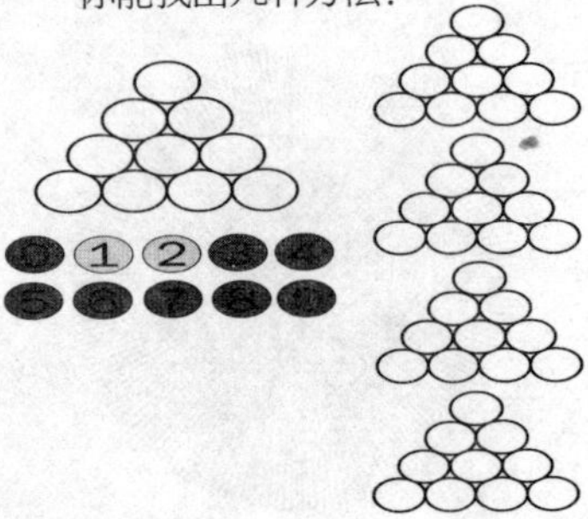

009 无理数

有没有可能构造出一个这样的直角三角形：三角形的两个直角边都相等，并且其斜边的长度为有理数?

古代希腊人认为，任何长度或面积都是有理数，也就是说，这些长度和面积都可以用整数或者分数来表示。有理数全部都可以表示成a/b的形式，无理数则不可以。

毕达哥拉斯学派研究直角三角形使他们开始测量等腰直角三角形的长度。他们知道怎样用直尺和圆规把这条对角线做出来，但是他们能否用有理数将它的长度表示出来呢？这个发现震惊了毕达哥拉斯学派的弟子希博索斯，他提出了边长为有理数的正方形的对角线长度为非有理数。这一证明的基础是毕达哥拉斯定理，在这个发现之后，毕达哥拉斯之前建立在有理数基础上的数学世界完全坍塌了。

你能否想到希博索斯是怎样证明边长为1的正方形的对角线是无理数的?

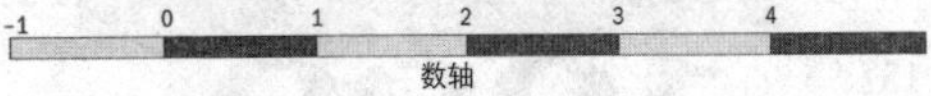

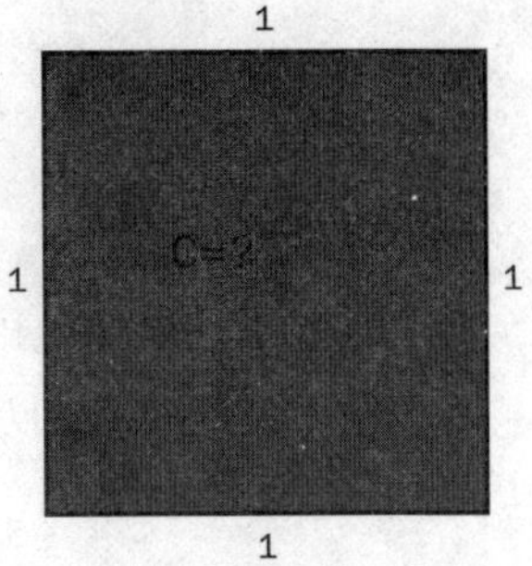

010 **加减**

从右边竖式里去掉9个数字，使得该竖式的结果为1111。

应该去掉哪9个数字呢？

```
  111
  333
  555
  777
+ 999
-----
 1111
```

011 **8个“8”**

将8个“8”用正确的方式排列，使得它们的总和最后等于1000。

```
   8
   8
   8
   8
   8
   8
   8
+  8
-----
1000
```

012 **总和为15**

请问下面的这行数中有多少组连续的数字相加和为15？

7356432633183741

013 和与差

你能否将下面的10个数排列成一行，使得这行里的每一个数（除了第一个和最后一个）都等于与它相邻的左右两个数的和或差？

014 数列

你能否找出下面这个数列的规律，并写出它接下来的几项吗？

015 自创数

在多伦多安大略科学中心的数学展览上，可以看到这样一道引人注目的题。这道题要求按照下面的规则在一行10个空格里填上一个十位数：

第1个数字是这个十位数各位数字中所包含的“0”的个数；第2个数字是十位数各位数字中包含的“1”的个数，第3个数字是十位数各位数字中所包含的“2”的个数，依此类推，直到最后一个数字是十位数各位数字中所包含的“9”的个数。

这个结果就好像是这个十位数在创造它本身，也难怪马丁·加德纳把它叫作自创数。

怎样才能解决这个具有挑战性的难题呢？这道题究竟有没有解？

麻省理工学院的丹尼尔·希哈姆找到了一些思路来解决这个问题。他说，因为第1行一共有10个不同的数字，因此第2行的各个数字之和一定为10，由此就决定了这个十位数中所包含的最大数字的极限。

你能按照他的逻辑，找到这道题唯一的解吗？

016 凯普瑞卡变幻

任意列出4个不同的自然数，例如2435。

把这4个数字依次递减所组成的四位数与依次递增组成的四位数相减，得到的数再用相同的方式相减(不足四位补0)：

5432～2345

几轮之后你会得到一个相同的数。

我已经猜到这个数是什么了，你呢？

017 扑克牌

如图所示，15张扑克牌摆成一个圆形，其中两张已经被翻过来了。

这15张牌中每相邻3张牌的数字总和都是21。

你能否由此推出每张牌上的数字？

018 计算器故障

计算器总是可信的。但是我的计算器上除了1，2，3这3个键以外，其余的键都坏了。

只用这3个键，可以组成多少个一位、两位或者三位的数？

0,1,2,3,4,5,6,7,8,9,11,22,33,44,55,66,77,88,99,101,111,121,…?

019 回文

回文并不是只出现在文字上，数字也可以产生回文现象。

选择任意一个正整数，将它的数字顺序前后颠倒，然后再与原来的数相加。将得到的数再重复这个过程。如此重复多次以后，你会得到一个回文顺序的数，即把它颠倒过来还是它本身。下面举了234，1924和5280的例子：

234	1924	5280
+ 432	+4291	+0825
666	6215	6105
	+5126	+5016
	11341	11121
	+14311	+12111
	25652	23232

89

…

…

?

是不是每一个数最后都可以得到一个回文顺序的数呢？

试试89，看它是不是。

020 4个“4”

马丁·加德纳曾经将这个游戏收入到他的《数学游戏》专栏。

游戏的规则是将数字4使用4次，通过简单的加减乘除将尽可能多的数展开。允许使用括号。

例如：

1 = 44/44

2 = 4/4 + 4/4

用这种方式可以将数字1～10都展开。

如果允许使用平方根，你可以将数字11～20都展开，这中间只有一个无解。

1 = $44/44$
2 = $4/4 + 4/4$
3 =
4 =
5 =
6 =
7 =
8 =
9 =
10 =
11 =
12 =
13 =
14 =
15 =
16 =
17 =
18 =
19 =
20 =

021 4个数

有没有人跟你讲过，有一种人只知道1，2，3，4这4个数字。

他们只用这4个数字可以组成多少个一位、两位、三位和四位的数？

022 数列

下面的数是按照一定的顺序排列的，你能否在画有问号的方框内填上一个恰当的数？

如果你做到了，左边图中缺少的那块蛋糕就是你的了！

023 足球

如果这个足球的重量等于50克加上它重量的3/4，那么这个足球的重量是多少？

024 数学式子

只凭直觉，你能否将黑板上的7个数学式子按照从大到小的顺序排列？

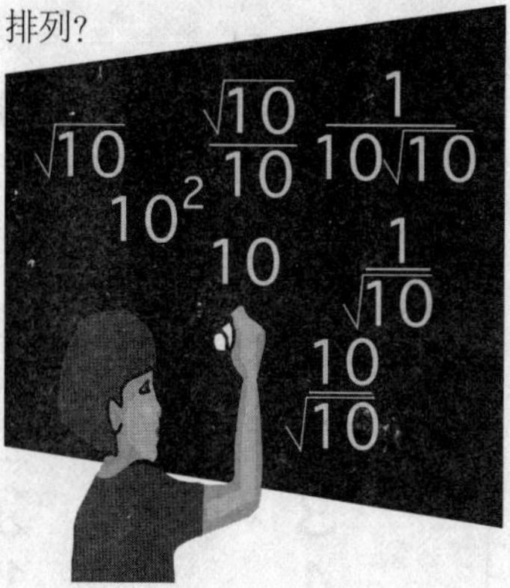

025 11的一半

你能否找到一种方法，使得6等于11的一半？

6+6=11

026 加一条线

在下面这个等式中加一条线，使等式成立。

5+5+5=550

027 想一个数

随便想一个数。

加上10。

乘以2。

减去6。

除以2。

然后再减去你最开始想的那个数。

结果一定是7。为什么?

028 类似的数列

一个有趣的数列的前8个数如下图所示。

请问你能否写出该数列的第9个数和第10个数?

1	1
2	11
3	21
4	1211
5	111221
6	312211
7	13112221
8	1113213211
9	?
10	?

029 冰雹数

随便想一个数。如果是一个奇数，就将它乘以3再加上1；如果是一个偶数，就除以2。

重复这个过程。例如：

1，4，2，1，4，2，1，4，2，1，4，2…

2，1，4，2，1，4，2，1，4，2…

3，10，5，16，8，4，2，1，4，2…

我们可以看到，上面的这些数列后面的部分都变成一样的了。

那么是不是不管开头是什么数，到后面都会变成同一串数呢？

试试用7开头，然后再看答案。

030 数的持续度

一个数的“持续度”表示的是通过把该数的各位数字相乘，经过多久可以得到一个一位数。

比如，我们将723这个数的各个数位上的数字相乘，得到7×2×3=42。然后再将42的各个数位上的数字相乘，得到8。这里将723变成一位数一共花了2步，所以2就是723的“持续度”。

那么持续度分别为2，3，4，5等等的最小的数分别为多少？

是不是每个数通过重复这个过程都可以得到一个一位数呢？

031 六边形

你能否在如图所示的这些小六边形里填上恰当的数，使得三角形中的每一个数都等于它上面两个数之和？不允许填负数！

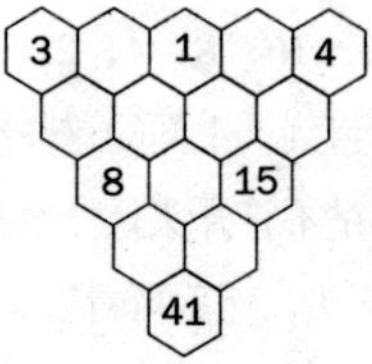

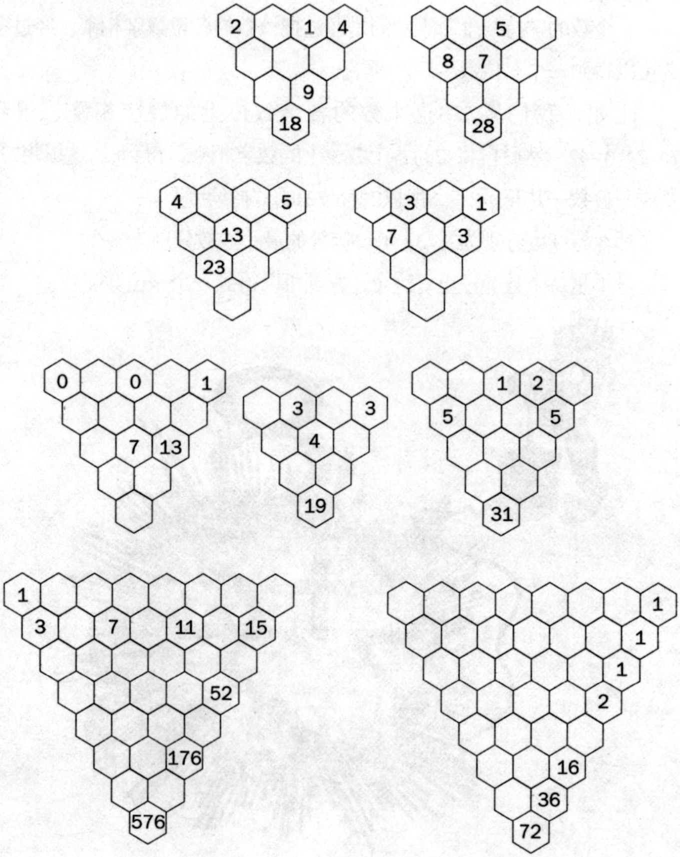

032 瓢虫花园

在下面的格子里一共藏有13只瓢虫，请你把它们都找出来。

方框里的每朵花上面都写有一个数字，这个数字表示的是它周围的8个格子里所隐藏的瓢虫的总数。见右边的例子。

有花的格子里没有藏瓢虫。

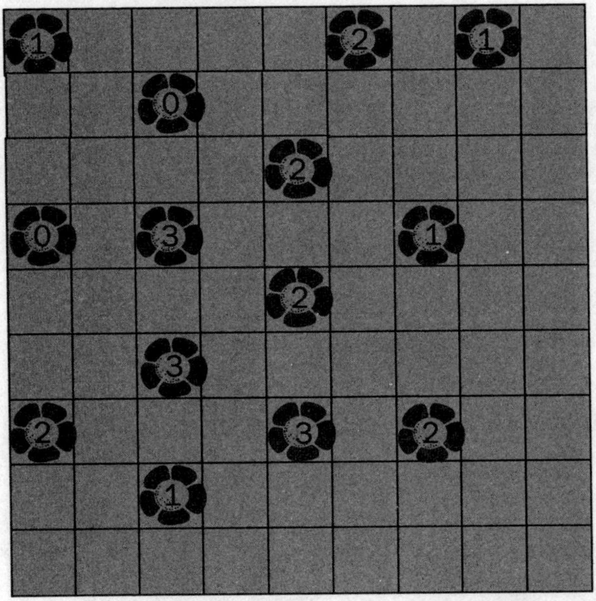

033 连续整数（1）

天平上放着3个重物，这3个重物的重量为3个连续的整数，它们的总和为54克。问这3个重物分别重多少？

034 连续整数（2）

天平上放着4个重物，这4个重物的重量为4个连续的整数，它们的总和为90克。问这4个重物分别重多少？

035 等式平衡

一个等式就好比一个天平。英国教师罗伯特·柯勤设计了一个天平，即在一个常规天平上加一个滑轮，如图所示。由此也就引入了“负数重物”的概念。

根据上面的图，你能否确定x的值？

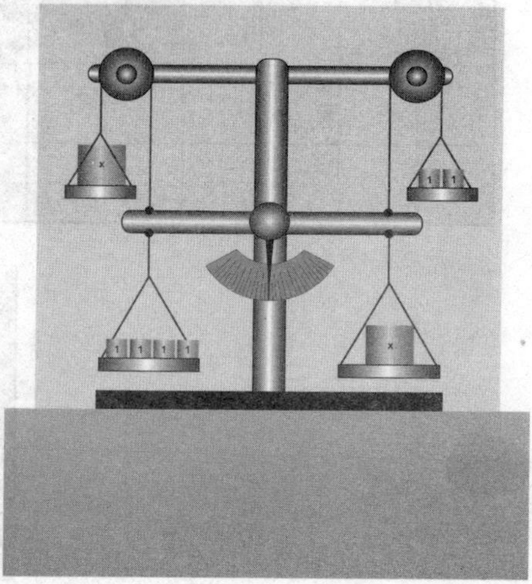

036 4个盒子里的重物

你能否将连续整数1～52放进上面的4个盒子中，使得每个盒子里的任意一个数都不等于该盒子里任意两个数的和?

我们已经把数字1～3放进盒子里了。

你能将4～52全部都放进这4个盒子里吗?

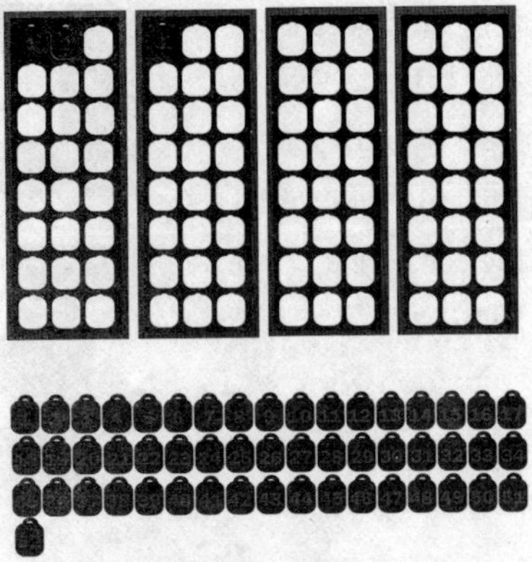

037 突变

4张卡片上的3幅图已经画出来了，你能把第4张卡片上的图也画出来吗?

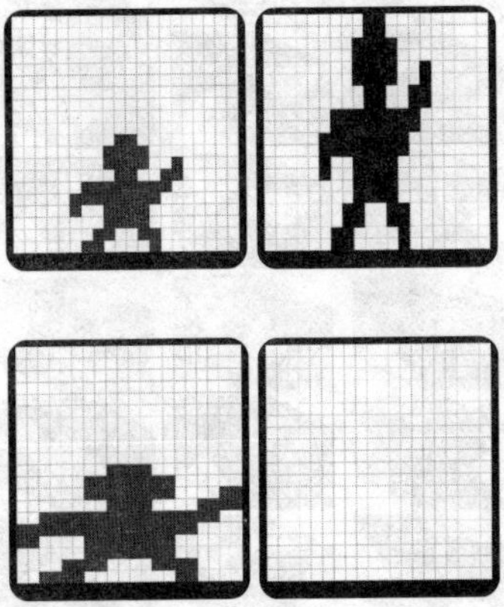

038 缺少的立方体

下图这个6×6的立方体中缺少了多少个小立方体?

039 **立方体结构**

用16个全等的小立方体分别做成下面的4个图形，请问哪一个图形的表面积最大？

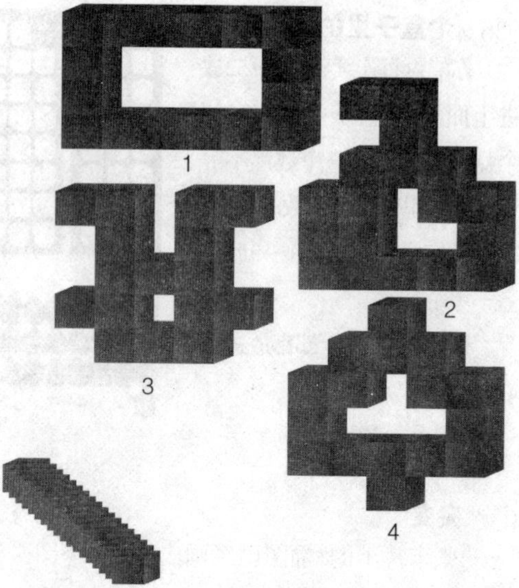

040 **立方体朝向**

一个立方体可以有24种不同的摆放方式(即不同的朝向)。请你在图中的空白处涂上正确的颜色。

041 立方体上色（1）

8个小立方体组成了一个2×2×2的大立方体。

请你给这个大立方体表面的24个小正方形上色，使得每两个共一条边的小正方形的颜色都不相同。

最少需要多少种颜色?

042 **立方体上色（2）**

在一个3×3×3的立方体表面上涂上红色，然后再把它分成27个小立方体。

这里面分别有多少个有3个红色表面、有2个红色表面和没有红色表面的小立方体?

043 对角线的长度（1）

这个小男孩在玩4个全等的大立方体。

他只用一个直尺，能否量出立方体对角线的长度？

044 对角线的长度（2）

你能否算出一个由8个小立方体黏合而成的大立方体的对角线长度？允许你使用单独的小立方体(每个小立方体与组成大立方体的小立方体大小相等)作为计算的辅助工具。你需要多少个这样的小立方体？

045 代数学

我们通常认为代数就是很抽象的， 但是不要忘了数学的起源是有着非常实际和直接的原因的——例如划分土地。

你能否通过右边的几何图形解出这几个简单的代数式？

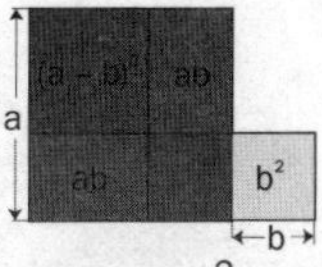

$(a-b)^2=?$

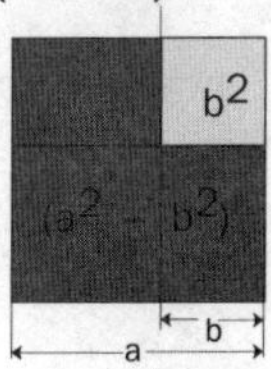

$a^2-b^2=?$

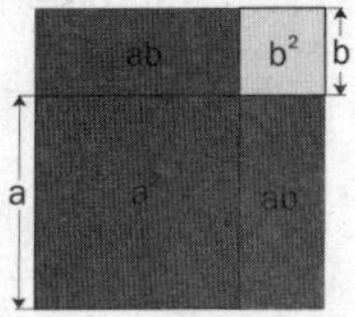

$(a+b)^2=?$

第 5 章　发散力

001 神奇的立方体

在左边一幅照片中，建筑物外墙上的立方体看起来是凸起的。假如在右图中的这一侧看这些立方体，你会觉得它们是凹陷的。这是为什么呢?

002 板条箱

仔细检查板条箱垂直的木条，这个板条箱的结构可能存在吗?

003 警察

如果你把这个警察倒过来看，你会发现什么？

004 小·女孩和老人

这是1903年盖斯特福·弗比克在纽约先驱出版的儿童卡通系列中的一幅图像。他的小说中涉及小女孩勒弗金和老人玛弗罗，如何使他们互换角色呢？

005 风筝大赛

这次风筝大赛的风筝都是成对放上天的，每一对的颜色和设计都完全相同。有一个小孩放出一只自己的风筝以后，又得到一只新的，跟某一其他选手的风筝配对。你能找出天空中12对相互匹配的，小孩新得到的，以及剩下那三个一组的风筝吗？

006 雪花生意

51号雪花检查员正在检查哪些雪花的6个部分并不完全对称。他最后通过的只有2片雪花。你能找出它们，并且指出其他5片雪花的不合格之处吗？

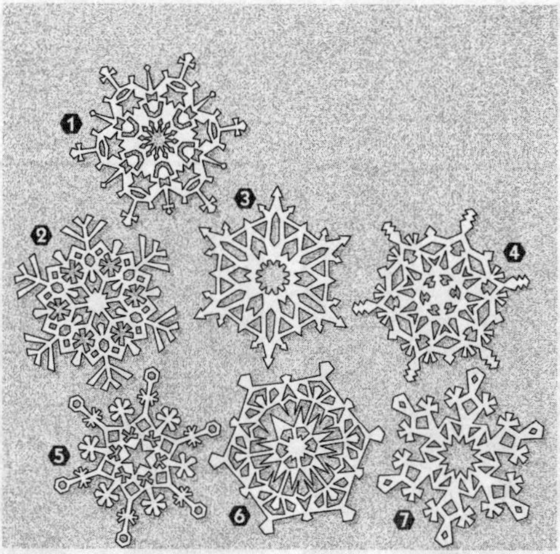

007 古怪餐厅

这家餐厅里的一切几乎都出错了。总共24个错误你能找出几个？

008 即时重播

这两幅图看上去似乎一样，但是仔细再看！事实上两幅图之间有14个不同之处。你能找出几个？

009 恍然大悟

这幅图中有7种图形都在图中不同的地方出现了2次。比如，垃圾桶的踏板，在狗的耳朵那里也出现了——虽然旋转过，但是两者其实拥有相同的大小、形状和颜色。你能找出另外6对图形吗？

010 粉碎的镜像

这些粉碎的镜像中只有2个完全相同。你能指出是哪2个吗？

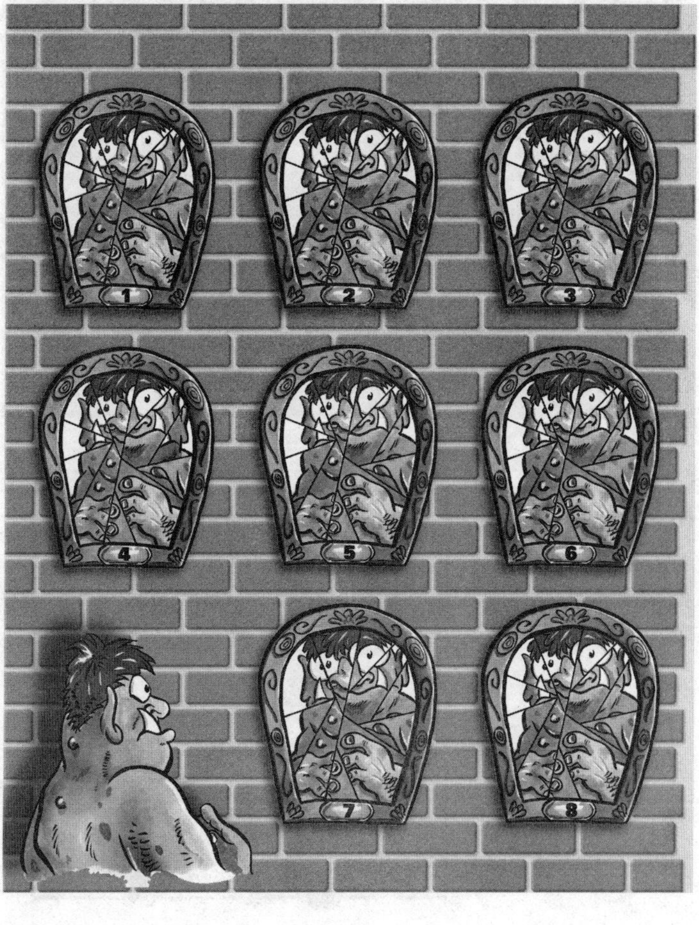

011 从这里下坡

这幅图中有22个错误，你能找出多少个？

012 滑板高手

下图中的各位都是玩滑板的高手。他们不仅技术水平相当，连姿势都大同小异。这些滑板玩家中只有两个完全一样。你能指出是哪两个吗？

013 假日海滩

孩子们趁假日到海滩玩耍。来到这里，当然要进行沙滩浴啦！不过，这些孩子晒太阳晒得太久了，仔细观察每个小孩身上的图案，看看你是否能把每个人与毯子上的两件物品分别匹配。

014 **保龄球馆**

保龄球是一项有益身心的体育运动，有不少人都愿意在保龄球馆度过休闲时光。下面这两幅保龄球馆图片看上去每个地方都完全相同。事实上它们之间有17处不同。你能找出几处？

015 **雪落进来了**

这幅图中有7个图形，每一个都在不同地方出现了两次。比如窗户上的雪堆，也是男孩兜帽上的白色部分——虽然旋转了，但是大小、形状和颜色都相同。你能找出另外的6对吗？

016 赝品

一个忙碌的伪造者制作了大量珍贵物品的赝品，几乎每件赝品上都有一个错误。仔细研究每一组的原件，看看你能否找出5件赝品里完美的一件以及另外4件上的错误。

017 倒影

仔细观察下图，你会发现结冰的池塘里的倒影跟冰面上的人、物并不完全吻合。你能找出倒影与真实人、物之间的16处区别吗？

018 羽毛相同的鸟

你能从下边找出7对相匹配的鸟，并指出剩下那单独的一只吗？相同的鸟不一定朝向同一个方向，因此注意它们的特征和颜色。

019 汉堡

下图中翻倒的汉堡中只有两个是完全一样的。你能指出是哪两个吗？

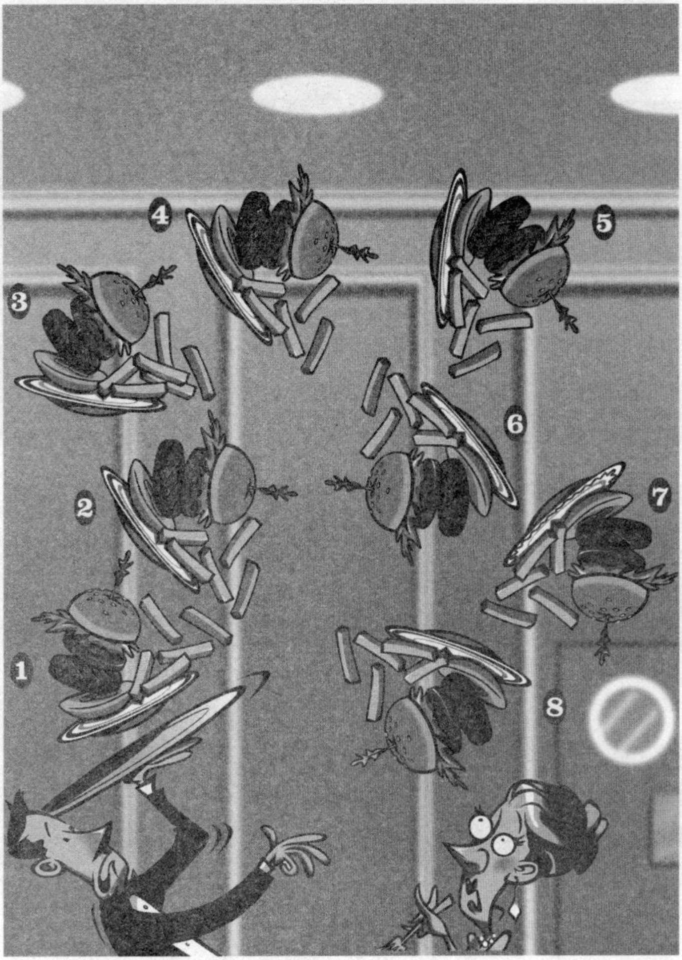

020 **藏着的老鼠**

屋子里有老鼠吗？事实上，这个场景里有8只老鼠。下面的小图分别是每只老鼠从藏身地点所看到的景象，你能据此找出每只老鼠分别藏在哪里吗？

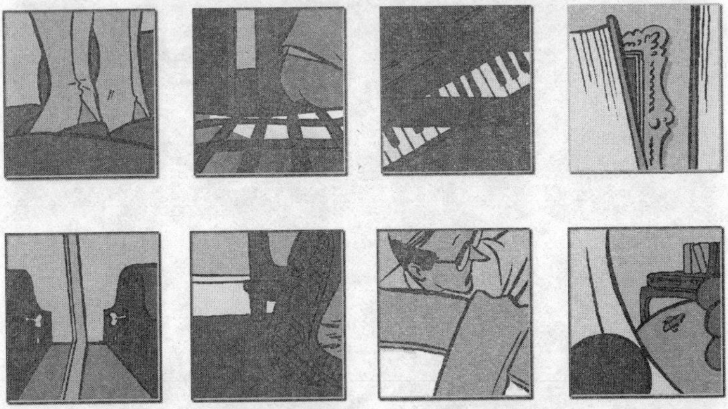

021 镜像

下图左边的场景和它右边的镜像至少有27处冲突。比如，飞机的方向就被反射错了。其他错误你还能找出多少？

022 缺少的部件

这里每件物品都缺少一个重要部件。仔细观察，你能找出它们分别缺少什么吗？

023 飞船

梅格拉克专门买了一艘跟其他人都不同的宇宙飞船，但是现在在这个银河系停车场里，他却找不到自己的飞船了。要帮助他，你需要仔细观察所有的飞船，找出其中12对相互匹配的飞船。剩下那艘单独的就是梅格拉克的了。

024 眼花缭乱

仔细观察这些特写镜头，你能辨认出它们分别是日常生活中的什么物品吗?

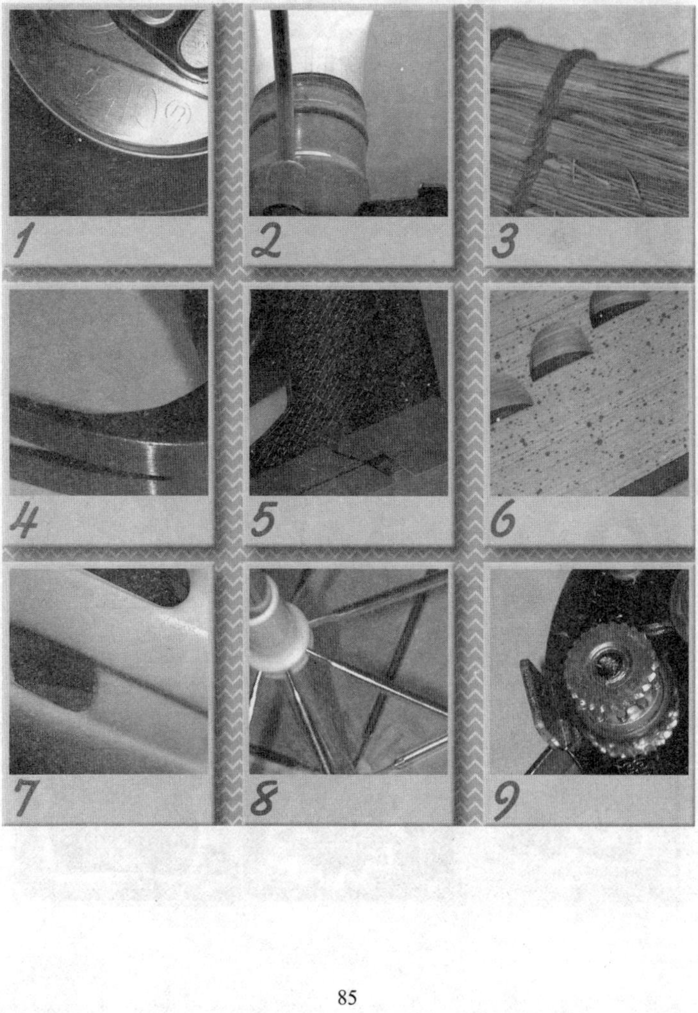

025 一样的图形

下边的这些图中包含12对完全一样的图形。比如秃头男人手里的勺子，也是棒球运动员的棒球帽——虽然图形有旋转，但是大小、形状和颜色相同。你能把这12对图形都找出来吗？

026 闹鬼的房子

讨要糖果的小鬼住在哪个闹鬼的房子里？下边的小图是他们在附近行进的路线上依次看到的景象。通过对比这些小图和上面的大图，你能画出他们的路线，并且找到唯一一所他们没有经过其前门的房子——那就是他们的住所。提示：他们刚刚从他们面前的房子讨要完糖果。

027 花园矮人

这所房子的主人从商店里买了4个花园矮人，放到屋前草坪里以后，他们的房子被真正的花园矮人入侵了，他们以为这里正在开一个派对。4个假矮人一模一样，而8个真矮人相互之间却分别有一处不同。你能找出所有不同，并且分辨真假花园矮人吗？

028 圣诞老人

尽管这两幅图看上去完全一样，实际上却有9处不同。每找出一个不同，就请你把上面图中的原物与下面图改变后的物体之间画一道直线（你可能会用到直尺）。你画的每条线都会划掉一个字母。完成以后，剩下的字母，按照顺序，将会组成这道题目的答案。

029 **探险家**

尽管这两幅图看上去一模一样，而实际上它们之间有7处不同。把上下图中变化了的各处用直线相连，你画的每条线将会划掉一个字母。做完这些以后，剩下的字母按顺序会连成这个问题的答案。

探险家罗盘的指针掉了以后他如何描述他的罗盘？
PLOISNETLGERASKS

030 姜饼屋

尽管这两幅图看上去似乎一样，但是事实上它们之间有7处不同。把上下图中变化了的各处用直线相连，每条线将会划掉一个字母。做完这些以后，剩下的字母按顺序会连成这个问题的答案。

031 特技演员

这两幅图之间有7处不同。上下图中变化了的各处用直线相连，每条线将会划掉一个字母。做完这些以后，剩下的字母按顺序会连成这个问题的答案。

特技演员在危险的试镜后怎么样了？
AUDITION
RIGONTSHLECANSTP
AUDITION

032 宇航员

尽管这两幅图看上去似乎一样，但是事实上它们之间有9处不同。上下图中变化了的各处用直线相连，每条线将会划掉一个字母。做完这些以后，剩下的字母按顺序会连成这个问题的答案。

033 嘘……有人！

你有没有感觉自己被人偷窥的时候？下图中这个小伙子看来已经意识到了：8双不同的眼睛正在从屋子不同的角落里窥视着他！下面小图中显示了每一双眼睛实际看到的情形。你能不能把每一双眼睛和它们看到的情形对应起来呢？

034 **找面具**

在下边所有面具中找出一个带有生气表情的面具，看看你多久能够找出来。

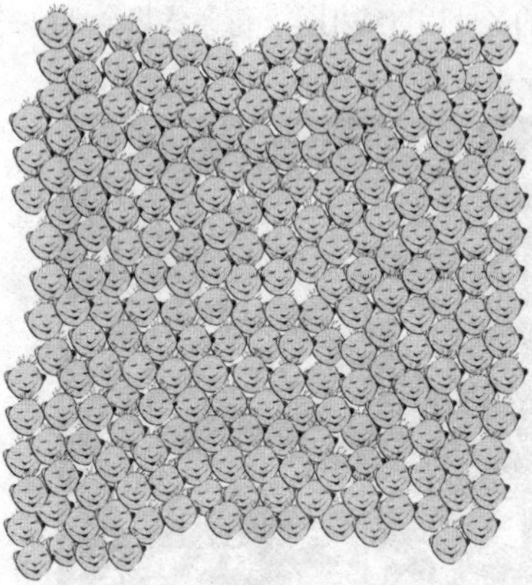

035 **找不同**

以下两图非常相像，但并不是完全相同。你能找出两图之间的11处不同吗？

036 图案速配

试试看，从下页分别找出与本页的30幅图完全相同的图案。

1	2	3	4	5
6	7	8	9	10
11	12	13	14	15
16	17	18	19	20
21	22	23	24	25
26	27	28	29	30

037 各不相同（1）

下面每幅图中都有一处与其他图不同。你能把它们全部找出来吗？

038 各不相同（2）

下面每幅图中都有一处与其他图不同。你能把它们全部找出来吗？

039 各不相同（3）

下面每幅图中都有一处与其他图不同。你能把它们全部找出来吗？

040 各不相同（4）

下面每幅图中都有一处与其他图不同。你能把它们全部找出来吗？

答　案

观察力

001 中心方块

中心的小方块和周围的灰度值是一样的。在背景上画黑线纹样，会使背景感觉偏黑。同样的颜色,画上白色纹样,感觉就偏白。因此中心小方块(黑色线条之间)看起来比周围方块（白色线条之间的）要暗。事实上，整幅图的灰度值是一样的。你可以盖住黑线和白线交界处的线条来检查。

002 灰色条纹

两个灰色竖条纹的灰度是一样的。由于局部同时对比，产生了令人惊讶的效果——被白色环境包围的灰色条纹看起来要比被黑色环境包围的灰色条纹亮。

003 “十”字

较亮的对角区域与它们所在的正方形具有相同的亮度。也就是说，如果用光度计测量同心条纹，你会发现任一条纹上的所有点反射的光是一样多的，当然也包括沿着对角线的、看起来比较亮的点。

004 倾斜的棋盘

每个小棋子都具有相同的亮度。

005 双菱形

两个菱形具有相同的亮度。

006 圆圈

圆圈和背景的亮度是一样的。一系列射线从一个客观上并不存在的圆圈发散出来，造成一种强烈的亮度对比，因而感觉这些圆圈比背景亮。

007 赫尔曼栅格

在赫尔曼栅格中，交叉处的四边都是亮的，而白条只有两侧是亮的，所以注视交叉处的视网膜区域比注视白条的区域受到了更多的侧抑制，这样交叉处显得比其他区域暗一些，在交叉处就能看到灰点。

008 闪烁的点

当转动眼球观察图片时，虚幻的黑点在白点中间产生或消失；注视圆心时，白点就会消失。美国视觉科学家迈克尔·莱文和詹森·麦卡纳尼于2002年发现了这个闪烁栅格的奇异变化。该感知效果仅在特定的环境中才能发生。它可能与“视觉消失”的某些形式有关，被称为“熄灭”。目前，还不清楚什么原因导致其“消失”。

009 神奇的圆圈

日本视觉科学家和艺术家秋吉北冈于2002年创作了这个闪烁栅格错觉的变形。

010 闪烁发光

观察图片时，视觉系统好像在“开”与“关”之间竞争，表现为“明”与“暗”的闪烁。

011 小圆圈

在这幅图中，存在许多可能存在的圆。当眼睛扫过这幅图，你的视觉系统不断寻求最佳效果，但另一方面又有新的效果不断产生。

012 线条

这些线条实际上是笔直而且平行的，然而给人的感觉是弯曲的。错觉是由大脑皮层的方向敏感性的简单细胞引起的，这种细胞对空间接近的斜线和单向斜线产生交互影响，造成了弯曲效果。

013 螺旋

你所看到的好像是个螺旋，但其实它是一系列完好的同心圆！这个螺旋由一系列具有圆心的、逐渐缩小的、相互交叠的弧线组成。这幅图形效果如此强烈，以至于会促使你沿着错误的方向追寻它的轨迹。

在这个例子中，每一个小圆的“缠绕感”通过大圆传递出去产生了螺旋效应。因此，只要产生扭曲的线条被转化为同心圆，螺旋效果就不存在了。

014 线条组成的圆

这是弗雷泽螺旋的一种变形，由一系列同心圆组成。

015 图像

图像的边缘都是直的。

016 小方块

这些小方块均呈直线排列。

017 线

这些水平线是彼此平行的。

018 面孔

如果将卡片颠倒过来，你就可以看到杯子两边各有一个侧面像。

019 单词

将图逆时针旋转90°，“Figure”外围较暗的边缘形成“Ground”。

020 鱼

它们有的向左游，有的向

右游。

021 萨拉与内德

黑色的部分呈现的是吹萨克斯的男人，男子旁边的白色及部分黑色构成了女人的轮廓。

022 猫和老鼠

在猫的眼睛下面藏着只老鼠。

023 圣乔治大战恶龙

观察圣乔治的头发，你就能看到战争的场景。圣乔治是西方中世纪传说中的英雄，他杀死了代表邪恶的龙，解救了一个深受其害的小镇。有大量的油画和雕塑描绘了圣乔治杀掉恶龙的英雄事迹。

024 坟墓前的拿破仑

拿破仑就藏在两棵树之间。两棵树的内侧枝干勾勒出了站立的拿破仑。

025 紫罗兰

在左上侧的紫罗兰花下是拿破仑妻子的轮廓；右上边的大叶子下是拿破仑的轮廓；最下面一朵紫罗兰花上面是他们儿子的轮廓。

026 虚幻

你可以看到一位美丽的姑娘望着镜中自己年轻的面容，或者看到露齿而笑的骷髅头。女孩的头和镜中的头组成了头骨的两个眼睛，梳妆台上的饰品、化妆品和桌布组成了牙齿和下巴。

027 高帽

帽子的高度和宽度是一样的。

028 心形图

很多的观察者认为，黑色心形（上图）是浮动着的；而一些人的发现却正好相反。同样也有很多的人认为红色心形浮动在紫色背景之上（中图），而紫色心形则浮在红色背景之下（下图）；而一些观察者却认为正好相反。这完全取决于对背景所做的参照。

029 三维立方体

这些既可以看作是凹进去的，也可以看作是凸出来的。由于视觉的变化，这些图则会发生由凸出→凹进，或凹进→凸出的转变。

030 球

不一致。通过注视，左右眼中的球融合后会出现分层，网格上的球也随之会产生不同的深度。

031 "雪花"

左右眼分别看图，产生融合现象，就能看到雪花从右边降落。此外，灰色的圆圈好像有两种亮度，而实际上它们的亮度是一样的。

032 三维图

可以看到一颗心。

033 玫瑰

通过注视，左右眼中的图像会产生不同程度的深度变化。

034 墙纸

通过注视，左右眼中的图像会产生不同程度的深度变化。

035 同心圆

会产生车轮转动的感觉。该同心圆错觉由查尔斯·寇伯尔德创作于1881年，19世纪末和20世纪初在许多广告中出现。

036 "8"

将此图向左或向右转动，会看到一个模糊直立的"8"；将目光移至中心点左侧或右侧，会发现光束朝反方向运动。

037 圈

大多数人盯着圆心看时都会感到圆圈的移动。不同的圆环旋转方向不同，也可以随便改变方向。转动总是垂直于对比度强烈的线条。

038 波

这是高对比度线条产生强烈相对运动错觉的一个例子。例子中，你也会感到一种强烈的立体错觉。有一种波浪此起彼伏的感觉。英国欧普艺术家布耐恩特·莱比于1963年绘制了该作品。

039 线条的分离

如果上下移动图片，就能看到方块左右晃动；如果左右移动图片，就能看到方块上下移动。该错觉被皮纳发现于2000年。

040 方块

它似乎要跳起，泛起点点涟漪。这是一个高对比细线条引起错觉的例子。由美国艺术家雷金纳德·尼尔创作。

041 轮子

圆形的轮子会沿着正方形的轮廓缓慢移动。采用边缘视域观察效果最好。

042 三角形

不可能。里面的斜边视觉上似乎成立，其实现实中是不可能的。

043 佛兰芒之冬

这幅图犯了视觉透视错误。最左边的柱子不可能跑到最前面来。

044 压痕

图像被倒置后，大脑会收到来自另一角度的光线指示，凹陷的图形就会凸起。

045 球和阴影

相对位置相同。两图唯一的不同在于投影的位置，在上图中，球好像落在方格表面上，并向远处滚动；下图中，球好像悬在方格上方，在上升而不是向远处滚动。

046 神奇的花瓶

花瓶是放在地面上的。对于表达物体与背景的相对位置来说，阴影是非常有用的线索。该图使用了特殊的灯光技巧使物体和影子分离，给观察者造成了花瓶悬浮的印象。

047 猫

灰墙与干草之间的界限比较模糊，因此很难弄清楚干草区是竖直的还是灰色区域是竖直的。然而，还是有很多小细节给我们提供了线索，比如猫的耳朵，影子只有一只耳朵。据此我们可以判断右边的是猫，左侧是它的影子。

048 圆柱体

圆柱体的底面周长与高度是一样的，而大多数人会认为高度要大于底面周长。如果你用绳子绕周长一周，再将它圆柱高对比一下，你会发现是一样长的，这与基础几何是一致的（$C=2\pi r$）。之所以产生这种错觉是因为圆周的边沿线看上去被缩短了，而圆柱的高却保持原样。

049 人脸图形

这个人脸图形是一个背景可互换的两可图画。从前面能看到一张模糊的脸，中间部分被烛台遮住了。由于面孔前的烛台，你感知到了深度。也可以看到两个妇女的侧面轮廓。面孔或者侧面像的边界都太模糊，导致了两种不同的印象。

050 老太太还是少妇

两种解释都有可能。这个经典错觉表明视觉系统如何基于你期望的内容来聚集特点。如果你看到一个特点比如眼睛像少妇，那么鼻子、下巴的特点也会聚集起来，呈现出少妇的特质。

想象力

001 分割空间

15部分：四面体的4个顶点上有4部分；四面体的6条边上有6部分；四面体的4个面上有4部分；四面体本身。

这个数字是三维空间被4个平面分割时能得到的最大数字。

002 转角镜（1）

正常情况下，镜子将物体的镜像左右翻转。以正确角度接合的两面镜子则不会这样。

转角镜中右面的镜子显示的没有左右变化，男孩在镜子中看到的自己和日常生活中别人看到的他是一样的。

这种成像结果是由于左手反转以及前后反转同时作用。

003 转角镜（2）

男孩看到的自己是右边凸起的。

004 补全多边形

E。多边形中对角的三角形图案相同。

005 重力降落

假设没有摩擦力和空气阻力，这个球将以不断增加的速度一直下落直到到达地心。在那一点它将开始减速下落到另一边，然后停止，再无休止地重新下落。

006 肥皂环

如图所示，这个曲面被称为悬链曲面。

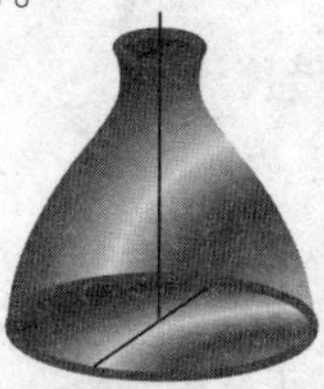

007 迷路的企鹅

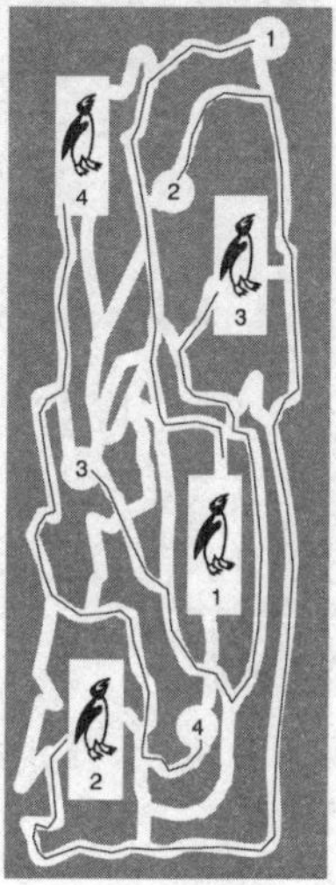

008 有向图形

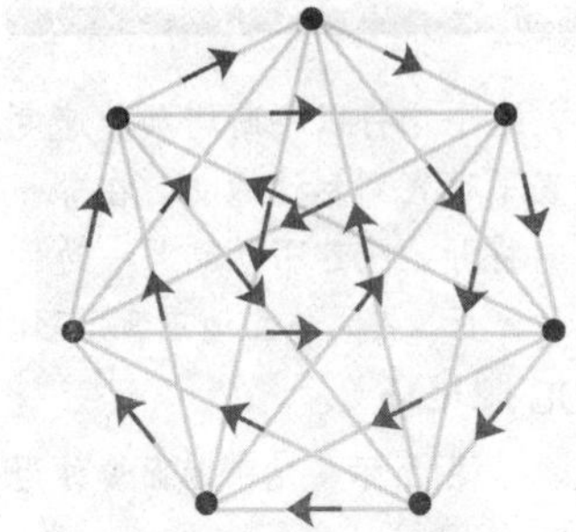

009 皮带传送

普通的圆环只能套在2个圆柱形的滚轴中间，而麦比乌斯圈能够套在3个滚轴中间，就如我们在该题中所看到的。

010 镜像射线（1）

A—1　E—6
B—2　F—3
C—5　G—4
D—3　H—7

011 镜像射线（2）

A—1　E—5　I—2
B—2　F—5　J—1
C—3　G—4
D—3　H—4

012 骑士通吃

如下图所示，至少需要14个骑士。

013 埃及绳

用埃及绳可以做出大量不同的面积为4个单位的多边形。

一些方法如图所示。

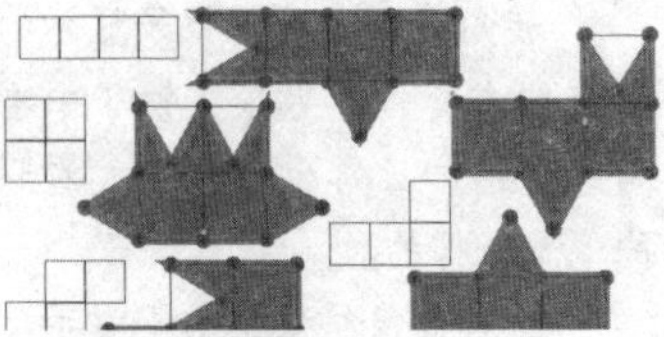

014 将洞移到中心

沿L形的方向剪下正方形的一部分，然后将其向对角翻转，令有洞的部分居于纸张中心。

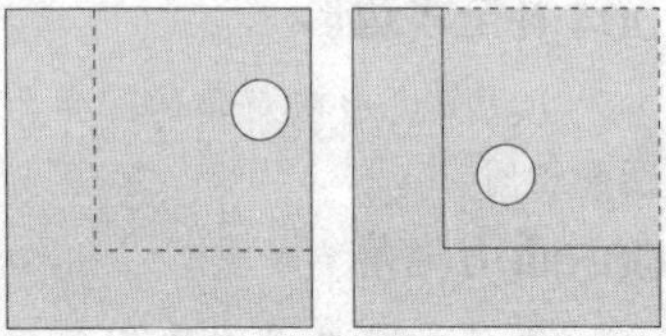

015 不相交的骑士巡游路线

题 1

3×3 棋盘，2 步

题 2

4×4 棋盘，5 步

题 3

5×5 棋盘，10 步

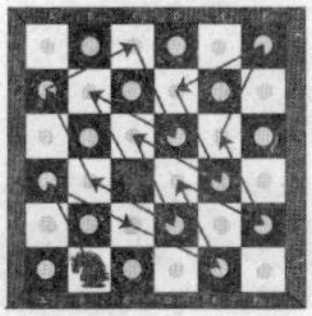

题 4

6×6 棋盘，17 步

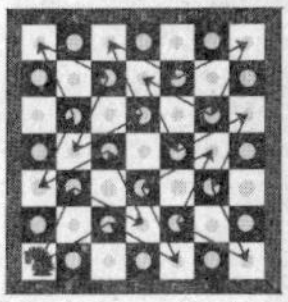

题 5

7×7 棋盘，24 步

题 6

8×8 棋盘，35 步

016 将死国王

如图所示，至少需要 12 个国王，这样国王能够进入棋盘上的每一个格子，并且包括所有上面已经摆放了棋子的格子。

017 楼号

在第 121 号大厦和编号开始处之间一共有 120 栋大厦。相应地，就有 120 栋编号高于 294 的大厦。因此，街两旁建筑共有 294 ＋ 120=414 栋。

018 拼接六边形

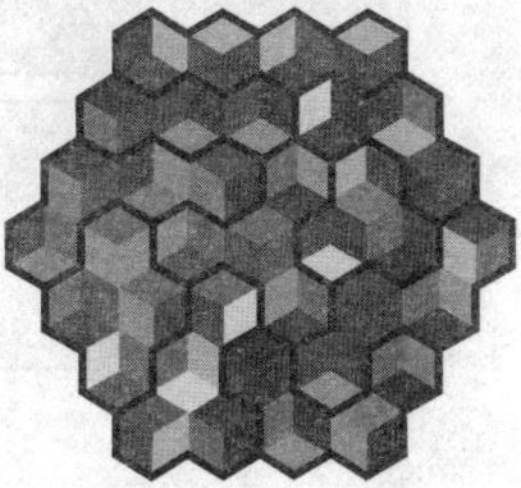

019 象的互吃

需要摆放 10 个象，如下图所示。

020 7张纸条

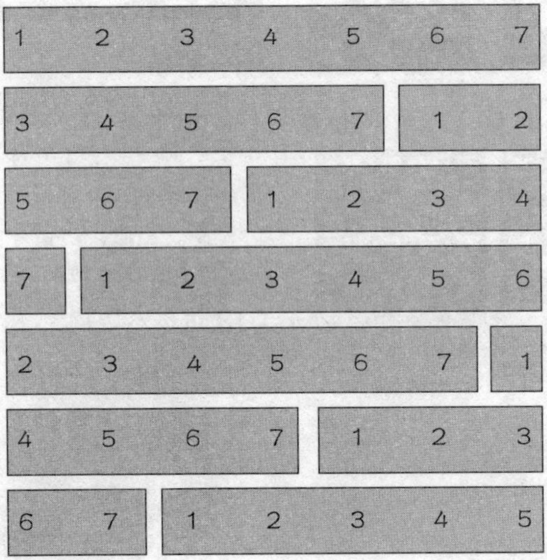

021 色块拼单词

如图所示，把图中的每个色块按顺时针方向旋转 180° 就得到下面的单词：

022 分出8个三角形

023 车的巡游

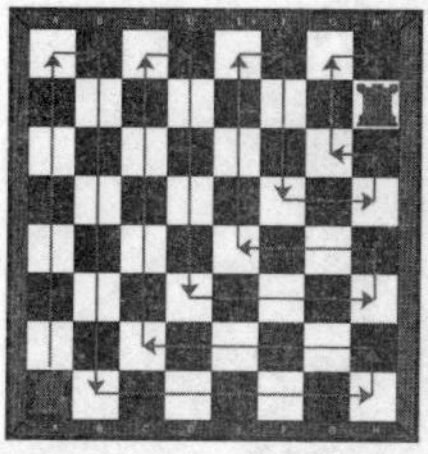

题 1
最少 21 步

题 2
最多 55 步

题 3
最少 15 步

题 4
最多 57 步

题 5
最少 16 步

题 6
最多 56 步

024 有链条的正方形

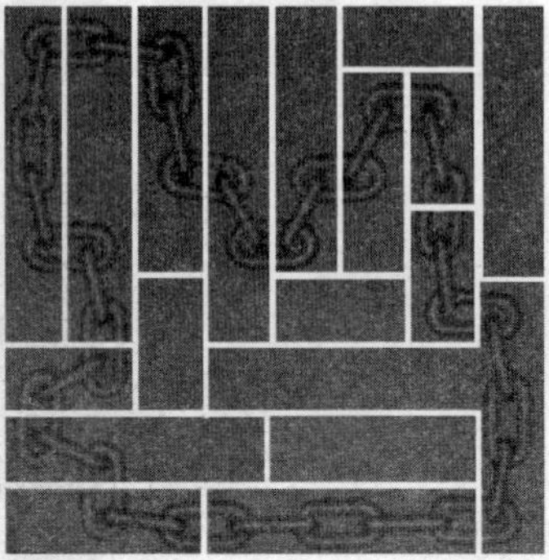

025 单人跳棋

如图所示，18 步是步数最少的解法。

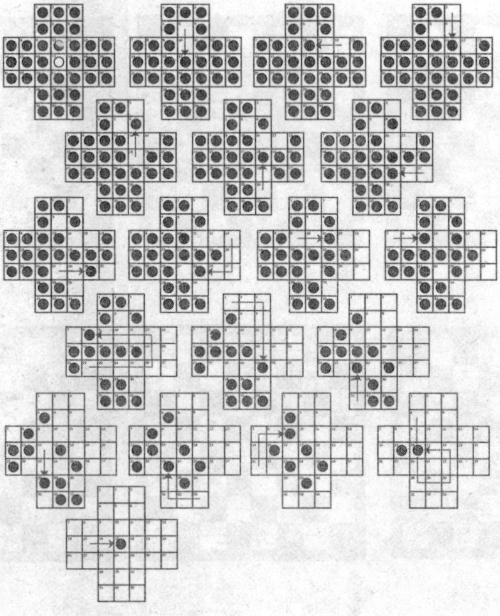

026 五角星内角

无论是什么形状，什么大小的五角星，它的5个内角之和都等于180°。

通过作辅助线把5个内角放到一条直线上，如图所示。

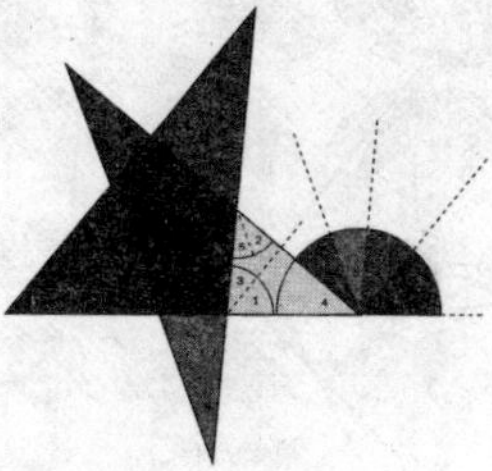

027 吉他弦

如图所示，琴弦开始振动，4和6处的纸片会掉下来。

028 拼接瓷砖

如图所示，这是解法之一。

029 保尔·加力的正方形

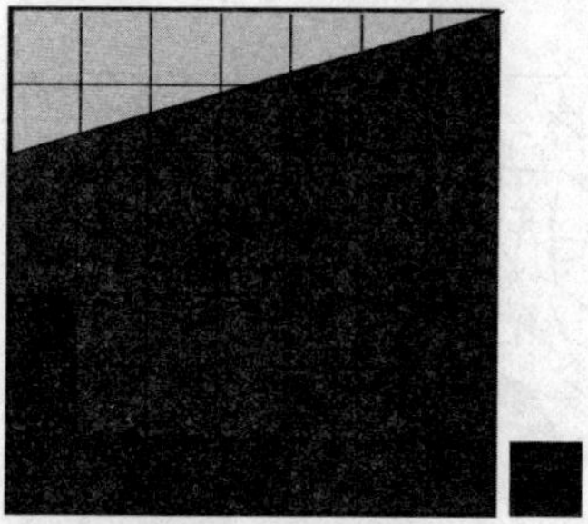

030 剪纸

在纸上沿平行方向剪3刀。其中2刀要剪在纸的一边，而另一刀则应该剪在纸另一侧的中间（如下图所示）。然后将纸弯折，使得纸的“底面”组成上表面的一半。

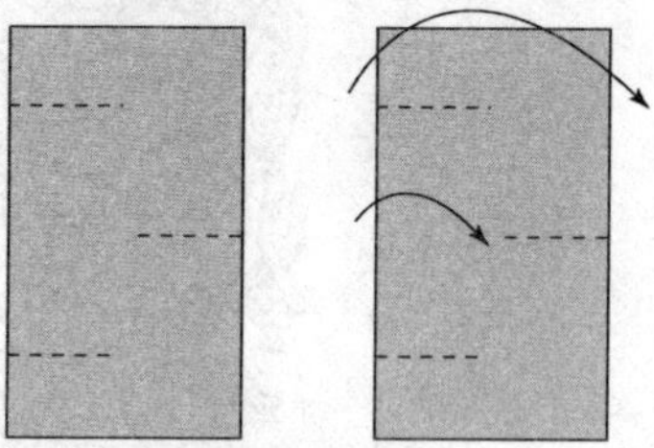

031 三角形三重唱

三幅画如图所示，分别是tea（茶），eye（眼睛）和bee（蜜蜂）——这些单词大声念出来时都是字母的发音（T，I，B）。

032 列岛游

如图所示

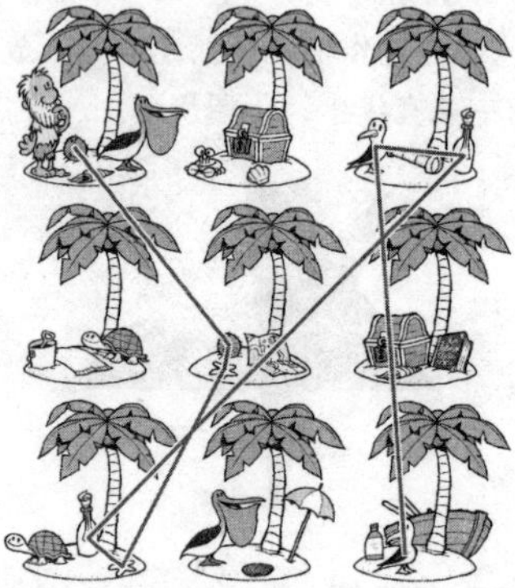

033 裹尸布明星

如图所示

034 停车场

如图所示

创造力

001 清理仓库

这里以“3R4”表示“把3号板条箱往右推4格”。同理，“L”表示向左，“U”表示向上，“D”表示向下。

首先，1U1，然后4D1和L3。现在我们需要通过7U1、6U1和5D1来腾出一些空间。先4R4然后U4，4号板条箱就移出去了。用同样的方法移出3号、1号和2号板条箱。5D2，L3，R4，然后U4，5号就被推出去了。6号和7号也用同样的方法推出去。

002 割据

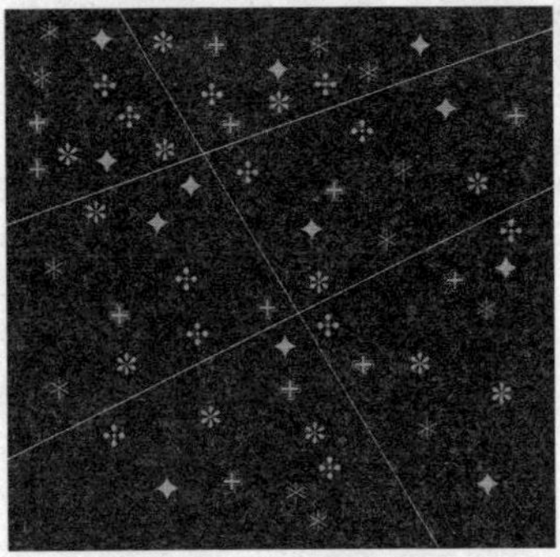

003 3个小正方形网格

事实上，由1~9当中的3个数字组成和为15的可能组合有8种。

004 大小梯形

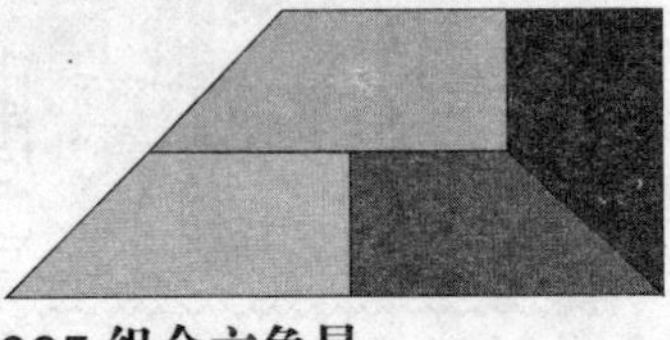

005 组合六角星

006 闭合多边形

007 分割正方形

把1个正方形分割成6个相似的等腰直角三角形有27种方法:

008 给3个盒子称重

有6种方法排列这3个盒子。

称1次可以在2种可能性中决定1个，称2次可以在4种可能性中选择，称3次可以在8种可能性中选择……

一般来说，“n”次称重将最多决定2n种可能性。

在我们的题目中：

称重1次：A>B

称重2次：A<C

结论: C>A>B,问题就解决了。

如果第2步称重时：A>C

那么就有两种可能性：A>B>C或A>C>B，所以我们需要第3次称重来比较B和C。所以最多需要称3次。

009 把正方形四等分

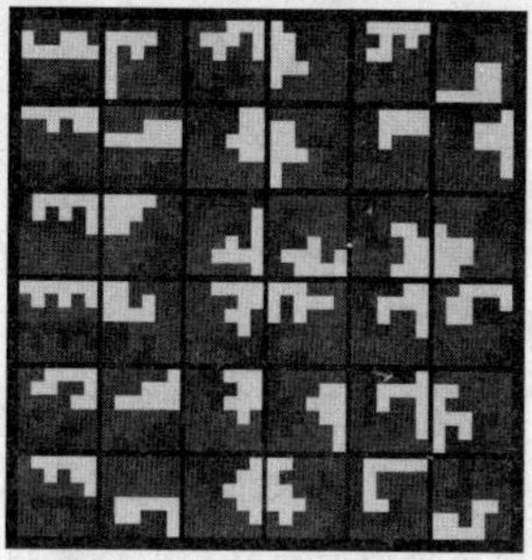

010 覆盖正方形

你可以做得更好吗?

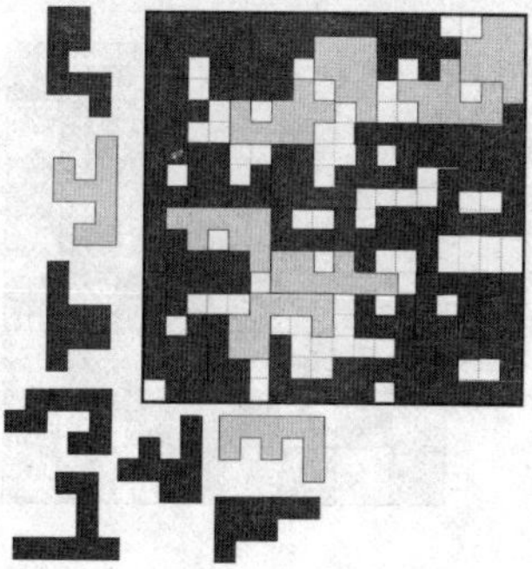

011 去电影院

一边描画一边计算还得同时牢记所走的每一步——这肯定会让你疯掉的。要想选择简单的方法，那就只需要写下连接每一个圆圈的可能的路线。到达下一个圆圈路线的数字和与之相连接路线的总和是相等的。

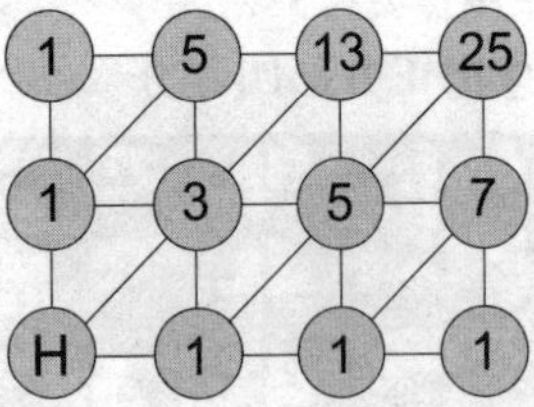

012 守卫

图 1 表明 5 名看守人的行进路线，图 2 则是伦敦塔看守人走遍所有房间的路线，他只要拐 16 次弯就够了。

图 1

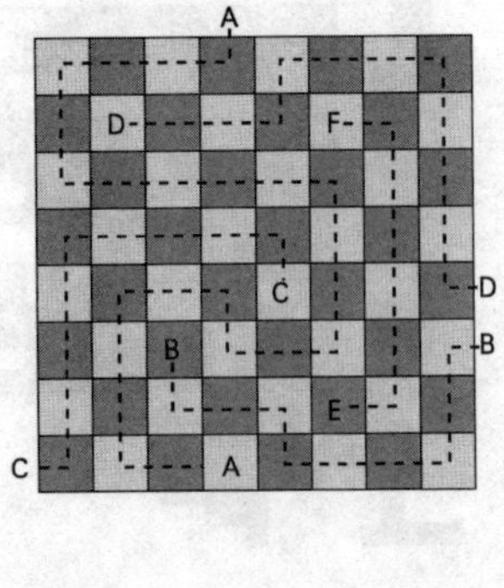

013 建造桥梁

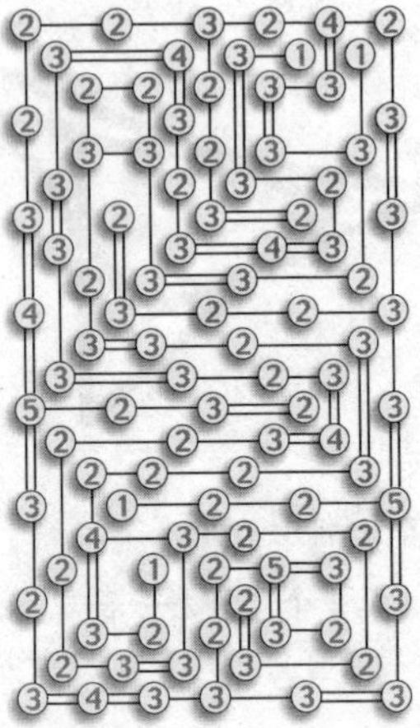

014 增加正方形

将正方形总数上升到 27 个的 4 条直线如下图中的蓝线条所示。

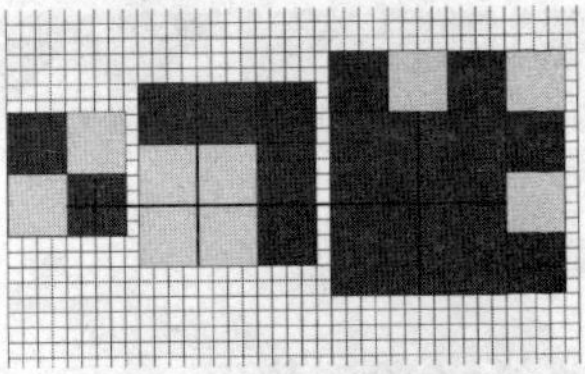

图 2

015 直线分符号

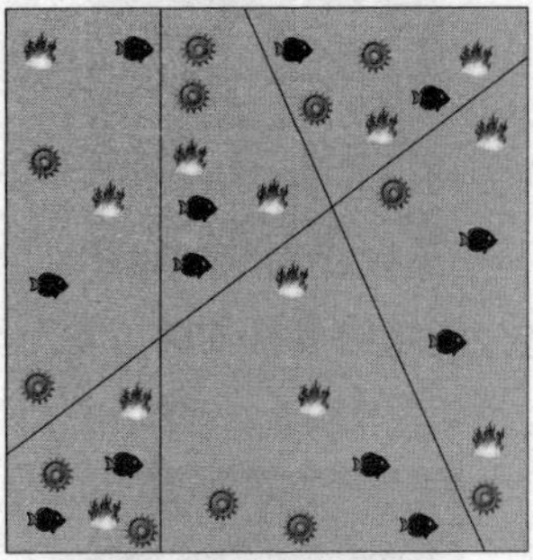

016 重组五角星

017 棋盘与多米诺骨牌

许多与棋盘有关的题目以及其他谜题都可以通过简单的奇偶数检验法解决。

第1个棋盘中，无论你用什么办法都不能覆盖空缺的棋盘，而证明方法很简单。除空缺块以外，棋盘上有32块黄色方块，但只有30块红色的。1块多米诺骨牌必须覆盖一红一黄的方块，因此第1个棋盘不能用31块多米诺骨牌覆盖。

如果从棋盘中移走2个相同颜色的方块，剩下的方块就不能用多米诺骨牌覆盖。

该原理的反面由斯隆基金会主席拉尔夫·戈莫里证明。

如果将2个颜色不同的方块从棋盘移出，剩下的部分必然能用多米诺骨牌覆盖。

因此只有第2个棋盘能全部用多米诺覆盖住。

018 重组等边三角形

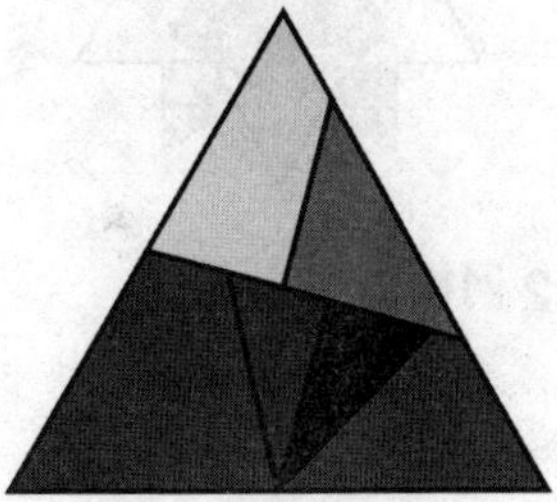

019 重组4个五角星

020 重组七边形

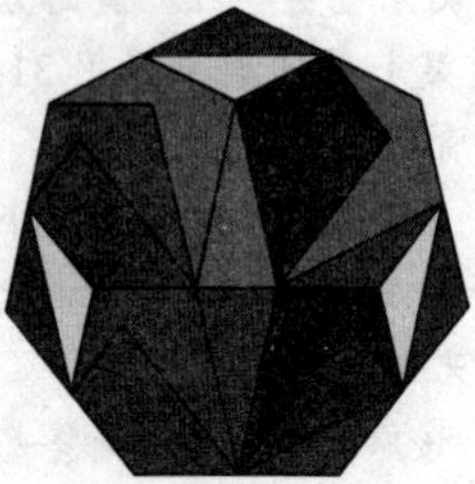

021 星形难题

022 网格覆盖

原图上的5个缺失方块中有4个是在棋盘的灰色块上的，只有1个在白色块上。

因此当你放进去最大数目的多米诺骨牌之后，无论你如何摆放骨牌，总会有3个白色块没有被覆盖上。

寻找解法的途径之一是在棋盘上画出车（国际象棋棋子）的路线图，并用骨牌覆盖它的路线。

023 连续的多格骨牌方块

如图提供了4种解法。

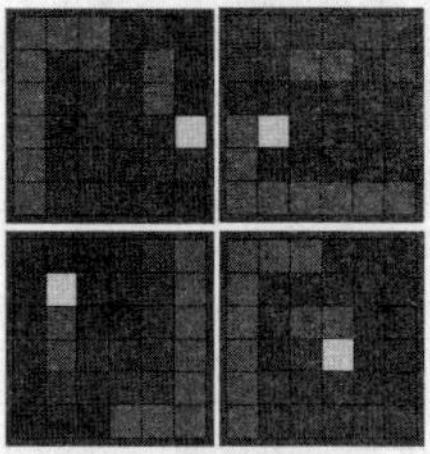

024 重拼正五边形

025 重组正方形

026 埋伏地点

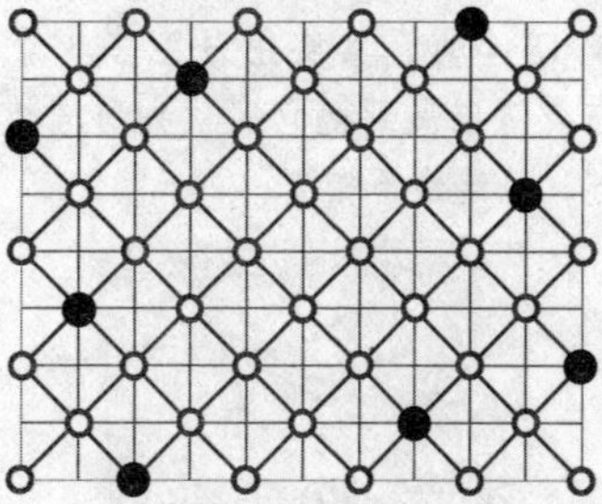

027 小钉板

在3×3的小钉板上不论你怎么连，最终总是会剩下2个钉子；而在5×5的小钉板上则总是会剩下1个钉子；在4×4的板上可以把16个钉子全部用上，1个也不剩。如图所示。

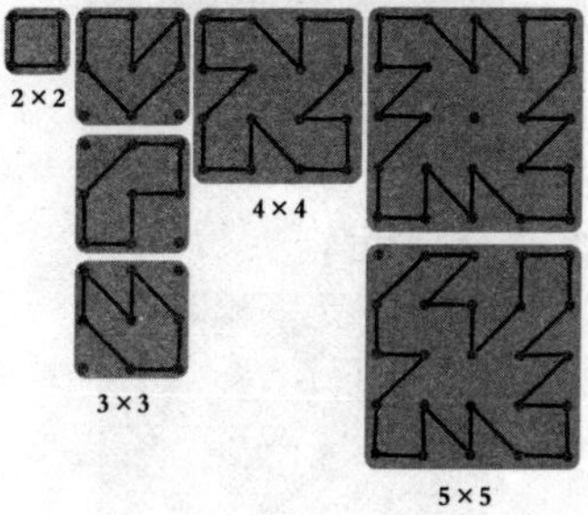

028 三角形钉板

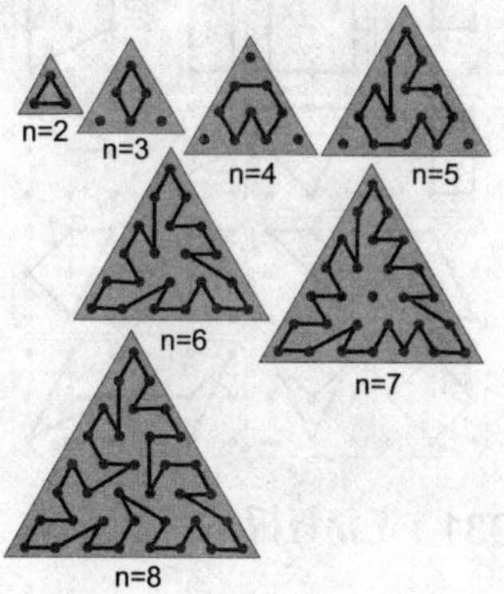

029 正六边形钉板

答案如图所示。当然还有其他的可能性。

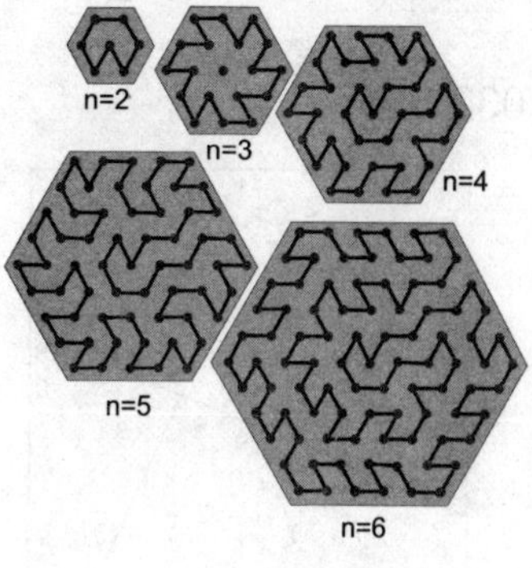

030 连接四边形

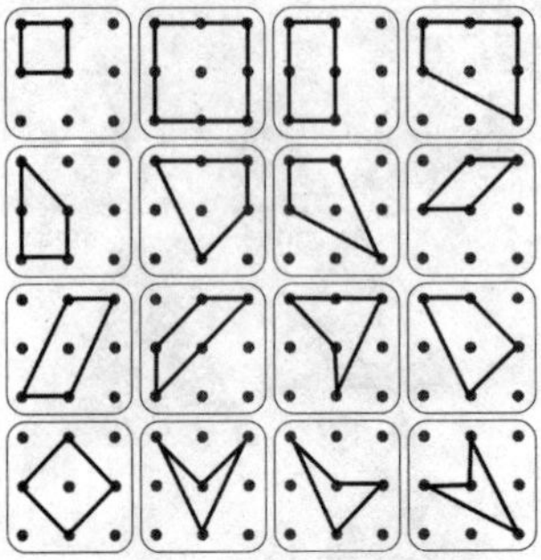

031 4等分钉板

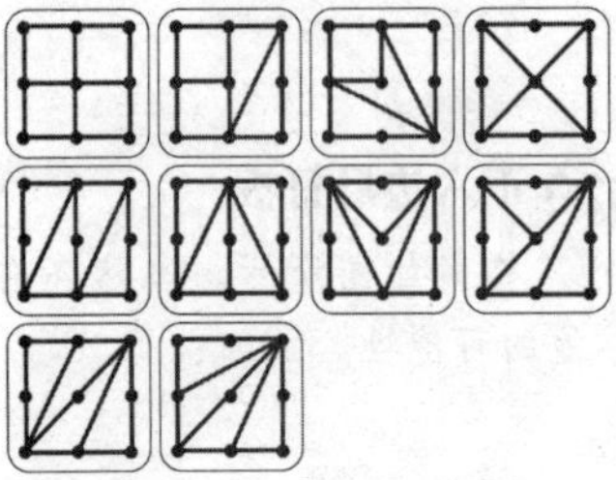

032 分割

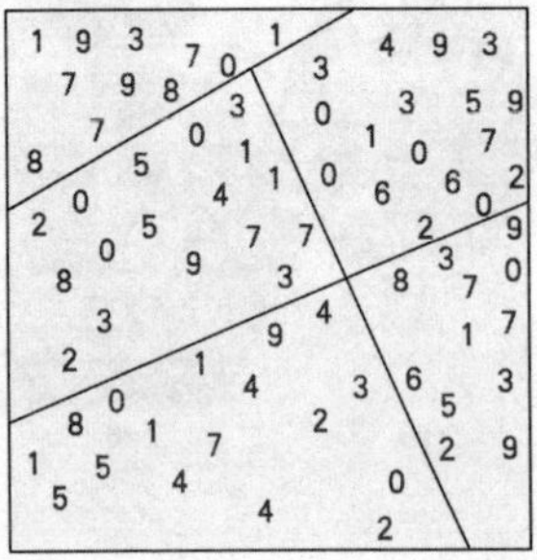

033 连接数字

答案如图所示。原题中选的是18个点，其实用任意多少个点都可以做到把它们从头到尾相连，且连线不相交。

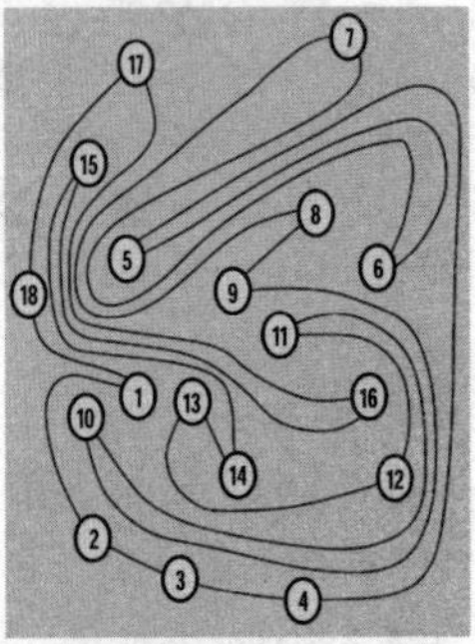

034 毕达哥拉斯正方形

035 分割矩阵

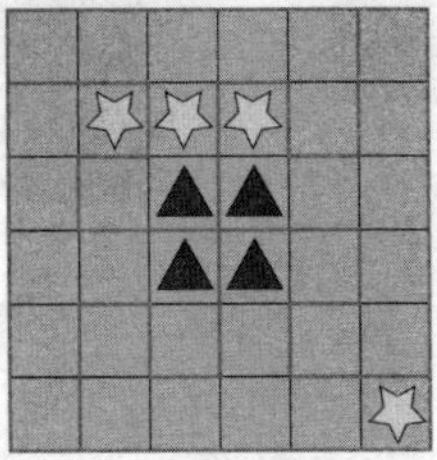

036 组成十二边形

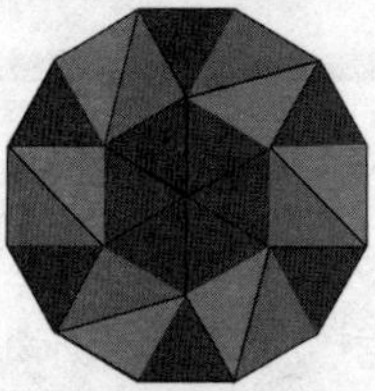

037 走出迷宫的捷径

往东走到“3”，再往东南走到“3”，最后向南走出迷宫。

038 瓢虫

如图，19个瓢虫分别在不同的空间内。

一般情况下，3个三角形相交，最多只能形成19个独立的空间。

这一点很容易证明。2个三角形相交，最多能够形成7个独立的空间，而第3个三角形的每一条边最多能够与4条直线相交，因此它能够与前2个三角形再形成12个新的空间，所以加起来就是19个空间。

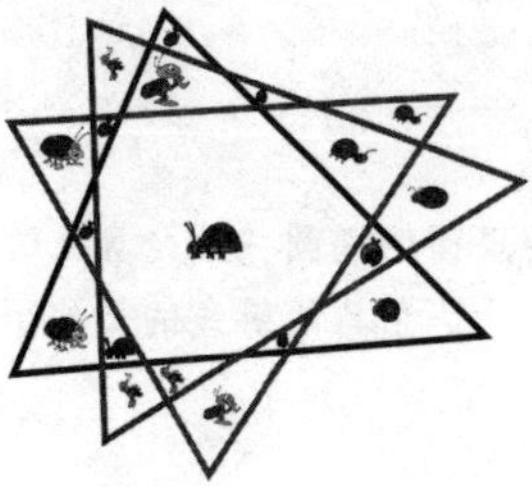

039 不可比的长方形

可以用不可比的长方形拼出的最小的长方形的长和宽的比例是22 ∶ 13。

这7个不可比的长方形的总面积是286个单位正方形。由于这个长方形的一边最小是18，而且边长必须是整数，就出现2种可能的比例：26 ∶ 11和22 ∶ 13。

我们这道题目的答案是第2种，它有更小的周长。

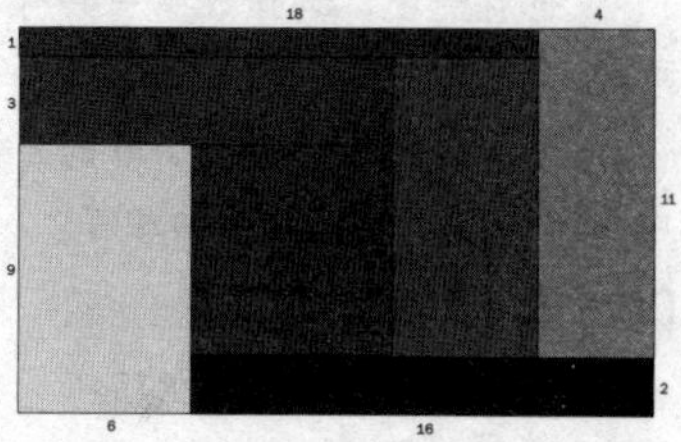

040 连接圆点

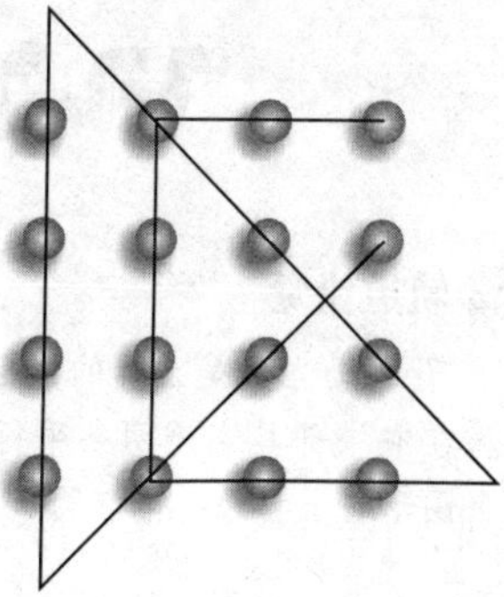

记忆力

001 数字筛选

不管你如何选择这10个数，总是可以从中找出两组数字之和相等。

在这10个数里选择一个数一共有10种方法，选择一组两个数有(10×9)÷(2×1)种方法，选择3个数有(10×9×8)÷(3×2×1)种方法，一直到选择9个数有(10×9×8×7×6×5×4×3×2)÷(9×8×7×6×5×4×3×2×1)＝10种方法。加起来一共是1012种方法。

一组数之和最小的可能是1，最大的可能是945(一组里面包含10个数，从90到99)。

也就是说，选择数字一共有1012种方法，各组的和只有944种可能。

因此，如果从小于100的整数中任意选出10个数，总是可以从中找出两组，使其数字和相等。

002 数字1到9

32547891×6＝195287346

003 旋转的物体

如图所示。

004 轨道错觉

开普勒当然是正确的，但是这幅图里面的椭圆并不是真正的椭圆。在它中部其实是两条平行的直线，但是在其他射线的干扰下，整个图形看上去像一个椭圆。

005 第100个三角形数

高斯意识到，1到100的和等于101乘以50。(1+100，2+99，3+98，…，50+51，每两个数的和等于101，一共有50组)。这样就得到其总和为5050。右图是一个例子，里面只用到了数字1到10。

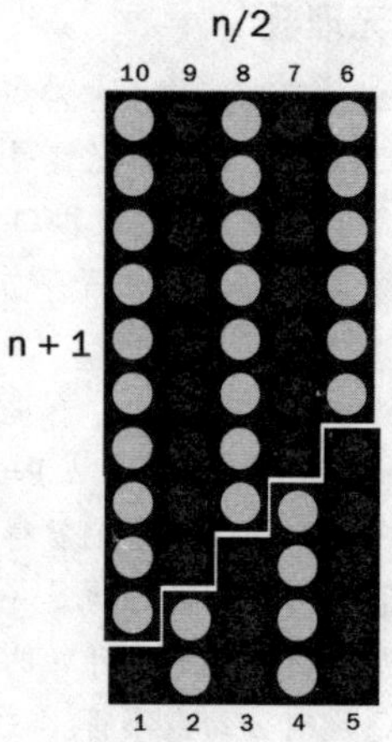

高斯不仅算出了1到100的和，他还发明了计算这一类型的数的一般公式：

1+2+3+…+n=n(n+1) / 2

这个公式也是三角形数的公式。

006 三维形数

四面体数：1，4，10，20，35，56，84。这类数的公式是1/6n(n+1)(n+2)。

正方锥数：1，5，14，30，55，91，140。这类数的公式是1/6n(n+1)(2n+1)。

其中n代表小球所在的层的序数，而每一层的小球数等于n^2。

最底层小球的数量是100。整个四面体的小球数是

1+4+9+16+25+36+49+64+81+100=385。

007 小猪存钱罐

1/4x+1/5x+1/6x=37

x=60

因此我一共有60美元。

008 三角形数

查尔斯·W. 崔格发现了136种不同的排列方法。如图所示是其中4种。

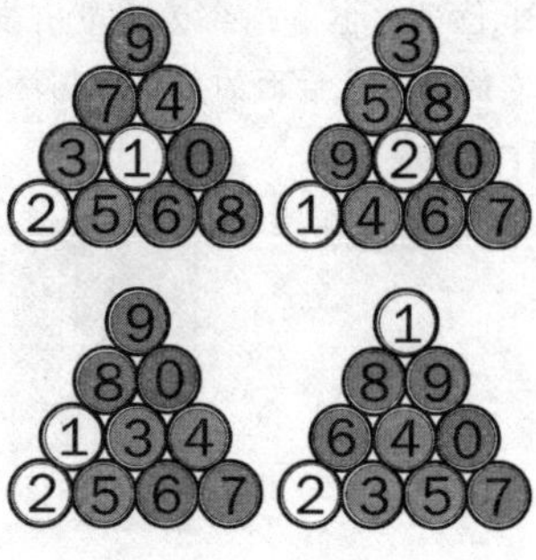

009 无理数

这个证明事实上非常简单：假定 2=P/Q，而且这已经是最简分数了（也就是说，P 和 Q 没有公约数了）。将这个式子平方，

就得到了：

$P^2=2Q^2$，这个式子说明 P 是一个偶数，可以写成 P=2R。将它代入 $P^2=2Q^2$，我们就得到了 $2R^2=Q^2$，而这说明 Q 也是一个偶数。那么这与我们刚开始的条件 P 与 Q 没有公约数不符。这种自相矛盾说明这样的 P 和 Q 不存在。

2 是无理数，也就是说它不能被写成分数的形式。它的平方等于 2。如果我们试着把它写成小数的形式，它是无限不循环小数，与无限循环小数不同，比如：

1/3=0.33333333，或者 24282/99999= 0.2428124281

计算机已经把 2 计算到它的几千位了，但是迄今为止没有发现它的小数位后面的数出现循环。

010 加减

如图所示。

```
 x11
 33x
 xxx
 77x
+xxx
────
1111
```

011 8个“8”

如图所示。

```
 888
  88
   8
   8
+  8
────
1000
```

012 总和为15

735 564 6432 4326

26331 3318 3183

3741

013 和与差

有 2 种解法：

4154132532

4514312352

将这两组解的数字倒过来就构成了另外 2 种解法。

014 数列

数列里面去掉了所有的平方数。

015 自创数

如果我们系统地来试着往第 1 个格子里放一个数字，从“9”试起，我们就会发现“9”不可以，

因为剩下的格子里放不下9个“0”了；“8”和“7”一样，如图所示。而将“6”放入的时候我们会发现这就是正确的答案。

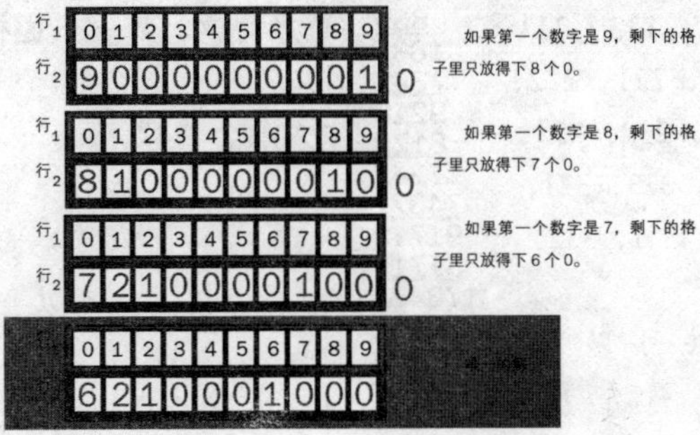

行1 0 1 2 3 4 5 6 7 8 9
行2 9 0 0 0 0 0 0 0 0 1 0
如果第一个数字是9，剩下的格子里只放得下8个0。
行1 0 1 2 3 4 5 6 7 8 9
行2 8 1 0 0 0 0 0 0 1 0 0
如果第一个数字是8，剩下的格子里只放得下7个0。
行1 0 1 2 3 4 5 6 7 8 9
行2 7 2 1 0 0 0 0 1 0 0 0
如果第一个数字是7，剩下的格子里只放得下6个0。
0 1 2 3 4 5 6 7 8 9
6 2 1 0 0 0 1 0 0 0

016 凯普瑞卡变幻

你最终总是会得到6174。

D. R. 凯普瑞卡发现了这一类的数，因此这一类数都以他的名字命名，称为凯普瑞卡数。

如果你以一个两位数开始，结果会是这5个数中的一个：9，81，63，27，45。

如果是以三位数开始，结果会是495。

017 扑克牌

设有4张牌，前3张的和为21，后3张的和也为21。那么就说明第1张牌和第4张牌一定相等。因此在这些牌中，每隔2张牌都是一样的。

018 计算器故障

一位数有3个：1，2，3。

两位数有3^2个，也就是9个：11，12，13，21，22，23，31，32，33。

三位数有3^3个，也就是27个：111，112，113，121，122，123，131，132，133，211，212，213，221，222，223，231，232，233，311，312，313，321，322，323，331，332，333。

一共可以组成39个数。即$3+3^2+3^3=39$

019 回文

希望你没有花太多的力气就得到一个回文顺序的数。

马丁·加德纳得出结论：在前10000个数中，只有251个在23步以内不能得到回文顺序的数。曾经有一个猜想说："所有的数最终都会得到一个回文顺序的数。"但是这个猜想后来被证明是错误的。

在前100000个数中，有5996个数从来都不会得到回文顺序的数，第一个这样的数是196。

89
98
187
781
968
869
1837
7381
9218
8129
17347
74371
91718
81719
173437
734371
907808
808709
1716517
7156171
8872688
8862788
17735476
67453771
85189247
74298158
159487405
504784951
664272356
653272466
1317544822
2284457131
3602001953
3591002063
7193004016
6104003917
13297007933
33970079231
47267087164
46178076274
93445163438
83436154439
176881317877
778713188671
955594506548
845605495559
1801200002107
7012000021081
8813200023188

终于得到一个回文顺序的数了！

020 4个"4"

20以内唯一不能被这样展开的数是19。如果允许用阶乘的话，也可以把它展开($4!=1\times2\times3\times4$)，19可以被写成$4!-4-(4/4)$。

1=44/44
2=4/4+4/4
3=(4+4+4)/4
4=4(4−4)+4
5=[(4×4)+4]/4
6=4+[(4+4)/4]
7=4+4−(4/4)
8=4+4+4−4
9=4+4+(4/4)
10=(44−4)/4
$11=44/(\overline{4}\times \overline{4})$
12=(44+4)/4
$13=(44/4)+\overline{4}$
$14=4+4+4+\overline{4}$
15=(44/4)+4
16=4+4+4+4
17=(4×4)+4/4
$18=(4\times4)+4-\overline{4}$
19= 无解
$20=(4\times4)+\overline{4}+\overline{4}$

021 4个数

$$4+4^2+4^3+4^4=340$$

022 数列

这个数列包含的数字都是上下颠倒过来也不会改变其数值的数字。

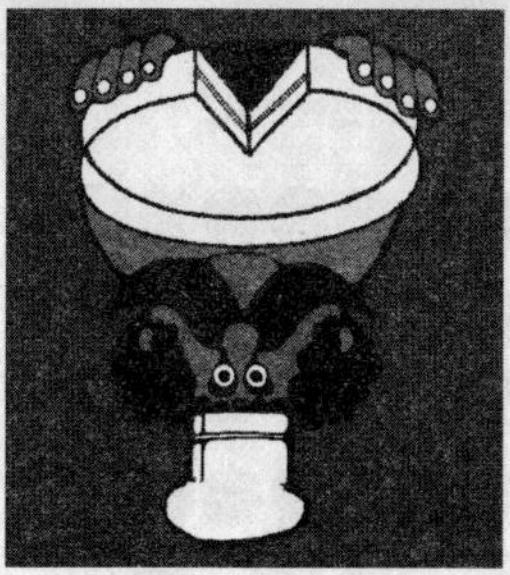

023 足球

这个足球的1/4重50克，那么这个足球的总重量就是200克。

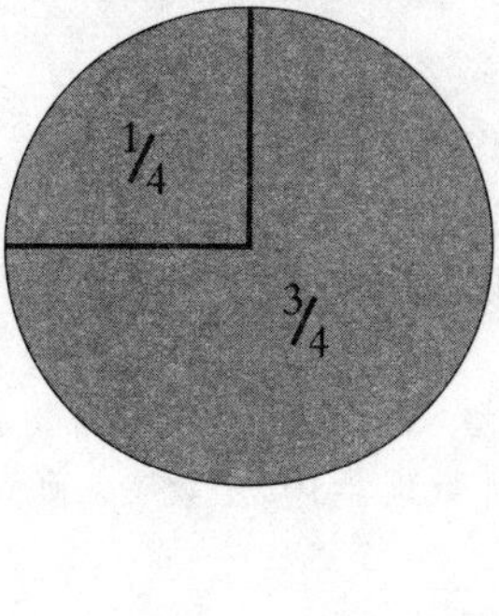

024 数学式子

如下面所示。

$$10^2=100$$

$$10$$

$$\frac{10}{\overline{\overline{10}}}=3.1522777$$

$$\overline{10}=3.1622777$$

$$\frac{10}{\overline{\overline{10}}}=0.3132277$$

$$\frac{1}{\overline{\overline{10}}}=0.3162277$$

$$\frac{1}{10\ \overline{\overline{10}}}=0.0316227$$

025 11的一半

罗马数字中的11就是这样的，如下图所示。

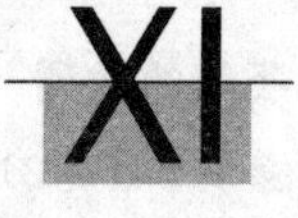

026 加一条线

如图所示。

545+5=550

027 想一个数

古埃及的数学家将未知数叫作“黑匣子”，我们这里也可以借用这个概念，我们把不确定的未知数称为“黑匣子”。运用这个概念，这个小游戏的秘密马上就会被破解了。你要完成两件事情：

1. 你要处理一个未知的变量。在代数学中我们这里的“黑匣子”用 x 表示。

2. 与找某一个特定的数来测试不同，你应该用一种一般的方式，来表示这个思维游戏的结果总是 7。

在代数学中，有很多复杂的证明可以用几何图表直观地表示出来，使这个定理的证明能够一目了然。

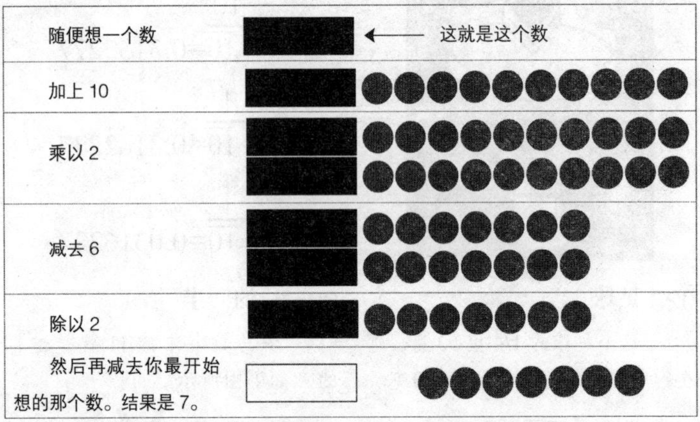

随便想一个数
这就是这个数
加上 10
乘以 2
减去 6
除以 2
然后再减去你最开始想的那个数。结果是 7。

028 类似的数列

第 9 个数是 31131211131221。

第 10 个数是 13211311123113112211。

在这个数列里的每一个数都是描述前一个数各个数字的个数 (3 个 1，1 个 3，1 个 2 等等)

这个数列里的数很快就变得非常大，而且这个数列里的数字不会超过 3。比如，这个数列里的第 16 个数包含 102 个数字，而第 27

个数包含 2012 个数字。

这个数列是由德国数学家马利欧·西格麦尔于 1980 年发明的。

029 冰雹数

以 7 开头到后面也会变成同一串数，只不过过程会稍长一点：7，22，11，34，17，52，26，13，40，20，10，5，16，8，4，2，1，4，2……

至于是否以所有数开头，到后面都会变成同一串数，这个到目前为止还不知道。

以 1 ~ 26 开头很快就会成为同一串数，而 27 则会在这列数的第 77 个数时达到最大，即 9232，在第 111 个数成为同一串数。

030 数的持续度

持续度分别为 2，3，4 的最小的数分别为 25，39，77。每个数通过重复题目中的过程都可以得到一个一位数。这个过程不是无限的。

持续度	最小的数
1	10
2	25
3	39
4	77
5	679
6	6788
7	68889
8	2677889
9	26888999
10	3778888999
11	277777788888899

注意 8 和 9 出现的频率非常高。为什么呢？没有人知道。

031 六边形

如图所示。

032 瓢虫花园

有多种解法，下图是其中的一种。

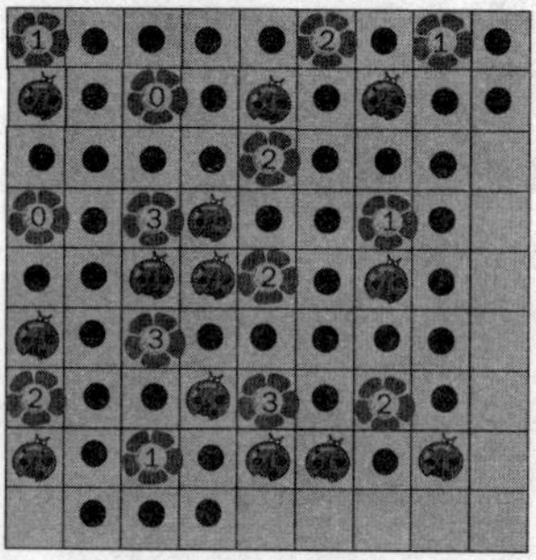

033 连续整数（1）

3个重物的重量分别为17克、18克和19克。

034 连续整数（2）

x+（x+1）+（x+2）+（x+3）=90

4x+6=90

x=21

因此这4个重物分别重21克、22克、23克、24克。

035 等式平衡

$4-x=x-2$

$6=2x$

$3=x$

036 4个盒子里的重物

1 ~ 52 全部都能放进盒子里，如图所示。存在其他解法。

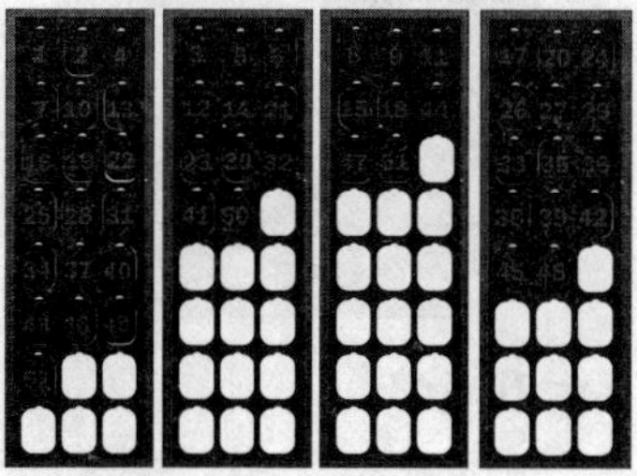

037 突变

如图所示。比原始卡片的宽和高都增加了 1 倍。

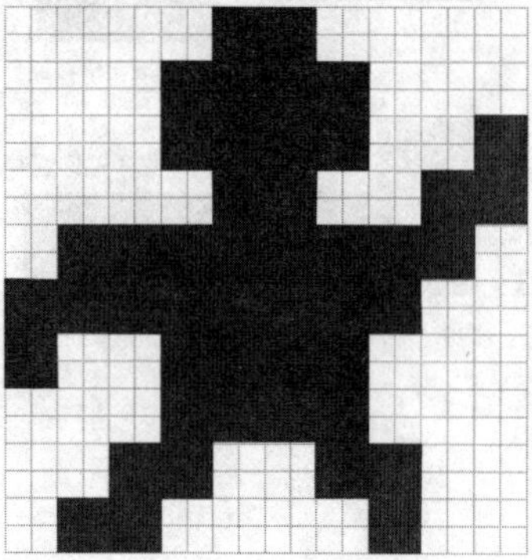

038 缺少的立方体

缺少 20 个立方体。

039 立方体结构

数一下粘在一起的表面的个数，然后把它从 96（16 个小立方体的总的表面积）里面减去，就得到了该图形的表面积。

图形 2 的表面积最大，因为它只有 15 对表面粘在一起。

040 立方体朝向

如图所示。

041 立方体上色（1）

这 8 个立方体的上色可以用一个平面的席雷格尔表格表示，这跟三维的立方体是拓扑等价的。

最少需要 3 种颜色，如图所示。

042 立方体上色（2）

有 3 个红色表面的立方体：8 个；

有 2 个红色表面的立方体：12 个；

有 1 个红色表面的立方体：6 个；

没有红色表面的立方体：1个。

043 对角线的长度（1）

他可以把 3 个立方体排列成如图所示的样子，然后测量 x 的长度。

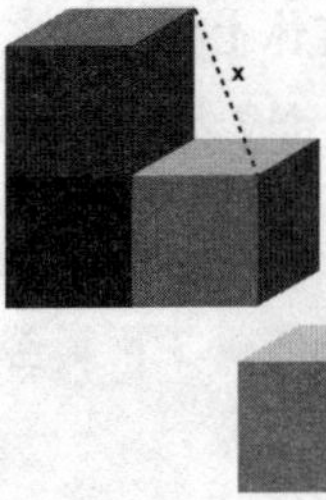

044 对角线的长度（2）

6 个小立方体就足够了。将 6 个小立方体摆成如图所示的形状，然后测量 x 的长度。

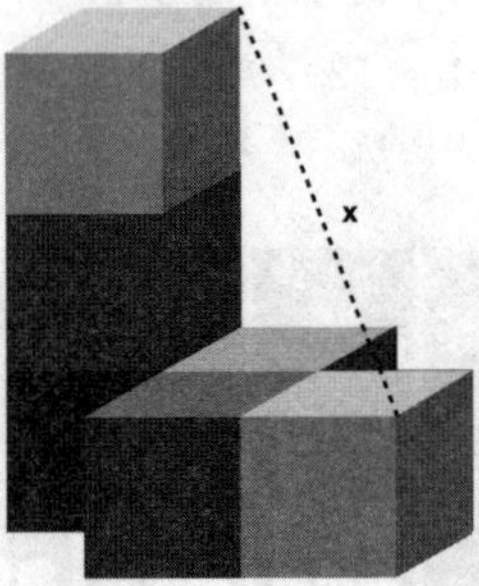

045 代数学

如图所示。

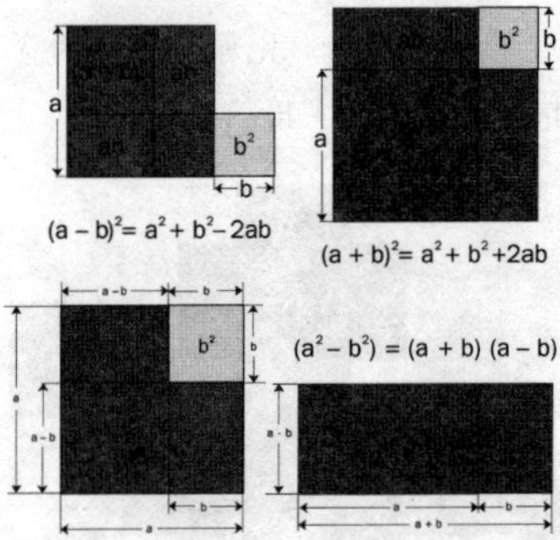

发散力

001 神奇的立方体

立方体内部油漆出一种与外部相似的效果。在特定的灯光环境下，由于过于模糊，视觉系统无法判断物体是凸起的还是凹陷的。此外，你必须站在某个特定的位置，在这个位置，凹陷的立方体与凸起的立方体对眼睛呈现相同的视角。移动到另外的角度，结构线索得到强化，比灯光线索明显，立方体凸起的特征就暴露了。

002 板条箱

不可能存在。右图揭示了板条箱的真正结构。人类拥有设计这种结构的大量经验，即设计一个不可能结构，从特定角度看过去它是正常的。

003 警察

这是由雷克斯·威斯特勒创作的可颠倒图像。如果将图片颠倒，警察将会呈现十分惊讶的表情。

004 小女孩和老人

将图片颠倒过来你就会有惊人的发现。

005 风筝大赛

图中用字母标注成对的风筝。只有单个的龙形风筝和其余三个同款风筝用彩色标注。

006 雪花生意

完美的雪花是2和7。其他雪花的缺陷在下图中用红色圈出。

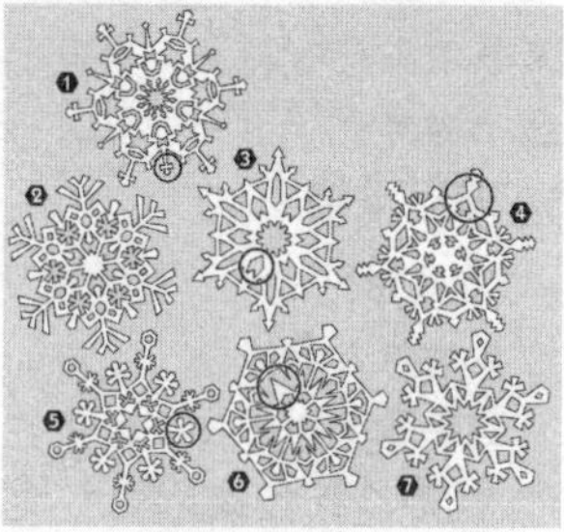

007 古怪餐厅

错误：两扇窗户一扇显示的是白天，一扇是夜晚；一位顾客手里的菜单（MENU）拿倒了；服务员用勺子写字；服务员只穿了一只鞋；收银员用收银机打游戏；牌子上写着“HAVE A A NICE DAY”（多了一个A）；蛋糕柜子上圆下方；蛋糕柜里装有一个宇宙飞船；一个女孩在喝番茄酱；一个男人的衣服穿反了；一个男人用帽子盛汤；前面拿菜单的男人长了三只手；服务员的盘子失去了平衡；一把凳子没有支柱；一个男人举着空杯子在喝；通往厨房的门是外开式，服务员却在往里推；一个服务员戴着护士的帽子；一个服务员把咖啡倒进谷物里；一个女人用狗狗的碗吃饭；蛋糕半边三层半边双层；盐和胡椒的标签弄反了；厨师旁边的订单里夹了一只袜子；厨师正烹饪的蛋没有剥壳；厨师手里的盘子端倒了。

008 即时重播

右边图比起左边图的变化：吐舌头的男人舌头换了方向；守场员的手套变成了接手的手套；相机变成了望远镜；饮料变成了冰淇淋；拿饮料的男人眼镜形状变了；拿饮料的男人表不见了；帽子上的吉祥物变了方向；记分板变成了纵横字谜；旗子上的“GO TEAM”变成了“GO AT’EM”；小孩的T恤上多了条纹；秃头男人长了头发；喷出的芥末酱变成了番茄酱；女人的耳环颜色从蓝变黄；纸杯及其中物体变了。

009 恍然大悟

010 粉碎的镜像

相匹配的是2和8。

不同：

1．多出来尖牙

3．胳膊上没毛

4．右边中间多一道裂缝

5．疣少了一个

6．大拇指不见了

7．左上角少一道裂缝

011 从这里下坡

错误：驼鹿的两只角不一样；相框是侧着挂的；相框图片中的雪地里有一棵棕榈树；保龄球瓶在壁炉里；靠墙的滑雪板有

一个两头都是尖的；一根滑雪杖下面有一个叉子；熊皮小毯子上面有豹纹斑点；冰垂在屋子里面；女人两腿之间的沙发条纹颜色变了；坐着的男人有三只手；桌上放的“SKIIING”书拼错了，里面有三个“I”；坐在滑雪缆车里的人在往下坐，而不是往上；坐在缆车里的一个女人穿着轮滑鞋；山顶上有樱桃；滑下坡的小孩穿着泳装；右边窗玻璃外的天空变了颜色；胳膊摔坏的男人拄着他根本用不着的拐杖；楼梯上的女人手里的杯子拿倒了；楼梯后栏杆的一根支柱跑到了前栏杆的前面；布谷鸟太大了，进不了那个摆钟的门；钟上面的3和9地方反了；一个钟摆是一条鱼。

012 滑板高手

一模一样的是B和E。

不同：

A．没有后轮上的铁片

C．短裤变成浅黄色的了

D．帽子的条纹变成涂满的了

F．闪电的图案倒了

G．袖子要短一些

013 假日海滩

1．双肩背包，棒球手套

2．运动型收音机，充气游泳圈

3．太阳镜，裤子

4．紧身短背心，夹趾拖鞋

5．帽舌，脚蹼

6．潜水面罩，手表

014 保龄球馆

右图比起左图的变化：橘色的三角形变成了蓝色；中间的道多了一个瓶；打扫的男人脸上多了一副眼镜；扫帚变成了拖把；女人的直发变成了卷发；男人衣服背后印的GARAGE变成了GARBAGE；回球器里面中间那个球的颜色变了；男孩帽子的帽檐变短了；男孩手里的鞋鞋带系上了；桌上杯子上插的吸管由弯变直了；盘子里的比萨移动位置了；女孩换了一只手来写字；椅子底座分开了；热狗涂上了芥末酱；橘色的球旋转了；男人的袖子变长了；绿色和黄色的球由分开变成靠在一起了。

015 雪落进来了

016 赝品

画：A——眉毛上挑；B——手腕上有手表；C——背景里的云换了位置；D——完美的赝品；E——手的位置反了。

美元：A——没有圆的印；B——完美的赝品；C——ONE和BUCK位置反了；D——人像方向反了；E——多了蝴蝶领结。

壶：A——完美的赝品；B——长矛变成了三叉戟；C——最上面的那块没有了；D——壶底的颜色反了；E——盾牌上面的星星变成了三角形。

邮票：A——没有火车头最前面的光束；B——工程师头上戴着棒球帽；C——铁轨变成了公路；D——烟囱变成了黄色；E——完美的赝品。

017 倒影

倒影的不同：撞在一起的男孩位置反了；撞在一起的男孩手套变成不分指手套了；倒影的6看起来应该像9才对；黄色帽子上的长尾部变短了；紫色的裤子款式变了；牵狗女孩的发型变了；狗的皮带绳不见了；狗身上的斑点变了；牵手男人的倒影没有连着；牵手男人（右）的鞋子颜色变了；睡着的狗没有倒影；跳起来的男孩裤子颜色变了；跳起来的男孩的冰刀没有倒影；坐着的女孩倒影中多了一副眼镜；坐着的女孩外套上的补丁变了；快摔倒的男人的冰刀在倒影里成了轮滑鞋。

018 羽毛相同的鸟

如下图所示，相匹配的鸟用字母标出。

A：有小斑点的那块低一些

B：尾巴有三个分叉

C：翅膀尖的羽毛是黄色

D：后脑勺上没有红点

E：头顶的羽冠要长一些

F：喙要勾一些

G：胸前的小斑点少一些

剩下的一只鸟没有配对。

019 汉堡

相匹配的是1和5。

不同：

2．汉堡上的籽不见了

3．多了一根薯条

4．汉堡馅上面多了番茄酱

6．汉堡馅上面多了泡菜

7．盘子边多了波浪形的设计

8．牙签的装饰变成黄色了

020 藏着的老鼠

021 镜像

镜像与原场景的不同：飞机的镜像是错的；飘走的气球成了男孩的头；剧院钟的指针镜像错误；消防员手里多了一个热狗；消防员所在的梯子横杆不见了；输水软管套在了象鼻上；象腿的镜像错误；“Circus is coming”变成了“going”；鸟嘴里多了一块比萨；旗子的镜像错误；街灯变成了淋浴喷头；窗户上下颠倒了；仙人掌上下颠倒了；“Toy Story”里的R和S镜像不对；剧院上蓝色和橘色的三角形互换了颜色；剧院里女人头发的颜色变了；“EAT”镜像错误；拿着镜框的男人裤子颜色变了；镜框里面人的镜像和香蕉的位置变了；后座乘客的头镜像错误；汽车牌照上的连接符位置变了；轮胎上多了一个大头针；消防水从人行道喷出来；骑车小孩的发型变了；小孩衣服条纹的镜像错了；短吻鳄手里多了一把牙刷；狗的后腿不见了。

022 缺少的部件

缺少的部件有：

1. 水槽：排水口

2. 皮带：系皮带时需要的金属扣

3. 锅：锅盖柄

4. 喷雾瓶：把液体压入喷雾器的管子

5. 糖果机：糖果出来的出口

6. 铅笔：铅

7. 衬衫：纽扣眼

8. 独轮手推车：支脚

023 飞船

如图所示。成对的飞船用字母标示。单独的那个用彩色标示。

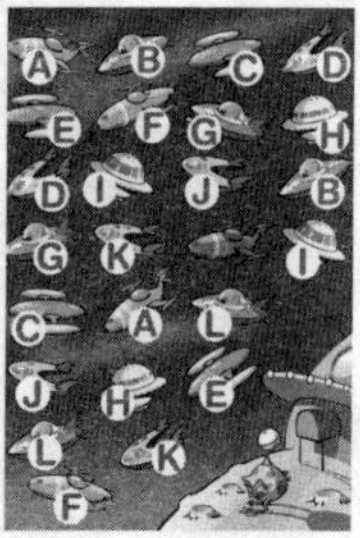

024 眼花缭乱

1. 汽水罐
2. 灯
3. 扫帚
4. 锤头
5. 录像带
6. 字典
7. 自行车头盔
8. 伞
9. 开罐器

025 一样的图形

026 闹鬼的房子

讨要糖果的小鬼住的房子用星号标记出，如图所示。

027 花园矮人

四个假矮人用星号标示。

不同：

1. 衣服长一些
2. 眉毛不同
3. 嘴巴上有小胡子
4. 胡须短一些
5. 鞋尖没有翘起
6. 多一条皮带
7. 帽子的颜色不一样
8. 袖子长一些

028 圣诞老人

问题的答案是：POLE VAULT（撑竿跳）。

下面图与上面图的不同之处，从左到右为：玩具木马背上的毯子变成了绿色；方眼镜变成圆的了；蜡烛变短了；小精灵的鞋头变弯了；窗户上的雪花位置下移了；门把手变样了；圣诞老人的外套上多了一个口袋；门口的长短冰凌换位置了；柱子上的条纹改变了方向。

029 探险家

问题的答案是：

POINTLESS（毫无意义的）。

下面图比起上面图的变化，从左至右，为：鸟嘴尖的红色部分多了一些；蝴蝶身上有一个斑点变成绿色了；箱子上的把手变了；大象少了一颗长牙；探险家帽顶多了一部分；探险家的袖子上多了一个袖口；树上的节孔低了一些。

030 姜饼屋

问题的答案是：DOUGH NUTS（糖圈饼）。

下面图比起上面图的变化，从左至右，为：安全帽多了个帽舌；屋顶上的软糖从黄色变成了蓝色；蓝图上面的烟囱形状变了；起重机的吊钩换了方向；糖果棒上面的条纹变换了方向；起重机轮子中心变大了；起重机顶灯不见了。

031 特技演员

问题的答案是：

IN THE CAST（进入剧组了）。

下面图比起上面图的变化，从左至右，为：海报里的鞋不见了；衬衫领子变了；特技演员的照片反了；大水罐里的水变多了；男人变光头了；头盔上的条纹颜色变了；保险丝变短了。

032 宇航员

问题的答案是：FIRED UP（被点燃了）。

下面图比起上面图的变化，从左至右，为：显示屏上的高个子没戴眼镜；手控操纵杆低一些；招手的手指分开了；头盔上多了条纹；地图里的月亮变成了土星；红灯变黄了；安全带上少了搭扣；宇航员衣服上的国旗换方向了；地球旋转了。

033 嘘……有人！

如图所示

7号情形是你在解这道题时看到的。

034 找面具

那个生气的面具在第2行右边倒数第2个。

人的感知系统总是能够很容易察觉异常的事物，而完全不需要系统的查找。这个原理被利用于飞机、汽车等系统里，从而使它们的显示器能够随时随地地探测出任何异常的变化。

035 找不同

如图

036 图案速配

1	2	3	4	5
6	7	8	9	10
11	12	13	14	15
16	17	18	19	20
21	22	23	24	25
26	27	28	29	30

5	27	13	28	8
30	11	18	3	20
23	16	7	15	29
2	17	10	6	26
9	14	22	1	24
21	4	19	25	12

037 各不相同（1）

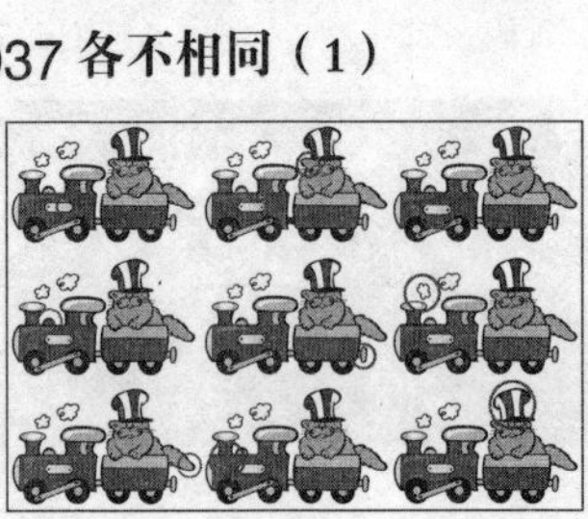

038 各不相同（2）

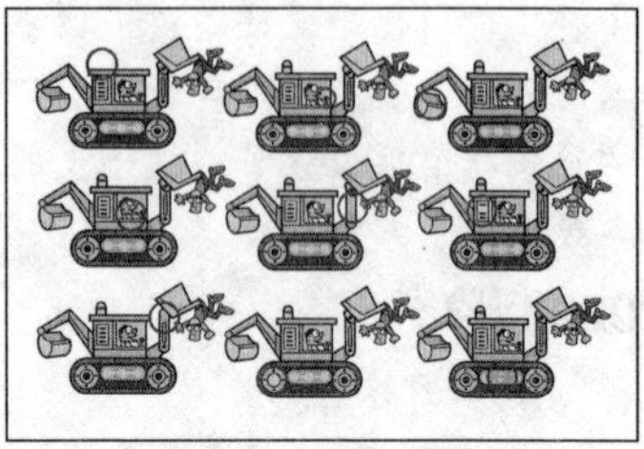

039 各不相同（3）

040 各不相同（4）